2022年11月24日,陕西省委常委、陕西省委宣传部部长蒿慧杰在陕西省社科联调研

2022年6月8日,西安外国语大学、塔里木大学、延安革命纪念馆、中共中央西北局纪念馆主办"继承优良传统,赓续红色血脉,向世界讲好中国共产党的故事"——学习宣传贯彻习近平总书记在中国人民大学考察时重要讲话精神学术研讨会

2022年5月16日至17日,陕西省社科联党组书记、常务副主席郭建树带队调研社会组织党建工作

2022年5月13日,陕西省社科联联合陕西省委政策研究室、陕西省委党校、陕西省教育厅等单位举办"发挥智库作用 服务陕西高质量发展"理论研讨会

2022年度陕西省社科界社科普及活动资助项目：陕西省少年儿童文化研究会红色文化专委会"国防教育进校园"系列公益科普活动

2022年7月26日，陕西省南泥湾精神研究会在西安举办"贯彻新发展理念，弘扬南泥湾精神，助推高质量发展"专场理论研讨会

2022年11月12日,陕西省社科联、西安交通大学、陕西省委党校主办,陕西省经济学学会承办陕西省社科界第十六届(2022)学术年会分场活动"学习贯彻党的二十大会议精神,谱写陕西高质量发展新篇章"研讨会暨陕西省经济学学会年会

2022年12月13日,在西安召开全省党校(行政学院)系统深入学习贯彻党的二十大精神理论研讨会

陕西社会科学年鉴

2023

陕西省社会科学界联合会　编

陕西师范大学出版总社　西安

图书代号　SK24N2123

图书在版编目(CIP)数据

陕西社会科学年鉴.2023 / 陕西省社会科学界联合会编. -- 西安：陕西师范大学出版总社有限公司，2024.12. -- ISBN 978-7-5695-4849-5

Ⅰ.C124.1-54

中国国家版本馆 CIP 数据核字第 20249UM136 号

陕西社会科学年鉴·2023

SHAANXI SHEHUI KEXUE NIANJIAN·2023

陕西省社会科学界联合会　编

责任编辑	王丽君
责任校对	张旭升
封面设计	锦　册
出版发行	陕西师范大学出版总社
	（西安市长安南路 199 号　邮编 710062）
网　　址	http://www.snupg.com
印　　刷	陕西龙山海天艺术印务有限公司
开　　本	787 mm×1092 mm　1/16
印　　张	37.25
插　　页	4
字　　数	834 千
版　　次	2024 年 12 月第 1 版
印　　次	2024 年 12 月第 1 次印刷
书　　号	ISBN 978-7-5695-4849-5
定　　价	240.00 元

读者购书、书店添货或发现印刷装订问题，影响阅读，请与营销部联系、调换。
电话:(029)85307864　85303635　传真:(029)85303879

《陕西社会科学年鉴》编纂委员会

顾　　问	张岂之　赵馥洁　赵世超
主　　任	甘　晖　高红霞　郭建树
副 主 任	李谙博　张　雄　樊维斌　蔡钊利　刘建林　杨三省
	席　光　张　骏　吕卫东　郭立宏　杨宗科　司晓宏
	党怀兴　苗锐军
委　　员	（按姓氏笔画排序）
	万炳军　马瑞映　冯耕中　司晓宏　邢向东　刘　飞
	刘吉发　许加彪　李继凯　何志龙　吴旺延　张荣刚
	陈建兵　周伟洲　赵丛苍　胡俊生　袁祖社　郭　泓
	游旭群

《陕西社会科学年鉴》编辑部

主　　　编	李谙博　李继凯
副 主 编	周晓霞
编辑部主任	李胜振　赵建斌　张金高　翟金荣　杜　牧　冯　超
特 约 撰 稿	所有编委
编 纂 人 员	崔　谦　李宏科　白若凡　高业艳　李亚菲　张旖华
	李　甜　林静雯　王佳琪　周泽慧　杨曙明　张利平
	张　军　张蓬勃

编写说明

一、《陕西社会科学年鉴》创刊于2019年,是一部反映陕西省社会科学发展状况和学术动态的年度资料性学术工具书。由陕西省社会科学界联合会(简称省社科联)主持编纂,陕西师范大学人文科学高等研究院承编,公开出版发行。

二、《陕西社会科学年鉴》以马克思列宁主义、毛泽东思想、邓小平理论、"三个代表"重要思想、科学发展观和习近平新时代中国特色社会主义思想为指导,坚持"二为"方向和"双百"方针,解放思想、实事求是,与时俱进、开拓创新,力求全面、科学、客观、翔实。

三、《陕西社会科学年鉴》旨在以陕西社会科学研究的最新观点、最新成果、最新动态奉献读者。为党委和政府提供决策服务,为社会各界了解陕西社会科学领域的现状提供最新信息,为社会科学研究和学术交流提供参考,服务陕西社会发展。

四、《陕西社会科学年鉴·2023》由特载、发展概述、发展报告、学科综述、社科项目、学术交流活动、社科普及、研究成果、智库报告、年度获奖成果、机构、学术期刊、大事记13个板块组成。全书采用文章体和条目体分类编辑,学科综述采用文章体,年度重要社科活动和学术成果依照活动所属学科类别按照类目、分目和条目进行编辑。

五、《陕西社会科学年鉴·2023》收录资料由陕西省党政机关,社会科学教学、研究和科研管理单位,大专院校、社科学术团体等相关单位提供,并按照相关程序审核和保密审查,具有权威性、准确性和实用性。

六、《陕西社会科学年鉴·2023》中直书月、日者,即为2022年;数据变化如未说明与某一年份比较,即为2022年与上年(2021)比较。

七、《陕西社会科学年鉴·2023》对常用机构采用规范简称,需要解释的名词,在词后括注。

八、《陕西社会科学年鉴·2023》年鉴力求文字简练、规范。众手成鉴,局促成书,难免舛误。恳请读者批评指正。

《陕西社会科学年鉴》编辑部
2023年12月

目 录

特 载

把中国文明历史研究引向深入　增强历史自觉坚定文化自信 …………………… 2
继承和发扬党的优良革命传统和作风　弘扬延安精神 …………………………… 5

发 展 概 述

2022年陕西社会科学发展概述 ……………………………………………………… 8

发 展 报 告

2022年陕西省延安精神研究报告 …………………………………………………… 18
2022年陕西省丝绸之路研究报告 …………………………………………………… 29
2022年陕西省关学研究报告 ………………………………………………………… 39

学 科 综 述

陕西省马克思主义理论研究 ………………………………………………………… 50
陕西省哲学研究 ……………………………………………………………………… 60
陕西省文学研究 ……………………………………………………………………… 69
陕西省艺术学、体育学研究 ………………………………………………………… 80
陕西省语言学研究 …………………………………………………………………… 84
陕西省历史学研究 …………………………………………………………………… 90
陕西省考古学研究 …………………………………………………………………… 97
陕西省经济学研究 …………………………………………………………………… 107
陕西省法学研究 ……………………………………………………………………… 121
陕西省政治学研究 …………………………………………………………………… 130
陕西省社会学研究 …………………………………………………………………… 138
陕西省心理学研究 …………………………………………………………………… 144

陕西省教育学研究 ………………………………………………… 148
陕西省管理学研究 ………………………………………………… 157
陕西省新闻与传播学研究 ………………………………………… 166
陕西省民族学研究 ………………………………………………… 175

社科项目

陕西省获立2022年度国家社科基金项目 …………………………… 184
 陕西省2022年国家社科基金重大项目立项名单(12项) ………… 184
 陕西省2022年国家社科基金年度项目立项名单(116项) ………… 185
 陕西省2022年国家社科基金青年项目立项名单(31项) ………… 194
 陕西省2022年国家社科基金西部项目立项名单(50项) ………… 196
 陕西省2022年国家社科基金后期资助项目立项名单(43项) …… 200
 陕西省2022年国家教育科学规划立项名单(15项) ……………… 203
 陕西省2022年国家社科基金中华学术外译项目立项名单(7项) … 204
 陕西省2022年国家社科基金高校思政课研究专项立项名单(5项) … 204
陕西省获立2022年度教育部社科基金项目 ………………………… 205
 陕西省2022年教育部人文社科研究规划项目(101项) …………… 205
 陕西省2022年教育部人文社会科学研究西部和边疆地区项目立项名单(52项) …
  …………………………………………………………………… 214
 陕西省2022年教育部人文社会科学研究专项任务项目立项名单(5项) … 218
 陕西省2022年教育部哲学社会科学研究后期资助项目立项名单(5项) … 219
 陕西省2022年教育部高校思想政治理论教师研究专项立项名单(8项) … 219
2022年度陕西省社会科学基金项目 ………………………………… 220
 2022年陕西省社会科学基金年度项目立项名单(486项) ………… 220
 2022年陕西省社科界重大理论与现实问题研究年度青年项目立项名单(367项) …
  …………………………………………………………………… 246
 2022陕西省哲学社会科学重大理论与现实问题研究合作项目名单(1069项) ……
  …………………………………………………………………… 266
 2022年陕西哲学社会科学重大理论与现实问题研究委托项目名单(35项) …… 322
 2022年陕西省"社科助力县域高质量发展"活动智库研究项目立项名单(218项) …
  …………………………………………………………………… 323
 2022年陕西省社科著作出版资助项目立项名单(23项) ………… 331
 2022年陕西省教育厅重点科学研究计划——哲学社会科学重点研究基地项目
  立项名单(66项) ……………………………………………… 332

学术交流活动

重要学术活动 ………………………………………………………………………… 338
 全国高校"中国马克思主义与当代"教学创新中心高端论坛 ……………………… 338
 第二届美丽乡村国际影像节高峰论坛 …………………………………………… 338
 "科技·人文·社会"新时代重大问题跨学科合作与交融高端论坛 ……………… 338
 "深入学习贯彻党的十九届六中全会精神"专题研讨会 ………………………… 338
 第三届传播学国际发表高端论坛 ………………………………………………… 338
 2022年生产与运营管理国际会议(POMS) ……………………………………… 339
 科创西安·2022数字经济产教融合论坛 ………………………………………… 339
 2022年企业社会责任国际学术研讨会 …………………………………………… 339
 中国生态经济学学会2022年学术年会暨"共同富裕与生态文明"研讨会 ……… 339
 享·丝路 赢·未来 ……………………………………………………………… 340
 "南亚安全形势新变化与中国在南亚的利益"学术研讨会 ……………………… 340
 "中哈合作30年"国际学术研讨会 ……………………………………………… 340
 纪念史念海先生诞辰110周年暨2022年中国历史地理学术研讨会 …………… 340
 西部高等教育振兴和高校治理创新论坛 ………………………………………… 341
 第三届"一带一路"国家教育论坛 ……………………………………………… 341
 外语学科前沿研究与人文新视野学术会议 ……………………………………… 341
 第三届中国(陕西)自由贸易试验区发展论坛 …………………………………… 341
 2022年"一带一路"国家区域协调发展中的协同立法研究论坛 ……………… 341
 第三届中国文化研究国际论坛 …………………………………………………… 342
 首届数智时代新商科产教融合国际论坛 ………………………………………… 342
 2022杨凌国际农业科技论坛"农业'双碳'与乡村发展"国际学术会议 ……… 342
 2022中国电影美学年会 …………………………………………………………… 342
 "长安与世界:历史记忆与文明进步"国际学术研讨会 ………………………… 342
 应用语言学与语言教育国际研讨会暨中国区多语能力与多语教育研究会2022年
  年会 …………………………………………………………………………… 343
 "学好用好《习近平谈治国理政》第四卷,加强习近平新时代中国特色社会主义思
  想国际传播"学术研讨会 …………………………………………………… 343
 首届强国时代党史党建学研究高端论坛暨"党的二十大精神与党史党建学学科
  建设"研讨会 ………………………………………………………………… 343
 金融科技和气候变化对农业金融和投资影响国际会议 ………………………… 344
 "乡村振兴与农业农村现代化"国际产学研用合作研讨会 ……………………… 344
 "21世纪社会主义理论与实践"国际学术研讨会 ……………………………… 344
 陕西党史界学习贯彻党的二十大精神暨百年党史与党的建设理论研讨会 …… 344

中国欧洲学会中东欧研究分会2022年年会暨第二届中国与中东欧国家合作西部
　　　　论坛 ……………………………………………………………………………… 344
　　2022（第18届）语言智能教学国际会议 …………………………………………… 345
　　传统艺术与当代社会——中日艺术家学术交流论坛 ……………………………… 345
　　"新视野新征程·共命运共发展"——第二届中非学术翻译论坛 ………………… 345
　　秦汉历史与考古的融合发展暨纪念陈直先生诞辰120周年国际学术研讨会 …… 345
　　"深入学习贯彻党的二十大精神"理论研讨会 …………………………………… 346
　　丝路·踔远——西安美院与澳门科技大学师生作品展 …………………………… 346
　　第十届华人公共管理学者研讨会 …………………………………………………… 346
　　第一届西部新商科实践教学创新与共享联盟会员大会 …………………………… 346

陕西省社科联高层论坛 ………………………………………………………………… 347
　　"发挥智库作用　服务高质量发展"理论研讨会 ………………………………… 347
　　"学习贯彻党的二十大精神,谱写陕西高质量发展新篇章"研讨会暨陕南发展论坛 …
　　　　……………………………………………………………………………………… 347
　　2022年度陕西省社科界高层论坛暨第三届陕西口岸经济发展论坛 …………… 347

陕西省社科界第十六届（2022）学术年会 …………………………………………… 348
　　"第二届公共文化服务高质量发展与交叉学科创新"论坛 ……………………… 348
　　第四届兵工科技协同创新发展论坛 ………………………………………………… 348
　　"农业农村现代化与公共政策创新"学术研讨会 ………………………………… 348
　　"贯彻新发展理念,弘扬南泥湾精神,助推高质量发展"理论研讨会 …………… 348
　　"智链接　创未来——供应链高质量发展"论坛 ………………………………… 349
　　"第二届全国数字艺术与媒介文化"学术论坛 …………………………………… 349
　　"数智时代财务成本核算与管控高质量发展新思路及路径"学术研讨会 ……… 349
　　"黄河流域文旅融合高质量发展"学术研讨会 …………………………………… 350
　　"新发展阶段高质量推进乡村振兴"学术研讨会 ………………………………… 350
　　"服务秦创原知识产权法治保障"论坛 …………………………………………… 350
　　第十五届大关中发展论坛 …………………………………………………………… 350
　　"数字经济与陕西高质量发展研讨会"暨陕西省外国经济学说研究会学术年会 … 351
　　"学习贯彻党的二十大精神加快发展方式绿色转型与县域高质量发展"高层论坛 ……
　　　　……………………………………………………………………………………… 351
　　"凝聚共识共为　共话乡村振兴"——（首届）陕西省乡村振兴发展大会 …… 351
　　"金融支持科技创新"论坛 ………………………………………………………… 352
　　"中国式现代化与区域协调发展"论坛暨陕西省社科界第十六届学术年会主场活动 …
　　　　……………………………………………………………………………………… 352

学术资助活动 …………………………………………………………………………… 352
　　2022年度陕西省社科界社会组织学术活动资助名单 …………………………… 353

其他活动 355

社 科 普 及

长安讲坛 364
2022年长安讲坛精品讲座一览表 364
陕西省社科联资助科普活动 366
2022年度陕西省社科普及活动资助项目立项名单 366

研 究 成 果

著作·马克思主义理论研究 372

大学生社会主义核心价值观认同研究 372
陈唯实与中国马克思主义哲学大众化 372
新时代中国特色社会主义生态文明思想研究 372
马克思主义学术中国化研究:1919—1949 372
中国共产党百年对马克思主义的原创性贡献研究 373
新时代中国生态文明建设理论创新与实践探索 373
延安时期党的理论工作者与马克思主义大众化 373
延安时期马克思主义哲学理论创新研究 373

著作·哲学研究 374

理念、存在与辩证法——柏拉图《智者篇》研究 374
北宗神秀禅法思想研究 374
赵馥洁文集(8卷) 374
维特根斯坦哲学解释简史 374
审美共通感的公共哲学意义 375
普遍性与特殊性:法、伦理及政治的哲学观察 375
孔孟学述 375
西方市民社会精神的批判性研究 375
环境正义研究 375
反思批判理论的规范内容:马克思、哈贝马斯与霍耐特 376
《唯物主义和经验批判主义》精学导读 376
休谟政治哲学与苏格兰启蒙运动 376
跨越时空的对话——马克思主义哲学视域下儒学若干重要问题研究 376
道家思想与日本近代知识人 376
理性、自然与伦理形而上学:黑格尔法哲学思想探源 377
马尔库塞社会批判思想研究 377

著作·文学研究 ... 377
- 20世纪中国幻想小说史论 ... 377
- 元杂剧校勘研究 ... 377
- 延安文艺学术史研究(1978—2016) ... 378
- 中国西部电影论 ... 378
- 隐形之手与文学脉象——新世纪长篇小说与文学市场互动关系研究 ... 378
- 西方牧歌发展的历史钩沉 ... 378
- 李杜韩柳的文学世界 ... 379
- 关学四书学研究 ... 379
- 忠孝理念与因果故事:丝路河西宝卷研究 ... 379

著作·艺术学、体育学研究 ... 379
- 观看的受众:视觉文本与接收研究 ... 379
- 中国设计文明研究:先秦篇 ... 380
- 半山马厂彩陶蛙人纹研究 ... 380
- 传统的再造——陕西关中西部民居创新设计研究 ... 380
- 商业海报设计 ... 380
- 汉代墓室壁画色彩研究 ... 380

著作·语言学研究 ... 381
- "花儿"语言文化研究 ... 381
- 粤东闽语语音研究 ... 381
- 二十世纪敦煌汉文叙事文献的西方英译活动研究 ... 381
- 牛蹄赣语古语词研究 ... 381
- 理解当代中国:高级汉德翻译教程 ... 382
- 理解当代中国:汉意翻译教程 ... 382
- 构式视角下的汉语动量组配认知研究 ... 382

著作·历史学研究 ... 383
- 古代地方条约辑存(15册) ... 383
- 中国历代大事年表 ... 383
- 中东史(修订本) ... 383
- 西周王室赏赐礼制研究 ... 383
- 将略兵机:中国古代名将评传 ... 384
- 波斯锦与锁子甲——中古中国与萨珊文明 ... 384
- 抗战时期国民政府田赋征实制度研究 ... 384
- 清代以来黄河中游气候变化及其社会响应 ... 384
- 秦汉区域文化研究(增订本) ... 384
- 里甲制度考略 ... 385

  欧亚时空中的中国与世界 …… 385
  非洲阿拉伯国家通史(八卷) …… 385
  关中文化的历史嬗变 …… 385
  辽宋金社会史论集 …… 386
  秦汉时期生态环境研究(增订本) …… 386

著作·考古学研究 …… 386
  珐出周原:西周手工业生产形态管窥 …… 386

著作·经济学研究 …… 387
  中国西部能源产业升级研究 …… 387
  区块链理论与实务 …… 387
  徘徊在经济与历史之间 …… 387
  中国发展经济学通论 …… 387
  法定与公平:税法基本原则的解构与建构 …… 387
  区域经济学概论 …… 388
  中国互联网企业社会责任营销履践与消费者感知——基于BAT的实践 …… 388
  模块化创新推动中国制造业升级的机制与路径 …… 388
  数字经济学导论 …… 388
  中俄农业发展研究 …… 389
  趋势结构断点经济时间序列协整理论与应用研究 …… 389
  改革开放以来中国人口结构变动对经济转型的影响 …… 389
  影子银行冲击货币政策传导的机制与效应研究 …… 389
  数理经济学 …… 390
  丝绸之路经济带研究 …… 390
  数字视角:文化投融资及其治理 …… 390
  管理会计(第2版) …… 390
  税法理论与实践 …… 391
  数字经济赋能经济高质量发展 …… 391

著作·法学研究 …… 391
  当代中国社会主义法律信仰发展状况研究 …… 391
  《商君书》译注 …… 391

著作·政治学研究 …… 392
  新时代高校国家安全教育通论 …… 392
  电子商务平台的刑事责任研究 …… 392
  思想政治工作促进网络舆论生态优化研究 …… 392

著作·社会学研究 …… 392
  社会保障价值理念论 …… 392

公共政策协商沟通机制研究 ·············· 393
中共思想理念在乡村的传播与实践:基于晋陕苏乡村民间文献的考察 ·············· 393
贫困村资金互助社运行绩效评价与政策优化研究 ·············· 393
社会保险统一经办模式及实现路径研究 ·············· 393
人口死亡水平研究 ·············· 394
农村金融减贫效应、运作机理与路径选择研究 ·············· 394
中国中西部南北绿色经济带构建研究 ·············· 394
近代以来中国城乡关系演进与新型城乡关系的形成研究 ·············· 394
乡村治理共同体建设研究 ·············· 395
精英结构与乡村统治形式嬗变——基于豫南楚铺村的调查 ·············· 395

著作·心理学研究 ·············· 395
癌症患者自悯训练的理论与实践 ·············· 395

著作·教育学研究 ·············· 396
创新与激励——公立高校科研奖励政策研究 ·············· 396
世界一流学科的成长之道 ·············· 396
中国过度教育的形成与效应 ·············· 396
中国教师教育综合化研究 ·············· 396
活动理论视角下的小学英语教师学习个案研究 ·············· 397

著作·管理学研究 ·············· 397
清洁能源背景下的电力用户管理体系创新 ·············· 397
组织忘记对企业战略转型的影响研究 ·············· 397
中国式分权治理模式对产业政策实施效果的影响研究 ·············· 397
政府支持行为对中小企业创新绩效影响机制研究 ·············· 398
板块驱动型城市产业发展的耦合机理及政策调控研究:以大西安为例 ·············· 398
"一带一路"沿线中国企业海外社会责任 ·············· 398
基于 Agent 的多产品扩散仿真研究 ·············· 398
家族企业定向增发中的市场反馈效应研究 ·············· 399
农业转移人口市民化意愿及其影响因素分析——家庭生命周期视角 ·············· 399
组织行为学 ·············· 399
物流与供应链管理 ·············· 399
智慧医疗:医联体手术资源协同调度 ·············· 400
创新型城市建设的理论与实证研究 ·············· 400
智慧港口仿真与优化 ·············· 400

著作·新闻与传播学研究 ·············· 400
新闻评论与公共性理论建构研究 ·············· 400
中国新媒体传播研究进路考察(1994—2019)从现象描述到关系反思 ·············· 401

著作·交叉学科研究 ... 401
唐宋建筑的多元技术系谱考察——《营造法式》研习拾零 ... 401
中国医学史 ... 401
融资结构、信息技术对企业创新的影响 ... 401
基于信息生态系统的制造业绩效评价与转型升级路径研究 ... 402
学科体系中的数学文化 ... 402
乡村振兴战略下农村科技创新体系构建 ... 402

其他著作 ... 402

论文·马克思主义理论研究 ... 418
"大思政课"视域下高校思政课实践育人模式的构建论析 ... 418
论马克思主义和中华优秀传统文化的契合性——以五四时期先进知识分子接受马克思主义为例 ... 418
社会可持续发展下性别失衡社会风险治理 ... 418
人工智能时代价值和剩余价值源泉再认识 ... 418
延安时期毛泽东关于话语权和三种话语形式的论述探析 ... 419
中国共产党自我革命的动力探析 ... 419
百年来中国共产党对我国社会主要矛盾演进的科学判断及经验启示 ... 419
马克思主义基本原理同中华优秀传统文化相结合的历程、经验和未来展望 ... 419
习近平关于顶层设计重要论述在福建的孕育和实践 ... 420
新时代提升延安精神传播效度的路径思考 ... 420
新时代弘扬中华体育精神的三个向度 ... 420
立足"四史"强化思政课教学的感性支撑力 ... 420
习近平党员干部修养观探察 ... 420
高校思想政治理论课以理服人面临的难题与提升路径 ... 421
论马克思主义基本原理同中华优秀传统文化的结合 ... 421
毛泽东如何读马列主义经典著作 ... 421
马克思现实观完整规定性及其意义解析 ... 421
县域公共服务均等化推动乡村振兴的目标旨归、面临问题和实践路径 ... 422
深化对推进新时代党的自我革命的认识 ... 422
习近平关于精神生活共同富裕重要论述的生成逻辑、核心要义和实践路径 ... 422
全过程人民民主对西方民主的系统性超越 ... 422
"自我革命"概念的理论生成及其在新时代党的建设布局中地位的演进 ... 423
中国共产党党内学习制度建设的探索历程、演进特点及经验启示 ... 423
试论意识形态话语权提升的四个着力点 ... 423
论阿尔都塞对"葛兰西主义"和"欧洲共产主义"的批判 ... 423
在乡村振兴中培育践行社会主义核心价值观 ... 423

论中华文化和中国精神的时代精华 …… 424
海外中国学对习近平外交思想的认知评析 …… 424
高校"一站式"学生社区的空间建构逻辑与路向 …… 424
人工智能时代思想政治教育话语权探析 …… 424
价值理性共识与公共性优存的新文明叙事——人类命运共同体思想的原创性
　贡献及其世界性意义 …… 425
以高质量发展促进共同富裕的内在逻辑与现实路径 …… 425
历史虚无主义的碎片化症候批判 …… 425
习近平新时代中国特色社会主义思想融入"马克思主义基本原理"课的价值、要点
　与方法 …… 425
全球气候政治的现状与未来 …… 426

论文·哲学研究 …… 426

刘沅对朱子《大学章句》的辩驳及其思想史意义 …… 426
从《黑格尔的经验概念》看海德格尔的黑格尔阐释 …… 426
交往理论开端上的"命运"冲突——重审哈贝马斯早年对黑格尔耶拿精神哲学的
　解读 …… 426
意外考试悖论的普莱尔刻画 …… 427
哈贝马斯合法之法理论的乌托邦属性 …… 427
愤怒是一种不自制(Akrasia)现象吗?——重思塞涅卡的愤怒学说 …… 427
阿伦特的良心观——良心与自身关系 …… 427
从《大学古本说》看李光地与朱子学的关系 …… 427
羽翼与转化:朱子学在关中地区的接受和传播 …… 428
李二曲的《四书反身录》与明清之际阳明心学的自我更新和转向 …… 428
作为现代理念论的黑格尔概念逻辑 …… 428
王吉相《四书心解》的学术旨趣、诠释特质及其思想意义 …… 428
道家自然主义的技术观 …… 428
"太虚无形"与"太虚即气"的语言分析 …… 429
海德格尔对康德自由与因果性奠基关系的颠倒及其意义 …… 429
习近平新时代宗教治理的重大创新及实践路径 …… 429
中西会通下晚明江南地区的技术科学与儒匠群体的科学精神 …… 429
论唯物史观对启蒙历史哲学的双重超越——以"绝对"与"相对"为坐标 …… 429
人工智能体道德设计的美德伦理路径:基于道德强化学习 …… 430
全过程人民民主的生成逻辑、显著优势及创新意义 …… 430
治理现代化视域下高校资助育人高质量发展路径探索 …… 430
全人类共同价值的哲学基础 …… 430

论文·文学研究 ... 431

诗中有神：试论杜诗"大水"意象的神话色彩和原型意味 ... 431

杜甫晚年的家国情怀与诗歌艺术创新——以寓居夔州之初的诗歌创作为中心 ... 431

"道德视景"与"感时忧国"：夏志清《中国现代小说史》再审视 ... 431

"第三项"与"作者之死"的理论去向 ... 431

《西游记》蓝诗玲英译本中译述策略的运用——兼论译述对典籍外译的意义 ... 432

中国新诗学观念的历史转型及其辩证关系——郑振铎"血和泪"与"爱和美"的双重书写 ... 432

裴注八十卷集解本《史记》篇目考——基于古写本文献的研究 ... 432

伯纳德·贾格尔建筑现象学语境中的家 ... 432

"人民"与社会主义文艺阐释共同体的建构 ... 433

论抗战时期中国文学的"非虚构"书写 ... 433

国家形象与市民文化的互渗融合——宋代元宵诗词的集体欢乐书写 ... 433

晚明诗学中的主体质素论述及其演生过程——从李贽的"二十分识"到公安派的尚趣重学 ... 433

敦煌叙事文献《大目乾连冥间救母变文》英译的描写研究 ... 434

湘西地方路径与历史之魅：土家族作家田瑛小说的一种读法 ... 434

"新格义"阐释：西方文学语言学阐释的本土化问题 ... 434

试论勒克莱齐奥的《物质的迷狂》和《非洲人》的生态意识 ... 434

自别于程朱：李塨对《大学》的诠释及其学术史意义 ... 434

消费主义的隐秘内核——论大众文化场域中的"中年"书写 ... 435

论万玛才旦小说的世界观念和艺术特征 ... 435

《李自成》内含的多重叙事话语 ... 435

通往史诗性创作的道路上——基于中国现代文学馆珍藏的路遥致秦兆阳两封书信的解读 ... 435

汉赋经典化的史学路径——以长安方志用赋为中心 ... 436

"七月"与"九叶"在1981——以《白色花》《九叶集》出版为中心的考察 ... 436

柯仲平的1938——纪念大众诗人柯仲平诞辰120周年 ... 436

论义·艺术学、体育学研究 ... 436

文化记忆视角下工业遗产价值重塑——以申新纱厂为例 ... 436

唐帝陵雕塑文化遗产的数字化传播研究 ... 437

"鲁艺传统"与"华北路径"：华北解放区美术教育的教创源流与并蓄延展（1945—1949） ... 437

从"民间文艺"到"人民文艺"——武强新年画的形成及解析 ... 437

在当代性与学院油画之间 ... 437

侦探小说的图像副文本研究——《无人生还》的封面视觉呈现 ... 437

新文科视域下的艺术学理论学科建设——以西安美术学院为例 ……………… 438
媒介与"出位之思"——里希特照片绘画解读 ……………………………… 438
流动的迹象——我的石版画创作历程 …………………………………………… 438

论文·语言学研究 ………………………………………………………………… 438

从翻译叙事研究到自译叙事研究:借鉴与理据 ……………………………… 438
国家安全视阈下语言问题新表征:语言恐怖主义的缘起、识别与应对 …… 439
大数据时代背景下的语言智能与外语教育 …………………………………… 439
中国专利翻译研究:回顾与展望 ………………………………………………… 439
转喻表征与识解的认知研究:框架参照点模型 ……………………………… 439
外语专业本科新生学术素养社会化民族志个案研究 ………………………… 439
翻译过程研究中的眼动实验效度:问题与对策 ……………………………… 440
基线/阐释模型下的汉语离合词现象研究 ……………………………………… 440
句法复杂度对中国大学生英语说明文写作质量的预测研究 ………………… 440
基于论证的语言测试评分量规效度验证模式:从理念到框架 ……………… 440
国外认知障碍老人自然对话研究:现状与前瞻(1991—2021) ……………… 440
关中方言的两种形容词名词化手段 …………………………………………… 441
论汉语方言学在中国特色语言学学科体系、学术体系、话语体系建设中的价值 … 441
深度挖掘教材思政元素,推进大学英语视听说育人实践——以"TED 英语视听说"
  课程为例 ……………………………………………………………………… 441
基于结构主题模型的"一带一路"倡议国际学术话语文本挖掘:主题、变迁与差异……
  …………………………………………………………………………………… 442
选择与坚守——翻译家高立希的中国当代叙事文学德译之路 …………… 442
当代美国华裔文学南京大屠杀书写探源 …………………………………… 442
英语情态歧义的消解机制 ……………………………………………………… 442
试论我国外语教育的中国特色 ………………………………………………… 442
同分异构理念下语言表达能力在线评分量规的设计思路 ………………… 443
时间词"已经""曾经"的特殊句法属性——兼与 already、ever 比较分析 … 443

论文·历史学研究 ………………………………………………………………… 443

史念海先生对中国历史地理学科建设的贡献 ……………………………… 443
穆罕默德查伊王朝时期阿富汗部落社会的结构及其内在逻辑 …………… 443
清华简《赤鹄之集汤之屋》所见古史传说 …………………………………… 444
秦至汉初县行政机构设置辨析 ……………………………………………… 444
先秦时期的族武装考论 ………………………………………………………… 444
近现代中文伊斯兰教著译统计与整理简述 ………………………………… 444
日本江户时代后期大名权力演进及其影响——以德岛藩为中心的考察 … 445
宋太祖时期以史经世的考察 …………………………………………………… 445

晚清吐鲁番《葡萄沟水善后分水章程》与乡村水利秩序的变动 445
从部落社会演进看阿拉伯早期国家形成 445
西周春秋周王册命方国卿士之制初探 445
女真贵种与金代政治文明的演变 446
近代美国捕鲸业 446
宋代的文官掌军制度及其效应 446
延安时期马克思主义史家的辛亥革命史书写与近代史体系构建 446
西周春秋周王级庙制研究 447

论文·考古学研究 447
新疆哈密七角井细石器遗址石制品研究 447
西安米家崖遗址出土骨器的试验考古研究 447
呼伦贝尔鲜卑遗存中的西来文化因素——兼谈两汉时期的"草原丝绸之路" 447
李逢吉佚文《单于府开元寺故大德悉达多禅师碣铭》考释 448

论文·经济学研究 448
邻里效应对牧户载畜率决策的影响——北方牧区的经验证据 448
心理所有权对农户宅基地退出行为的影响研究——基于相对剥夺感的中介效应和社会质量的调节效应分析 448
中国"两大奇迹"形成逻辑的政治经济学阐释 448
母子公司距离对企业税收激进的影响——激励还是抑制？ 449
新发展阶段物联网赋能经 449
非均衡数据下基于 BPNN – LDAMCE 的信用评级模型设计及应用 449
人工智能会加剧性别工资差距吗？——基于我国工业部门的经验研究 449
劳动力成本上升对农户营林投入结构的影响——基于林业社会化服务供给约束的视角 450
人口老龄化、居民健康与收入不平等 450
课外读物对农村儿童人力资本的影响：一个随机干预实验研究 450
低碳转型冲击就业吗——来自低碳城市试点的经验证据 450
河长制视域下技术嵌入对公众治水参与的影响——基于5省份调查数据的实证分析 451
数字资本驱动下新消费主义的政治经济学释析 451
税收分成与经济发展方式转变：机制分析和经验证据 451
女性意识的早期崛起与长期收入表现 451
税制结构竞争优势与全要素生产率：影响机制与比较分析 451
中国经济国内国际双循环的测度及增长动力研究 452
中国城市数字经济与绿色技术创新耦合协调测度与评价 452
村集体经济组织参与土地流转的交易费用降低机制研究——以陕南4个烟区产业综合体为例 452

无条件现金转移支付与家庭发展韧性——来自中国低保政策的经验证据 452
税负差异与地区生产率差距——基于"地级市配对-同行业差分"方法的经验证据 ... 453
供应链创新驱动经济高质量发展的理论内涵与现实路径 453
为城市发展定标:"人民城市"理念下城市高质量发展的价值遵循、逻辑意蕴与实践取向 453

论文·法学研究 453

论乡村振兴背景下农民户有所居的住房保障 453
习近平法治思想中涉外法治话语生成与实践逻辑——以"一带一路"倡议为视角 454
习近平法治思想与法治学体系 454
纪检监察机关大数据监督的规范化与制度构建 454
宋代众证定罪规则的历史考察与现代启示 454
习近平法治思想中的传统法律文化观 454
机动车第三者责任保险能排除连带责任吗? 455
农民集体成员的集体资产股份权 455
党内法规对责任制度的构造 455
正当防卫体系性地位的再思考 455
论"根据在案证据裁判规则" 456

论文·政治学研究 456

法国智库涉华认知研究及启示——基于法国国际关系研究所的研究 456
巩固拓展脱贫攻坚成果同乡村振兴衔接的理论与实践逻辑 456

论文·社会学研究 456

政策更迭与策略应对:基层政府"反复整改"的逻辑及其治理——以A镇精准扶贫政策执行为例 456
风险社会背景下性别失衡治理的公众参与——基于湖北省的调查 457
从合约治理到行政统合——资本下乡过程中治理策略转换的案例研究 457
后扶贫时代规模性返贫风险的诱致因素、生成机理与防范路径 457
"幼有所育"政策背景下母亲的婴幼儿照顾偏好——基于优劣尺度法的实证分析 457

论文·心理学研究 458

融于教学的游戏训练对农村大班幼儿执行功能的促进 458
时间结构和速度线索对碰撞时间估计的影响 458
听觉警报失聪的认知因素 458
目光注视线索对客体注意的影响及作用机制 458
消极刻板印象对老年人医疗决策的影响及归因偏差的作用 459

孤独症谱系障碍者的生物运动探测障碍:基于行为与神经的证据 ·············· 459

论文·教育学研究 ············ 459

　　现代中国教育本质观的合理性建构 ·············· 459
　　职业教育学制度化的兴起与演进———以德国、美国和中国为例 ·············· 459
　　"互联网+"背景下国际中文教师线上教学能力的发展 ·············· 460
　　以数据为基础的高校决策支持模式 ·············· 460
　　中小学图书馆在校园阅读活动体系中的主体作用及未来路向 ·············· 460
　　国家教育安全面临的问题及对策 ·············· 460
　　中国当代通识教育的起源背景与现状问题——兼论通识教育"评估-调整"机制的
　　　意义 ·············· 461
　　增强教育内在价值是消减教育功利化的关键 ·············· 461

论文·管理学研究 ············ 461

　　地方融资平台杠杆率可以影响城商行绩效吗?——基于 SYS-GMM 和门槛模型的
　　　实证分析 ·············· 461
　　地方政府隐性债务转化率测算与债务风险识别 ·············· 461
　　高管家乡认同与过度投资:抑制还是助长 ·············· 462
　　机构投资者信息挖掘、羊群行为与股价崩盘风险 ·············· 462
　　三元采购情境下供应商创新贡献诱发机理研究 ·············· 462
　　风险投资网络社群结构、信息传播与认知临近性 ·············· 462
　　实验室验证对技术转移影响研究:双元学习视角 ·············· 462
　　债务治理、地方融资平台期限错配与企业绩效——基于"43 号文"的研究 ·············· 463
　　科技成果转化过程中高校实验室验证有效性的前因探索 ·············· 463
　　企业如何走出"整合"还是"自治"的困境? ·············· 463
　　我国制造业全球供应链重构和数字化转型的路径研究 ·············· 463
　　基于 STERGM 的风险投资网络演化动力研究 ·············· 464
　　技术创业型企业与创业平台资源共生演化机理 ·············· 464
　　投资者概念关注对股票收益的影响研究——基于百度搜索数据 ·············· 464
　　数字化转型与企业创新效率——来自中国制造业上市公司的经验证据 ·············· 464
　　衣锦还乡促创新?——基于高管家乡认同的研究 ·············· 464
　　认知-动机-关系理论视角下辱虐管理对员工留职的作用机制研究 ·············· 465
　　性别差异对研发投资决策影响的实验研究 ·············· 465
　　工作自主性对知识获取行为的影响机制——基于复杂产品研发项目管理者的
　　　证据 ·············· 465
　　白衣骑士策略下敌意并购竞价与时机研究 ·············· 465
　　买方企业产品开发中供应商创新整合效能的提升机制研究 ·············· 465
　　社会监督与企业社保缴费:来自社会保险监督试点的证据 ·············· 466

- 基于拍卖机制的资源转移时间型动态分布式多项目调度 ……… 466
- 实际控制人的政治、经济激励对企业社会责任报告的影响 ……… 466
- 制造企业服务化程度、服务化模式和服务化收益研究 ……… 466
- 智联产品服务供应链研发运维多阶段联合优化与协调 ……… 466
- 技术甄选行为对技术收购后价值创造的影响研究 ……… 467
- 双会议服务器选址问题研究 ……… 467
- 不同差错氛围激发团队突破性创造力的机理研究:社会信息处理视角 ……… 467
- 非国有股东治理与企业资本运营效率——监管方式的调节作用 ……… 467
- 期望落差、惯例复制与迭代创新:组织即兴的调节作用 ……… 467
- 惯例复制、资源拼凑与创新催化 ……… 468
- 经营期望差距影响公司股价崩盘风险吗? ……… 468
- 渠道冲突与企业间协作:第三方介入的调节作用 ……… 468

论文·新闻与传播学研究

- 算法新闻的可版权性质疑及邻接权保护 ……… 468
- 社会思潮网络传播中的非理性因素:形态、成因及引导 ……… 468
- 从数字教材出版到学习场景构建:面向智慧教育的教育出版企业知识服务 ……… 469
- 延安时期红色文化国际传播的历史经验及其当代启示 ……… 469
- 印刷文化与出版文化的历史价值暨当代意义 ……… 469
- 智媒体时代网络内容生态治理——用户算法素养的视角 ……… 469
- 短视频平台内容审核编辑的现状、症候与未来 ……… 470
- "旧相识"与"新相逢":出版研究的知识入射角意蕴 ……… 470
- "马克思党报思想"中国化的肇启及传承——延安整风运动中的《解放日报》改版 ……… 470
- 算法安全:伪舆论的隐性机制与风险治理 ……… 470
- 另类传播和语言游戏:网络场域中的拼音缩写检视 ……… 470
- 狂欢、失控与规整:互动仪式视角下EDG夺冠后的极端Flag现象 ……… 471

论文·民族学研究

- 论中国古代"大一统"内涵的发展演变 ……… 471
- 全面的觉醒:抗战时期新疆各民族国家认同研究 ……… 471

其他论文 ……… 472

智库报告

智库报告 ……… 512

- 陕西省干部培训有效性研究 ……… 512
- 陕西省科技工委系统科研院所科技人才工作现状调研 ……… 512
- 凤翔柳林镇"百县千乡万村乡村振兴示范镇创建方案" ……… 512

打造内陆改革开放人才高地 ·· 512
完善科技人才流动机制,引领陕西创新发展 ······························ 513
坚持"四个结合":周至以高质量党建引领乡村振兴的特色做法与有益探索 ········ 513
基层稽查局数据共享共治存在的问题和建议 ······························ 513
中国可再生能源产业路在何方 ·· 513
可再生能源产业发展面临的机遇、存在的困难及期盼建议 ··············· 514
南亚传统医药发展报告 ·· 514
陕西省森林康养基地评价调查报告 ··· 514
非洲传统医药发展报告 ·· 514
匈牙利中医药发展报告 ·· 514
基于传统医德和叙事医学的人文元素对医患关系与临床治疗的积极作用研究 ··· 515
依托特色产业优势发展绿色生态经济 促进精准脱贫与乡村振兴有效衔接的建议 ···
··· 515
关于商州区贫困人口防返贫动态监测及预警处置的调研报告 ··············· 515
以科技创新助推商洛市农业高质量发展的建议 ······························ 515
商洛山区沟壑村集体经济的发展现状、问题及推进思路 ···················· 516
陕南秦巴山区精准脱贫成效评估及"阻返"长效机制研究 ··················· 516
关于商洛市大旅游产业发展的调研报告 ·· 516
陕西沿黄区域城乡建设与历史文化保护传承研究 ·························· 517
泾河新城社区工厂发展模式设计——理论、借鉴与前景 ···················· 517
政府投资项目评估方法与模型 ·· 517
网络封建迷信活动的表现、危害、成因及相关建议 ·························· 517
族际交往中的"石榴籽效应" ·· 518
西部脱贫地区乡村全面振兴面临的三大困难及对策建议 ···················· 518
边疆书院铸牢中华民族共同体理念的理论基础和实践路径研究报告 ········· 518
应及时纠正我国北方部分城市绿化存在的重景观轻生态趋势 ··············· 518
陕南开展生态产品价值实现机制试点工作是大势所需 ······················· 519
陕西山区易地搬迁中退耕农民就业保障对策与建议 ·························· 519
西部地区扶贫资产管理实践与启示:基于陕西省宝鸡市的探索 ·············· 519
陕西省易地扶贫搬迁集中安置妇女发展状况调研报告 ······················ 519
对接重大突发公共卫生事件,强化家庭医生签约服务功能相关期盼及建议 ······ 520
陕西发展老龄大健康数字产业的几点思考 ···································· 520
基于大数据的陕西省新就业形态从业人员社会保障提升路径研究 ·········· 520
校企共生融合发展创新港建设方案 ··· 520
大力推动信用信息共享建设信用数字经济 ···································· 521
"一带一路"西兰国家区域科技创新中心建设方案 ··························· 521

深化国企混改的实施路径与模式方法研究 ……………………………………… 521
当前我国城市基层应急治理存在的突出问题及对策建议 ………………………… 521
关于提升经济韧性的有关建议 …………………………………………………… 522
系统推进5G数字技术低碳发展 …………………………………………………… 522
"双碳"目标下加速推进大宗物资公路运输模式创新的对策建议 ……………… 522
优化提升我国新能源跨区消纳能力加快推进新能源供给消化体系建设 ……… 522
西安都市圈产业布局与高质量发展研究 ………………………………………… 523
关于陕西省支持建设世界一流企业的工作举措的建议 ………………………… 523
咸阳市国家产教融合试点城市建设评估报告 …………………………………… 523
陕西黄河文化资源保护与高质量发展的路径与对策 …………………………… 523
做实做强乡村振兴"十百千"工程 ……………………………………………… 523
乡村振兴背景下陕北特色农业建设研究 ………………………………………… 524
关于加强粮食安全保障体系建设的建议 ………………………………………… 524
陕西省"十四五"时期弥补金融发展短板、助推高质量发展举措研究 ………… 524
品牌引领下的陕西乡村振兴战略研究 …………………………………………… 524
传统制造业企业转型升级的战略定位、路径及支撑体系研究 ………………… 525
当前我国推进乡村治理工作面临的主要问题及对策建议 ……………………… 525
关于持续深化陕西省乡村治理体系试点建设的对策建议 ……………………… 525
加快构建现代乡村治理体系策略研究 …………………………………………… 525
多重冲击下脱贫人口持续增收的困境及化解策略 ……………………………… 526
系统性应对农业灾害不确定性保障粮食供给安全 ……………………………… 526
陕西粮食储备安全的风险与治理 ………………………………………………… 526
关于发挥政策性农业担保平台功能助力陕西乡村振兴的建议 ………………… 526
新型农业经营主体融资存难题 亟需创新政企银合作机制 …………………… 527
关于加强新区回迁安置社区物业管理的调研与思考 …………………………… 527
交通运输新型智库联盟,促进互联网道路货运规范健康发展的建议 ………… 527
陕西省黄河文化保护传承弘扬规划 ……………………………………………… 527
关于将"榆林治沙精神"纳入党的精神谱系的建议 …………………………… 528
关于制订《长征"陕西段"红色文化资源保护与利用管理条例》的建议 …… 528
新发展阶段陕西坚持实施创新驱动发展战略研究 ……………………………… 528
积极应对人口老龄化 推动陕西养老产业高质量大发展 ……………………… 528
关于加强党的集中统一领导法治保障的建议 …………………………………… 529
陕西关于加快建设全国统一大市场的对策建议 ………………………………… 529
西安城市更新中文化遗产保护与城市能力提升的探索 ………………………… 529
提高政府投资项目工作质量的思考 ……………………………………………… 529
促进乡村振兴的若干建议 ………………………………………………………… 530

关于加快推进康养旅游产业发展的几点建议 …… 530

推进黄河流域陕西段生态治理的建议 …… 530

推进秦巴山区乡村产业振兴的实践探索——基于留坝县发展"四养一林"特色
农业的调研报告 …… 530

新发展格局下加快轨道交通建设的思考 …… 530

"红苹果"如何成为富民"大产业"——延安市安塞区发展山地苹果特优产业调研
报告 …… 531

关于通过养老补贴向需方转变推动西安养老事业高质量发展的建议 …… 531

关于防止毛乌素沙地"二次沙化"的建议 …… 532

调研发现中西部小规模学校教师队伍现状堪忧需引起重视 …… 532

推进我国普职教育协调发展的有效策略 …… 532

当前制约我国城乡基层治理效能提升的主要因素及对策 …… 532

关于进一步从法治层面完善河长制的建议 …… 533

唯有以心育人，方能立德树人——我国教师职业心理健康研究报告 …… 533

推进乡村体育健身，全面促进乡村振兴 …… 533

以"大思政课"为抓手统筹推进大中小学思政课一体化建设 …… 533

新时代马克思主义中国化新飞跃的学理阐释 …… 533

大中小学思想政治理论课一体化建设的现状、问题和对策——以陕西省为例 …… 534

基于市场导向的教育创新战略与路径 …… 534

关于进一步加强边境地区基础教育质量提升的对策与建议 …… 534

优先发展农村学前教育　助力乡村振兴 …… 534

人类文明新形态对中外人文交流具有指导作用 …… 535

"青少年体育"单独成章立法的建议 …… 535

加强生态保护修护　持续提升秦岭北坡防护屏障作用 …… 535

关于建设"长城国家文化公园（山西段）历史地理信息系统共享平台"的建议 …… 535

关于对"陕西方言语音建档"成果中"地方口传文化"推广和应用的建议 …… 536

陕西省市场监督管理局关于促进陕西省"十四五"广告产业发展的指导意见解读 ……
…… 536

秦岭区域民宿经济与高质量发展 …… 536

数字时代陕西境内汉字文明资源的研究与推广 …… 536

"一带一路"倡议中的青年责任 …… 537

延伸人社校园触角　对高校毕业生感受温暖关怀 …… 537

关于弘扬关中文化，讲好中国故事的建议——以丝绸之路世界文化遗产之关中
"两宫四寺"为窗口 …… 537

关于充分发挥高校在乡村文化振兴中重要作用的建议 …… 537

柔性税收征管对秦创原平台企业活力的影响机制与作用路径研究 …… 537

新发展理念下的陕西秦岭地区高质量发展评价研究 ········· 538
碳达峰、碳中和实现路径研究 ········· 538
农民愿意怎样养老——基于对5413个农户的调查 ········· 538
关于加快建设西部人才高地的建议 ········· 538
推进陕西省黄河流域高质量发展的几点建议 ········· 539
关于加快汉长安城国家大遗址保护特区管理体制提档升级的建议 ········· 539
陕西省动漫产业产学研深度融合模式与实现路径研究报告 ········· 539
乡村振兴的城固探索 ········· 539
杜绝秦创原项目落地过程中的弄虚作假现象 ········· 540
加快制造业绿色转型 助力实现"双碳"目标 ········· 540
依托秦创原创新驱动平台，推动陕西省文物保护装备产业园的建议 ········· 540
新形势下青年思想状况变化的探索、思考及对策 ········· 540
社交媒体时代短视频平台对网络舆情的影响及引导策略 ········· 540
全员精准多元帮扶，聚力增效促进毕业生高质量就业 ········· 541
持续深化陕西高等教育领域"放管服"改革对策建议 ········· 541
陕西省科技型企业"卡脖子"问题调研报告 ········· 541

年度获奖成果

国家哲学社会科学基金结项优秀成果 ········· 544

机　　构

2022年新增研究基地（中心） ········· 546

陕西创新人才发展研究院培训中心 ········· 546
陕西科技大学"耀州窑陶瓷文化与技艺"陕西省普通高校中华优秀传统文化传承
　基地 ········· 546
商洛学院"商洛花鼓"中华优秀传统文化传承基地 ········· 546
西安交通大学"一带一路"与国际法治研究院 ········· 547
西北工业大学太极导引健康科学研究中心 ········· 547
中共中央党史和文献研究院马克思主义理论与当代实践研究基地 ········· 547
西安欧亚学院文化与品牌发展研究院 ········· 548
西安交通大学资源与环境治理研究中心 ········· 548
西安外国语大学当代国外马克思主义研究中心 ········· 548
西安外国语大学教师教育U-G-S协同创新研究中心 ········· 549
西安外国语大学欧洲文学与文化翻译研究中心 ········· 549
西安外国语大学中国少数民族文学译介研究中心 ········· 549

西安外国语大学翻译专业教育创新发展研究中心 …………………… 549
　　西安外国语大学金融科技创新研究中心 ……………………………… 550
　　西安外国语大学上合组织国家旅游合作与人文交流研究中心 ……… 550
　　商洛学院商洛发展研究创新团队 ……………………………………… 550
　　西安思源学院民办高等教育研究所 …………………………………… 550
　　陕西省人民政协理论与实践研究基地（长安大学） …………………… 551
　　安康市政治协商理论研究基地（安康学院） …………………………… 551
　　陕西省人民政协理论与实践研究基地（陕西师范大学） ……………… 551
　　陕西省人民政协理论与实践研究基地（西安财经大学） ……………… 552

陕西省民办社科研究机构 …………………………………………………… 552
　　西安朝华管理科学研究院 ……………………………………………… 552
　　陕西创新人才发展研究院 ……………………………………………… 552
　　陕西省弘扬汉文化研究中心 …………………………………………… 553
　　陕西翰林教育研究院 …………………………………………………… 553
　　陕西季羡林国学院 ……………………………………………………… 553
　　陕西人才战略发展研究中心 …………………………………………… 553
　　陕西现代经济与管理研究院 …………………………………………… 554
　　陕西颖创跨境贸易研究院 ……………………………………………… 554
　　陕西三秦国土空间规划研究院 ………………………………………… 554
　　陕西永秀智库经济管理研究院 ………………………………………… 555

学 术 期 刊

2022 年新增高校哲学社会科学期刊 ……………………………………… 558
　　白鹿塬论丛 ……………………………………………………………… 558

大 事 记

后　　记 …………………………………………………………………… 565

特 载

把中国文明历史研究引向深入　增强历史自觉坚定文化自信

习近平

今天,中央政治局进行第三十九次集体学习,内容是深化中华文明探源工程。安排这次学习,目的是深入了解中华文明五千多年发展史,推动把中国文明历史研究引向深入,推动全党全社会增强历史自觉、坚定文化自信,坚定不移走中国特色社会主义道路,为全面建设社会主义现代化国家、实现中华民族伟大复兴而团结奋斗。

"史者,所以明夫治天下之道也。"党的十八大以来,我反复强调,要尊崇历史、研究历史,确立历史思维,传承中华优秀传统文化。中央政治局安排过多次有关中国历史文化方面的集体学习,2020年9月就曾安排了我国考古最新发现及其意义的题目,今天再安排深化中华文明探源工程的题目。

中华文明源远流长、博大精深,是中华民族独特的精神标识,是当代中国文化的根基,是维系全世界华人的精神纽带,也是中国文化创新的宝藏。马克思说,"凡是民族作为民族所做的事情,都是他们为人类社会而做的事情"。在漫长的历史进程中,中华民族以自强不息的决心和意志,筚路蓝缕、跋山涉水,走过了不同于世界其他文明体的发展历程。

"出乎史,入乎道。欲知大道,必先为史。"我们党历来用历史唯物主义的立场观点方法看待中华民族历史,继承和弘扬中华优秀传统文化。早在1938年,毛泽东同志就说过:"我们这个民族有数千年的历史,有它的特点,有它的许多珍贵品。对于这些,我们还是小学生。今天的中国是历史的中国的一个发展;我们是马克思主义的历史主义者,我们不应当割断历史。从孔夫子到孙中山,我们应当给以总结,承继这一份珍贵的遗产。这对于指导当前的伟大的运动,是有重要的帮助的。"

中华文明起源,不仅是我国学者潜心研究的重大课题,也是国际学术界持续关注的研究课题。经过几代学者接续努力,中华文明探源工程等重大工程的研究成果,实证了我国百万年的人类史、一万年的文化史、五千多年的文明史。

中华文明探源工程成绩显著,但仍然任重而道远,必须继续推进、不断深化。要重点抓好以下几项工作。

第一,加强多学科联合攻关,推动中华文明探源工程取得更多成果。中华文明探源工程对中华文明的起源、形成、发展的历史脉络,对中华文明多元一体格局的形成和发展过程,对中华文明的特点及其形成原因等,都有了较为清晰的认识。同时,工程取得的成果还是初步的和阶段性的,还有许多历史之谜等待破解,还有许多重大问题需要通过实证和研究达成共识,特别是完整展现夏朝历史还有大量工作要做。

现在,我们运用生物学、分子生物学、化学、地学、物理学等前沿学科的最新技术分析我国古代遗存,使中华文明探源有了坚实的科技分析依据,拓展了我们对中国五千多年文明史的认知。对文明起源和形成的探究是一个既复杂又漫长的系统工程,需要把考古探索和文献研究同自然科学技术手段有机结合起来,综合把握物质、精神和社会关系形态等因素,逐步还原文明从涓涓溪流到江河汇流的发展历程。要加强统筹规划和科学布局,坚持多学科、多角度、多层次、全方位,密切考古学和历史学、人文科学和自然科学的联合攻关,拓宽研究时空范围和覆盖领域,进一步回答好中华文明起源、形成、发展的基本图景、内在机制以及各区域文明演进路径等重大问题。

长期以来,西方形成了一套文明理论,我们要加以借鉴,但不能照抄照搬。中华文明探源工程提出文明定义和认定进入文明社会的中国方案,为世界文明起源研究作出了原创性贡献。要同步做好我国"古代文明理论"和中华文明探源工程研究成果的宣传、推广、转化工作,加强对出土文物和遗址的研究阐释和展示传播,提升中华文明影响力和感召力。

第二,深化研究中华文明特质和形态,为人类文明新形态建设提供理论支撑。在五千多年漫长文明发展史中,中国人民创造了璀璨夺目的中华文明,为人类文明进步事业作出了重大贡献。西方很多人习惯于把中国看作西方现代化理论视野中的近现代民族国家,没有从五千多年文明史的角度来看中国,这样就难以真正理解中国的过去、现在、未来。要把中华文明起源研究同中华文明特质和形态等重大问题研究紧密结合起来,深入研究阐释中华文明起源所昭示的中华民族共同体发展路向和中华民族多元一体演进格局,研究阐释中华文明讲仁爱、重民本、守诚信、崇正义、尚和合、求大同的精神特质和发展形态,阐明中国道路的深厚文化底蕴。对中华传统文化,不能一概否定,要坚持古为今用、推陈出新,继承和弘扬其中的优秀成分。毛泽东同志说过:"孔夫子所以成为圣人,是因为他是革命党,到处参加造反。说孔夫子著春秋'而乱臣贼子惧',那是孟子讲的。其实当时孔夫子周游列国,就是哪里造反他就到哪里去,哪里想革命他就到哪里去。所以此人不可一笔抹煞,不能简单地就是'打倒孔家店'。"我们要建立中国特色、中国风格、中国气派的文明研究学科体系、学术体系、话语体系,为人类文明新形态实践提供有力理论支撑。

第三,推动中华优秀传统文化创造性转化、创新性发展,为民族复兴立根铸魂。"学者研理于经,可以正天下之是非;征事于史,可以明古今之成败。"我反复强调,中华优秀传统文化是中华文明的智慧结晶和精华所在,是中华民族的根和魂,是我们在世界文化激荡中站稳脚跟的根基。我们坚持把马克思主义基本原理同中国具体实际相结合、同中华优秀传统文化相结合,不断推进马克思主义中国化时代化,推动了中华优秀传统文化创造性转化、创新性发展。要坚持守正创新,推动中华优秀传统文化同社会主义社会相适应,展示中华民族的独特精神标识,更好构筑中国精神、中国价值、中国力量。

在推动中华优秀传统文化创造性转化、创新性发展的过程中,我们要坚持马克思主义的根本指导思想,传承弘扬革命文化,发展社会主义先进文化,从中华优秀传统文化中寻找源头活水。要充分运用中华文明探源工程等研究成果,更加完整准确地讲述中国古代历史,更好发挥以史育人作用。

第四,推动文明交流互鉴,推动构建人类命运共同体。中华文明自古就以开放包容闻名于世,在同其他文明的交流互鉴中不断焕发新的生命力。中华文明五千多年发展史充分说明,无论是物种、技术,还是资源、人群,甚至于思想、文化,都是在不断传播、交流、互动中得以发展、得以进步的。我们要用文明交流交融破解"文明冲突论"。

我在亚洲文明对话大会开幕式上说过:"人类只有肤色语言之别,文明只有姹紫嫣红之别,但绝无高低优劣之分。"我们要坚持弘扬平等、互鉴、对话、包容的文明观,以宽广胸怀理解不同文明对价值内涵的认识,尊重不同国家人民对自身发展道路的探索,以文明交流超越文明隔阂,以文明互鉴超越文明冲突,以文明共存超越文明优越,弘扬中华文明蕴含的全人类共同价值。

我们要立足中国大地,讲好中华文明故事,向世界展现可信、可爱、可敬的中国形象。要讲清楚中国是什么样的文明和什么样的国家,讲清楚中国人的宇宙观、天下观、社会观、道德观,展现中华文明的悠久历史和人文底蕴,促使世界读懂中国、读懂中国人民、读懂中国共产党、读懂中华民族。

第五,让更多文物和文化遗产活起来,营造传承中华文明的浓厚社会氛围。文物和文化遗产承载着中华民族的基因和血脉,是不可再生、不可替代的中华优秀文明资源。我们要积极推进文物保护利用和文化遗产保护传承,挖掘文物和文化遗产的多重价值,传播更多承载中华文化、中国精神的价值符号和文化产品。

中国共产党人不是历史虚无主义者、文化虚无主义者,不能数典忘祖、妄自菲薄。各级领导干部都要敬畏历史、敬畏优秀传统文化,重视文物保护利用和文化遗产保护传承工作,为历史和考古工作者开展研究、学习深造、研修交流提供更多政策支持。要营造传承中华文明的浓厚社会氛围,广泛宣传中华文明探源工程等研究成果,教育引导群众特别是青少年更好认识和认同中华文明,增强做中国人的志气、骨气、底气。

本文发表于《求是》2022年第14期

继承和发扬党的优良革命传统和作风
弘扬延安精神

习近平

党的七大在党的历史上具有重要里程碑意义,标志着我们党在政治上思想上组织上走向了成熟。在政治上,党通过延安整风,使全党团结在毛泽东的旗帜下,实现了党的空前统一和团结。在思想上,党确立了毛泽东思想在全党的指导地位,把毛泽东思想写入了党章。在组织上,党形成了一支高举毛泽东旗帜的久经考验的政治家集团。党的七大在党的历史上具有极其重要的地位,为党后来不断从胜利走向胜利指明了正确方向、开辟了正确道路。

延安革命旧址见证了我们党在延安时期领导中国革命、探索马克思主义中国化时代化的光辉历程,是一本永远读不完的书,每次来都温故而知新,受到深刻教育和启示。要管理好、研究好,结合现实讲好杨家岭的故事、讲好党的七大的故事。

延安是中国革命的圣地、新中国的摇篮。从1935年到1948年,党中央和毛泽东等老一辈革命家在延安生活和战斗了13年,领导中国革命事业从低潮走向高潮、实现历史性转折,扭转了中国前途命运。巍巍宝塔山,滚滚延河水。延安用五谷杂粮滋养了中国共产党发展壮大,支持了中国革命走向胜利。延安和延安人民为中国革命事业作出了巨大贡献,我们要永远铭记。

我在延安地区生活劳动了7年,我的父辈也是从这里走出去的,我对这里十分熟悉。当年在陕北插队的时候,每次路过延安,我都要来七大会址、杨家岭、枣园、凤凰山等革命旧址看一看。到中央工作后,先后3次来延安考察调研。这次和中央政治局常委同志一起来,就是要宣示新一届中央领导集体将继承和发扬延安时期党形成的优良革命传统和作风,弘扬延安精神。

在延安时期形成和发扬的光荣传统和优良作风,培育形成的以坚定正确的政治方向、解放思想实事求是的思想路线、全心全意为人民服务的根本宗旨、自力更生艰苦奋斗的创业精神为主要内容的延安精神,是党的宝贵精神财富,要代代传承下去。

坚定正确的政治方向是延安精神的精髓。1938年,毛泽东同志在延安抗日军政大学回答"在抗大应当学习什么"时指出,"首先是学一个政治方向"。全党同志要坚持正确政治方向,坚决贯彻党的基本理论、基本路线、基本方略,坚决落实党中央决策部署,把老一辈革命家开创的伟大事业继续推向前进。

延安时期,党提出全心全意为人民服务的根本宗旨并写入党章,强调共产党"这个队伍完全是为着解放人民的,是彻底地为人民的利益工作的",要求党的干部"把屁股端端地坐在老百姓的这一面",形成了"只见公仆不见官"的生动局面。全党同志要站稳人民立场,践行党的宗旨,贯彻党的群众路线,保持党同人民群众的血肉联系,自觉把以人民为中心的发展思想贯穿到各项工作之中,扎实推进共同富裕,让现代化建设成果更多更公平惠及全体人民。

党中央和红军安家延安后,由于敌人的军事包围和经济封锁,条件十分艰苦。延安军民积极响应毛泽东同志发出的"自己动手、丰衣足食"号召,开展了热火朝天的大生产运动,有力支持了抗日前线。全党同志要大力弘扬自力更生、艰苦奋斗精神,无论我们将来物质生活多么丰富,自力更生、艰苦奋斗的精神一定不能丢,脚踏实地、苦干实干,集中精力办好自己的事情,把国家和民族发展放在自己力量的基点上。

当年毛泽东同志等老一辈革命家在延安,住窑洞、吃粗粮、穿布衣,用"延安作风"打败了"西安作风"。全党同志要把老一辈革命家和共产党人留下的光荣传统和优良作风传承好发扬好,勇于推进党的自我革命,坚定不移推进全面从严治党,始终保持党的先进性和纯洁性,确保党始终成为中国特色社会主义事业的坚强领导核心。

延安时期,党以顽强的斗争精神和高超的斗争本领,有力开展了抗击日本军国主义侵略的斗争,有力应对了西安事变、七七事变、重庆谈判等一系列重大挑战,有力领导和指挥了全国革命斗争,有力应对了国民党军队对陕甘宁边区的重点进攻,靠小米加步枪打开了中国革命新局面。全党同志要发扬斗争精神、提高斗争本领,坚决战胜前进道路上的各种困难和挑战,依靠顽强斗争打开事业发展新天地。

党的二十大制定了当前和今后一个时期党和国家的大政方针,描绘了以中国式现代化全面推进中华民族伟大复兴的宏伟蓝图。让我们踏上新征程,向着新的奋斗目标,出发!

本文发表于《求是》2022 年第 24 期

发展概述

2022年陕西社会科学发展概述

《陕西社会科学年鉴》课题组①

2022年,是党的二十大召开之年,也是中国进入全面建设社会主义现代化国家、向第二个百年奋斗目标进军新征程的重要一年。一年来,陕西社科界以习近平新时代中国特色社会主义思想为指导,坚守马克思主义指导地位,积极开展理论阐释和社科研究、学术交流、学科建设、社科普及、组织建设等工作,自觉运用马克思主义中国化最新成果武装头脑、指导实践,在文明传承、文化传播、理论阐释和创新,服务全省政治、经济、文化、社会、生态发展等方面取得新进展、新成果。

一、社科研究

2022年,全国哲学社会科学工作办公室公布年度国家社科基金重大项目、年度项目、青年项目和西部项目5513项。其中,陕西获立各类国家项目279项,经费5000多万元。国家社科基金项目中,重大项目12项,年度一般项目116项,青年项目31项,西部项目50项,后期资助项目43项,教育学项目15项,高校思政课研究专项5项,中华学术外译项目7项。立项数排名前五所高校分别是西北大学、陕西师范大学、西安交通大学、西北政法大学、西安财经大学、西安外国语大学。

国家社科基金重大项目13项,较2021年有所提升。分别是:西北大学马朝琦的"延安时期中国共产党防范化解重大风险研究",西北工业大学田庆锋的"新兴领域军民融合高质量发展的机制和路径研究",西北农林科技大学赵敏娟的"'双碳'目标下农业绿色发展体系创新与政策研究",西安交通大学刘志仁的"流域和海域环境协同治理的机制与路径研究",西北农林科技大学朱玉春的"统筹推进县域城乡融合发展的理论框架与实践路径研究",西安交通大学周晓阳的"新形势下全球供应链中断风险研判与应对策略研究",西安交通大学舒成利的"数字经济背景下我国企业战略管理新范式建构研究",西北大学曲安京的"中国历法史",陕西师范大学潘天波的"丝绸之路中外工匠文化交流史料整理与研究",陕西省考古研究院马永赢的"江村大墓与南陵考古资料整理与研究",陕西

---

① 《陕西社会科学年鉴》课题组负责人:李继凯。参与人:冯超、杨杰、白若凡、高业艳、张旖华、崔谦、李甜、林静雯、程燕婷、李亚菲。执笔人:崔谦、白若凡。

师范大学杨晓斌的"《全汉赋》新辑、汇校、汇注、汇评",陕西师范大学王泉根的"百年中国儿童文学文献资料的整理研究与数据库建设",西安外国语大学赵战花的"百年中国新闻传播史著作整理及书写创新研究"。

国家社科基金重点项目11项,数量与2021年基本持平。分别是:西北大学张炜达的"中国共产党党内法规制度文献集成、研究与数据库建设(1937—1949)",西北大学张学广的"马克思主义哲学视野中的维特根斯坦研究",咸阳师范学院姚波的"突发公共事件背景下中国社区应急治理能力测度与评价研究",西安工程大学李艳的"农村女性初婚年龄模式的时空演进及农村婚姻市场生态研究",西安交通大学王宏俐的"百年未有之大变局下西方涉华舆论新态势及中国应对策略研究",西北大学潘玲的"战国秦汉时期东北族群的考古学研究",西北大学谷鹏飞的"文学阐释学的'中国范式'研究(1942—2022)",陕西师范大学刘军华的"文学地理学视域下明清陕西诗文总集研究",西安电子科技大学秦春秀的"场景驱动的我国关键核心领域文献资源精细组织与精准服务模式研究",西安交通大学肖忠东的"'数智时代'我国工业数据开放共享机制研究",西北工业大学常玉的"新发展格局下'走出去'的国有企业被污名化的成因、后果及治理研究"。在获立国家社科基金年度一般项目中,管理学11项,应用经济学9项,中国文学、语言学、社会学各有8个课题成功立项,哲学、法学各为7项。在国家社科基金青年项目立项中,陕西31项,与2021年基本持平。其中,西北大学、西安交通大学、陕西师范大学立项数名列前茅,分别为8项、7项、7项。在国家社科基金西部项目中,省内23所高校共成功申报50项。西北政法大学独占鳌头,为8项。

在全国哲学社会科学工作办公室公布的2022年国家社科基金后期资助项目立项名单中,陕西立项43个,其中重点项目1个,一般项目42个。一般项目数相较2021年有所提升。陕西社科界成功申报国家社科基金教育学规划项目15项,国家社科基金艺术学重大项目7项,国家社科基金高校思想政治理论课研究专项立项5项。其中,重点项目1项,一般项目4项。2022—2023年度国家社科基金中华学术外译项目7项。陕西师范大学党圣元的《中国古代文体观念研究》入选2022年度《国家哲学社会科学成果文库》。

教育部公布的2022年度人文社会科学研究重大课题攻关项目、规划基金、青年基金、自筹经费项目,西部和边疆地区项目,共计2832项。其中,陕西获立各类项目171项,数量较2021年大幅提高,其规划项目101项,西部和边疆地区项目52项。此外,陕西获立教育部人文社会科学研究项目还包含专项任务项目5项、后期资助5项、高校思想政治理论教室研究专项8项。

2022年,陕西省哲学社会科学工作办公室征集本年度社科基金项目研究选题,批准立项486项,资助经费974万元。涉及学科16种,其中,马克思主义·科学社会主义学科为48项,党史·党建18项,哲学·宗教学14项,经济学63项,政治学·法学25项,社会学·人口学21项,历史·考古学16项,文学28项,艺术学62项,语言学30项,新闻学与传播学23项,图书馆·情报与文献学5项,教育学40项,体育学20项,管理学66项,古籍整理与研究7项。在获准立项的单位中,陕西师范大学、西北大学、西安交通大学获奖数分别为62项、46项、40项。

2022年,陕西省哲学社会科学研究专项批准立项1654项,其中,针对45周岁以下青年学者设立青年项目367项,围绕"社科助力县域高质量发展"设立智库项目218项,会同省政府参事室、省文旅厅、省消防救援总队、省林业局、省文物局、省应急管理厅、省金融资产管理公司等37个单位设立合作项目1069项。这些项目,不仅提升了研究者自身的理论研究水平,而且也助推一系列高质量政策理论研究成果,推动相关工作的高质量发展。

二、学术交流

2022年,省社科联以习近平新时代中国特色社会主义思想和党的二十大精神为指导,深入贯彻落实党中央和陕西省委决策部署,紧紧围绕奋力推进社科强省目标,团结引导全省广大社科工作者回应时代需要、回答现实需求,为推进社科事业繁荣发展、推动陕西在新时代实现高质量发展,提供有力的理论支撑和智力支持。

陕西社科界组织开展一系列学习宣传贯彻习近平新时代中国特色社会主义思想和党的二十大精神的主题研讨活动。省委宣传部、省委党校(陕西行政学院)、省社科院、省社科联联合举办深入学习贯彻党的二十大精神理论研讨会;省社科联党组理论学习中心组召开党的二十大报告专题学习会、习近平法治思想专题学习会。此外,省级社科类社团也通过多种形式,认真学习、宣传、贯彻党的二十大精神。当代陕西研究会举办习近平新时代中国特色社会主义思想的陕西实践理论研讨会。省中国特色社会主义理论体系研究中心、重点和标准马克思主义学院、省社科重点研究基地还在各级媒体报刊发表多篇理论文章。这些活动,进一步推动习近平新时代中国特色社会主义思想深入人心,也在全省社科工作者,乃至于全社会产生强烈反响。

陕西社科类社会组织、各基层社科联,围绕陕西省委、省政府中心工作,以及生态保护、高质量发展、新时代文化建设等一系列热点、难点、重点问题,组织开展各类学术研讨交流活动两百余场。例如第三届陕西口岸经济发展论坛、社科助力县域经济高质量发展论坛、"发挥智库作用服务陕西高质量发展"理论研讨会等。还有,2022欧亚经济论坛——第六届绿色建筑与城市可持续发展高峰论坛,以"学习贯彻党的二十大精神,统筹实施国家重大战略,推动大关中协调发展"为主题的第十五届大关中发展论坛,"中国语言文化国际传播理论和实践"国际学术研讨会,"人类命运共同体构建与中国智慧"学术研讨会,绿色循环经济与环境保护研讨会,等。这些高水平学术活动在学界和社会产生积极而广泛的影响。省社科联持续致力于打造高水平、高质量的学术年会,举办包含17个分场活动在内的陕西省社科界第十六届(2022)学术年会,主题涵盖经济学、政治学、马克思主义哲学等多个学科,得到省经济学学会、省南泥湾精神研究会、西安邮电大学、西安工业大学和渭南师范学院等多家单位的大力支持。学术研讨交流活动充分展现求真务实的学术氛围,也为经济社会发展起到切实精准的辅助作用。

陕西社科界还举办不同主题、学科的高水平学术论坛及会议。其中,具有代表性的活动有"马克思主义基本原理同中华优秀传统文化相结合"高端论坛、"智链接·创未来——供应链高质量发展"论坛,以"新视野新征程·共命运共发展"为主题的第二届中非学术翻译论坛,陕西民营博物馆发展策略论坛,"区域国别地理与地缘政治研究"论坛,"红色工业文化研究"学术论坛,数智时代新商科一流专业建设论坛,第四届"翻译、修辞与对外话语传播"高峰论坛,全国高校"中国马克思主义与当代"教学创新中心高端论坛,等。各有关单位还组织举办学科多样、规模不等的研讨会,诸如"党的二十大后的中国外交与全球治理"主题学术研讨会、"中国共产党人精神谱系陕西元素"理论研讨会,毛泽东《在延安文艺座谈会上的讲话》发表80周年座谈会,秦俑学及秦代文明学术研讨会,《史记》与汉中历史文化学术研讨会,"学习贯彻党的二十大精神·开创企业文化建设新局面"研讨会、平利弦子腔非遗保护研讨会,等。此外,有关单位还积极聘请海内外、省内外专家举办多种多样的社科讲座,在增进学术交流方面发挥积极作用。这些学术论坛、年会、研讨会、讲座的举办,为繁荣陕西社科事业作出积极贡献,也体现陕西省社科界理论研究领域的广博视野、强劲势头。

三、社科成果

2022年,陕西社科界将习近平新时代中国特色社会主义思想和党的二十大精神贯穿哲学社会科学理论研究,用马克思主义的立场、观点、方法把握、引领科研工作,以陕西特色的文化资源为土壤,以与时俱进的时代精神为营养,紧紧围绕国家与陕西经济、社会、文化发展的重大问题和热点、难点问题,积极开展应用对策研究,服务社会发展,在马克思主义理论、哲学、文学、艺术学、语言学、历史学、考古学、经济学、法学、政治学、社会学、教育学、心理学、管理学、新闻与传播学、体育学、民族学、丝路学等多个学科产出了一批高质量的研究成果,不仅在国内学术界产生较大影响,而且部分成果还得到陕西省委、省政府领导的高度肯定,并在规划或政策制定中得到采纳应用。

2022年,陕西省社科界在CSSCI刊物上共发表论文3787篇。其中,陕西师范大学、西安交通大学、西北大学分别为752、719、610篇,占本年度陕西社会科学发表CSSCI期刊论文总量的54.95%。《中国社会科学文摘》转载陕西学者论文16篇,《新华文摘》转载陕西学者论文12篇,《高等学校文科学术文摘》转摘陕西学者论文26篇。

2022年,全国哲学社会科学工作办公室先后公布12批国家社科基金项目结项名单。陕西省有6项成果顺利通过国内同行专家鉴定,经全国哲学社会科学工作办公室审批,获"优秀"等级,包括赵阳阳的"《全唐文纪事》整理与研究"、蒋真的"美国制裁伊朗问题研究"、刘康乐的"清王朝道教事务管理研究"、胡坤的"《建炎以来系年要录》校证本、《建炎以来系年要录》版本与编纂研究"、黑维强的"宋元以来契约文书俗字典、宋元以来契约文书语言文字研究"、梁严冰的"西北联合大学史研究"。

在第一届陕西省教育科学研究优秀成果评选中,105项成果获奖。其中,著作18项、论文84项、调研报告3项。陕西师范大学祁占勇等申报的《经济发展与职业教育的耦合关系及其协同路径》等16项成果获一等奖，延安大学刘瑞儒等申报的《统筹推进世界一流学科实施路线图——基于世界一流学科评价指标》等36项成果获二等奖，西安邮电大学王改花等申报的《学习者特征对混合学习效果影响研究》等53项成果获三等奖。

2022年，陕西人文社科学者积极参与国家、本省各类主题性评奖活动。其中，西安交通大学资源与环境治理研究中心胡芳肖的《健全民政应急管理体系研究》获中华人民共和国民政部2022年民政政策理论研究论文二等奖，西安交通大学"一带一路"与国际法治研究院单文华团队的研究成果《能源宪章条约与中国法律的兼容性分析报告》获钱端升法学研究成果奖三等奖，陕西师范大学4项智库成果获2022年度智库建设优秀案例和优秀成果奖，榆林学院张静参与完成的调研报告《绍兴柯桥区新疆籍少数民族流动人口服务管理工作的经验、问题与建议》获国家民委年度优秀调研报告优秀奖，西安科技大学王建康、王会战的智库成果《做实做强乡村振兴"十百千"工程》获2022年度陕西省"三农"工作优秀调研成果一等奖，宝鸡文理学院王安中、刘晓勇的智库成果《陕西省干部培训有效性研究》获得陕西省委组织部优秀调研成果一等奖。

四、学科建设

2022年，陕西各高校全面贯彻习近平总书记系列重要讲话精神和中央人才工作会议精神，按照国家关于"双一流"建设的决策部署，坚持以马克思主义为指导，坚持社会主义办学方向，坚持中国特色社会主义教育发展道路，聚焦"双一流"学科建设，在提升办学质量、学科建设等领域取得进展和突破。2月11日，教育部、财政部、国家发展和改革委员会联合公布《第二轮"双一流"建设高校及建设学科名单》，西安交通大学、长安大学、西安电子科技大学、西北大学、陕西师范大学、陕西科技大学、陕西中医药大学等7所高校的19类专业入围。

马克思主义理论研究方面，陕西马克思主义理论界紧密围绕学习、阐释和宣传党的十九届六中全会精神、党的二十大精神，从马克思主义基本理论、马克思主义中国化、思想政治教育、马克思主义在国外的发展等多个角度开展理论研究，推动马克思主义理论学科发展，并取得较为突出的成绩。

政治学研究方面，陕西学者采用规范研究、实证研究和交叉融合研究方法，深入总结中国政治经验，突出强调当代中国标志性政治成果的学理转化，在"当代中国马克思主义政治学基础理论研究""当代中国政治实践研究""国家治理现代化研究""政治文化研究""国际政治研究"和"交叉学科研究"六大政治学研究领域深入探索、不断创新，取得丰厚的科研成果，为当代中国政治学学科体系、学术体系和话语体系的建构发展贡献陕西力量。

延安精神研究方面，陕西学术界掀起学习、研究和宣传延安精神的热潮，围绕延安精神的科学内涵、逻辑关系、时代价值、弘扬路径，进行深入研究。不仅提出许多具有重要理论意义和实践价值的思想观点,还结合当前的新形势、新任务、新挑战,对延安精神研究进行学理性展望。

哲学研究方面,陕西省哲学界依托国家和陕西省社科基金项目开展卓有成效的学术研究。在经典著作、马克思主义哲学中国化等领域和先秦哲学、宋明理学、现代新儒学的中国哲学研究,以及对古希腊哲学、德国哲学、现当代哲学和哲学相关概念及历史传承的考察的外国哲学研究,均在创造性转化及创新性发展方面取得成绩。

文学研究方面,陕西学人关注经典阐释,着眼学术前沿。古代文学研究坚持守正创新,强调对研究对象的整体性和理论性阐释,将文学理论与文学现象融入广泛的社会历史脉络。在断代文学研究、文学理论研究、文献学研究和文化研究等方面均有突出表现。在文学史、延安文艺、左翼文艺及抗战文艺研究及中国现当代经典作家与作品研究等领域,均获得重量级成果。外国文学研究从作家作品、译介与接受、理论与思想、跨学科等方面展开。既关注经典作家作品,又关注当今外国文学的发展走向。

语言学研究方面,语言学工作者积极开展语言学调查研究工作,在汉语言文字学、语言学及应用语言学、外语研究、语言学成果获奖和对外交流等方面取得成绩。

历史学研究方面,成就斐然。无论是政治制度史、经济史、社会生活史、文化史、城市史、生态史、文献学、史学史、民族交流史、宗教史、敦煌学等中国史研究领域,还是在中东史、"一带一路"研究、中亚史、欧美史、苏联史、东欧史等世界史研究领域,均获得一系列学术研究成果,在提升学科水平的同时,也为经济社会发展提供智力支持。

考古学研究方面,坚持探索历史未知,揭示文明本源,取得突破性发现,形成一系列有分量、有学术价值的研究成果。

关学研究方面,研究内容更加深刻、研究视域更加广阔。一方面,在深度阐释张载的核心思想及其时代价值的同时,注重对其他关学人物的思想成果进行研究;另一方面,进一步聚焦对关学的整体研究,系统梳理关学的传承与发展。

丝绸之路研究方面,丝绸之路经济带研究对整体经济发展情况尤为关注,视角多元,涉及地区投资风险评估、交通物流建设、双边多边贸易发展、能源产业发展、数字经济等领域;历史文化研究将视野扩展到艺术、宗教等领域,重视文化传播路径探究;对教育人才培养领域的研究既涉及宏大的教育治理策略,也关注具体教育领域人才培养路径。

经济学研究方面,呈现出多元化的状态。在理论经济学、应用经济学两个领域均取得有影响力的学术成果。多篇研究成果发表于业内权威期刊,部分研究被《新华文摘》及《人大复印资料》全文转载,多部专著在国家级或专业出版社出版。

管理学研究方面,密切关注实践前沿领域的研究问题,取得一系列标志性成果。CSSCI 检索期刊发表论文达 900 余篇,SSCI 检索期刊发表论文 800 余篇,SCI 检索期刊发表论文 700 余篇。通过国内外权威出版社出版专著数十项,被国务院部委、陕西省政府部门采纳咨政建言数十项,研究成果得到国家发展和改革委员会、国安办、教育部科技委等和陕西省委部门采纳或批示数十项。

在法学研究方面,立足中国国情,关注法治中国、法治陕西建设。在法学理论和法律史、国内部门法学、国际法学、法学教育领域持续深耕,为完善新时代中国特色法治体系,进一步建设社会主义法治国家作出积极贡献。

社会学研究方面,保持对学科理论探索的自觉性与社会热点问题的敏感性。在学科发展与理论反思、社会关系与社会资本、社会群体、农村社会学、教育社会学、社会保障、家庭社会学、老年社会学、网络社会学、经济社会学等诸多领域均取得成果。

民族学研究方面,共发表相关论文54篇,出版专著3部。其中,中国少数民族史相对较多,包含论文26篇,专著3部;中华民族共同体意识相关论文12篇;民族学相关论文8篇;中国少数民族艺术相关论文8篇。

心理学研究方面,在航空心理与人因工程、空间认知、特殊人群心理、教师职业心理健康和学生心理健康、家庭与青少年发展以及认知神经科学等研究领域保持良好的发展趋势,发表百余篇较高水平研究论文。围绕航空航天心理、教师职业心理健康、青少年认知发展等方面开展社会服务实践,获陕西省委、省政府批示并被陕西省教育厅采纳。

教育学研究方面,共出版著作17部,发表CSSCI期刊学术论文110篇,评选具有代表性的教育学学科研究年度人物9位。科研成果数量充足,主题内容全面,选题角度新颖,研究方法多样,体现陕西教育学学科发展的良好态势。

新闻与传播学研究方面,研究持续繁荣,展现陕西作为新闻传播学学术研究重镇的实力和特色。学者既立足于区位优势进行红色新闻史论的传统研究,又对接产业前沿的智能传播的学理分析,更对中国特色的新闻传播学所进行的深入挖掘。具体而言,在马克思主义新闻观研究、地方史论研究、网络与新媒体研究、出版研究、媒介文化研究均取得突出的成绩。

艺术与体育学研究方面,积极响应国家战略,在实施"一带一路"倡议和中华优秀传统艺术传承发展计划、中国民族歌剧传承发展工程、曲艺传承发展计划等方面发挥积极作用。据统计,艺术学发表核心期刊论文50余篇,出版专著12部,涉及美术、音乐、书法、电影电视等多个方面。陕西体育学研究者年内发表CSSCI期刊学术论文70余篇,出版专著14部,主要涉及群众体育、体育教育训练学、学校体育、民族传统体育、体育产业、体育人文、运动人体与科学等方面,并在促进全民健身、普及大众体育文化、弘扬体育传统文化精神、竞技体育训练、体育科研创新等方面取得多项重要成果。

五、社科普及

2022年,陕西省社科界以习近平新时代中国特色社会主义思想为指导,全面贯彻党的二十大精神,深入贯彻落实习近平总书记历次来陕视察重要讲话精神和省委有关部署要求,以提升社科普及服务能力为核心,以满足人民群众对高质量社科文化知识需求为着力点,广泛开展了内容丰富、形式多样的社会性、群众性、经常性社科普及活动,极大推动了公众人文社会科学素养的提升。

省社科联根据2021年印发的《陕西社科著作出版资助管理办法(试行)》和《陕西省

社科联社科普及项目资助管理办法》,进行2022年度陕西省社科著作出版资助项目申报工作。共立项23项,其中,学术类13项,科普类10项。同时,开展2022年度陕西省社科普及资助项目申报工作,确定社科普及资助项目60项。在社科普及基地建设方面,2022年11月,陕西省社科普及基地经验交流暨陕西省第五批社科普及基地授牌大会在西安召开,为2021年获批的第五批19家省级社科普及基地授牌,表彰2018—2019年度科普基地工作先进个人和全国首届社科普及基地讲解员大赛获奖者。其中,陕西历史博物馆梁甜的《一只铜蚕见证一条丝路》和西北农林科技大学博览园路元元的《"沙海"里创造的绿色奇迹》荣获二等奖,延安南泥湾革命旧址管理处李茜的《红色南泥湾陕北好江南》荣获三等奖,西安翻译学院文化传承与翻译体验馆科普基地李梦茜的《百年历程,生态秦岭》和秦岭国家植物园吴力博的《拯救"东方红宝石"——国宝朱鹮重生记》获优秀奖。

省社科联着眼于县域高质量发展、历史文化、学校教育、全民健康等领域,举办百余场社科普及活动,为宣传普及社科研究成果以及助力社会发展方面作出积极贡献。各高校也纷纷助力各县开展社科普及活动。由高校大学生担任志愿者的"青伴夕阳——大学生智慧助老社区居民科学素质提升行动"、西北工业大学助力城固县高质量发展项目组开展的党史宣讲活动、榆林学院助力清涧县高质量发展项目组赴清涧县开展的体育知识普及活动等,取得良好效果。此外,各单位还举办多场社科普及进校园活动。如"国宝来啦"项目组——秦岭国家植物园保护秦岭生态科普宣传团队走进创新港西安交通大学附属小学开展"植物守护者计划",延安社科"七进"活动走进枣园小学宣讲校园消防安全知识,"光影陕西——基于陕西本土地域文化的影视创作科普与传播"线下展映活动,等等。

陕西社科界举办多场公益性学术讲座、培训活动,主题涉及乡村振兴、传统文化、丝绸之路、建党精神、经济发展、文学传播等多领域。创立于2005年的"长安讲坛",是陕西社科界马克思主义中国化、时代化和大众化的科普宣传平台,以"一体多翼"的发展格局,被列入省委、省政府的工作要点。2022年,陕西社科界在陕西省社科联的组织下,在高校、基层单位、社区、企业等单位组织了"唐帝陵石像文化遗产的数字化传播研究""陕西非物质文化遗产图案的创新设计与应用""产业兴旺是乡村振兴的首要任务""讲好英雄模范故事,弘扬伟大建党精神""国学经典与时代精神"等主题讲座,在社会引发热烈反响,使长安讲坛成为颇具规模的品牌。

六、组织建设

省社科联在组织和管理全省社科相关工作方面发挥重要作用。2022年,省社科联坚持以习近平新时代中国特色社会主义思想为指导,团结带领全省社科工作者,在高举思想旗帜上彰显新担当,在推进追赶超越上展现新作为,在理论深化研究上开创新成果,在开展学术交流上解决新问题,在强化资政服务上提供新建议,在服务人民群众上发挥新作用,在凝聚人才力量上取得新成效,为陕西省落实"五位一体"总体布局和"四个全面"

战略布局,谱写新时代新篇章作出新贡献。2021年,省社科联制定《陕西省社会智库类民办社会科学研究机构登记管理指引》,促进社会智库类民办社会科学研究机构的制度管理和良性发展。2022年,积极推动民办社科研究机构向社会智库转型。5月,省社科联联合省委政策研究室、省委党校(陕西行政学院)、省教育厅、省社会科学院,召开"发挥智库作用,服务陕西高质量发展"理论研讨会。陕西智库联盟成员单位领导和专家学者围绕学习贯彻习近平总书记关于哲学社会科学系列重要论述精神,结合陕西智库的定位、智库发展的现状,就如何更好发挥智库作用,服务全省高质量发展进行研讨交流。省社科联党组书记、常务副主席、陕西智库联盟秘书长郭建树作题为《履职尽责促进地方智库健康发展》的发言。9月,以"民办社科研究机构转型发展"为主题召开座谈会,征询对《陕西省民办社会科学研究机构类智库管理办法(征求意见稿)》的意见和建议,为社科联组织建设的制度保障增添基石。

2022年,省社科联在积极推动社科工作方面发挥重要的组织、协调作用,团结带领全省广大社科工作者为陕西社会科学事业发展作出贡献。各市社科联、社会科研组织积极举办各类主题的学术研讨会、开展科研项目的立项与结项,为本市社科界各单位、团体的社科活动提供全方位的指导与服务。与此同时,各基层组织还积极参与咨政服务,在信息共享、政策解读、政务公开、社会服务等方面也做出努力。

在规范高校社科联工作方面,省社科联召开2022年度高校社科联工作座谈会,为进一步准确把握高校社科联的职能地位,完善高校社科联工作机制,发挥高校社科联的桥梁纽带作用而努力。促进高校社科联在学术活动、科研活动、科普活动、社科研究成果以及人才队伍情况的数据化和系统化建设,为省社科联"陕西数字社科资源库"建设做好前期准备。

在社团建设方面,各社团先后召开会员代表大会,修改学会《章程》及社团管理办法,选举新一届理事和领导班子,贯彻落实中共中央宣传部、民政部印发的《关于加强哲学社会科学学术社团建设的指导意见》(中宣发〔2019〕42号)精神以及2021年省委宣传部、省民政厅、省社科联印发的《关于加强陕西省哲学社会科学学术社团建设的实施意见》,推动哲学社会科学学术社团的健康有序发展。同时,新建社团也为学术社团队伍注入新鲜血液。2022年9月,陕西省金融学会科创金融专业委员会召开成立大会暨第一次会员大会。

(作者单位:陕西师范大学)

发展报告

2022 年陕西省延安精神研究报告

刘 飞

党的十八大以来,习近平总书记数次来陕考察指导工作,并发表重要讲话。其中,对弘扬延安精神作出一系列重要论述。2022 年 10 月 27 日,习近平总书记带领新当选的第二十届中共中央政治局常委来到延安,瞻仰革命圣地,缅怀老一辈革命家的丰功伟绩,宣示,新一届中央领导集体赓续红色血脉、传承奋斗精神,在新的赶考之路上向历史和人民交出新的优异答卷的坚定信念。作为延安精神的发祥地,陕西各界掀起学习、研究和宣传延安精神的热潮,学术界召开一系列以延安精神为主题的理论研讨会,发表大量著作、研究报告和学术论文,把延安精神的研究推进到一个新的高度。学术界围绕延安精神的科学内涵、逻辑关系、时代价值、弘扬路径等进行深入研究,提出许多具有重要理论价值和实践价值的学术观点。系统梳理陕西省延安精神研究的重要成果,不仅有助于进一步将延安精神研究推向深入,而且也能够为党和政府咨政提供重要决策参考,使延安精神成为奋力谱写新时代陕西高质量发展新篇章的强大力量。

一、关于延安精神研究的总体概况

延安精神研究取得重大成就,呈现以下特点:一是研究成果数量稳定增长,呈现出强劲的发展态势。2022 年,在中国知网以"延安精神"为主题词搜索,陕西省延安精神研究成果为 230 多篇(部),同比稳定增长。成果形式包括学术期刊论文、专著、会议论文、研究报告、重要课题等。二是质量上乘的学术成果大量涌现,创新性增强。集中于中共党史党建学领域一些热点难点问题,学术研究继续从延安精神中汲取力量。诸多学者将延安精神与中国式现代化建设、陕西高质量发展、全面从严治党面临的突出问题结合起来。研究成果的政策性应用进一步增强,创新程度进一步提升,研究成果质量达到一个新的层次。三是延安精神原生态研究取得重要进展,开辟新的研究领域。作为延安精神的原生态的南泥湾精神、张思德精神纳入中国共产党人精神谱系。原生态精神的研究成果数量迅速增长,这是前所未有的学术现象。一些学者提出,"人民兵工精神"也属于延安精神的原生态,进一步拓宽延安精神的新的领域。四是延安精神研究阵地实力不断增强,引起高度关注。中国延安干部学院作为专门从事延安精神教学和研究的重地,形成成熟的教材体系、培训体系和学术研究体系。中共陕西省委党校(行政学院),学术成果数量规模大、创新程度深、政策应用性强,展现出强大的学术实力。延安大学在学术研究方面得天独厚,学术成果数量多、原始创新程度高、教学成果转化成效突出,在省内具有重要学术地位。西北大学设置延安精神与党建研究院,拥有强大的师资力量和优秀的研究团队,研究成果层次高、社会影响大,2022年3项延安精神研究成果获得省哲学社会科学奖项。① 2022年陕西省本土延安精神研究成果达到前所未有的水平,在全国处于"头雁"地位,展现出强劲的学术发展实力。

二、关于延安精神的科学内涵研究进展

延安精神,是指以毛泽东同志为主要代表的中国共产党人,在为争取民族独立和人民解放事业的奋斗中,在延安时期的特殊环境下,培育和发展起来的崇高革命精神和优良革命传统,涵盖经济、政治、文化、社会、外交等多领域。2020年4月,习近平总书记对延安精神的内容进行集中概括:"延安时期是我们党领导的中国革命事业从低潮走向高潮、实现历史性转折的时期。老一辈革命家和老一代共产党人在延安时期留下的优良传统和作风,培育形成的以坚定正确的政治方向、解放思想实事求是的思想路线、全心全意为人民服务的根本宗旨、自力更生艰苦奋斗的创业精神为主要内容的延安精神,是我们党的宝贵精神财富。"② 习近平总书记对延安精神的科学概括,形成研究延安精神的基本框架,成为新时代学术界学习、研究和宣传延安精神的基本学术遵循。2022年陕西省学术界关于延安精神的科学内涵研究,主要集中在四个层面。

(一)政治内涵研究

党的二十大闭幕不久,习近平总书记带领新当选的二十届中共中央政治局常委来到延安瞻仰革命圣地,对延安精神科学内涵做出深刻解读。习近平总书记在阐释"坚定正确的政治方向"内容时,要求全党同志要坚持正确政治方向,"把老一辈革命家开创的伟大事业继续推向前进";在阐释"全心全意为人民服务的根本宗旨"内容时,要求全党同志要"不断把人民对美好生活的向往变为现实";在阐释"自力更生艰苦奋斗的创业精神"内容时,强调全党同志要"脚踏实地、苦干实干,集中精力办好自己的事情,把国家和民族发展放在自己力量的基点上";在阐释"全面从严治党"内容时,强调全党要"勇于推进党的自我革命,坚定不移推进全面从严治党,始终保持党的先进性和纯洁性,确保党始终成为中国特色社会主义事业的坚强领导核心","发扬斗争精神、提高斗争本领,坚决战胜前进道路上的各种困难和挑战,依靠顽强斗争打开事业发展新天地"。③ 习近平总书记关于延安精神内涵的新的重要阐述,进一步奠基延安精神在中国共产党人精神谱系的鲜明时

---

① 《陕西省人民政府关于表彰第十五次哲学社会科学优秀成果的通报》(陕政字〔2022〕53号)。
② 《习近平总书记关于延安精神的重要论述摘录》,《学习时报》2021年11月15日,第A5版。
③ 习近平:《继承和发扬党的优良革命传统和作风 弘扬延安精神》,《求是》2022年第24期。

代坐标,成为学术界研究延安精神的一个新的起点。

(二)基础原理研究

任何伟大的精神体系都奠基在坚实的理论基础之上。有学者认为,延安精神作为中国共产党人精神谱系的灿烂华章,是党中央在延安十三年的革命实践中创造凝聚的精神力量,其理论基础是历史唯物主义。在延安精神体系中,党中央对政治方向的正确判断,蕴含着对历史发展客观规律的自觉把握;明确解放思想、实事求是的思想路线,蕴含着对认识和实践辩证关系的深化应用;以全心全意为人民服务为党的根本宗旨,蕴含着对群众史观的深入贯彻;坚持自力更生、艰苦奋斗的创业精神,蕴含着对社会意识能动作用的充分发挥。总结历史唯物主义在延安时期的运用和发展,是新时代继承和弘扬延安精神的理论基础,也是坚持和发展当代中国马克思主义的应有之义。① 陕西学者关于延安精神形成的历史唯物主义理论基础分析,深入阐释延安精神形成的历史进程和演进逻辑,对于深入推进延安精神继承、弘扬和发展具有重要理论意义。

(三)原生内涵研究

陕西学者认为,延安精神的原生态包含抗大精神、白求恩精神、张思德精神、南泥湾精神、延安整风精神、延安同志们的精神、劳模精神等,延安精神是各个原生形态精神的总汇,各个原生形态精神是延安精神的生动体现。② 学术界围绕党在延安时期的伟大历史进程,对延安精神的原生形态进行具体研究。2021 年 9 月,党中央批准中央宣传部梳理的第一批纳入中国共产党人精神谱系的伟大精神。作为延安精神的原生形态——南泥湾精神、张思德精神纳入中国共产党精神谱系。在 2022 年,关于南泥湾精神、张思德精神研究成果数量迅速增长。陈福荣认为,作为延安精神的原生形态和核心内容的南泥湾精神,是中国共产党在完成特定历史时期特定历史任务中弘扬伟大建党精神的具体表现,蕴含并体现伟大建党精神的基本内涵,是中国共产党人精神谱系的重要内容,南泥湾精神的孕育与形成,有其特定的历史前提、实践基础和理论内涵。③ 李德迎认为,作为在革命年代大生产运动中形成的伟大精神,南泥湾精神在继承新民主主义革命时期众多伟大精神的基础上,实现创新性发展,丰富中国共产党人精神谱系;其蕴含的独特性精神元素不但为广大抗日军民克服困难、发展生产、坚持抗战、取得胜利,提供强大动力,还融入社会主义革命和建设时期、改革开放和社会主义现代化建设新时期、中国特色社会主义新时代众多伟大精神之中,并不断发扬光大,成为中国共产党人精神谱系的重要标识。④

---

① 成彬:《论延安精神中蕴含的历史唯物主义基本思想》,《延安大学学报》(社会科学版)2022 年第 1 期。
② 张子君、姚泽卿:《延安精神的原生态记忆》,《党建》2020 年第 3 期。
③ 陈福荣:《论南泥湾精神的新时代价值与实践路径》,《观察与思考》2022 年第 11 期。
④ 李德迎:《试析南泥湾精神在中国共产党人精神谱系中的脉络传承》,《中国延安干部学院学报》2022 年第 6 期。

高喜平认为,以伟大建党精神为发端和源泉,全心全意为人民服务的张思德精神是践行党的宗旨意识的思想灯塔,认真传承和大力弘扬张思德精神,对于新时代走好新的长征路,更好激发广大党员干部立足岗位、服务群众,进一步密切党群、干群、军民关系,具有十分重大的现实意义。① 此外,此外,人民兵工精神作为延安精神的原生形态也成为研究的重要内容。刘亚亚认为,延安时期,以李强、沈鸿、钱志道为主要代表的中国共产党人在创办、发展陕甘宁边区军事工业的生动实践中,培育形成"自力更生、艰苦奋斗、开拓进取、无私奉献"的人民兵工精神。人民兵工精神是延安精神原生形态的重要组成部分,是中华民族精神的实践结晶,是国防精神的历史发端。② 这些原生形态精神都是延安时期形成的崇高精神和优良作风不同领域的具体体现,延安精神的科学内涵正是在总结和归纳这些精神的基础上形成的。

(四)时代内涵研究

延安精神具有恒久弥新的时代价值,其时代内涵不断得到丰富和发展。王胜认为,延安精神蕴含的党建理论具有历久弥新的不朽生命力;延安精神充盈的信仰力量,造就延安中国革命的圣地、民族希望大本营的历史地位,昭示中国共产党成功所依靠的历史伟力,凝练出我们党取得革命成功的"三大法宝",总结出党坚持自我革命的传世之训,蕴含着我们党对共产党人先进性、纯洁性的不懈追求,闪耀着中国共产党人党性光辉;高举马克思列宁主义、毛泽东思想旗帜,确立实事求是的思想路线,坚持群众路线的根本工作方法,提出党的建设伟大工程任务,为我们党指明前进的方向;延安精神中蕴含着深刻的党建理论和实践经验,为我们党铺就党的建设伟大工程光明大道。③ 总体而言,学术界从不同的角度阐述延安精神的具体内涵,加深对延安精神的理解和认识,进一步推进延安精神理论内涵研究的时代化、大众化和具体化。

三、关于延安精神的逻辑关系研究进展

2022年,学术界在探究延安精神科学内涵的同时,围绕着延安精神的逻辑关系开展深入研究,主要集中于以下几方面。

(一)延安精神与中国共产党人精神谱系

学术界关于延安精神在中国共产党人精神谱系中的定位更为清晰,延安精神与其他革命精神逻辑关系研究更为深入。王纪刚认为,中国共产党人在延安时期培育形成的伟大延安精神,也是伟大建党精神在延安峥嵘岁月中的时代体现;延安精神倡导坚定正确

---

① 高喜平:《弘扬张思德精神 做全心全意为人民服务的模范》,《新西部》2022年第9期。
② 刘亚亚:《延安时期人民兵工精神的科学内涵、历史地位及其时代价值》,《中国军转民》2022年第22期。
③ 王胜:《延安精神蕴含的党建理论》,《当代陕西》2022年第15期。

的政治方向,把伟大建党精神的"践行初心、担当使命"写在旗帜上,体现出中国共产党人永恒不变的政治担当和奋斗目标;延安精神倡导解放思想、实事求是的思想路线,把伟大建党精神的"坚持真理、坚守理想"作为指导事业前行的引路航标,体现出中国共产党人对推进马克思主义中国化时代化的不懈追求;延安精神倡导为人民服务的根本宗旨,把伟大建党精神的"对党忠诚、不负人民"作为坚定的政治立场,体现出中国共产党人以人民为中心的执政理念和真挚的人民情怀;延安精神倡导自力更生、艰苦奋斗的创业精神,把伟大建党精神的"不怕牺牲、英勇斗争"作为克服困难与挑战的精神力量,体现出中国共产党人一贯的斗争精神和顽强意志;延安精神所蕴含的精神特质,体现伟大建党精神的核心内涵,在中国共产党人精神谱系中有着重要位置;伟大建党精神作为中国共产党的精神之源,构成延安精神的精神根脉。① 冯东飞、鲁雨萌认为,延安精神作为中国共产党人精神谱系的绚丽华章,它进一步丰富发展伟大建党精神;延安精神对伟大建党精神的丰富发展集中体现为,它使"坚持真理、坚守理想"党的伟大旗帜落地生根;它使"践行初心、担当使命"党的目标追求成就辉煌;它使"不怕牺牲、英勇斗争"党的意志品格更加坚定;它使"对党忠诚、不负人民"党的实践品格发扬光大。② 赵逸琳、李建森等认为,延安精神凝聚着诸多红色革命精神的强大精神伟力,它不单对党的先期革命精神进行总结,更对党的先期革命精神进行继承和发扬。梁星亮等人认为,红旗渠精神同延安精神一脉相承,主要体现为,从"为人民服务"到"为民修渠":始终坚守的为民初心;从"自己动手、丰衣足食"到"宁愿苦干,绝不苦熬":自力更生的血脉赓续;从"愚公移山"到"重新安排林县河山":艰苦奋斗的精神传承。③

(二)延安精神与新时代党的建设总要求

梁星亮站在深入推进新时代党的建设新的伟大工程的时代方位,从历史经验层面阐释延安时期中国共产党的成功之道:坚持独立自主走自己的路,积极应对各种复杂形势挑战,为中华民族伟大复兴开辟"历史必由之路";全党上下以开展普遍的马克思主义理论学习为重点,以理论联系实际为基本原则,以系统深入的调查研究为重要方法,以继承和弘扬中华优秀传统文化为重要基础,开创马克思主义中国化的新境界;突出政治路线,推进党的自身建设伟大工程;提出"任人唯贤"的干部路线和德才兼备的使用干部标准,培养造就千百万德才兼备的干部队伍;培育和光大中国革命精神的典范——延安精神;延安精神是中国共产党道路自信、理论自信、制度自信、文化自信的重要源头。④

---

① 王纪刚:《从延安精神感悟中国共产党的精神根脉》,《理论视野》2022年第5期。
② 冯东飞、鲁雨萌:《论延安精神对伟大建党精神的丰富和发展》,《延安大学学报》(社会科学版) 2022年第6期。
③ 梁星亮:《如何理解红旗渠精神与延安精神一脉相承》,《当代陕西》2022年第24期。
④ 梁星亮:《延安时期中国共产党的成功之道》,《当代陕西》2022年第17期。

(三)延安精神与社会主义核心价值体系

王胜利、李改慧认为,延安精神与社会主义核心价值观在思想渊源上具有承继性,在实践基础上具有群众性,在价值目标上具有一致性;延安精神在培育社会主义核心价值观中为中国梦提供精神支撑,为社会和谐发展提供道德引领,为个人全面发展提供现实指引。① 沈宝莲、冯晔认为,与延安精神诞生于同一时空条件下、同一时代背景中,承担着同样的历史使命的延安木刻与延安精神在历史逻辑和思想内容上具有内在的契合性;延安精神是延安木刻的思想内涵,延安木刻是延安精神的图像表达;揭示和认识这种内在的契合性,特别是认识延安木刻对延安精神的塑造和表达功能,对于坚持艺术与时代共振、与人民共情,创造中华民族伟大复兴时代的艺术高峰意义重大。②

从整体上看,延安精神的逻辑关系研究取得重要进展,学术界从构建完善的思想上层建筑角度出发,围绕着延安精神的逻辑关系进行较为系统的理论分析。但研究的内容仍有待进一步深入。延安精神作为宝贵精神财富,它和中国式现代化理论存在怎样的逻辑关系?延安精神与中华优秀传统文化之间有怎样的内在联系?这些问题应该值得学术界高度关注。

四、关于延安精神的时代价值研究进展

延安精神的形成,从根本上讲是中国共产党的性质和历史使命使然。延安精神产生和形成具有历史必然性,包含着党在长期奋斗中积淀的宝贵经验,传承着党在践行初心和使命中的红色基因,体现着党在特定历史时期的整体风貌,是党奋斗历程的精神结晶。研究延安精神的时代价值,对于我们传承红色基因、担负起新时代的历史、开创新局面有着重要的现实意义。2022年,学界从不同的角度研究延安精神的时代价值,形成一些创新性的观点。

(一)延安精神与新时代思想政治教育

朱维嘉等认为,陕西高校要把延安精神这一得天独厚的红色资源真正利用好,就一定要先学会用延安精神去弘扬延安精神;既要重视现场教育,更要注重把红色资源全面融入学校教书育人的全过程,要融入现场,强化深度体验;融入课堂,渗透于教材之中;融入网络,采取多维引领;融入经典,着力提升素质;融入校园,随处陶冶情操,充分利用好延安精神这一宝贵财富,切实找准切入点和着力点,做好传承红色基因这篇大文章。③ 刘之的、党伟等认为,延安精神蕴藏着丰富的课程思政元素,是底蕴深厚、内涵深邃的红色

---

① 王胜利、李改慧:《延安精神的传承与社会主义核心价值观建设》,《长春理工大学学报》(社会科学版)2022年第6期。
② 沈宝莲、冯晔:《木刻铸魂:延安木刻与延安精神的内在契合性研究》,《西北美术》2022年第2期。
③ 朱维嘉:《针对红色资源"离散"特点探索红色教育路径》,《当代陕西》2022年第14期。

文化教育资源,石油院校培养宗旨与延安精神非常契合,将延安精神融入石油院校地质类专业"课程思政"建设中,有助于凝聚石油院校地质类专业"课程思政"的德育共识,发挥延安精神育人功能,展现延安精神的生动内涵,拓宽思政课的实施路径。① 李梦祎认为,延安精神是中国红色精神的一大脉络,高校应不断加强教学改革、教学创新,加强延安精神融入高校体育课程建设、师资建设、政策保障,将延安精神更好地融入高校体育课程中。②

(二)延安精神与推进全面从严治党向纵深发展

王有红认为,党的七大在党的历史上具有重要里程碑意义,标志着我们党在政治上、思想上、组织上走向成熟,党的七大以"团结和胜利"作为大会主题,彰显党的力量之根;将全心全意为人民服务的根本宗旨写入党章,彰显党的强烈宗旨意识和为民执政智慧;强调整风和生产两大运动,彰显党领导人民发展革命事业的实践逻辑;树立斗争意识,彰显党应对风险、迎接挑战、化险为夷的精神风貌;明确党的三大优良作风,彰显党区别于其他任何政党的显著标志;发扬愚公移山精神,彰显党争取革命胜利的坚定信念和战略擘画。③ 王纪刚认为,延安时期,以毛泽东为代表的中国共产党人大力倡导并积极践行廉洁文化,把以延安为中心的陕甘宁边区政府打造为"只见公仆不见官"的"模范的根据地",培育形成党的光荣传统和优良作风,对于新时代加强廉洁文化建设,加强党的自我革命,有着重要的现实意义。④ 鲁杰、王媛、赵媛认为,延安精神是新时代干部教育培训的"永久教材",当前,延安精神干部培训存在着制度供给不足、教学体系不完善、培训资源匮乏等问题;各级党校、高校、干部培训学院要以顶层设计为指引,着力完善干部培训制度体系,建强教学体系,优化资源配置,以推动新时代延安精神干部培训高质量发展。⑤

(三)延安精神与中国式现代化建设

刘玲认为,中国式现代化蕴含着鲜明而深厚的文化底蕴,延安精神是给养这一文化底蕴的重要构成,它凸显中国式现代化的优势并彰显其精神质地,延安精神蕴含着独特的文化品格,夯实中国式现代化的"斗争"文化底蕴,为中国式现代化提供强劲精神动力。⑥ 袁武振、许程前认为,延安精神是历史留给我们宝贵的精神财富,新的征程上继承

---

① 刘之的、党伟:《延安精神融入石油院校地质类专业"课程思政"的意义及实施途径》,《大学》2022年第36期。
② 李梦祎:《"课程思政"视域下延安精神融入高校体育课程的机理与路径研究》,见"2022中国体育史年会暨第二届'一带一路'体育文化学术论坛"。
③ 王有红:《党的七大在党史上的里程碑意义》,《当代陕西》2022年第24期。
④ 王纪刚:《延安时期毛泽东倡导廉洁文化建设的伟大实践》,《中国延安干部学院学报》2022年第6期。
⑤ 鲁杰、王媛、赵媛:《以延安精神教育培训干部的意义、问题与对策》,《中学政治教学参考》2022年第16期。
⑥ 刘玲:《弘扬延安精神　走好中国式现代化道路》,《中国经济时报》2022年12月8日,第A3版。

和弘扬延安精神,就是要始终把坚定正确的政治方向作为共产党人的立身之本,以坚定的理想信念砥砺对党的赤诚忠心,以昂扬姿态投身到全面建设社会主义现代化国家的新征程;就是要大力弘扬理论联系实际的优良传统,坚持用辩证唯物主义和历史唯物主义的立场、观点和方法观察问题、分析问题、解决问题,提高辩证思维、系统思维能力和把握问题实质、把握矛盾规律的能力;就是站稳人民立场,贯彻党的群众路线,尊重人民首创精神,践行以人民为中心的发展思想;就是保持一往无前的奋斗姿态和永不懈怠的精神状态,保持敢为天下先的政治勇气和创造精神,有敢于斗争、善于斗争的真本领、硬功夫,在危机中育先机,于变局中开新局。① 以中国现代化推进中华民族伟大复兴,对深入挖掘延安精神时代价值的提出更高要求,如何让延安精神放射出新的时代光芒等是学术界高度关注的重要课题。

五、关于延安精神的弘扬路径研究进展

延安精神作为一种重要的红色资源,其最根本的价值是为人们的实践活动提供精神力量。新时代如何继承和弘扬延安精神,使其更好地服务于全面建设社会现代化,成为当前研究的重要内容。2022年,学术界立足于实践,结合时代背景,详细探讨继承和弘扬延安精神的具体路径方法。

(一)基于社会主义先进文化建设视角

马宇飞、刘乐梅、马贤平认为,物质形态、制度形态、精神形态三位一体的延安精神具有革命性、民族性、科学性、创新性与先进性的多元特征,延安精神亦具有塑造中华民族文化凝聚力、具有提升中华民族文化竞争力的功能,通过"共识、共忆、共情、共思、共信"弘扬延安精神,彰显延安精神维护文化安全的时代价值。② 曹耿献认为,延安精神铸就延安时期的红色经典音乐繁荣发展的文艺灵魂,内容与形式的完美结合形成红色经典音乐的艺术特色;以延安精神为核心的红色经典音乐,具有新时代传承创新的重要价值意义,亟待挖掘、宣传、教育和推广。③ 侯懿航、吴晔认为,延安精神作为中国共产党人革命发展壮大的基础与思想指导的精髓源泉,以延安鲁艺革命旧址、杨家岭革命旧址、枣园革命旧址题材为主题的美术创作,体现艺术家在延安精神的指引下,将革命的现实主义与革命浪漫主义相统一,用美术创作的形式将时代精神记录并传承。④ 陈红娟认为,随着数字动画技术的飞速发展,数字动画已经渗透到人们生活的方方面面,在新时代,以数字动画为

---

① 袁武振、许程前:《从延安精神中不断汲取奋进力量》,《新西部》2022年第9期。
② 马宇飞、刘乐梅、马贤平:《论延安精神维护文化安全的时代价值》,《榆林学院学报》2022年第1期。
③ 曹耿献:《延安精神在红色经典音乐中的思想引领与艺术表征》,《西安电子科技大学学报》(社会科学版)2022年第3期。
④ 侯懿航、吴晔:《延安革命旧址题材美术图像中的时代精神》,《西北美术》2022年第1期。

载体,传承与传播延安精神红色文化具有一定的必要性和可行性。①

(二)基于推进马克思主义理论创新视角

郑志飚认为,延安时期之所以能够产生毛泽东思想这一科学理论,关键在于实现马克思主义基本原理同中国革命实践的成功结合。毛泽东思想是在土地革命战争后期和整个抗日战争时期,也就是延安时期通过系统总结、全面展开而成熟的;党的十八大以来,我们党勇于进行新的理论探索和创新,以全新的视野深化对共产党执政规律、社会主义建设规律、人类社会发展规律的认识,取得重大理论创新成果,这一成果就是习近平新时代中国特色社会主义思想;党的二十大报告指出,只有把马克思主义基本原理同中国具体实际相结合,同中华优秀传统文化相结合,坚持运用辩证唯物主义和历史唯物主义,才能正确回答时代和实践提出的重大问题,才能始终保持马克思主义的蓬勃生机和旺盛活力。从延安时期到新时代,我们党不断开辟马克思主义中国化时代化新境界,把延安时期确立的马克思主义中国化理念推向新的阶段。这是党的二十大的重大成果,也是对伟大的延安精神的继承和发展。②

(三)基于推进全面从严治党视角

谭虎娃认为,总览中共七大之后全党学习的历史,虽然各有侧重,各具特色,进度也不尽相同,但学习的主要环节可概括为"研究文件,提出问题,联系实际,检讨自己,打通思想";通过这次深入系统学习,使得毛泽东思想的科学概念和丰富内涵家喻户晓、深入民心,使得毛泽东思想的灵魂和实质深入人心,成为指导中国革命、建设的行动指南,其基本经验在于:第一,学习毛泽东思想,是一项"长期的重大任务",领导要起表率和组织作用;第二,对学习群体要按文化程度、学习积极性分类,找到适合他们的实际语言、灵活多样的方式来推进学习;第三,学习要从群众眼下的需要和心情出发,再联系到较远大的政治问题,并说清楚与大家的利害;第四,学习既要讲主动性和自觉性,更要有严格的学习制度和检查制度作为强有力保证;第五,总结提升不同层次的典型案例,并加以推广普及,起到带头、骨干和桥梁作用。③ 付成程、王业宝、李奇认为,延安精神对于新时代高校学生党支部组织力提升具有重要价值和启示意义:延安精神有助于大学生党员树立正确的理想信念,有助于培养大学生党员实事求是的良好品质,有助于大学生党员形成全心全意为人民服务的意识,有助于大学生党员形成艰苦奋斗的优良作风,从而提升高校学生党支部的领导力、号召力、凝聚力和战斗力。④

---

① 陈红娟:《延安精神红色文化的数字动画传承与传播研究》,《今古文创》2022 年第 27 期。
② 郑志飚:《如何理解党的二十大把弘扬延安精神推向新高度》,《当代陕西》2022 年第 24 期。
③ 谭虎娃:《党的七大后全党对毛泽东思想的学习》,《当代陕西》2022 年第 24 期。
④ 付成程、王业宝、李奇:《延安精神对新时代高校学生党支部组织力提升的启示研究》,见"2022 年第五届智慧教育与人工智能发展国际学术会议"。

(四)基于以中国式现代化推进中华民族伟大复兴视角

马朝琦认为,进入新阶段,奋进新征程,在新的历史起点上进一步办好陕西的事情,就必须更加深入学习贯彻习近平新时代中国特色社会主义思想,自觉用延安精神滋养初心、淬炼灵魂,从中汲取信仰的力量,永葆党的先进性,查找党性的差距,坚持实事求是,校准前进的方向,践行党的根本宗旨,以更加奋发有为的状态和拼搏进取的精神,埋头苦干,勇毅前行,奋力谱写陕西高质量发展新篇章。① 关宏、唐岢认为,陕西省作为延安精神的发源地,近年来的发展取得重大成就,是与大力弘扬延安精神分不开的。陕西在高质量发展过程中,必须将延安精神教育成果作为重要的指引,推进全面从严治党向纵深发展,营造良好的改革发展环境,聚焦经济发展和提升收入水平,全面做好民生保障和社会建设,注重提升生态环境质量,着力增强文化软实力,全面促进陕西省高质量发展。② 伟大的事业离不开伟大的精神,新时代传承和发扬延安精神,准确把握弘扬路径,不仅是推进新时代党的建设新的伟大工程的现实要求,也是实现中华民族伟大复兴事业的实践指向。

六、关于延安精神研究展望

梳理上述研究观点和成果,可以看出,2022年学术界对延安精神的研究取得丰硕成果和重大进展。未来一段时期,延安精神研究还面临新形势新任务新挑战,亟待从以下几方面进一步拓展和深化。

(一)延安精神与学习贯彻习近平新时代中国特色社会主义思想关系研究

延安时期取得的重大政治成果,就是形成以毛泽东同志为核心的党的第一代中央领导集体,确立毛泽东思想确立为党的指导思想。党的七大后,之所以能够迅速地取得抗日战争的全面胜利和解放战争的伟大胜利,这一重大政治成果是决定性因素。党的二十大审议通过《中国共产党章程(修正案)》指出,"两个确立"是党在新时代取得的重大政治成果,是推动党和国家事业取得历史性成就、发生历史性变革的决定性因素。历史是最好的教科书。传承和弘扬延安精神,就是要以史为鉴,开创未来。延安时期的"两个确立"历史经验对于新时代的"两个确立"具有十分重要的借鉴意义。深化延安精神与"两个确立"关系问题研究,在全党深入开展学习贯彻习近平新时代中国特色社会主义思想,必将成为学术界研究的重点。

---

① 马朝琦:《弘扬延安精神 奋进新的征程》,《陕西日报》2022年5月9日,第6版。
② 关宏、唐岢:《弘扬延安精神促进陕西省高质量发展的对策研究》,《现代商贸工业》2022年第10期。

(二)延安精神与中国共产党如何解决大党独有难题关系问题研究

延安时期,毛泽东在回答历史兴亡周期率问题时表示:"我们已经找到新路,我们能跳出这周期率。这条新路,就是民主。只有让人民来监督政府,政府才不敢松懈。只有人人起来负责,才不会人亡政息。"这是毛泽东给出"跳出历史周期律"的第一个答案。在党的十九届六中全会上,习近平总书记指出:"经过百年奋斗特别是党的十八大以来新的实践,我们党又给出了第二个答案,这就是自我革命。"党的二十大报告指出:"我们党作为世界上最大的马克思主义执政党,要始终赢得人民拥护、巩固长期执政地位,必须时刻保持解决大党独有难题的清醒和坚定。"解决这些难题,是实现新时代新征程党的使命任务必须迈过的一道坎,是全面从严治党适应新形势新要求必须啃下的硬骨头。踏上新的赶考之路,面对长期而复杂的"四大考验",面临尖锐而严峻的"四种危险",如何永葆党的先进性和纯洁性,如何始终得到人民拥护和支持,如何实现长期执政,是必须回答好、解决好的一个根本性问题。借鉴延安时期我们党成功建党的宝贵经验,深入推进新时代党的建设新的伟大工程,认真研究"解决大党独有难题",进一步回答"建设什么样的长期执政的马克思主义政党、怎样建设长期执政的马克思主义政党"的重大时代课题,将是拓宽延安精神研究视野的一个新的领域。

(三)延安精神与全面建设社会主义现代化国家关系问题研究

延安时期,中国共产党将陕甘宁边区建设成"一没有贪官污吏,二没有土豪劣绅,三没有赌博,四没有娼妓,五没有小老婆,六没有叫花子,七没有结党营私之徒,八没有萎靡不振之气,九没有人吃摩擦饭,十没有人发国难财"的全国最进步的地方。这是中国共产党陕甘宁边区局部执政取得的非凡成就。党的二十大报告指出,从现在起,中国共产党的中心任务就是团结带领全国各族人民全面建成社会主义现代化强国、实现第二个百年奋斗目标,以中国式现代化全面推进中华民族伟大复兴。中国式现代化,是中国共产党领导的社会主义现代化,既有各国现代化的共同特征,更有基于自己国情的中国特色。中国式现代化是人口规模巨大的现代化,是全体人民共同富裕的现代化,是物质文明和精神文明相协调的现代化,是人与自然和谐共生的现代化,是走和平发展道路的现代化。作为中国共产党的宝贵精神财富,运用延安时期党局部执政的非凡成就和成功经验,推进中国式现代化建设,是未来一段时期延安精神研究的重要趋势。今后延安精神的研究应当紧密结合新时代中国特色社会主义伟大实践,立足当代中国重大时代命题,结合当今时代条件,坚持创新性研究和创造性实践转化,为全面建设社会主义现代化国家提供充足的决策成果,为推进中华民族伟大复兴提供坚强的政治保证、丰富的执政智慧和强大的动力支撑。

[作者单位:中共陕西省委党校(陕西行政学院)]

2022年陕西省丝绸之路研究报告

马瑞映

2013年,中国国家主席习近平在哈萨克斯坦纳扎尔巴耶夫大学演讲时提出,"为了使我们欧亚各国经济联系更加紧密、相互合作更加深入、发展空间更加广阔,我们可以用创新的合作模式,共同建设'丝绸之路经济带'"。这是中国在世界面临百年未有之大变局的新格局下,力图借助古丝绸之路这一历史符号,传承历史文化,开发地区潜能,建构一个政治互信、经济融合、文化包容的利益共同体、命运共同体和责任共同体。陕西是古丝绸之路的起点,也是当今丝绸之路经济带建设的关键区域。2022年,陕西社科学者丝绸之路经济带发展建设研究具有如下趋势:对丝绸之路经济带经济建设整体经济发展情况尤为关注,视角多元,涉及地区投资风险评估、交通物流建设、双边多边贸易发展、能源产业发展、数字经济等领域;历史文化研究将视野扩展到艺术、宗教等领域,并且特别重视对文化传播路径的探究;对教育人才培养领域的研究既涉及宏大的教育治理策略,也关注具体教育领域人才培养路径。现对2022年陕西省丝绸之路研究取得的成果做简要综述。

一、经济研究

新丝绸之路经济带,东牵亚太经济圈,西系发达的欧洲经济圈,是"世界上最长、最具有发展潜力的经济大走廊"。丝绸之路经济带建设,就是要在古丝绸之路概念基础上形成的一个新的经济发展区域。

对丝绸之路经济带建设进行总体发展状况评述、潜力评估,并提出创新建议,是陕西学者经济研究的主要方向。西安财经大学武娟、王文佳[1]和西北大学何苗、任保平[2]分别从纵向指标监测、横向时间截面监测与评价预测和"五通"角度,对我国"一带一路"沿线省份经济发展绩效进行测算分析并预测发展趋势,认为造成不同省份发展不平衡的原因

---

[1] 武娟、王文佳:《"一带一路"沿线省份经济高质量发展统计监测与评价》,《统计与决策》2022年第7期。
[2] 何苗、任保平:《丝绸之路经济带西北沿线省区经济发展绩效的评价与制约因素分析》,《经济问题探索》2022年第4期。

是政策沟通、贸易畅通、民心相通水平存在差异。西安财经大学胡健以可持续发展理论为依据,从经济社会可持续发展、竞争力及开放度三个维度出发,对71个"一带一路"国家2020年、2019年经济社会综合发展及单项发展水平进行比较并做简单评述。① 西安财经大学向寿生重点关注高质量共建"一带一路"中的能源合作、贸易合作、农业合作、交通基础设施合作、物流合作和碳排放合作及生态保护合作等领域的现状、存在的问题,提出推进合作的体制机制创新建议。② 西安建筑科技大学王春艳等运用修正的引力模型对丝绸之路经济带的区域空间经济联系进行测算,认为丝绸之路经济带各区域的经济联系有进一步提升空间,应当加速推动经济欠发达地区融入地区经济圈,并促进地区间经济联系,实现经济一体化。③ 西北大学白永秀、王颂吉从国际经济合作视角阐释丝绸之路经济带倡议的提出及总体设想,研究丝绸之路经济带的互联互通建设、贸易投资便利化、产业合作与升级、西部城镇化建设与升级、货币的区域化与国际化,并分析丝绸之路经济带建设的保障机制。④

对外直接投资是提高中国高附加值生产环节与其所需制度环境匹配程度,推动中国在全球价值链上地位的提升的重要因素。西安财经大学李冰洁研究分析"一带一路"对外直接投资的风险成因,解释中国企业在"一带一路"共建各国对外直接投资的风险传导机理,建立"一带一路"OFDI风险的预警系统。⑤ 西北大学武宵旭、葛鹏飞基于"双循环"新发展格局的背景,重点讨论"一带一路"倡议对共建国家的投资促进效应(BR-IPE)如何影响中国企业对非"一带一路"合作国家的OFDI。⑥ 西安交通大学屈小娥、赵昱钧、王晓芳基于制度环境和吸收能力双重视角,运用面板门槛模型实证研究我国对"一带一路"共建国家OFDI的母国绿色发展效应。⑦ 陕西科技大学马晓燕、薛俭选取2008—2017年中国31个省份数据,分析"一带一路"倡议对沿线省份OFDI的影响效果评估,提出应发挥政策的引导作用,不断优化海外投资服务体系,有针对性地实施和优化"一带一路"政策,加强对外直接投资监管,鼓励更多的国家加入"一带一路"行动中来,促进全球贸易的发展。⑧ 西安交通大学杨欢等基于2006—2019年中国对"一带一路"共建国家的直接投

---

① 胡健:《一带一路国家经济社会发展评价报告2020》,中国经济出版社,2022年。
② 向寿生主编:《丝绸之路经济研究》,西北大学出版社,2022年。
③ 王春艳、李从容、王益君等:《基于社会网络分析的丝绸之路经济带经济网络动态演化特征研究》,《商业经济研究》2022年第21期。
④ 白永秀、王颂吉:*A Study on the Silk Road Economic Belt*(《丝绸之路经济带研究》),生活·读书·新知三联书店,2022年。
⑤ 李冰洁:《"一带一路"背景下对外直接投资风险评估与预警机制研究》,经济科学出版社,2022年。
⑥ 武宵旭、葛鹏飞:《"一带一路"倡议与非沿线国家OFDI:增量引致还是存量转换》,《财贸经济》2022年第9期。
⑦ 屈小娥、赵昱钧、王晓芳:《我国对"一带一路"沿线国家OFDI是否促进了绿色发展——基于制度环境和吸收能力视角的实证检验》,《国际经贸探索》2022年第6期。
⑧ 马晓燕、薛俭:《"一带一路"倡议下中国沿线省份OFDI的影响效果评估》,《统计与信息论坛》2022年第3期。

资面板数据,测算中国对外直接投资效率,分析认为东道国税收环境因素是影响中国对"一带一路"沿线国家直接投资效率的重要因素,中国对"一带一路"沿线国家直接投资效率值偏低,投资潜力有待进一步挖掘。①

设施联通是丝绸之路经济带建设的优先领域,提升道路通达水平、完善全球物流体系是提升国际贸易水平的关键因素。陕西学者对提升地区物流发展水平、化解物流供应链风险颇为关注。陕西师范大学王琴梅把中国西北五省区和中亚五国在内的"核心区"物流业效率及其影响因素作为研究主题,探讨其内涵界定、机理分析、效率评价及比较、各主要因素影响程度实证,并提出对策建议。② 西安工程大学鄢飞、雷益剖析 2010—2019 年中国"一带一路"倡议沿线区域纺织服装产业与物流业融合发展过程的协调性,认为"一带一路"倡议提出以来,沿线省(区、市)的纺织业与物流业的融合发展水平逐渐降低,而服装业与物流业的融合发展水平逐步提高,影响纺织业与物流业融合发展的主要障碍因子包括企业个数、物流业增加值和固定资产投资额、纺织业就业人数、货运周转量,影响服装业与物流业的主要障碍因子包括服装业资本保值增值率、服装业就业人数和利润增长率、物流业增加值和固定资产投资额。③ 长安大学王超从行业实际发展需求的研究视角出发,构建"一带一路"互联互通高质量发展体系,识别"一带一路"互联互通高质量发展特征,解析"一带一路"高质量发展影响因素,尝试夯实"一带一路"高质量发展理论体系基础,为"一带一路"互联互通高质量发展制定引导政策提供依据,为新形势下"一带一路"建设在欧亚地区的纵深推进提供理论支撑的同时,为"一带一路"绿色发展提供科学依据。④ 西安财经大学李楠对"一带一路"国内西北段沿线 13 个核心节点城市的物流竞争力进行特征分析与聚类,解构在物流业发展上的空间关联网络特征;还从文化角度入手,分析文化距离对物流绩效可能存在的影响关系,探究中国与 10 个主要"一带一路"贸易伙伴间在国际贸易中可能面临的由物流绩效产生的物流供应链关系风险,并从文化与物流绩效两方面提出相应的风险防范策略与建议。⑤

作为"一带一路"倡议的重点内容之一,贸易畅通致力于解决贸易投资便利化问题,消除贸易和投资壁垒,构建良好的营商环境。陕西学者重点关注贸易便利化、进出口贸易成本、贸易发展网络等问题。西安财经大学陈甬军、王诗婷测算区域内 29 个国家从 2008—2017 年的贸易便利化得分,认为相较于发达国家,贸易便利化对贸易的促进作用

---

① 杨欢、李春菊、刘硕:《"一带一路"沿线国家税收环境与中国对外直接投资效率——基于时变随机前沿引力模型的实证研究》,《经济体制改革》2022 年第 4 期。
② 王琴梅:《丝绸之路经济带"核心区"物流业效率及其影响因素研究》,经济科学出版社,2022 年。
③ 鄢飞、雷益:《中国"一带一路"倡议沿线区域纺织服装业与物流业融合发展研究》,《丝绸》2022 年第 2 期。
④ 王超:《面向"一带一路"互联互通的亚欧物流通道脆弱性及治理研究》,经济科学出版社,2022 年。
⑤ 李楠:《"一带一路"核心城市物流发展水平评价》,《统计与决策》2022 年第 4 期;李楠:《文化距离对我国"一带一路"物流供应链关系风险的影响研究》,经济科学出版社,2021 年。

在发展中国家表现得更明显,证明中国加强与发展中国家互联互通建设的必要性。① 陕西师范大学王珏与西安交通大学冯宗宪基于异质性企业模型框架下的贸易成本联立测算方法,测算认为1998—2020年间中国对"一带一路"各区域的进口贸易成本经历较为明显的下降,而出口成本的降幅则较小,中国经济增长是中国与"一带一路"区域贸易增长的最大驱动因素,贸易成本下降对该区域贸易增长的贡献有待提升。② 西安理工大学刘敏、薛伟贤、陈莎从联系广度、联系强度和中心性三个维度刻画各国的网络特征,认为"一带一路"贸易网络各国间的联系广度和联系强度提升显著,并促进其GVC地位的提升;技术外溢、产业转移和规模经济是GVC地位攀升的重要中介变量。③ 西北大学何杰分析认为,在共建"一带一路"框架下,中国与阿富汗经贸合作取得一定成效,但面临阿富汗政治安全形势不稳、法律基础不稳固、营商环境障碍重重等主要挑战,未来应避免大国在阿富汗博弈的负面影响,推动中巴经济走廊向阿富汗延伸,大力支持和加强阿富汗经济自立、中阿贸易便利化和阿富汗关注的互联互通项目建设。④

能源是人类社会发展的基础,近年国际能源格局的调整对丝绸之路经济带建设提出新挑战与新机遇。西北政法大学吕江认为,当前既有能源垄断结构的坍塌、能源治理机制的不适应以及新能源革命的出现对后疫情时代全球能源治理形成新的挑战,应树立起新的能源安全观,以实现能源供需平衡为旨趣,重构全球能源治理新秩序。⑤ 西安财经大学焦兵、张文彬、袁艺对"一带一路"沿线省域传统能源行业的创新发展现状进行分析,对不同时期能源大省与非能源大省的创新效率进行对比分析,从体系建设、资源利用以及市场开放三个方面对"一带一路"沿线省域传统能源创新效率的提升提出政策建议。⑥

陕西学者还对数字经济、经济发展与生态环境、海外企业发展等问题进行探讨。西安交通大学齐鹏比较梳理"一带一路"及欧美既有数据传输机制图谱,分析现行治理机制运行差异,提出应通过比较研究,提升沿线各国法治协作水平,合力打造引领沿线数字经济数据跨境传输风险应对共治的出路。⑦ 西安工程大学郑玉雯与西安理工大学薛伟贤测

---

① 陈甬军、王诗婷:《贸易便利化如何促进中国与"丝绸之路经济带"沿线家双边贸易》,《社会科学战线》2022年第11期。

② 王珏、冯宗宪:《中国与"一带一路"区域的双向贸易成本——基于异质性企业模型的联立成本测算与贸易效应分解》,《国际贸易问题》2022年第3期。

③ 刘敏、薛伟贤、陈莎:《"一带一路"贸易网络能否促进各国全球价值链地位提升》,《管理评论》2022年第12期。

④ 何杰:《"一带一路"倡议下中国与阿富汗经贸合作的现状、挑战与对策》,《新疆大学学报》(哲学社会科学版)2022年第6期。

⑤ 吕江:《后疫情时代全球能源治理重构:挑战、反思与"一带一路"选择》,《中国软科学》2022年第2期。

⑥ 焦兵、张文彬、袁艺:《"一带一路"沿线省域新能源产业化与传统能源高级化协同发展研究》,中国经济出版社,2022年。

⑦ 齐鹏:《"一带一路"数字经济数据跨境传输共享治理场景建构》,《北京工业大学学报》(社会科学版)2022年第2期;齐鹏:《数字经济背景下"一带一路"跨境数据传输的法律规制》,《法学评论》2022年第6期。

度2011—2020年间丝绸之路经济带沿线省份经济发展与生态环境的协同度,并进一步以实现碳中和目标为约束条件,利用Logistic演化方程模型探明二者的协同演进趋势。① 西安建筑科技大学刘华、孙海燕、杨志奎基于Page Bank原理,分析陕西省对外承包工程的关键影响因素,结果表明国别因素中经济市场环境和社会政治环境最为重要;省内因素中经济发展水平尤为重要;企业因素中品牌国际化程度、规模与业绩以及该企业的国际经营经验较为重要;项目因素中项目风险程度、项目管理和工程项目利润较为重要。② 西北工业大学贾明从"一带一路"沿线中国企业"走出去—走下去—走进去—走上去"这一海外可持续发展路径出发,针对性地构建企业海外社会责任决策机制,旨在为中国企业在"一带一路"沿线履行海外社会责任提供理论指导,从而助力中国企业实现海外可持续发展。③ 西安财经大学李佼瑞对丝路经济带国内5个重要省份、9个节点城市的消费环境指数进行评价,对推进不同地区的放心消费创建工作具有较强的参考价值。④ 西安邮电大学杨旸多视角分析语言在"一带一路"建设中的经济价值和产业经济价值,提出应当从积极发展语言产业;借助新媒体、新技术、数字语言开发多模态的语言产品,提供多元的语言服务;加大语言人才培养力度,提高语言人才培养质量等方面提升语言在"一带一路"建设中经济价值的途径。⑤

二、历史考察、文化传播、教育合作研究

习近平总书记强调,国之交在于民相亲,搞好"一带一路"建设,"必须得到各国人民支持,必须加强人民友好往来,增进相互了解和传统友谊,为开展区域合作奠定坚实民意基础和社会基础"。提升沿线国家和地区人民对中国和"一带一路"倡议的认知度,加强情感认同最行之有效的方法便是探寻中外文化交流的历史渊源,促进文化交流传播并为推动"一带一路"建设持久长效发展夯实人才根基。

丝绸之路不仅是一条商贸之路,更是一条文化交流交融之路。陕西学者特别关注考察古丝绸之路文明艺术交流发展历史。西北大学王子今考察汉代酒业、酒文化的发展及其与西域酒的传播交流及其影响,认为"蒲陶"引种引起内地"酒"的消费层面的扩大以及酒业新的开发。⑥ 陕西师范大学沙武田分析认为,敦煌莫高窟盛唐第217、103二窟佛顶尊胜陀罗尼经变中的两幅"佛陀波利丝路旅行图"是珍贵的"丝路传法旅行图"的考古

---

① 郑玉雯、薛伟贤:《碳中和导向下丝绸之路经济带沿线省份经济发展与生态环境的协同演进研究》,《贵州财经大学学报》2022年第1期。
② 刘华、孙海燕、杨志奎:《"一带一路"倡议背景下对外工程承包影响因素研究——以陕西省为例》,《西安理工大学学报》2022年第1期。
③ 贾明:《"一带一路"沿线中国企业海外社会责任》,科学出版社,2022年。
④ 李佼瑞:《丝路沿线区域消费环境指数评价——以我国中西部主要城市为例》,中国经济出版社,2022年。
⑤ 杨旸:《"一带一路"建设中语言的经济价值研究》,《西安财经大学学报》2022年第5期。
⑥ 王子今:《"酒"与汉代丝绸之路民族交往》,《西域研究》2022年第4期。

实物遗存,为从形象史学角度理解和认识丝路胡僧西来传法历史提供难得的图像依据。①陕西师范大学韩香利用多语种文献以及中西方考古文物资料,探讨萨珊波斯与中国的互动关系,以及双方在文化交流与传播中存在的转译与适应等问题,力图修补中外文明交往史上这块模糊的"拼图"。②陕西师范大学高明以丝绸之路造型艺术作为研究对象,对丝路沿线的绘画、雕塑、装饰、建筑、工艺美术等不同美术形式、热点现象和典型案例进行具体而深入的探析。③西北大学潘玲、谭文好认为,南西伯利亚与呼伦贝尔及毗邻地区的文化交流传播路线可视为两汉时期的"草原丝绸之路"。④西北大学王静考察景教在西亚、南亚、中亚及中国境内的传播历程及其衰落的原因,即"本土化"的程度不够,生存空间愈益缩小。⑤西安外国语大学荀羽琨从中国西北丝绸之路多民族的历史经验和多样性的文化形态入手,系统梳理现代以来这一地理文化空间文学发展的历史脉络,以期服务于丝路文学的学科建构,拓展并完善现代文学史料的范畴。⑥

文化交流传播必须依托一定的载体。陕西学者尤为关注纪录片和历史遗产的作用。陕西科技大学金鑫、唐巧将丝路题材纪录片中的空间作为研究对象,并结合案例对丝路题材纪录片所表达的空间价值与文化想象进行深入解读。⑦陕西科技大学吉平、戴思宇重点研究叙事思维在遵循纪录片原生态纪实理念的同时,在人文以及审美维度上的延伸和突破。通过对丝路沿线壮美自然景观以及厚重人文历史内涵的奇观化表述,推动思路沿线各国人民建立起更紧密的情感联结。⑧西安建筑科技大学高元、西安电子科技大学韩薇选取部分具有代表性的丝绸之路相关题材纪录片作品,分析纪录片海报如何通过诸多元素的搭配组合向大众传递醒目的视觉信息并将丝路沿线各民族差异性的文化内涵、政治思想、时代精神蕴含其中,使其成为宣传丝路文化与进行思想交流的重要艺术手段。⑨西北大学周荣考察西部旅游文化发展和传播的影响因素,提出应以绿色发展理念为总指导,树立旅游文化品牌为主要载体,促进多方形成合力,致力于旅游文化的发展。⑩西北大学王毅、沈阳通过审视时代对于世界遗产的内在要求,结合陆上丝绸之路与海上

---

① 沙武田:《丝路传法旅行图——莫高窟第217、103窟尊胜经变序文画面解读》,《敦煌研究》2022年第5期。
② 韩香:《波斯锦与锁子甲:中古中国与萨珊文明》,社会科学文献出版社,2022年。
③ 高明:《丝绸之路视域中的造型艺术》,西北大学出版社,2022年。
④ 潘玲、谭文好:《呼伦贝尔鲜卑遗存中的西来文化因素——兼谈两汉时期的"草原丝绸之路"》,《考古》2022年第5期。
⑤ 王静:《丝绸之路上景教的本土化传播及其衰落》,《西域研究》2022年第3期。
⑥ 荀羽琨:《古道西风——中国现当代丝绸之路文学研究》,陕西人民出版社,2022年。
⑦ 金鑫、唐巧:《我国丝路题材纪录片的空间价值呈现与文化想象》,《传媒》2022年第12期。
⑧ 吉平、戴思宇:《空间呈现、主体构建与意境营造——新世纪以来丝路题材纪录片的奇观化叙事》,《电视研究》2022年第1期。
⑨ 韩薇:《百部外国纪录片海报中的丝绸之路》,新加坡协同出版社,2022年。
⑩ 周荣:《中国西部旅游文化的发展与对外传播——以"一带一路"为背景》,《社会科学家》2022年第7期。

丝绸之路申遗的案例,对世界遗产生产机制的改善进行探讨。① 高元、刘鑫、李元春等从"量－质－形"评估沿线城市文化空间的规模、构成、分布和服务效能,提出构筑文化凝聚的城市文化空间体系,优化城市文化空间供给配置,塑造城市人文空间格局,提升城市文化空间服务效能和品质,健全城市文化空间建设保障机制等文化保护传承策略。② 西安交通大学蒋飞、郭继荣、张夏揭示影响"一带一路"建设决策优化的社会文化因素及其影响程度和路径,进而得出社会文化情报对"一带一路"决策优化的路径分析图,量化揭示社会文化情报支援与决策优化之间的路径关系,为社会文化情报的应用研究开辟新的领域,进一步丰富社会文化情报的理论体系以及研究与应用方法体系。③

人才培养是推进丝绸之路经济带建设的根本保障。陕西学者探讨分析全球教育治理的策略与路径,并对金融、法治、语言等方面人才的培养提出针对性建议。西北大学朱旭、张正娟全面梳理"一带一路"背景下中国参与全球教育治理面临的内部优势、劣势以及外部机遇和挑战,深入挖掘与研究问题密切相关的各种影响因素,提出应推动全球教育治理机制创新,促进区域教育发展;完善专业人才培养体系,提升全球教育治理能力;支持多边主义,鼓励多元主体参与;凝聚理念共识,推动构建教育命运共同体。④ 西北工业大学李辉、杨思佩通过分析全国 50 所高校《本科人才培养方案指导意见》和《本科专业培养方案》中课程设置的相关描述,探寻高校创新创业课程建设的逻辑遵循,揭示现实中面临的实践困境,认为高校应在合理设置创新创业课程学分,更新课程理念,完善课程体系建设,提高课程"专创融合"度和促进创新创业课程与跨文化能力课程的融合交叉等方面下功夫。⑤ 西安外国语大学高岩考察"一带一路"背景下西北地区高校人才培养要义,明确人才培养结构与类型,提出西北地区作为"一带一路"行动的"前沿阵地",须以复合型、创新型、管理型和国际化为人才培养目标,结合区域社会发展实际,建立教育联盟;深化综合改革,优化人才知识结构;支持人才流动,提高人才培养水平。⑥ 西北大学张俊瑞、吴珉瑄阐述"丝路会计硕士(MPAcc)联盟"成立的背景与初衷,探究丝路联盟成员高校 MPAcc 人才培养过程中面临的困难及进行的不懈探索,对丝路地区高校 MPAcc 人才培养现状与特色进行分析,提出应采取"多管齐下、全过程管理",搭建高层次 MPAcc 人才

---

① 王毅、沈阳:《文明交流对话视野下世界遗产的生产:以陆海丝绸之路为例》,《民族艺术》2022年第1期。
② 高元、刘鑫、李元春等:《西部"一带一路"沿线城市文化空间分布特征及传承策略》,《西安建筑科技大学学报》(自然科学版)2022年第6期。
③ 蒋飞、郭继荣、张夏:《"一带一路"社会文化情报决策支援路径实证研究》,《情报杂志》2022年第10期。
④ 朱旭、张正娟:《"一带一路"背景下中国参与全球教育治理的战略分析与策略选择》,《现代教育管理》2022年第8期。
⑤ 李辉、杨思佩:《"一带一路"倡议下高校创新创业课程建设的逻辑遵循、实践困境与行动路向》,《现代教育管理》2022年第11期。
⑥ 高岩:《"一带一路"背景下西北地区高校人才培养的战略选择》,《中国人民大学教育学刊》2022年第1期。

培养基地,切实满足国家、社会和用人单位对高素质、应用型、国际化会计专业人才的需求。① 西北政法大学郭永辉、李明指出,"一带一路"倡议下涉外国家安全法治人才培养是维护海外国家安全利益的重要保障;人才培养存在课程设置不合理等问题,必须完善课程设置和考评相结合优化教材编写、增强国际视野,实现建构和完善我国涉外国家安全法治人才培养模式。② 咸阳师范学院狄东睿、陈敏以服务于国家战略需求为着眼点,探讨如何培养更多符合"一带一路"建设所需要的高素质外语类人才问题,并提出对策建议。③ 西安外国语大学李宝龙调研国内高校乌尔都语教育现状,认为现阶段国内乌尔都语专业面临缺乏整体规划、师资队伍有待优化、复合型人才培养乏力等问题,需相关部门通力合作,合理规划专业与招生规模,打造更为科学的师资团队,并结合具体情况确定各自的人才培养模式,从而培养出满足"一带一路"发展需要的专业人才。④

三、政治、城市发展、国际合作与交流及综合研究

2022年,陕西学者关注国家治理、城市发展、生态风险、国际合作等问题。因研究角度较为分散,故以下以学校为单位论述相关研究成果。

西安财经大学杜欢、胡健、张维群从区域高质量发展的空间视角,在对"一带一路"国内区域高质量发展水平测度的基础上,对"一带一路"空间区域的高质量发展水平空间特征进行分析,提出加强区域发展合作体系顶层设计。⑤ 任保平分析认为,推进共建"一带一路"的高质量发展的核心命题是共同现代化,共同现代化是推进共建"一带一路"高质量发展的理论逻辑、历史逻辑、实践逻辑和政策逻辑。⑥ 吴旺延、万云雁分析陕西深度融入"一带一路"大格局的发展现状、存在问题,从推动互联互通、构建现代产业体系、深化科技教育合作、国际文化旅游合作以及金融合作五个维度提出陕西深度融入"一带一路"大格局的策略。⑦ 赵文琦对"一带一路"各节点城市的发展水平、竞争力、开放度和城市声誉度进行评价,以构建国内东西部深度融合的区域合作体系为目标,对"一带一路"倡

---

① 张俊瑞、吴珉瑄:《长路无涯:"丝路会计硕士(MPAcc)联盟"人才培养的探索、特色与展望》,《财会月刊》2022年第8期。

② 郭永辉、李明:《"一带一路"倡议下涉外国家安全法治人才的培养》,《法学教育研究》2022年第3期。

③ 狄东睿、陈敏:《"一带一路"倡议背景下外语人才培养问题研究》,《西藏民族大学学报》(哲学社会科学版)2022年第3期。

④ 李宝龙:《"一带一路"背景下中国南亚语种本科人才培养刍议——以乌尔都语为例》,《外语教育研究前沿》2022年第3期。

⑤ 杜欢、胡健、张维群:《"一带一路"国内区域高质量发展的测度及其空间特征分析》,《统计与信息论坛》2022年第11期。

⑥ 任保平:《共同现代化:推进共建"一带一路"高质量发展的核心逻辑》,《山东大学学报》(哲学社会科学版)2022年第4期。

⑦ 吴旺延、万云雁:《深度融入"一带一路"大格局策略研究》,《西安财经大学学报》2022年第3期。

议背景下国内沿线省份节点城市的发展状况及其对区域合作的影响作用进行研究。①

西北大学卢山冰、王静等分析哈萨克斯坦政治、经济和外交等方面的情况;报告对哈萨克斯坦的经济、教育、外交等方面进行深入分析和解读;专题篇则对美国对中亚新战略、中亚地缘政治、经贸投资、交通物流业与中欧班列等方面的情况进行分析和展望;中哈关系篇对中哈关系、中国企业在哈状况和中哈经贸状况进行总结并提出对策。还系统梳理哈萨克斯坦人口数据、中央预算、外贸指标、大事记等资料。② 吴振磊、康颜钰、王泽润从中国反贫困的实践历程中挖掘和提炼理论线索,构建中国特色反贫困理论的基本框架,并结合"一带一路"低收入国家贫困现状与特征分析,阐释中国特色反贫困理论所蕴含的减贫启示,力图为中国特色反贫困理论及其国际启示的研究做出贡献。③ 杨雯、张冠杰、李朝明等通过空间相关分析获取2010—2020年建筑供热能耗的空间分布规律,采用标准差椭圆分析方法描述空间分布的时间演变格局,揭示建筑供热能耗受各因素影响的规律特征。④

西安交通大学王维国、陈佳美思考察习近平主席正确义利观的内涵意义及"一带一路"民心相通的内涵建设指标,探索正确义利观引领"一带一路"民心相通建设的效能提升路径。⑤ 张寅、王宏俐、李王莹选取美印两国代表性智库为研究对象,采用语料库辅助的批评话语分析方法,深入探究2020年新冠肺炎疫情以来美印智库塑造的"一带一路"形象及其背后的社会文化原因。⑥

西安外国语大学鞠维伟、顾虹飞从务实制度主义的角度,对经略中国与中东欧国家的区域间合作,推动"一带一路"高质量发展进行分析研究。⑦ 汪顺玉、陈瑞哲探索Web of Science 上英语学术论文摘要如何表征"一带一路"倡议的主题类型、如何呈现随时间变化的主题热点变迁以及不同区域(国家)学者的关注领域和程度的差异。⑧ 陕西师范大学李冀宁运用历史文献分析法和GIS空间分析法,复原宁夏地区汉代丝绸之路沿线村落遗址空间格局,总结分布特征,并引入地理探测器探究各影响因子对其的决定程度,寻

---

① 赵文琦:《"一带一路"沿线省份节点城市发展评价研究》,《统计与信息论坛》2022年第3期。
② 卢山冰、王静主编;蔡艳彬、李刚副主编:《哈萨克斯坦发展报告2021》,社会科学文献出版社,2022年。
③ 吴振磊、康颜钰、王泽润:《中国特色反贫困理论对"一带一路"低收入国家减贫的启示》,《学习与探索》2022年第4期。
④ 杨雯、张冠杰、李朝明等:《多因素影响下西部"一带一路"沿线城市建筑供热能耗的时空分布响应》,《西安建筑科技大学学报》(自然科学版)2022年第6期。
⑤ 王维国、陈佳美思:《以正确义利观引领"一带一路"民心相通效能提升路径》,《北京联合大学学报》(人文社会科学版)2022年第1期。
⑥ 张寅、王宏俐、李王莹:《美印智库中的"一带一路"形象研究》,《外语电化教学》2022年第1期。
⑦ 鞠维伟、顾虹飞:《中国—中东欧国家务实合作助推"一带一路"高质量发展》,《新视野》2022年第1期。
⑧ 汪顺玉、陈瑞哲:《基于结构主题模型的"一带一路"倡议国际学术话语文本挖掘:主题、变迁与差异》,《外语教学》2022年第4期。

求最为重要的主导因素,以揭示自然地理环境及其各要素与人类活动的密切关系。① 西安工程大学郑玉雯、西安理工大学薛伟贤运用相对风险模型评估丝绸之路经济带生态环境风险,并基于生态现代化理论预判趋势。② 西安建筑科技大学文刚、张正洪、田识琪、黄廷林等介绍西部"一带一路"代表性沿线城镇水资源与水环境的特征与现状,系统分析其存在的问题与制约,并提出相应的绿色更新发展保障模式。③ 西北工业大学李茜、西安外国语大学梁露考察约旦国家语言现状、政策及特点,为多语言国家相关语言政策提供一定参考。④ 西北农林科技大学黄佩佩、魏凤,对1995—2016年"一带一路"沿线49个国家粮食全要素生产率进行测度,分析时序演变及空间差异,探究驱动因素。⑤ 西北政法大学吕江梳理"一带一路"的涉外法治实践,深度剖析习近平法治思想中有关涉外法治的理论创新,进而提出围绕这一思想,加强"一带一路"涉外法治的制度建议。⑥

综上,陕西学者丝绸之路研究范围广博又重点突出,主要集中在"一带一路"建设的基础问题、核心问题。同时,必须承认陕西丝绸之路研究缺乏具有强大政治影响力、社会影响力的成果,研究深度有待进一步提高。

(作者单位:陕西师范大学)

---

① 李冀宁:《宁夏地区汉代丝绸之路沿线村落遗址空间分布及其影响因素分析》,《干旱区地理》2022年第4期。
② 郑玉雯、薛伟贤:《丝绸之路经济带生态环境风险评估及发展趋势预判》,《中国软科学》2022年第2期。
③ 文刚、张正洪、田识琪等:《西部"一带一路"沿线城镇水资源与水环境的特征、制约及保障模式》,《西安建筑科技大学学报》(自然科学版)2022年第6期。
④ 李茜、梁露:《国家安全视阈下的约旦语言现状与语言政策分析》,《西安外国语大学学报》2022年第2期。
⑤ 黄佩佩、魏凤:《"一带一路"沿线国家粮食全要素生产率时空演变及驱动因素》,《世界农业》2022年第5期。
⑥ 吕江:《习近平法治思想中涉外法治话语生成与实践逻辑——以"一带一路"倡议为视角》,《法学评论》2022年第1期。

2022年陕西省关学研究报告

袁祖社

一、关学研究总体概述

张载,字子厚,陕西眉县横渠镇人,北宋著名的思想家、哲学家、教育家,宋明理学奠基人之一,著有《正蒙》《西铭》《横渠易说》《经学理窟》等。因晚年在家乡设馆讲学,又被称为横渠先生。张载既是宋明理学的开创者之一,又是关学学派的创始人,其所开创的关学是理学的重要组成部分。张载以强烈的家国情怀,为文化传承使命与治世理想的紧密融合开辟新境界。其学说对于宋明理学各学派的思想,乃至对近现代中国哲学都产生深远影响,在中国思想文化史尤其是宋明理学的崛起与形成上具有承前启后的重要地位。他所提出的"为天地立心,为生民立命,为往圣继绝学,为万世开太平",不仅体现理学的真精神,也阐明知识分子的使命和担当,被后世推崇并广为传诵。

整体来看,关学学者在始终关注深度解读、阐释张载的核心思想及其时代价值的同时,注重对其他关学人物,如吕大临、吕楠、李因笃、李二曲、冯从吾等的思想成果进行研究。2022年是李因笃逝世330周年,富平县政府官网于2022年11月刊文《关学与李因笃——纪念李因笃逝世330周年》,"薛镇宣传"微信公众号刊文《地以人名,人以文化——写在富平县李因笃研究会成立之际》等等。另一方面进一步聚焦对关学的整体研究,特别是探究关学与清麓学派、蜀学等其他学派的交集,较为系统地梳理关学的传承与发展。本年度学者们在各类专业学术期刊发表学术论文40余篇,获批省部级以上研究项目3项,1项研究成果获陕西高等学校人文社会科学研究优秀成果奖。值得一提的是,陕西省社科界联合会与西北大学出版社联合设立《关学文献整理续编》重大课题合作项目,旨在进一步挖掘整理关学学人文献,完整呈现关学学术面貌,为传承创新关学所蕴含的中华传统优秀文化提供最全面最完善的文献版本。

在丛书进行宣传推介方面,学者加大对近年出版的关学著作的推介评价,并撰写相关书评7篇,主要推介刘学智主编的《关学思想史》、林乐昌主编的《关学源流》等著作,包括朱承的《关学思想的地域性与普遍性——刘学智〈关学思想史〉(增订本)读思记》、魏涛的《关学史脉络的新展现——林乐昌主编〈关学源流〉评析》、李明的《百年关学研究的新开展——以〈关学思想史〉增订本为中心》、刘永青的《"关洛源流在,丛残细讨论"——评林乐昌主编〈关学源流〉》等。

关学研究机构与各类社会组织积极组织研学活动。比如宝鸡市张载文化研究会召开第二届张载思想文化研讨会，商洛关学思想文化学会在商州两铭书院举行纪念张载读书会，富平县在薛镇举行纪念李因笃逝世330周年系列活动，西北大学组织"2022感知中国——走进'郿坞'，师学'张载'"国际学生社会实践活动等。另外，张载祠所在地眉县，特别注重保护、传承、挖掘关学文化，在眉县人民政府网站眉县县情页面开辟专栏"张载文化"。

二、陕西省关学研究成果概况

（一）著作情况

在著作出版方面，本年度出版《张载关学的现代诠释》《关学四书学研究》《关学导引》《关洛之辩：宋代关洛学派思想关系研究》6部学术专著和1部长篇小说《大儒张载》，不仅从学术研究方面详细阐释关学文化与关学精神，凸显张载思想的现代价值，而且更是通过文学的形式多方位、多角度，独具匠心地展现张载博大的哲学思想和关学学说。

学术专著方面。陈俊民著《张载关学的现代诠释》，系统全面地揭示张载关学真精神及其传承脉络，以及关学的传承和发展为中华民族优秀传统所做出的贡献。张亚林编著的《关学导引》，厘清关学的发展脉络，解释各时期关学的学术概念及精神意蕴，对新时期关学的时代意义进行阐发。李敬峰著《关学四书学研究》，首次系统考察关学四书学的研究成果，对关学四书学进行较为全面系统的分析。魏涛著《关洛之辩：宋代关洛学派思想关系研究》，揭示关学与洛学之间的思想互动与交融关系，认为张载关学是二程洛学的理论起点、二程洛学延伸张载关学的问题讨论并开启朱陆之辩的新认识，并对宋明理学史发展进程中的关洛关系问题进行系统清理和重新定位。王政军、刘泉编著《正蒙意译》（上下册），是眉县横渠书院"横渠书院书系·关学历史文化丛书"之一，上册为《正蒙》译文，是编者在长期学习与研读张载《正蒙》基础上，结合以往的《正蒙》译本撰写而成，下册是对宋本《正蒙》点校，简体横排，并同步配宋本影印文本。张金兰著《张载与二程的学术交往》，以张载与二程为主，对关学与洛学之间的思想关系做比较全面系统的研究。

（二）论文

从关学的总体性研究、张载思想理论的具体阐释、关学其他人物思想研究、关学思想在教育方面的理论价值、关学研究著作的书评等5个方面，在相关学术期刊发表30余篇高水平的研究论文。

1. 关学总体性研究及与其他学派的关系研究

学者始终关注关学的传承、传播与发展。其中，刘宗镐以《作为学派史传承的关学是否存在？》为题，认为关学作为宋明新儒学的重要学派，由北宋时期关中地区的张载开创，这是学界的共识。在元、明、清时期是否有传承的问题上，学界存在分歧的其实是判断关学传承的标准问题。因此,通过对以礼为教能否维系关学传承的问题的思考,来回答作为学派史传承的关学是否存在的问题。① 刘泉指出,张载关学文化是陕西古代文化的思想精粹,对其创造性转化与创新性发展,既要还原历史真实,阐明其思想原貌,更要打造融通古今中外的新概念、新范畴、新表述,讲述其理论精髓,展现其在新时代的思想力量和精神力量。② 王淙认为,关学文化当中也有许多思想与生态文明建设有关,对当前的生态文明建设有着一定的指导意义,在生态文明背景下实现中国传统文学文化的对外传播,不仅能够进一步宣传中国传统文化,还有利于推动生态文明的建设。③

学者对于关学与其他学派的交融互动关注明显增多。刘学智认为,关学在其发展过程中,受到蜀地诸多学人的关注,将蜀学与关学相关联加以研究,对推动西部儒学的研究有着特殊的意义。④ 魏涛从"地域理学"视角到"宗风"和"学脉"传承视角,探讨清麓学派与关学的联系,指出,这一学派思想皆与张载存在着一定的关联,且对关学史谱系的建构、关学文献的整理贡献卓著。⑤ 米文科通过李二曲、王心敬与河南襄城刘氏二代人之间的交往和论学,进一步了解清代前期关学的发展情况和当时思想界关于朱、王之学的争论以及学术思想的变化。⑥

2. 对张载思想理论的具体阐释

一是对张载思想中核心理论、概念"太虚""太和""气"等的研究。路传颂从句法、语境、语义三个层面分析"太虚无形"与"太虚即气"。⑦ 杨少涵指出,关于张载哲学,学界向来有"一层唯气论"与"两层超越论"两条诠释路向:"一层唯气论"认为,虚、气、心、性同质同层;"两层超越论"认为,太虚、心、性与气异质异层,"横渠纲领"涵盖张载哲学中虚、气、心、性等核心概念。⑧ 李东升探讨张载理学中太和、太虚与气之关系。⑨ 李睿认为,张载对"和"的解读与诠释不仅有助于其本身思想体系的构建,上承接先秦儒学之旨,下启宋明理学的心性之学,而且成为传统"和合"思想发展脉络中不可或缺的一环。⑩ 刘泉认为,张载工夫论是宋明理学的标志理论之一,但其"克己"观一直未受重视,《东铭》《克己诗》均体现张载的"克己"境界与实践诉求,以复性作为克己的核心目的,强调以内合外来

---

① 刘宗镐:《作为学派史传承的关学是否存在》,《中国哲学史》2022年第3期。
② 刘泉:《张载关学文化创造性转化与创新性发展的内涵与路径分析》,《新西部》2022年第10期。
③ 王淙:《生态文明背景下中国传统关学文化对外传播翻译策略研究》,《环境工程》2022年第5期。
④ 刘学智:《简议蜀学与关学之学术交集》,《唐都学刊》2022年第2期。
⑤ 魏涛:《清麓学派与关学发展再议——基于"基准"与"贡献"相结合的视角》,《地域文化研究》2022年第1期。
⑥ 米文科:《清初关学学者与襄城刘氏的交往和论学——以李二曲、王心敬为例》,《地域文化研究》2022年第1期。
⑦ 路传颂:《"太虚无形"与"太虚即气"的语言分析》,《哲学研究》2022年第5期。
⑧ 杨少涵:《虚气即是心性:"横渠纲领"的现象学疏释》,《社会科学》2022年第10期。
⑨ 李东升:《"太和所谓道":论张载理学中太和、太虚与气之关系》,《西安石油大学学报》(社会科学版)2022年第1期。
⑩ 李睿:《由"太和""心和"到"天人合一"——张载思想构建过程中对"和"的解读与诠释》,《学术探索》2022年第2期。

实现仁义。① 孙德仁指出,性命论是中晚唐以来儒家士大夫普遍关注的问题,张载对汉儒性命论的反省与建构,张载性命论超越而内在的"合两"架构,既在性于德中扭转汉儒性命于气的命定论,又在以性正命中奠定理学天道性命相贯通的基本规模,促成北宋初期儒家性命论的转进。②

二是张载思想及其时代价值。丁为祥认为,"《大易》不言有无"的结论代表着张载一生理论探索的一个重要总结,张载不仅以这一结论分析道家从老子到庄子的思想发展,而且以这一标准分析从汉代经学到魏晋玄学乃至于隋唐佛学的理论演变及其教训。③ 赵均强认为,为圣之学是张载道学的重心之所在,圣人就是天人合一的人,"大几圣矣,化则位乎天德矣"。④ 许全兴认为,当前出现"四为句"热是一种极为罕见的社会现象,对"四为句"的理解是如何理解"为天地立心"的内涵。张载的"继绝学"的圣人文化观和"法三代"的复古历史观应当被摒弃,但他为复兴中华民族文化的志向和担当精神值得提倡与发扬。⑤ 刘泉探讨张载关学文化创造性转化与创新性发展的内涵与路径分析,认为研究者应该以不断完善张载关学文化的研究模式,挖掘其对社会主义生态文明建设、精神文明建设的时代意义和理论价值,在创造性转化与创新性发展中,促进张载关学文化服务新时代中国特色社会主义强国建设。⑥

3. 关学其他人物思想研究

据史籍记载,在明代中后期,关中的理学家竟达百人之多,学者注重研究他们的思想,包括吕柟、李二曲、李因笃、李雪木、冯从吾、王心敬、李元春、贺瑞麟、刘古愚等。

其一,富平举行纪念关学大师李因笃的系列活动,并在"薛镇宣传"微信公众号刊文《地以人名,人以文化——写在富平县李因笃研究会成立之际》,将同处明末清初的学者李因笃与顾炎武对比。⑦ 富平县政府官网刊文介绍,李因笃经世致用价值观的主要内涵是贵真、重行、求实。一方面表现明清之际的学术精神,另一方面也继承关学的优良传统。

其二,对李二曲的思想研究。李敬峰指出,明清之际,阳明心学处在由盛转衰、艰难转进的学术境遇,有"王学后劲""清初三大儒之一"之称的李二曲以"依经立说"为进路,借由对四书的创造性诠释,以"标举心学要旨""阐扬良知要义""重构体用关系""整合程朱工夫"的理论新诠形式,从阳明心学内部展开自我革新,开辟出修正、更新阳明心学的

---

① 刘泉:《"克己"与张载工夫论的建构》,《唐都学刊》2022年第5期。
② 孙德仁:《张载对汉儒性命论的反省与建构》,《人文论丛》2022年第1期。
③ 丁为祥:《〈大易〉不言有无——张载理学建构及其对现代社会的一点忠告》,《人文论丛》2022年第1期。
④ 赵均强:《试论张载的为圣之学》,《唐都学刊》2022年第5期。
⑤ 许全兴:《"继往圣绝学"能"为万世开太平"吗？——张载"四为句"之我见》,《北京行政学院学报》2022年第2期。
⑥ 刘泉:《张载关学文化创造性转化与创新性发展的内涵与路径分析》,《新西部》2022年第10期。
⑦ 参见澎湃新闻2022年12月17日:《陕西富平隆重纪念关学大师李因笃,将对标江苏昆山纪念顾炎武》。

新路径,提振几于坠落的阳明心学,为阳明心学在晚清的再度崛起赓续学脉。① 王文琦研究李二曲哲学的体用观,认为"良知"本体论的观点更能把握二曲学的学理特征,有助于其"明体适用"核心思想的诠发,对李二曲体用思想的反思和厘定,明确二曲学的根本特征,在总结宋明理学的基础上,向先秦儒学复归,力图建立新的儒学形态以康济时艰。② 王文琦以李二曲为中心探讨儒学"客观化"的问题,认为对"客观化"问题在思想史登场的同情把握,既有助于对明清哲学家的过往评价予以反思,又有助于为现当代儒学"客观化"的探索提供宝贵的经验和教训。③ 米文科关注清初关中学者李二曲和王心敬与河南襄城刘氏二代人之间对陆王心学、经学、史学以及古诗文的认识上的分歧,反映清初思想的多元化发展,同时也体现不同地域的学术思想特点。④

其三,对吕柟及其著作《尚书说要》的研究。程鑫指出,吕柟乃明代中期的理学大家,沿袭宋明理学家的致思路径,辑成《尚书说要》。该书呈现轻训诂而重疏通归纳、不涉辨伪和撷采众家的解经特点。探讨吕柟的经学观,其解经特点体现在兼重义理与躬行、尊经重经且以经释经、不宥成见而遵驳有自。⑤ 程鑫指出,《尚书说要》虽非专言性理,但亦勾勒出吕柟理学思想架构,并从理气观上彰显吕柟重气之思想,吕柟在功夫理论上主张即气求理,即气求性,认为性与理不可不就气来说,不可不就人事来说,进而在为学功夫上强调躬行践履。⑥

其四,对冯从吾思想的研究。尹楚兵、李琦指出,冯从吾作为晚明理学大家,其文道观与晚明理学环境及其本人理学思想结合极为紧密,具有一定的独特性,在以否定文学为主的同时,又对文学高度关注,呈现出对文学警觉的态度。⑦ 豆文凯对冯从吾编纂的《关学编》(附续编)中关中地区关学学人籍贯进行分析,从时空维度探讨关学学人群体分布所呈现出的地域特征及其影响因素。⑧

4. 关学思想在教育方面的理论价值

关学思想在教育方面影响越来越大。学者将张载"横渠四句"等思想融入办学理念、学生思想政治教育、人文修养中。一是在办学方面,孔伊莎、马强认为,张载《横渠语录》的"横渠四句"就与现代化教育思想一致,体现"尊德性"和"道学问"等思想内容。探究

---

① 李敬峰:《李二曲的〈四书反身录〉与明清之际阳明心学的自我更新和转向》,《哲学动态》2022年第5期。
② 王文琦:《李二曲哲学的体用观及其最终走向》,《地域文化研究》2022年第1期。
③ 王文琦:《儒学"客观化"问题的登场——以李二曲为中心》,《人文论丛》2022年第1期。
④ 米文科:《清初关学学者与襄城刘氏的交往和论学——以李二曲、王心敬为例》,《地域文化研究》2022年第1期。
⑤ 程鑫:《吕柟〈尚书说要〉经学观探赜》,《今古文创》2022年第36期。
⑥ 程鑫:《从〈尚书说要〉看吕柟的重气思想》,《名作欣赏》2022年第23期。
⑦ 尹楚兵、李琦:《晚明理学视域下的冯从吾文道观研究——以"做圣人易,做文人难"的诠释为中心》,《湖南大学学报》(社会科学版)2022年第4期。
⑧ 豆文凯:《西学东渐:关学学人群体籍贯的时空分布及其影响因素——以〈关学编〉(附续编)为中心》,《唐都学刊》2022年第3期。

张载的德育教育策略,有利于为高校的德育教育提供合理的建议。① 马星、王珊珊、李丹等认为,应将关学文化与民办高校网络思政教育的契合关联的考察,通过对关学文化与民办高校网络思政教育中的融合路径提出思考,以期推进民办高校网络思政教育的深化改革。② 高谨以西安文理学院为例,从关中书院的历史沿革、冯从吾的教育思想两个方面进行阐述,为学校思想政治教育建设提供新思路。③ 二是在思想政治教育方面,李丹、逯爽、马星认为,从民办高校学生的特点和规律出发,调查学生如何理解关学文化及关学文化融入网络思政教育的现状,就将关学文化精髓与网络思想政治教育落到实处进行思考及建议。④ 杨萍以《关学与人文修养》为例,从大学生养成教育问题出发,结合通识课程与养成教育的相互作用,提出通识课程中构建有效的、可行性的大学生养成教育模式。⑤

5. 关学著作研究及相关研究著作书评

第一,对张载关学著作《正蒙》及其注解的研究。李腾认为,其所揭示的"太虚－天地－人物"的三重结构才是其哲学的真实结构与世界图景,在其中"天地"扮演更为重要的角色,它是人物的直接生成者,且是人自身价值与意义的来源,而太虚对于人的意义唯有经过天地的中介才能呈现。这一结构是一个动态的过程,并不存在某种类型的静态的实体化本体,这一三重结构才更能彰显张载哲学的特质。⑥ 安鹏重点探讨《正蒙》中的"性"及其意义,认为"性"是气内蕴的乾坤二端相感之"体",既是天道生生不已的基本原理与永恒动力,也是使宇宙万物以相感相应的方式存在。⑦ 王夫之《张子正蒙注》和李光地《注解正蒙》两书都对张载《正蒙》原文做大量注释,周佳燕对两书再训诂术语、训释特色等方面的异同进行对比研究。⑧ 张瑞元探讨李文炤《正蒙集解》对张载哲学思想的继承与发展。⑨ 邸利平认为,《正蒙初义》在考察旧注的基础上对张载思想做系统诠释,反映理学发展后期重视宇宙生成论的特点,同时也意味着理学道德价值观在形而上层面的

---

① 孔伊莎、马强:《基于张载"横渠四句"探讨德育对民办高校思政教育的启示——以西安外事学院为例》,《文教资料》2022 年第 3 期。
② 马星、王珊珊、李丹等:《关学文化"横渠四句"融入民办高校网络思政教育路径探究》,《才智》2022 年第 16 期。
③ 高谨:《关学遗产传承与高校思想政治教育建设——以西安文理学院为例》,《成才》2022 年第 15 期。
④ 李丹、逯爽、马星:《关学文化融入民办高校网络思政教育现状调查分析——以西安工商学院为例》,《大学》2022 年第 24 期。
⑤ 杨萍:《民办高校通识课程中大学生养成教育模式研究——以〈关学与人文修养〉为例》,《产业与科技论坛》2022 年第 19 期。
⑥ 李腾:《张载理学体系探究——以〈正蒙〉为中心》,《聊城大学学报》(社会科学版)2022 年第 2 期。
⑦ 安鹏:《作为"感之体":〈正蒙〉中的"性"及其意义》,《广西大学学报》(哲学社会科学版)2022 年第 1 期。
⑧ 周佳燕:《〈张子正蒙注〉和〈注解正蒙〉对比研究》,《文学教育》(上)2022 年第 5 期;周佳燕、王夫之:《〈张子正蒙注〉和李光地〈注解正蒙〉训诂对比研究》,《今古文创》2022 年第 17 期。
⑨ 张瑞元、李文炤:《〈正蒙集解〉对张载哲学思想的继承与发展研究》,《西安石油大学学报》(社会科学版)2022 年第 2 期。

逐渐消解。①

第二,对近年来关学研究著作的书评。刘学智编撰的《关学文库》《关学思想史》、林乐昌主编《关学源流》等具有重要的影响。李明②和朱承③认为,刘学智的《关学思想史》是关学研究领域一部具有里程碑意义的著作,改变关学"有学无史"的学术境况。该书通过综合观照、历史洞察和学理辩证,从广狭二义为关学正名,为开拓关学的现代研究范式作出突破性的探索。刘永青④和魏涛⑤评析林乐昌主编《关学源流》,认为从"源流"关系角度思考是关学史研究走向方法自觉的重要表现。该书以"细讨论"的方式溯源析流,为读者全景展现以张载为宗师的关学演变脉络,是一部以新文献、新视角和新方法探索关学源流的力作。刘艳评析魏涛著作《关洛之辩——宋代关洛学派思想关系研究》,认为该著作突破传统的道统、学派偏见,超越门户,直面张载、二程之间的正面交锋和相互评价,同时还将理论争鸣下贯到南宋,与中国哲学史上影响重大的朱陆之辩进行关联性探讨,重新评估关洛之辩的学术地位和历史影响,具有重要的理论贡献。⑥张瑞元评论邸利平的著作《道由中出:吕大临的道学阐释》,认为该书与以往研究相比,在论述上紧扣文本分析,观照视域上有意在儒学、经学、道学、理学、哲学等这些不同的学术形态中移动,力求在理学理论的"争辩"与"演变"中,动态地呈现吕大临理学思想的个人问题意识及其理论的内涵和价值。⑦刘宁对《张子全书》附录一"张子传记资料"收录的四篇作品:吕大临的《横渠先生行状》,脱脱等的《宋史·道学·张载传》,冯从吾的《关学编·横渠张先生传》,黄宗羲著、全祖望补修的《宋元学案·献公张横渠先生载传》,做出分析。⑧

(三)项目

在研究项目的立项方面,陕西省社科界联合会与西北大学出版社联合设立《关学文献整理续编》重大课题合作项目,对于挖掘整理关学文献、传播关学文化等工作具有重要的作用。学者围绕关学的核心内容、发展与传播,获得2项陕西省社会科学基金年度项目。具体如下:

(1)李敬峰:清代关中朱子学研究,陕西师范大学,2022年陕西省社会科学基金年度

---

① 邸利平:《论王植对张载"太虚本体"论的诠释》,《宝鸡文理学院学报》(社会科学版)2022年第4期。
② 李明:《百年关学研究的新开展——以〈关学思想史〉增订本为中心》,《唐都学刊》2022年第6期。
③ 朱承:《关学思想的地域性与普遍性——刘学智〈关学思想史〉(增订本)读思记》,《国际儒学》(中英文)2022年第4期。
④ 永青:《"关洛源流在,丛残细讨论"——评林乐昌主编〈关学源流〉》,《衡水学院学报》2022年第5期。
⑤ 魏涛:《关学史脉络的新展现——林乐昌主编〈关学源流〉评析》,《唐都学刊》2022年第6期。
⑥ 刘艳:《关洛学派关系研究的一部力作——评魏涛〈关洛之辩——宋代关洛学派思想关系研究〉》,《华夏文化》2022年第4期。
⑦ 张瑞元:《在视域交融中理解文本——邸利平〈道由中出:吕大临的道学阐释〉评述》,《宝鸡文理学院学报》(社会科学版)2021年第3期。
⑧ 刘宁:《论〈张子全书〉附录所收张载传记》,《西安文理学院学报》(社会科学版)2022年第3期。

项目。

（2）米文科：关学学者与跨地域理学学者书信汇编，宝鸡文理学院，2022 年度《关学文献整理续编》重大课题。

（3）向华：关学精神米文科浸润陕西新时代家庭教育价值观的作用与实现路径研究，西安文理学院，2022 年陕西省社会科学基金年度项目。

（四）获奖

邸利平著《道由中出：吕大临的道学阐释》获得陕西省第十五次哲学社会科学优秀成果奖。

（五）学术活动

各地关学思想研究机构分别召开学术研讨会、读书交流会等。眉县、富平等地区挖掘关学思想，并将之与当地文化旅游相结合，开展丰富多彩的活动。具体活动情况如下：

（1）2022 年 5 月 21 日，西安工商学院组织召开"明经躬行继绝学，文化育人续新篇"学术论坛。论坛期间，与会学者分别从关学史视域中的吕柟之学、泾野书院推动吕柟关学创造性转化与创新性发展等视角探讨，高度凝练"民胞物与"的文化理想、"天人合一"的精神境界、"极高明而道中庸"的哲学智慧。

（2）2022 年 6 月 18 日，宝鸡市张载文化研究会组织召开第二届张载思想文化研讨会，以"弘张载思想，享万世太平"为主题，就"如何把张载文化的地域传承和创新发展发扬光大"等话题进行研讨。本次研讨会，既是传承挖掘张载思想及关学文化时代价值的生动实践，也是凸显宝鸡人文资源优势，彰显地域文化特色，助力文化建设的一项重要举措。

（3）2022 年 6 月 24 日，由国家留学基金委主办，陕西省教育厅国际交流与合作处指导，西北大学承办，"2022 感知中国——走进'郿坞'，师学'张载'"活动在宝鸡市眉县圆满举行。各国学生在张载祠听取"关学"思想专题讲座，实地参观张载生平事迹展、关学思想文化展、关学人物传承展、张氏家风家训展，对张载"四为"思想、儒家文化和张载关学思想及现实影响有更深的理解，在了解中国优秀传统文化的同时不断增强向古代先贤学习的意识。

（4）2022 年 7 月 23 日，由眉县文化和旅游局策划编排的"让眉县历史人物活起来"系列文旅活动之一《张载讲学》情景剧在张载文化广场、张载祠上演。

（5）2022 年 10 月 15 日，清华大学人文学院哲学系、清华大学道德与宗教研究院共同举办"形神之际与相像之间：2022 年思想史视域下的中国宗教研究"学术研讨会。本次研讨会为清华大学人文学院成立十周年系列活动之一。其中，第三场研讨会围绕宋明理学的理气问题展开讨论。清华大学哲学系赵金刚副教授发表论文《太虚与道体——张载"太虚即气"的再诠释》，博士研究生林静发表论文《张载的"形溃反原"说及其在儒教实践的意义》，博士研究生郭潇发表论文《王船山与本然性问题——以"大轮回"之争为中心》,博士后闫雷雷发表论文《配义合道气浩然——论理在气先之定与理弱气强之势》。

(6)2022年11月5日,商洛关学思想文化学会在商州两铭书院举行纪念张载读书会。张载后裔张浩先生对张载的千古名篇《西铭》一文进行解读辅导,陈维旭、王天时、杨忠厚等围绕"为天地立心,为生民立命,为往圣继绝学,为万世开太平"的"横渠四句"经典名言进行交流发言。

(7)2022年12月15日,富平县在薛镇举行纪念李因笃逝世330周年系列活动,社会各界文化人士、学者以及李因笃后裔代表齐聚薛镇,开展学术研讨交流,重温先贤李因笃"以文学名海内,而慷慨有豪侠气"的文人风采。同时成立富平县李因笃研究会,并召开第一届第一次会员大会。

(作者单位:陕西师范大学)

学 科 综 述

陕西省马克思主义理论研究

陈建兵

2022年,陕西学者紧密围绕学习、阐释和宣传党的十九届六中全会精神、党的二十大精神,着力开展马克思主义理论研究,推动马克思主义理论学科发展。出版学术著作12部,其中,西北工业大学李军时撰写的专著《跨越时空的对话:马克思主义哲学视域下儒学若干重要问题研究》由中国社会科学出版社出版。发表学术论文216篇,其中,西安交通大学李进荣撰写的《历史虚无主义的碎片化症候批判》、长安大学陈怀平撰写的《全过程人民民主对西方民主的系统性超越》、西北工业大学孙绍勇撰写的《马克思主义现代化理论与中国共产党百年实践》论文在《马克思主义研究》杂志发表。

举办全国性高端学术论坛11场,其中,西安交通大学举办全国高校"中国式现代化的理论与实践"研讨会、西北大学举办"21世纪马克思主义与党的二十大精神研究"暨第四届全国马克思主义理论青年学术论坛。

一、马克思主义基本理论研究

马克思主义哲学方面。吴鹏论析马克思、恩格斯主张从"现实的人"及其实践活动,认为,"现实的人"的实践活动具有绝对意义上的基础性地位,但这种基础性只能在具体的相对的历史进程中得以彰显。以实践为基础的唯物史观在普遍原理与历史条件之间保持必要的张力和平衡,克服"绝对"与"相对"的两极对立,实现对启蒙理性主义和德国历史主义的双重超越。① 刘进田阐释马克思主义哲学如何在价值和事实、人的尺度和物的尺度、自由和自然、自由王国和必然王国、革命性和科学性的理论架构中运思,通过分析阐明,马克思主义哲学不是一种纯粹解释世界的知识哲学,而是一种为人的解放而改造世界的价值哲学,其显著特征是实践的人本价值哲学。② 高海艳、祝黄河通过对《理性与革命》一书的文本解读,探讨社会辩证理论即马克思主义理论所具有的革命性和批判

---

① 吴鹏:《论唯物史观对启蒙历史哲学的双重超越——以"绝对"与"相对"为坐标》,《北京社会科学》2022年第9期。
② 刘进田:《马克思主义哲学是实践的人本价值哲学》,《河南社会科学》2022年第7期。

性,从马尔库塞的视角去透视,何以马克思是黑格尔思想遗产唯一的、真正的继承人。① 何海涛提出,共同体是个体的集合,共同体的演变折射的是个体的境遇,这种境遇反映在个体与共同体的关系中。从古希腊整体主义的城邦共同体到近代契约论的共同体,从黑格尔的伦理共同体到马克思的"自由人联合体",其间个体与共同体经历从一体到分化,再到和解的变化过程。② 赵耀宏、叶梦娇提出,历史唯物主义的理论特质既取决于其生成的历史环境,也和其创立者的个性品质紧密相关,具体表征为科学属性与崇高道义的高度统一、本体理论与方法功能的双重阐明、经验考察与科学思辨的紧密结合,历史尺度与人文关怀的有效贯通。③

政治经济学研究方面。郑冬芳、秦婷从政治经济学批判视角,梳理数字帝国主义霸权的形成演进脉络,剖析数字帝国主义技术霸权的生成机理及垄断实质,指出要探索超越数字帝国主义技术霸权的中国方案,须进一步增强自主创新能力,加强关键核心数字技术的创新应用,警惕数字帝国主义技术霸权意识形态图谋,反对数字帝国主义技术霸权垄断,推动世界数字技术共建共享。④ 刘儒、李超阳分析在新一轮科技革命引领人类生产方式迈向智能化时代的背景下,人工智能机器作为人类物化劳动仅仅事价值创造的物质条件,活劳动仍然是价值的唯一源泉,而且雇佣劳动剥削在人工智能机器加持下会进一步强化。指出,人工智能技术的发展和产业化应用非但没有颠覆马克思劳动价值论和剩余价值论,反而进一步确证其理论内涵的科学性和时代性。⑤ 罗铮、宁殿霞提出,数字资本主义经济是对生产部门工人所生产剩余价值的分割。数字资本主义经济的获利方式,离不开20世纪西方从"生产型"经济向"消费型"经济的转变,带来垄断、"杀熟"、逆向商品拜物教、数字异化、社交关系与社会活动的商品化等不利方面。⑥ 王卫华、宁殿霞认为,对平台资本主义的研究应聚焦在以下两个向度:数字劳动和数据资本权力。通过对数字劳动的分析,揭示平台对人的数字劳动的支配,指出平台资本主义运作的核心支点乃是数据资本权力。⑦ 李雪娇、何爱平认为,马克思主义政治经济学蕴含的丰富生态思想为人与自然和谐共生的现代化探索提供理论依据,中国式现代化道路的生态向度是以生命共同体为理念先导、以中国为目标引领、以碳达峰和碳中和为战略设计、以绿色发展

---

① 高海艳、祝黄河:《论马尔库塞为黑格尔思想的辩护——以〈理性与革命〉为文本》,《国外社会科学》2022年第2期。
② 何海涛:《论共同体思想嬗变中的个体境遇》,《兰州学刊》2022年第5期。
③ 赵耀宏、叶梦娇:《历史唯物主义的理论特质及其实践体悟》,《社会科学家》2022年第4期。
④ 郑冬芳、秦婷:《平台资本主义消费异化的政治经济学解析》,《北京行政学院学报》2022年第6期。
⑤ 刘儒、李超阳:《人工智能时代价值和剩余价值源泉再认识》,《马克思主义理论学科研究》2022第8期。
⑥ 罗铮、宁殿霞:《数字资本主义视域下的价值增殖研究——基于西方数字资本主义价值生产研究的思考》,《政治经济学评论》2022年第2期。
⑦ 王卫华、宁殿霞:《数字劳动和数据资本权力:平台资本主义研究的两个重要向度》,《云南财经大学学报》2022年第8期。

为推进路径、以环境治理体系为制度保障的系统性经济学说。①

科学社会主义方面。李忠军、杨科提出，组织是马克思恩格斯领导无产阶级革命运动的重要手段与基本策略，经典著作文本中有许多关于"组织"的经典论述，阐明无产阶级组织的党性、人民性与革命性的内在组织本质，明确强化思想引领，制定政治纲领等重要组织方法，确立独立性与联合性相结合、民主性与集中性相结合等基本组织原则。② 张志昌、王秀认为，在《家庭、私有制和国家的起源》中，恩格斯指出城乡对立是时代内部在社会分工固化之后存在冲突的矛盾统一体。恩格斯的贡献还在于坚持唯物论、实践论，以及系统和辩证分析的科学方法论思想。③

二、马克思主义中国化研究

党的二十大理论热点研究方面。任晓伟认为，习近平新时代中国特色社会主义思想的世界观和方法论，是习近平新时代中国特色社会主义思想的理论精髓和核心要义，必须要在马克思主义中国化时代化的大的思想史视野中深化对其所涉及的基础理论问题的认识和研究。④ 曹爱琴认为，"四个之问"重要论断有其根本依据：党的百年奋斗历史经验；党初心使命和崇高理想；新时代新征程的现实需要和新时代党的理论创新。全面学习把握落实党的二十大精神，不断回答"四个之问"，应发扬历史主动精神、始终坚持"两个结合"、把握和运用好"六个必须坚持"的世界观和方法论。⑤ 杨平认为，经过百年奋斗，中国共产党成功探索出跳出治乱兴衰历史周期律的两个答案——人民民主和自我革命，这两个答案也构成实现国家治理现代化的两个基本支撑。⑥ 梁军指出，以中国式现代化全面推进中华民族伟大复兴，是党的二十大报告关于第二个百年奋斗目标的战略擘画。要在理论上明晰全面依法治国推动中国式现代化的逻辑机理，充分发挥法治在中国式现代化进程中"固根本、稳预期、利长远"作用。还要厘清全面依法治国蕴涵的推进中国式现代化建设的总体要求及发展路径。⑦ 陆卫明、郭佳鑫从理论逻辑、历史逻辑、现实逻辑，分析中国共产党如何跳出历史周期律，指出党把"民心所向"作为跳出历史周期律的价值依据，以自我革命作为内在动力，以具有鲜明特色和突出优势的"中国式民主"作为外部动力，稳步推进共同富裕奠定物质基础，建设强大意识形态奠定思想基础，发扬斗

---

① 李雪娇、何爱平：《人与自然和谐共生：中国式现代化道路的生态向度研究》，《社会主义研究》2022年第5期。
② 李忠军、杨科：《马克思恩格斯组织思想的方法论内涵探析》，《中国高校社会科学》2022年第3期。
③ 张志昌、王秀：《厘清恩格斯对城乡关系问题的贡献——基于马克思恩格斯学术关系的视角》，《西藏民族大学学报》（哲学社会科学版）2022年第2期。
④ 任晓伟：《开辟马克思主义世界观和方法论新境界》，《马克思主义理论学科研究》2022年第11期。
⑤ 曹爱琴：《不断回答"四个之问"：推进理论创新的必然要求》，《理论视野》2022年第12期。
⑥ 杨平：《人民民主与自我革命：实现国家治理现代化的基本支撑》，《思想战线》2022年第6期。
⑦ 梁军：《全面依法治国与中国式现代化的内在机理》，《理论视野》2022第12期。

争精神,防范与抵御各种外部风险,找到跳出历史周期律的成功道路。① 燕连福深刻分析党的二十大提出的中国式现代化的五个特征,认为在新的发展阶段,全面建设社会主义现代化强国,以中国式现代化推动中华民族伟大复兴,要充分理解和把握中国式现代化新道路的五个特征。② 卢黎歌、郭玉杰深入分析中国式现代化对西方资本主义现代化与苏联社会主义现代化模式的超越,形成中国共产党领导的,独具发展创新性、人民性、和谐性、和平性、人类性的中国式现代化新道路,并指出中国式现代化在核心支撑、宗旨原则、战略谋划、态度理念上的创新之处和借鉴启示意义。③ 张亚泽、张固宁提出,中国式现代化道路以人本逻辑为主导,形成中国化马克思主义理论、中国特色社会主义和人类文明新形态等重要成果,突破资本逻辑主导下西方现代化道路的发展困境,实现对资本主义现代化道路在理论、制度和文化三位一体格局上的历史性超越,开启人类探索现代化多元图景的世界社会主义时代。④

习近平新时代中国特色社会主义思想研究方面。阎树群、黎日明提出,党的十八大以来,习近平总书记的一系列重要论述系统而科学地回答在制度改革创新、制度体系构建、制度优势评价、制度执行力提升,以及"立什么""破什么","如何立""如何破"的重大理论和实践问题,彰显鲜明时代特征和现实指导意义。⑤ 陈建兵、郝一博指出,党的十九届六中全会从文明形态的高度对中国共产党百年奋斗的历史意义进行科学概括与深刻诠释,深刻分析中国现代性的辩证发展过程和对已有现代文明的超越,阐释中国共产党对现代性的重构动摇西方现代性的话语霸权,为发展中国家建构自身现代性从而走向现代化提供有益借鉴。⑥ 徐喆、白暴力认为,习近平新时代中国特色社会主义思想从理论、实践、精神向度上实现对马克思主义中国化新的飞跃。⑦ 吴明永、呼翠翠分析习近平经济思想的根本理论渊源、直接理论来源、重要思想滋养,阐释习近平经济思想在政治经济学地位、经济制度、经济发展理念、经济发展战略、经济发展阶段、经济发展动力、开放型经济等方面进行的重大创新。⑧ 燕连福梳理习近平关于精神生活共同富裕的重要论述,分析重要论述的生成具有深厚的理论基石、历史依据、文化基因和现实基础,蕴含丰富意

---

① 陆卫明、郭佳鑫:《跳出历史周期率:中国共产党的现实考验、逻辑依据及破解路径》,《北京联合大学学报》(人文社会科学版)2022年第3期。
② 燕连福:《中国式现代化新道路的五个特征》,《北京联合大学学报》(人文社会科学版)2022年第2期。
③ 卢黎歌、郭玉杰:《中国式现代化:超越转型、演进逻辑、经验启示》,《北京工业大学学报》(社会科学版)2022年第1期。
④ 张亚泽、张固宁:《从资本逻辑到人本逻辑:中国式现代化道路的历史性超越》,《社会主义研究》2022年第6期。
⑤ 阎树群、黎日明:《立破并举:新时代坚持和完善中国特色社会主义制度的科学方法》,《世界社会主义研究》2022年第5期。
⑥ 陈建兵、郝一博:《中国现代性文明新形态出场的历史逻辑与时代意义》,《青海社会科学》2022年第1期。
⑦ 徐喆、白暴力:《马克思主义中国化新飞跃的三个向度》,《学术探索》2022年第11期。
⑧ 吴明永、呼翠翠:《习近平经济思想的理论基础与重大创新》,《青海社会科学》2022年第2期。

蕴,指出贯彻落实好这一重要论述在政治、文化、社会服务和国际交流仿麦呢的实践路径。① 郭丽瑾、肖周录认为,习近平中华优秀传统文化创造性转化和创新性发展的精神实质基于"前提性诠释",系统阐释"两创"的丰富内涵和内在关系;通过"创造性转化"整体激发中华优秀传统文化的蓬勃生机;通过"创新性发展"赋予中华优秀传统文化新的时代内涵。新时代需要在正确处理"五大关系"中推进"两创"更合规律性。②

中国共产党百年奋斗历史经验研究方面。任晓伟认为,中国共产党的百年奋斗历程,为世界社会主义事业提供原创性中国道路、中国经验和中国理论,创立习近平新时代中国特色社会主义思想,形成21世纪马克思主义,不断解决如何建设长期执政的马克思主义政党这一世界社会主义史上的难题。③ 陈建兵、师帅朋分析中国共产党在不同历史阶段对社会主要矛盾的接续探索,呈现出直面社会发展基础命题、探索社会主义建设多维路径、厘清社会主义建设新方向、回应社会高质量发展诉求的演进逻辑。这一演进为新时代认识和把握社会主要矛盾提供重要镜鉴,即坚持唯物史观关于社会基本矛盾理论的分析框架,坚持党的集中统一领导,坚持以人民为中心的价值准则和坚持实践检验标准。④ 阎树群、赵海萍认为,延安时期《中国青年》推动马克思主义传播的成功经验,为新时代推进马克思主义中国化时代化,用马克思主义中国化最新成果武装全党、教育青年,提供有益借鉴。⑤ 程恩富、孙绍勇认为,坚持开拓创新是中国共产党取得成功的重要经验。中国共产党在长期的实践发展中,从实际出发,把马克思主义理论的创新发展与中国的革命、建设、改革实践有机结合,在改造旧世界中创造新世界,在体现时代性、把握规律性、富于创造性中不断开创新局面。⑥ 赵娜系统梳理党结合政府作用与市场作用的百年探索,指出,党在这一过程中始终掌握历史主动,形成兼具引领性与前瞻性的中国式结合。⑦

党的建设与国家治理现代化研究方面。陈建兵、郭小铭指出,"中国共产党自我革命"命题的提出对回应"悲观主义衰退论""乐观主义调试论"理论偏颇、构建自我革命的理论体系和话语体系具有重要意义。分析中国共产党自我革命的动力体系,先进性政党

---

① 燕连福:《习近平关于精神生活共同富裕重要论述的生成逻辑、核心要义和实践路径》,《思想战线》2022年第5期。

② 郭丽瑾、肖周录:《习近平中华优秀传统文化创造性转化和创新性发展的逻辑理路》,《学术探索》2022年第10期。

③ 任晓伟:《中国共产党百年奋斗对世界社会主义的原创性贡献》,《中国高校社会科学》2022年第1期。

④ 陈建兵、师帅朋:《百年来中国共产党对我国社会主要矛盾演进的科学判断及经验启示》,《思想教育研究》2022年第2期。

⑤ 阎树群、赵海萍:《延安时期〈中国青年〉传播马克思主义的基本经验》,《学术探索》2022年第12期。

⑥ 程恩富、孙绍勇:《中国共产党在百年奋斗中坚持开拓创新的成就和经验》,《当代经济研究》2022年第1期。

⑦ 赵娜:《回溯与启示:中国共产党结合政府作用与市场作用的百年探索》,《中国经济问题》2022年第4期。

的属性特质是"内源力",使命型政党的信念追求是"牵引力",人民性政党的价值取向是"推动力",革命性政党的精神基因是"激发力",创新型政党的实践理性是"支撑力"。① 阎树群、罗国庆认为,习近平总书记高度重视民主集中制在管党治党实践中的重要作用,对新时代为什么要坚持和完善民主集中制、坚持和完善什么样的民主集中制、怎样坚持和完善民主集中制等重大理论和实践问题作出系统回答和原创贡献。② 李永胜、罗蓓梳理新时代推动党内廉政工作取得历史性成就,指出成就的取得主要在于坚持政治在先、权力进笼、数字赋能党性教育,并基于经验揭示党的廉政建设的四条基本规律。③ 王佳、鲁宽民分别从思想建设、政治建设、精神文明建设和形象建设分析延安时期党的建设经验,指出在延安时期,在总结建党以来党的建设经验教训的基础上,实施党的建设伟大工程,其创造性的经验和成就为夺取中国革命的胜利提供坚实的组织基础和社会基础,也为新时代更好地发扬历史主动精神,推进新时代党的建设新的伟大工程提供重要借鉴。④ 陈怀平从全过程人民民主的实践主体、实践过程、制度程序、民主效度四个方面分析全过程人民民主对西方民主的系统性超越,指出全过程人民民主不仅全方位展示中国特色民主政治实践的制度优势,还彰显中国特色民主发展区别于西方民主的理论逻辑。⑤ 李懿、杨云霞提出,《中国共产党党员教育管理工作条例》对党员教育提出明确要求,确立党员教育的重要价值。要实现党员教育工作质量的稳步提升,需要厘清党员教育中社会本位和个人本位的关系,明确党员教育的价值引导问题。⑥ 白春乐、袁武振提出,高校应积极破解当下智慧党建工作管理不规范、顶层设计不科学、考核标准不统一、数据管理不及时等问题,全力推进党建工作走向智慧化。⑦

乡村振兴与共同富裕研究方面。刘儒、张艺伟分析从理论上数字经济可以通过消除市场分割实现产业的非中心化,通过降低金融支持门槛提升共同富裕,并通过 Bootstrap(Web 框架)有调节的中介效应分析方法,验证数字经济对共同富裕的传导机制,即还基于门槛效应模型分析中介效应不显著的原因。⑧ 杨华、范岳、杜天欣阐释乡村文化是乡村振兴的重要资源,但在农业农村现代化进程中,乡村文化面临一系列发展困境。指出要

---

① 陈建兵、郭小铭:《中国共产党自我革命的动力探析》,《科学社会主义》2022 年第 2 期。
② 阎树群、罗国庆:《习近平关于民主集中制重要论述的理论特质》,《海南大学学报》(人文社会科学版)》2022 年第 5 期。
③ 李永胜、罗蓓:《新时代党的廉政建设的经验、规律及启示》,《中州学刊》2022 年第 10 期。
④ 王佳、鲁宽民:《延安时期党的建设的历史经验与深刻启示》,《学校党建与思想教育》2022 年第 7 期。
⑤ 陈怀平:《全过程人民民主对西方民主的系统性超越》,《马克思主义研究》2022 年第 5 期。
⑥ 李懿、杨云霞:《党员教育的价值引导:社会本位和个人本位的统一》,《广西社会科学》2022 年第 5 期。
⑦ 白春乐、袁武振:《互联网时代高校智慧党建面临的困境及其出路》,《学校党建与思想教育》2022 年第 4 期。
⑧ 刘儒、张艺伟:《数字经济与共同富裕——基于空间门槛效应的实证研究》,《西南民族大学学报》(人文社会科学版)2022 年第 3 期。

在继承乡村文化其传统优势内核的同时,提升乡村的主体意识与话语能力,讲好乡村故事,同时在全社会树立起文化共同体意识,从观念上彻底打破城乡文化的二元对立,也需要推进政府在文化治理方面的职能转化与能力提升,完善乡村文化振兴的法制保障。① 郭瑞萍认为,新发展阶段的共同富裕是分阶段实现的全体人民的全面富裕;新发展阶段的发展是以全面建成现代化强国为发展目标,通过贯彻新发展理念,构建新发展格局而实现的高质量发展;高质量发展与共同富裕具有内在统一性,只有在社会主义市场经济的高质量循环中才能不断实现全体人民共同富裕。② 梁丹丹、张源纯指出,新发展阶段,多维度考量乡村价值是高质量全面推进乡村振兴战略的必然选择,分析乡村价值实现的四重困境,阐释打破乡村价值的实现困境应遵循乡村产业发展规律;维护乡村生态平衡;改善乡村人居环境;通过塑形铸魂保护乡村优秀文化。③ 梁东亮、赖雄麟认为,数字经济在实现共同富裕方面有积极效应和消极影响,提出应从加强配套制度建设、消除数字鸿沟、规范数字经济平台监管和构建统一数据市场等四个方面入手,更好地发挥数字经济对于均衡增长和共同富裕的促进作用。④ 孙绍勇、周伟提出,深刻理解城乡经济共同体建构的逻辑向度,需要整体把握城乡经济发展变革脉络演进的历史逻辑、城乡发展不平衡的现实逻辑,以及推动实现国家新型城镇化规划战略目标的实践逻辑。⑤

三、思想政治教育研究

"大思政"建设与思政教育一体化研究方面。岳潇、卢黎歌分析指出,善用"大思政课",要立足大视野、大系统、大教改、大课堂、大平台和大师资等多维要素,从着眼宽广视野、优化教育系统、深化教学改革、拓展空间场域、整合丰富资源、加强队伍建设方面探索善用之实践路径,以此汇聚全党全社会关心支持思政课发展的合力,培养堪当民族复兴重任的时代新人。⑥ 卢黎歌、向苗苗、李丹阳论述办好思政课,必须从党和国家事业长远发展的战略高度出发,以高度的历史自觉把握"两个大局",理解思政课的地位和作用。理解"理直"是要解决对思政课的认识问题,理解"气壮"是要解决教师的信念信心问题。

---

① 杨华、范岳、杜天欣:《乡村文化的优势内核、发展困境与振兴策略》,《西北农林科技大学学报》(社会科学版)2022年第3期。
② 郭瑞萍:《以高质量发展促进共同富裕的内在逻辑与现实路径》,《思想理论教育导刊》2022年第9期。
③ 梁丹丹、张源纯:《新发展阶段的乡村价值:多维考量与实践向度》,《西北农林科技大学学报》(社会科学版)2022年第6期。
④ 梁东亮、赖雄麟:《数字经济促进共同富裕研究——基于均衡增长视角》,《理论探讨》2022年第3期。
⑤ 孙绍勇、周伟:《城乡经济共同体建构的理论审视、逻辑透析与实践进路》,《经济学家》2022年第9期。
⑥ 岳潇、卢黎歌:《善用"大思政课"推进新时代思政课改革创新》,《学校党建与思想教育》2022年第24期。

要在善用"大思政课"的过程中,鼓励思政课教师和其他课程教师积极争当社会认同、大众敬仰、学生崇拜的思政"大先生"。① 李仙娥提出,从价值塑造、文化融通、历史素养、时代担当、场所建构五个维度出发,研究善用实践育人模式、青年榜样育人模式、文化育人模式、四史育人模式、时代精神育人模式、情景体验育人模式等,努力推进思想政治理论课实践内容、方法、载体等接地气、有温度、有厚度地触动学生心灵,实现铸魂育人。②

思想政治理论课建设和教学研究方面。李忠军提出,新时代思想政治理论课铸魂育人需要遵循从培养理论思维到培养形成对正确思想指引的认同、拥护和践行再到构筑信仰体系的铸魂逻辑,为青年学生成长成才奠定科学思想理论基础,落实立德树人根本任务,培养德智体美劳全面发展的社会主义建设者和接班人。③ 卢黎歌、胡春林指出,将习近平新时代中国特色社会主义思想融入马克思主义基本原理课需要确立融入的理论要点,将前者蕴含的一系列创造性理论贡献分层次融入马克思主义哲学、政治经济学和科学社会主义各主要知识点中。在具体教学中,坚持科学精准"动态融入"、全面协同"整体融入"和观照现实"释疑解惑"。④ 苏玉波、张胜军阐释高校思想政治理论课以理服人还面临着政治之理引导力尚未到位、学术之理阐释力彰显不足、事实之理辨析力有待提升等难题,需要有针对性地用政治之理引导学术之理和事实之理以增强政治引领力,用学术之理阐释政治之理和事实之理以提高理论阐释力,用事实之理支撑政治之理和学术之理以提升现实解答力。⑤ 刘力波、张子鍌提出,思政课把道理讲彻底可以从三个维度着手,一是认识彻底,深刻领悟思政课本质的内涵;二是理论彻底,科学把握思政课教学内容的本质规定;三是说服教育彻底,贯彻落实讲好思政课的本质要求。⑥ 王哲指出,把"四史"融入思想政治教育,强化提升思政课教学对理论命题的感性支撑力,是当前思政课教学创新的一个重要思路。应确立"以史撑理"的基本教学思路,展现"四史"与"理论"之间的内在关系,以突出素材的"对应性"、叙事"在场感"、案例的"学理性"和内容的"感染力"为基本着力点。⑦ 高会燕认为,应从主体、队伍、方式、评价四个维度系统构建思想政治工作大格局。⑧ 黄蜺、常喜从主体、客体、介体、环体四个层面出发,分析制约高校思政

---

① 卢黎歌、向苗苗、李丹阳:《善用"大思政课" 争当思政"大先生"》,《学校党建与思想教育》2022年第5期。

② 李仙娥:《"大思政课"视域下高校思政课实践育人模式的构建论析》,《思想理论教育导刊》2022年第1期。

③ 李忠军:《论思想政治理论课的铸魂逻辑》,《高校思想政治理论课教学研究》(人大复印)2022年第4期。

④ 卢黎歌、胡春林:《习近平新时代中国特色社会主义思想融入"马克思主义基本原理"课的价值、要点与方法》,《思想理论教育导刊》2022年第11期。

⑤ 苏玉波、张胜军:《高校思想政治理论课以理服人面临的难题与提升路径》,《思想教育研究》2022年第3期。

⑥ 刘力波、张子鍌:《思政课把道理讲彻底的三个维度》,《思想理论教育导刊》2022年第11期。

⑦ 王哲:《立足"四史"强化思政课教学的感性支撑力》,《思想理论教育导刊》2022年第3期。

⑧ 高会燕:《论构建新时代思想政治工作大格局的四维向度》,《学校党建与思想教育》2022年第19期。

课效力发挥的主要问题,提出要提升高校思政课效力,应遵循时代要求,锤炼教师本领,加强教师队伍建设;密切联系实际,满足学生发展要求,提升教学内容质量;立足课程内容,因时因地具体分析,推动教学方法创新;增进协作共建意识,赢得社会各方支持,推动教学环境优化。①

思想政治教育研究前沿问题研究方面。何志敏、刘畅分析认为,在人工智能时代,人工智能既是赋能思想政治教育话语内容资源等的技术工具,又带来消解话语意义等前所未有的风险。提升思想政治教育话语权要依托人工智能优化话语内容体系,创新话语表达方式,拓展话语传播平台,重塑话语外部环境,牢牢把握思想政治教育话语权。② 王亮阐释人工智能体道德设计的美德伦理路径,指出要以一种开放、动态的理论特质来适应复杂道德情境,同时美德伦理与强化学习二者的结合使人工智能体道德强化学习成为可能,并且这也是立足于现实复杂道德情境之最佳的人工智能体道德设计方案。③ 翟乐、李建森指出,大数据时代思想政治教育的"数据革新"既契合思想政治教育的时代需求,又彰显思想政治教育的"数据优势"。但要针对当前面临的思想政治教育数据的片面性、数据分析的局限性以及数据主体的僭越性等困境,采用持续增强辩证思维能力、不断加强数字能力培育以及充分发挥主体性价值等实践策略,实现大数据与思想政治教育的协同、融合、良性发展。④ 石磊、张笑然认为,元宇宙多维感官投射带来的认知沉浸体验与基于全新信息交往方式的教育场域,克服平面图形化身的身体缺场,为创设思想政治教育具身性场域提供可能。但也要警惕技术主义对思想政治教育本质的僭越,促进科技进步与思想引领的有机结合。⑤ 刘力波、赵潜提出,应从科学引领网络社会思潮,瓦解网络民粹主义的合流效应,牢牢把握意识形态话语权,削弱民粹主义的话语能量,广泛凝聚价值共识,化解网络民粹主义引发的社会撕裂风险,推进网络立法与监管,阻断网络民粹主义的生成与传播等几个方面加以系统治理。⑥

四、国外马克思主义研究

西方马克思主义代表人物思想研究方面。王建辉指出,当今生物学哲学蓬勃发展与人们对"生命自主性"问题的深入探讨密切相关。还分析黑格尔、普勒斯纳、约纳斯和马图拉纳等人的生物学哲学从不同方面强调"生命自主性"的互动维度,这在一定程度上弥

---

① 黄蜺、常喜:《高校思政课效力提升路径研究》,《学校党建与思想教育》2022年第2期。
② 何志敏、刘畅:《人工智能时代思想政治教育话语权探析》,《思想教育研究》2022年第8期。
③ 王亮:《人工智能体道德设计的美德伦理路径:基于道德强化学习》,《自然辩证法研究》2022年第10期。
④ 翟乐、李建森:《大数据时代思想政治教育的演进理路、现实困境及实践策略》,《思想教育研究》2022年第7期。
⑤ 石磊、张笑然:《元宇宙:思想政治教育的未来场域》,《思想教育研究》2022年第3期。
⑥ 刘力波、赵潜:《网络民粹主义的产生、危害及应对策略研究》,《理论学刊》2022年第5期。

补生物学哲学家单纯依靠康德的"自组织"概念在解释"生命自主性"问题上所具有的不全面性。①

国外马克思主义学术前沿动态研究方面。张瑾分析认为,1980年代以来,随着西方资本主义国家阶级结构的变化,中产阶级危机日益凸显的四重表现,并指出西方左翼学者从马克思主义理论与民族问题、种族问题、性别问题的交叉性,来分析当代资本主义国家阶级关系的复杂性,对我们认识西方资本主义国家的内部矛盾具有重要价值,但其研究也存在着对马克思主义阶级理论的革命性重视不够、对阶级的分析不够彻底等缺陷。②杨永强认为,资本主义的通过资本的时间性图式对空间进行时间化"占有"和"重构",进而生产一种符合资本增殖逻辑的空间政治秩序。"人类命运共同体"由于在充分尊重空间关系性、异质性与建构性的基础上,创造性地回答大变局时代全球治理目标、治理结构及治理方式等问题,已然具备构成新的全球空间政治理念的内在意蕴。③ 曹瑜认为,如果将"人性"的批判与救赎"设定"作为现代性的存在论基础,就意味着现当代哲学必须从起源和有效性两方面为现代性、人性及形而上学的内在关联性作出科学回应。④

(作者单位:西安交通大学)

---

① 王建辉:《超越康德——黑格尔、普勒斯纳、约纳斯和马图拉纳的生命自主性理论》,《科学技术哲学研究》2022年第2期。
② 张瑾:《当代西方左翼的中产阶级研究:现状和问题》,《国外理论动态》2022年第1期。
③ 杨永强:《资本主义全球政治规划的"狡计"——一个空间批判的视角》,《哲学动态》2022年第2期。
④ 曹瑜:《属人性:现代性起源和有效性的基本尺度——以马克思、胡塞尔人性论的比较与会通为视角》,《华中科技大学学报》(社会科学版)2022年第6期。

陕西省哲学研究

郭　泓　刘永青　袁典妃　田海宁　程婉婷

2022年,陕西哲学学者依托国家和陕西省社科基金项目开展卓有成效的学术研究,特别是在创造性转化、创新性发展方面成果丰硕。据不完全统计,在学术核心期刊发表哲学类论文145篇,出版学术专著、译著14部。中国社会科学出版社2022年出版八卷本《赵馥洁文集》,集中反映赵馥洁在中国传统价值哲学、关学研究等方面的学术成就。其中,《中国传统哲学价值论》是国内第一部系统研究中国传统哲学价值论的学术专著,在中国传统哲学研究方面具有开拓性和填补空白的学术价值。

一、马克思主义哲学

在经典著作及哲学思想研究方面。刘晓勇考察《资本论》的生态思想,认为其逻辑思路对理解当代中国生态文明思想具有重大启发意义。[①] 刘进田系统阐释马克思主义哲学是实践的人本价值哲学的观点。[②] 袁祖社认为,经典作家立足"现实的个人"的诠释,开启马克思主义文化哲学叙事历程。[③] 骞真基于对马克思恩格斯文明理论的分析,认为中国式现代化在实践中创造人类文明新形态。[④] 赵耀宏、叶梦娇提出,新时代掌握历史唯物主义的理论特质,需要立足新时代涵养历史唯物主义生命力。[⑤] 刘宇将恩格斯辩证法思想置于实践哲学视域,认为其辩证法思想来自对人类实践方式的深刻理解,并被列宁、毛泽东等发展为实践辩证法。[⑥] 韩静、雷龙乾认为,马克思"真正的共同体"思想对阐明中国式现代化创造的人类文明新形态,提供理论依据和实践指导。[⑦] 妥建清、高居家提出,

---

[①] 刘晓勇:《论〈资本论〉生态思想的逻辑结构》,《理论探讨》2022年第4期。
[②] 刘进田:《马克思主义哲学是实践的人本价值哲学》,《河南社会科学》2022年第7期。
[③] 袁祖社:《文化的实践合理性逻辑与优良心灵秩序的生成》,《哲学研究》2022年第11期。
[④] 骞真:《从中国式现代化到人类文明新形态》,《贵州社会科学》2022年第9期。
[⑤] 赵耀宏、叶梦娇:《历史唯物主义的理论特质及其实践体悟》,《社会科学家》2022年第4期。
[⑥] 刘宇:《论恩格斯辩证法思想的实践哲学意蕴》,《现代哲学》2022年第4期。
[⑦] 韩静、雷龙乾:《论马克思"真正的共同体"的生成理路及其当代价值》,《学术探索》2022年第10期。

马克思从实践的角度理解和把握技术的思想,为反思技术与空间提供理论资源。① 吴鹏通过对启蒙历史哲学和唯物史观的考察,认为以实践为基础的唯物史观实现对启蒙理性主义和德国历史主义的双重超越。② 梁花、杜丹指出,马克思正是在对自然科学的辩证认知中建构起自然科学、人的科学和历史科学辩证统一的"历史科学"。③ 刘儒、李超阳通过探析人工智能时代的商品生产模式和资本主义生产过程,认为人工智能使马克思劳动价值论和剩余价值论的科学性得到进一步确证和彰显。④ 张全胜、袁祖社阐述"真正的共同体"是正义的共同体,同时剖析西方正义论的局限性。⑤ 在马克思主义哲学中国化研究方面,田野、袁祖社认为,在社会文明转型的时代背景下,从文化角度审视大数据与生活、科技以及人文形态之间的底层逻辑关系,对大数据的良性演进与发展具有重要理论价值和实践意义。⑥ 张媛、袁祖社指出,"后物质时代"的发展是价值、质量和品质的关照性发展,现代人应树立关注生活质量、品质和品位的生活方式。⑦ 袁祖社、王鑫通过反思非合理性发展实践的内在弊端,阐释"新发展理念"在发展方式、发展路线、发展策略上的中国智慧。其认为人类命运共同体思想实现人类文明境界的实质性提升。⑧ 何小勇运用马克思主义发展哲学的方法论和思维方式,阐释风险治理的思路。⑨ 马瑞科、袁祖社基于马克思人学价值论的考察,强调只有理解西方生活叙事的范式转型与马克思新劳动价值学说的真义,才能为新时代中国社会阐释和实践"美好生活"厘定学理基础。⑩ 崔海亮、王玉梳理毛泽东马克思主义实践哲学与党的思想路线的关系及启发意义。⑪ 李威威从价值主体、价值本体和价值生成维度对全人类共同价值进行哲学考察。⑫ 王云霞认为,开创人类环境正义的中国道路,需政府、企业和公众实现发展理念、发展模式、制度设计、法律执行

---

① 妥建清、高居家:《论马克思的技术与空间思想的内在逻辑》,《人文杂志》2022 年第 12 期。
② 吴鹏:《论唯物史观对启蒙历史哲学的双重超越》,《北京社会科学》2022 年第 9 期。
③ 梁花、杜丹:《马克思关于自然科学的辩证认知:基于实践、资本和历史的三维分析》,《浙江社会科学》2022 年第 12 期。
④ 刘儒、李超阳:《人工智能时代价值和剩余价值源泉再认识》,《马克思主义理论学科研究》2022 年第 1 期。
⑤ 张全胜、袁祖社:《也谈马克思"正义的共同体"——兼析西方正义论的局限性》,《理论探索》2022 年第 5 期。
⑥ 田野、袁祖社:《大数据发展中的文化遗失与找寻》,《人文杂志》2022 年第 10 期。
⑦ 张媛、袁祖社:《发展本质的反思与"后物质时代"的文化价值观变革》,《人文杂志》2022 年第 6 期。
⑧ 袁祖社、王鑫:《发展合理性的制度实践与美好生活的价值逻辑》,《西北大学学报》(哲学社会科学版)2022 年第 6 期;袁祖社:《价值理性共识与公共性优存的新文明叙事》,《学术研究》2022 年第 8 期。
⑨ 何小勇:《发展哲学视域下风险问题的复杂性及其治理》,《社会科学辑刊》2022 年第 2 期。
⑩ 马瑞科、袁祖社:《劳动认同与美好生活的实践理性根基》,《中国矿业大学学报》(社会科学版)2022 年第 4 期。
⑪ 崔海亮、王玉:《毛泽东马克思主义实践哲学对党的思想路线的影响及当代启示》,《毛泽东研究》2022 年第 6 期。
⑫ 李威威:《全人类共同价值的哲学基础》,《哲学动态》2022 年第 12 期。

和生活方式的转变。① 袁祖社、王鑫认为,习近平生态文明思想的形成,彰显走中国式现代化道路的价值导向和目标引领。② 曹瑜以马克思、胡塞尔人性论的比较与会通为视角,提出属人性是现代性起源和有效性的基本尺度观点。③ 杜添、袁祖社在对象性理论视域中考察马克思公共性哲学的理论逻辑及现实意义。④ 在西方马克思主义研究方面,田延在具体语境中通过阿尔都塞对"欧洲共产主义"和"葛兰西主义"的批判分析,认为其维护马克思主义的真理性。⑤ 孙绍勇通过考察和反思哈贝马斯交往理性生成的主体间性的逻辑脉络,提出在数字化交往背景下,克服交往异化需要辩证认识物质交往与精神交往的关系。⑥ 张碧基于对伽尔瓦诺·德拉-沃尔佩有关著作的考察,评析其对意大利马克思主义传统兴起和发展的意义。⑦ 王成军、王瑞媛从哲学诠释学产生的历史进程及其内在矛盾出发,探究其与近年来我国学术界所创立的公共阐释理论之间的逻辑关联及意义。⑧ 杨永强结合空间批判思潮中关于空间与政治关系问题的理解,剖析资本主义全球政治规划破产的内在必然性,阐释"人类命运共同体"对全球政治理念的必要性与超越性。⑨

二、中国哲学

中国哲学研究重点在先秦哲学和宋明理学,也涉及现代新儒学。其中,先秦哲学研究集中在先秦道家和墨家哲学。李健考察老子的"自然"和"道",认为老子之道作为情意性存在具有情感性与意志性。⑩ 在老子学研究会举办的高端论坛上,裴健智探讨道家

---

① 王云霞:《人类环境正义建构的中国道路》,《陕西师范大学学报》(哲学社会科学版)2022年第1期。

② 袁祖社、王鑫:《生态理性的价值关切与中国式现代化道路的实践探索》,《哲学动态》2022年第7期。

③ 曹瑜:《属人性:现代性起源和有效性的基本尺度——以马克思、胡塞尔人性论的比较与会通为视角》,《华中科技大学学报》(社会科学版)2022年第6期。

④ 杜添、袁祖社:《问题与理论:马克思公共性哲学的对象性逻辑及其实践超越》,《广西社会科学》2022年第9期。

⑤ 田延:《论阿尔都塞对"葛兰西主义"和"欧洲共产主义"的批判》,《马克思主义与现实》2022年第6期。

⑥ 孙绍勇:《交往理性的主体间性向度解析及当代审思——以哈贝马斯交往范式与交往实践旨趣为论域》,《山东社会科学》2022年第7期。

⑦ 张碧:《经验主义视域中的宗教批判——德拉-沃尔佩科学辩证法的方法体现》,《人文杂志》2022年第4期。

⑧ 王成军、王瑞媛:《哲学诠释与公共阐释的理论异同》,《中国社会科学评价》2022年第3期。

⑨ 杨永强:《资本主义全球政治规划的"狡计"——一个空间批判的视角》,《哲学动态》2022年第2期。

⑩ 李健:《"法自然"与"辅自然":老子"自然"概念的两层分疏》,《哲学动态》2022年第12期;《道"悦"与道"救":老子之道的情意性特征》,《中国哲学史》2022年第1期。

的生命哲学、养生智慧,不仅推动学术的研究,也体现出强烈的现实关怀。① 马得林从比较的视角将道家哲学与现代物理哲学联系起来,分析两者的契合性。墨家哲学的研究主要关照的是墨家思想对于秦文化的影响。② 比如王子今通过有关"连弩"的考察,从一个侧面对墨学之"秦墨"的社会存在和文化影响进行阐述。③ 宋明理学研究方面,刘宗镐对作为学派史传承的关学是否存在的问题做出肯定的回答。④ 路传颂通过分析张载《正蒙》中的关键篇章,拓展张载哲学研究的新角度。⑤ 李敬峰以李光地《大学古本说》为切入点,认为其秉持"发明道理,不为人也"的释经原则,显豁出尊朱而不述朱的学术态度。⑥ 王雪梅以朱子《家礼》为中心,从其创设的祠堂制度入手阐明朱熹礼仪世界的神圣维度以及祠堂作为凡俗空间的面相。⑦ 李敬峰通过对李二曲《四书反身录》的考察,对明清之际阳明心学的衍化进行分析。⑧ 亦通过对王吉相《四书心解》的考察,指出王吉相的诠释,呼应和融入清初日益高涨的经世致用的学术思潮,成为把握清初阳明心学演进乃至学术格局的一个鲜活个案。现代新儒学研究主要涉及其代表人物牟宗三的相关思想主张。李强指出,牟宗三儒家视野下的"天下观"在道德理想主义实践论的基础上,不仅肯定国家存在的必要性和必然性,而且是道德理想从客观精神过渡到绝对精神的表现,对建构民族国家,处理家庭、国家、世界之间的关系极具借鉴意义。⑨

三、外国哲学

外国哲学研究主要集中在对古希腊哲学、德国哲学、现当代哲学和哲学相关概念及历史传承的考察。古希腊哲学主要涉及柏拉图和亚里士多德思想研究。张硕论证,《诗学》是亚里士多德整个学科体系中不可或缺的部分。⑩ 张波波以《理想国》中哲人回归洞穴为例,认为全文透露对柏拉图关于人与自然、政治和谐秩序的肯定。⑪ 德国哲学方面,庄振华考察海德格尔对黑格尔思想的阐释,认为其对黑格尔形而上学终结的观点有失偏

---

① 裴健智:《道家生命哲学研究的新进展》,《中国史研究动态》2022年第2期。
② 马得林:《道家哲学与现代物理哲学的契合性考察》,《自然辩证法通讯》2022年第2期。
③ 王子今:《论墨学技术理念与秦文化的关系——以"连弩"为标本》,《史学月刊》2022年第5期。
④ 刘宗镐:《作为学派史传承的关学是否存在?》,《中国哲学史》2022年第3期。
⑤ 路传颂:《"太虚无形"与"太虚即气"的语言分析》,《哲学研究》2022年第5期。
⑥ 李敬峰:《从〈大学古本说〉看李光地与朱子学的关系》,《现代哲学》2022年第3期。
⑦ 王雪梅:《祭之在祠:祠堂空间的圣与俗》,《中国哲学史》2022年第1期。
⑧ 李敬峰:《李二曲的〈四书反身录〉与明清之际阳明心学的自我更新和转向》,《哲学动态》2022年第5期;《王吉相〈四书心解〉的学术旨趣、诠释特质及其思想意义》,《中国哲学史》2022年第5期。
⑨ 李强:《民族国家与世界大同——牟宗三儒家视野下的"天下观"建构》,《中国哲学史》2022年第4期。
⑩ 张硕:《模仿的技艺与理性——辨析理性在亚里士多德〈诗学〉中的作用》,《世界哲学》2022年第3期。
⑪ 张波波:《正义与自我利益相悖吗?——以〈理想国〉中哲人回归洞穴为典例》,《安徽大学学报》(哲学社会科学版)2022年第2期。

颇。他也深入考察黑格尔关于绝对知识的概念,还从《逻辑学》"概念逻辑"出发,在思想史角度比较概念逻辑与本质逻辑的实质,肯定作为现代理念论的"概念逻辑"的哲学意义。① 现当代哲学主要涉及胡塞尔和海德格尔的现象学。王嘉新通过反思海德格尔基础存在论中的"寻视"概念,论证海德格尔实际上是强调实践行为相对于理论行为的优先性,将海德格尔与胡塞尔的实践意向性进行比较研究,进一步明确海德格尔"实践优先于理论"的立场。② 尹兆坤通过对马里翁充溢现象的关注,研究马里翁对胡塞尔充实理论、康德的直观与概念理论的确证,以及直观对于概念的充实与充溢等问题,得出马里翁的现象学根源自德国哲学的传统。③ 现当代哲学也涉及自组织、因果性等,王建辉认为,包括黑格尔的自然哲学、普勒斯纳的生命有机体理论、约纳斯的新陈代谢与生命自主性理论、马图拉纳的自创生理论在内的这四个哲学家的理论,都超越康德的"生命自组织观念"。④ 赵卫国追溯古希腊关于因果性的传统以及康德对休谟哲学的扬弃,考察海德格尔对康德自由与因果性奠基关系的颠倒及其意义。现当代哲学还涉及政治哲学、语言实践、浪漫主义等的讨论。⑤ 卫知唤深入考察柏林问题,厘清政治哲学的跨学科性质,指出政治哲学的主要目标是提出相应的社会规范。⑥ 段忠桥通过对洛克关于现代平等观念三重论证的阐释,断定洛克对现代平等观念做出的奠基性贡献。⑦ 张学广聚焦后期维特根斯坦"语言实践"概念,肯定语言实践的现实意义。⑧ 罗久论证早期浪漫派与斯宾诺莎的关系,从宏观层面厘清浪漫派借对斯宾诺莎的重新阐释,发展出独特的浪漫主义哲学。⑨ 黄琳通过对海德格尔哲学和中国易道思想的比较研究,在存在论形而上学视域下探究易道的唯变所适与大成之序。⑩ 韩东晖考察贺麟对西方哲学概念特别是斯宾诺莎和德国古典哲学概念的翻译和阐释。⑪

---

① 庄振华:《从〈黑格尔的经验概念〉看海德格尔的黑格尔阐释》,《哲学动态》2022年第1期;《黑格尔的绝对知识——〈精神现象学〉第八章新解》,《云南大学学报》(社会科学版)2022年第2期;《作为现代理念论的黑格尔概念逻辑》,《南京大学学报》(哲学·人文科学·社会科学)2022年第5期。

② 王嘉新:《实践是否先于理论——反思海德格尔基础存在论中的"寻视"概念》,《哲学动态》2022年第1期。

③ 尹兆坤:《直观与概念之争——马里翁的充溢现象研究》,《哲学动态》2022年第11期。

④ 王建辉:《超越康德——黑格尔、普勒斯纳、约纳斯和马图拉纳的生命自主性理论》,《科学技术哲学研究》2022年第2期。

⑤ 赵卫国:《海德格尔对康德自由与因果性奠基关系的颠倒及其意义》,《现代哲学》2022年第6期。

⑥ 卫知唤:《回归"政治"的规范研究:政治哲学的学科定位与基本价值》,《学海》2022年第6期。

⑦ 段忠桥:《约翰·洛克对现代平等观念的三重论证》,《山西大学学报》(哲学社会科学版)2022年第6期。

⑧ 张学广:《后期维特根斯坦"语言实践"概念辨析》,《西北大学学报》(哲学社会科学版)2022年第5期。

⑨ 罗久:《论斯宾诺莎与早期德国浪漫主义哲学的兴起》,《四川师范大学学报》(社会科学版)2022年第5期。

⑩ 黄琳:《海德格尔与易之道:存在论形上视域下的唯变的适与大成之序》,《学术研究》2022年第2期。

⑪ 韩东晖:《化境与会通贺麟与斯宾诺莎哲学》,《哲学动态》2022年第12期。

四、逻辑学

逻辑学研究成果主要集中在逻辑悖论、逻辑行动主义方法论、模态逻辑等方面。比如雒自新从"认知"和"悖论"两个角度对究竟何谓广义认知悖论进行澄清，提出广义认知悖论是由以知道者悖论为核心的狭义认知悖论和以彩票悖论为核心的哲学认知悖论合在一起所构成的悖论谱系。他又详尽梳理普莱尔意外考试悖论形式刻画的来龙去脉，通过与其他两种典型形式的比较，论证普莱尔形式刻画的本质和独特价值。还考察克里普克通过先验偶然真理和后验必然真理论证本体论和认识论之间的差别，认为在逻辑行动主义方法论视域下，可以沿着克里普克的路线，进一步严格区分认识论概念和语义学概念，从而论证存在分析的偶然真理，进而对必然性、分析性与先验性做出彻底的区分。① 王荣虎、潘天群等通过对跨世界个体关系的梳理，分析同一关系理论和相似关系理论不同的跨世界个体关系理论，指出这两种截然不同的理论事实上却面临着极为相似甚至相同的困境。② 另外，张志伟对知觉表征的功能结构详细考察，论证可知觉事实的逻辑形式决定知觉表征、知觉内容的逻辑形式反映知觉表征的功能结构、知觉内容的逻辑形式与可知觉事实的逻辑形式同构斯特劳森式的三重关联论题，阐明对知觉内容的形式理解。③

五、伦理学

伦理学研究主要是对马克思主义伦理思想、科技伦理、中外伦理思想梳理及其当代价值的发掘。在马克思主义伦理思想研究方面，寇东亮在考察劳动概念创构基础上，指出马克思"劳动成为生活的第一需要"的论断，既传承西方劳动观念史的积极思想成果，又建构劳动观念的革命性的科学创见。④ 齐承水认为马克思对技术正义与现实生活的深入剖析，为推动主体的人、技术与现实生活世界的和谐发展提供重要价值指引。⑤ 王亮在考察学界关于人工智能伦理不同理论主张的基础上，认为马克思主义道德学说从唯物史观的高度将生产力、道德、人的自由联系起来，奠定人工智能伦理范式基础。德福一致的圆善问题是伦理学研究的重要理论难题。⑥ 王春梅在考察和比较中外学界对解决圆善问

---

① 雒自新：《论何谓广义认知悖论》，《逻辑学研究》2022年第5期；《意外考试悖论的普莱尔刻画》，《世界哲学》2022年第2期；《必然性、分析性与先验性：一种彻底的区分》《海南大学学报》（人文社会科学版）2022年第6期。
② 王荣虎、潘天群：《论跨世界个体关系之同一理论与相似理论的"殊途同困"》，《广西大学学报》（哲学社会科学版）2022年第3期。
③ 张志伟：《知觉内容的逻辑形式》，《哲学研究》2022年第12期。
④ 寇东亮：《马克思"劳动成为生活的第一需要"论断的溯源与释义》，《伦理学研究》2022年第1期。
⑤ 齐承水：《走向技术正义：一个马克思"现实生活"的视角》，《理论探索》2022年第3期。
⑥ 王亮：《从"关系情境主义"到马克思主义道德学说的"语境主义"》，《云南社会科学》2022年第3期；《人工智能体道德设计的美德伦理路径：基于道德强化学习》，《自然辩证法研究》2022年第10期。

题分歧的基础上,认为"孔颜乐处"为圆善问题的解决提供新的路径。① 在外国伦理思想研究方面,罗久对早期德国浪漫派与康德在道德和宗教问题上的争辩进行考察和探析。② 刘剑涛从良心与自身关系的视觉,对阿伦特的良心观进行深入分析。③ 于江霞基于对"摇摆模式"与"共时模式"两种解释进路的评析,对塞涅卡的愤怒学说进行深入阐释。④ 朱连增通过对行动者因理论的考察,认为行动者因理论并不能提供自由意志和道德责任所需要的行动者对其活动的"最终控制"。⑤ 陈志伟通过考察倪德卫对孟子的解读,重新反思倪德卫提出的一系列道德哲学问题。⑥ 袁祖社认为,人类命运共同体思想旨在克服、超越自由个人主义民族国家狭隘利益本位的共同体伦理的偏执,为世界贡献文明价值本位的伦理文化新形态与道德生活的中国智慧。⑦

六、美学

美学研究主要阐述叙事手法和情节设计的艺术性呈现,对观众充分了解乡村振兴题材电影发展的新变化和新意义。如黎荔对中国电影人陈建斌电影作品的艺术个性和美学风格进行评析。⑧ 王世巍对法国学者雅克·朗西埃的美学理论进行考察与评鉴。⑨

七、宗教学

宗教学研究主要集中在各教派典籍、教派代表人物思想及宗教与社会关系等。佛教研究主要涉及禅宗和净土宗。王雪梅、曹振明阐明澄观融会南北二宗的理论根基及其对南宗北宗的共同旨趣的发掘和贯通,为反思南宗北宗关系提供启示。⑩ 彭鹏以蕅益智旭为对象,探析其净土思想精义与特点,以及对佛教和中国文化融会贯通做出的贡献。⑪ 在

---

① 王春梅:《从"孔颜乐处"看儒家解决圆善的独特思路及伦理性质》,《哈尔滨工业大学学报》(社会科学版)2022年第3期。
② 罗久:《早期德国浪漫派与康德在道德和宗教问题上的争辩》,《哲学研究》2022年第11期。
③ 刘剑涛:《阿伦特的良心观——良心与自身关系》,《现代哲学》2022年第2期。
④ 于江霞:《愤怒是一种不自制(Akrasia)现象吗?——重思塞涅卡的愤怒学说》,《哲学研究》2022年第3期。
⑤ 朱连增:《行动者因与主体对基本动机的自由执取》,《世界哲学》2022年第6期。
⑥ 陈志伟:《意志无力与道德认知——以倪德卫对孟子的解读为考察》,《求索》2022年第5期。
⑦ 袁祖社:《人类共同福祉至上与文明价值观本位的伦理文化新形态——人类命运共同体思想的实践理性智慧及其世界意义》,《道德与文明》2022年第5期。
⑧ 黎荔:《"作者"身份下陈建斌的美学建构》,《电影文学》2022年第13期。
⑨ 王世巍:《剧场表演与观看行为的博弈——雅克·朗西埃观众理论的审美视域》,《戏剧》(中央戏剧学院报)2022年第1期。
⑩ 王雪梅、曹振明:《别样禅宗观:澄观"双会南北宗禅"的旨趣及展开》,《哲学动态》2022年第11期。
⑪ 彭鹏:《蕅益智旭"一念心"净土思想探赜》,《中国哲学史》2022年第1期。

教派典籍及思想研究方面,李子捷、张一帆梳理《大乘止观法门》义理与印度佛教论典《究竟一乘宝性论》的关联,并探讨这种联系与日本佛教的关系。① 王雪梅考察宋太祖敕雕《开宝藏》的逻辑理路。从梳理《物不迁论》的论证思路着手,认为僧肇的深意是通过会通中国本土哲学概念与佛教教义,以消减人们对佛教教义理解的认知偏差。② 石美、陈小刚以觉囊派开宗祖师多波巴喜饶坚赞《宗义安立明义》及高僧阿旺措聂嘉措为该文撰写的释论为研究对象,介绍该文本被记录下来的背景与内容,并对释论文的教法思想进行解读。③ 王小蕾围绕国图藏《修习法门》与《观音密集玄文》,探析西夏新传译密教观音法门的源流和特点。④ 房子超结合文献与考古资料,考察西夏晚期帝师热巴的详情,并探讨此人与敦煌第465窟的关系。⑤ 王雪梅、袁志伟探究西夏佛教的圆融特性与党项民族的汉文化认同关系。⑥ 韩志斌、谢志斌梳理琐罗亚斯德教的宗教哲学思想并阐释其影响。⑦ 黄麟评析穆斯林思想家拉齐克对伊斯兰现代主义、政治世俗主义和伊斯兰权威理论产生的影响。⑧ 在宗教与社会发展关系方面,王新刚、王鹤年依据传教士的相关资料,以医疗传教为切入点对19世纪中期后叙利亚地区医疗传教的演进及影响进行探讨。⑨ 张玉友分析摩洛哥通过"传教的物化"机制,对周边国家所产生的影响。⑩ 梁燕结合档案文献资料,对新疆巴里坤县城南岳公台山麓的山神庙碑及其所反映新疆宗教文化史意义进行阐释。⑪ 另外,杨燕、高明就汉代升仙仪式的图像与宗教学相关性进行历史和逻辑分析。⑫ 张方对张泽洪教授的《中国社会历史中的道教》在道教研究方面的学术创见进行评鉴。还有学人对唐诗中的禅学底蕴、道教崇俭戒奢的独特思想理念和实践方式进行探讨。⑬

---

① 李子捷、张一帆:《〈大乘止观法门〉与〈究竟一乘宝性论〉的义理关联》,《世界宗教文化》2022年第3期。

② 王雪梅:《〈开宝藏〉与宋太祖的"文治"方略》,《中华文化论坛》2022年第4期;《谈真与导俗:僧肇〈物不迁论〉旨趣辨析》,《世界宗教文化》2022年第2期。

③ 石美、陈小刚:《〈宗义安立明义〉及其释论研究》,《宗教学研究》2022年第1期。

④ 王小蕾:《西夏新传译的密教观音法门——以国图藏〈修习法门〉与〈观音密集玄文〉观音轨轻为中心》,《宗教学研究》2022年第4期。

⑤ 房子超:《多重视角下的西夏帝师热巴研究》,《中国藏学》2022年第2期。

⑥ 王雪梅、袁志伟:《西夏佛教与党项民族的汉文化认同》,《宗教学研究》2022年第4期。

⑦ 韩志斌、谢志斌:《琐罗亚斯德教宗教哲学思想及其影响》,《世界宗教研究》2022年第2期。

⑧ 黄麟:《宗教而非政治:阿里·阿卜杜·拉齐克对哈里发制度的批判及其影响》,《世界宗教文化》2022年第5期。

⑨ 王新刚、王鹤年:《19世纪叙利亚地区医疗传教:演进、交往与融汇》,《世界宗教研究》2022年第11期。

⑩ 张玉友:《"传教的物化":摩洛哥对撒哈拉以南非洲国家的宗教与经济外交》,《世界宗教文化》2022年第2期。

⑪ 梁燕:《巴里坤山神庙碑与康熙年间的京城崇道之风》,《世界宗教文化》2022年第5期。

⑫ 杨燕、高明:《成仙迁转的"设施"——汉画像六博升仙仪式图像研究》,《世界宗教研究》2022年第6期。

⑬ 张方:《广涉博览 识见持新——读张泽洪教授〈中国社会历史中的道教〉》,《世界宗教研究》2022年第8期。

八、科学技术哲学

科学技术哲学研究主要是从技术决策制度、认识论、科技与人文关系等角度,探讨信息化、智能化时代背景下的哲学问题。陈强强在科学研究的第三波论域中对科林斯和埃文斯的"猫头鹰"技术决策制度理论进行考察。① 邓波、高强、韩茜对亚里士多德人工物思想现象学进行阐释。② 马得林认为,道家自然哲学思想,在思维方式上与现代物理科学,特别是量子物理学具有某种程度的契合性。③ 孙旭鹏从物质和文化层面考察道家自然主义技术观,及文化与技术之间的关系。④ 吴小安、张瑜对结构因果模型的根本设想、数学化进程及人工智能愿景进行评述。吴小安还对因果与反事实的本体论地位之争进行评析。⑤ 张端、吴小安、和继军对朱迪亚·珀尔"因果推断引擎"帮助未来人工智能进行因果推理进行考察。⑥ 张云龙、马淑欣从科学史的视角审视近代以来五大"科学中心"与其相应的哲学思想,揭示科学发展与哲学观念之间的关系,并探究我国哲学人文科学的发展路径。⑦ 另外,在科技思想史和西方技术哲学方面,高洋通过考察西方前现代时期对"经验"概念的运用及讨论,试图对"经验"概念的理论内涵及语义流变进行澄清。⑧ 陈明宽、司惠文对德里达的延异和踪迹概念进行梳理,并考察与斯蒂格勒关于延异概念的分歧,认为,这有助于对斯蒂格勒技术哲学的理解。⑨

[作者单位:中共陕西省委党校(陕西行政学院)]

---

① 陈强强:《"猫头鹰":一种技术决策制度的新构想》,《自然辩证法研究》2022年第11期。
② 邓波、高强、韩茜:《亚里士多德人工物思想的现象学阐释》,《自然辩证法研究》2022年第7期。
③ 马得林:《道家哲学与现代物理哲学的契合性考察》,《自然辩证法通讯》2022年第2期。
④ 孙旭鹏:《道家自然主义的技术观》,《自然辩证法研究》2022年第5期。
⑤ 吴小安、张瑜:《结构因果模型径路评述》,《自然辩证法通讯》2022年第5期;吴小安:《因果、加权系统与还原论——因果与反事实的本体论地位之争》,《自然辩证法研究》2022年第9期。
⑥ 张端、吴小安、和继军:《迷你图灵测试与儿童教育》,《自然辩证法通讯》2022年第9期。
⑦ 张云龙、马淑欣:《论科技发展与人文精神的内在勾连——基于世界科学中心转移的视角》,《自然辩证法研究》2022年第2期。
⑧ 高洋:《西方前现代智识传统中的"经验"概念》,《科学技术哲学研究》2022年第3期。
⑨ 陈明宽、司惠文:《延异断裂与技术踪迹——论斯蒂格勒对德里达延异概念的狭义化解释》,《哲学分析》2022年第6期。

陕西省文学研究

李继凯[1]　冯　超[2]　张翼驰[3]　孙　旭[4]　黄心怡[5]

2022 年,陕西学人关注经典的新阐释,立足学术前沿。古代文学研究成果突出表现在断代文学研究、文学理论研究、文献学研究和文化研究等方面。在文学史研究,延安文艺、左翼文艺及抗战文艺研究及中国现当代经典作家与作品等领域均出现重量级成果。外国文学研究当中,学者们既有对经典作家作品的深入挖掘,也关注外国文学的发展走向,新作家、新作品、新的研究方法在本年度的研究成果中都有所体现。

一、古代文学研究

陕西学者强调对研究对象的整体性和理论性阐释,将文学理论与文学现象融入广泛的社会历史脉络中以达到全面而精准的观照,拓展古代文学研究的广度与深度。研究成果涉及断代文学研究、古代文论研究、文献学研究、文化研究等四个方面。

(一)断代文学研究

先唐文学研究中,子学与赋学仍然是值得关注的内容。曹祎黎关注汉赋成为历代长安方志征用的重要文献,指出,历代长安方志通过"化整为零""去情取象"的手法对相关汉赋文本进行直接引用、考证辨析和删削改写,在进入方志以后,汉赋通过"依志成史""以文证史""以文补史"的方式,从文学文本转化为史学文献。①

唐代文学研究仍然关注经典作家作品,以李白、杜甫、韩愈、柳宗元等为研究中心。李芳民从李白家世的独特性出发,对李白及其诗歌的传奇性特点做出新的诠解②,揭示杜甫晚年的诗歌创作中身体情况与创作主题的关联③,将杜甫的政治理想放在更为广阔的历史背景中进行考察,揭示其文化语境,并阐释其典型意义④。《李杜韩柳的文学世界》

---

① 曹祎黎:《汉赋经典化的史学路径——以长安方志用赋为中心》,《文艺研究》2022 年第 10 期。
② 李芳民:《"离散家族"与李白的家世记忆——兼论其与李白个性气质及诗歌艺术特征之关联》,《兰州大学学报》(社会科学版)2022 年第 3 期。
③ 李芳民:《杜甫晚年的家国情怀与诗歌艺术创新——以寓居夔州之初的诗歌创作为中心》,《复旦学报》(社会科学版)2022 年第 2 期。
④ 李芳民:《杜甫"致君尧舜"政治理想论》,《西北大学学报》(哲学社会科学版)2022 年第 1 期。

主要关注唐代诗文创作领域的经典作家,以揭橥作家文学创作上的独特价值与贡献为旨归。① 邱晓运用"神话－原型"批评对杜甫诗歌进行观照,认为杜甫诗中的"大水"是来源于中国洪水神话和神话宇宙观、生命观的原型意象。② 诗史互证、诗史的相互阐发则以傅绍良对寓直诗的关注为代表,他指出,寓直是白居易在朝廷任职期间的重要朝事活动,但在他的寓直诗中,却表现出强烈的非朝事情感。③ 宋代文学研究仍然关注宋诗、宋词。如杨玉锋强调《全宋诗》补遗成果与宋代文学研究关系。④ 成明明论述宋代元宵诗词在聚焦百姓权益的实现中提升对国家、政府形象的社会认同。⑤

明清文学方面,仍然以诗歌研究为主。张兵、杨东兴指出明清之际的诗学及诗学批评标志和引导着诗风新变及诗歌走向,儒家诗教传统得以引申与扩展。⑥

(二)古代文论研究

古代文论的研究集中于文体学研究和诗学观念探讨,研究内容既涉及文体思想,又包含总集分类与辨体文献的辑录整理、分类等。

党圣元、王佳认为,范仲淹在北宋仁宗朝引领"明体达用"思想的形成,影响"内圣外王"思想的构建。将"治道"宗旨融入文章写作规范,探索义理与辞章兼善之作,推动北宋诗文革新运动与"宋文"的定型,对思想史、文学史颇有贡献。⑦ 蒋旅佳以明清总集分类体例为关注重点,认为明清总集新文体类目的命名与体例设置的新动向,最能见出文体与文学观念的新变;而归类方式的选择设置,又促成明清总集分类思维的理论系统化,最终在文体谱系的建构中映射出中国文学由古典向近代转型的发展趋势。⑧ 任竞泽通过对钱锺书著述中相关辨体文献的辑录整理和分类分析,系统地构建其辨体理论批评体系。⑨

在诗学观念研究中,关注重点在于儒家文学价值观、文章观、诗歌选本的诗学观念、诗歌经典化等方面。党圣元指出,从孔子到《诗大序》《乐记》,形成对文学的价值功能作用进行整合与建构的思想认识和发展过程,儒家"诗教"原则的形成,标志着古人文学价

---

① 李芳民:《李杜韩柳的文学世界》,中华书局,2022年。
② 邱晓:《诗中有神:试论杜诗"大水"意象的神话色彩和原型意味》,《人文杂志》2022年第1期。
③ 傅绍良:《论白居易寓直诗中的非朝事情感及其成因》,《西北大学学报》(哲学社会科学版)2022年第1期。
④ 杨玉锋:《〈全宋诗〉补遗成果与宋代文学研究的新空间》,《中国文化研究》2022年第3期。
⑤ 成明明:《国家形象与市民文化的互渗融合——宋代元宵诗词的集体欢乐书写》,《南京大学学报》(哲学·人文科学·社会科学)2022年第3期。
⑥ 张兵、杨东兴:《明清之际:诗人心态与诗歌走向》,《西北师大学报》(社会科学版)2022年第4期。
⑦ 党圣元、王佳:《北宋仁宗朝"明体达用"思想与文体观——以范仲淹为中心》,《江西社会科学》2022年第8期。
⑧ 蒋旅佳:《体目生成、观念新变与谱系建构——论明清总集分类体例研究的空间与视角》,《青海社会科学》2022年第2期。
⑨ 任竞泽:《体制为先与严分体制:钱锺书的"辨体"理论》,《贵州师范大学学报》(社会科学版)2022年第3期。

值思想的自觉,亦标志着传统文学理论批评中文学价值观话语系统的正式建立。就形态而论,传统文论归根结底是关于文学价值的理论,其落脚点在于文学价值的认识、阐发和文学价值观的建构。① 蒋兴燕、杨遇青对文学复古运动早期文章观的形成加以考察,认为康海的文学思想表现出"融经筑史"的特质,对文学复古运动"文必秦汉"思想的确立有重要的影响。② 杨晓斌、龙哲惟指出,《文选》"诗"类的编纂与编排体现出编纂者的诗歌辨体意识及其诗学观念,既重视诗歌化成天下的实际教化功用。③ 杨遇青认为,从童心说到性灵说,文人主体性规定发生深刻变化,形成以"尚趣"和"重学"为特色的新论述。④ 丁俊丽论述在清初诗坛汪森的韩诗研究,揭示韩诗在古典诗学史上的地位,是清代韩诗经典化历程中的一环。⑤

(三)文献学研究

文献学研究以传世文献和出土文献整理与研究为主。

《清代陕西金石学著作十种》作为 2021 年国家古籍整理出版基金项目之一,为更好地理解清代陕西金石学的历史价值和学术意义提供宝贵资源。⑥《长安学研究文献汇刊.考古编.金石卷(第二十三辑)》,汇编清代、民国时期金石著作,以 16 种方志中有关金石之内容为主。⑦《长安学研究文献汇刊.考古编.金石卷(第二十四辑)》汇编民国时期《续修陕西通志稿》金石部分,为长安学、地方史、学术史及中国古代文化研究提供宝贵的资料。⑧

(四)文化研究

文化研究主要集中在文学共同体观念与宝卷研究等方面。李永平指出,"相和""和佛"仪式是"唱和"传统的神圣阶段的遗留,文人诗词唱和是相和的世俗形态,是一种"拟群体"的效应。宣卷"和佛"的社会功能在于声音诗学场域的治疗与禳灾机制,以及集体参与中的"群体激荡与裹挟效应"。⑨

综上所述,断代文学研究中,唐宋文学研究和明清文学研究均取得显著的进展;古代

---

① 党圣元:《儒家文学价值观的创建》,《甘肃社会科学》2022 年第 2 期。
② 蒋兴燕、杨遇青:《明代秦汉文特质:从经史之学到文学复古文章观》,《新疆大学学报》(哲学·人文社会科学版)2022 年第 1 期。
③ 杨晓斌、龙哲惟:《经纬人文:〈文选〉"诗"类的编排及其诗学观》,《文学研究》2022 年第 2 期。
④ 杨遇青:《晚明诗学中的主体质素论述及其演生过程——从李贽的"二十分识"到公安派的尚趣重学》,《四川大学学报》(哲学社会科学版)2022 年第 4 期。
⑤ 丁俊丽:《清代韩诗经典化进程中被遮蔽的一环——清初诗学语境下汪森的韩诗研究及其意义》,《新疆大学学报》(哲学·人文社会科学版)2022 年第 1 期。
⑥ 李向菲、贾三强校:《清代陕西金石学著作十种》,陕西人民出版社出版,2022 年。
⑦ 贾二强主编:《长安学研究文献汇刊.考古编.金石卷(第二十三辑)》,科学出版社,2022 年。
⑧ 贾二强主编:《长安学研究文献汇刊.考古编.金石卷(第二十四辑)》,科学出版社,2022 年。
⑨ 李永平:《"唱和"与"相和":宝卷"和佛"中的禳灾传统发微》,《民族文学研究》2022 年第 1 期。

文论为阐释提供新的视角和方法;文献学研究充分利用地域文化优势,积极整理研究地方文献;文化研究则展现出探索创新意识。

二、中国现当代文学研究

(一)文学史研究

李继凯在《大现代文化视域中的"后古代"及"新世纪"文学》中强调"古今中外化成现代"的文化取向和文化创造精神。① 王泉根的《20世纪初叶中国儿童文学的演进》②分析20世纪初的儿童文学的发展演进史实。周燕芬、赵艺阳的《"七月"与"九叶"在1981——以〈白色花〉〈九叶集〉出版为中心的考察》围绕两类诗歌的编选,探究出版人、编选者和诗人的复杂心理状态。③ 惠雁冰的《〈李自成〉内含的多重叙事话语》体现在传统叙事话语的复现、红色文艺叙事话语的皴染,以及1980年代以来人文叙事话语。④ 乔琦、邓艮的《"道德视景"与"感时忧国":夏志清〈中国现代小说史〉再审视》,分析夏氏中国现代小说"感时忧国"的大传统的原因及特点。⑤ 苟羽琨的专著《古道西风:现当代丝绸之路文学研究》,系统地整理了丝路文学文献,借此勾勒了现当代丝路文学生成与发展的概貌。⑥ 雷鸣的《隐形之手与文学脉象:新世纪长篇小说与文学市场互动关系研究》,深入探究新世纪以来长篇小说的生产、传播、消费接受等各个环节与文学市场之间的互动关系。⑦ 还有,古远清的《世界华文文学学科品格》⑧,王春林的《与厨艺有关的历史和精神追问——近期文学创作的一种理解与分析》⑨,郑元会、张帆的《中国新诗学观念的历史转型及其辩证关系——郑振铎"血和泪"与"爱和美"的双重书写》⑩,王慧勇、雷鸣的《论现代文学多重视角下的春节叙事》⑪,朱天一的《代际抵牾与知识解组——论西南联

---

① 李继凯:《大现代文化视域中的"后古代"及"新世纪"文学》,《当代文坛》2022年第1期。
② 王泉根:《20世纪初叶中国儿童文学的演进》,《中国现代文学研究丛刊》2022年第2期。
③ 周燕芬、赵艺阳:《"七月"与"九叶"在1981——以〈白色花〉〈九叶集〉出版为中心的考察》,《中国现代文学研究丛刊》2022年第12期。
④ 惠雁冰:《〈李自成〉内含的多重叙事话语》,《文学评论》2022年第6期。
⑤ 乔琦、邓艮:《"道德视景"与"感时忧国":夏志清〈中国现代小说史〉审视》,《四川大学学报》(哲学社会科学版)2022年第2期。
⑥ 苟羽琨:《古道西风:现当代丝绸之路文学研究》,陕西人民出版社,2022年。
⑦ 雷鸣:《隐形之手与文学脉象:新世纪长篇小说与文学市场互动关系研究》,人民出版社,2022年。
⑧ 古远清:《世界华文文学学科品格》,《贵州社会科学》2022年第3期。
⑨ 王春林:《与厨艺有关的历史和精神追问——近期文学创作的一种理解与分析》,《中国现代文学论丛》2022年第1期。
⑩ 郑元会、张帆:《中国新诗学观念的历史转型及其辩证关系——郑振铎"血和泪"与"爱和美"的双重书写》,《陕西师范大学学报》(哲学社会科学版)2022年第3期。
⑪ 王慧勇、雷鸣:《论现代文学多重视角下的春节叙事》,《中州学刊》2022年第8期。

大时期沈从文的青年学生批判话语》①,方菁、郭继荣的《中国当代文学在跨文化语境下的传播与接受》②,等等,也在各自的研究领域呈现亮点。

在文学批评、文学理论方面,有杨辉的《"向内"和"向外"的批评》③《文章气类古犹今——当代文学的"古典境界"发微》④、任竞泽的《体制为先与严分体制:钱锺书的"辨体"理论》⑤、周争艳的《何为"真":学术史背景下顾颉刚"真"之观念的演变》⑥等。在史料考辨方面,有姜彩燕的《中日学术交流的见证——对单演义与竹内实书信往来的考察》⑦、曾祥金的《一个新诗人的起步——袁可嘉求学时期集外新诗考释》⑧、吴艳的《重勘新时期"史料"的生成与观念机制——以〈新文学史料〉编纂实践为例》⑨、邱跃强的《1937年〈新中华报〉刊载谜语研究》⑩等。网络文学研究领域,有周利荣的《杂糅与缺失:网络玄幻小说价值观研究》⑪,妥建清、魏蒙的《现代无聊情绪与网络文学的意义危机》⑫,冯硕、陈丹的《免费 VS 付费——网络文学产业阅读模式发展困局》⑬,张海涛、焦晨的《移动互联时代中国网络文学的嬗变与展望》⑭,等等。

(二)延安文艺、左翼文艺及抗战文艺研究

2022年,陕西文学界围绕《在延安文艺座谈会上的讲话》展开研究,推出力作。李继凯、冯超、王奎的《书写劳动人民:延安时期重要作家作品研究》⑮,梁向阳的《延安文艺与

---

① 朱天一:《代际抵牾与知识解组——论西南联大时期沈从文的青年学生批判话语》,《湘潭大学学报》(哲学社会科学版)2022年第6期。
② 方菁、郭继荣:《中国当代文学在跨文化语境下的传播与接受》,《小说评论》2022年第6期。
③ 杨辉:《"向内"和"向外"的批评》,《南方文坛》2022年第2期。
④ 杨辉:《文章气类古犹今——当代文学的"古典境界"发微》,《南方文坛》2022年第2期。
⑤ 任竞泽:《体制为先与严分体制:钱锺书的"辨体"理论》,《贵州师范大学学报》(社会科学版)2022年第3期。
⑥ 周争艳:《何为"真":学术史背景下顾颉刚"真"之观念的演变》,《文化遗产》2022年第6期。
⑦ 姜彩燕:《中日学术交流的见证——对单演义与竹内实书信往来的考察》,《西北大学学报》(哲学社会科学版)2022年第6期。
⑧ 曾祥金:《一个新诗人的起步——袁可嘉求学时期集外新诗考释》,《现代中文学刊》2022年第1期。
⑨ 吴艳:《重勘新时期"史料"的生成与观念机制——以〈新文学史料〉编纂实践为例》,《文艺争鸣》2022年第12期。
⑩ 邱跃强:《1937年〈新中华报〉刊载谜语研究》,《新文学史料》2022年第2期。
⑪ 周利荣:《杂糅与缺失:网络玄幻小说价值观研究》,《陕西师范大学学报》(哲学社会科学版)2022年第6期。
⑫ 妥建清、魏蒙:《现代无聊情绪与网络文学的意义危机》,《中州学刊》2022年第12期。
⑬ 冯硕、陈丹:《免费 VS 付费——网络文学产业阅读模式发展困局》,《出版广角》2022年第12期。
⑭ 张海涛、焦晨:《移动互联时代中国网络文学的嬗变与展望》,《中国文化研究》2022年第3期。
⑮ 李继凯、冯超、王奎:《书写劳动人民:延安时期重要作家作品研究》,陕西师范大学出版总社,2022年。

20世纪中国民间文化》①、吴国彬的《延安文艺学术史研究:1978—2016》②,分别对延安时期重要作家作品、延安文艺中的民间文化呈现及新时期以来延安文艺研究成果进行分析,肯定延安文艺在中国现当代学术发展史中的价值及意义。此外,还有一大批相关论文,以马克思主义理论方法为指导,借鉴与吸收传统革命文艺研究的具体理论方法,对革命文艺理论与实践中的一些重要问题进行研究,具有独到的学术价值、应用价值。例如赵学勇的《延安〈讲话〉与中国文艺的文化创造》③、李继凯的《在文化磨合与创化中开拓革命文论新境界——重识〈在延安文艺座谈会上的讲话〉》④、党圣元的《新时代中国现实主义文论发展的新态势与新挑战》⑤、段建军的《毛泽东延安文艺观中的审美共同体思想》⑥。此外,李西建的《中国共产党文艺制度史研究的总体问题与基本维度》⑦,李跃力、路嘉玮的《"革命文学"论争时期中国共产党对文艺制度的探索》⑧,刘鑫的《延安文艺制度的建构逻辑与路径》⑨,冯超、李继凯的《"组织起来"的革命文艺——论陕甘宁边区文艺机构的体制化生成》⑩,钟海波、李继凯的《论解放区文艺"走向民间"的本土经验》⑪,李震的《柯仲平的1938——纪念大众诗人柯仲平诞辰120周年》⑫,刘芳芳的《柳青现实主义理论中的"人民性"问题》⑬,李跃力的《立场、视野与"辞典政治"——现代辞典的"左翼文学"叙事》⑭,李跃力的《记忆如何重构历史:创造社同人的"创造社"回忆》⑮,任

---

① 梁向阳:《延安文艺与20世纪中国民间文化》,陕西师范大学出版总社,2022年。
② 吴国彬:《延安文艺学术史研究:1978—2016》,陕西师范大学出版总社,2022年。
③ 赵学勇:《延安〈讲话〉与中国文艺的文化创造》,《中国社会科学》2022年第7期。
④ 李继凯:《在文化磨合与创化中开拓革命文论新境界——重识〈在延安文艺座谈会上的讲话〉》,《中国高校社会科学》2022年第3期。
⑤ 党圣元:《新时代中国现实主义文论发展的新态势与新挑战》,《陕西师范大学学报》(哲学社会科学版)2022年第3期。
⑥ 段建军:《毛泽东延安文艺观中的审美共同体思想》,《甘肃社会科学》2022年第1期。
⑦ 李西建:《中国共产党文艺制度史研究的总体问题与基本维度》,《上海大学学报》(社会科学版)2022年第5期。
⑧ 李跃力、路嘉玮:《"革命文学"论争时期中国共产党对文艺制度的探索》,《陕西师范大学学报》(哲学社会科学版)2022年第4期。
⑨ 刘鑫:《延安文艺制度的建构逻辑与路径》,《陕西师范大学学报》(哲学社会科学版)2022年第6期。
⑩ 冯超、李继凯:《"组织起来"的革命文艺——论陕甘宁边区文艺机构的体制化生成》,《陕西师范大学学报》(哲学社会科学版)2022年第3期。
⑪ 钟海波、李继凯:《论解放区文艺"走向民间"的本土经验》,《兰州大学学报》(社会科学版)2022年第5期。
⑫ 李震:《柯仲平的1938——纪念大众诗人柯仲平诞辰120周年》,《中国现代文学研究丛刊》2022年第12期。
⑬ 刘芳芳:《柳青现实主义理论中的"人民性"问题》,《上海文化》2022年第12期。
⑭ 李跃力:《立场、视野与"辞典政治"——现代辞典的"左翼文学"叙事》,《新文学史料》2022年第2期。
⑮ 李跃力:《记忆如何重构历史:创造社同人的"创造社"回忆》,《首都师范大学学报》(社会科学版)2022年第4期。

杰的《战争语境与旧体诗革新——大文学视野下的怀安诗社及其创作》[1],赵学勇、魏欣怡的《论抗战时期中国文学的"非虚构"书写》[2],等等,分别围绕延安文艺展开研究,史料丰赡厚实,论述深入细密。

(三)中国现当代经典作家与作品研究

中国现当代经典作家与作品,特别是本土作家作品的研究也是陕西文学研究界关注的重点。

贾平凹研究的一系列论著相继出版。韩鲁华、王春林、张志昌总主编的《贾平凹研究资料汇编》[3],共12卷,囊括2020年以前出版的长篇小说,既有作者自述,又有对文本的细致解读,还有作品争鸣和比较视野研究,资料系统性、学术科学性、观点多元性、筛选权威性并重。韩鲁华、潘靖壬的《贾平凹文学创作与研究的整体观》[4],周燕芬的《2020年的〈暂坐〉》[5],李瑞的《"整体"与"多维":贾平凹文学批评文本的再批评》[6],胡少山、王春林的《志人志怪、文本杂糅以及文化地理学——贾平凹〈秦岭记〉的来龙去脉》[7],王亚丽的《"人与城"的互融共生与"异象"叙事——论贾平凹的西安城市书写》[8],等等,也围绕贾平凹不同时期作品进行研究和评论。同时,柳青、路遥、陈忠实、陈彦等陕西作家也是研究重点。如杨辉的《"未竟"的创造:〈创业史〉与当代文学中的"风景政治"》[9],徐翔的《〈柳青〉:地方性知识与总体性文化建构》[10],刘芳芳的《柳青现实主义理论中的"人民性"问题》[11],梁向阳的《通往史诗性创作的道路上——基于中国现代文学馆珍藏的路遥致秦兆阳两封书信的解读》[12],邰科祥的《路遥文论的智慧与其作品的常销缘由》[13],王丽

---

[1] 任杰:《战争语境与旧体诗革新——大文学视野下的怀安诗社及其创作》,《新疆大学学报》(哲学社会科学版)2022年第4期。

[2] 赵学勇、魏欣怡:《论抗战时期中国文学的"非虚构"书写》,《厦门大学学报》(哲学社会科学版)2022年第3期。

[3] 韩鲁华、王春林、张志昌总主编:《贾平凹研究资料汇编》,陕西师范大学出版社总社,2022年。

[4] 韩鲁华、潘靖壬:《贾平凹文学创作与研究的整体观》,《小说评论》2022年第3期。

[5] 周燕芬:《2020年的〈暂坐〉》,《文艺争鸣》2022年第9期。

[6] 李瑞:《"整体"与"多维":贾平凹文学批评文本的再批评》,《小说评论》2022年第2期。

[7] 胡少山、王春林:《志人志怪、文本杂糅以及文化地理学——贾平凹〈秦岭记〉的来龙去脉》,《当代文坛》2022年第4期。

[8] 王亚丽:《"人与城"的互融共生与"异象"叙事——论贾平凹的西安城市书写》,《小说评论》2022年第4期。

[9] 杨辉:《"未竟"的创造:〈创业史〉与当代文学中的"风景政治"》,《中国现代文学研究丛刊》2022年第11期。

[10] 徐翔:《〈柳青〉:地方性知识与总体性文化建构》,《电影文学》2022年第2期。

[11] 刘芳芳:《柳青现实主义理论中的"人民性"问题》,《上海文化》2022年第12期。

[12] 梁向阳:《通往史诗性创作的道路上——基于中国现代文学馆珍藏的路遥致秦兆阳两封书信的解读》,《中国现代文学研究丛刊》2022年第7期。

[13] 邰科祥:《路遥文论的智慧与其作品的常销缘由》,《当代作家评论》2022年第2期。

丽的《贴地的沉稳与飞扬的诗性——论陈彦的小说创作》①,韩蕊的《为生民立命——论陈彦的小说创作》②,裴亚琴的《社会理想、文学生活与人生实践——对三位陕西创作文艺创作的思想史考察》③,王俊虎、李柔的《1990年代的小说叙事转向——以陈忠实〈白鹿原〉为例》④,王玉珠的《文学陕军民间叙事检视:成就、局限与前景》⑤,关峰、张红影的《当代陕西长篇小说研究》⑥。

此外,对鲁迅、刘醒龙、周大新、韩少功、阿莹、姚雪垠、徐兆寿、戈舟等作家作品的研究也有成果出版。

三、外国文学研究

从研究内容来看,主要集中在作家作品研究、译介与接受研究、理论与思想研究、跨学科研究等方面。

(一)作家作品研究

作家作品研究是外国文学研究的重点,涉及英语、德语、俄语、西班牙语等语种,研究对象倾向于新作家、新作品,研究内容聚焦在主题思想与叙事研究两个方面,兼及生态批评、暴力书写、跨文学书写等关键词。

张沫、聂军的《历史记忆中的反故土情结——评析巴赫曼短篇小说〈在一座奥地利城市的孩童时代〉》一文,分析奥地利当代女作家英格博格·巴赫曼的短篇小说《在一座奥地利城市的孩童时代》,探讨巴赫曼的诗性叙事的手法及其反故土创作情结。⑦ 赵雪的《电气火车上的酒神之旅——〈从莫斯科到佩图什基〉的狂欢化美学》一文,以俄国作家叶罗费耶夫的小说《从莫斯科到佩图什基》为研究对象,以狂欢化诗学为理论切入点,从"醉鬼"形象的狂乱与"圣愚"气质、对官方话语的戏谑性讽喻、鄙俗与崇高的语言游戏、对经典的互文性解构几方面,对文本进行较为深入探讨。⑧

史忠义的《试论勒克莱齐奥的〈物质的迷狂〉和〈非洲人〉的生态意识》一文,以生态

---

① 王丽丽:《贴地的沉稳与飞扬的诗性——论陈彦的小说创作》,《南方文坛》2022年第6期。
② 韩蕊:《为生民立命——论陈彦的小说创作》,《当代作家评论》2022年第5期。
③ 裴亚琴:《社会理想、文学生活与人生实践——对三位陕西作家文艺创作的思想史考察》,《当代文坛》2022年第3期。
④ 王俊虎、李柔:《1990年代的小说叙事转向——以陈忠实〈白鹿原〉为例》,《当代文坛》2022年第2期。
⑤ 王玉珠:《文学陕军民间叙事检视:成就、局限与前景》,《当代文坛》2022年第1期。
⑥ 关峰、张红影:《当代陕西长篇小说研究》,西北大学出版社,2022年。
⑦ 张沫、聂军:《历史记忆中的反故土情结——评析巴赫曼短篇小说〈在一座奥地利城市的孩童时代〉》,《西安外国语大学学报》2022年第3期。
⑧ 赵雪:《电气火车上的酒神之旅——〈从莫斯科到佩图什基〉的狂欢化美学》,《外国文学动态研究》2022年第6期。

美学的视角,分析勒克莱齐奥早期作品《物质的迷狂》和中期作品《非洲人》,对勒克莱齐奥作品的寓意进行较为深入的分析。① 贾宏涛的《〈小丑夏利玛〉中的克什米尔书写与暴力反思》,以印裔英国作家萨尔曼·拉什迪的长篇小说《小丑夏利玛》为研究对象,分析暴力书写所隐含的作者对英美介入印巴两国的领土争端、民族民主运动、恐怖主义势力渗入等社会议题的思考,以及对当代社会面临的暴力危机以及暴力对人性伤害的反思。② 李青的《伯吉斯〈发条橙〉"恶"之书写》一文,分析《发条橙》中的反乌托邦书写以及对现代社会中"恶"的社会根源的探讨。③

此外,当代西班牙语小说以及20世纪美国犹太裔女性作家也是外国文学研究方面较新的选题内容。侯健的《记忆·英雄·身份认同:哈维尔·塞尔卡斯的西班牙内战系列小说研究》一文,探讨当代西班牙作家哈维尔·塞尔卡斯的"内战系列小说"及其塑造的"背叛式英雄"。④ 陈兰薰的《"附魅""祛魅"与"返魅":〈潘先生〉的上海女性跨文化书写》一文,探讨是20世纪美国犹太裔女作家项美丽如何以其跨文化视角塑造上海女性形象。⑤ 另有文章从"拼贴"这一叙事形式入手,黄铁蓉分析唐·德里的小说《坠落的人》的叙事技巧,探讨作者借"拼贴"技法所凸显的碎片性、不确定性和边缘性等后现代特征在作品中的体现。⑥

(二)译介与接受研究

包括汉语作家和作品的对外译介研究、具体的翻译及译本问题研究、刊物的译介与传播研究。

唐洁、张帆所写的《余秋雨作品在德国的译介与接受研究》一文,梳理了德国汉学界对余秋雨作品的译介与评价,并指出余秋雨文化散文在德语世界的接受与传播,不仅扩大和拓展中国文学外译的体裁范围,亦为中国文化更好地"走出去"提供一种可资借鉴的文学模式和文化方案。⑦

石春让、梁丽群的《小畑薰良〈李白诗集〉英译本中典故注释的切适性》《贾平凹作品英译建言:基于对〈浮躁〉英译本的批评》,从翻译学的角度探讨《李白诗集》和《浮躁》的英译问题。前者肯定日本学者小畑薰良《李白诗集》英译本,认为该译本作为世界上第一

---

① 史忠义:《试论勒克莱齐奥的〈物质的迷狂〉和〈非洲人〉的生态意识》,《外国文学》2022年第5期。
② 贾宏涛:《〈小丑夏利玛〉中的克什米尔书写与暴力反思》,《外国文学动态研究》2022年第5期。
③ 李青:《伯吉斯〈发条橙〉"恶"之书写》,《英美文学研究论丛》2022年第2期。
④ 侯健:《记忆·英雄·身份认同:哈维尔·塞尔卡斯的西班牙内战系列小说研究》,《外国文学动态研究》2022年第1期。
⑤ 陈兰薰:《"附魅""祛魅"与"返魅":〈潘先生〉的上海女性跨文化书写》,《英美文学研究论丛》2022年第2期。
⑥ 黄铁蓉:《〈坠落的人〉中"拼贴"的后现代叙事意义》,《英美文学研究论丛》2022年第1期。
⑦ 唐洁、张帆:《余秋雨作品在德国的译介与接受研究》,《西安外国语大学学报》2022年第3期。

部李白诗歌英译文集,首次向西方世界全面介绍李白的生平和诗歌成就;指出该诗集译本在多方面呈现出创新性,尤其是在典故注释方面呈现出"切适性"特征:表义简洁,传义连通,释义恰当,展义互文,为中国典籍外译提供有益的启示。①后者旨在探讨《浮躁》英文版中存在的误读和误译问题。刘彭恺、党争胜对贾平凹作品英文出版状况进行考察,以贾平凹提出的文学翻译的两类难点,即文字味道翻译和文化元素翻译为观察点,对英文版中存在的误读和误译问题进行分析和批评。提出翻译贾平凹作品应该注意的三个方面,即必须准确理解贾平凹作品中方言词和方言俗语的含义,必须设法呈现贾平凹作品中文字的味道,必须尽力保留贾平凹作品中的中国文化元素。②

英文刊物在国内的译介和传播研究。有文章对1930年代由共产国际资助和中国共产党支持下创办的《中国呼声》(*The Voice of China*)的译介、传播及价值进行探讨。尚亚宁、王启龙的文章指出,该刊从创立至被迫停刊虽然仅存续一年零七个月,但却广泛深入地开展对中华民族抗日救亡运动、反帝反法西斯运动和左翼文学的报道、译介和传播,为抗战初期提振全国人民士气、争取海外支持和国际援助发挥积极作用并产生深远影响。从史料价值而言,该刊留存的丰富史料对研究中国翻译史、抗日战争史、中国共产党党史、中国左翼文学史及国际友人具有重要的学术价值。从译介及传播角度而言,《中国呼声》的中英双语译介范式和中外合作办刊模式对当前中国国家形象传播和国际传播能力提升具有借鉴意义。③

译本问题研究。黄立波从翻译学的角度,基于语料库的考察,对《在延安文艺座谈会上的讲话》三个英译本进行比较分析,探讨书面口语体特征的英译问题。通过对比三个译本中对人称代词"我们"和能愿式祈使词"应该",探讨不同译本中处理如上词汇表现出的规律性差异。指出,译者或译者群体对待源文本的态度是译文呈现方式的一个重要制约因素,且不同时代对源文本的解读方式和内容有一定差异,如上因素都会在不同时期的译文中有一定程度体现。④

(三)理论与思想研究

妥建清的《波德莱尔"应和"思想探源》一文,探讨波德莱尔"应和"思想的理论渊源。认为波德莱尔的"应和论"作为熔铸综合的理论产物,不仅借鉴傅立叶的轻浮情欲、组合情欲等过渡情欲理论,斯威登堡的"对应说"、属灵的语言观、通灵术等神秘主义思想,以

---

① 石春让、梁丽群:《小畑薰良〈李白诗集〉英译本中典故注释的切适性》,《复旦外国语言文学论丛》2022年第2期。
② 刘彭恺、党争胜:《贾平凹作品英译建言:基于对〈浮躁〉英译本的批评》,《外语教学》2022年第6期。
③ 尚亚宁、王启龙:《英文刊物〈中国呼声〉(1936—1937):译介、传播及其价值》,《外语教学》2022年第5期。
④ 黄立波:《基于语料库的毛泽东著作书面口语体特征英译考察——〈在延安文艺座谈会上的讲话〉三个英译本比较》,《外语研究》2022年第5期。

及德国浪漫主义的想象理论,而且具有浪漫主义时代的精神气质。但是波德莱尔的此种独立于真、善等元价值的审美必然耗尽美的根基而走向虚无主义,造成唯美主义者普遍的悲剧命运。指出对波德莱尔"应和"思想的探源研究,对于深入理解"应和"论的思想内涵,进而反思现代性基源问题以及汉语学界关于"应和"论的引介均具有重要意义。①

(四)跨学科研究

叶友珍探讨弥尔顿《论出版自由》中的古希腊文学要素,具有跨学科研究的特点。指出,弥尔顿发表在英国共和革命时期的《论出版自由》,在写作上刻意披上古希腊文学的外衣:标题化用伊索克拉底的《城邦议事会辞》,题词引用古希腊肃剧诗人欧里庇得斯的《乞援人》。认为弥尔顿把自己塑造为一位古典演说家,试图以置身教派之外的立场来论述一个和宗教、政治密不可分的问题。②

(作者单位:1、2 陕西师范大学,3 陕西省社会科学院,
4 西安外国语大学,5 西北大学)

---

① 妥建清:《波德莱尔"应和"思想探源》,《南京大学学报》(哲学·人文科学·社会科学)2022 年第 6 期。
② 叶友珍:《弥尔顿〈论出版自由〉中的古希腊文学要素》,《江汉论坛》2022 年第 11 期。

陕西省艺术学、体育学研究

万炳军

一、艺术学理论研究

据统计,2022年陕西艺术学科发表核心期刊论文50余篇,出版专著约12部,涉及美术、音乐、书法、电影电视等方面的内容。

刘艳卿、屈健对20世纪四五十年代土改题材版画进行研究,认为土改题材版画的集中出现,是对这一历史命题的图像表达,是对毛泽东《在延安文艺座谈会上的讲话》精神的成功实践。其图像叙事策略可以归纳为两个互融渐进的阶段:基于苦难情感的诉苦"动员"叙事策略和基于集体亢奋的斗争叙事策略。同时,在诉苦、斗争等显性图像叙事策略的背后,暗含一种对新政权认同的隐性叙事逻辑。由此,解放区土改题材版画不仅完成其宣传政策和记录现实的任务,而且以一种带有象征意味的图像诠释党的政治理念和文艺思想,体现人民对新生活的憧憬和想象。①

学者刘春晓对音乐文化产业的相关概念进行阐释与理论探究,厘清音乐文化产业的相关概念、剖析音乐文化产业"先文化后产业"的知识范式、坚持创意是音乐文化产业中的核心、关注音乐文化产业的多重属性和特征等一系列基础性问题依然是音乐文化产业理论研究的首要任务。对西方文化生产理论的引入对我国音乐文化产业理论体系的构建发挥着学术参照的作用。②

王青、李宝杰探讨陕北民歌传承、创新与发展的主要矛盾及解决路径,认为讨论陕北民歌的传承、创新与发展问题,首先不能忽略文化地理作用以及认识定位和认知立场,其次是要对各种矛盾关系进行深入分析,并抓住问题中的主要矛盾,才能提出行之有效的实施策略和发展路径。搞清楚前者,可以给我们的认识提供科学分析依据,弄明白各种矛盾关系并抓住主要矛盾,能够更好地触及其问题存在的本质。尽管陕北民歌传承、创新与发展的主要矛盾集中在艺术表现与大众接受的关系层面,但这个主要矛盾的表现也并非单一的,而是多样态的,大众接受也是多层面的,并且基于这一主要矛盾的认识也是多角度的。不一定非得定于一尊,以某一种价值判断作为唯一标准,如此,才能够逐步建

---

① 刘艳卿、屈健:《解放区土改题材版画的图像叙事》,《美术》2022年第6期。
② 刘春晓:《音乐文化产业的相关概念阐释与理论探究》,《音乐学研究》2022年第1期。

立起陕北民歌传承、创新与发展的多级生态场域,达到各取所需、各求创新、共同发展的目的。①

李有军、李静茹对夏声剧社京剧艺术生产体制进行探讨。1938年,刘仲秋、郭建英、封至模、任桂林等人以救助难童和改良国剧为动机,在西安发起创办夏声剧社。"董事改组事件"后,夏声剧社四个附属机构仅存夏声戏剧学校。1943年,夏声戏剧学校离开西安,前往重庆、成都、上海等城市"旅行公演"。夏声剧社在经费拮据的情况下培养马科、齐英才等京剧名家,开创颇具现代意识的京剧艺术生产体制。"民主共和制"的运行体制规避传统京剧"班主制"的弊端。夏声剧社制定的管理机制与夏声戏剧学校推行的"实验戏剧教育"培养机制,均成为剧社运行体制的有效补充。夏声戏剧学校在实际运营过程中,尽管"顶层设计"艺术生产体制存在执行的"完成度"问题,但作为战时京剧改良组织的"制度空间"无疑是富有现代意义的。②

近年来,视效开始大量应用于现实题材或现实主义风格的电影制作中。张燕菊探讨隐性视效的审美诉求、创作观念、思维方法和技术技巧,以及隐性视效中影像与现实的新型关系。关于视效的话题从如何震撼,变成如何隐藏,关注点也从视觉奇观,转向电影本身。"电影眼睛"和"电影画笔"融合而成的电影影像,既是现实的倒影,也是现实的延展。③

《文心雕龙》与古代书法理论批评、艺术实践的多维关系,近现代以来,尤其近三十多年来,学界已有讨论,但《文心雕龙》与当代书法理论批评、艺术实践的学术关联,尚待继续开掘。当代书法在书体选择、亮点展现、章法布局、形式多样、取法对象、鉴赏批评等方面,还存在某些有待解决的问题。刘尚才、刘炜评对《文心雕龙》对当代书法创作及批评的价值进行研究,《文心雕龙》所蕴含的因情立体、隐秀结合、离章合句、文质彬彬、六观之法等观念与品鉴方法,可为当代书法创作及批评提供丰赡的文化资源。当代书坛是《文心雕龙》焕发价值的重要领域,深度挖掘和利用其精湛义理,既是对其生命力的不断激活,又具有切实的实践启导功效。④

二、体育学理论研究

2022年,体育学科发表南大核心期刊论文71篇,出版专著14部,涉及群众体育、体育教育训练学、学校体育、民族传统体育、体育产业、体育人文、运动人体与科学等。

孙蔚、任婉蓉、单命伟对全民健身信息服务平台标准化建设的理论逻辑、内容体系、地方实践和实施策略进行深入探析。全民健身信息服务平台标准化建设的内容体系主

---

① 王青、李宝杰:《陕北民歌传承、创新与发展的主要矛盾及解决路径》,《音乐学研究》2022年第6期。
② 李有军、李静茹:《夏声剧社京剧艺术生产体制探赜》,《戏曲艺术》2022年第3期。
③ 张燕菊:《仿真·混动·弥合——隐性视效的逻辑和方法》,《当代电影》2022年第12期。
④ 刘尚才、刘炜评:《〈文心雕龙〉对当代书法创作及批评的价值》,《中国书法》2022年第2期。

要包括服务标准、管理标准、技术标准和绩效标准。从区域实践入手,调研互联网先发地区浙江省全民健身信息服务平台的标准化建设现状,并在此基础上阐述平台标准化建设的实践成效。为更好地推进全民健身信息服务平台标准化建设工作,提出包括组织、制度、技术、资金等4个方面在内的标准化实施保障体系。①

曲洪刚、万炳军对体育强国建设所涉新起点即历史方位、内在本质即现代化内涵、发展本源即历史动力进行探讨。研究认为,中国社会主要矛盾的转变和中国式现代化的主旨内涵,及其二者的历史意蕴,引领体育强国建设的新历史方位和现代化内涵;并以马克思主义中国化的实践品质为学理逻辑,依据党的二十大所蕴含的新发展理念,提出党的领导力、人民的主体力、社会主要矛盾的内生力、系统观念的融合力与人类命运共同体理念的和平力是新征程中体育强国建设的历史动力系统。对以上理论问题的探讨目的在于明确新历史时期体育强国建设的根本遵循,厘清该领域学术研究的政治指向,并为体育强国建设提供理论支撑。②

柴王军、刘哲辰、李国探讨"双减"政策背景下青少年体育培训业高质量发展的理论内涵、价值转向、现实困境、运行模式和推进策略。研究显示"双减"政策背景下青少年体育培训业在管理维度由教育部门向体育部门转变、时间维度由学科培训向体育培训转向、空间维度由学科培训场域向体育场馆场域转向、经济维度由教育培训业向体育培训业转向、社会维度由成绩资本向健康资本转向;现实困境表现在行政壁垒阻碍相关政策执行效率、监管主体缺失导致市场监管乏力、标准缺失阻滞体育培训规范化运营、师资薄弱遏制体育培训供给服务质量、坪效不高降低体育培训运营效率五个方面;青少年体育培训业创新可探索线上+线下结合的中高考体育培训、体育+学校结合的青少年体育俱乐部、校内+校外结合的社会体育组织进校园、教育+体育结合的购买第三方服务、体育+社会结合的体育培训公益配送、社区+体育结合的社区公益培训、学校+体校结合的体教融合等多种运行模式;提出围绕体育场馆为中心开展注册普查、赋权体育单项协会出台评价体系、授权体育部门成立培训市场监管处、建立培训市场准入负面清单制度、构建家校社培训共同体、赋能体育培训业数字化转型等六项推进策略。③

金玉柱、赵倩、陈保等学者以"学校武术"为关键词,沿着学者争鸣的主要脉络,通过文本分析,以"学术叙事"的方式呈现学校武术研究的学术思想史。研究指出,学校武术研究主要围绕价值审视与定位反思、师资培养与课程建设、基本经验与理念确立、改革创新与现代转型等方面展开。学校武术研究能够厘清中西古今之张力,顺应国家形势与时代之要求,积极探索务实推进的方法与策略。充分认识学校武术的时代价值,全力打造

---

① 孙蔚、任婉蓉、单命伟:《全民健身信息服务平台标准化建设:理论逻辑、地方实践和实施保障》,《西安体育学院学报》2022年第6期。
② 曲洪刚、万炳军:《体育强国建设的新历史方位、现代化内涵及其历史动力》,《北京体育大学学报》2022年第12期。
③ 柴王军、刘哲辰、李国:《"双减"政策背景下青少年体育培训业高质量发展的实践模式与推进策略》,《武汉体育学院学报》2022年第6期。

学校武术的文明教育形式,重新定位学校武术的发展理念和教学内容,寻觅最为切实的顶层设计、改革方向与推进路径,客观认识学校武术研究的变与不变、宏观描述多微观分析少的现实问题,从真实、现实与切实中展现学校武术研究的新景象,将是新时代学校武术生命力强盛的必然走向。①

张晟、刘长江、苗凯尧等学者通过研究不同运动特征对跑步运动效果的影响,基于贝叶斯优化的 XGBoost 算法提出一种运动效果评估策略,并通过引入 SHAP 算法来量化特征贡献,分析影响运动效果的重要因素。同时,在运动数据分类挖掘与评估中考虑不同种类运动过程的差异,确保运动效果评估的准确性。最后通过实验验证基于贝叶斯优化的 XGBoost 在运动效果评估上的性能,并利用 SHAP 值来分析影响运动效果的不同运动特征及其重要性。其提出的算法不仅可用于分析大学生锻炼的运动效果,还能为竞技体育的技能形成与成绩突破、大众健身的体质健康管理,提供更为先进、可靠、精准的数据分析方法。②

(作者单位:陕西师范大学)

---

① 金玉柱、赵倩、陈保学等:《学校武术的生命力———以关键词为视角的学术史叙事》,《体育与科学》2022 年第 4 期。

② 张晟、刘长江、苗凯尧等:《基于优化 XGBoost 的运动效果量化评估与分析研究》,《成都体育学院学报》2022 年第 6 期。

陕西省语言学研究

邢向东　郭敬一

2022 年,陕西语言学科出版专著、论文集、集刊 39 部,其中,汉语言文字学 20 部,语言学及应用语言学 8 部,语言学相关外语及译著类 11 部。发表论文 85 篇,其中,汉语言文字学论文 16 篇,语言学及应用语言学论文 24 篇,语言学相关外语研究 45 篇。省部级以上的科研项目立项 59 项,其中,汉语类 38 项,外语类 21 项;从项目等级看,国家级项目 19 项,省级项目 40 项。

一、汉语言文字学研究

(一)汉语言文字学研究专著

汉语言文字学研究出版专著 21 部,其中,集刊 3 部,涉及汉语方言、文字、音韵、词汇、文献考辨等方面。

汉语方言研究方面,有乔全生主编的"山西方言重点研究丛书"10 册,乔全生总主编的《近代汉语官话方言域外文献集成》(共 56 册),王建领、柯西钢主编的《陕西方言集成》(4 卷)。徐馥琼的《粤东闽语语音研究》、张静的《陕北方言语汇与民俗文化研究》,对粤东闽语语音和陕北方言语汇进行了研究。

文字研究方面,王伟、孟宪斌的《秦出土文献编年续补》,刘新民、章念的《殷墟甲骨卜辞文例研究》,分别对新见秦文字数据和殷墟甲骨卜辞的文例进行整理。词汇研究,如姬慧的《敦煌社邑文书常用动词研究》、董佳的《宋词颜色词研究》,分别对敦煌社邑文书词语和《全宋词》颜色词进行研究。文献研究,如孙建伟校注的《订讹杂录校笺》参照多个版本,对《订讹杂录》进行断句、标点和校勘。

(二)汉语言文字学研究论文

2022 年,汉语言文字学发表论文共计 16 篇,涉及汉语方言学、文字词汇研究、古汉语研究、音韵学和文献学等领域。其中汉语方言学论文 8 篇,涉及方言语音、词汇、方言理论等方面的内容。

方言语音研究 4 篇,如邢向东的《西北方言部分曾梗摄韵母特殊读音的地域分布和历史层次》,乔全生、谷少华(学)的《再论语言接触视域下晋方言语音的几点变化》,高峰、黑维强的《绥德话"左手"之"左"读 tsi^{52} 音考》,王晓婷的《三十年来山西隰县方言的语音变化》,等等。方言词汇研究 2 篇:邢向东的《关中方言的两种形容词名词化手段》、黄瑞玲的《词汇扩散与文白层次:潮汕闽语中的浊去归上现象》。方言理论研究有 2 篇:邢向东的《论汉语方言学在中国特色语言学学科体系、学术体系、话语体系建设中的价值》,乔全生、高晓慧(学)的《自然、人文地理因素对山西方言分布格局的影响》。

文字词汇研究 4 篇,如周广干的《从法律术语演变为原因介词的"坐"》,黑维强、尹丹(学)的《论汉语俗字确定的一个原则与三条标准》,黑文婷(学)、党怀兴、黑维强的《黄土高原地名中"圪"的音义及来源》,等等。古汉语研究 1 篇,即惠红军的《上古汉语的原创隐喻和原创转喻》。音韵学研究 2 篇:乔全生的《中国音韵学研究的未来走向》、闫顺英的《〈合并字学集韵〉异读产生的原因考察》。文献学研究 1 篇,即亓娟莉的《唐代乐书〈音律图〉考释》。

(三)汉语言文字学研究项目

2022 年,陕西汉语言文字学方向省级以上科研项目共计 19 项。汉语方言调查研究项目 5 项,其中国家级项目 3 项,分别是"第一次全国汉语方言普查成果汇编·陕西"(邢向东主持),"第一次全国汉语方言普查成果汇编·山西"(乔全生主持),"地理语言学视野下秦晋两省地名语言文化的深度调查研究"(贺雪梅主持);省部级项目 2 项,分别是"关中方言特殊句式研究"(袁芳主持),"陕北方言俗语整理研究"(王年年)。方言历史演变研究 3 项,均为国家级项目,即"清末民初报刊汉语方言语料挖掘、整理与研究"(乔全生主持),"基于历史层次分析的闽南方言虚词演变史研究"(黄瑞玲主持),"官话方言舌齿音声母的历史演变研究"(石慧主持)。

文字研究项目 4 项,分别是"陕北出土墓志语言文字研究"(姬慧主持),"汉字与中华文化十讲"(李琼主持,外译项目),"本草类中医古籍疑难字考释与研究"(马乾主持),"《大唐众经音义》异文整理研究与数据库建设"(孙建伟主持)。词汇研究项目 2 项,分别是"语言接触视域下近现代新词演变研究"(刘曼主持),"明清时期《葡汉词典》与《华语官话词典》中的汉语外来词研究"(万云路)。语言政策和其他项目 5 项,如"中国古代语言政策流变研究与资料整理"(周广干主持),"社科助力县域发展"(党怀兴主持),"延安时期中国共产党领导的语文运动研究"(孟万春主持),等等。

二、语言学及应用语言学研究

(一)语言学及应用语言学研究专著

2022 年,语言学及应用语言学学科出版专著 8 部,其中译著 3 部。董洪杰的《西安坊上回族语言变异与身份认同研究》,描写坊上社区的语言生活和坊上话的结构特征,庞加光的《认知语法视域下的汉语被动句研究》,在认知语法的理论框架下对汉语被动句现象进行总结。杨蕾的《工作记忆与二语阅读心理构建表征研究》,提出工作记忆、母语理解和二语水平的多元回归模型等。3 部语言学方向的译著分别是《语言理论:语言的描述功能》(温仁百译)、《翻译与多模态》(王汐译)、《翻译与创造性》(张倩译)。

(二)语言学及应用语言学研究论文

2022 年,语言学及应用语言学研究发表论文共计 24 篇,涉及汉语语法、修辞、语用、篇章研究等方面。

汉语语法研究 5 篇,如王昭、徐彩华(外)的《中、高级汉语水平英语母语者对汉语语法体标记"了、着"的习得过程》,石颖的《话语标记"你看"的语境顺应分析》,等等。修辞学 3 篇,如马俊杰《〈扩展的概念隐喻理论〉述评》,张敏(学)、毋育新的《厘清玩笑言语行为的效果》,王改燕的《语境词义的临时性和可构建性的哲学思考与文本词语能力的培养》。语用学 7 篇,如赵学清、刘洁琳(学)的《澳门城市语言景观的多模态研究》,郭继荣、申辰瑜的《国家安全视阈下语言问题新表征:语言恐怖主义的缘起、识别与应对》,等等。机器与翻译研究 3 篇,如闵秋洁、刘东的《基于机器翻译的普通话发音标准度测试系统》,孙李丽、郭琳、张文诺的《歧义词挖掘与机器翻译优化方法》,王晓明、王莹的《应用最大熵马尔可夫模型标注阅读眼动序列》。其他研究 5 篇,如董洪杰的《路名规划的数字赋能与文化内驱》,张文倩、赵学清的《语言学与舞蹈学的交叉研究对舞蹈理论创新的贡献——兼评〈舞蹈生态学〉》,等等。

(三)语言学及应用语言学研究项目

2022 年,陕西语言学及应用语言学学科省级以上科研项目共计 19 项,其中国家级项目 2 项。语法研究 2 项,"互动语言学视角下的汉语量级范畴研究"(贾泽林主持),"认知社会语言学视域下明清季译介语汇在汉语中的嬗变及其动因研究"(白鸽主持)。实验语言学 5 项,如"复杂声学场景下言语听觉注意的脑机制研究"(张琰龙主持),"词性信息表征的神经基础和整合的工作机制研究"(张文嘉主持),"汉语水平促进来陕留学生创造性思维的认知神经机制研究"(杨毅隆主持),等等。机器与翻译 5 项,如"基于依存树库和复杂网络的翻译语言计量研究"(范璐主持),"计量语言学视域下多维源语特征对口译质量的影响和预测模型研究"(蒋新蕾主持),等等。汉语国际教育 4 项,如"'一带一路'背景下来陕欧洲留学生跨文化适应研究"(吴莉主持),"新文科背景下汉语国际教育专业本科人才培养路径研究"(马海婷主持),等等。其他 3 项,如"乡村振兴视角下陕西历史文化名镇名村"(董洪杰主持),"'唐诗之城'背景下西安旅游景点语言景观多模态研究"(董洪杰主持),"基于语料库的陕北民歌中的中国形象研究"(刘彦晶主持)。

三、外语研究

(一)外语研究专著(含译著)

语言学相关的外语类专著、译著类著作共计 11 部(不含英语教材)。外语教学研究共计 3 部,刘延玫《应用语言学视域下的当代英语教学新探》、蒋新莉的《英语教学艺术与思维创新研究》、张薇的《高校英语教育的转型与创新》。英语翻译与研究(包括二语习得)5 部:赵娟的《华裔儿童双语习得》、李秀萍的《英语修辞学》、桑仲刚的《二十世纪敦煌汉文叙事文献的西方英译活动研究》、鲁团花的《英语学习词典发展简史》、田亚亚、杨娇、廉洁编译的《陕西省非物质文化遗产汉英对照》。俄语翻译与研究共计 2 部:刘珏的《现代俄语人称范畴的多维研究》、潘玉琴的《二十世纪末二十一世纪初俄汉词汇建构过程的对比研究》。日语翻译与研究 1 部:戴丽的《CATTI 汉日词汇手册》。

(二)外语研究论文

2022 年,陕西各高校发表外语类论文 51 篇,其中,19 篇发表于国内期刊,32 篇论文发表于国外期刊。包括英语、日语、俄语等多种语言的研究,内容涉及语言本体研究、外语教学与外语学习、外语翻译研究等多个不同领域。

语言本体研究共 4 篇,分别为曹婷的《关于"更多"与动词否定形式的共存(「もっと」と動詞の否定形との共起について)》、徐玉臣的《英语情态歧义的消解机制》、张琰龙、毋育新的《日语促音产出特征与评价研究》、陈建明的《日汉比较性程度副词主观性对比研究——以"もっと"类和"更"类副词为例》。

二语习得研究共 8 篇,如张晓鹏的《超越差异:评估两种语言共同特征对二语写作质量的影响》(Beyond Differences: Assessing Effects of Shared Linguistic Features on L2 Writing Quality of Two Genres)、赵荣的《二语体验对一语言语感知的影响——来自汉英双语者的证据》(The influence of L2 experience on L1 speech perception: Evidence from Mandarin-English bilinguals),等。

外语教学与外语学习研究共 12 篇,如黄梅的《先天心理学视角下儿童语言习得规律与汉语课堂教学》(On the law of children's language acquisition and Chinkese classroom teaching from the perspective of congnitive psychology)、狄东睿、陈敏的《"一带一路"倡议背景下外语人才培养问题研究》、俞潇的《外语学习者对语言课堂技术整合的心理和情感感知》(The English as a Foreign Language Learners' Psychological and Emotional Perceptions of Technology Integration in Language Classrooms),等。

外语翻译研究共 15 篇,分为传统翻译和机器翻译研究。传统翻译及研究,如黄立波的《基于语料库的毛泽东著作书面口语体特征英译考察——〈在延安文艺座谈会上的讲话〉三个英译本比较》、桑仲刚的《敦煌叙事文献〈大目乾连冥间救母变文〉英译的描写研究》《二十世纪敦煌本〈六祖坛经〉的西方英译活动:译本、过程与功能》,等等。机器翻译研究,如田玉玲的《日语机器翻译机器人翻译错误自动检测系统设计》,蒋跃的《基于语料库的语篇连贯机器翻译的研究》(*A corpus-based search for machine translationese in terms of discourse coherence in terms of discourse coherence*),等等。

语言策略及其他研究共10篇,如王伟力《定位语言学习策略使用:当前问题和未来趋势》(*Situating Language Learning Strategy Use: Present Issues and Future Trends*),贺琳、Rong Chen(外)、董明的《"剩女":中国性别偏见的社会语言学研究》('*Leftover women': A sociolinguistic study of gender bias in Chinese*),李向东的《ESP／EAP写作指令中的语料库》(*Corpora in ESP／EAP Writing Instruction*),等等。

(三)外语研究项目

2022年,陕西外语类科研项目共计27项。列举如下:

外语教学类项目14项,分别对大学英语和日语的培养策略、教材、课程思政等方面进行研究。如"大学英语教学中的形态能力培养策略研究"(周石平主持)、"大学英语写作教学的思政融合与模式建构"(王勤主持)、"基础日语教学中课程思政融入研究"(王华主持)、"立德树人下的大学英语教材建设混沌研究"(邓夏主持),等等。

翻译类及相关研究项目7项,如"基于语义网的唐诗意象英译研究"(方菁主持)、"陕西出土的西周青铜器铭文英译研究"(朱嘉春主持)、"秦腔理论走出去背景下'陈彦戏曲三部曲'英译研究"(叶艳萍主持),等等。

语言传播政策研究6项,如"'一带一路'背景下陕西地域文化对外传播话语策略研究"(倪博主持)、"新媒体视域下的陕西文化外译与传播策略研究"(王玉主持)、"延安精神对外翻译传播策略研究"(吕千平主持),等等。

四、语言学成果获奖

2022年,陕西语言学成果获厅局级以上奖项共计24项,其中汉语类成果获奖17项,外语类成果获奖7项。

1.汉语类成果获奖

陕西省第十五次哲学社会科学优秀成果奖汉语类成果一等奖,即陕西师范大学邢向东、马梦玲的论文《论西北官话的词调及其单字调、连读调的关系》。汉语类成果获得二等奖的有4项成果:专著有赵学清的《说文部首通解》、李艳的《历史比较语言学理论:从同源论到亲缘度》;论文有杜敏、刘志刚的《论语言扶贫在乡村振兴战略实施中的可持续性》、余跃龙的《唐五代西北方音的早期源头和形成历史》。汉语类成果获得三等奖的有6项成果,其中专著1项,即渭南师范学院陶生魁的《说文解字:点校本》;论文5项,如陕西师范大学邵琛欣的《汉语工具介词的语法化路径及其类型学意义》、西北大学叶祖贵的《论汉语方言中来源于副词的先行义标记——以"正""再""先"为例》,等等。

2022年度,陕西师范大学张永哲的《关中方言词汇研究》(专著)、曾小梦的《汉语及中华文化在中亚五国交流传播路径交叉研究》（调查报告），石慧的《〈广韵〉庄组特殊反切现象试释》（论文）及西安外国语大学冯小冰的《中国当代小说在德语国家的译介研究(1978—2017)》（专著），获西安市哲学社会科学研究成果奖三等奖。

2. 外语类成果获奖

西安外国语大学林梅的《俄罗斯现代修辞学的社会功能研究》（专著）获得陕西省第十五次哲学社会科学优秀成果奖外语类成果一等奖。西安文理学院石颖等的《文化自信与陕西新形象构建与传播研究》（论文），西安理工大学李庆明、刘曦《秦腔剧本英译的多模态化与意义重构——以〈杨门女将〉英译本为例》（论文），获得三等奖。

2022年度西安市哲学社会科学研究成果奖二等奖获得者：西北大学苏蕊的《陕西省非物质文化遗产名录中的民俗文化英译》（译著）、李铁的《"一带一路"沿线不丹国家语言政策——以斯波斯基社会语言学为理论视》（论文）。三等奖获得者：西安文理学院韩红建、蒋跃的《复杂系统视阈下的贾平凹作品英语译介》（论文），西安翻译学院刘红见的《语言模因的多维研究》（专著）。

此外，西安财经大学叶艳萍的论文《高校外语"四位一体"思政育人路径研究》获得2022年陕西省委宣传部颁布的"陕西省2021年思想政治工作优秀研究成果奖"。

五、对外交流

（一）组织学术会议

2022年由陕西高校主办或承办国家级、省级语言学科会议4次，分别是中国语言学会第二十一届学术年会、陕西省语言学会第十二届年会暨延安大学汉字研究中心第二届学术研讨会、第13届外语写作教学与研究国际研讨会（线上）、新文科指引下商务英语一流专业建设理念与路径院长论坛。

（二）学者对外交流与访问学习

语言学方向，共有4位学者分别赴英国伯明翰大学、俄勒冈大学、伦敦城市大学、澳门大学进行访学。

（作者单位：陕西师范大学）

陕西省历史学研究

何志龙

一、世界史学科综述

在中东史、"一带一路"研究、中亚史、欧美史、苏联史、东欧史等研究领域出版和发表一系列论著,举办一系列学术研讨会。

(一)中东史研究

西北大学中东研究所关于中东部落①、阿富汗塔利班与部落等问题②、伊朗人质危机③、俄罗斯库尔德人④、伊拉克⑤、琐罗亚斯德教⑥以及美国中东学史⑦等领域的研究取得丰硕成果。另外,关于生态史、亚美尼亚人长途贸易、非洲史等方面研究也取得一些较为突出的科研成果。⑧

2022年11月,西北大学中东研究所主办"文明交往论"与世界史人才培养研讨会。12月,由西北大学中东研究所、清华大学国际关系学系和《中东研究》编辑部共同主办第四届"全国中东研究青年学者工作坊",主题为"世界大变局下中东民族国家建构研究的多学科路径"。

由彭树智指导、王铁铮修订的《中东史》(修订本)入选"人民文库",人民出版社出

---

① 韩志斌、马峥嵘:《从部落社会演进看阿拉伯早期国家生成》,《历史研究》2022年第5期。
② 闫伟:《穆罕默德查伊王朝时期阿富汗部落社会的结构及其内在逻辑》,《世界历史》2022年第2期;闫伟:《从"塔利班"到"新塔利班"——伊斯兰复兴在阿富汗部落社会的形构与表达》,《世界宗教研究》2022年第3期。
③ 蒋真:《伊朗人质危机:美国对伊制裁的起源》,《史学集刊》2022年第5期。
④ 白胜洁:《俄罗斯库尔德移民融入困境探析——以阿迪格共和国族际关系为例》,《世界民族》2022年第4期。
⑤ 黄民兴、张娟娟:《试析伊拉克亚述人的族群—国家认同问题》,《世界民族》2022年第2期。
⑥ 韩志斌、谢志斌:《琐罗亚斯德教宗教哲学思想及其影响》,《世界宗教研究》2022年第2期。
⑦ 王晋:《发展、特征与讨论:美国中东研究的百年历程》,《国际关系研究》2022年第4期。
⑧ 张宏宇:《近代美国捕鲸业劳动力状况的变化及其生态影响》,《世界历史》2022年第6期;蒋真、母仕洪:《近代早期新朱勒法亚美尼亚人在印度洋的贸易活动及其作用——以蚕丝、纺织品、硝石贸易为中心的考察》,《史学月刊》2022年第9期;曹峰毓、后黎:《论肯尼思·翁伍卡·迪凯在非洲史研究中的贡献》,《史学理论研究》2022年第2期。

版。黄民兴著《中东历史与现状二十讲》荣获陕西省高等教育优秀教材二等奖,《中东研究》获评2022年度优秀集刊奖以及2022年区域国别学类核心集刊。西北大学叙利亚研究中心围绕古代中古时期的叙利亚文明①、近代叙利亚医疗传教的研究②取得突出学术成果。关于中古时期叙利亚文明研究的5篇文章系王新刚等的古叙利亚文明史研究团队成果在《史学月刊》发表。

陕西师范大学中东史研究团队关于约旦婚姻法、土耳其史、古代阿拉伯地区黑死病等方面研究取得较为突出的研究成果。③ 陕西师范大学土耳其研究中心稳步发展,中心入选《CTTI智库报告(2020)》"区域国别研究领域"TOP10智库。2022年12月,第四届陕西师范大学土耳其研究国际学术研讨会"土耳其共和国百年:历史与展望"举行。

(二)"一带一路"与中亚研究

2022年,陕西世界史学科在"一带一路"与中亚研究方面成果突出。

西北大学丝绸之路研究院与中亚研究院致力于为国家"一带一路"战略建言献策,提供学术思想支持。2022年5月,由西北大学丝绸之路研究院、社会科学文献出版社、西北大学哈萨克斯坦研究中心联合主办的《哈萨克斯坦发展报告(2021)》(蓝皮书)发布会暨学术研讨会在北京、西安两地同时举行,该报告系国内首部哈萨克斯坦国家年度发展情况的综合研究报告。2022年9月7日,"一带一路"大学智库联盟、陕西高校"一带一路"智库联盟、"一带一路"高校智库研究项目组、西北大学中亚研究院、西北大学丝绸之路研究院联合发布高校智库影响力报告。2022年11月,由西北大学中亚研究院、西北大学丝绸之路研究院主办的中阿(富汗)人文交流与经贸合作学术研讨会成功举行。

陕西师范大学"一带一路"文化研究院何志龙在《中国社会科学报》发表《深化"一带一路"智库国际交流合作》。④ 同时,李秉忠、郭响红等围绕"一带一路"沿线国家与地区,如关于黑海、阿拉伯以及区域国别建设等进行较为深入的探讨。⑤ 2022年7月,陕西师范大学"一带一路"文化研究院和哈萨克斯坦教育科学部科学委员会哲学、政治学与宗教

---

① 王新刚:《古叙利亚文明的流变和特征》,《史学月刊》2022年第8期;刘昌玉:《"文明"与"交往":青铜时代叙利亚文明的特征》,《史学月刊》2022年第8期;李继荣:《文明交往视域下波斯-希腊化时期叙利亚文明特质沿革阐释》,《史学月刊》2022年第8期;马锋:《罗马化研究的理论反思——以叙利亚地区的罗马化为视角》,《史学月刊》2022年第8期;郭磊:《罗马帝国时期叙利亚文化精英的身份认同》,《史学月刊》2022年第8期。
② 王新刚、王鹤年:《19世纪叙利亚地区医疗传教:演进、交往与融汇》,《世界宗教研究》2022年第11期。
③ 何志龙、马小虎:《约旦婚姻法的百年发展与现代婚姻制度的确立》,《中东研究》2022年第1期;何志龙、田丹:《马穆鲁克王朝时期黑死病在埃及和叙利亚的传播及其影响》,《史学月刊》2022年第7期。
④ 何志龙:《深化"一带一路"智库国际交流合作》,《中国社会科学报》2022年11月1日,第8版。
⑤ 李秉忠:《区域国别学的西方传统和中国路径》,《史学集刊》2022年第4期;[英]蒂姆·尼布洛克:《沙特阿拉伯发展史:权力、政治与稳定》,郭响红译,社科文献出版社,2022年;郭响宏:《俄国1864年司法改革研究》,社会科学文献出版社,2022年。

研究所联合举办"'中哈合作30年'国际学术研讨会"。

2022年3月,陕西省社科院参加由俄罗斯莫斯科国立大学新闻学院举办的"俄中:文化对话"国际学术研讨会,并推荐该院学术成果《陕西文化发展报告2018(俄文版)》《中国古丝绸之路第二卷(俄文版)》等。2022年9月,西安外国语大学黄达远、马晓迪、海纳尔·达列力别克等在《中国社会科学报》专版《民族走廊与文明走廊》发表系列文章,分别为《丝绸之路:长安–天山廊道路网》《"一带一路"助推中国文学在俄传播》《丝绸之路上的多民族口头传统》等。

(三)欧美史与苏联东欧史研究

陕西师范大学医学与文明研究院围绕西方社会的防疫、医疗与疾病史展开研究。2022年6月15日,由李化成担任首席专家的2021年度国家社科基金重大招标项目"人类瘟疫史"开题论证会召开。①

同时,陕西师范大学与西北大学世界史团队围绕着欧洲中世纪史、犹太史、苏联农村问题、中美苏关系史、墨西哥史等展开系统研究。②

二、中国史学科综述

在政治制度史、经济史、社会生活史、文化史、城市史、生态史、文献学、史学史、民族交流史、宗教史、敦煌学等研究领域,陕西学者出版和发表一系列学术研究成果,举办一系列学术研讨会。

(一)政治制度史研究

陕西师范大学王晖对西周春秋时期周王室及特殊王级宗庙制度问题③,西周时期周王册命大中小诸侯方国主要卿士方式的目的、意义及册命具体情况④,加嬭编钟铭文所述

---

① 王晨辉:《"嗜酒成性"的医学认知转向与19世纪后期英国的酗酒治理》,《史学集刊》2022年第4期。

② 李大伟:《以纳税换自治:迪米人在中世纪伊斯兰世界的法律地位与现实境遇》,《中东研究》2022年第1期;李大伟:《中世纪罗马教廷犹太人政策管窥——从基督教人文主义者与圣方济各会的论争谈及》,《古代文明》2022年第3期;李大伟:《丝绸之路上的犹太人贸易网络》,《光明日报》(理论版)2022年12月5日,第14版;赵旭黎:《1924—1925年间苏联的农村危机与政策调整》,《"中央研究院"近代史研究所集刊》2022年第115期。忻怿:《论中美制苏安全协调关系的缘起、内涵及其历史影响(1971—1977)——以温斯顿·洛德档案为中心》,《军事历史研究》2022年第5期;卢玲玲:《考古学与19世纪后期墨西哥的古史重建》,《首都师范大学学报》(社会科学版)2022年第3期。

③ 王晖:《西周春秋周王级庙制研究》,《史学月刊》2022年第12期。

④ 王晖:《西周春秋周王册命方国卿士之制初探》,《陕西师范大学学报》(哲学社会科学版)2022年第5期。

曾国外交内政事务①进行全方位考察,并与绳克共同考察《史记》选择周元王元年为战国始年原因②。李忠林探讨先秦族武装起源发展衰落过程。③ 尹波涛考证后秦王室来源、统治集团变迁、政治制度和运行模式、对外交往的基本思路与行动、秦国内佛教盛行的现象、原因和影响等问题。④ 牛敬飞认为,东汉中前期诸帝多有亲郊之举,更重视皇帝亲郊、合祭天地之礼,相对忽视二郊之别祀⑤,论述吐谷浑早期两次重要战略转移,考察其原因及历史影响⑥。李宗俊认为,唐代河西节度使应从睿宗景云元年十月开始设置,首任节度使为贺拔延嗣。⑦ 张寅考察近代社会急剧转型中省级教育行政应变之历程,其历史地位进行客观评价,并系统总结这一时期省级教育行政运作的经验与教训。⑧ 张华腾论述民国初期袁世凯政府七个行政部门的成立过程、组织架构、人事调整、发展演变及其所反映的民初社会发展。⑨ 黄正林收录七七事变爆发至抗战胜利期间的相关文献,研究抗战时期中国共产党在抗日根据地政治、经济、文化、军事及社会动员与改造方面制定的政策、制度和取得的成效。⑩

西北大学单印飞结合最新简牍资料对秦至汉初县行政机构的设置进行梳理。⑪ 陈峰从宋代以史经世的角度入手,考察了宋初政治史⑫;还考察了宋文官掌军制度产生的背景及其影响⑬。胡坤对黄宽重2018年出版的专著进行评述。该书以孙应时学宦生涯为切入点,探讨道学追随者对南宋中期政局变动的因应。⑭ 陈跃以保卫新疆之战为论述对象,把战争置于时代大背景下,生动显示一种描述战争的大局观和全面性。⑮

延安大学梁曼容研究认为,明代下层宗室的贫困是该人群身份、阶层属性与权利状况共同造就的一种结构性贫困。⑯ 王悦力图透视民国时期权力角逐的游戏规则。⑰

---

① 王晖:《加嬭编钟铭文研究——兼论曾国从周之方伯到楚之附庸的转变》,《中国史研究》2022年第1期。
② 王晖、绳克:《战国始年考辨》,《史学集刊》2022年第4期。
③ 李忠林:《先秦时期的族武装考论》,《陕西师范大学学报》(哲学社会科学版)2022年第4期。
④ 周伟洲总主编,尹波涛著:《十六国史新编·后秦史》,社会科学文献出版社,2022年。
⑤ 牛敬飞:《东汉郊祀新论》,《社会科学战线》2022年第2期。
⑥ 牛敬飞:《论吐谷浑早期的活动范围及战略转移》,《学术月刊》2022年第6期。
⑦ 李宗俊:《首任河西节度使与凉州大云寺碑相关问题再考》,《西域研究》2022年第4期。
⑧ 张寅:《民国时期省级教育行政研究》,浙江大学出版社,2022年。
⑨ 张华腾:《民初国家行政各部研究》,陕西人民出版社,2022年。
⑩ 黄正林主编:《抗日民主根据地》,中华书局,2022年。
⑪ 单印飞:《秦至汉初县行政机构设置辨析》,《中国史研究》2022年第1期。
⑫ 陈峰:《宋太祖时期以史经世的考察》,《历史研究》2022年第4期。
⑬ 陈峰:《宋代的文官掌军制度及其效应》,《中国社会科学》2022年第7期。
⑭ 胡坤:《评黄宽重〈孙应时的学宦生涯〉——兼谈孙应时改官的问题》,《中国史研究》2022年第1期。
⑮ 陈跃:《保卫新疆之战》,中山大学出版社,2022年。
⑯ 梁曼容:《贫困的贵族:明代下层宗室的阶层固化与特权异化》,《中国史研究》2022年第2期。
⑰ 王悦:《杨虎城与甘肃政变》,《中国现代史》(人大复印)2022年第9期。

（二）经济史、社会生活史、文化史、城市史、生态史研究

焦杰分析了古代中国妇女的基本生活情况，探讨决定中国古代妇女生活的主要因素。① 牛敬飞梳理了两汉魏晋南北朝西北军事战略与陇山之关系，借此阐发陇山在不同历史时期的政治军事意义。② 介永强辑录并校勘350余篇隋唐僧尼碑志塔铭，力图为隋唐相关僧尼及其他历史研究提供多方面新史料。③ 于赓哲通过对史料的分析，还原唐代民众的日常生活。④ 史红帅对明清民国时期西安城墙维修保护的历程及其影响进行深入研究，探察封建时代后期至近代转型期我国城墙景观面貌的演变历程。⑤ 石涛考察近代中国纸币发行权从分散到统一、从"非国家化"到"国家化"的演进历程。⑥ 侯亚伟关注慈善问题，聚焦探讨其思想基础。⑦

西北大学王子今分析《山海经》中关于上古时期海洋文化⑧的论述，从"连弩"角度剖析墨学之"秦墨"的社会存在和文化影响⑨，并深入分析秦汉时期基本文化区及其文化风貌、秦汉文化共同体形成及其区域文化传统历史基因及秦汉王朝执政集团区域文化政策⑩。顾成瑞考察财赋载入地方志书的渊源、流变的情形，探讨中国近古时期赋税征管制度。⑪ 胡坤通过考察两宋之际地方士绅墓志铭窥视其时代发展。⑫ 曾海霞解读"河西五郡"在东汉初年中原、陇右和河西结构性关联中的意义⑬，并探讨影响明代松山新边沿线城堡兴废的因素及其实质⑭。董笑寒以理论上完整的一次男风实践过程为框架，探讨男风在清代社会中的存在原因与传播方式等问题。⑮ 张健通过建立旱涝灾害数据库分析判断引起清代黄河中游地区气候变化的原因，探讨极端气候事件对区域社会生活产生影响

---

① 焦杰：《中国古代妇女史》，陕西人民教育出版社，2022年。
② 牛敬飞：《陇右与陇上：论汉魏南北朝西北战略中的陇山意象》，《兰州大学学报》（社会科学版）2022年第5期。
③ 介永强：《隋唐僧尼碑志塔铭集录》，上海古籍出版社，2022年。
④ 于赓哲：《唐朝人的日常生活》，上海文化出版社，2022年。
⑤ 史红帅：《明清民国西安城墙维修保护史研究》，西安出版社，2022年。
⑥ 石涛：《近代中国纸币发行权演变研究——兼论哈耶克的货币非国家化理论》，《中国社会经济史研究》2022年第4期。
⑦ 侯亚伟：《世界红卍字会道院以"救"为特征的慈善思想》，《世界宗教研究》2022年第8期。
⑧ 王子今：《〈山海经〉与上古海洋学知识》，《清华大学学报》（哲学社会科学版）2022年第2期。
⑨ 王子今：《论墨学技术理念与秦文化的关系——以"连弩"为标本》，《史学月刊》2022年第5期。
⑩ 王子今：《秦汉区域文化研究》（增订本），人民出版社，2022年。
⑪ 顾成瑞：《试析唐宋地方志书财赋事目的流变——从陆广微〈吴地记〉所载唐苏州税额疑点说起》，《中国经济史研究》2022年第3期。
⑫ 胡坤：《故国已远：两宋之际一位陕西地方士绅的自处与处世——以〈故河南郡封公墓志铭〉为中心》，《中山大学学报》（社会科学版）2022年第5期。
⑬ 曾海霞：《两汉之际"河西五郡"共同体的建构与解体——兼论金城郡的地缘关系》，《中国历史地理论丛》2022年第1期。
⑭ 曾海霞：《兴废殊途：明代松山新边沿线城堡的变迁与环境》，《中国边疆史地研究》2022年第1期。
⑮ 董笑寒：《清代男风问题研究：1800—1898》，社会科学文献出版社，2022年。

以及社会应对方式。① 张博关注近代以来内蒙古地区畜牧业生产发展。②

咸阳师范学院张光晗考察西汉未央宫布局分布及其功用。③ 西安文理学院王天航通过选址、定位、确定范围、划定轮廓、道路布设及里坊布局分析探讨大兴城规划步骤。④

(三)文献学、史学史研究

西北大学阮明套通过对比《赤鹄之集汤之屋》篇与其他多种文献记载考证其史料价值。⑤ 兰梁斌认为,延安时期马克思主义史家运用唯物史观、新民主主义等理论实事求是地书写辛亥革命史,初步构建马克思主义解释下的中国近代史体系中对辛亥革命论述的基础。⑥

陕西师范大学邓锐专论中国史学带有近世化特征的新因素,探讨宋代史学在《春秋》学的参与和影响下产生的新特征。⑦ 黄正林认为,中共党史研究方面要强调其"史学"属性,扎实的学术研究是党史教育与宣传坚实的基础。⑧

(四)民族交流史、宗教史、敦煌学研究

西北大学史党社从考古资料出发,从宏观与微观两个方面对秦与"戎狄"文化关系史进行初步重构。⑨ 王子今考察汉初和亲政策的演变发展及其对民族交流交融的影响⑩,分析汉代西域酒的传播交流及其影响⑪。刘志平剖析战国秦汉时期赵代地区族群互动与认同的历史脉络,揭示古代中国北部边地民族人口地理的演变轨迹。⑫ 刘峰借助传教士对耶佛矛盾的总结反观中国宗教"神依人行"的精神特质。⑬ 王静考察景教在西亚、南亚、中亚及中国境内的传播历程及其衰落的原因。⑭

陕西师范大学韩香探讨萨珊波斯与中国的互动关系,以及双方在文化交流与传播中

---

① 张健:《清代以来黄河中游气候变化及其社会响应》,中华书局,2022年。
② 张博:《民国时期内蒙古畜牧生产中牧草利用方式及其改革》,《近代史研究》2022年第5期。
③ 张光晗:《西汉未央宫内的禁中与殿中》,《中国历史地理论丛》2022年第4期。
④ 王天航:《定鼎之策:隋大兴城的规划方法复原》,《中国历史地理论丛》2022年第1期。
⑤ 阮明套:《清华简〈赤鹄之集汤之屋〉所见古史传说》,《中国史研究》2022年第3期。
⑥ 兰梁斌:《延安时期马克思主义史家的辛亥革命史书写与近代史体系构建》,《史学月刊》2022年第7期。
⑦ 邓锐:《宋代春秋学与史学关系研究》,陕西人民出版社,2022年。
⑧ 黄正林:《中共党史研究的史料与史学》,《党史研究与教学》2022年第5期。
⑨ 史党社:《秦与"戎狄"文化的关系研究》,上海古籍出版社,2022年。
⑩ 王子今:《汉景帝时代的"和亲"与"不和亲"》,《中央民族大学学报》(哲学社会科学版)2022年第6期。
⑪ 王子今:《"酒"与汉代丝绸之路民族交往》,《西域研究》2022年第4期。
⑫ 刘志平、吕道闻:《战国秦汉赵代地区的族群互动与认同》,《中央民族大学学报》(哲学社会科学版)2022年第6期。
⑬ 刘峰:《晚明耶佛之辩——以蕅益智旭〈辟邪集〉为中心》,《学术研究》2022年第8期。
⑭ 王静:《丝绸之路上景教的本土化传播及其衰落》,《西域研究》2022年第3期。

存在的转译与适应等问题。① 周伟洲对敕勒和柔然的族源、分布及氏族、部落的组成进行探索,论述其政权兴衰,并深入探讨其与中原诸政权之间的关系及其对中国西北和中亚等地的影响。② 冯立君探究长时段视野中辽西居于塞外与中原之间的独有特征及其在北方民族文明演进中的影响。③ 沙武田对西夏石窟的形成时期、基本面貌、艺术特点等进行全面论述,重新考证分析学界已经划定时期的石窟④,多角度考察敦煌石窟中的于阗瑞像史迹画涉及相关问题⑤,从形象史学角度理解和认识有大量文献记载的丝路胡僧西来传法历史⑥,并与梁红共同以莫高窟第 156 窟为案例探讨洞窟组合崖面"空间"的"历史物质性"⑦,另与房子超合作通过对比不同语种文献材料,确定与窟内黑行师图像的对应关系,对目前存世的各类黑行师图像作归纳梳理⑧。

(作者单位:陕西师范大学)

---

① 周伟洲总主编,韩香著:《波斯锦与锁子甲 中古中国与萨珊文明》,社会科学文献出版社,2022 年。
② 周伟洲:《敕勒与柔然》(增订本),商务印书馆,2022 年。
③ 冯立君:《中古辽西所见胡汉互动与交融》,《中央民族大学学报》(哲学社会科学版)2022 年第 3 期。
④ 杜建录、史金波总主编,沙武田编:《敦煌西夏石窟艺术新论》,甘肃文化出版社,2022 年。
⑤ 沙武田:《长安的影响与地方保护神的借用——敦煌石窟于阗瑞像史迹画选择的动机与思想再解读》,《西域研究》2022 年第 1 期。
⑥ 沙武田:《丝路传法旅行图——莫高窟第 217、103 窟尊胜经变序文画面解读》,《敦煌研究》2022 年第 5 期。
⑦ 梁红、沙武田:《张议潮的政治联盟窟——由洞窟组合崖面空间再谈莫高窟第 156 窟的营建》,《敦煌研究》2022 年第 6 期。
⑧ 房子超、沙武田:《敦煌莫高窟第 465 窟大成就者黑行师考——兼论藏传佛教艺术中的黑行师图像》,《敦煌研究》2022 年第 4 期。

陕西省考古学研究

赵丛苍　吕亚宁　杨　斌

2022年,陕西考古博物馆建成开放。有关陕西地区的考古发现与研究成果丰富。据不完全统计,出版考古报告和图录10余部,发表调查报告及发掘简报30余篇,学术论文100余篇,相关硕博士学位论文计20余篇。

一、旧石器时代考古

陕西地区旧石器时代考古发现与研究成果相对较少,但学术价值很高。

陕西省考古研究院公布2019—2020年在晋陕峡谷陕西一侧龙门至壶口段发现9处旷野旧石器地点,包括136件石制品。本次发现进一步扩大晋陕峡谷地区旧石器时代遗存的时空分布范围,有助于后续相关研究工作的开展。[①]

西北大学、长安大学联合中科院南京古地质生物研究所公布2019年在陕西省宝鸡市簸箕庄下更新统三门组中发现中华鳖化石,经鉴定,确认其为一个新种宝鸡中华鳖。这是陕西鳖类化石的首次公布,也是中国第四纪早期鳖类化石的首次公布。证据表明,三门古湖在早更新世期间一直延伸至渭河盆地西缘的宝鸡地区。[②]

二、新石器时代考古

(一)新石器时代考古发现

2019年,在发掘石峁遗址皇城台顶大型夯土高台建筑基址(大台基)的过程中,发现一处"蛇纹鬲"遗存时期的下沉式石砌院落。[③]

寨山遗址庙墕地点是寨山石城北部一处较独立的圆形山峁,早期为居址,居址废弃

[①] 张改课、郭小宁、弋双文等:《黄河中游晋陕峡谷陕西侧龙门至壶口段新发现的石制品》,《人类学学报》2022年第3期。

[②] 李永项、肖良、王佳楠等:《陕西首次发现中华鳖化石及其意义》,《第四纪研究》2022年第6期。

[③] 孙周勇、邵楠、裴学松等:《陕西神木石峁遗址皇城台"蛇纹鬲"遗存石砌院落发掘简报》,《考古与文物》2022年第2期。

后作为墓地使用。①

千阳丰头遗址是千河流域一处规模较大的新石器时代遗址,出土一批典型的仰韶时代遗物。该遗址为研究关中西部地区的文化谱系和各时期文化内涵,以及史前先民与周边地区的交流互动和文化往来提供了重要资料。②

太平遗址入围"2022 陕西考古新发现"和"2022 全国十大考古发现"。2022 年,太平遗址的主发掘区域为东环壕部分,以 TP0303 和 TP0304 发掘区为重点区域。经确认,这是一处客省庄二期文化聚落遗址,由东西并列的两个环壕构成,遗址面积不小于 100 万平方米,年代约为距今 4150 至 3700 年。③

(二)新石器时代考古研究

对于石峁遗址的讨论热烈。贺黎民、邵晶、邸楠依循古代典籍用工制度,尝试"复原"施工所需时间。④ 对石峁遗址出土的 16 件陶器内壁残留物中发现的酒类遗存,贺娅辉、刘莉、邵晶等认为,其酿酒发酵方法可能包括利用谷物发芽和制曲两种技术。主要原料包括黍、小麦族、大米、百合、栝楼根、姜科植物、芡实和野豌豆。这一结果,首次揭示新石器时代晚期黄土高原酒的生产和消费情况。⑤ 同时,刘莉、Maureece Levin、孙周勇等认为,东门和韩家圪旦两处出土的石器,功能既有相同之处,也有明显区别,在一定程度上代表两地人群活动特点。⑥ 刘娜妮、刘思然、陈坤龙等认为,石峁文化晚期铜器或以成品的形式由西北地区输入,相较于陕北地区,关中地区在早期冶金技术传播中扮演更重要的角色。⑦ 宋江宁、常经宇、马明志将包括石峁遗址在内的、分布在黄土高原区域的龙山时代陶瓦分为槽形板瓦、弧形板瓦和筒瓦三种类型,并对其分布进行了研究。⑧

---

① 邵晶、裴学松、邸楠等:《陕西府谷寨山遗址庙地点墓地发掘简报》,《考古与文物》2022 年第 2 期。
② 杨亚长、孙秉君、赵周荣等:《陕西千阳丰头遗址发掘简报》,《考古与文物》2022 年第 4 期。
③ 陆航、钟雯轩:《太平遗址填补关中地区早期发展空白》,《中国社会科学报》2023 年 3 月 6 日,第 2 版。
④ 贺黎民、邵晶、邸楠:《石峁古城石质建筑材料来源探讨》,《考古与文物》2022 年第 2 期。
⑤ 贺娅辉、刘莉、邵晶等:《陕西榆林石峁遗址皇城台地点酒类残留物及相关陶器分析》,《考古与文物》2022 年第 2 期。
⑥ 刘莉、Maureece Levin、孙周勇等:《石峁遗址出土陶、石器功能反映的礼仪和生计活动》,《中原文物》2022 年第 5 期。
⑦ 刘娜妮、刘思然、陈坤龙等:《石峁遗址皇城台东护墙北段出土陶器的成分与岩相分析》,《考古与文物》2022 年第 2 期。
⑧ 宋江宁、常经宇、马明志:《黄土高原地区龙山时代陶瓦研究》,《考古与文物》2022 年第 2 期。

三、夏商周考古

(一)夏商周考古发现

陕西西安老牛坡遗址2010年发掘商代墓葬22座,随葬陶器具有较浓的地方文化因素,为研究陕西商代考古学文化及与周边同期文化的交流提供重要资料。①

旬邑西头遗址入选"2022年十大考古发现",发掘的城址、建筑基址、冶铜遗存、大型围沟墓地,为全面揭示西头遗址商周时期的聚落布局、人群构成及社会组织等方面的研究奠定基础。②

2004年度周公庙遗址祝家巷北地点发掘出土5座典型灰坑,出土刻辞卜甲、龟背甲器、骨器及大量陶器。年代大致相当于商周之际,很可能属西周初期。③

2006—2008年对孔头沟遗址M9进行发掘清理,该墓为西周中期偏晚阶段单墓道大墓,平面呈"甲"字形,出土车马器、玉石器、骨角器、蚌贝器等丰富的遗物,墓主人应属非姬姓西土族群高级贵族,可能为孔头沟西周采邑的采邑主。④

1981年初,中国社会科学院考古研究所卢连成、李零、陈平在已清理的春秋时期小墓附近进行发掘,发现古代墓葬74座,其中71座为春秋战国时期秦墓。⑤

至2022年,韩城陶渠遗址的年代、布局、结构、内涵等问题被基本摸清,对研究周代的分封制、政治地理、"夷夏融合"等问题有较高的学术价值。⑥

(二)夏商周考古研究

李彦峰从聚落考古的角度阐述老牛坡遗址作为商时期关中地区区域性中心聚落的地位。⑦周原遗址的研究继续深入。孙周勇从玦的制作入手,对周原的手工业形态进行探究。⑧杨文昊、宋江宁运用统计学方法对其制坯方式、整体瓦身均匀度的影响工序、瓦侧切割及修整痕迹与分瓦水平的关系、制法与分期的关系等问题进行了初步分析和探

---

① 岳连建:《陕西西安老牛坡遗址2010年商代墓葬发掘简报》,《考古与文物》2022年第3期。
② 刘斌、同杨阳、杨磊等:《陕西旬邑西头遗址南头村地点2019年龙山时期遗存发掘简报》,《考古与文物》2022年第6期。
③ 种建荣、雷兴山、王占奎等:《2004年度周公庙遗址祝家巷北地点发掘简报》,《华夏考古》2022年第1期。
④ 王洋、种建荣、雷兴山等:《陕西岐山县孔头沟遗址西周墓葬M9的发掘》,《考古》2022年第4期。
⑤ 张煜珧、冯丹:《陕西宝鸡市西高泉墓地1981年发掘简报》,《考古》2022年第5期。
⑥ 耿庆刚、马亮、任晓燕:《陕西韩城陶渠秦墓发掘简报》,《文博》2022年第2期。
⑦ 李彦峰:《聚落与地貌:老牛坡遗址研究的新角度》,《考古》2022年第8期。
⑧ 孙周勇:《玦出周原:西周手工业生产形态管窥》,上海古籍出版社,2022年。

讨。① 韩蕙如、雷兴山对云塘夯土建筑F10形制进行研究。② 蔡宁、种建荣、雷兴山认为，云塘制骨作坊应属"居葬合一"堆积形态③，并进而探索"居葬合一"在商周时期聚落内的不同分布形态④。宋阿倩、马志坤、刘斌等以西头遗址储粮窖穴为代表，对西周时期的窖穴进行研究。⑤ 菊地大树、党张隆史、刘呆运等根据西安市少陵原西周墓地出土马骨的动物考古学的研究数据，对西周王朝马的饲养与管理状况进行了研究。⑥ 张煜珧探讨商周时期墓葬使用朱砂的葬仪传统，认为朱砂葬的扩散与衰微受中央政治意图、战争，以及技术发展的影响。⑦ 吴镇烽对衍簋、槐簋的铭文进行了考释。⑧ 杨博对芮国墓葬的周余民及礼制改革问题进行了探讨。⑨

四、秦汉考古

（一）秦汉考古发现

陕西省考古研究院与西安市文物保护研究院联合公布，确认江村大墓即为汉文帝霸陵，并基本掌握霸陵的陵区范围与形制布局。⑩ 咸阳沙河古桥遗址年代被基本确定为秦汉时期。⑪ 2018年对吴山遗址进行考古发掘，揭露面积800平方米，发现车马祭祀坑8座，综合历史文献和考古发现，考虑吴山遗址应是秦灵公所作吴阳下畤。⑫

（二）秦汉考古研究

关于秦汉时期的墓葬研究。梁云、王欣亚系统探讨战国秦陵的墓主、选址、共性及个

---

① 杨文昊、宋江宁：《周原遗址凤雏六号至十号基址出土板瓦制法研究》，《江汉考古》2022年第3期。

② 韩蕙如、雷兴山：《陕西周原云塘夯土建筑F10形制及所属院落形态辨析》，《四川文物》2022年第2期。

③ 蔡宁、种建荣、雷兴山：《陕西周原云塘制骨作坊"居葬合一"论》，《四川文物》2022年第2期。

④ 蔡宁、种建荣、雷兴山：《周原齐家制玦作坊居葬关系与社会结构再探》，《考古与文物》2022年第2期。

⑤ 宋阿倩、马志坤、刘斌等：《商周时期储粮窖穴研究——以陕西旬邑西头遗址为例》，《中国农史》2022年第4期。

⑥ 菊地大树、觉张隆史、刘呆运等：《西周王朝的牧业经营》，《南方文物》2022年第4期。

⑦ 张煜珧：《商周墓葬朱砂使用相关问题初探》，《江汉考古》2022年第2期。

⑧ 吴镇烽：《衍簋、槐簋研究》，《文物季刊》2022年第1期。

⑨ 杨博：《芮国墓葬与"周余民"族群的相关问题》，《殷都学刊》2022年第3期。

⑩ 马永嬴、张翔宇、曹龙等：《汉文帝霸陵考古调查勘探简报》，《考古与文物》2022年第3期。

⑪ 王志友、陈爱东、杨毅等：《陕西咸阳沙河古桥遗址2020年勘探发掘简报》，《考古与文物》2022年第5期。

⑫ 《陕西省宝鸡市陈仓区吴山祭祀遗址2016—2018年考古调查与发掘简报》，《中国国家博物馆馆刊》2022年第7期。

性特征,认同并补证学界关于芷阳一号陵园葬秦昭王与唐太后、芷阳四号陵园属宣太后、严家沟秦陵为"公陵"、周陵镇秦陵为"永陵"的意见,提出司家庄秦陵的墓主为孝文王、"韩森冢"的墓主为叶阳后的观点。① 冯锴对秦始皇陵的修建过程进行分期研究。② 马永赢通过对江村大墓位置、墓葬形制、规模、外藏坑、陵园设施等考古证据的讨论,分析并确认江村大墓即为汉文帝霸陵③,并解释"凤凰嘴"误传为汉文帝霸陵的原因④,继续探讨霸陵对西汉帝陵制度的影响⑤,并对西汉帝陵的始建时间进行讨论⑥。谭青枝对蓝田支家沟汉墓的身份进行考辨,认为置园邑是汉代推崇孝道的体现,也是彰显皇太后、皇后身世地位的一种方式。⑦ 成任墓地发掘一组6座东汉晚期墓葬,墓葬形制完整,排列整齐,是一处家族墓葬。⑧ 朱瑛培对咸阳原上的中小型墓葬进行布局研究,认为表现出东汉时期政治中心东移和战乱饥荒导致的咸阳塬上人口锐减。⑨ 韩城市陶渠遗址发掘15座秦墓,随葬釜、甑、盆、罐、茧形壶、蒜头壶等陶器和铁釜、铜镜等器物。⑩ 米脂卧虎湾墓是陕北地区目前发现规模最大、时代跨越性最长、随葬品最丰富的战国、秦汉中小型墓墓地。⑪ 另外,冉万里⑫以及李雯雯、许浒⑬等对成任墓地出土的金佛进行了研究。

中国社会科学院考古所和陕西省考古院对秦雍城血池遗址出土的玉器进行工艺方面的研究。⑭ 陈爱东回顾近年对秦雍城地区的畤祭遗存的调查发掘工作,总结秦汉畤祭体系演变发展的过程。⑮ 吴镇烽考证新发现的乐府琴轸钥铭文内容,确定为西汉文帝时期。⑯ 杨苗苗、游富祥、胡松梅等人整理分析吴山遗址祭祀坑中出土马骨的鉴定、测量结果情况。⑰

---

① 梁云、王欣亚:《战国秦陵研究》,《故宫博物院院刊》2022年第7期。
② 冯锴:《秦始皇帝陵修建过程的分期研究》,《文博》2022年第1期。
③ 马永赢:《汉文帝霸陵位置考》,《考古与文物》2022年第3期。
④ 马永赢、曹龙:《"凤凰嘴"误传为汉文帝霸陵的原因分析》,《秦汉研究》2022年第1期。
⑤ 马永赢:《汉文帝霸陵对西汉帝陵规制的影响》,《文博》2022年第3期。
⑥ 马永赢、朱晨露:《西汉帝陵始建时间再论》,《西部考古》2022年第1期。
⑦ 谭青枝:《西汉时期"置园邑"研究》,《考古与文物》2022年第3期。
⑧ 李明、赵占锐、许小平等:《陕西咸阳成任墓地东汉家族墓发掘简报》,《考古与文物》2022年第1期。
⑨ 朱瑛培:《咸阳原上汉代居民墓分布研究》,《秦汉研究》2022年第2期。
⑩ 耿庆刚、马亮、任晓燕:《陕西韩城陶渠秦墓发掘简报》,《文博》2022年第2期。
⑪ 榆林市文物考古勘探工作队、西北大学文化遗产学院、陕西省考古研究院等:《米脂卧虎湾:战国、秦汉墓地考古发掘报告》,文物出版社,2022年。
⑫ 冉万里、李明、赵占锐:《咸阳成任墓地出土东汉金铜佛像研究》,《考古与文物》2022年第1期。
⑬ 李雯雯、朱浒:《咸阳成任墓地出土金铜佛像风格研究》,《中国美术研究》2022年第3期。
⑭ 叶晓红、田亚岐、张蕾:《陕西凤翔雍山血池秦汉祭祀遗址出土玉器工艺探讨》,《文物》2022年第11期。
⑮ 陈爱东:《秦都雍城地区秦汉畤祭遗存研究》,《西部考古》2022年第1期。
⑯ 吴镇烽:《乐府琴轸钥及相关问题》,《文博》2022年第3期。
⑰ 杨苗苗、游富祥、胡松梅等:《吴山祭祀遗址祭祀坑殉牲的初步研究》,《中国国家博物馆馆刊》2022年第7期。

五、魏晋南北朝考古

（一）魏晋南北朝考古发现

陕西地区魏晋南北朝时期的主要发现为西晋及十六国时期的墓葬，且多见于西安。

2006年10月，陕西省考古研究院在西安南郊三爻村长丰园小区建设用地范围内发现两座西晋墓葬。① 西安市文物保护考古研究院分别于2019年和2020年于陕西省西安市少陵原发现焦村M25、焦村M26、中兆村M100这三座规模巨大的十六国高等级墓葬。②

（二）魏晋南北朝考古研究

本年度关于魏晋南北朝的考古研究主要集中在墓葬形制及造像碑方面。

王维坤对于西安发现的三座北周时期粟特人墓葬的形制及埋葬习俗进行研究。发现，粟特人入乡随俗，改本国祆教传统的"火葬"为北周时期的墓葬形制，即使用长斜坡墓道、多天井、多过洞，使用砖封门、石门、单甬道以及单砖室墓等完全效仿北周时期"土葬"制度的形制。③ 李星宇通过对造像碑的分期及制造背景的分析，进一步揭示关中地区的民族交流情况。④ 韦正、辛龙、宁琰等对关中地区十六国墓葬进行研究发现，入主关中的胡人政权上层人物并没有强行改变关中墓葬传统，而是采纳当地汉人的墓葬形制，促成胡汉墓葬文化的有机结合。⑤

六、隋唐五代考古

（一）隋唐五代考古发现

本年度隋唐五代考古发现以隋唐时期最多，分布在西安、咸阳、铜川等地，尤其在西安及西安周边地区发现许多唐代墓葬，为唐代墓葬的研究提供许多材料。

2019年7月，西安市文物保护考古研究院与南开大学历史学院考古学与博物馆学系

---

① 陕西省考古研究院：《陕西西安西三爻村西晋及金墓发掘简报》，《考古与文物》2022年第5期。
② 张丹华：《陕西西安少陵原 见证历史演进 一览文化交融》，《人民日报》2022年9月2日，第12版。
③ 王维坤：《西安发现的三座北周粟特人墓葬再研究》，《黑河学院学报》2022年第2期。
④ 李星宇：《关中地区北朝造像碑所见民族交流——以药王山荔非氏为例》，西北大学硕士学位论文，2022年。
⑤ 韦正、辛龙、宁琰：《民族交融视野下的十六国墓葬》，《中原文物》2022年第4期。

在西安市联合发掘一批唐代墓葬。① 2018 年 4 月至 2020 年 12 月,西安市文物保护考古研究院联合郑州大学历史学院在西安南郊缪家寨村东进行考古发掘,清理出古代墓葬1050 座,以汉唐墓为主。② 2019 年 4 月至 2020 年 1 月,为配合西安市城市建设,西安市文物保护考古研究院在位于西安市长安区郭杜街办侧坡南村东侧进行考古发掘,发现有1 座规格很高的唐代墓葬,且可能存在"毁墓"现象。③ 2018 年 9 月至 2020 年 4 月,西安市南郊潏河右岸凤栖塬上的上塔坡村发掘清理出唐墓 56 座,且存在迁葬痕迹。④ 2006年 4 月,铜川市考古研究所在铜川新区阳光小区清理唐代墓葬 3 座。据 M3 发现的墓志记载,墓主为傅揩,三座墓整体排列有序,距离相近,方向基本一致,应为家族墓地。⑤

此外,唐长安城东市遗址发现有佛造像窖藏坑。⑥

(二)隋唐五代考古研究

本年度陕西地区隋唐五代的考古研究内容十分丰富,围绕墓葬及其形制、佛教造像、墓室壁画、出土器物、遗址建筑,以及生产制造等方面。

赵晶⑦、施慧敏⑧、谢泳琳⑨等研究唐代墓葬形制变化,并关注隋唐京地粟特人居葬现象。宋歌发现,隋至唐初,长安再度成为统一王朝的都城,各方造像工匠和各种造像艺术流派汇集长安,为佛教造像"长安模式"的形成奠定技术基础。⑩ 郑冰雪对唐墓室壁画与日本高松冢古坟壁画四神图像进行对比研究。⑪ 田璐对韩休墓室内部北壁出土的山水画进行深入研究,试图探究中国山水画的发展渊源。⑫ 冯薪羽研究西安地区唐墓的牛俑及墓葬壁画,认为在特殊地区、一定情况或不同身份背景下,牛肉在唐代饮食中并非完全消失。⑬ 赵晶对唐墓发现铅器及其功能进行讨论。⑭ 卢昉对长安地区唐墓中出土的乐舞

---

① 谢佳芮、王艳鹏、楚展鹏等:《西安市西郊贺家寨唐墓 M3、M29 发掘简报》,《华夏考古》2022 年第 2 期。
② 陈钦龙、王天池、徐红等:《西安南郊缪家寨唐王元忠夫妇墓发掘简报》,《文物》2022 年第10 期。
③ 史杭、张翔宇:《陕西西安侧坡南村唐墓(M1)发掘简报》,《文博》2022 年第 1 期。
④ 孙武、穆小军、高博:《陕西西安清凉山墓地唐宋墓葬发掘简报》,《文博》2022 年第 5 期。
⑤ 铜川市考古研究所:《陕西铜川新区唐傅揩家族墓清理简报》,《文物季刊》2022 年第3 期。
⑥ 郭青:《西安大唐东市遗址发现佛造像窖藏》,《陕西日报》2022 年 12 月 18 日,第 3 版。
⑦ 赵晶:《唐长安城郊区中小型墓葬研究——以上塔坡唐代墓葬为例》,西北大学博士学位论文,2022 年。
⑧ 施慧敏:《隋唐时期北方地区竖穴墓道刀把形土洞墓研究》,内蒙古大学硕士学位论文,2022 年。
⑨ 谢泳琳:《隋唐两京粟特人居葬地研究——以墓志材料为中心》,西北大学硕士学位论文,2022 年。
⑩ 宋歌:《佛教造像的"长安模式"研究》,西北大学硕士学位论文,2022 年。
⑪ 郑冰雪:《唐墓室壁画与日本高松冢古坟壁画四神图像比较研究》,《美与时代》(上)2022 年第3 期。
⑫ 田璐:《墓葬礼仪中的山水:以韩休墓出土的山水画为例》,《美术大观》2022 年第 4 期。
⑬ 冯薪羽:《从西安地区唐墓出土牛俑看唐代中国对牛的利用》,《农业考古》2022 年第 3 期。
⑭ 赵晶:《西安地区唐墓出土铅器考》,《华夏考古》2022 年第 6 期。

图、俳优俑及杂技俑进行调查研究,探讨唐墓中的艺术文化表现。① 邹林以西安、洛阳唐代宫廷遗址出土的石柱础为实物资料,结合文献记录,对唐代宫廷建筑的石柱础进行形制、质地的分类。② 沈丽华进一步对汉唐时期的都城遗址功能性规划设计进行讨论。③ 何岁利、盖旖婷对迄今发现的唐长安城西市的七处制骨遗址进行研究,发现西市制骨手工业作坊与店铺相连,形成"前店后坊"或"前店后场"的格局。④

七、宋元明清考古

(一)宋元明清考古发现

本年度的宋元明清考古发掘成果主要为西安及周边地区所发现的宋、金、元、明、清时期的墓葬。

2018年9月至2020年4月,西安清凉山发现宋墓14座,均为南北向的小型竖穴墓葬,其中1座为偏洞室墓,共出土陶器、铜器等器物122件(组)。⑤

2006年10月,陕西省考古研究院在西安南郊三爻村长丰园小区建设用地范围内发现一座金代墓葬,为竖穴墓道土洞墓。⑥

2010年1月,西安市文物保护考古研究院在青龙寺遗址保管所北门内发掘元代墓葬1座,大致属元代中期后段。⑦

(二)宋元明清考古研究

本年度学者继续分析陕北地区及关中地区蒙元墓的文化因素,对田昌氏家族墓的年代及器物的认识进一步加深。苗轶飞对陕北地区及关中地区蒙元墓的文化因素进行比较分析,发现虎头峁元墓体现出关中文化因素的影响。⑧ 张凯将蓝田吕氏家族墓M2东后室出土的青釉刻花梅瓶、刻花鼓腹瓶、等器物与所见类似器物进行比较,认为蓝田吕氏家族墓地M2东后室出土瓷器的年代不早于元祐八年(1093),或可晚至宋徽宗大观、政和年间。⑨

---

① 卢昉:《长安地区唐墓中的百戏内容》,《今古文创》2022年第28期。
② 邹林:《唐代宫廷建筑柱础石探析》,《北方文物》2022年第3期。
③ 沈丽华:《汉唐时期都城地区窑业生产略论》,《南方文物》2022年第4期。
④ 何岁利、盖旖婷:《唐长安西市遗址制骨遗存与制骨手工业》,《南方文物》2022年第4期。
⑤ 孙武、穆小军、高博:《陕西西安清凉山墓地唐宋墓葬发掘简报》,《文博》2022年第5期。
⑥ 陕西省考古研究院:《陕西西安西三爻村西晋及金墓发掘简报》,《考古与文物》2022年第5期。
⑦ 张全民、郭永淇:《陕西西安青龙寺元墓发掘简报》,《文博》2022年第5期。
⑧ 苗轶飞:《陕西延安虎头峁元墓文化因素分析》,《考古与文物》2022年第5期。
⑨ 张凯:《蓝田吕氏家族墓地M2东后室出土瓷器年代试析》,《边疆考古研究》2022年第2期。

八、科技考古

（一）科技考古研究

本年度科技考古的研究成果十分丰富，尤其是植物考古、动物考古、冶金考古、体质人类学、分子考古及实验考古等领域。

刘舒发现，延安是关中地区文化和农业北向扩散的重要节点，所以，通过对植物资源利用情况的研究发现先民的生业经济方式十分必要。① 王倩雯、吴祎、黄泽贤等以2019、2021年陕北南部北洛河上游区域系统调查所获仰韶时代至龙山时代的动物遗存为研究对象，分析动物种属、年龄结构、数量比例，探讨陕北南部史前生业经济的发展变化。② 陈坤龙、杨帆、梅建军等对石峁遗址的22件铜器进行合金成分与材质判定、金相组织鉴定、铅同位素比值分析研究，认为在中国冶金技术发展的早期阶段，西北对陕北地区的影响或体现在冶金产品流通层面，而对关中地区的影响则可能导致本土化的冶金生产活动出现，促进冶金技术东移。③

赵东月、豆海锋、刘斌采用体质人类学观察及测量方法，对陕西旬邑孙家遗址出土战国时期人骨标本的颅面特征和肢骨形态进行综合研究，加深对战国时期居民体质特征的认识。④

张新雨对陕西靖边庙梁遗址的房址以及灰坑中出土的马属动物的骨骼进行分子考古学的研究，为中国家马起源提供更多线索。⑤

朱君孝、冯维伟、张翔宇等以西安米家崖遗址的出土骨器为模拟对象，对锥、镞、笄、针四种器形进行模拟制作实验。⑥

（二）文物保护与修复

本年度关于文物保护与修复成果主要体现为，文物加工制造工艺的研究⑦，对秦始皇

---

① 刘舒：《延安吴起洛河上游地区新石器时代中晚期植物资源利用研究》，西北大学硕士学位论文，2022年。
② 王倩雯、吴祎、黄泽贤等：《陕北南部史前生业经济初探——以北洛河上游考古调查出土动物遗存为例》，《第四纪研究》2022年第6期。
③ 陈坤龙、杨帆、梅建军等：《陕西神木市石峁遗址出土铜器的科学分析及相关问题》，《考古》2022年第7期。
④ 赵东月、豆海锋、刘斌：《陕西旬邑孙家遗址战国时期居民体质特征研究》，《北方文物》2022年第5期。
⑤ 张新雨：《陕西靖边庙梁遗址出土古代马属动物的分子考古学研究》，吉林大学硕士学位论文，2022年。
⑥ 朱君孝、冯维伟、张翔宇等：《西安米家崖遗址出土骨器的实验考古研究》，《考古与文物》2022年第5期。
⑦ 路智勇、惠任、杨军昌等：《法门寺地宫出土唐代丝绸纸背层捻银线的工艺及其价值》，《考古》2022年第6期。

帝陵园 K9801 陪葬坑出土的石质甲胄的修复工作①，隋唐长安城遗址的保护②，墓葬出土陶俑③，墓葬壁画彩绘颜料成分分析④，对漆器复原⑤、兵马俑坑还原⑥的数字化技术应用，以及考古探测⑦、发掘技术的进步⑧等方面。

（作者单位：西北大学）

---

① 刘江卫：《秦始皇帝陵园 K9801 陪葬坑出土石质甲胄的保护修复》，《文物天地》2022 年第 6 期。
② 邸玮：《隋唐长安城遗址及其保护研究综述》，《西安建筑科技大学学报》（社会科学版）2022 年第 6 期。
③ 荆海燕：《20 世纪 50 年代陕西唐墓出土陶俑彩绘颜料的初步研究》，《中国陶瓷》2022 年第 3 期。
④ 荆海燕：《西安东郊唐墓出土彩绘陶俑的颜料检测分析》，《陶瓷学报》2022 年第 2 期。
⑤ 王莹、赵西晨、于翰超等：《西安凤栖原家族墓出土漆箱外形数字化复原研究》，《文物保护与考古科学》2022 年第 2 期。
⑥ 南竣祥、李季真、周磊等：《考古发掘及出土文物的数字化技术与应用》，《测绘标准化》2022 年第 1 期。
⑦ 刘昊培、王水、刘旭东等：《综合物探在霸陵外藏坑考古中的应用研究》，《陕西地质》2022 年第 2 期。
⑧ 王萌、全定可、赵皓琪等：《多功能考古预探测平台的设计与应用》，《自然与文化遗产研究》2022 年第 6 期。

陕西省经济学研究

吴旺延

2022年,陕西经济学科研究者密切关注实践前沿领域的研究问题,在经济学相关领域的研究成果基本覆盖经济学的所有领域,产生一定的影响,取得一系列标志性成就。2022年全年,陕西经济学科发表各类高质量论文3000多篇,其中发表在CSSCI检索期刊上的论文1400余篇,发表在SSCI检索期刊上论文1200余篇,发表在SCI检索期刊上的论文1000余篇;通过国内外权威出版社出版专著几十部;研究成果被国家各部委、陕西省政府各部门采纳或批示几十项。

一、理论经济学研究

陕西省理论经济学领域的理论研究主要集中在政治经济、人口资源与环境、乡村振兴、经济思想史和世界经济等方面。在经济高质量发展、区域创新和绿色发展等前沿领域形成一系列专著成果,丰富了相关领域的理论认识,有助于推动相关领域的发展和应用,为社会经济增长、高质量发展和农村发展等领域的政策制定和实施提供科学依据,对于决策质量和治理能力的提升具有重要意义。

(一)政治经济理论研究

任保平认为,形成"两大奇迹"的原因包括:坚持党的领导是创造"两大奇迹"的政治保证;坚持科学理论指导是"两大奇迹"创造的思想保证;社会主义制度和国家治理体系是"两大奇迹"创造的制度保证;党领导下人民创造力的发挥是"两大奇迹"创造的动力保证。[①] 白永秀、宋丽婷认为,数据商品二因素是指数据商品既具有传递信息、提供管理依据等能够满足人类某种需要的使用价值,又凝结人类一般劳动,具有价值。生产数据商品的劳动同样具有二重性,需要建立健全数据商品价值实现机制、产权交易机制、法律

---

① 任保平:《中国"两大奇迹"形成逻辑的政治经济学阐释》,《经济理论与经济管理》2022年第2期。

保护机制、反垄断机制等,以规范数据商品的生产、交易和流通等环节。① 何爱平、李清华认为,中国式现代化道路的独特逻辑进路表现为以解放和发展生产力为推进主线,通过生产关系的变革与调整凸显矛盾运动中的阶段性演化,依靠科学技术创新实现递进式发展,以社会主义制度和市场经济的有机结合构成内生运行过程,将人的自由全面发展作为多元复合目标,重塑以构建人类命运共同体为目标的世界市场格局。② 何爱平、徐艳认为,《资本论》视域下数字经济赋能新发展格局的内在机理可表现在三个层面:在单个资本层面,数字经济通过加快资本形态转换提升循环连续性;在社会总资本层面,数字经济通过推动总资本价值补偿与实物补偿;在国际循环层面,数字经济加深世界市场联系。③ 白永秀、吴杨辰浩认为,新时代更好地坚持和发展中国特色社会主义:一要坚持党的领导,坚持人民至上;二要坚持独立自主,坚持中国道路;三要坚持开拓创新,全面深化改革;四要坚持胸怀天下,深化对外开放。④ 何爱平阐释中国特色社会主义政治经济学的创新发展,对新时代中国经济发展面临的一些重大问题进行政治经济学研究,进一步分析中国特色社会主义政治经济学的理论创新、中国共产党百年经济思想演进、脱贫攻坚、绿色发展等理论和实践问题。⑤ 这些研究对新时代更好地发展中国特色社会主义及社会经济发展等方面具有指导意义。

李海舰、李凌霄针对劳动力资源有限并在短期内无法快速扩充且适龄劳动人口数量和劳动力供给规模快速下降问题,提出共享员工这一基于合作共赢且具创新性的劳动用工模式为解决该问题提供新的思路。⑥ 任保平认为,中国加入世界贸易组织 20 年后实施高水平开放的新路径在于协调发展内外联动,形成全面开放新格局;培育新开放竞争优势,提升我国在全球价值链中的地位;维护多边贸易体制,反对贸易保护主义;打造一流的对外营商环境,提升外资利用水平。⑦ 任保平、苗新宇认为,物联网技术可以成为新阶段助力经济实现高质量发展的重要支撑。国家应坚持完善和优化物联网赋能经济高质量发展的多维支持体系,为我国物联网产业的健康有序发展构筑优质高效的物质环境与制度环境。⑧ 任保平、王思琛阐释数据要素市场培育助推新发展格局构建的内在逻辑机

---

① 白永秀、宋丽婷:《数据商品及其二因素、劳动二重性的政治经济学分析》,《经济纵横》2022 年第 2 期。
② 何爱平、李清华:《马克思现代化视野下中国式现代化道路的逻辑进路》,《中国特色社会主义研究》2022 年第 1 期。
③ 何爱平、徐艳:《〈资本论〉视域下数字经济赋能新发展格局的内在机理》,《教学与研究》2022 年第 1 期。
④ 白永秀、吴杨辰浩:《新时代如何更好坚持和发展中国特色社会主义——学习党的十九届六中全会精神的体会》,《政治经济学评论》2022 年第 1 期。
⑤ 何爱平:《中国特色社会主义政治经济学创新发展研究报告(2020—2021)》,中国经济出版社,2022 年。
⑥ 李海舰、李凌霄:《中国"共享员工"劳动用工模式研究》,《中国工业经济》2022 年第 11 期。
⑦ 任保平:《以更高水平的开放培育新发展阶段新优势》,《人民论坛·学术前沿》2022 年第1 期。
⑧ 任保平、苗新宇:《新发展阶段物联网赋能经济高质量发展的路径与支持体系研究》,《经济与管理评论》2022 年第 3 期。

理:一方面是通过畅通要素循环推动全要素生产率提高,另一方面是通过增强经济韧性支撑国内国际经济循环畅通。① 任保平指出中国经济呈现出的超常持续增长态势,中国经济转向高质量发展需要重视经济发展方式转变、经济结构升级、建立现代化经济体系、经济发展动力转换、新动能培育、新发展格局构建、体制机制改革、高水平开放等重大问题。②

(二)人口、资源与环境经济学研究

刘李华和孙早利用中国综合社会调查(CGSS)数据,分别采用"消除不同年份的人口结构变化"和"消除不同年龄收入差距的影响"两种方法,度量并检验老龄化和居民健康对收入不平等的影响。③ 任保平、李梦欣发现,人力财富分别通过积累效应、结构效应、生产力效应以及配置效应推动创新发展、协调发展、绿色发展和共享发展。人力财富通过知识积累和技术进步,改善收入分配差距。同时,人力财富对开放发展具有流向约束,而技术进口与人力财富结构高级化能够缓解该约束。④

赵仁杰、钟世虎、张家凯利用扩权强县改革中环保行政管理权下放到县的政策实施,研究政府扁平化改革对县域空气污染的影响。其分析发现,政府扁平化改革明显加剧空气污染,导致污染类企业投资扩张,随着改革的推进其污染效应越发明显。⑤ 李雪娇、何爱平认为,中国式现代化道路具有明显的生态向度,是以生命共同体为理念先导、以美丽中国为目标引领、以碳达峰和碳中和为战略设计、以绿色发展为推进路径、以环境治理体系为制度保障的系统性经济学说,推动马克思主义政治经济学的中国化和时代化。⑥ 任保平、豆渊博指出,黄河流域产业结构调整应遵循保护生态环境为前提,推动黄河流域产业绿色化与高质量发展的协同;以区域产业合作为根本,推动黄河流域绿色产业协同发展;以优化能源消费结构为手段,大力发展黄河流域清洁低碳产业;实施创新驱动发展战略,推动黄河流域产业基础能力高级化和产业链现代化。⑦ 任保平、邹起浩认为,黄河流域空间治理体系建设应构建科学严谨、流域统一的空间规划体系,完善政府、市场、社会三者有机配合的空间治理模式。以高水平的科技手段、高素质的人才队伍、完备的制度

---

① 任保平、王思琛:《新发展格局下我国数据要素市场培育的逻辑机理与推进策略》,《浙江工商大学学报》2022年第3期。
② 任保平:《从中国经济增长奇迹到经济高质量发展》,《政治经济学评论》2022年第6期。
③ 刘李华、孙早:《人口老龄化、居民健康与收入不平等》,《经济科学》2022年第5期。
④ 任保平、李梦欣:《人力财富推动中国经济高质量发展的理论与机制研究》,《中国经济问题》2022年第3期。
⑤ 赵仁杰、钟世虎、张家凯:《非意图的后果:政府扁平化改革与空气污染治理》,《世界经济》2022年第2期。
⑥ 李雪娇、何爱平:《人与自然和谐共生:中国式现代化道路的生态向度研究》,《社会主义研究》2022年第5期。
⑦ 任保平、豆渊博:《碳中和目标下黄河流域产业结构调整的制约因素及其路径》,《内蒙古社会科学》2022年第1期。

保障和有效的政策体系为重要支撑,推动黄河流域的高质量发展。① 任保平指出,黄河流域生态保护和高质量发展创新驱动战略实现路径在于在节水产业、新能源技术等领域进行深入研究和长期布局,依靠企业技术创新实现新动能培育,推动黄河全流域合作发展和协同创新。② 上述论文分别从人口及环境角度探讨相关经济学问题,丰富对人力财富与经济发展关系、政府扁平化改革、黄河流域产业结构等领域的理论认识。

(三)乡村振兴研究

白永秀、黄海昕、宋丽婷指出,现阶段"三农"工作的重心已转向巩固拓展脱贫攻坚成果同乡村振兴有效衔接。国家先后出台一系列政策的演进促进了从脱贫攻坚到乡村振兴发展中的"两个转向"和"四个转变"。③ 白永秀、苏小庆、王颂吉认为,巩固拓展脱贫攻坚成果可分成"巩固"和"拓展"两个阶段,应构建巩固拓展脱贫攻坚成果同乡村振兴衔接的"五位一体"机制。④ 白永秀、张佳、王泽润认为,乡村数字化的理论机制表现为要素互促共生、产业融合创新、乡村系统协调与城乡互动融合,进而形成乡村新要素体系、新产业体系、新乡村系统与新城乡关系。⑤ 白永秀、陈煦指出,有效衔接时期乡村振兴对脱贫攻坚资产的赋能路径是对于经营性扶贫资产重点增补运行困难企业产业链环节、增加新型集体经营层级,对于公益性扶贫资产集中补齐易地扶贫搬迁安置区短板、增加文旅生态类项目市场化功能。⑥ 郭韦杉、李国平旨在为欠发达地区通过生态产品价值机制实现生态保护和共同富裕双赢目标提供理论支撑,论述研究机制设计中要重点关注的权责配置、公平与效率、一般均衡等问题;同时分析政府在欠发达地区生态产品价值实现中的角色和作用。⑦ 何龙斌探讨脱贫地区乡村产业振兴的主要方向、经营主体、根本路径、动能保障、金融支持、绿色发展和模式等主要问题,形成脱贫地区乡村产业振兴的基本研究思路,深入挖掘脱贫地区乡村产业振兴的典型案例并提出脱贫地区产业振兴的发展路径。⑧ 这些研究对巩固脱贫攻坚同乡村振兴有效衔接方面具有重要的指导意义。

---

① 任保平、邹起浩:《黄河流域高质量发展的空间治理体系建设》,《西北大学学报》(哲学社会科学版)2022 年第 1 期。
② 任保平:《黄河流域生态保护和高质量发展的创新驱动战略及其实现路径》,《宁夏社会科学》2022 年第 3 期。
③ 白永秀、黄海昕、宋丽婷:《巩固拓展脱贫攻坚成果同乡村振兴有效衔接的政策演进及逻辑》,《西北大学学报》(哲学社会科学版)2022 年第 5 期。
④ 白永秀、苏小庆、王颂吉:《巩固拓展脱贫攻坚成果同乡村振兴衔接的理论与实践逻辑》,《人文杂志》2022 年第 4 期。
⑤ 白永秀、张佳、王泽润:《乡村数字化的内涵特征、理论机制与推进策略》,《宁夏社会科学》2022 年第 5 期。
⑥ 白永秀、陈煦:《有效衔接时期乡村振兴对脱贫攻坚资产的赋能路径》,《陕西师范大学学报》(哲学社会科学版)2022 年第 3 期。
⑦ 郭韦杉、李国平:《欠发达地区实现共同富裕的主抓手:生态产品价值实现机制》,《上海经济研究》2022 年第 2 期。
⑧ 何龙斌:《脱贫地区乡村产业振兴理论与实践》,人民出版社,2023 年。

(四)经济思想史研究

白永秀、苏小庆、王颂吉认为,中国特色社会主义经济发展道路的核心内涵是在党的领导下解放和发展生产力,逐步实现强国富民。其理论创新体现在五个方面:在发展的政治保障上,坚持党对经济工作的集中统一领导;在发展主题上,持之以恒推动实现经济现代化;在发展的内部动力上,从国情出发通过改革完善基本经济制度来解放和发展生产力;在发展的外部条件上,通过对外开放营造良好的外部环境;在发展的根本目的上,以人民为中心逐步实现共同富裕。①

(五)世界经济研究

任保平认为"数字丝绸之路"是新发展格局背景下高水平对外开放的新路径,提出在新发展格局下"数字丝绸之路"推动高水平对外开放的具体路径。② 冯宗宪、李诚认为,提升区域内外部需求联动性、优化进口市场与产品种类的针对性布局等,是后RCEP时期中国实现高质量"引进来"的关键措施。③ 冯晨、王超、亢延锟等探讨女性意识的早期崛起对当代女性收入的长期影响,发现平权意识打破了传统性别观念,提高了当代女性的收入水平。④

二、应用经济学研究

陕西应用经济学的研究主要集中在产业升级与研发创新、金融研究、财政税收政策、农业经济与区域发展、经济增长与高质量发展、低碳转型、环境与生态治理和数字经济发展等方面。此外,研究者出版多部专著,聚焦于数字经济发展、丝绸之路经济带发展和经济增长与高质量发展等方面。研究成果受到省领导批示或被省级各部门采纳,对于政府决策和治理能力的提升具有重要意义,为财政金融、区域高质量发展、生态环境保护和数字经济等领域的政策制定和实施提供科学依据。

(一)产业升级与研发创新研究

王勇、樊仲琛、李欣泽研究经济体要素禀赋结构对研发创新和产业升级的内在影响机制发现,产业的资本密集度与整个经济体的禀赋结构越一致,就越能降低新产品的生

---

① 白永秀、苏小庆、王颂吉:《中国共产党探索经济发展道路百年历程及其理论创新》,《上海经济研究》2022年第4期。
② 任保平:《新发展格局下"数字丝绸之路"推动高水平对外开放的框架与路径》,《陕西师范大学学报》(哲学社会科学版)2022年第6期。
③ 冯宗宪、李诚:《RCEP框架下中国商品进口增长特质及动力解构》,《经济体制改革》2022年第5期。
④ 冯晨、王超、亢延锟等:《女性意识的早期崛起与长期收入表现》,《世界经济》2022年第8期。

产要素成本,进而新产品的利润越高,内生的研发创新的投入和产出就越高。① 钞小静、沈路、廉园梅基于中国28个制造业细分行业数据探究人工智能技术对制造业就业的产业关联溢出效应。发现人工智能技术对本行业的岗位替代效应有所缓解,对劳动力就业结构的优化效应不断加强。② 任保平、杜宇翔认为,黄河流域高质量发展对于缩小我国南方和北方经济差距具有重要作用。黄河流域长期以重化工业为主导产业,传统产业占比大、产业结构不协调、创新能力弱等问题成为限制流域高质量发展的重要因素,产业生态化转型成为推动黄河流域高质量发展的重要途径。③ 这些研究探讨产业升级的重要问题,对企业转型升级和研发创新等方面提供有价值的参考和指导。

范子英、程可为、冯晨基于改进的群聚方法,利用工业用地价格管制政策在土地市场产生的用地成本冲击,识别并测算超额用地成本对制造业企业研发创新的挤出效应。④ 温军、梁旭晖、冯根福等研究上游资源型垄断对下游制造业企业创新的影响。发现上游资源型垄断显著抑制下游制造业企业创新的主动性及专利申请数。⑤ 彭硕毅、张营营、何爱平运用三阶段超效率SBM – DEA模型,测算中国2008—2020年的真实绿色创新效率,并分析其空间特征。⑥ 安梦天、何爱平使用超效率SBM模型对中国地级市的绿色发展效率进行了测算,进而研究地方政府经济预期目标对绿色发展效率的内在影响机制。⑦ 孙早、宗睿考察开放条件下不同收入群体对于中国创新产品市场需求和本土企业自主创新能力的影响。结果表明,高收入阶层相对较低的边际消费倾向通过一般商品的需求对本土企业的自主创新能力带来负面影响。⑧ 任保平、李培伟认为,数字经济培育我国经济高质量发展新动能的机制在于以要素配置优化、规模经济、产业融合和创新驱动4个维度来培育新动能,并提出在数字经济背景下加快新动能培育的实现路径。⑨ 焦兵对传统新能源行业的各领域进行分省域的细致研究,重点讨论传统能源产业上下游协调发展、新

---

① 王勇、樊仲琛、李欣泽:《禀赋结构、研发创新和产业升级》,《中国工业经济》2022年第9期。
② 钞小静、沈路、廉园梅:《人工智能技术对制造业就业的产业关联溢出效应研究》,《现代财经》(天津财经大学学报)2022年第12期。
③ 任保平、杜宇翔:《黄河流域高质量发展背景下产业生态化转型的路径与政策》,《人民黄河》2022年第3期。
④ 范子英、程可为、冯晨:《用地价格管制与企业研发创新:来自群聚识别的证据》,《管理世界》2022年第8期。
⑤ 温军、梁旭晖、冯根福等:《上游资源型垄断与下游创新——来自中国制造业企业的经验证据》,《南开经济研究》2022年第9期。
⑥ 彭硕毅、张营营、何爱平:《中国真实绿色创新效率的测算及空间特征分析》,《统计与决策》2022年第18期。
⑦ 安梦天、何爱平:《欲速则不达:地方政府经济预期目标与绿色发展效率》,《中国人口·资源与环境》2022年第10期。
⑧ 孙早、宗睿:《本土需求与企业自主创新——为何合理的收入分配更有利于企业创新》,《财经研究》2022年第3期。
⑨ 任保平、李培伟:《数字经济培育我国经济高质量发展新动能的机制与路径》,《陕西师范大学学报》(哲学社会科学版)2022年第1期。

能源产业上下游协调发展以及传统能源产业与新能源产业协调发展等问题。① 上述论文从不同的角度探讨研发创新的相关问题,丰富对创新机理、创新效率和自主创新等领域的理论认识。

(二)金融研究

李成、李亚鹏探索金融错配对企业金融化的驱动效应及其对企业创新的潜在影响,发现金融错配对企业金融化有着显著的驱动作用,其中融资约束和资本回报率约束是两个重要的影响机制。② 李丽辉、温金燕研究企业金融化程度对企业创新总投资及双元创新投资的影响,发现中国企业的金融化程度会显著抑制创新研发投入,而经济政策的不确定性可以在一定程度上缓解这种抑制效应。③ 李成、刘子扣、袁静文通过构建市场竞争、货币政策和银行风险承担的理论模型,对中国124家银行2007—2020年非平衡面板数据进行实证检验。研究发现,货币政策调控对银行风险承担效应相应强化,货币政策变动对银行风险承担水平具有放大效应。④ 李勃昕、张玉荣、朱承亮等构建中国与其他国家之间的双向跨境投资互动溢出模型,实证检验发现,在内循环阶段,其他国家对中国跨境投资在高强度情况下能够双向激励国内经济增长与技术进步;在外循环阶段,中国对其他国家跨境投资的外向经济溢出效应逐渐转化为技术溢出效应。⑤ 田瑶、郭立宏探究数字普惠金融的发展与收入不平等之间的关系。发现数字普惠金融发展水平的提高整体上缩小了收入差距。⑥ 田瑶、赵青、郭立考察数字普惠金融对共同富裕的影响。研究发现,数字普惠金融对地区经济发展具有促进作用,并且能够缓解居民所面临的机会不均和收入差距,加快实现共同富裕。⑦ 张梦林、李国平、侯宇洋考察金融素养对农村家庭贫困脆弱性的影响。研究发现,金融素养能够降低农村家庭贫困脆弱性,金融素养水平每提高1%,会导致贫困脆弱性减少0.11%。⑧ 上述研究论述金融与投资方面的相关问题,有助于更好地理解企业金融化、货币政策、跨境投资和数字普惠金融等问题。

张成虎、武佳琪、范灵瑜运用犯罪经济学理论和演化博弈论,对互联网金融平台进行

---

① 焦兵:《"'一带一路'沿线省域新能源产业化与传统能源高级化协同发展研究"》,中国经济出版社,2022年。
② 李成、李亚鹏:《金融错配、企业金融化与创新抑制》,《山西财经大学学报》2022年第12期。
③ 李丽辉、温金燕:《企业金融化对双元创新的影响》,《科技和产业》2022年第12期。
④ 李成、刘子扣、袁静文:《复杂经济环境下货币政策调控与银行风险承担能力研究》,《北京工业大学学报》(社会科学版)2022年第6期。
⑤ 李勃昕、张玉荣、朱承亮:《中国跨境投资的内外双循环溢出效应》,《财经研究》2022年第3期。
⑥ 田瑶、郭立宏:《数字普惠金融缩小收入差距了吗?——来自中国家庭追踪调查的经验证据》,《当代经济科学》2022年第6期。
⑦ 田瑶、赵青、郭立:《数字普惠金融与共同富裕的实现——基于总体富裕与共享富裕的视角》,《山西财经大学学报》2022年第9期。
⑧ 张梦林、李国平、侯宇洋:《从脱贫攻坚到乡村振兴:金融素养如何防范返贫》,《统计与信息论坛》2022年第2期。

犯罪经济学分析;发现防范互联网金融犯罪需要宽严并济的监管策略,将监管成本控制在低水平的同时提高犯罪查处概率和刑罚强度。① 刘鑫、张成虎、武佳琪考察地方金融监管部门与互联网金融平台的行为演化规律,并分析博弈双方策略选择的影响因素,发现仅靠地方金融监管部门无法有效遏制互联网金融平台的违规行为。② 张成虎、李鹏旭、王琪将区块链和边缘计算应用到网络金融犯罪预警系统构建中,旨在解决情报共享技术安全性不足和数据无法确权难题,研究发现,该系统可以降低成本,提升吞吐量和响应速度,提高网络金融犯罪预警效率,为网络金融犯罪预警系统建设提供新的理论方法和应用范式。③ 这些研究探讨互联网金融违法方面的相关问题,为遏制违规行为和预防网络金融犯罪等方面提供有价值的理论方法。

(三)财政税收政策研究

刘航、孙早、韩化丹考察宏观税负在基础研究投入影响全要素生产率过程中的调节效应。研究指出,在新的减税降费过程中,构建税基—税负、中期财政规划—逆周期调控、结构减税—精准纾困动态联动的体制机制。④ 赵仁杰、唐珏、张家凯指出,在税务部门全责征收社保的情况下,构建有效的外部监督机制仍有助于规范企业社保缴费行为。这为提升社保基金收入安全和进一步下调法定缴费率提供了政策空间。⑤ 李富有、张飞以房产税政策的实施为准自然实验,运用倍分法探讨房产税政策的实施是否能够改变金融部门信贷结构,影响金融市场稳定。⑥

(四)农业经济与区域发展研究

盖庆恩、王美知、石宝峰等认为,土地比较优势是农户作物选择的基础,政策调整会影响土地比较优势的发挥,并进一步改变农户行为和农业生产效率。⑦ 李治、孙悦、李国平等基于佳县的调研数据,将样本划分为风沙区、丘陵沟壑区和土石山区三类村庄,结合

---

① 张成虎、武佳琪、范灵瑜:《互联网金融违法及其防范的演化博弈分析——基于犯罪经济学视角》,《金融论坛》2022年第2期。

② 刘鑫、张成虎、武佳琪:《互联网金融平台违规治理策略:基于双层监管体系的演化博弈分析》,《人文杂志》2022年第8期。

③ 张成虎、李鹏旭、王琪:《网络金融犯罪预警系统研究——基于区块链和边缘计算》,《情报杂志》2023年第1期。

④ 刘航、孙早、韩化丹:《提高宏观税负能否激发基础研究的经济绩效?——基于跨国数据的经验分析》,《当代经济科学》2022年第5期。

⑤ 赵仁杰、唐珏、张家凯:《社会监督与企业社保缴费——来自社会保险监督试点的证据》,《管理世界》2022年第7期。

⑥ 李富有、张飞:《房产税对金融部门信贷结构的影响研究》,《工程管理科技前沿》2022年第6期。

⑦ 盖庆恩、王美知、石宝峰等:《土地比较优势、农户行为与农业生产效率——来自种植结构调整的考察》,《经济研究》2022年第10期。

二元 logistic 模型对贫困农户生计策略由纯农型向非农型转变的关键因素进行了分析。①

冯宗宪、段丁允使用熵值法评价中国 8 大经济区和 30 个省份数字贸易发展水平,并采取聚类分析、核密度估计、Dagum 基尼系数、马尔可夫链等方法对数字贸易动态演进和区域差异进行了分析。② 张旺、白永秀研究各区各省乡村振兴水平的时空分异特征、区域差异、分布动态演进及空间相关性,发现中国乡村振兴水平整体上偏低但呈递增态势,各区各省份乡村振兴水平绝对差异正在逐步缩小。③ 黄仁全、李村璞揭示我国经济国内国际双循环发展机理,围绕构建什么样的新发展格局怎么构建新发展格局等问题开展研究。研究发现,中国经济国内依存度呈现"U"形结构特征,均值为 80.71%,远低于美国、日本等发达经济体,第三产业在 GDP 占比较低是主要原因。④ 冯宗宪、李诚梳理 RCEP 框架下中国农产品出口规模与结构演变特征,分析出口竞争优势的提升前景。研究发现,相比全球市场,RCEP 内部需求对竞争优势的提升效果更为显著。⑤ 任保平、巩羽浩研究黄河流域城镇化与高质量发展的耦合协调度及其驱动因素。发现黄河流域城镇化与高质量发展的耦合协调度稳步提升,其驱动因素影响力从弱到强现依次为外力驱动、政府推动、创新驱动、内源驱动。⑥ 梁海涛、任保平测算 2015—2019 年金融与环境耦合协调度,分析其时空演化态势,并利用空间杜宾模型探究其时空演化的主要影响因素。⑦ 何苗、任保平从"五通"角度构建指标体系,采用面板数据熵值法对 2013—2018 年丝绸之路经济带西北沿线省区的经济发展绩效进行了测算分析。⑧ 上述论文研究不同区域中的典型问题,有助于从局部了解经济发展以及存在的问题。

(五)经济增长与高质量发展研究

丰若旸、冯根福、郑明波探讨地方政府战略性新兴产业政策与资本市场资源配置的匹配度对地区经济增长的影响及作用机制。研究发现,中国各地区战略性新兴产业政策与资本市场资源配置匹配度总体呈现增长趋势,地区战略性新兴产业政策与资本市场资

---

① 李治、孙悦、李国平等:《陕北黄土高原贫困农户生计策略对生计资本的敏感性——以佳县为例》,《生态学报》2022 年第 19 期。

② 冯宗宪、段丁允:《中国数字贸易发展水平、区域差异及分布动态演进》,《现代经济探讨》2022 年第 12 期。

③ 张旺、白永秀:《中国乡村振兴水平的区域差异、分布动态演进及空间相关性研究》,《数量经济技术经济研究》2022 年第 2 期。

④ 黄仁全、李村璞:《中国经济国内国际双循环的测度及增长动力研究》,《数量经济技术经济研究》2022 年第 8 期。

⑤ 冯宗宪、李诚:《RCEP 背景下中国农产品出口竞争优势及动因分析》,《西安交通大学学报》(社会科学版)2022 年第 2 期。

⑥ 任保平、巩羽浩:《黄河流域城镇化与高质量发展的耦合研究》,《经济问题》2022 年第 3 期。

⑦ 梁海涛、任保平:《长三角城市群金融与环境的耦合协调及时空演化》,《统计与决策》2022 年第 6 期。

⑧ 何苗、任保平:《丝绸之路经济带西北沿线省区经济发展绩效的评价与制约因素分析》,《经济问题探索》2022 年第 4 期。

源配置匹配度的提高对地区经济增长具有显著的促进作用。① 冯根福、王珏帅、郑明波以要素禀赋、工业化基础、国家相互开放度、经济体制等基本经济要素为基础,提出和构建新的经济理论分析框架——"动态国家综合要素竞争优势理论"。② 赵文琦、胡健、邢方对"一带一路"背景下国内沿线省份节点城市的发展状况及其对区域合作的影响作用进行研究,发现部分内陆型节点城市抓住"一带一路"倡议带来的发展机遇,但仍有一些节点城市存在较明显的发展制约因素。③ 王湛晨、李国平在定量测度基础上梳理家庭可持续生计特征对脱离相对贫困的影响,并利用双重差分及三重差分对现有水电利益共享机制的有效性进行评估。④ 刘李华、孙早从整体情况、性别差异、城乡差异、阶层差异及变化趋势等多个角度勾勒中国代际收入流动性的全貌,并利用反事实法测算社会性流动所创造的代际收入流动及其潜力。⑤ 刘敏、薛伟贤、陈莎考察"一带一路"贸易网络对各国全球价值链(GVC)地位提升的影响。研究发现,"一带一路"贸易网络各国间的联系广度和联系强度提升显著,各样本国家在"一带一路"贸易网络的联系广度、联系强度和中心性的提升能够显著促进其 GVC 地位提升。⑥ 薛伟贤、秦东方从贸易便利化服务质量和贸易便利化技术水平两方面解构贸易便利化,研究贸易便利化对居民福利的门槛效应。⑦ 李佼瑞对丝路经济带中西部 5 个重要省份 9 个节点的城市消费环境指数采用统一的评价体系、测算方法进行评价,形成横向可比的消费环境评价指数结果。⑧ 任保平明确经济增长质量监测预警的价值判断和内在机理,对经济增长质量监测预警系统的框架做出相应的界定。最后构建新常态下地方经济增长质量的监测预警系统。⑨ 上述论文从不同角度研究经济增长方面的相关问题及影响因素,为更好地促进中国经济增长提供新的视角和启示。

---

① 丰若旸、冯根福、郑明波:《地区战略性新兴产业政策与资本市场资源配置对地区经济增长的影响研究》,《西安交通大学学报》(社会科学版)2022 年第 6 期。

② 冯根福、王珏帅、郑明波:《"动态国家综合要素竞争优势理论"与中国长期经济增长》,《当代经济科学》2022 年第 6 期。

③ 赵文琦、胡健、邢方:《"一带一路"沿线省份节点城市发展评价研究》,《统计与信息论坛》2022 年第 2 期。

④ 王湛晨、李国平:《利益共享机制下水电移民相对贫困治理研究》,《河南大学学报》(社会科学版)2022 年第 2 期。

⑤ 刘李华、孙早:《中国居民代际收入流动性的水平、来源与潜力测算——来自 CGSS 和 CHIP 的经验证据》,《南开经济研究》2022 年第 4 期。

⑥ 刘敏、薛伟贤、陈莎:《"一带一路"贸易网络能否促进各国全球价值链地位提升》,《管理评论》2022 年第 12 期。

⑦ 薛伟贤、秦东方:《贸易便利化服务质量、技术水平对居民福利的门槛效应》,《宏观质量研究》2022 年第 2 期。

⑧ 李佼瑞:《丝路沿线区域消费环境指数评价——以我国中西部主要城市为例》,中国经济出版社,2022 年。

⑨ 任保平:《新常态下地方经济增长质量和效益的监测预警及政策体系研究》,经济科学出版社,2022 年。

杜欢、胡健、张维群在运用熵值法计算"一带一路"国内区域高质量发展指数的基础上,以网络分析法对"一带一路"区域的空间特征进行分析。① 任保平、付雅梅、杨羽宸采用熵权TOPSIS法客观赋权,评价2010—2018年黄河流域九省区及各主体功能区经济高质量发展的状态。② 任保平、孙一心指出,中国数字经济应以数字产业化为发展方向,加速新优势的培育;以产业数字化为核心,推进新优势的培育;加快数字化基础设施建设,稳固新优势的培育;促进产学研协同创新发展,创新驱动新优势的培育。③ 钞小静、任保平从共同富裕理论内涵的演进逻辑来看,指出整个社会富裕程度的不断提高是共同富裕必须具备的前提条件,而全体人民共享发展成果才是共同富裕的基本内涵,应当立足于发展成果共享的理念去构建共同富裕的指标体系。④ 任保平、何厚聪认为,以数字经济赋能高质量发展要把以科技创新为高质量发展提供技术支持体系,以数字经济产业化为高质量发展提供产业支持体系,以新型数字基础设施建设为高质量发展提供基础支撑,以数字治理为高质量发展提供配套政策支持体系作为路径选择。⑤ 任保平指出,数字经济赋能高质量发展现代化治理体系构建中的最大的挑战,是数字经济对政府治理能力和政府治理有效性的挑战,包括数字经济治理中合作治理能力亟须提高,经济主体活动的负外部性问题以及反垄断问题对数字经济治理的挑战。⑥ 任保平、师博、钞小静等系统的研究数字经济赋能高质量发展的逻辑框架、数字经济发展测度分析及其区域差异和空间分布特征。在此基础上,梳理数字经济赋能高质量发展的机制和路径。⑦ 任保平、李培伟认为,推进高质量发展的价值逻辑要求建立以质量为发展目标的价值判断体系,形成现实价值与终极价值相结合的价值判断体系。推进高质量发展的理论逻辑是中国经济高质量发展的最优路径选择。⑧ 上述论文研究中国经济高质量发展中的重要问题,为区域高质量发展政策制定和实施提供科学依据。

---

① 杜欢、胡健、张维群:《"一带一路"国内区域高质量发展的测度及其空间特征分析》,《统计与信息论坛》2022年第11期。
② 任保平、付雅梅、杨羽宸:《黄河流域九省区经济高质量发展的评价及路径选择》,《统计与信息论坛》2022年第1期。
③ 任保平、孙一心:《数字经济培育我国经济高质量发展新优势的机制与路径》,《经济纵横》2022年第4期。
④ 钞小静、任保平:《新发展阶段共同富裕理论内涵及评价指标体系构建》,《财经问题研究》2022年第7期。
⑤ 任保平、何厚聪:《数字经济赋能高质量发展:理论逻辑、路径选择与政策取向》,《财经科学》2022年第4期。
⑥ 任保平:《数字经济赋能高质量发展的现代化治理体系研究》,《学术界》2022年第12期。
⑦ 任保平、师博、钞小静等:《中国经济增长质量发展报告(2022):数字经济赋能高质量发展》,中国经济出版社,2022年。
⑧ 任保平、李培伟:《中国式现代化进程中着力推进高质量发展的系统逻辑》,《经济理论与经济管理》2022年第12期。

（六）低碳转型研究

王锋、葛星探究中国持续推进的低碳转型在实现节能减排目标是否冲击就业，发现低碳城市试点政策总体上显著提高企业的就业水平。① 郑汉、郭立宏以 2012 年和 2017 年两批低碳城市的邻接非试点城市为研究对象，将低碳城市试点视为"准自然实验"，探讨低碳城市试点对邻接非试点城市碳排放的外部效应。②

（七）环境与生态治理研究

贾亚娟、张新奇通过 Probit 模型分析环境认知、感知利益对消费者参与快递包装分类回收意愿与行为悖离的影响，运用层次回归将政策宣传、便利程度对环境认知、感知利益与消费者回收意愿与行为悖离关系的调节效应纳入分析，进而通过 ISM 模型探析各影响因素之间的逻辑层次关系。③ 任保平认为，必须推进黄河流域生态环境保护与高质量发展的耦合协调。耦合协调的路径是体制机制创新、协同推进机制的形成、协同推进的保障机制完善和现代化治理体系的构建。④ 王奕淇、李国平、延步青在对可持续生计的理论机理进行分析的基础上，将熵值法和极差标准化法相结合，确定各指标权重并进行标准化，得到国家重点生态功能区居民生计资本、生态补偿政策以及可持续生计能力的量化值，最后进行实证分析。⑤ 王奕淇、李国平在对不同情景进行模拟仿真的基础上，探寻实现黄河流域生态环境与社会经济可持续发展的最优方案。⑥ 郑玉雯、薛伟贤运用相对风险模型评估丝绸之路经济带生态环境风险，并基于生态现代化理论预判趋势。研究表明，以水体为环境受体，干旱气候灾害和人口增长这两类自然风险是丝绸之路经济带主要的生态环境风险源。⑦ 史恒通对参与流域生态治理的农户的支付意愿进行测算，从而对流域生态系统服务的非市场价值进行评估；利用调查数据，在异质性视角下阐释生态价值认知和社会资本多维度的特征，并探讨农户参与流域生态治理的意愿的影响机理。⑧

---

① 王锋、葛星：《低碳转型冲击就业吗——来自低碳城市试点的经验证据》，《中国工业经济》2022 年第 5 期。

② 郑汉、郭立宏：《低碳城市试点对邻接非试点城市碳排放的外部效应》，《中国人口·资源与环境》2022 年第 7 期。

③ 贾亚娟、张新奇：《环境认知、感知利益对消费者参与快递包装分类回收意愿与行为悖离的影响》，《资源科学》2022 年第 10 期。

④ 任保平：《黄河流域生态环境保护与高质量发展的耦合协调》，《人民论坛·学术前沿》2022 年第 6 期。

⑤ 王奕淇、李国平、延步青：《基于生态补偿的国家重点生态功能区居民可持续生计影响研究》，《生态经济》2022 年第 3 期。

⑥ 王奕淇、李国平：《基于 SD 模型的黄河流域生态环境与社会经济发展可持续性模拟》，《干旱区地理》2022 年第 3 期。

⑦ 郑玉雯、薛伟贤：《丝绸之路经济带生态环境风险评估及发展趋势预判》，《中国软科学》2022 年第 2 期。

⑧ 史恒通：《异质性视角下农户参与流域生态治理行为研究》，中国财富出版社，2022 年。

何爱平总结中国自然灾害、人为灾害和自然-人为灾害的经济特征及发展趋势,进而通过对中国东部、中部、西部三个地区及城市与乡村灾害经济特征和成因进行分析,详细梳理中国区域灾害经济现实。① 上述论文从不同角度研究生态环境与经济发展二者之间的关系,为实现可持续发展提供有价值的参考和指导。

(八)数字经济发展研究

冯宗宪和段丁允基于2014—2020年全球49个主要经济体的数字贸易数据,对各国的数字贸易发展情况的动态演进进行刻画,并采用面板回归分析对影响数字贸易发展指数的因素进行检验。② 白永秀、张佳、王泽润从强化外部动力与激发内源动力两个方面提出推进乡村数字化高质量发展的策略,包括强化制度保障、完善资金支持、夯实技术基础、加强人才培养、提升数字治理以及优化利益联结。③ 徐星、惠宁、崔若冰等以技术创新效率提升与技术创新地理溢出的双重视角出发,分析数字技术作为产业共性技术、短周期技术与制造业技术创新效率提升存在的耦合效应。④ 白永、李嘉雯、王泽润等基于数据要素的特征分析,构建"两要素互补、多要素协同、全要素耦合"的分析框架,揭示数据要素与其他生产要素共同促进经济发展的微观逻辑。⑤ 孙早、韩颖从性别视角刻画人工智能发展对不同工业部门、女性和男性劳动力需求结构及性别工资差距的影响。⑥

何爱平、李清华采用双向固定效应模型、系统GMM模型、中介效应方法等实证检验数字经济与区域经济发展差距的关系。研究发现,数字经济发展水平的提高显著缩小了区域经济发展差距。⑦ 张鸿、董聚元、王璐从理论视角的"效率""产业发展""创新""可持续""公平"五个维度概括数字经济高质量发展内涵;从实践视角指出数字经济高质量发展仍存在的问题。⑧ 惠宁、宁楠测度中国28个省的公共服务质量及数字经济发展水平,实证分析了数字经济对公共服务质量影响的效应与机制。⑨ 李清华、何爱平主要运用系统GMM方法、中介效应方法进行实证检验,发现数字经济不仅从整体上促进区域经济

---

① 何爱平:《中国灾害经济研究报告》,科学出版社,2022年。
② 冯宗宪、段丁允:《数字贸易发展指数评价及影响因素分析》,《北京工业大学学报》(社会科学版)2022年第4期。
③ 白永秀、张佳、王泽润:《乡村数字化的内涵特征、理论机制与推进策略》,《宁夏社会科学》2022年第5期。
④ 徐星、惠宁、崔若冰等:《数字经济驱动制造业高质量发展的影响效应研究》,《经济问题探索》2022年第2期。
⑤ 白永秀、李嘉雯、王泽润:《数据要素:特征、作用机理与高质量发展》,《电子政务》2022年第6期。
⑥ 孙早、韩颖:《人工智能会加剧性别工资差距吗?——基于我国工业部门的经验研究》,《统计研究》2022年第3期。
⑦ 何爱平、李清华:《数字经济、全劳动生产率与区域经济发展差距》,《经济问题》2022年第9期。
⑧ 张鸿、董聚元、王璐:《中国数字经济高质量发展:内涵、现状及对策》,《人文杂志》2022年第10期。
⑨ 惠宁、宁楠:《数字经济驱动公共服务质量提升的效应与机制研究》,《北京工业大学学报》(社会科学版)2023年第1期。

协调发展,而且能够通过提高市场化水平和改善劳动力资源配置缩小区域经济差距。①任保平、张陈璇认为,数字经济在发展过程中或会从国家、社会、产业、企业和个人层面引起安全风险,可由五个层面切入进行风险预警体系的构建。着眼于数字经济发展过程中的风险防范需要,对不同层面的风险,采取多种防范机制。② 武宵旭、任保平指出,数字经济缓解因信息不对称和有限理性造成的资源配置扭曲,数据这一全新要素配置机制作用的发挥,不仅能缓解企业全局化需求与碎片化供给矛盾,其共享配置特性还可兼顾效率与公平。③ 任保平、何厚聪指出,中国式现代化新征程中数字经济创新体系的构建,需要强化数字经济创新体系构建的人才支撑体系,完善数字经济创新体系构建的数字技术支持体系,建立促进数字经济创新体系构建的产业政策支持体系,建立促进数字经济创新体系构建的财政金融协同支持体系,完善促进数字经济创新体系构建的体制机制。④

(作者单位:西安财经大学)

---

① 李清华、何爱平:《数字经济对区域经济协调发展的影响效应及作用机制研究》,《经济问题探索》2022 年第 8 期。

② 任保平、张陈璇:《中国数字经济发展的安全风险预警与防范机制构建》,《贵州财经大学学报》2022 年第 2 期。

③ 武宵旭、任保平:《数字经济背景下要素资源配置机制重塑的路径与政策调整》,《经济体制改革》2022 年第 2 期。

④ 任保平、何厚聪:《中国式现代化新征程中我国数字经济创新体系的构建》,《上海经济研究》2022 年第 12 期。

陕西省法学研究

张荣刚

党的二十大报告指出法治建设的目标任务是,"全过程人民民主制度化、规范化、程序化水平进一步提高,中国特色社会主义法治体系更加完善"。陕西法学界以习近平法治思想为引领,立足中国国情,关注法治中国、法治陕西建设,为进一步建设中国特色社会主义法治体系、建设社会主义法治国家贡献陕西力量,为新时代党和国家事业发展提供陕西智慧。2022年陕西法学理论研究范围广泛,内容深入,重点突出,成果颇丰,综述如下。

一、法学理论和法律史研究

(一)习近平法治思想及中国特色社会主义法治理论

杨宗科认为,习近平法治思想为完善中国特色社会主义法学理论体系、学科体系、课程体系提供了根本遵循。[1] 吕江提出,坚持统筹推进国内法治与涉外法治已成为当前指导中国开展涉外法治工作的重要指针和发展方向。[2] 陈玺认为,传承中华优秀传统法律文化对于完善法律体系、建设法治政府、推进公正司法、引导全民守法等具有重要的时代价值。[3] 张炜达、郭朔宁认为,社会治理法治化是承续马克思主义社会治理思想,秉持中国共产党社会治理实践的经验总结,反映国家治理现代化的内在要求,遵循中国式法治现代化的道路指引。[4] 石颖认为,算法歧视作为新型歧视类型,会产生比一般意义上的歧视更为严重的后果。[5] 国瀚文研究发现,在推动绿色原则指导下,数字经济发展是经济社

---

[1] 杨宗科:《习近平法治思想与法治学体系》,《法律科学》(西北政法大学学报)2022年第2期。
[2] 吕江:《习近平法治思想中涉外法治话语生成与实践逻辑——以"一带一路"倡议为视角》,《法学评论》2022年第1期。
[3] 陈玺:《习近平法治思想中的传统法律文化观》,《法律科学》(西北政法大学学报)2022年第4期。
[4] 张炜达、郭朔宁:《社会治理法治化:生成逻辑、价值意蕴与中国方案》,《西北大学学报》(哲学社会科学版)2022年第3期。
[5] 石颖:《算法歧视的缘起、挑战与法律应对》,《甘肃政法大学学报》2022年第3期。

会高质量发展的内在需求,而数字化和绿色化协同发展的未来需要法律制度进行保障。①王金霞认为,对日常生活尊严的讨论即是为法治中国建设寻找价值坐标和凝练价值共识的尝试。②

(二)现代法治基础的法学流派

唐学亮指出,霍布斯主要通过三个方面进行现代法治的政治哲学奠基。霍布斯既是现代政治哲学的奠基人,也是现代法治思想的源头活水。③ 赵海怡认为,科斯所代表的"法经济学"、波斯纳所代表的"法律的经济分析"及卡拉布雷西所代表的"法学和经济学双向校验互动的耶鲁学派"可以并称为当代法和经济学发展的三条进路。④ 肖新喜认为,法教义学与社科法学各自的优劣,应以更高层级、更具一般意义的科学哲学方法论予以审思。⑤ 何柏生认为,法学问题或法律问题,用数学方法是可以证明的。⑥

(三)社会主义法治理论

李其瑞提出,"法学世界观"是恩格斯在《法学家的社会主义》一文中深刻批判资产阶级世界观时所提出的一个概念。⑦ 李其瑞还认为,"法治文化阵地"是列宁、葛兰西文化领导权理论与当代意识形态安全理论相结合而形成的一个新概念,是社会主义法治文化建设与法治意识形态建设之间良性互动的一个新领域。⑧ 杨建军认为,人类历史上曾经诞生过依托法律规范的权力监督制约、依托道德规范的权力监督制约和依托党内法规的权力监督制约三种模式或者说三种"理想类型"。⑨ 杨建军还发现,完善大数据监督制度,需要强化对纪检监察机关大数据监督的权力制约。⑩

(四)法律史

王保民、李振、段秋关提出,从"礼治"到"法治"再到"礼法合治",是传统法律思想演

---

① 国瀚文:《"双碳"政策视阈下数字经济绿色发展的法治保障研究》,《法律适用》2022年第9期。
② 王金霞:《论法治的日常生活尊严奠基——马克思主义法哲学视角下的建构》,《中国政法大学学报》2022第6期。
③ 唐学亮:《霍布斯法治思想的政治哲学奠基》,《政治思想史》2022年第2期。
④ 赵海怡:《当代法和经济学发展的第三条进路——法学与经济学的双向校验互动》,《政法论坛》2022年第5期。
⑤ 肖新喜:《科学哲学视域下法教义学与社科法学审思》,《求是学刊》2022年第6期。
⑥ 何柏生:《数学方法能否证明法律问题》,《华东政法大学学报》2022年第3期。
⑦ 李其瑞:《论恩格斯对"法学世界观"本质的科学解释——基于〈法学家的社会主义〉的文本的解读》,《学术探索》2022年第3期。
⑧ 李其瑞:《论法治文化阵地的思想渊源和理论内涵》,《中国政法大学学报》2022年第2期。
⑨ 杨建军:《权力监督制约的第三种模式》,《法学论坛》2022年第4期。
⑩ 杨建军:《纪检监察机关大数据监督的规范化与制度构建》,《法学研究》2022年第2期。

变的基本线索与中华法系的思想基础。① 杨一凡认为《明会典》全面规范国家的各项基本制度具有最高法律效力,被明人称为"大经大法",颁行后被广泛行用。② 陈玺认为,宋代司法重视程序正义。③ 王健研究发现,清末民初短暂存在的青岛德华高等学堂法政科,是汇聚和展现近代史上中德法学交往的一个重要窗口。④ 韩伟认为,苏区司法中形成的裁判类法律史料,是红色司法案例的重要载体。⑤

二、国内部门法学研究

(一)宪法学与行政法学

乔良认为,促成"铸牢中华民族共同体意识"法治化正当其时,是贯彻落实总体国家安全观的需要,是实现国家治理体系与治理能力现代化的需要,是实现中华民族伟大复兴的需要,是彰显人类命运共同体的需要。实现法治化仍面临着立法层级较低、法律规定不足等问题。铸牢中华民族共同体意识融入宪法等法规范的具体路径包括:一是构建"铸牢中华民族共同体意识"的宪法性条款;二是修改《民族区域自治法》,明确"铸牢中华民族共同体意识"的法规范概念;三是协调"铸牢中华民族共同体意识"法律安排与其他法之衔接;四是提高"铸牢中华民族共同体意识"地方立法的针对性和有效性。⑥

钱锦宇对于民族事务治理问题,认为推进民族事务治理现代化是在新时代坚持和完善民族区域自治制度的内涵要求。《民族区域自治法》序言已为推进民族事务治理现代化奠定作为历史逻辑的"统一的多民族国家"、作为政治逻辑的坚持党的全面领导、作为实践逻辑的"坚持和完善民族区域自治"和作为法律逻辑的法律治理四重逻辑基础。以习近平总书记关于民族工作重要论述为指导,以铸牢中华民族共同体意识为主线,以依法治理民族事务为基本路径,构成推进民族事务治理现代化的时代逻辑。在这五重逻辑的保障下,民族事务治理现代化必将取得实效,为中华民族伟大复兴和社会主义现代化强国建设奠定坚实的民族团结的基础。⑦

常安将国家建设、社会主义、历史视野这三者理解为现行宪法文本的三重方法论视

---

① 王保民、李振、段秋关:《"礼法合治":中国古典法治的常规形态》,《西北大学学报》(哲学社会科学版)2022年第4期。
② 杨一凡:《〈明会典〉性质考辨——"官修典制史书""行政法典"说驳正》,《政法论坛》2022年第5期。
③ 陈玺:《宋代众证定罪规则的历史考察与现代启示》,《现代法学》2022年第2期。
④ 王健:《中德法学交往的青岛遗迹》,《中国法律评论》2022年第6期。
⑤ 韩伟:《苏区司法案例研究的史源、方法与价值意蕴》,《苏区研究》2022年第4期。
⑥ 乔良:《铸牢中华民族共同体意识入法问题探讨》,《湘潭大学学报》(哲学社会科学版)2022年第3期。
⑦ 钱锦宇:《论民族事务治理现代化的逻辑——以〈民族区域自治法〉序言为中心的阐发》,《云南社会科学》2022年第2期。

角。以国家建设为线索阅读现行宪法文本、序言,可被视为制宪权与国家建设方案记载;国家结构形式条款,体现国家建设的空间维度;社会主义核心价值观条款等内容,起到塑造国家认同的作用,理解中华人民共和国国家建设取得成功的缘由主要是民族区域自治制度等基本政治制度的本质属性以及基本经济制度等条款的宪制意义,所以需要"以社会主义为方法"。最后,还需要在历史视野中理解现行宪法,成文宪法本身也是阐释现代中国从哪里来、走向何方的这一宪制成长根本性命题的民族史诗。①

李瑰华研究发现,信访工作是保持党和政府同人民群众密切联系的纽带,体现着特有的"中国智慧"。② 朴宗根认为,应出台《政务处分法》的配套规定,细化双轨处分主体管辖、标准及争议解决规则。③ 惠建利认为农村闲置宅基地和闲置住宅盘活利用需要立法回应。④

(二)刑法学

王政勋研究发现,四要件理论未能正确处理犯罪构成和正当防卫的关系。⑤ 有关正当防卫的权威判例体现解释论循环的要求,实现法律效果和社会效果的统一,树立语言分析的典范。⑥ 汪鹏提出,针对非法讨债领域中多种犯罪行为的危害性特征进行专项立法是制定《刑法修正案(十一)》的重要特征之一。⑦ 郭研认为,欺骗他人钱财的"诈捐"行为涉嫌构成诈骗罪。⑧ 苏青认为,突破规制数据犯罪的困境,首先需要厘定数据的内涵。⑨ 苏青还认为,概念思维的局限性使网络犯罪的概念界定困难且意义有限。⑩

(三)民商法学

韩松认为,应当坚持维护和实现农民集体所有权,符合农民集体公有制的要求。⑪ 刘

---

① 常安:《国家建设、社会主义与历史视野——理解现行宪法文本的三重视角》,《社会科学》2022年第9期。
② 李瑰华:《党领导下的行政信访法治化——以〈信访工作条例〉为视角》,《甘肃政法大学学报》2022第6期。
③ 朴宗根:《〈政务处分法〉双轨处分制度之实践问题与破解》,《齐鲁学刊》2022年第2期。
④ 惠建利:《乡村振兴背景下农村闲置宅基地和闲置住宅盘活利用的实践考察及立法回应》,《北京联合大学学报》(人文社会科学版)2022年第2期。
⑤ 王政勋:《正当防卫体系性地位的再思考》,《法律科学》(西北政法大学学报)2022第6期。
⑥ 王政勋:《法教义学与语言分析——基于正当防卫权威判例的研究》,《中国法律评论》2022第4期。
⑦ 汪鹏:《场域性立法背景下催收非法债务罪的规范构造》,《上海大学学报》(社会科学版)2022年第1期。
⑧ 郭研:《基于被害人同意的诈捐问题研究》,《法律适用》2022年第1期。
⑨ 苏青:《数据犯罪的规制困境及其对策完善——基于非法获取计算机信息系统数据罪的展开》,《法学》2022年第7期。
⑩ 苏青:《认识网络犯罪:基于类型思维的二元视角》,《法学评论》2022年第2期。
⑪ 韩松:《农民集体成员的集体资产股份权》,《法学研究》2022年第3期。

治斌研究发现,事实行为成就物权变动效力的司法确认,法院行使的是事实行为是否成就物权变动效力的探明权而不是判断权。① 倪楠发现,信用权纠纷在司法实务中集中表现出案由适用混乱、侵权行为认定困难以及信息提供主体内控制度缺失等问题。② 蒋丽华认为,《个人信息保护法》采过错推定的主观归责原则,但证明责任倒置方式救济乏力,亦难以从根本上扭转受害人的弱势地位。③ 张曼提出,过度医疗案件调查显示,相关裁判陷入立法粗糙和司法保守双重困境。④ 程淑娟认为,当无法从具体义务中寻找更适宜的义务之源时,注意义务担当侵权责任中一般条款的功能。⑤

郭富青论述:应改善独立董事的履职环境,适度提高薪酬待遇和声誉,激励其积极履行义务⑥;公司形态是自然进化与法律演化交互作用的产物⑦;股权隐名投资人为地造成投资权益与股权持有的分离,与公司法要求的显名投资相比,是一种高风险的次优选择⑧;股权隐名投资人成为显名股东,实质上是结束隐名投资造成的股权与投资权益分离的状态,重新恢复为统一完整的股权⑨;《公司法修订草案》对现行公司法进行涉及七个方面的较大篇幅的增订、修改,但未能清晰地显现中国未来公司法的价值功能定位⑩。

张荣刚、尉钏认为,数字文明、数字经济、数字技术的颠覆式创新引发既有法律制度在法律关系、法律价值、法律体系三个层面的变革。⑪ 倪楠、王敏提出,在"主体—行为—责任"的逻辑框架下,依据技术发展与法律规制并行的原则。⑫ 焦和平研究发现,合理使用类型的适用主体适用行为包括复制、改编、广播和信息网络传播四种。⑬ 张曼认为,体

---

① 刘治斌:《事实行为成就物权变动与法律判断》,《法律科学》(西北政法大学学报)2022年第3期。

② 倪楠:《征信视阈下信用权司法保护路径研究》,《西北大学学报》(哲学社会科学版)2022年第4期。

③ 蒋丽华:《无过错归责原则:个人信息侵权损害赔偿的应然走向》,《财经法学》2022年第1期。

④ 张曼:《过度医疗案件裁判的法律困境与出路研究》,《西北大学学报》(哲学社会科学版)2022年第6期。

⑤ 程淑娟:《先行行为责任人的义务之源——以江歌案民事一审判决为主要考察对象》,《法律科学》(西北政法大学学报)2022年第5期。

⑥ 郭富青:《我国独立董事的制度悖论、缺陷与解决途径——对"康美药业案"引发的独立董事辞职潮的思考》,《学术论坛》2022年第1期。

⑦ 郭富青:《论公司法律形态现代化再造与创新》,《北方法学》2022年第1期。

⑧ 郭富青:《股权隐名投资规制的立场及法律方法论检讨》,《甘肃社会科学》2022年第6期。

⑨ 郭富青:《股权隐名投资人成为显名股东的路径探析》,《法学杂志》2022年第5期。

⑩ 郭富青:《中国公司法的功能再定位与价值导向矫正》,《北京理工大学学报》(社会科学版)2022年第5期。

⑪ 张荣刚、尉钏:《〈民法典〉之数字经济治理效能论析》,《北京理工大学学报》(社会科学版)2022年第2期。

⑫ 倪楠、王敏:《人脸识别技术中个人信息保护的法律规制》,《人文杂志》2022年第2期。

⑬ 焦和平:《人工智能创作中数据获取与利用的著作权风险及化解路径》,《当代法学》2022年第4期。

联网(IoB)发展的第三阶段"脑机合一"是脑隐私法律概念建构的物质基础。① 马治国、谢伟、张磊研究发现,高价值专利保护则是有效促进创新药品市场化的关键工具。②

(四)经济法学

马治国、徐济宽指出,应借鉴西方等国最新相关立法治理经验,分析"自律为主"到"严格监管"不同程度、各种模式的优劣。③ 马宁认为,由于现行条款的表述存在歧义,因而依据不利解释规则,商业三责险保险人仍需承担连带责任。④ 刘丹冰发现,流动性调控中存在中国人民银行法律地位不够明确、流动性工具取舍中的法律依据不足、中央银行流动性调控中自由裁量权的边界不清等法律问题。⑤ 刘丹冰还认为中国进入新发展阶段之际要看到我国金融监管大变革所存在的法律供给不足问题。⑥

刘志仁认为,法治是碳达峰、碳中和目标实现的根本保障。⑦ 董红、王有强认为,法律是解决耕地土壤污染问题最有效的措施之一,但我国现行的耕地土壤污染防治立法存在不足。⑧ 焦琰研究发现,环境法益不仅对环境法诸现象具有普遍解释力和高度统合力,而且从它延伸的法益分析方法是环境法学应有的研究方法。⑨ 王社坤认为,随着碳排放控制目标的逐步明晰,碳评价也成为明确的政策意愿,是确保"双碳"目标实现的重要制度措施。⑩ 陈静、徐雷、刘莉提出,在依法治国的背景下,建筑业绿色发展必然要求《建筑法》的绿色化。⑪

---

① 张曼:《脑隐私法律概念建构:路径、特性与贡献》,《东方法学》2022年第5期。
② 马治国、谢伟、张磊:《技术、法律、市场三维视角下我国药品高价值专利评估体系构建研究》,《西北大学学报》(哲学社会科学版)2022年第5期。
③ 马治国、徐济宽:《数字经济背景下"盲盒"营销模式的法律治理》,《北京工业大学学报》(社会科学版)2022年第1期。
④ 马宁:《机动车第三者责任保险能排除连带责任吗?》,《法律科学》(西北政法大学学报)2022年第3期。
⑤ 刘丹冰:《我国中央银行流动性工具箱的创新、演进特点及法律问题研究》,《西北大学学报》(哲学社会科学版)2022年第1期。
⑥ 刘丹冰:《新发展视角下统一"金融监管法"的制定》,《法律科学》(西北政法大学学报)2022年第1期。
⑦ 刘志仁:《论"双碳"背景下中国碳排放管理的法治化路径》,《法律科学》(西北政法大学学报)2022年第3期。
⑧ 董红、王有强:《我国耕地土壤污染防治立法探析》,《西北农林科技大学学报》(社会科学版)2022年第2期。
⑨ 焦琰:《论作为环境法学核心范畴的环境法益》,《西北大学学报》(哲学社会科学版)2022年第5期。
⑩ 王社坤:《论我国碳评价制度的构建》,《北方法学》2022年第2期。
⑪ 陈静、徐雷、刘莉:《论〈建筑法〉绿色化立法应然目标与实然缺陷》,《西安建筑科技大学学报》(社会科学版)2022年第2期。

(五)诉讼法学

李叶宏认为,区块链技术的快速发展为司法执行提供新的视野与方法。① 王国龙提出将"诉源治理"应用于法院在多元化纠纷解决机制。② 台治强、冯乐鹏认为,科学技术与诉讼证据深度融合形成的鉴定意见,致使法庭和法官一度陷入审查难的困境。③ 李锟研究发现,随着区块链存证技术和在线诉讼的勃兴,区块链证据的属性、应用和规则成为亟待回应的问题。④ 邱昭继认为,法律人工智能经历了从法律专家系统到论证检索和认知计算的转变。⑤ 谢鹏远认为,互联网时代对在线纠纷解决的信任不再依靠面对面的接触,而是在脱域的情境下建立起来的。⑥

步洋洋认为,立足于刑事司法实践中印证证明之可欲和可能、应然与实然之间落差常存的现实语境。⑦ 步洋洋论证了审判阶段补充侦查的分析、研判不应继续囿于以往刑事立法的框定内容,不能以此前规范可能形成的不利后果作为制度诟病的必然论据。⑧ 步洋洋研究发现,证据调查方式于认罪案件和不认罪案件的法庭审理之中实然有别。⑨ 步洋洋还认为,应当最大限度地保障事实审理者能够依照其理性判断独立、适时、审慎地作出既符合案件事实情境,又能够获得司法公信的事实裁断。⑩ 李锟认为,中国刑事法庭询问制度存在规范烦冗、效力不明、核心规则缺位等问题,控辩双方难以有效质询人证,无益于发挥法庭在诉权保障和事实发现中的作用。⑪ 百晓锋研究发现,当务之急应是解决"人"和"权限"的分离问题,使执行权回归执行员,使法官专司审判权的行使。⑫

---

① 李叶宏:《基于区块链技术的司法执行创新研究》,《西北民族大学学报》(哲学社会科学版)2022 年第 2 期。
② 王国龙:《法院诉源治理的司法理念及功能定位》,《政法论丛》2022 年第 6 期。
③ 台治强、冯乐鹏:《专家辅助人视阈下二元化鉴定意见审查模式之重塑》,《中国人民公安大学学报》(社会科学版)2022 第 5 期。
④ 李锟:《区块链证据的技术优势与审查规则》,《中国人民公安大学学报》(社会科学版)2022 年第 4 期。
⑤ 邱昭继:《人工智能、法律解析与未来法律实践》,《政法论丛》2022 年第 4 期。
⑥ 谢鹏远:《在线纠纷解决的信任机制》,《法律科学》(西北政法大学学报)2022 年第 2 期。
⑦ 步洋洋:《论印证证明在认罪案件中的司法适用》,《中国人民公安大学学报》(社会科学版)2022 年第 6 期。
⑧ 步洋洋:《论审判阶段的补充侦查——以 2021 年〈刑诉法解释〉第 274 条为切入》,《浙江工商大学学报》2022 年第 6 期。
⑨ 步洋洋:《认罪案件庭审证据调查方式的特殊性论理》,《东方法学》2022 年第 5 期。
⑩ 步洋洋:《论"根据在案证据裁判规则"》,《法商研究》2022 年第 4 期。
⑪ 李锟:《刑事审判交叉询问规则的实践反思》,《地方立法研究》2022 年第 2 期。
⑫ 百晓锋:《论执行权向执行员的"回归"》,《华东政法大学学报》2022 年第 5 期。

三、国际法学研究

吕江认为,未来国际社会应在整体系统思维的基础上,充分利用碳中和共识的政治推动力,从法律上确立起相互支持原则,以期实现二者的规则协同。① 王阳研究发现,海平面上升对《联合国海洋法公约》中基线和海域制度的影响动摇公约确立的公平理念与陆地统治海洋原则。② 张超汉、冯启伦研究发现,突发公共卫生事件给全球卫生治理体系带来挑战,使国际社会认识到加强合作防控的现实性与紧迫性。③ 杨云霞、庄季乔认为维护国家经济安全,法律是必不可少的重要工具。④

四、法学高等教育研究

张荣刚、尉钏提出法学应与其他学科交叉融合的建设路径。⑤ 杨宗科认为习近平法治思想是指导新法学建设的方法论。⑥ 王周户、杨思怡认为法学教育是新法学建设的基础。⑦ 彭立峰研究发现,中国面临日益严峻的国际法律风险,要打造一支优秀的涉外法治人才队伍。⑧ 郭永辉、李明指出,"一带一路"倡议下涉外国家安全法治人才的培养是维护海外国家安全利益的重要保障。⑨ 刘学文、袁帅提出,未来应当发展法教义学范式,构建一套以国际法为本体的内生性规范体系。⑩ 汪世荣、李乐凡明确,实现个案公正关乎每一个当事人的切身利益,亦是法治社会的必然要求。⑪ 刘亚军、邱慧结合教育部和司法部联合颁布的《法律硕士专业学位(涉外律师)研究生指导性培养方案》和培养单位的实施方案,分析法律硕士(涉外律师)研究生人才培养理念和项目实施中标准化与特色化的关

---

① 吕江:《应对气候变化与生物多样性保护的国际规则协同:演进、挑战与中国选择》,《北京理工大学学报》(社会科学版)2022年第2期。
② 王阳:《在稳定与公平之间:海平面上升对海洋边界的影响及其应对》,《中国海商法研究》2022年第4期。
③ 张超汉、冯启伦:《中国参与全球卫生治理的法理基础、总体成效与完善路径——以突发公共卫生事件应对为视角》,《国际法研究》2022年第1期。
④ 杨云霞、庄季乔:《霸权国家经济安全法律与政治捆绑及对中国的启示》,《西安财经大学学报》2022年第6期。
⑤ 张荣刚、尉钏:《在习近平法治思想指引下以学科交叉促进新法学建设——兼析新发展阶段政法类高校的学科体系优化》,《法学教育研究》2022年第2期。
⑥ 杨宗科:《以习近平法治思想指导新法学建设》,《法学教育研究》2022年第2期。
⑦ 王周户、杨思怡:《以习近平法治思想引领新时代法学教育》,《法学教育研究》2022年第4期。
⑧ 彭立峰:《涉外法治人才培养的英国实践及其借鉴》,《法学教育研究》2022年第2期。
⑨ 郭永辉、李明:《"一带一路"倡议下涉外国家安全法治人才的培养》,《法学教育研究》2022年第3期。
⑩ 刘学文、袁帅:《我国涉外法治人才培养课程建设体系革新方法论》,《法学教育研究》2022年第3期。
⑪ 汪世荣、李乐凡:《"个案公正"视角下法学教育改革路径研究》,《法学教育研究》2022年第4期。

系、高校与联合培养单位的关系、法学教育与其他学科教育的关系、境内培养和境外培养的关系等需要关注的主要问题,并提出"订单式"培养、"学徒制"培养、海外培养等项目实施的具体建议。①

(作者单位:西北政法大学)

---

① 刘亚军、邱慧:《涉外律师研究生项目人才培养模式创新的思考》,《法学教育研究》2022年第3期。

陕西省政治学研究

刘吉发

2022年,陕西学者立足当今世界大变局和中国政治实践大格局,采用规范研究、实证研究和交叉融合研究三大方法,深入总结中国政治经验,突出强调当代中国标志性政治成果的学理转化,科研成果丰厚。在《西安交通大学学报》(社会科学版)、《马克思主义研究》、《学术研究》、《政治思想史》等核心期刊发表学术论文221篇;在人民出版社、社会科学文献出版社等出版学术专著17部;西安交通大学、西北大学、西北政法大学、西安财经大学、延安大学等单位获批:《完善党和国家监督体系》国家社科基金政治学重点项目1项,《乡村振兴背景下干部驻村制度优势转化为治理效能策略研究》《中国五年规划制度研究》《突发公共卫生事件精准应急响应机制研究》《乡村治理现代化进程中非正式制度效能提升研究》等国家社科基金政治学一般项目4项,《中国传统政治哲学的现代转换与创新发展研究》国家社科基金西部项目1项以及《网络政治意识形态传播规律研究》国家社科基金后期资助项目1项。

省内高校和科研机构持续建设,为政治学学科创新发展提供重要平台支持。陕西师范大学国家安全学院(政法与公共管理学院)2022年成立,是国家安全学一级学科硕士学位授权点。长安大学国家安全与高校意识形态教育基地,由教育部高校思想政治工作创新发展中心(长安大学)和陕西省重点马克思主义学院长安大学马克思主义学院联合创办,是西北地区首家国家安全与高校意识形态教育基地。西北政法大学政治与公共管理学院拥有政治学一级学科硕士学位授予权点,下设政治学理论、中外政治制度和国际关系3个二级学科,政治学与行政学为国家级一流专业建设点。西安外国语大学国际关系学院拥有政治学一级学科硕士点和国际关系与区域研究二级学科硕士点。西北大学中东研究所拥有国内高校中规模最大的中东研究团队,拥有教育部国别和区域研究中心、国家民委国别和区域研究中心、陕西省哲学社会科学重点研究基地等省部级科研平台。西安外国语大学拥有波兰研究中心(教育部国别和区域研究中心)和南亚研究中心(国家民委"一带一路"国别和区域研究中心〈培育〉)以及国内领先的"模拟联合国及外交实务实验室"。西北政法大学人权研究中心在铸牢中华民族共同体意识的法治保障、陕甘宁边区人权保障的理论实践与当代价值、西北地区(新疆)反恐怖主义与人权保障、西北地区民族区域自治与少数民族权利保护的法律问题、国家治理现代化与人权法治、国际人权保护与合作等方面,形成特色鲜明的研究方向。

西安财经大学、延安大学等单位先后举办"统一战线与全过程人民民主理论研讨会""全过程人民民主与新时代中国政治发展研讨会""陕西省政治学会2022年学术年会"等重要学术会议。来自西安交通大学、陕西师范大学、西安电子科技大学、西北政法大学、西安科技大学、复旦大学、天津师范大学等高校专家学者参加会议研讨交流。

陕西政治学学科重点形成"当代中国马克思主义政治学基础理论研究""当代中国政治实践研究""国家治理现代化研究""政治文化研究""国际政治研究""交叉学科研究"六大类成果集群,为当代中国政治学学科体系、学术体系和话语体系的建构发展贡献陕西力量。

一、当代中国马克思主义政治学基础理论研究

学者围绕人类命运共同体、中国式现代化、民主集中制、全过程人民民主等核心议题展开深入研究,对其本质属性、运行逻辑、制度特征等进行学理阐发,有力推动当代中国马克思主义政治学基础理论研究。

袁祖社认为,人类命运共同体思想的提出,秉持"以文明看待生存""以文明看待共同体"之前瞻性理念,理智地对待和全面地反思启蒙现代性理论和实践对于共同体的价值理性根基背离的现实,提出"生存共依""实践协同""价值共契""文明成果共享"的新的价值生存信念与规范,实现人类文明境界的实质性提升。[①]

卢黎歌、郭玉杰认为,中国的现代化发展植根于世界现代化的发展洪流并深受影响。在核心支撑上,坚持现代型政党与中国化的马克思主义相辉映;在宗旨原则上,坚持立场的人民性与发展的和平性相统一;在战略谋划上,坚持重点突破与统筹兼顾相融合;在主要手段上,坚持制度保障和政府推动相衔接;在态度理念上,坚持民族的内生性与世界的开放性相结合。[②]

阎树群、黎日明认为,中国式现代化新道路是由质的规定和目标设定所构成的有机整体,是自主性、全面性、人民性、包容性、道义性的统一,在丰富发展模式、引领时代走向、提升治理效能、坚定信念信心等诸多方面为中国特色现代化理论做出原创性贡献,为广大发展中国家实现现代化提供中国智慧和中国方案。[③]

阎树群、罗国庆认为,习近平关于民主集中制的重要论述,其理论特质主要表现为:在守正与创新的统一中体现时代性;在民主与集中的结合中彰显科学性;在系统谋划与把握关键的融合中呈现战略性;在优势与效能的转化中凸显实践性。它既从整体上体现

[①] 袁祖社:《价值理性共识与公共性优存的新文明叙事——人类命运共同体思想的原创性贡献及其世界性意义》,《学术研究》2022年第8期。

[②] 卢黎歌、郭玉杰:《中国式现代化:超越转型、演进逻辑、经验启示》,《北京工业大学学报》(社会科学版)2022年第1期。

[③] 阎树群、黎日明:《习近平关于中国式现代化新道路重要论述的原创性贡献》,《学习论坛》2022年第2期。

习近平对制度理论所做出的重大创新,又为全面把握民主集中制的内涵要义和治党优势,增强全党创造力、凝聚力、战斗力提供科学指南。①

张爱军认为,全过程人民民主建设的过程就是社会主义政治文明建设的过程。全过程人民民主建设的内容、范围、程度决定着社会主义政治文明建设的内容、范围、程度。全过程人民民主与社会主义政治文明建设共同聚焦于制度建设,核心在于对人民代表大会制度、中国共产党领导的多党合作和政治协商制度、民族区域自治制度、基层群众自治制度等系统性制度文明的全过程人民民主建设。②

二、当代中国政治实践研究

学者围绕跳出历史兴衰周期率的中国实践、新时代党的廉政建设、当代中国协商民主制度建设、中国政策议程设置等问题展开深入研究。

杨平认为,面对跳出历史周期率的世界性难题,中国共产党经过百年探索作出两次历史性的回答,给出人民民主与自我革命两个答案。两次历史性回答又一脉相承,是继承和发展的关系,而不是替代关系,更不是否定关系,具有认识的发展性。两次历史性回答充分彰显中国共产党长期执政杰出的历史自省、实践自为和理论自觉能力。③

王维国认为,关于党的自我革命,习近平总书记强调的"六个必须"是内在关联、辩证统一的整体。它揭示过去我们为什么能成功、未来我们怎么样才能继续成功的深刻道理,明确推进新时代党的自我革命的内在要求,指明努力方向。④

李永胜、罗蓓认为,新时代党中央在科学把握党的廉政建设趋势的基础上,提出一系列新思想新理念,推动党内廉政工作取得历史性成就。这些成就的取得主要在于坚持政治在先、权力进笼、数字赋能党性教育。通过总结新时代党的廉政建设重要经验,有助于今后党在廉政建设中进一步提升理论思维,培养制度思维,树立数字思维。⑤

张师伟认为,凭借着独特的政治条件与卓越的政治能力,中国共产党不仅提供协商民主制度得以产生的理论基础、发展方向、制度框架及基本原则等,而且还确定协商民主在中国建构和发展起来的法治路径,既建构法制化的协商民主制度的基本框架及运行原则,也确立中国共产党依法建构和领导协商民主的法治化运行体制。⑥

---

① 阎树群、罗国庆:《习近平关于民主集中制重要论述的理论特质》,《海南大学学报》(人文社会科学版)2022年第5期。
② 张爱军:《全过程人民民主与社会主义政治文明的互嵌与驱动》,《中共天津市委党校学报》2022年第2期。
③ 杨平:《论中国共产党对跳出历史周期率的两次历史性回答》,《陕西师范大学学报》(哲学社会科学版)2022年第4期。
④ 王维国:《深化对推进新时代党的自我革命的认识》,《红旗文稿》2022年第5期。
⑤ 李永胜、罗蓓:《新时代党的廉政建设的经验、规律及启示》,《中州学刊》2022年第10期。
⑥ 张师伟:《中国共产党领导协商民主制度建设的政治条件和法治路径》,《学术界》2022年第5期。

靳永翥、赵远跃认为,政策议程设置是一个充满模糊性的场域,公众参与作为打开"政策黑箱"和破解模糊性的一把钥匙,契合政策世界的多元性与复杂性。他们基于多源流理论模型,对既有文献进行挖掘,架构出影响公众参与的五个关键要素,即参与意识、参与能力、价值取向、参与渠道和政府形象,并采用多案例的清晰集定性比较分析和个案检验方法,分别考察公众参与要素内输入源流的配适性和不同要素的实质效力。[1]

三、国家治理现代化研究

学者围绕中国之治的结构特质和优势机理、统一战线何以服务国家治理现代化、党建引领城市社区治理、干部驻村机制的治理效能、新乡贤参与社会治理共同体等重大问题,将宏观视野和微观结构相结合,学理总结当代中国国家治理现代化的实践经验,深化治理现代化议题的理论研究。

冯笑认为,探讨"中国之治"的柔性结构问题具有非常重要的现实意义。"中国之治"的柔性结构既是对中国传统德治资源的现实运用,又是近代以来探寻中国之治历史经验的成果凝结,其构成因素主要包括先进的政党价值理念、反映实践要求的政治理论政策、思想政治生命线的工作方法等。[2]

陈晓莉认为,地方统一战线服务推进国家治理现代化的效能,在很大程度上取决于其对统一战线服务推进国家治理现代化的认知水平、资源禀赋和实践创新能力状况。因此,提高认知水平、发挥资源优势、推动实践创新是提升地方统战服务、提升国家治理效能及现代化水平的有效途径。[3]

何得桂、李想通过研究石泉县"书记民情三本账"的制度运行,发现基层党组织为破解悬浮化的困境,聚焦和回应基层群众需求,构建党组织统揽全局、跨部门协同、群众共治的治理结构,通过自下而上收集与界定问题来启动治理流程,建立以有效回应和群众参与为导向的基层治理机制,实现自上而下的治理资源供给与自下而上的治理需求的有效互动,推进治理方式的深刻变革。[4]

王智强、陈晓莉认为,党建引领城市社区治理存在治理权威性不足、社区党组织引领能力偏弱、工作开展与现实需要脱节等问题。要努力实现基层党建与社区治理深度融合,强化党组织治理权威,增强社区党建引领功能;保障与优化多元主体协同共治体系,全面构建社区治理秩序;加强与创新多元主体共治方式,全面凝聚社区治理合力;增强与

---

[1] 靳永翥、赵远跃:《公众参与背景下多源流理论如何更好解释中国的政策议程设置——基于多案例的定性比较分析》,《行政论坛》2022年第6期。
[2] 冯笑:《"中国之治"的柔性结构及其优势机理》,《西安财经大学学报》2022年第3期。
[3] 陈晓莉:《统一战线何以服务推进国家治理现代化——基于地方实践的观察与思考》,《理论学刊》2022年第2期。
[4] 何得桂、李想:《基层党组织制度优势转化为治理效能的机制与路径——基于群众路线视角的探析》,《西北农林科技大学学报》(社会科学版)2022年第3期。

提高社区党组织服务意识和能力,全面提升社区治理水平。①

穆军全、赵延安认为,运用历史制度主义方法探究干部驻村机制的变迁轨迹可以发现:国家权力嵌入下组织记忆的动态激活是其变迁的路径依赖;领导人权力更替和政治议程设置是其变迁的关键节点;干部驻村机制的变迁经历漂移与转换交互并存的渐进过程,体现出中国特色国家治理中组织动员与科层治理之间动态调适的规律。②

曾凡木认为,新乡贤参与乡村社会治理共同体的路径主要包括参与制度供给和推动集体行动。其中,制度供给是为乡村社会治理共同体运作过程中提供基本的博弈规则。在集体行动中,新乡贤具有强烈的利他精神,拥有一定的治理资源,可以有效解决行动初期的初始成本难题,并通过德行领导来动员和组织村民。新乡贤参与到乡村社会治理共同体建设中,能够有效提升乡村治理水平。③

四、政治文化研究

学者围绕国家文化、政党文化、民族文化、西方法治文化、西方社会文化以及西方智库研究文化等议题展开研究。

张师伟、王宁认为,姚中秋提出的"生产型国家"概念,是理解传统中国国家属性、功能及形态等的特殊视角,在理论上有相当的参考价值。但该概念还停留在现象描述的层面,相对缺少严格意义上的理论证成。从国家形态类型划分的角度看,"生产型国家"概念还需要进一步地阐释和论证,明确它的独特内涵,界定它的所指范围。④

杨伟宏、衣鸿飞认为延安时期,以毛泽东为代表的中国共产党人创造性地将马克思主义党的建设理论与中国革命具体实际相结合,通过制定和执行党的正确政治路线,推进党内法规制度体系的建设,加强党员干部的党性修养锻炼,严明党的政治纪律和政治规矩,组织开展积极健康的党内斗争,批判和纠正党内各种不正之风等,巩固党内团结、维护党中央权威和集中统一领导,为新民主主义革命的胜利奠定重要的政治基础。⑤

阎树群、杏贝男认为,"铸牢中华民族共同体意识"是习近平总书记关于做好新时代民族工作的纲领性论述,这一重要论述至少蕴涵两层意义:一是从观念建构的维度阐明"中国五十六个民族是一个共同体"这一基本事实;二是从意识铸造的维度引导各族人民

---

① 王智强、陈晓莉:《党建引领城市社区治理:实践经验、现实困境与提升路径》,《理论导刊》2022年第9期。
② 穆军全、赵延安:《动员逻辑与科层逻辑的互构:干部驻村机制的变迁审思》,《宁夏社会科学》2022年第4期。
③ 曾凡木:《制度供给与集体行动:新乡贤参与社会治理共同体的路径分析》,《求实》2022年第2期。
④ 张师伟、王宁:《中国传统国家形态理论解释的新概念反思——兼议姚中秋教授的"生产型国家"》,《江苏行政学院学报》2022年第4期。
⑤ 杨伟宏、衣鸿飞:《延安时期维护党中央权威的实践探索》,《中共福建省委党校(福建行政学院)学报》2022年第4期。

形成对"中华民族是一个共同体"的思想自觉和情感、价值与理性认同。①

唐学亮认为,霍布斯主要通过三个方面进行现代法治的政治哲学奠基。首先,主权是公共化和政治化了的,"天下为公"成为现代法治的顶层设计,同时也是霍布斯技术化的法律合法性思想的根据所在;其次,公民是权利化和自由化了的,这是现代法治的社会基底支撑;最后,主权者是被规训化、规范化了的,这是其恪守法治的教育学保障。霍布斯既是现代政治哲学的奠基人,也是现代法治思想的源头活水。②

杨帆、牛耀红针对西方国家政治极化、社会分裂的现状,提出一种基于政治光谱视角的受众分析方法,并以美国为例,重点研究影响美国政治生态的三种意识形态群体对中国的态度和认知。通过对 Twitter 数据的文本分析显示:宗教右翼较少关注中国,经济民粹更关心中国人权议题,政治文化民粹对中国具有强烈的敌对情绪和意识形态偏见。③

郭琳以法国国际关系研究所涉华研究文本成果为样本,通过文献计量和文本分析方法挖掘并总结该智库涉华研究不同领域的主要认知、观点及态度,以此窥探法国智库的中国观。作者认为,法国国际关系研究所的研究对待法国、欧洲利益关系密切的全球治理等领域和中国政治体制、国家治理及军事议题上态度截然不同。④

五、国际政治研究

国际政治研究是陕西政治学研究的优势领域。学者对中日关系前景、乌克兰危机、英法德的"印太战略"、塞浦路斯劳动人民进步党的理论发展与实践探索等重大和热点议题进行深入研究。

朱海燕认为,"新时代现实主义外交"是日本岸田政府的外交新旗帜,它由三大支柱支撑:维护"普世价值"是其第一支柱,积极参与全球治理被视为第二支柱,"守护国民的生命与生活"则作为第三支柱。日本外交将地区安全局势作为达成国家安全战略目标的政策工具,绑架日本与周边国家间关系,使其成为国内政治议程的附属品,这从根本上决定了中日关系将难以转圜向好。⑤

王志、屈佳荣认为,西方与俄罗斯关系恶化,乌克兰成为地缘竞争的对象,乌克兰危机升级。其国家建构方式构成博弈的重要内容,这为理解乌克兰危机及其升级提供有益的分析思路。从国家建构视角理解乌克兰危机,本质在于乌克兰未能找到一条适合自己

---

① 阎树群、杏贝男:《"中华民族共同体"的观念建构与意识铸造》,《甘肃社会科学》2022 年第 4 期。
② 唐学亮:《霍布斯法治思想的政治哲学奠基》,《政治思想史》2022 年第 2 期。
③ 杨帆、牛耀红:《美国 Twitter 用户涉华态度及认知——基于政治光谱视角》,《国际新闻界》2022 年第 6 期。
④ 郭琳:《法国智库涉华认知研究及启示——基于法国国际关系研究所的研究》,《情报杂志》2022 年第 2 期。
⑤ 朱海燕:《日本"岸田外交"与中日关系的前景》,《东北亚论坛》2022 年第 5 期。

的国家建构路径,在外部干预下国家分裂,这为多民族国家建构带来重要启示。①

耿鹏涛认为,英国从全球战略的角度自上而下地审视和推动区域性的"印太战略",法国以海外领地为据点向周边辐射式地推动"印太战略",德国内嵌于欧盟等多边机制当中,聚焦于经贸合作与社会发展等具体议题。在同盟政治与国内政治影响下,包括英法德三国在内的西方国家存在着以意识形态为壑,针对中国的集团化趋势,应当引起中国的重视。②

冯燚认为,作为少数在资本主义国家通过议会选举实现参政和执政的马克思主义政党,塞浦路斯劳动人民进步党坚持马克思列宁主义原则,坚定社会主义发展方向,注重从理论、制度和党群关系等方面进行治党建党探索。③

六、交叉学科研究

交叉学科研究是陕西政治学研究的特色领域。学者继续围绕网络政治、气候政治等热点议题展开深入研究,并对政治传播的艺术方式和实践路径等进行独到分析。

张爱军、吉璇认为,网络民族主义是民族主义在网络的延伸和变异,变异是网络民族主义的主要特征,情绪是网络民族主义的核心动力。网络民族主义的变异主要体现在虚拟共同体、传播便捷、理论碎片、言论非理性、政治动员等方面。提升宪法安全、实现精英与大众互动、加强情感治理、加强技术治理、化解网络民族主义的风险等是让网络民族主义走向良性发展的基本举措。④

张爱军、朱欢认为,个体生活与宏观政治的聚合、群体身份与政治认同跨时空归属的聚合以及政治互动的跨层级聚合,促进政治认知、情感及行为的形成与发展,为政治认同的建构创造群众基础、技术支撑和实践方式。社交媒体也通过屏蔽、引导、规训和伪造的技术路径,造成社交媒体上政治认同心理的分化割裂。应通过加强主流媒体认同引导、圈层认同吸纳、算法认同构建来规制政治认同风险。⑤

赵斌、谢淑敏认为,现阶段中美气候政治竞争在全球气候政治领导力、全球气候变化减缓等维度面临新挑战。从全球气候治理角度看,中美气候合作有益于缓和紧张局势,有可能使中美关系重新焕发活力。中国应从充分认识大国间气候政治良性互动、维护国际气候机制有效性、科学制定气候政策、加强清洁能源技术研究等方面挖掘中美气候政

---

① 王志、屈佳荣:《国家建构与地缘博弈:乌克兰危机的一种分析视角》,《俄罗斯研究》2022年第4期。
② 耿鹏涛:《身份视阈下的英法德"印太战略"比较研究》,《印度洋经济体研究》2022年第4期。
③ 冯燚:《塞浦路斯劳动人民进步党的理论发展与实践探索》,《世界社会主义研究》2022年第2期。
④ 张爱军、吉璇:《特性与功能:网络民族主义的变异及其治理》,《社会主义研究》2022年第3期。
⑤ 张爱军、朱欢:《聚合与割裂:社交媒体时代的政治认同》,《哈尔滨工业大学学报》(社会科学版)2022年第1期。

治合作的潜在领域,为构建多层次全球气候治理体系贡献中国智慧和中国方案。①

原文泰、冯雯艳认为,中华人民共和国成立后,国家格外重视电影媒介宣传效应,通过放映电影宣传时事政策成为一种主流策略。电影放映单位采取措施号召观影,开辟人民群众的参政空间。电影院担负着"政治大课堂"这一时代使命。②

杜涛、白凯、黄清燕等通过社会建构视角分析红色旅游资源的形成过程与价值聚焦,强调红色文化和红色旅游资源的重要作用,说明红色旅游资源社会建构中的"主客体"互动联结、红色旅游资源社会建构中"情境"的重要性及红色旅游资源社会建构中"意义"的赋予逻辑,并由此给出新发展阶段红色旅游资源的建构趋向。③

(作者单位:长安大学)

---

① 赵斌、谢淑敏:《"气候新政2.0":拜登执政以来中美气候政治竞合》,《西安交通大学学报》(社会科学版)2022年第4期。
② 原文泰、冯雯艳:《政治性视角下"十七年"时期陕西影院放映活动考察》,《电影文学》2022年第9期。
③ 杜涛、白凯、黄清燕等:《红色旅游资源的社会建构与核心价值》,《旅游学刊》2022年第7期。

陕西省社会学研究

胡俊生[1]　高　萍[2]　李　巾[3]　秦　敏[4]

一、学科发展概况

边燕杰、杨建科的《社会学概论》（第二版）由高等教育出版社出版，钟小浜的《城市化进程中的"村改居"社区治理创新》由社会科学文献出版社出版，周明的《社会保险统一经办模式及实现路径研究》由中国社会科学出版社出版，翟绍果的《社会保障学：理论、政策与实践》由清华大学出版社出版。

2022年，陕西社会学界发表CSSCI及扩展版以上期刊论文100余篇。西安交通大学、西北农林科技大学、西北大学发表数量遥遥领先。其中，西安交通大学论文成果主要集中于社会关系与社会资本、教育社会学、网络社会学等方面；西北农林科技大学成果主要集中于乡村治理、乡村建设、农业发展、社会学学科理论反思等方面；西北大学研究成果主要集中于社会保障、老年社会学、经济社会学等方面。

西北农林科技大学赵晓峰的"建设共建共治共享的社会治理制度研究"获国家社会科学基金重大项目立项；西北大学厉旦的"基于价值共创共享的'互联网+'家庭医生签约服务质量提升研究"、西安交通大学侯利明的"相对教育视角下过度教育决策对教育影响机制研究"等获教育部人文社会科学项目立项。一些学者积极开展横向课题研究，如西北农林科技大学邢成举主持的"渭南市、商洛市2021年巩固脱贫成果后评估"、刘鹏主持的"《陕西省乡村振兴促进条例》立法研究"等。

西北大学公共管理学院、陕西省"三秦学者"创新团队承办"社会保障促进共同富裕：理论与实践"座谈会，西北大学哲学院、陕西省社会工作协会承办"中国社会工作学会2022年会暨中国社会工作发展高端论坛"，陕西省社科界联合会、西北农林科技大学人文社会发展学院主办"农业农村现代化与公共政策创新学术研讨会"。

二、优秀成果观点简介

（一）学科发展与理论反思

石英认为，在新科技革命视域下，应当重新理解和把握社会学"科学性"与"人文性"

的关系和本质,走出"重数轻人"的分析思维范式,培育基于经验直觉的社会学想象力,探索科学的"社会全息"理论,倡导"双重性格"融合互补的质性社会学。① 李元元、张科指出,为化解与涂尔干的理论分歧,莫斯以礼物为中介,阐释循环往复的礼物交换让"社会力"完全作用于个体,从而使得社会的生产和持续成为可能。②

(二)社会关系与社会资本

边燕杰、高继波指出,亲友联系和社团参与能提高居民身心健康水平,居民身心健康水平受其精神风貌、地位资源、人口特征、环境制约等主客观因素影响。③ 悦中山、王红艳发现,社会比较和社会支持的双重机制影响农民工精神健康,本地非市民关系通过社会支持影响农民工精神健康,本地市民关系通过社会比较机制促进农民工精神健康。④ 王学旺、边燕杰发现,社交时间投入、亲属聚会、朋友聚会是社会资本的重要来源;在推进法治社会建设进程中,社会资本是民众积累法律知识、实现普法效果的重要社会机制。⑤

(三)社会群体

陈辉指出,当前基层年轻干部群体佛系职业心态分为两种类型:一种与职业初期自我定位有关,选择体制内工作的初衷就是过低压力的职业生活;另一种并非个人初衷,而是由于形式主义工作、问责压力、职业发展周期与家庭生命周期之间的冲突而形成。⑥ 朱晓文指出,过度内卷会对高校青年教师群体身心健康造成负面影响,并且诱发科研工作功利化倾向;需进一步健全和完善"非升即走"聘任制度,加大对高校青年教师的全方位支持,充分激发其创新潜能与活力。⑦

(四)农村社会学

1. 乡村建设

马良灿、康宇兰指出,农村人口流动呈现周期性"离巢"与"回巢"特征,多数村落在

---

① 石英:《新科技革命与中国特色社会学理论建构》,《人文杂志》2022年第4期。
② 李元元、张科:《集体欢腾、绝地天通与礼物交换——莫斯与涂尔干宗教人类学思想的理论分歧及其化解》,《民族学刊》2022年第3期。
③ 边燕杰、高继波:《社会连结方式与全民身心健康——兼论族群差异与平等》,《中南民族大学学报》(人文社会科学版)2022年第8期。
④ 悦中山、王红艳:《社会支持还是社会比较——社会网络影响农民工精神健康的机制研究》,《社会学评论》2022年第5期。
⑤ 王学旺、边燕杰:《法治的社会力量:民众法律知识积累的社会资本机制》,《人文杂志》2022年第7期。
⑥ 陈辉:《佛系与佛系化:基层年轻干部职业心态的初始定位和发展分化》,《湖湘论坛》2022年第5期。
⑦ 朱晓文:《高校青年教师"内卷困境"的成因与应对》,《人民论坛》2022年第17期。

现代化进程中会以新的存在形态延续。① 李元元、梁哲指出,道义合法性、民意合法性、行政合法性与绩效合法性是项目进村得以落地的关键要素,它们相互嵌合、共同作用,决定项目进村能否顺利推行并取得实效。② 邢成举、周思聪指出,依托企业等市场主体带动贫困户脱贫是中国贫困治理的重要经验,精准扶贫以及乡村振兴需要企业与贫困户等关联关系的健康持续发展。③

2. 乡村治理

赵晓峰、马锐、赵祥云指出,农村基层社会治理共同体建设应从农民现实需求、社区基础、组织基础等多方面进行综合考察。④ 郭占锋、王懿凡、李钰肖发现,法治可以强化德治的价值观引领,德治可以弥合法治效用的空缺,自治可以约束法治带来的个人权利泛用。⑤ 李玲玲、杨欢、赵晓峰发现,乡村多元治理主体的耦合是实现"三治融合"的关键,可以通过价值共同体、组织共同体、行动共同体的建构,促进乡村治理共同体的生成。⑥ 曾凡木指出,在集体行动中,新乡贤具有强烈的利他精神,拥有一定的治理资源,可以有效解决行动初期的初始成本难题,并通过德行领导来动员和组织村民。⑦ 张贯磊认为,村干部通过社区内各类中间群体,延长社区治理结构的层级链条,并在微观层面建构社区共同体,形成乡村治理结构的中间层级与缓冲地带。⑧ 赵晓峰、刘海颖指出,数字乡村治理出现一些意外后果,如陷入数字供给与农民需求脱节、数字依赖造成治理失真以及数字技术泛滥带来治理规则混乱等。⑨

3. 农业发展

陈航英发现,行政、资本和乡土社会三个因素及其相互间的关系形塑我国农业的经

---

① 马良灿、康宇兰:《是"空心化"还是"空巢化"?——当前中国村落社会存在形态及其演化过程辨识》,《中国农村观察》2022年第5期。

② 李元元、梁哲:《"项目进村"何以落地——一个西北山村公共用水工程合法性获得机制的社会学考察》,《青海社会科学》2022年第4期。

③ 邢成举、周思聪:《制造关联:精准扶贫实践中的利益联结与关系再构——从地方政府行为切入》,《南京农业大学学报》(社会科学版)2022年第2期。

④ 赵晓峰、马锐、赵祥云:《农村社会治理共同体建设的社会基础及经验适用性研究》,《北京工业大学学报》(社会科学版)2022年第5期。

⑤ 郭占锋、王懿凡、李钰肖:《乡村振兴战略中的"三治融合":何以可能?如何为之?——基于陕西省X市的考察》,《中共福建省委党校(福建行政学院)学报》2022年第1期。

⑥ 李玲玲、杨欢、赵晓峰:《"三治融合"中乡村治理共同体生成机制研究——以陕西留坝县为例》,《西南大学学报》(社会科学版)2022年第3期。

⑦ 曾凡木:《制度供给与集体行动:新乡贤参与社会治理共同体的路径分析》,《求实》2022年第2期。

⑧ 张贯磊:《重构"双轨":乡村治理的结构调适与运作逻辑》,《天津行政学院学报》2022年第2期。

⑨ 赵晓峰、刘海颖:《数字乡村治理:理论溯源、发展机遇及其意外后果》,《学术界》2022年第7期。

营模式及未来的发展形态。① 孙新华、吴楠指出,农业规模经营的健康发展不仅需要处理好经济关系,而且需要处理好社会关系。② 钟丽娜、陈健、吴惠芳指出,村级农业生产性服务应注重村集体自身在农业产业链中统筹和服务能力的提升。③

(五)教育社会学

谢金辰、卢春天指出,要通过坚持以分轨制为主、兼容综合制之长、关注弱势群体在分流中的不利地位、合理布局教育资源等措施达到构建公平而有效率的教育分流的目的。④ 张骞、高雅仪发现,尽管投入课外补习的时间能够促进学业成就,却以心理健康受影响为代价;心理健康代价增大的诱因主要是"社会比较效应"的减弱,以及"角色压力效应"和"睡眠剥夺效应"的增强。⑤ 张顺、李诗扬发现,教育代际向上流动的父代对未来的信心和主观地位自评水平更高,心理健康水平更优。⑥ 陆根书指出,大数据在高等教育领域的应用对完善学校规划、促进学校发展、感知教学现实、提升教学效能、优化学习经历、提高学习质量、促进科学研究以及推动跨学科发展具有重要意义。⑦

(六)社会保障

翟绍果、陈兴怡指出,为推动医疗救助制度高质量发展,需要完善制度衔接机制、整合救助项目资源、动态调整救助资金规模、健全救助监管体制。⑧ 翟绍果、许琳、吴玉锋等以"社保小故事－社保小理论－社保小内容－社保小讨论"为框架主线,从社会保障的原生画像与历史全貌、制度框架与体系内容、管理运营与服务递送、制度改革与发展趋势等方面分享社会保障的精彩故事、思想光芒和体系内容。⑨ 吴玉锋、李德权、虎经博等指出,完善多维贫困识别策略、实现参保全覆盖、提升收入再分配力度、给予弱势老龄人口制度

---

① 陈航英:《行政、资本与乡土社会:农业经营模式的形塑机制》,《西北农林科技大学学报》(社会科学版)2022年第3期。
② 孙新华、吴楠:《关系化用工:农业规模经营的社会基础》,《西北农林科技大学学报》(社会科学版)2022年第3期。
③ 钟丽娜、陈健、吴惠芳:《集体农业生产性服务体系构建的路径与困境——兼论集体经济实现形式》,《农村经济》2022年第7期。
④ 谢金辰、卢春天:《教育分流程度与学业成就不平等研究——基于PISA2018的国际比较》,《教育与经济》2022年第4期。
⑤ 张骞、高雅仪:《竞争与博弈:课外补习的学业回报与心理健康代价》,《社会》2022年第3期。
⑥ 张顺、李诗扬:《教育代际流动与中老年父代心理健康差异》,《西安交通大学学报》(社会科学版)2022年第6期。
⑦ 陆根书:《大数据在高等教育领域中的应用及面临的挑战》,《重庆高教研究》2022年第4期。
⑧ 翟绍果、陈兴怡:《新时代医疗救助制度的功能定位、责任分担与优化路径》,《江淮论坛》2022年第5期。
⑨ 翟绍果主编,许琳、吴玉锋、任行副主编:《社会保障学:理论、政策与实践》,清华大学出版社,2022年。

倾斜应成为提升农村社会养老保险对老龄人口减贫作用的政策选择。①

（七）家庭社会学

高琛卓、杨雪燕、李华指出，精准把握育龄母亲的婴幼儿照顾意愿，对细化三孩政策配套支持措施、明晰托育服务发展方向具有重要意义。② 李颖晖、张伊雪、李翌萱指出，1990—2010 年间中国夫妻权力模式呈现渐进、不平衡的现代化转向，即夫权模式减弱，整体走向平权模式，但妻子对重大事务决策权的获取弱于、滞后于日常事务决策权。③ 陈辉发现，西部地区一些农民三代家庭成员分散在城市和乡村多个生活单元，这种家庭表现出较强弹性，具有改变家庭结构以满足家庭多元功能需要、应对发展压力并保持家庭团结的能力。④

（八）老年社会学

韦艳、王欣宇、徐赟指出，要从制度政策体现科学化与系统化、基础要素突出高级化与专业化、技术平台注重精准化与智能化等方面推动智慧健康养老产业高质量发展。⑤ 聂建亮、曹梦迪、吴玉锋研究村域社会资本对农村老人养老服务供给意愿的影响，发现在服务内容上，农村老人更愿意为他人提供精神慰藉服务，然后是生活照料服务，最后是医疗护理服务。⑥ 杨梦瑶、李知一、李黎明发现，互联网使用与老年人心理抑郁程度呈负相关，在线非正式休闲活动（社交和娱乐）有助于改善老年心理健康，与子女交往是互联网作用老年心理健康的促进型中介因素。⑦

（九）网络社会学

赵祥云指出，微信工作群使基层治理中的信息沟通成本和组织成本得以降低，还使基层的自由决策空间受到挤压。建议在治理转型过程中不能单纯强调技术治理，而应该

---

① 吴玉锋、李德权、虎经博等：《农村社会养老保险的多维减贫效应评估》，《社会保障研究》2022 年第 2 期。

② 高琛卓、杨雪燕、李华：《"幼有所育"政策背景下母亲的婴幼儿照顾偏好——基于优劣尺度法的实证分析》，《人口研究》2022 年第 5 期。

③ 李颖晖、张伊雪、李翌萱：《夫权维续还是渐进平权？——中国夫妻权力模式及影响机制变迁（1990—2010）》，《中国研究》2022 年第 1 期。

④ 陈辉：《半城半乡：西部农民新三代家庭的离散性与弹性——基于关中 A 县 B 村调研》，《社会科学辑刊》2022 年第 5 期。

⑤ 韦艳、王欣宇、徐赟：《智慧健康养老产业高质量发展的战略导向与实现路径》，《西安财经大学学报》2022 年第 3 期。

⑥ 聂建亮、曹梦迪、吴玉锋：《村域社会资本与农村互助养老实现——基于农村养老服务供给意愿视角的分析》，《西南大学学报》（社会科学版）2022 年第 6 期。

⑦ 杨梦瑶、李知一、李黎明：《互联网使用与老年人的心理健康——基于两级数字不平等的视角》，《人口与发展》2022 年第 6 期。

发挥基层政府的自主性和能动性,并加强相关法律法规建设。① 张龙、卢春天、曾玉华等指出,加快中国互联网普及,促进网络媒介与体育深度融合,对提升居民体育参与的公平性具有重要意义。② 闫臻指出,面对"社会性死亡"困境,不仅需要解决受事件影响个体身心层面的"有形伤害",更为关键的是需要解决之后衍生而出的"无形伤害"。③

(十)经济社会学

席恒、余澍指出,在推进共同富裕全过程中,应以激发全体社会成员积极性促进共建,以全体成员致富能力提升促进共富,以社会财富合理分配促进共享。④ 张顺指出,数字经济转型对加深就业群体分化、变革劳动控制方式与劳资权利配置具有重要作用。⑤

(作者单位:1、4,延安大学;2、3,陕西省社会科学院))

---

① 赵祥云:《基层技术治理的机制及其功能分析——以微信工作群为例》,《贵州师范大学学报》(社会科学版)2022年第4期。
② 张龙、卢春天、曾玉华等:《网络媒介使用对中国居民体育参与行为的影响——基于CGSS2017数据的实证研究》,《体育学刊》2022年第5期。
③ 闫臻:《数字化时代网络集体非理性惩罚现象的结构逻辑与个体特征》,《西安交通大学学报》(社会科学版)2022年第5期。
④ 席恒、余澍:《共同富裕的实现逻辑与推进路径》,《西北大学学报》(哲学社会科学版)2022年第2期。
⑤ 张顺:《数字经济转型中的就业群体分化及多维治理》,《人民论坛》2022年第3期。

陕西省心理学研究

游旭群

2022年,陕西心理学科在航空心理与人因工程、空间认知、特殊人群心理、教师职业心理健康和学生心理健康、家庭与青少年发展以及认知神经科学学等研究领域取得多项研究成果。共发表科研论文100余篇,出版著作6部。陕西心理学科围绕航空航天心理、教师职业心理健康、青少年认知发展,开展社会服务,获得陕西省委省政府批示和陕西省教育厅采纳。游旭群教授在视觉空间认知、航空人因工程和教师职业心理健康领域取得突出成就,2022年在SSCI/SCI、《心理科学》等期刊发表论文20余篇,获得2022年心理学科年度学术人物。

一、航空心理与人因工程研究

王新野、潘盈朵、高文权等人系统分析影响直升机飞行员飞入IMC的心理因素,研究结果显示,动机是影响飞行员有意飞入的首要因素,情景评估是影响飞行员无意飞入的首要心理因素。[1] 刘翠、张颖、丛林等提出,飞行疲劳会造成决策能力、记忆力、判断能力、反应能力和情景意识水平下降,进而导致航空事故的风险增加。[2] 此外,朱荣娟和游旭群分析飞行员无意失聪的认知行为与神经生理机制,发现,非预期听觉刺激可以进入晚期加工阶段,其能否被感知可能取决于与工作记忆相关的额顶网络的抑制控制程度。[3] 除飞行员个人因素外,航空公司也是影响航空安全的重要因素之一。徐泉、吴姚量、王梦云等探究安全氛围、和谐式安全激情与使命感对飞行员安全行为的影响,研究结果提示,和谐式安全激情和安全氛围分别对航空公司飞行员的使命感和安全行为之间的关系具有中介作用和调节作用。[4]

---

[1] 王新野、潘盈朵、高文权等:《影响直升机飞行员飞入IMC的心理因素——一项基于三十年间NTSB事故报告的研究》,《心理科学》2022年第1期。

[2] 刘翠、张颖、丛林等:《连续工作条件下军航飞行管制员的注意力分配特征研究》,《空军航空医学》2022年第5期。

[3] 朱荣娟、游旭群:《听觉警报失聪的认知因素》,《心理科学》2022年第5期。

[4] 徐泉、吴姚量、王梦云等:"The relationship between sense of calling and safety behavior among airline pilots: The role of harmonious safety passion and safety climate",*Safety Science*,2022年第150卷。

二、空间认知研究

有关空间认知的研究中,秦奎元、李瑛、陈文翔等人采用遮挡范式,探究时间结构、物理速度及运动过程是否可见碰撞时间估计的影响。研究结果表明,时间结构一致时,被试主要使用时间线索进行碰撞时间估计;时间结构不一致时,被试通过整合时间结构和视觉速度线索进行估计。① 此外,闫驰、高云飞、胡赛赛等人采用双框线索范式,以具有两种注视方向(直视或回避)的面孔或实物作为客体,通过操纵线索到目标间的刺激物呈现间隔来考察目光注视对客体注意的影响及作用机制。结果提示,目光注视能够与客体交互共同引导注意分配,直视更能捕获注意,但受刺激物呈现间隔的影响,上述结果支持感觉增强理论。② 贾筱倩、宋晓蕾采用地图学习任务范式考察追踪手势对视空间学习的影响,研究结果证实产生追踪手势对视空间学习的增强作用,并且很好地支持手势的具身认知理论。③

三、特殊人群心理研究

特殊儿童群体心理健康方面,班永飞、孔霁和孔风等人探究支持性团体辅导对流浪儿童的心理韧性与情绪行为的干预效果,结果显示,支持性团体辅导可有效提升流浪儿童的心理韧性,改善流浪儿童的情绪行为问题。④ 白慧慧、王雨晴和孔婉靖等人采用元分析方法对留守儿童心理韧性及其调节变量进行探究。研究发现,留守儿童心理韧性显著低于一般儿童,在积极认知、社会能力、家庭支持、家庭平等与自主、人际协助、教师关怀与同伴高期望维度上均低于一般儿童,而在同伴亲密关系维度上高于一般儿童。⑤

老年人心理健康方面,张宝山、金豆、马梦佳等人系统地探讨消极刻板印象对老年人医疗决策的效应及其机制。研究结果表明,消极刻板印象负向影响老年人的医疗决策质量。同时,归因偏差在刻板印象对老年人医疗决策质量的效应中起到中介作用,而且减少归因偏差的干预控制可以有效降低刻板印象对医疗决策质量的消极效应。⑥ 李西营和皮忠玲等人采用二次响应面回归分析,探究老年人孝道期待和子女孝道支持行为之间的匹配度对老年人生活满意度和孤独感的影响,并发现老年人孝道期待的实现程度是提高

---

① 秦奎元、李瑛、陈文翔等:《时间结构和速度线索对碰撞时间估计的影响》,《心理科学》2022年第4期。
② 闫驰、高云飞、胡赛赛等:《目光注视线索对客体注意的影响及作用机制》,《心理学报》2022年第7期。
③ 贾筱倩、宋晓蕾:《追踪手势对视空间学习的增强作用》,《心理学报》2022年第9期。
④ 班永飞、孙霁、孔风:《支持性团体辅导对流浪儿童心理韧性与情绪行为问题的干预研究》,《中国临床心理学杂志》2022年第4期。
⑤ 白慧慧、王雨晴、孙婉靖:《留守儿童心理韧性的元分析》,《心理与行为研究》2022年第2期。
⑥ 张宝山、金豆、马梦佳等:《消极刻板印象对老年人医疗决策的影响及归因偏差的作用》,《心理学报》2022年第8期。

其生活满意度的重要因素。① 此外,李西营、金奕彤、刘静等对48名老年被试进行为期两周的干预研究,发现日常事件的情绪标注任务能提高老年人感知自我和理解自我的情绪能力,并能有效提升其日常情绪体验和主观幸福感,改善老年人的主观生活质量。②

四、教师职业心理健康和学生心理健康研究

罗扬眉、游旭群指出,落实立德树人根本任务,首要在于以心育人。只有培育出身心健康、人格健全的学生,才能使他们成为担当民族复兴大任的时代新人。而以心育人的主导在于教师。只有心态阳光、积极向上的教师,才能培育出心理健康、奋发有为的学生。所以,落实立德树人根本任务的重要途径在于维护教师的职业心理健康。③ 张娇、程秀兰探究正念和情绪智力对幼儿教师职业倦怠的影响,研究结果表明,情绪智力对幼儿教师的正念和职业倦怠的关系起到中介作用。④

王煊、刘杨、刘博等研究文化融入压力、希望感和文化智力对少数民族学生文化适应的影响,研究结果显示,文化智力和希望感分别对少数民族学生的文化融入压力与文化适应之间的关系具有中介作用和调节作用。⑤ 杨颖、鲁小周、孔风等人探讨社会支持和应对方式在亲子沟通和初中生性心理健康的关系,并发现社会支持和应对方式在初中生亲子沟通和性心理健康的关系中起到多重中介作用。⑥

五、家庭与青少年发展研究

王振宏对儿童发展的环境敏感性模型的提出、基本观点以及已有实证研究支持证据予以系统分析,对未来修订与编制适合测量中国儿童环境敏感性的工具,开展系统的实证研究,推进相关领域研究的发展有重要意义。⑦ 惠秋平、王振宏、何安明采用分层整群抽样法抽取4393名青少年进行问卷调查,在四周后对其中457名青少年进行重测,采用手机使用动机、手机成瘾和社会支持作为手机冷落行为的效标,得出手机冷落行为量表

---

① 李西营、金奕彤、刘静等:《子女越孝顺老年人越幸福吗? 老年人孝道期待的作用》,《心理学报》2022年第11期。
② 杨彩霞、王露莼、张竞扬等:《基于日常事件的情绪标注任务对老年人主观生活质量的影响》,《心理科学》2022年第2期。
③ 罗扬眉、游旭群:《立德树人凸显教师心理健康作用》,《中国社会科学报》2022年7月。
④ 张娇、程秀兰:《幼儿教师正念对职业倦怠的影响:情绪智力的中介作用》,《陕西学前师范学院学报》2022年第8期。
⑤ 王煊、刘杨、刘博等:"The relationship between acculturative stress and acculturation: mediation by hope and moderation by cultural intelligence", *Current Psychology*, 2022(9)。
⑥ 杨颖、鲁小周、孔风:《亲子沟通对初中生性心理健康的影响:社会支持与应对方式的多重中介作用》,《中国临床心理学杂志》2022年第4期。
⑦ 王振宏:《儿童发展的环境敏感性模型:一种整合的观点》,《心理科学》2022年第6期。

中文版具有良好的信效度,是可靠的评估中国青少年手机冷落行为的工具的结论。①

六、认知神经科学研究

段海军、王一凡、王雪微等从神经内分泌的视角,梳理多巴胺、去甲肾上腺素与创造力之间的关系,以及两者在应激影响创造性认知加工过程中的内在神经调节机制,揭示应激如何通过神经递质调节大脑神经反应进而影响创造力,为进一步探讨神经内分泌系统的中介作用机制和个体基线的调节作用机制提供基础。②

(作者单位:陕西师范大学)

---

① 惠秋平、王振宏、何安明:《手机冷落行为量表中文版在我国青少年中的信度和效度》,《中国临床心理学杂志》2022年第5期。
② 段海军、王一凡、王雪微等:《应激影响创造力的神经生理机制》,《心理科学》2022年第3期。

陕西省教育学研究

司晓宏

本报告以教育学学科下属的10个二级学科为分类基础,并加入教师教育、义务教育、教育经济与管理3个独立或交叉学科领域作为补充,从12个领域对陕西教育学学科发展的情况作以梳理与总结。2022年共检索到教育学著作17部,陕西学者撰写的教育学各领域 CSSCI 论文110篇。

一、2022教育学学科研究代表性著作

2022年教育学著作有17部,成果主要集中在学前教育、职业教育、高等教育、课程与教学论、比较教育、教育史、教师教育、乡村教育振兴等领域。在学前教育领域,岳爱通过调研西部农村地区0—3岁儿童早期发展和养育环境现状,提出入户开展亲子指导、村级儿童早期发展活动中心等探索促进我国儿童早期发展的可行路径①;李文玲聚焦于学前儿童的入学准备教育为幼小衔接阶段的教学提供具体可行的教育建议②。在职业教育领域,马君探讨事关职业教育学科生存与发展的几个关键议题。③ 在高等教育领域,龙宝新着眼于建设一流大学的目标,重点从学术发展、学科建设、学校治理、大学教育等方面来思考当代中国大学的路向与发展问题④;杨聚鹏对地方院校转型发展的政策供需均衡机制进行研究⑤。在课程与教学论领域,袁利平从多元共在的思维机制、过程观照的实践理性,序列整合的架构定位和动态开放的未来图景对学校课程建设做系统分析和理性把握。⑥ 在比较教育领域,吴婵通过呈现美国公立中学与大学关系的变迁,进而揭示关系变

---

① 岳爱:《我国西部农村地区0—3岁儿童早期发展研究:儿童早期发展领域10年的探索与实践》,华东师范大学出版社,2023年。
② [美]李文玲主编:《心理学家的幼教课.Ⅰ·幼儿园里的学习力衔接课》,中国纺织出版社,2022年。
③ 马君:《职业教育学专论》,陕西师范大学出版总社,2023年。
④ 龙宝新:《大学教育论要》,江西教育出版社,2022年。
⑤ 杨聚鹏:《地方院校转型发展的政策供需均衡机制研究》,华东师范大学出版社,2022年。
⑥ 袁利平:《多维视域下的学校课程建设》,陕西师范大学出版总社,2022年。

迁背后美国教育体制的发展与变革①;陈琪主要介绍职业教育反贫困的理论基础与理论探讨、澳大利亚原住民职业教育反贫困的价值和意义、澳大利亚原住民职业教育政策的历史演进②。在教育史领域,李森对民国时期高等教育发展情况进行梳理③,张寅对民国时期的省级教育行政情况进行研究④。在教师教育领域,尚晓青从元教学理论出发,对教师自主发展之路进行分析⑤;刘涵对公费师范生现状进行调查研究⑥;而龙宝新从宏观角度对我国教师教育综合化情况进行研究⑦。在乡村教育振兴领域,郝文武等围绕现代化、城镇化、乡村振兴和教育优先发展等当代中国社会发展的显著特征对振兴乡村教育战略中推进农村教育现代化等现实的实践问题展开系统研究⑧;常亚慧以文化治理为分析框架,围绕师资聘任、课程建设、课堂教学改革等问题论证乡村学校建设的实践理路,提出建设学校中的社区,重组乡村学校的组织秩序生活⑨;高秋风围绕农村地区学生阅读能力发展问题,以小学阶段学生为研究对象,从微观层面实证研究农村小学生阅读能力发展问题⑩;史耀疆、白珏、岳爱等围绕随机干预实验在中国农村教育和健康领域的实践和经验,详细介绍开展影响评估的步骤,帮助读者形成科学影响评估的理念和方法⑪。

综上所述,以上研究范围既有关于教育学原理的基础研究,也有面对现实问题的对策研究;研究角度既有从宏观对某一领域进行研究,也有从微观角度对某一个具体问题进行剖析;研究内容既有纵向的历史研究,也有横向的国别研究。

二、2022 教育学学科研究代表性论文

在教育学原理领域,王乐对场馆教育概念、结构和价值进行重新审视⑫,同时对家庭教育私人性与公共性的错位风险进行研究⑬;胡金木对教育正义进行多维审视⑭;郝文武

---

① 吴婵:《美国公立中学与大学关系的变迁:1870—1918》,河北大学出版社,2022 年。
② 陈琪:《职业教育反贫困研究:以澳大利亚原住民为例》,光明日报出版社,2022 年。
③ 李森:《民国时期高等教育史料四编》(全三十册),国家图书馆出版社,2022 年。
④ 张寅:《民国时期省级教育行政研究》,浙江大学出版社,2022 年。
⑤ 尚晓青:《元教学行动:教师自主发展之路》,陕西师范大学出版总社,2022 年。
⑥ 刘涵:《公费师范生调查研究》,陕西师范大学出版总社,2022 年。
⑦ 龙宝新:《中国教师教育综合化研究》,中国社会科学出版社,2022 年。
⑧ 郝文武等:《乡村教育振兴与农村教育现代化研究》,江西教育出版社,2022 年。
⑨ 常亚慧:《教育与秩序:文化治理下的乡村学校建设》,福建教育出版社,2022 年。
⑩ 高秋风:《阅读助燃梦想》,社会科学文献出版社,2022 年。
⑪ 史耀疆、白珏、岳爱等:《影响评估手册:经济学实验方法在中国农村教育与健康领域的实践与发展》,华东师范大学出版社,2022 年。
⑫ 王乐:《空间视域下场馆教育的重新审视:概念、结构和价值》,《南京社会科学》,2022 年第 12 期。
⑬ 王乐:《家庭教育私人性与公共性的错位风险及其调适》,《湖南师范大学教育科学学报》2022 年第 6 期。
⑭ 胡金木:《教育正义的多维审视:资源分配、文化承认抑或自由发展》,《教育学报》2022 年第 1 期。

认为,增强教育内在价值是消减教育功利化的关键①;戴妍、王奕迪对教育现代化发展水平的区位分布及其空间集聚效应进行分析②;郝文武对现代中国教育本质观的合理性建构进行分析③。在乡村教育振兴方面,袁利平、张薇从区块链视角对后扶贫时代教育扶贫机制创新进行分析④;郝文斌对乡村教育振兴的目标、指标与路径进行分析⑤;袁利平、姜嘉伟也对乡村教育话语体系的百年演进及其现实启示进行研究⑥。

在课程与教学论领域,张旸、杨正宇对FFT课堂教学评价框架进行分析⑦;胡卫平对科学教育课程方面的必要性⑧和课程标准制定⑨进行研究;高宏锐对学生抗挫折能力开展研究⑩;崔志钰、陈鹏、倪娟对校本课程研发存在的问题进行阐述⑪;刘云提出依托"三个课堂"发展小学生阅读能力⑫;陈治儒提出要强化政治认同⑬;张迎春对义务教育生物学课程标准进行解读⑭;强海燕、迟延萍、赵微对义务教育阶段英语浸入式教学进行探索⑮;杨爱魁对全域推广应用优秀教学成果提出实践策略⑯;章延军对中学数学教学与问题导学法关系⑰、复习效率提升的技巧⑱进行研究。

在教育史领域,张寅对民国时期省级教育行政机构改革进行剖析⑲;沈元军、刘力波

---

① 郝文武:《增强教育内在价值是消减教育功利化的关键》,《高等教育研究》2022年第8期。
② 戴妍、王奕迪:《我国教育现代化发展水平的区位分布及其空间集聚效应》,《中国电化教育》2022年第3期。
③ 郝文武:《现代中国教育本质观的合理性建构》,《高等教育研究》2022年第1期。
④ 袁利平、张薇:《后扶贫时代教育扶贫机制创新:区块链赋能的视角》,《西安交通大学学报》(社会科学版)2022年第6期。
⑤ 郝文武:《新时代乡村教育振兴的新目标与新路径》,《陕西师范大学学报》(哲学社会科学版)2022年第1期。
⑥ 袁利平、姜嘉伟:《中国乡村教育话语体系的百年演进及其现实启示》,《陕西师范大学学报》(哲学社会科学版)2022年第1期。
⑦ 张旸、杨正宇:《为质量而教:FFT课堂教学评价框架的启示》,《华南师范大学学报》(社会科学版)2022年第2期。
⑧ 胡卫平:《为培养科技创新后备人才创建高质量义务教育科学课程》,《全球教育展望》2022年第6期。
⑨ 胡卫平:《深入理解科学思维 有效实施课程标准》,《课程·教材·教法》2022年第8期。
⑩ 高宏锐:《科学课上培养学生抗挫折能力》,《中国教育学刊》2022年第6期。
⑪ 崔志钰、陈鹏、倪娟:《校本课程研发的风险来源及其防范》,《课程·教材·教法》2022年第4期。
⑫ 刘云:《依托"三个课堂"发展小学生阅读能力》,《中国教育学刊》2022年第6期。
⑬ 陈治儒:《以"三个课堂"强化政治认同》,《中国教育学刊》2022年第12期。
⑭ 张迎春:《理解以"核心素养为本"的义务教育生物学课程标准——〈义务教育生物学课程标准(2022年版)〉解读》,《全球教育展望》2022年第6期。
⑮ 强海燕、迟延萍、赵微:《我国义务教育阶段英语浸入式教学之探索——基于CCUEI项目的研究》,《全球教育展望》2022年第8期。
⑯ 杨爱魁:《全域推广应用优秀教学成果的实践策略》,《中国教育学刊》2022年第S1期。
⑰ 章延军:《问题导学法与初中数学教学》,《中国教育学刊》2022年第12期。
⑱ 马亚军:《中学数学复习效率提升的技巧》,《中国教育学刊》2022年第6期。
⑲ 张寅:《民国时期省级教育行政机构改革:历程与审思》,《教育研究与实验》2022年第5期。

对新中国成立以来高校思想政治理论课政策进行了梳理与分析①;贾周芳、张学强、马以念对陕甘宁边区儿童保教事业发展经验进行分析②。

在比较教育学领域,马君、余雅兰从生涯教育视角对美国社区学院"引导路径"项目进行解析③;周榕对美国 STEM 教师选择性认证制度进行研究④;李奕婷、李延平对澳大利亚农村教师教学有效性进行困境分析⑤;陈琪、李延平对澳大利亚土著职业教育发展情况进行分析⑥;陈玥等基于英国、澳大利亚和挪威的考察,对博士学位论文评价改革进行分析⑦;袁利平等对智利新公共教育改革情况进行介绍⑧。

在学前教育学领域,杨琼等对儿童早期数学能力与学习品质的发展进行研究⑨;赵姝、押男、白浩等对智慧幼儿园建设评价体系进行研究⑩;王漾慧、柳江华对中国民办托育机构面临的困境及对策进行研究⑪;陈秋珠、王颖对从新制度主义视域对芬兰学前教育政策进行价值分析⑫;王梅对幼儿园 STEAM 教育活动的多元价值与基本过程进行分析⑬;郑益乐、朱敬、史文秀等对工作嵌入对贫困地区普惠性民办园教师离职倾向的影响进行建模分析⑭;程秀兰、张慧、马颖等对幼儿园教师教学正念与职业倦怠的关系进行研究⑮;

---

① 沈元军、刘力波:《论新中国成立以来高校思想政治理论课政策的"变"与"不变"》,《学校党建与思想教育》2022 年第 21 期。
② 贾周芳、张学强、马以念:《一切为了孩子:陕甘宁边区儿童保教事业发展经验的当代价值》,《学前教育研究》2022 年第 10 期。
③ 马君、余雅兰:《基于生涯教育的美国社区学院"引导路径"项目解析》,《比较教育研究》2022 年第 7 期。
④ 周榕、刘成凤:《美国 STEM 教师选择性认证制度:框架、路径与启示》,《现代远距离教育》2022 年第 5 期。
⑤ 李奕婷、李延平:《场域理论视角下澳大利亚农村教师教学有效性困境破解及路径借鉴》,《教育科学》2022 年第 2 期。
⑥ 陈琪、李延平:《澳大利亚土著职业教育内生发展:内涵、困厄及实践路径》,《外国教育研究》2022 年第 7 期。
⑦ 陈玥、王灵菁:《以程序规制推进博士学位论文评价改革——基于英国、澳大利亚和挪威的考察》,《比较教育研究》2022 年第 10 期。
⑧ 袁利平、林琳:《智利是如何推进新公共教育改革的——基于智利四部教育法令文本的分析》,《比较教育研究》2022 年第 10 期。
⑨ 杨琼、蔡军:《儿童早期数学能力与学习品质的发展趋势及其关系变化——基于大班与一年级数据的比较》,《学前教育研究》2022 年第 12 期。
⑩ 赵姝、押男、白浩等:《智慧幼儿园建设评价体系研究》,《现代教育技术》2022 年第 7 期。
⑪ 王漾慧、柳江华:《当前我国民办托育机构面临的困境及其应对策略》,《学前教育研究》2022 年第 11 期。
⑫ 陈秋珠、王颖:《新制度主义视域下芬兰学前教育政策的多维价值与实践路径》,《华南师范大学学报》(社会科学版)2022 年第 5 期。
⑬ 王梅:《幼儿园开展 STEAM 教育活动的多元价值与基本过程》,《学前教育研究》2022 年第 9 期。
⑭ 郑益乐、朱敬、史文秀等:《工作嵌入对贫困地区普惠性民办园教师离职倾向的影响:一个条件过程模型》,《教师教育研究》2022 年第 3 期。
⑮ 程秀兰、张慧、马颖等:《幼儿园教师教学正念与职业倦怠的关系:情绪智力和自我效能感的链式中介效应》,《学前教育研究》2022 年第 3 期。

许倩倩对幼儿园教师在"去小学化"政策执行中的困境与策略进行研究①;陈秋珠、金晓轩对美国特殊儿童个别化教育计划研究的热点、变迁及启示进行研究②。

在义务教育领域,刘岚对指向素养的"无纸化测评"进行阐述③;刘海丹、李敏谊对家庭读写环境与儿童接受性词汇发展关系进行元分析④;赵丹、曾新提出以"资源共享"方式推进县域义务教育优质均衡发展⑤。罗阳、刘雨航在"双减"研究方面,罗阳等对"双减"中的父母教育焦虑进行分析⑥;祁占勇、王书琴对"双减"政策执行的碎片化困境及整体性治理进行分析⑦;李艳茹、党许诺对"双减"背景下课后体育服务的问题进行研究⑧;许崇高、马庆、李山等对我国学龄儿童(7~15岁)动作学习能力发展性评价进行研究⑨。

在高等教育领域,胡卫平对科技创新后备人才培养的路径进行分析⑩;张永对高校资助育人高质量发展路径进行探索⑪;程文冬、闫莉、李星等从新工科视域下基于"智造创新工场"的劳动教育模式进行分析⑫;周远、张振、岳娅萍对高校"一站式"学生社区的内涵生成、结构要素和现实意义⑬以及空间建构逻辑与路向⑭进行分析;石磊、金炜康对大学生自我教育的实施路径进行了分析⑮;陈亮对一流学科建设的知识本性与制度理性进行

---

① 许倩倩:《幼儿园教师在"去小学化"政策执行中的困境感知与策略选择》,《教师教育研究》2022年第1期。
② 陈秋珠、金晓轩:《美国特殊儿童个别化教育计划研究的热点、变迁及启示》,《外国教育研究》2022年第11期。
③ 刘岚:《指向素养的"无纸化测评"》,《中国教育学刊》2022年第6期。
④ 刘海丹、李敏谊:《家庭读写环境与儿童接受性词汇发展关系的元分析》,《心理科学进展》2022年第3期。
⑤ 赵丹、曾新:《以"资源共享"推进县域义务教育优质均衡发展:动因、问题与对策》,《教育与经济》2022年第1期。
⑥ 罗阳、刘雨航:《"双减"中的父母教育焦虑:表征、原因及其应对》,《教育与经济》2022年第5期。
⑦ 祁占勇、王书琴:《"双减"政策执行的碎片化困境及整体性治理》,《湖南师范大学教育科学学报》2022年第6期。
⑧ 李艳茹、党许诺:《"双减"背景下课后体育服务的现状、问题及优化研究》,《成都体育学院学报》2022年第6期。
⑨ 许崇高、马庆、李山等:《我国学龄儿童(7~15岁)动作学习能力发展性评价研究》,《西安体育学院学报》2022年第3期。
⑩ 胡卫平:《聚焦必备特征:科技创新后备人才培养的路径选择》,《中国教育学刊》2022年第10期。
⑪ 张永:《治理现代化视域下高校资助育人高质量发展路径探索》,《思想理论教育导刊》2022年第11期。
⑫ 程文冬、闫莉、李星等:《新工科视域下基于"智造创新工场"的劳动教育模式探索与实践》,《高等工程教育研究》2022年第6期。
⑬ 周远、张振、岳娅萍:《高校"一站式"学生社区的内涵生成、结构要素和现实意义》,《中国高等教育》2022年第19期。
⑭ 周远、张振:《高校"一站式"学生社区的空间建构逻辑与路向》,《思想理论教育》2022年第7期。
⑮ 石磊、金炜康:《大学生自我教育的实施路径》,《中国高等教育》2022年第2期。

探究①;张菁珂、祁占勇对我国高等教育国际化政策工具的选择偏好及改进策略进行研究②;陈亮对学科治理的发生机理③、内涵特征④、价值逻辑⑤和学术文化逻辑⑥进行分析,并对高校学科集群发展的冲突样态与合作路向、应用学科建设的社会逻辑⑦进行阐述⑧;李忠、周亮通过不确定性视域对高等教育变革的基本问题进行研究⑨;陈亮反思与重塑学术共同体参与学术问责的治理逻辑⑩;罗阳、刘雨航对高校学生社区营造的社会工作介入进行研究⑪;陈亮、徐林对跨学科组织融合进行研究⑫;李忠、周亮对知识变迁视域中的研究生主体地位转变进行研究⑬。在思政教育领域,一是思政教育基本原理研究。张笑然、石磊以及胡乐乐对元宇宙赋能思想政治教育进行研究⑭;翟乐、李建森对大数据时代思想政治教育实践进行分析⑮;吕焰分析高校思政课"课堂沉默"的认识论转向⑯。二是思政课程研究。王晶晶对红色经典影视文化作品在艺术高校思政课程中的运用进行研究⑰;卢黎歌、胡春林对习近平新时代中国特色社会主义思想融入"马克思主义基本原理"课的

---

① 陈亮:《一流学科建设的知识本性与制度理性》,《研究生教育研究》2022 年第 6 期。

② 张菁珂、祁占勇:《我国高等教育国际化政策工具的选择偏好及改进策略——基于施耐德和英格拉姆的分析框架》,《中国高教研究》2022 年第 1 期。

③ 陈亮:《新时代学科治理的发生机理》,《高校教育管理》2022 年第 2 期。

④ 陈亮:《学科治理:内涵特征、权力属性与逻辑构架》,《西北师大学报》(社会科学版)2022 年第 5 期。

⑤ 陈亮:《新时代学科治理的价值逻辑》,《南京师大学报》(社会科学版)2022 年第 6 期。

⑥ 陈亮、商一杰:《学科治理的学术文化逻辑与行动路向》,《吉首大学学报》(社会科学版)2022 年第 6 期。

⑦ 陈亮、倪静:《从分化到聚合:应用学科建设的社会逻辑》,《大学教育科学》2022 年第 3 期。

⑧ 陈亮:《高校学科集群发展的冲突样态与合作路向——基于冲突理论的视角》,《南京社会科学》2022 年第 8 期。

⑨ 李忠、李致远:《不确定性视域中的高等教育变革:视域、知识观、学习观与教学观》,《中国电化教育》2022 年第 9 期。

⑩ 陈亮:《反思与重塑学术共同体参与学术问责的治理逻辑》,《江苏高教》2022 年第 9 期。

⑪ 罗阳、刘雨航:《重返共同体:高校学生社区营造的社会工作介入》,《学海》2022 年第 4 期。

⑫ 陈亮、徐林:《跨学科组织融合:知识创造价值的理性诉求》,《现代大学教育》2022 年第 4 期。

⑬ 李忠、周亮:《从学习主体到知识主体——知识变迁视域中的研究生主体地位转变》,《研究生教育研究》2022 年第 2 期。

⑭ 张笑然、石磊:《元宇宙赋能思想政治教育的探究与展望》,《自然辩证法研究》2022 年第 12 期;胡乐乐:《元宇宙赋能我国高校思想政治教育工作:技术特性、内在机理、风险挑战》,《南昌大学学报》(人文社会科学版)2022 年第 6 期。

⑮ 翟乐、李建森:《大数据时代思想政治教育的演进理路、现实困境及实践策略》,《思想教育研究》2022 年第 7 期。

⑯ 吕焰:《何种沉默？如何应对？——高校思政课"课堂沉默"的认识论转向》,《江苏高教》2022 年第 3 期。

⑰ 王晶晶:《红色经典影视文化作品在艺术高校思政课程中的运用与拓展》,《中国高等教育》2022 年第 23 期。

价值、要点与方法进行研究①；刘力波、张子錾对思政课"讲道理"的维度进行阐述②；韩锐、纪梦然、刘畅提出要构建新时代"大思政课"内外循环系统③；苏玉波、张胜军对高校思想政治理论课以理服人面临的难题与提升路径进行研究④；王哲提出立足"四史"强化思政课教学的感性支撑力⑤；王建利对新时代陕西高校思政课建设均衡发展的理论与实践进行论述⑥；李仙娥通过"大思政课"视域对高校思政课实践育人模式进行建构⑦。三是高校党建研究。刘言正、孙灵通对中外合作办学背景下高校党建工作面临的问题及对策进行探析⑧；巩建朝对高校党支部建设提升路径进行研究⑨。

在成人教育学领域，李璟探析成人高等教育课程研发存在的问题与应对策略⑩；祁占勇对公民终身学习权保障的国家义务进行分析⑪；刘骥对数字化转型下职业与成人技能教育联通体建设的策略与路径进行研究⑫。

在教师教育领域，孟雪、刘鹂对教师教学体验进行研究⑬；何菊玲、牛雪琪对教师专业劳动的不可替代性进行论述⑭；张笑予、祁占勇对国家教师荣誉制度的价值意蕴与政策供给进行研究⑮；赵钱森、常亚慧对教师轮岗的学校运作逻辑进行分析⑯；李森对中国式教

---

① 卢黎歌、胡春林：《习近平新时代中国特色社会主义思想融入"马克思主义基本原理"课的价值、要点与方法》，《思想理论教育导刊》2022年第11期。
② 刘力波、张子錾：《思政课把道理讲彻底的三个维度》，《思想理论教育导刊》2022年第11期。
③ 韩锐、纪梦然、刘畅：《构建新时代"大思政课"内外循环系统》，《中国高等教育》2022年第11期。
④ 苏玉波、张胜军：《高校思想政治理论课以理服人面临的难题与提升路径》，《思想教育研究》2022年第3期。
⑤ 王哲：《立足"四史"强化思政课教学的感性支撑力》，《思想理论教育导刊》2022年第3期。
⑥ 王建利：《新时代陕西高校思政课建设均衡发展的理论与实践》，《中国高等教育》2022年第5期。
⑦ 李仙娥：《"大思政课"视域下高校思政课实践育人模式的构建论析》，《思想理论教育导刊》2022年第1期。
⑧ 刘言正、孙灵通：《中外合作办学背景下高校党建工作面临的问题及对策探析》，《思想理论教育导刊》2022年第9期。
⑨ 巩建朝：《高校党支部建设提升路径研究》，《中国高等教育》2022年第11期。
⑩ 李璟：《人工智能时代成人高等教育课程研发存在的问题与应对策略》，《成人教育》2022年第5期。
⑪ 祁占勇：《公民终身学习权保障的国家义务及实现路径》，《国家教育行政学院学报》2022年第1期。
⑫ 刘骥：《数字化转型下职业与成人技能教育联通体建设的策略与路径》，《中国教育政策评论》2022年第1期。
⑬ 孟雪、刘鹂：《教师教学体验存在与价值探赜》，《现代基础教育研究》2022年第2期。
⑭ 何菊玲、牛雪琪：《论人工智能时代教师专业劳动的非物质价值属性及其不可替代性》，《中国电化教育》2022年第9期。
⑮ 张笑予、祁占勇：《国家教师荣誉制度的价值意蕴与政策供给》，《国家教育行政学院学报》2022年第8期。
⑯ 赵钱森、常亚慧：《规制与自主：教师轮岗的学校运作逻辑》，《教育研究与实验》2022年第6期。

师教育现代化的内涵、价值及举措进行宏观分析①;陈亮对高质量教师教育评价进行分析②;郭瑞迎对职前教师教育的范式转换与实践进路进行研究;范伟、陈鹏对师范院校教师教育特色弱化的现实表征与解构策略进行研究③。

在职业技术教育学领域,马君、王艺霏对职业教育学制度化的兴起与演进进行研究④;马君、张苗怡对职业教育知识观的逻辑转向进行研究⑤;祁占勇、何佑石对我国中等职业教育城乡个体回报率变动进行研究⑥;祁占勇、刘丹对高职院校非学历教育成果认定的现实挑战及因应策略进行分析⑦。

在教育技术学领域,何聚厚、李天宇、何秀青对中小学人工智能教育大单元设计的意蕴、困境和路径进行分析⑧;袁利平、林琳对高等教育数字治理⑨和高等教育技术治理⑩进行原理分析;司建、张立昌对实现乡村 STEM 教育进行可行性分析⑪;徐晶晶、胡卫平、逯行对在线协同学习的群体动力理论模型进行建构⑫;周榕、郭佳瑞研究信息技术支持积极心理干预的创新形态⑬;张文兰、陈力行、孙梦洋通过扎根理论研究弹幕交互为大学生在线学习带来的影响⑭;刘韬、郑海昊对智慧化教育导引下的教育扶贫创新进行研究⑮;武

---

① 李森:《中国式教师教育现代化的内涵、价值及举措》,《陕西师范大学学报》(哲学社会科学版)2022 年第 6 期。

② 陈亮:《高质量教师教育评价:内涵特征、逻辑架构与推进策略》,《陕西师范大学学报》(哲学社会科学版)2022 年第 6 期。

③ 范伟、陈鹏:《综合化视域下师范院校教师教育特色弱化的现实表征与解构策略》,《国家教育行政学院学报》2022 年第 8 期。

④ 马君、王艺霏:《职业教育学制度化的兴起与演进——以德国、美国和中国为例》,《高等教育研究》2022 年第 5 期。

⑤ 马君、张苗怡:《从职业知识到技术知识:职业教育知识观的逻辑转向》,《西南大学学报》(社会科学版)2022 年第 2 期。

⑥ 祁占勇、何佑石:《我国中等职业教育城乡个体回报率变动研究——基于 2008—2017 年 CGSS 的实证分析》,《西南大学学报》(社会科学版)2022 年第 2 期。

⑦ 祁占勇、刘丹:《高职院校非学历教育成果认定的现实挑战及因应策略》,《教育科学》2022 年第 2 期。

⑧ 何聚厚、李天宇、何秀青:《中小学人工智能教育大单元设计的意蕴、困境和路径》,《中国电化教育》2022 年第 2 期。

⑨ 袁利平、林琳:《高等教育数字治理:内在机理、逻辑构架与实现路径》,《江淮论坛》2022 年第 4 期。

⑩ 袁利平、林琳:《高等教育技术治理:何以可能与何以可为》,《江苏高教》2022 年第 7 期。

⑪ 司建、张立昌:《乡村 STEM 教育:实现可能、现实困境及因应对策》,《中国远程教育》2022 年第 8 期。

⑫ 徐晶晶、胡卫平、逯行:《在线协同学习的群体动力理论模型、案例设计与实现策略》,《中国电化教育》2022 年第 3 期。

⑬ 周榕、郭佳瑞:《积极技术:信息技术支持积极心理干预的创新形态》,《电化教育研究》2022 年第 8 期。

⑭ 张文兰、陈力行、孙梦洋:《弹幕交互为大学生在线学习带来了什么?——基于扎根理论的质性分析》,《现代远距离教育》2022 年第 5 期。

⑮ 刘韬、郑海昊:《智慧化教育导引下的教育扶贫创新及其实现》,《高等工程教育研究》2022 年第 1 期。

建鑫、宋雨对计算思维教育公平进行研究①。

在教育经济与管理领域,袁利平就提升中国全球教育治理国际话语权的方案进行论述②;祁占勇、闫丽媛、王鹏炜对教育政策研究的取向以历史制度主义视角进行分析③;杨聚鹏对新时代教育评价改革政策的推进进行研究④;史耀疆、王楠、常芳对课外读物对农村儿童人力资本的影响进行分析⑤;张海战对新时代高校思想政治教育管理的法治化路径进行探析⑥;陈亮对高校学术治理权的基本问题进行研究⑦;周丽敏、袁利平、邢振江对世界银行参与全球教育治理的援助机制进行研究⑧。

综上所述,2022年度陕西省教育学学科论文产出研究范围覆盖面广,研究选题角度新颖,研究视角全面,研究论证深入,既对中国式教育现代化、教育高质量发展、中国教育话语体系等宏观问题进行了阐述,同时对我国、全省教育实际中"双减""思政教育""双一流"等人民群众关切的社会热点问题也进行了思考与探索。

(作者单位:陕西省社会科学院)

---

① 武建鑫、宋雨:《计算思维教育公平何以可能?——〈面向包容性世界的计算思维:教育工作者学习和行动的指南〉的解读与启示》,《开放教育研究》2022年第6期。

② 袁利平:《"一带一路"倡议:提升全球教育治理国际话语权的中国方案》,《中州学刊》2022年第11期。

③ 祁占勇、闫丽媛、王鹏炜:《教育政策研究的历史制度主义取向及其行动路径》,《基础教育》2022年第6期。

④ 杨聚鹏:《新时代教育评价改革政策的实践困境与推进策略研究》,《武汉大学学报》(哲学社会科学版)2022年第6期。

⑤ 史耀疆、王楠、常芳:《课外读物对农村儿童人力资本的影响:一个随机干预实验研究》,《世界经济》2022年第5期。

⑥ 张海战:《新时代高校思想政治教育管理的法治化路径》,《山西财经大学学报》2022年第S2期。

⑦ 陈亮:《高校学术治理权:性质判定、基本立场与践行标准》,《教育发展研究》2022年第11期。

⑧ 周丽敏、袁利平、邢振江:《世界银行参与全球教育治理的援助机制》,《外国教育研究》2022年第9期。

陕西省管理学研究

冯耕中

2022年,陕西管理学科发表各类论文2000多篇,其中,发表在CSSCI检索期刊上的论文900余篇,发表在SSCI检索期刊上论文800余篇,发表在SCI检索期刊上的论文700余篇;通过国内外权威出版社出版专著数十项;被国家各部委、陕西省各部门采纳咨政建言数十项,研究成果得到国家发展改革委员会、国安办、教育部科技委等相关部委和陕西省委各部门采纳或批示数十项。

一、管理科学与工程理论研究

管理科学与工程领域的理论研究主要集中在物流与供应链管理、数字化平台管理、风险投资管理、运筹优化决策等方面。在区块链、智能制造、智慧医疗等新技术前沿领域形成一系列专著成果;在产业可持续和高质量发展、产业链供应链安全和技术创新方面形成研究报告,研究成果得到国家发展改革委员会、国安办、教育部科技委等相关各部委的采纳;有关高端装备制造业方面的研究报告受到省部级领导批示,得到陕西省相关部门的采纳。这些研究成果有助于推动相关领域的发展和应用,促进创新体系的完善和风险管理的提升,对于提高资源利用效率和决策质量具有重要意义。

(一)物流与供应链管理

王文隆、刘祺、冯耕中等聚焦疫情背景下的双渠道供应链恢复努力决策及契约设计问题,探讨企业在公共卫生危机期间应如何选择适当的供应链恢复策略,并研究激励供应商和分销商共同努力的契约设计问题。① 张梁梁、张盼关注需求信息不对称下的供应链流程与产品创新模式选择,考虑供应链中各环节之间的信息不对称问题,提出相应的决策模型和方法②。He H. 等研究双信用积分定价机制与汽车制造商电动化决策之间的

---

① 王文隆、刘祺、冯耕中等:《疫情下双渠道供应链恢复努力决策及契约研究》,《系统工程理论与实践》2022年第3期。
② 张梁梁、张盼:《需求信息不对称下供应链中流程与产品创新模式选择研究》,《运筹与管理》2022年第9期。

相互作用机制,分析双信用积分制度对汽车制造商电动化决策的影响,并揭示其背后的动态博弈过程。① 韩菁、蔡寻、鲜路关注新能源汽车产业,构建政策过渡下新能源汽车创新生态中的研发生产决策模型及社会福利模型,探讨政策过渡期企业在研发和生产方面的决策行为,分析不同政策阶段对新能源汽车最优研发生产决策的影响。② 王昊、陈菊红、张雅琪等构建考虑需求侧特征的制造企业服务化程度决策模型,研究制造企业的服务化程度、模式和收益之间的关系,结合仿真分析的结果确定制造企业服务化路径。③ Che A. 等设计废旧家电回收的多层逆向物流网络,确定设施选址、产能配置、运输决策,开发拆分拓展启发式算法,并通过陕西省家电回收实际案例检验算法的有效性。④

(二)数字化平台管理

在新兴的平台经济中,区块链技术正在重塑数字经济。Zhao Xi 等研究发现在 DAO (去中心化自治组织)框架下,通过去中心化投票任务产生的战略决策对平台运营绩效具有积极影响,但投票产生的运营决策会带来负面影响。⑤ Liang Yong 等针对平台与商家之间的"道德风险"信息不对称问题,基于资源分配和货币转移进行动态合约设计,并提供一种迭代算法来计算求解该类合约,为平台经济中的合作关系提供解决方案,可以实现社会福利最大化的目标。⑥ Liu Shan 等关注在线医疗服务平台,研究在线健康咨询服务对患者评价的影响,探讨医疗服务平台上医生提供在线咨询服务与患者反馈之间的关系,对改善服务质量、增强医患沟通和提升患者满意度具有重要意义。⑦

(三)风险投资管理

李彦昭、郭菊娥、李永武等利用实物期权方法将企业家和风投经理的时间偏好纳入风险投资最优投资时机研究框架,研究结果有助于解释创投市场"资本错配"现象,进而

---

① He H., Li S., Wang S., et al.: "Interaction mechanism between dual-credit pricing and automobile manufacturers' electrification decisions", *Transportation research*, *Part D. Transport and environment*, 2022, Agust.

② 韩菁、蔡寻、鲜路:《政策过渡如何影响研发生产决策——以新能源汽车产业的创新生态为例》,《管理评论》2022 年第 11 期。

③ 王昊、陈菊红、张雅琪等:《制造企业服务化程度、服务化模式和服务化收益研究》,《运筹与管理》2022 年第 9 期。

④ Che A., Lei J., Jiang Z.: "Optimised redesign of reverse logistics network with multilevel capacity choices for household appliances", *International Journal Of Production Research*, 2022(18).

⑤ Zhao Xi, Ai Peilin, Lai Fujun, Luo Xin (Robert); Benitez, Jose: "Task management in decentralized autonomous organization", *Journal of Operations Management*, 2022, April.

⑥ Liang Yong, Sun Peng, Tang Runyu, Zhang, Chong: "Efficient Resource Allocation Contracts to Reduce Adverse Events", *Operations Research*, 2022, July.

⑦ Liu Shan, Wang Hao, Gao Baojun, Deng Zhaohua: "Doctors' Provision of Online Health Consultation Service and Patient Review Valence: Evidence from a Quasi-Experiment", *Information and Management*, 2022, July.

为激励风险投资"投早,投小,投科技",完善金融支撑创新体系提供理论参考和实践指引。① Tian M. 等提出一种新的基于 GARCH copula 分位数回归的用于市场风险溢出分析的 CoVaR 模型,能够捕捉到金融市场中不同资产之间的风险溢出效应,揭示资产之间的关联和风险传递机制,为投资组合的风险管理提供有益的模型和工具。② 党兴华、张晨基于 STERGM 模型,通过对大量风险投资数据进行建模和分析,揭示风险投资网络中的关系演化和动态演变规律,提供对投资者行为、合作关系和市场环境等因素的深入理解,有助于揭示风险投资网络的形成和发展机制,为投资决策者提供重要的参考和指导。③

(四)运筹优化决策

Li Jiliu 等研究具有分组约束和同时提取和交付要求的双层容量车辆路径问题,提出一种分组约束条件下的两级能力约束车辆路由算法,并证明所提出算法的优越性。④ 另外,Li Jiliu 等提出一种针对单一商品车辆路径问题的新的精确算法,与已有算法相比具有更高的求解精度和更低的计算复杂度。⑤ 李红梅、张湘玥、罗太波等研究在分流模式下的 K 个避难点选址策略,旨在解决面临灾害或紧急情况时,在给定资源限制下选择合适的位置作为避难点以便有效安置群众并提供必要的资源和服务的问题。⑥ 潘雯雯、郭海湘、柯小玲等考虑在井位不确定的油田环境下的仓库选址问题,旨在确定最佳的仓库位置,以最小化从不确定的井位到仓库之间的距离和成本,同时满足储存和分配的需求。⑦

Ru Zice 等针对多准则决策分析(Multiple Criteria Decision Analysis,简记为 MCDA)问题,提出贝叶斯序数回归方法(Bayesian Ordinal Regression),能够基于贝叶斯公式来推断偏好模型的后验概率分布,从而得到决策方案的各种推荐结果的概率。⑧ Wu Feng 等提出一种数据驱动的信息提取方法,能够自动发现数据中隐藏的模式和规律,并从中提取

---

① 李彦昭、郭菊娥、李永武等:《时间不一致偏好下风险投资最优投资时机研究》,《系统工程理论与实践》2023 年第 4 期。

② Tian M., Ji H., "GARCH copula quantile regression model for risk spillover analysis", *Finance Research Letters*, 2021, May.

③ 党兴华、张晨:《基于 STERGM 的风险投资网络演化动力研究》,《科研管理》2022 年第 5 期。

④ Li Jiliu, Min Xu and Peng Sun: "Two-echelon capacitated vehicle routing problem with grouping constraints and simultaneous pickup and delivery", *Transportation Research Part B: Methodologica*, 2022, June.

⑤ Li Jiliu, Luo Zhixing, Baldacci, et al.: "A New Exact Algorithm for Single-Commodity Vehicle Routing with Split Pickups and Deliveries", *INFORMS Journal on Computing*, 2022, November.

⑥ 李红梅、张湘玥、罗太波等:《分流模式下 K - 避难点选址策略研究》,《中国管理科学》2024 年第 2 期。

⑦ 潘雯雯、郭海湘、柯小玲等:《井位不确定环境下的油田仓库选址问题》,《运筹与管理》2022 第 11 期。

⑧ Ru Zice, Liu Jiapeng, Kadzinski Milosz, et al.: "Bayesian ordinal regression for multiple criteria choice and ranking", *European Journal of Operational Research*, 2022(2).

出最具代表性的信息,帮助决策者更好地理解和利用大数据资源。① 杨莲、石宝峰针对处理不平衡数据和噪声数据时存在的问题,提出一种基于 Focal Loss 修正交叉熵损失函数的信用风险评价模型,提高评价模型的鲁棒性和准确性。② 乔健、孙念念、刘梦莉提出一种基于遗传算法且引入第三方仲裁 Agent、L-K 型同步报价协议、公平优先兼顾效率的评价判据 C5,以及精英、偏好和随机选价方式的双边多议题自动谈判模型。③

二、工商管理理论研究

该领域研究主要集中在组织行为与公司治理、会计与财务管理、创新创业与新产品开发、企业社会责任等方面,相关成果论文发表在国内外顶级期刊。此外,研究者出版多部专著,聚焦于企业绿色发展、企业社会责任和中小企业创新等方面。在政策研究领域,研究者重点关注所有制改革和中小企业问题,相关研究报告受到国家领导人批示、国家发改委等部委采纳。

(一)组织行为与公司治理

李纯青、王肖利、张洁丽等从多元企业认同的角度出发,研究企业身份建构的关键要素和动态形成机制,为企业建立多元企业身份提供参考借鉴。④ Shao M. 等从特定资产和组织复原力的关系出发,通过数据分析得出"硬"资产和"软"资产对组织复原力的影响不同,并提出企业投资特定资产以发展组织复原力的策略。⑤ Li Fuli 等探究服务型领导行为对领导者自身的影响及持续问题,强调服务型领导的亲社会特征和与上级领导关系质量对其心理和工作效能的影响。⑥ 这些研究对提高组织复原力、减少领导者压力和提升工作绩效等方面具有指导意义。

Zhang Zhe 等以权力接近/抑制理论为基础,探讨首席财务官在公司高层管理团队(TMT)中的排名与创业公司的首次公开募股(IPO)舞弊行为之间的关系,发现在 TMT 非

---

① Wu Feng, Huang Xin, Jiang Bin:"A Data-Driven Approach for Extracting Representative Information From Large Datasets With Mixed Attributes",*IEEE Transactions on Engineering Management*,2022(5).

② 杨莲、石宝峰:《基于 Focal Loss 修正交叉熵损失函数的信用风险评价模型及实证》,《中国管理科学》2022 年第 5 期。

③ 乔健、孙念念、刘梦莉:《基于第三方仲裁的双边多议题自动谈判模型》,《系统工程理论与实践》2022 年第 5 期。

④ 李纯青、王肖利、张洁丽等:《多元企业认同中企业身份的意义建构——基于环意国际旅行社的纵向单案例研究》,《南开管理评论》2022 年第 4 期。

⑤ Shao M., An L.:"Contradiction or Consistency:The "Double-Edged Sword" Effect of Asset Specificity on Organizational Resilience",*IEEE Transactions on Engineering Management*,2022.

⑥ Li Fuli, Chen Tingting, Bai Yun, et al.:"Serving While Being Energized (Strained)? A Dual-Path Model Linking Servant Leadership to Leader Psychological Strain and Job Performance",*Journal of Applied Psychology*,2022,September.

正式层级排名靠前的首席财务官往往具有更高的心理权力感,更关注潜在收益而忽视不道德行为成本。① 张长征、刘溪源从委托代理理论、女性关怀伦理理论和社会角色理论出发,探讨女性董事和女性监事对高管与员工薪酬差距的影响机制,并比较二者之间的效应。② 鲁乔杉、李秉祥、张涛等从社会网络理论出发,研究独立董事对上市公司 MD&A(管理层讨论与分析)文本信息的惯性披露行为的影响机制,发现占据重要关系网络位置的独立董事能有效抑制 MD&A 文本信息的惯性披露行为。③ 上述论文从不同角度研究公司治理中的重要问题,提供对于创业公司 IPO 舞弊、高管与员工薪酬差距以及企业信息披露的新认识,有助于完善公司治理机制,提高企业的透明度和责任性。

(二)会计与财务管理

田高良、薛宇婷、李星等探究信息披露的前瞻性对公司现金持有价值的影响,发现信息披露的前瞻性与公司现金持有价值呈正相关关系,而且这种关系在媒体关注度高、内部控制有效性强和地区社会资本水平高的情况下更为明显。④ 王宏涛、曹文成、王一鸣探讨关键审计事项披露对企业会计稳健性的影响,发现关键审计事项披露可以提升企业会计稳健性。⑤ 苏坤研究发现,经营期望落差会增加股价崩盘风险,特别是通过违规性冒险投机活动对股价崩盘风险的影响相对更大。⑥ 尹海员、朱旭发现,持股机构投资者信息挖掘能力的差异会影响股价崩盘风险,这种影响是通过机构投资者的羊群行为和其他中介变量来实现的。⑦

(三)创新创业与新产品开发

魏龙、党兴华基于竞争期望理论视角,研究技术创新网络中的迭代创新机理,发现持续性和范围性期望落差对迭代创新有影响,并且惯例复制和组织即兴在其中发挥着调节

---

① Zhang Zhe, Gong Mijia, Jia Ming, et al. : "Why and when does CFO ranking in top management team informal hierarchy affect entrepreneurial firm initial public offering fraud?", *Journal of Management Studies*, 2022, November.

② 张长征、刘溪源:《不同女性管理者的异质性薪酬公平偏好——基于董事与监事的比较》,《中国软科学》2022 年第 S1 期。

③ 鲁乔杉、李秉祥、张涛等:《独立董事关系网络与 MD&A 文本信息惯性披露——基于程度中心度和结构洞视角》,《会计研究》2022 年第 9 期。

④ 田高良、薛宇婷、李星等:《投资者重视管理者的前瞻性吗?——基于年报文本分析的经验证据》,《管理工程学报》2023 年第 1 期。

⑤ 王宏涛、曹文成、王一鸣:《关键审计事项披露与企业会计稳健性——基于准自然实验和文本分析的证据》,《审计与经济研究》2022 年第 4 期。

⑥ 苏坤:《经营期望差距影响公司股价崩盘风险吗?》,《管理评论》2022 年第 10 期。

⑦ 尹海员、朱旭:《机构投资者信息挖掘、羊群行为与股价崩盘风险》,《管理科学学报》2022 年第 2 期。

和中介的作用。① 黄珍、禹媛媛、贾明研究高管家乡认同对公司创新的影响及内在机制，探讨家乡认同与公司创新关系的调节效应。② 李晓华、李纪珍、高旭东探讨技术类创业企业的创业机会开发和不同类型创业者的差异，发现，角色认同影响创业者的动机、创新承诺和注意力分配，从而影响他们对外界环境中新颖信息的捕捉与吸收。③ 江旭、靳瑞杰、沈明眉从政治嵌入视角研究民营企业在创新数量和质量间的选择决策，发现拥有直接政治关联的民营企业更倾向于选择低质量的策略性创新，而拥有间接政治关联的民营企业则更倾向于选择高质量的实质性创新。④ 江旭、潘珂研究新兴市场企业的国际化过程及其与组织能力和国际化绩效之间的关系，发现企业高水平的技术能力和营销能力有利于逃离母国制度限制。⑤ 上述论文从不同的角度探讨创新创业的相关问题，丰富对创新机理、非正式制度、创业机会开发、政企关系和国际化等领域的理论认识。

Su K.等以中国上市公司2007—2018年样本为研究对象，检验社会信任对公司研发投资的影响发现，社会信任显著促进公司研发投资，揭示社会信任在鼓励研发投资和增强企业创新中的重要作用。⑥ 杨建君、邓程、赵宇馨等研究反应型知识搜寻和前瞻型知识搜寻对新产品开发优势的影响，并探讨效果逻辑在其中的作用，发现反应型搜寻对新产品开发速度有较强的正向影响，而前瞻型搜寻对新产品创新性有较强的正向影响。⑦ 杨建君、谷磊、王佳奇等还关注组织记忆和新产品创新性之间的关系上，发现陈述性记忆和程序性记忆均对新产品创新性有正向影响。⑧ Zhang Zhe等讨论信息和通信技术（ICT）对员工知识隐藏的影响，讨论ICT的使用强度与员工的知识隐藏、员工共情之间的关系。⑨ 上述论文从不同角度探讨新产品开发的重要问题，为组织在研发投资和企业创新等方面提供有价值的参考和指导。

（四）企业社会责任

Zhang Zhe等研究早期高度CSR的企业在投资者反应中可能产生的双重效应，表明

---

① 魏龙、党兴华:《期望落差、惯例复制与迭代创新:组织即兴的调节作用》，《管理评论》2022年第10期。

② 黄珍、禹媛媛、贾明:《衣锦还乡促创新？——基于高管家乡认同的研究》，《管理工程学报》2022年第5期。

③ 李晓华、李纪珍、高旭东:《角色认同与创业机会开发:基于扎根理论的技术创业研究》，《南开管理评论》2022年第3期。

④ 江旭、靳瑞杰、沈明眉:《政企关系与民营企业创新决策研究》，《科研管理》2022年第8期。

⑤ 江旭、潘珂:《组织能力、国际创业与国际化绩效》，《管理评论》2022年第6期。

⑥ Su K., Wu J, Lu Y.:"With trust we innovate: Evidence from corporate R&D expenditure", *Technological Forecasting and Social Change*, 2022(182).

⑦ 杨建君、邓程、赵宇馨等:《效果逻辑、知识搜寻与新产品开发优势》，《科学学研究》2022年第4期。

⑧ 杨建君、谷磊、王佳奇等:《组织记忆、外部知识搜寻与新产品创新性》，《科学学研究》2022年第8期。

⑨ Zhang Zhe, Ji Xintong:"A Virtual Net Locks Me In: How and When Information and Communication Technology Use Intensity Leads to Knowledge Hiding", *Journal of Business Ethics*, 2022, October.

早期 CSR 可以加重投资者对企业社会失责（CSIR）行为的反应，同时也能缓解投资者的反应。① 年荣伟等通过对中国 A 股上市公司的研究，发现，股票流动性对企业承担 CSR 具有显著的正向影响。研究还发现，股票流动性对企业 CSR 的正向影响主要通过信息效应和治理效应两个路径来实现。② 雷雪、贾明、张喆结合合法性理论和代理成本理论，采用统计 CSR 报告内容相关指标的方法，提出衡量报告实质性的指标，分析实际控制人面临的政治激励、经济激励以及政治和经济双重激励对企业社会责任报告的影响。③ Wang Heli 等基于企业行为理论和战略性语言使用的相关文献，研究企业实际社会绩效与其期望水平之间的差距如何影响企业在社会责任报告中图像语言的使用。④ 上述研究从不同的角度分析企业社会责任及其与其他因素之间的关系，为更好地理解早期 CSR 对投资者反应的影响、股票流动性对企业 CSR 的促进作用以及实际控制人面临的激励对 CSR 报告的影响提供新的视角和启示。

三、公共管理理论研究

研究者在政府治理、环境与生态治理、农业经济管理与区域发展等方面开展研究，重点关注秦创原项目、乡村振兴、陕西省产业布局等问题。研究成果在国内外顶级期刊发表，资政建言受到省领导批示或被省级各部门采纳。

（一）政府治理

在社会保障治理方面，基于全国税收调查数据和社会保险基金社会监督试点政策，赵仁杰、唐珏、张家凯研究发现，社会监督能有效提升企业社保实际缴费率和参保率，且中央试点的政策效应要大于地方试点。⑤ 在灾害应急治理方面，黄纪心和郭雪松以河南郑州"7.20"特大暴雨应对为例，就应急任务驱动的组织协作网络结构关系、紧密程度、参与主体角色地位的适应性演化过程进行深入探讨，为提高政府灾害适应性治理能力和应急管理协调能力提供思路。⑥ 在数字乡村治理方面，胡卫卫和卢玥宁以"中国大棚第一

---

① Zhang Zhe, Gong Mijia, Zhang Shanshan, et al. : "Buffering or Aggravating Effect? Examining the Effects of Prior Corporate Social Responsibility on Corporate Social Irresponsibility", *Journal of Business Ethics*, 2022, January.

② 年荣伟、顾乃康：《股票流动性与企业社会责任》，《管理科学学报》2022 年第 5 期。

③ 雷雪、贾明、张喆：《实际控制人的政治、经济激励对企业社会责任报告的影响》，《管理评论》2022 年第 8 期。

④ Wang Heli, Jia Ming, Xiang Yi, et al. : "Social Performance Feedback and Firm Communication Strategy", *Jouranl Of Management*, 2022(8).

⑤ 赵仁杰、唐珏、张家凯等：《社会监督与企业社保缴费——来自社会保险监督试点的证据》，《管理世界》2022 年第 7 期。

⑥ 黄纪心、郭雪松：《基于应急任务驱动的灾害应对组织网络适应性机制——以河南郑州"7.20"特大暴雨应对为例》，《公共管理学报》2022 年第 4 期。

村"的数字乡村建设为研究对象,系统探究技术赋能背景下数字乡村治理共同体的生成机理和运作逻辑,发现,数字乡村治理共同体是数字社会发展中乡村治理体系优化、治理结构重组、治理能力提升和治理秩序重构的产物。①

(二)环境与生态治理

减排意愿、成本收益等因素影响减排策略的制定。Liu Y. 等构建各国(区域)的减排适宜性指标,指出如何基于成本-收益角度出发并充分考虑意愿因素从而促进国际区域合作共同减排,是实现全球气候变化协同应对的关键。② Guo Y. 等探讨城市交通基础设施对空气污染的空间溢出效应,发现高排放区域聚集在中国东部地区,体现出明显的空间溢出效应和高排放"俱乐部"的聚集特征。③ Fu H. 等探讨居民对于污水处理厂的刻板印象和接受程度。该研究收集西安9家污水处理厂3公里范围内第一手资料发现,居民对污水处理厂有积极的和消极的两类刻板印象,并讨论导致居民刻板印象的影响因素。④

越来越多的城市实施机动车限行(LPR)政策。Luo M. 等探讨公众对 LPR 政策的接受程度。该研究基于西安市 619 名居民的调查问卷,构建影响公众接受 LPR 政策的因素理论模型,并分析不同因素之间的深层次影响。⑤ Zhang X. 等探讨 LPR 政策对控制空气污染的效果。该研究选取 32 个重点城市进行对比实验,发现交通限制政策的实施改善城市空气,并揭示限行政策在北方和南方城市取得的不同效果。⑥

(三)农业经济管理与区域发展

金博宇、畅倩、赵敏娟对黄河流域中上游五省的农户进行抽样调查,分析非农就业对农村居民家庭总消费、生活性消费、生产性消费的影响,探讨就业稳定性与就业地点对农村居民家庭消费影响的异质性。⑦ 胡轶欧、霍学喜、孔荣探讨新型农业经营主体培育政策与实践响应关系及其相互作用下的阶段性状态,明确宏观政策对培育实践的指导作用,

---

① 胡卫卫、卢玥宁:《数字乡村治理共同体的生成机理与运作逻辑研究——基于"中国大棚第一村"数字乡村建设的实证考察》,《公共管理学报》2023 年第 1 期。

② Liu Y., Du M., Cui Q. et al:"Contrasting suitability and ambition in regional carbon mitigation", *Nature Communications*,2022(13).

③ Guo Y., Lu Q., Wang S., et al.:"Analysis of air quality spatial spillover effect caused by transportation infrastructure", *Transportation research*, *Part D. Transport and environment*,2022,July.

④ Fu H., Niu J., Wu Z., et al. :"Influencing factors of stereotypes on wastewater treatment plants - case study of 9 wastewater treatment plants in Xi'an, China", *Environmental Management*,2022(3).

⑤ Luo M., Ma Z., Zhao, W., et al. :"An ex-post evaluation of the public acceptance of a license plate-based restriction policy: a case study of Xi'an, China", "Transportation Research Part A: Policy and Practice",2022, January.

⑥ Zhang X., Yang Q., Xu X., et al. :"Do urban motor vehicle restriction policies truly control urban air quality?", *Transportation research*, *Part D. Transport and environment*,2022,June.

⑦ 金博宇、畅倩、赵敏娟:《非农就业对农村居民家庭消费的影响——基于家庭生命周期的倒 U 型调节效应》,《西北农林科技大学学报》(社会科学版)2022 年第 5 期。

揭示新型农业经营主体培育后期实践对政策倒逼的现象。①

朱楠和任保平探究黄河流域脱贫攻坚成果巩固和生态、经济、社会高质量发展之间的逻辑关系,构建长效脱贫机制及其实现高质量发展的路径选择,解决相对贫困中的不平衡不充分问题,为黄河流域脱贫攻坚成果巩固和高质量发展提出政策建议。② 睢党臣和张扬探讨黄河流域城市经济集聚对绿色发展效率的影响,对于理清流域内经济绿色发展的城市空间集聚逻辑进而促进生态保护和高质量发展具有重要意义。③ 寇晓东和陆瑶聚焦板块驱动型城市(大西安)产业集聚与区域行政的交互关系,构建"产业空间耦合—产业资源耦合—区域产业融合"的主体研究逻辑,对大西安"5+1"城市经济功能区格局构建、基于城市经济功能区的产业项目布局管理、城市经济功能区的板块融合发展等问题进行系统研究。④

(作者单位:西安交通大学)

---

① 胡轶欲、霍学喜、孔荣:《新型农业经营主体培育:政策演变与实践响应》,《经济与管理研究》2022年第8期。

② 朱楠、任保平:《生态约束下黄河流域高质量脱贫攻坚的长效机制研究》,《山东社会科学》2022年第1期。

③ 睢党臣、张扬:《黄河流域城市经济集聚对绿色发展效率的影响研究》,《甘肃社会科学》2022年第5期。

④ 寇晓东、陆瑶:《板块驱动型城市产业耦合:以大西安为例》,社会科学文献出版社,2022年。

陕西省新闻与传播学研究

许加彪 曹 颖 曹 涵 陈绮珠 贾丁信

2022年度，陕西新闻传播学研究对象更加丰富，研究的方法更加多元。第一，马克思主义新闻观研究展现出更深的系统性与更强的发展性。回望并总结党的新闻政策百年变迁的结构和逻辑，《解放日报》的改版与"马克思党报思想"中国化的关系，并积极从当代新闻工作实践中总结新时代马克思主义新闻观的新表现、新特点，推动马克思主义新闻观与时俱进。第二，地方史论研究展现出更深的立体感与更广的维度性。不仅关注延安时期的红色图书、报刊等主流媒介形态的宣传作用，同时将视野转向漫画、木刻、农村大喇叭等具有特色的革命宣传形式，展现延安时期立体多维的革命宣传网络。第三，网络与新媒体研究展现出更浓的时代性与更强的危机感。重点关注以元宇宙为代表的的数字技术对人际传播、社会交往生态、生活方式的影响，揭示深度媒介化对社会生活的弊益，探讨无处不在的算法对网络舆论与舆情的干扰、操纵及判断偏差等影响，强调需多措并举，加强网络治理。第四，出版研究展现出更广的主题性与更强的建设性。除关注出版史、教育出版、期刊出版及知识出版等主题之外，还分析新兴技术与新型表现形式对提振出版业的作用，并对式微的实体书店与工作逻辑转变的图书编辑提出转型与实践优化路径。第五，媒介文化研究展现出更强的生活感和更强的体系性。从具体案例出发，探讨媒介对文化的生成、传播与传承潜移默化的影响，并总结2000—2016年媒介体制变迁的总体图景，提出五种媒介体制模式，推动媒介文化研究体系化。

一、马克思主义新闻观研究

许加彪、王军峰、李亘从传播技术本体论视角出发，将中国共产党百年新闻政策变迁的三种范式总结为：革命救国宣传鼓动范式年（1921—1949）、内容-结构条块层级管理范式年（1949—2000）和全域协同现代化治理范式年（2001— ）。将党的新闻政策实践置于有机的社会历史情境中还原思考，才能深度理解中国共产党新闻政策"活的灵魂"，深刻把握马克思主义新闻观如何同中国具体新闻传播实践相结合，助推国家治理体系和治理能力的现代化。① 也有学者将研究视角放在"马克思党报思想"的历史溯源上,从其发展进程探讨理论中国化的时代价值。孙江、贺晶晶从延安整风运动中的《解放日报》改版,深析"马克思党报思想"中国化。《解放日报》的改版是"马克思党报思想"中国化的开端,确立马克思主义中国化的党报"四性",为新时代党媒的发展与新闻舆论工作提供启示和宝贵经验。②

朱清河、宋佳关注习近平新闻舆论观与中国优秀传统文化的结合,借用"观"哲学的三个维度,运用新闻认识论、价值论与方法论的分析框架,梳理习近平新闻舆论观对中国优秀传统文化的传承、创新与运用。③ 吴锋、刘国强从政治传播视角切入,深入总结党的二十大新闻发布工作实践、成就和经验,概括其制度创新、体系创新、实践创新的成果,对于推动新时代党的新闻发布事业理论和实践创新具有重要意义。④ 李明德、李沙探究数字时代主流媒体正面宣传的问题与不足,分析导致这些问题存在的主要因素,以及新时代社会环境赋予正面宣传的新内涵。探索在新的社会发展阶段,通过不断更新宣传理念,利用好新媒介技术传播优势,改进和优化正面宣传的话语范式、叙事策略与情感技巧,从而有效实现正面宣传的正面效应。⑤

二、新闻传播史论研究

吕强、陶奕冰梳理和总结1927年大革命失败至1937年抗日战争全面爆发时段苏区红色报刊特征,探讨苏区红色报刊及其出版实践对党报宣传工作的当代价值。⑥ 吴锋、潘英杰系统搜集、整理延安时期新闻传播类图书的出版情况,认为其对新时代开展新闻教育、出版和宣传工作的意义重大。图像是历史研究的重要文本,革命时期的诸多图像史料具有重要价值。⑦ 王军峰以"媒介—传播"的研究范式,探究延安时期众多木刻家以事件为题材创作的木刻作品。这些作品具有明显的新闻性特征,在内容与形式层面与当时的报刊媒体形成交互,参与到信息传播网络中,发挥着塑造革命记忆、记录历史进程和实

---

① 许加彪、王军峰、李亘:《试论中国共产党百年新闻政策的范式变迁》,《新闻与传播研究》2022年第9期。
② 孙江、贺晶晶:《"马克思党报思想"中国化的肇启及传承——延安整风运动中的〈解放日报〉改版》,《现代传播》2022年第6期。
③ 朱清河、宋佳:《习近平新闻舆论观中的传统文化基因构成》,《新闻与传播评论》2022年第2期。
④ 吴锋、刘国强:《政治传播视域下党的二十大新闻发布实践范式、核心议题与制度创新》,《现代传播》(中国传媒大学学报)2022年第11期。
⑤ 李明德、李沙:《数字时代主流媒体正面宣传的现实困境与优化路径》,《西安交通大学学报》(社会科学版)2022年第3期。
⑥ 吕强、陶奕冰:《中央苏区红色报刊出版及其当代价值(1927—1937)》,《中国出版》2022年第4期。
⑦ 吴锋、潘英杰:《论延安时期中国共产党新闻传播类图书出版体系及历史地位》,《出版发行研究》2022年第4期。

现社会动员功能。① 吕强、陶奕冰通过分析陕甘宁边区政府机关报《新中华报》380 期中刊登的 227 幅漫画,探讨延安时期新闻漫画建构党的革命话语的内容、特征及其效果,指出其对新时代丰富和完善党的改革话语的重要启示。② 中国共产党是报刊发行事业的第一大党,报刊是党的宣传工作中极为重要的组成部分。吴锋认为,党的十九大以来,党中央从顶层设计的高度谋划新时代发行事业的发展思路,形成新时代报刊发行工作的总体方略、行动指南和路线图,初步建成智能媒体时代的报刊发行事业体系。③ 他还回顾党的报刊发行事业百年发展史,总结百年中共报刊发行事业的伟大成就和经验启示。经过百年奋斗,中国共产党探索出一条符合中国国情的党报党刊发行道路,形成中国特色的党报党刊发行体系。④

2022 年,陕西学者在新闻传播史学研究上破局创新,开辟出新的研究路径。李莉以民国时期《纽约时报》驻华记者哈雷特·阿班和蒂尔曼·窦丁为例,通过大量的文本分析,聚焦新闻的报道框架和话语策略对于如何塑造中国形象的重要影响。⑤ 张爱军、曹赟从媒介考古学视角探讨农村大喇叭在历史特定时期及疫情期间的信息传递作用。⑥ 王春泉基于"文"视角,解读与分析 1940 年代的《边区群众报》和它的"穷人们"共同演绎的精彩的延安新闻文化故事。⑦ 赵战花、赵泽鹏认为,从 1949 年以来中国新闻史研究的发展轨迹来看,这一时期的研究虽无"量"的优势,却在国家权力和政治力量的主导下以一种"记忆重建"的方式影响,甚至形塑此后的中国新闻史研究。未来,研究者应对新闻传播史展开专题研究和跨学科研究,进一步拓宽研究视野,以开辟更多研究新范式、新方法,应对宏大时代背景下的中国新闻传播史学体系建设。⑧

三、网络与新媒体研究

张建中通过翻译西奥·坦尼斯的成果,认为 2022 年数字技术呈现出社交媒体更强调隐私、从 web2:0 迈向 web3:0、非同质化代币快速增长、人工智能挑战加剧、数字化转型

---

① 王军峰:《作为新闻的木刻:延安木刻的新闻性及其社会价值》,《青年记者》2022 年第 21 期。
② 吕强、陶奕冰:《图像叙事与政治表达:延安时期新闻漫画的革命话语建构——基于〈新中华报〉的考察》,《出版发行研究》2022 年第 4 期。
③ 吴锋:《党的十九大以来我国报刊发行事业的创新进路》,《编辑之友》2022 年第 4 期。
④ 吴锋:《中国共产党报刊发行事业的百年历程、伟大成就与经验启示》,《河南大学学报》(社会科学版)2022 年第 5 期。
⑤ 李莉:《民国时期〈纽约时报〉驻华记者的中国形象建构——以哈雷特·阿班和蒂尔曼·窦丁为例》,《西部学刊》2022 年第 23 期。
⑥ 张爱军、曹赟:《从媒介考古学视角看中国政治传播——以农村大喇叭为例》,《党政研究》2022 年第 5 期。
⑦ 王春泉:《作为方法的〈边区群众报〉——基于"文"视角的解读与分析》,《海河传媒》2022 年第 6 期。
⑧ 赵战花、赵泽鹏:《记忆重建:十七年时期的中国新闻史书写》,《国际新闻界》2022 年第 3 期。

加快、工作技能要求提高等六个特点。① 张建中通过翻译亚历山大·李的成果,指出作为元宇宙重要组成部分的 NFT 并不能实现在不同的数字平台之间转移,NFT 缺少互操作性证明业界对元宇宙仍停留在短期炒作阶段,但元宇宙将塑造人际传播新景观,重构人类的交往模式却已成为学界共识。② 王敏芝、王军峰揭示元宇宙作为深度媒介化时代的主导媒介形态正处于将"交往在云端"的社会交往生态重构为"生活在元宇宙",并在物质层面、精神层面和社会层面推动社会的深度媒介化。③ 赵双阁、魏媛媛认为,元宇宙将以崭新的拟真化形式重塑部落化时代的人际传播新景观。④ 张建中、阿密特·达斯,认为元宇宙将成为重要的数字生活方式,并指出传统媒介组织迁移到元宇宙中后将面临工作观念、业务观念、货币使用、监管制度、信息保护等变化。⑤

在主流意识形态的传播研究中,国家形象的建构与传播向来都是重点话题。杨帆、牛耀红通过对 Twitter 数据的文本挖掘分析,重点研究影响美国政治生态的三种意识形态群体——宗教右翼、经济民粹主义和政治文化民粹主义对中国的态度和认知。⑥ 郑萍从传播治理的视角研究面临挑战的后疫情时代中国国家形象的传播,指出应通过多元主体复调和声,互动对话,精准传播亲近性文本、创新传播内容等方式才能做好国家形象的国际传播。⑦ 刘婵君、沈玥晨以《人民日报》微博官方账号新冠肺炎疫情报道为样本,发现中国特色建设性新闻比西方建设性新闻叙事格局更宏大,也更关切人民感受。⑧

一般而言,舆论的形成是基于公众对社会事实的一定认知和判断。学者发现,在人工智能时代,舆论愈发受到算法的操控,洞穴寓言的囚徒困境依然存在。郭淼、师俊艳指出,算法使舆情的传播规律、传播模式、消退周期都得以重构,算法的中介作用重塑人们的认知与判断。⑨ 许加彪、王军峰也认为,随着人工智能技术的发展,算法对舆论的影响力将会增大,甚至会被特殊利益集团操控制造出"伪舆论"。算法技术的伪中立性和算法背后人的主体性甚至深刻影响新闻传播。⑩ 陈积银、宋春妮发现,以算法驱动为核心的新

---

① 张建中、西奥·坦尼斯:《2022 年数字技术发展的六大趋势》,《青年记者》2022 年第 3 期。
② 张建中、亚历山大·李:《互操作性与媒体组织的元宇宙开发》,《青年记者》2022 年第 17 期。
③ 王敏芝、王军峰:《从"交往在云端"到"生活在元宇宙":深度媒介化时代的社会交往生态重构》,《传媒观察》2022 年第 7 期。
④ 赵双阁、魏媛媛:《元宇宙社交:重塑部落化时代的人际传播新景观》,《现代传播》2022 年第 11 期。
⑤ 张建中、阿密特·达斯:《媒体组织如何面对元宇宙》,《青年记者》2022 年第 15 期。
⑥ 杨帆、牛耀红:《美国 Twitter 用户涉华态度及认知——基于政治光谱视角》,《国际新闻界》2022 年第 6 期。
⑦ 郑萍:《后疫情时代中国国家形象传播问题及对策探讨——基于传播治理的视角》,《中国行政管理》2022 年第 11 期。
⑧ 刘婵君、沈玥晨:《共识兼顾与集体取向:中国主流媒体建设性新闻实践——关于人民日报微博官方账号新冠肺炎疫情报道的分析》,《新闻与传播研究》2022 年第 4 期。
⑨ 郭淼、师俊艳:《重构与纠偏:算法在网络舆情中的效用》,《青年记者》2022 年第 17 期。
⑩ 许加彪、王军峰:《算法安全:伪舆论的隐形机制与风险治理》,《现代传播》2022 年第 8 期。

闻聚合平台建立以算法工程师、平台管理者为主导的用户、内容、技术算法价值标准模型。①

智媒体时代的网络内容生态不可避免的因网络推荐而恶化，对此，众多学者都提出应对举措。许加彪、付可欣指出，网络内容生态治理是一个系统工程，但应将提高用户算法素养作为关键环节。② 李明德则对舆论的养成做更细致的说明：要充分观照舆论的整个生命周期，多措并举，持续发力。③ 刘焕以2015—2020年间45起突发公共卫生事件为研究对象，揭示官方信源、信息交互度与网络舆论压力之间存在相互影响，启示在治理网络舆论的过程中，仍应重视官方信源的影响。④ 除此之外，意见领袖在舆论中的影响力也被学者重视。

深度媒介化已成为不可抗拒的趋势，也催生不少值得关注的现象。许加彪、王军峰从媒介学研究视角研究郑州暴雨救援中的"救命文档"，发现技术层面的实时协同的编辑优势和成熟的传播网络，让文档从记录、存储信息的惰性媒介变为传播信息的活性载体，在救援中发挥重要作用。⑤ 陈积银、宋春妮、崔怡珂也以多地暴雨事件为例，指出社交媒体在非传统安全事件中的社会治理主要通过信息救济、情绪安抚与公众参与三途径实现。⑥ 王敏芝、李怡萱观察到家庭代际交往与互动中存在明显的"数字代沟"，家庭内部的"数字反哺"机制既为"数字代沟"的消弭提供自发救济，亦同时产生代际互动及家庭关系的负向影响。⑦ 赵茹、刘磊发现，新媒体已深度嵌入城市女性的孕育生活中，新生代母亲会利用数字媒体平台，通过"信得过的传授"搭建一种全新的社群关系和交往方式。⑧ 陈琦、尚粟蓉以"网抑云"模因的传播机制为例，发现，互联网模因的复制与发展也对网络生态产生着不可小觑的影响。⑨ 虽然社会互动是形成和消解地域偏见的基础，刘蒙之、张锐君以现象级手游《和平精英》为研究对象，发现，游戏文本、化身操作、符号意义与社交互动四种文化实践在游戏中并未割裂，青年玩家的游戏文化升级为身体叙述与社

---

① 陈积银、宋春妮：《智能传播时代新闻聚合平台的算法价值演进与建构》，《西安交通大学学报》（社会科学版）2022年第6期。

② 许加彪、付可欣：《智媒体时代网络内容生态治理——用户算法素养的视角》，《中国编辑》2022年第5期。

③ 李明德：《智媒时代的舆论素养及其养成》，《青年记者》2022年第18期。

④ 刘焕：《突发公共卫生事件中官方信源、信息交互与网络舆论压力的内生影响效应研究》，《情报杂志》2022年第10期。

⑤ 许加彪、王军峰：《媒介学视域下"救命文档"的实践价值考察》，《编辑之友》2022年第5期。

⑥ 陈积银、宋春妮、崔怡珂：《信息救济、情绪安抚与公众参与：社交媒体在非传统安全事件中的社会治理》，《全球传媒学刊》2022年第2期。

⑦ 王敏芝、李怡萱：《数字反哺与反哺阻抗：家庭代际互动中的新媒体使用》，《广州大学学报》（社会科学版）2022年第1期。

⑧ 赵茹、刘磊：《信得过的传授：新媒体环境下城市新生代母亲的信息获取》，《当代传播》2022年第5期。

⑨ 陈琦、尚粟蓉：《模因论视角下的"网抑云"音乐社交传播研究》，《新闻爱好者》2022年第2期。

交功能一体的游戏生态。① 马晓悦、樊旭、庞善民等发现,社交媒体用户会频繁采取信息再现行为对已浏览或已利用过的信息进行再次搜索,但已有信息再现行为研究并未对社交媒体平台中的再现过程进行系统讨论。②

四、出版科学与出版产业研究

陕西学者对出版活动进行多面向的研究,包括对中国近代出版业、数字出版业态变革、出版理论、出版教育的研究等。

在出版史的研究方面,杨军、陶安涛对中国近代出版人的公共交往进行细致的考察,探讨出版人在以书局、报馆为实体空间的公共交往,以出版人社团—书业同业组织为纽带的公共交往,以出版专业期刊为媒介形成的"想象的共同体"的间接的公共交往等,进一步揭示出版人公共交往与其群体的职业形成、发展的关系等问题。③ 吴锋、潘英杰聚焦延安时期,发现这一时期出版的69部新闻传播类图书不仅构建以新闻学为核心、以党的宣传为引领、以新闻事业和出版发行事业为支撑、以通讯选集为补充的新闻传播类图书出版体系,还构建中国共产党新民主主义革命阶段新闻理论的知识体系、学科体系、学术体系和话语体系。④

在数字出版方面,李巨星、胡韵波从数字出版的背景出发,系统阐释科普短视频发展现状及优势,并指出,应从精准分发、体系化生产、多级维权、整合传播、突出品牌以及强化产品适配等维度推动数字出版时代科普短视频的良性发展。⑤ 宋欢迎、贾雪雯对1056篇样本文献进行文献计量和内容分析,发现数字阅读核心主题为探讨数字阅读服务及推广,强调应汲取多个学科和多种方法的优长,对数字阅读进行具体而深入的探讨。⑥

在教育出版方面,代杨结合出版企业在智慧教育生态体系中的角色定位,指出教育出版企业知识服务模式从数字教材到数字教育知识库、从教育平台到智慧学习应用场景的演变趋势,并从出版的知识服务属性出发,结合智慧教育特征和出版关键环节,探索从出版内容、出版渠道、出版技术三方面推动教育出版企业"转识为智"的知识服务策略。⑦

---

① 刘蒙之、张锐君:《劳作于时间之中:工作控制、制度逻辑与图书编辑的职业调适》,《现代出版》2022年第5期。
② 马晓悦、樊旭、庞善民等:《社交媒体环境中的用户信息再现行为过程及影响因素研究》,《情报理论与实践》2022年第2期。
③ 杨军、陶安涛:《我国近代出版人的公共交往探论》,《出版科学》2022年第4期。
④ 吴锋、潘英杰:《论延安时期中国共产党新闻传播类图书出版体系及历史地位》,《出版发行研究》2022年第4期。
⑤ 李巨星、胡韵波:《数字出版视域下科普短视频的发展困境与因应策略研究》,《出版科学》2022年第4期。
⑥ 宋欢迎、贾雪雯:《我国数字阅读研究进展、主题及特点》,《中国编辑》2022年第1期。
⑦ 代杨:《从数字教材出版到学习场景构建:面向智慧教育的教育出版企业知识服务》,《出版科学》2022年第4期。

在出版发行终端上,刘蒙之、王佳彤基于40篇实体书店关闭文本,借用元话语分析的理论视角与分析框架,观察在实体书店关闭文本中,书店、读者和媒体等主体的不同言说与阐释,发现,商业化与文化空间已成为转型的主导逻辑,但商业与文化的冲突仍是实体书店危机难以破解的问题。① 张窈、杨忠杨则分析66家主体书店的时空分布、出资方式与合作类型、店面空间与图书种类等基本情况的基础上,对书店"主题化"的经营特色进行深入分析,并为实体书店的转型发展提出注重政策扶持与政策引导、深耕周边、注意勾连在地文化等三方面建议。② 廖政贸通过对各省市实体书店探讨书店发展的"寡"与"不均"问题,并从文化消费、地理分布、形象塑造和虚实互融方面,提出未来城乡实体书店发展的优化建议。③

对于学术期刊的发展,李明德、陈盼盼认为,应通过增强价值导向意识,利用大数据等技术构建高水平的成果发布平台,通过培养、扶持高品位的编辑及作者,为期刊长远发展提供人才智力支持,推进国际化高质量发展。而更多的学者则认为,要加强科技期刊产业链建设。④ 刘婵君、李梦瑶以爱思唯尔出版集团为例,发现,多维数字营销、自有平台矩阵的知名度策略,制度化、数字化、全球化的认知度策略,公益支持、衍生文创的品牌联想策略,精准服务、包容理念的品牌忠诚度策略及品牌标识的专有资产策略五条路径对我国出版集团发展具有较强的借鉴意义。⑤ 苏静、刘晓颖认为,应该聚焦科技期刊的专业化、集约化、集团化,加快建设具有国际显示度的科技期刊,强化产业链资源战略建设,加强产业主体间合作,助力产业链服务共建升级。⑥

出版工作者方面,刘蒙之、张锐君发现图书编辑逐渐变成时间秩序中的"赶工"者,而这种工作节奏加速的背后是出版制度变迁与市场逻辑统合的现实背景。⑦ 除"赶工者",文学图书编辑还是具有高度能动性的"文化中介",而不是功能性的"把关人"。刘蒙之、师驰、刘战伟以文化中介"三维度"为分析框架,基于48名文学图书编辑撰写的"编辑手记"展开对文学图书编辑"做书"编辑实践的考察,发现文学图书编辑普遍在审美逻辑与市场逻辑纠缠的混合逻辑的复杂平衡中,并证明图书是被编辑"做"出来的,而不是被作

---

① 刘蒙之、王佳彤:《实体书店的危机与重建:基于40篇书店关闭文本的元话语分析》,《科技与出版》2022年第9期。

② 张窈、杨忠杨:《我国主题书店的经营特色与启示——基于66家年度主题书店的样本分析》,《科技与出版》2022年第7期。

③ 廖政贸:《文化消费视角下中国实体书店地理空间分布特征与建议》,《出版科学》2022年第2期。

④ 李明德、陈盼盼:《高品质视域下学术期刊发展的问题透视及提升策略——以人文社科学术期刊为例》,《科技与出版》2022年第8期。

⑤ 刘婵君、李梦瑶:《爱思唯尔出版集团品牌影响力提升策略与经验启示》,《出版发行研究》2022年第12期。

⑥ 苏静、刘晓颖:《开放科学环境下科技期刊产业链及其整合研究》,《数字图书馆论坛》2022年第7期。

⑦ 刘蒙之、张锐君:《青年玩家在网络游戏中的文化实践——基于现象级手游《和平精英》的观察》,《新闻与传播评论》2022年第2期。

家"写"出来的。因此,建设高质量的出版人才队伍成为不可回避的问题。① 张启阳、王勇安基于陕西新华出版传媒集团所属出版社人才队伍建设的实践,认为对于高质量出版人才队伍建设而言,人力资源结构优化是抓手,组织结构创新是可行模式,以机制激励人才、以项目培养人才是正确路径。②

出版理论方面,知识生产视角下的出版行业构建与发展路径分析颇受关注。王勇安、鲍柳康认为,出版的知识生产与知识服务已经全面融合为实时互动的生产—服务综合体,创造以用户为中心的出版知识服务资源开发管理模式,成为解决出版业目前存在问题的重要抓手。③ 张秀丽、李开渝认为,出版与知识同根相系,天然相连,把知识作为出版研究的核心概念,有利于打通出版史研究的历史进程、支撑出版理论知识体系的重构、探究出版应用的服务发展对策。④

出版教育方面,代杨基于"知识即目的""问题为导向""知识集群"三种出版知识生产模式,探索出版学科的内在构建路径与发展道路。⑤ 李明德、史楠揭示新文科背景下西部地区出版专业正面临培养方案趋同、培养层次偏低、课程体系失调、学科属性淡化,师资结构单一、人才储备不足,专业影响羸弱、就业通道不畅等现实困境,应从打造西部样板、突出西部特色、强化人才交流、推动内部协作等角度,针对性地提出西部地区出版专业的实践优化路径。⑥

五、媒介文化研究

随着新型传播技术对人类生活的日益嵌入,学界开始新媒体的研究转向,将视角从媒介在生活中的实践切换至互联网中的媒介研究,陈守湖从媒介化时代的日常审美为切入点,深刻探讨媒介对文化的生成、传播与传承的深刻影响。⑦ 随着互联网的飞速发展,万物皆媒的时代已经到来,李明德、马骁结合时代新技术,梳理 2017 年至 2021 年国内学术期刊中与新媒体研究主题相关的文献,按照主题聚类,总结并分析过去及当下的新媒

---

① 刘蒙之、师驰、刘战伟:《作家不写书:作为文化中介的文学图书编辑实践研究——基于48篇做书"编辑手记"书写的分析》,《出版科学》2022 年第 3 期。

② 张启阳、王勇安:《高质量发展主题下地方出版集团人才队伍建设——基于陕西新华出版传媒集团的案例研究》,《出版广角》2022 年第 7 期。

③ 王勇安、鲍柳康:《出版的本质功能与出版知识服务的范式重构》,《陕西师范大学学报》(哲学社会科学版)2022 第 2 期。

④ 张秀丽、李开渝:《"旧相识"与"新相逢":出版研究的知识入射角意蕴》,《出版学》2022 年第 6 期;张秀丽、李开渝:《作为知识的出版:出版研究的知识进程考察》,《编辑之友》2022 年第 5 期。

⑤ 代杨:《从数字教材出版到学习场景构建:面向智慧教育的教育出版企业知识服务》,《出版科学》2022 年第 4 期。

⑥ 李明德、史楠:《新文科背景下西部地区出版专业的发展困境与实践转向》,《出版科学》2022 年第 6 期。

⑦ 陈守湖:《媒介·文化·审美——媒介化时代的日常生活实践》,《媒体融合新观察》2022 年第 1 期。

介技术对现实世界的影响。① 王亮选取2000年、2010年和2016年三个时间点,用模糊集定性比较分析(fsQCA)的理想类型分析方法,在对《比较媒介体制》进行实证检验的基础上,提出五种媒介体制模式,总结并呈现2000—2016年媒介体制变迁的总体图景。②

但不少学者仍对深度媒介化的社会抱有隐忧。许加彪、王军峰指出,人类社会已走向媒介化社会生成的媒介化信任时期,但媒介化信任在个人本体性安全、媒介系统和社会秩序层面引发的信任风险值得关注和规避。③ 吴锋、杨晓萍则针对用户的媒介使用展开研究,研究表明转载的社交行为,媒介素养中的寻找能力、分析能力和利用能力与"回音室"效应负相关。④

学者对于媒介文化的研究与时俱进,提到热点话题,不得不提到2022年的高频词汇"元宇宙"。赵双阁、魏媛媛把元宇宙视为人际传播重返部落化的新形式,在提出网络时代人际传播的问题之后,以元宇宙为基点,具身传播和媒介技术沦为工具,认为元宇宙将塑造人际传播新景观,同时重新思考身体在传播中的关系,为传播身体研究提供一种新思路。⑤ 王敏芝、王军峰表示元宇宙作为深度媒介化时代的主导媒介形态正处于不断生成当中。⑥ 与以往媒介不同,它允许人类通过各种终端"进入"其中进行体验与行动,是一种"体验性"的媒介;它突破将媒介视为信息传播载体和工具的传统观念,在生存层面构成人类未来社会的基础设施,是一种"生存性"的媒介。

(作者单位:陕西师范大学)

---

① 李明德、马骁:《嵌入与连接:新媒介技术对现实世界的影响——党的十九大以来新媒体研究的十大观点》,《编辑之友》2022年第4期。
② 王亮:《媒介体制的模式与变迁:基于《比较媒介体制》的实证研究》,《国际新闻界》2022年第9期。
③ 许加彪、王军峰:《算法安全:伪舆论的隐形机制与风险治理》,《现代传播》2022年第8期。
④ 吴锋、杨晓萍:《算法推荐背景下用户媒介使用对"回音室"效应的影响研究——兼论媒介素养的调节作用》,《西南民族大学学报》(人文社会科学版)2022年第5期。
⑤ 赵双阁、魏媛媛:《元宇宙社交:重塑部落化时代的人际传播新景观》,《现代传播》2022年第11期。
⑥ 王敏芝、王军峰:《从"交往在云端"到"生活在元宇宙":深度媒介化时代的社会交往生态重构》,《传媒观察》2022年第7期。

陕西省民族学研究

尹波涛　周伟洲

2022年,省内高校及科研单位共发表民族学相关论文54篇,出版专著3部。其中,中国少数民族史相关论文26篇,专著3部;中华民族共同体意识相关论文12篇;民族学相关论文8篇;中国少数民族艺术相关论文8篇。

一、中国少数民族史研究

中国少数民族史是陕西民族学的传统优势专业,相关成果产出较多,共有26篇论文,3本专著。这些成果分为三类:其一,中国各民族交往交流交融史研究;其二,与少数民族墓葬及碑志相关的研究;其三,与历史上边疆民族地区治理及少数民族政权相关的研究。

(一)中国各民族交往交流交融史研究

中国各民族交往交流交融史逐渐成为学术热点,研究成果共有4篇论文,详述如次。

其一,史党社认为,东汉的民族关系以中央管理之下的多民族共存发展为主要特征,各民族之间的交往交流交融不断增强。① 其二,冯立君论述秦汉魏晋南北朝时期匈奴、乌桓、鲜卑等北方民族相互之间以及其与华夏在辽西地区交往、交流交融的历史过程。② 其三,陈正奇、魏兴考察了魏晋南北朝时期进入关中的少数民族创造出的反映民族特色的新兴地名,并指出其是关中地区民族融合的历史依据和见证。③ 其四,王雪梅、袁志伟认为,西夏佛教文化及其思想体系具有鲜明的汉藏显密融合特点,其融合的形式与内容都突出西夏汉传佛教的主体地位及对汉文化的认同,其所引进和依据中原汉文化及汉传佛教促进党项民族和汉民族的交流融合和文化认同。④

---

① 史党社:《东汉时期的民族交融及历史启示》,《中国史研究动态》2022年第4期。
② 冯立君:《中古辽西所见胡汉互动与交融》,《中央民族大学学报》(哲学社会科学版)2022年第3期。
③ 陈正奇、魏兴:《从关中地区地名变迁看魏晋南北朝时期民族融合》,《唐都学刊》2022年第6期。
④ 王雪梅、袁志伟:《西夏佛教与党项民族的汉文化认同》,《宗教学研究》2022年第4期。

（二）与少数民族墓葬及碑志相关的研究

2022年，共有10篇与少数民族墓葬及碑志相关的研究论文。其中6篇论文是对单方碑志的考释，这是墓志研究的主流范式。包括：其一，通过对《李范墓志》的考证，董永强讨论唐初契丹与唐关系、契丹八部联盟的建立时间和首位君长、契丹部落联盟大权从摩会向窟哥转移等问题①；其二，根据窦孝慈妻《豆卢氏墓志》的记述，刘勇指出豆卢氏和窦氏均源自代北胡姓，墓志中述的窦氏与豆卢氏、李唐皇室之间的联姻是初唐时期唐皇室扶植关陇大族的表现②；其三，通过对入唐回纥王子《李秉义墓志》和《移坚勿墓志》的考论，李宗俊分别论述李秉义及其父移建啜、移建勿入唐之后的事迹③；其四，根据入唐高句丽人后裔《唐故余杭郡太夫人泉氏墓志》中关于志主先世的内容，拜根兴考察入唐高句丽泉氏家族的世系及事迹，以及该家族融入唐人共同体的大致过程④；其五，根据党项部落首领《窦伯岁墓志》的内容，陈玮对窦伯岁的家族世系，父祖及其所担任的职官名号，以及其家族的身份认同等进行考述⑤；其六，罗丰、谢泳琳对定居洛阳的粟特人史陁、康氏史夫人墓志和安怀及夫人史氏三方墓志中涉及的职官、地理、宗教等问题进行论述。⑥

学者利用出土的系列墓志开展综合研究，是近年来墓志研究的新动向。根据《荔非郎虎、任安保六十人造像碑》《雷伏娥、荔非郎虎造像碑座》和《荔非兴度观世音造像座》，罗丰、李星宇考述西魏至北周时期今陕西省铜川市耀州区药王山一带羌人荔非氏的世系、婚姻及社会地位。⑦董永强根据执失思力子《执失奉节墓志》、侄《执失善光墓志》对入唐突厥执失思力家族的世系、事迹、婚宦等进行考述。⑧

此外，2篇论文从民族考古的角度对少数民族墓葬进行研究：其一，潘玲、谭文妤将扎赉诺尔墓地分为五期，并认为扎赉诺尔墓地的分期是呼伦贝尔地区鲜卑遗存约五百年发展历程的缩影⑨；其二，王维坤指出，西安地区北周三座粟特人墓葬完全模仿和继承北周时代的土葬制度，其葬俗虽然部分保留粟特"火葬"孑遗，但更多体现粟特和华夏文化的

---

① 董永强：《论早期契丹与唐朝的关系——以新见〈李范墓志〉为中心》，《中国边疆史地研究》2022年第3期。

② 刘勇：《新近出土唐鲜卑后裔豆卢氏墓志考释》，见沙武田主编：《丝绸之路集刊》（第8辑），社会科学文献出版社，2022年，第280—288页。

③ 李宗俊：《唐回纥人李秉义与移建勿二墓志跋》，见西安碑林博物馆编：《碑林集刊》（第27辑），三秦出版社，2022年，第88—94页。

④ 拜根兴：《〈唐故余杭郡太夫人泉氏墓志〉考释》，《文博》2022年第3期。

⑤ 陈玮：《三苗之后与扶风窦氏：从〈窦伯岁墓志〉看唐代党项窦氏家族》，《新疆大学学报》（哲学·人文社会科学版）2022年第1期。

⑥ 罗丰、谢泳琳：《三方粟特人墓志考释——兼论唐代洛阳粟特人的婚姻与居地》，见杜文玉主编：《唐史论丛》（第35辑），三秦出版社，2022年。

⑦ 罗丰、李星宇：《药王山北朝荔非氏造像碑铭考释》，《文物季刊》2022年第2期。

⑧ 董永强：《唐代突厥蕃将执失家族研究——以〈执失奉节墓志〉〈执失善光墓志〉为中心》，见杜文玉主编：《唐史论丛》（第34辑），三秦出版社，2022年。

⑨ 潘玲、谭文妤：《扎赉诺尔墓地分期研究》，《草原文物》2022年第1期。

交流与融合①。

（三）与历史上边疆民族地区治理及少数民族政权相关的研究

2022年，与历史上边疆民族地区治理及少数民族政权相关的研究成果共有12篇论文，3本专著。其中，与少数民族政权相关的研究成果有6篇论文，3本专著。论文包括：其一，刘俊研究匈奴王族与姻亲氏族之间相互关系和地位的演变及其对匈奴政治体制的影响②；其二，王欣、马晓琳从汉武帝时期的大宛国王毋寡被大宛贵族密谋杀害的事件出发，讨论以大宛为代表的西域绿洲城邦政治体制，认为大宛统治集团的核心构成至少包括国王、贵族两个部分，贵族阶层的权力制约着王权，甚至决定王位的更迭③；其三，苏小华考证匈奴汉国的王弥、石勒两军团在黄淮地区与西晋残余势力的之间的战事以及二者内部火拼的过程④；其四，李瑞奎、邢永民论述吐蕃政权中心转移与西藏地理环境之间的互动关系，认为地理环境条件是松赞干布将政权中心从雅砻河谷迁至逻些城的重要影响因素⑤；其五，姚婧媛从吐蕃金石铭刻及敦煌吐蕃历史文书、王统史及史册等历史性文献和伏藏文献及教法史等宗教性文献三个大类，探讨其在书写吐蕃王统历史时处理雅砻部落首领及吐蕃王朝赞普权力的来源和藏地自身的定位问题的变化过程⑥；其六，王善军对女真贵种群体及其与金朝政治文明演变关系的研究⑦。

与少数民族政权相关的3本专著分别为：其一，尹波涛的《后秦史》⑧；其二，周伟洲的《敕勒与柔然》（增订本），对4世纪末至6世纪中期活动于中国大漠南北和西北广大地区的敕勒和柔然两个古代民族的族源、分布及氏族、部落的组成做探索；论述其所建的翟魏政权、高车国及柔然汗国的兴衰⑨；其三，王善军的《辽宋金社会史论集》，为作者近年有关辽宋夏金史研究的论文选集⑩。

与历史上边疆民族地区治理相关的研究成果有6篇论文，包括：其一，张伯国考述乾隆帝严禁"苦累回人"的内容、思想根源及其实践⑪；其二，张伯国研究清代南疆基层伯克

---

① 王维坤：《西安发现的三座北周粟特人墓葬再研究》，《黑河学院学报》2022年第2期。
② 刘俊：《姻亲氏族与匈奴政治体制的嬗变》，《民族学刊》2022年第2期。
③ 王欣、马晓琳：《"毋寡之死"与西域绿洲城邦政治体制——以〈史记〉〈汉书〉记载为中心》，《西域研究》2022年第2期。
④ 苏小华：《两晋之际匈奴汉国在黄淮地区的活动及失败——以石勒的雄踞江汉及葛陂之役为中心》，《宝鸡文理学院学报》（社会科学版）2022年第4期。
⑤ 李瑞奎、邢永民：《吐蕃政权中心转移与西藏地理环境互动关系研究》，《西藏研究》2022年第6期。
⑥ 姚婧媛：《吐蕃王统书写的流变》，《青海民族研究》2022年第2期。
⑦ 王善军：《女真贵种与金代政治文明的演变》，《中国社会科学》2022年第6期。
⑧ 尹波涛：《后秦史》，社会科学文献出版社，2022年。
⑨ 周伟洲：《敕勒与柔然》（增订本），商务印书馆，2022年。
⑩ 王善军：《辽宋金社会史论集》，人民出版社，2022年。
⑪ 张伯国：《德化推行与认同塑造：乾隆帝严禁"苦累回人"思想及其实践》，《清史研究》2022年第2期。

培养与选拔制度——金顶回人制度①；其三，杨栋娟梳理清代新疆回部王公、伯克等年班人员贡物的种类、数量等方面特点及清廷的赏赐、年班制度的运行情况②；其四，陈昱彤考证清代西藏地方年班贡品的种类、数量及选择标准，并指出年班贡品的主要内涵就是以国家认同为中心的政治象征③；其五，周伟洲论述清廷在西藏边疆边防中制定的军队驻防与驻藏大臣每年定期巡边制度，并分析西藏边防制度与措施的变迁④；其六，柳德军考述1940年至1944年发生的陌务与北山之间的草山纠纷——"北山事件"的发展过程，并考察当时国民党地方政府在处理该类事件时与甘南旧有的土司势力之间相互博弈而互为约束的矛盾关系⑤。

二、中华民族共同体意识研究

2022年，与中华民族共同体意识相关的研究成果共有12篇论文，其中5篇研究历史上的中华民族共同体意识，7篇是关于中华民族共同体意识现状的研究。

研究历史上中华民族共同体意识5篇论文包括：其一，崔建华认为，秦汉时期以大禹传说为代表的柔性文化，使不同区域文化在碰撞中形成更多趋同的内容，这种文化整合方式对于巩固"中国人"意识具有更为持久的积极效果⑥；其二，张云考察唐朝以前西藏地区与祖国内地间业已存在的人种、民族、语言和文化上的联系，以及在漫长历史发展过程中双方频繁而密切的政治、经济、宗教与文化交流⑦；其三，董文强认为，北朝社会的黄帝祖源记忆演变，是一个不断层累建构的历史过程。这一过程始终伴随着华夏认同与民族融合，是中华民族共同体历史演进中多元民族互动与凝聚为一体的具体表现⑧；其四，马超研究回族人丁宝臣创办的《正宗爱国报》中所强调的中华民族共同体意识⑨；其五，王欣、洪玺铭发现，抗日战争时期，中国共产党人创造性地将党的民族理论和民族政策与新疆抗日民族统一战线建设实践相结合，从而激发新疆各族民众中华民族共同体意识的

---

① 张伯国：《金顶回人制度与清代南疆基层伯克培养》，《中国边疆史地研究》2022年第1期。
② 杨栋娟：《清代回部地区年班贡赐研究》，《历史档案》2022年第3期。
③ 陈昱彤：《升平累洽：论清代西藏地方年班贡品的政治内涵》，《中国藏学》2022年第2期。
④ 周伟洲：《试论清代西藏边疆的边防》，《中国藏学》2022年第3期。
⑤ 柳德军：《民国时期甘南草山纠纷与地方政府之因应———以"北山事件"为中心的考察》，《甘肃社会科学》2022年第3期。
⑥ 崔建华：《秦汉时代大禹传说与中国认同的巩固及拓展》，《中原文化研究》2022年第4期。
⑦ 张云：《唐以前西藏地区和祖国内地的内在联系、密切交往与中华民族共同体的培根筑基》，《中华民族共同体研究》2022年第4期。
⑧ 董文强：《中华民族共同体视域下的北朝黄帝祖源记忆建构与认同》，《西北民族大学学报》（哲学社会科学版）2022年第5期。
⑨ 马超：《近现代报刊中的中华民族共同体话语——以〈正宗爱国报〉为例》，《中南民族大学学报》（人文社会科学版）2022年第12期。

主动性和自觉性,卓有成效地促进新疆各族民众对中华民族共同体的认同①。

研究中华民族共同体意识现状的 7 篇论文包括:其一,阎树群、杏贝男认为,"铸牢中华民族共同体意识"既从观念建构的维度阐明"五十六个民族是一个共同体"这一基本事实,又从意识铸造的维度引导各族人民形成对"中华民族是一个共同体"的思想自觉和情感、价值与理性认同②;其二,张济琛、史兵、耿献伟认为,体育援藏是新时代社会主义体育铸牢中华民族共同体意识在西藏的伟大实践,对促进各族人民交往交流交融、铸牢中华民族共同体意识做出积极贡献③;其三,张金桥、李英杰指出,以体育赋能文化润疆,有利于增进"五个认同",铸牢中华民族共同体意识④;其四,虎有泽、程荣认为,新时代铸牢中华民族共同体意识的法治建构,就是要以依法治理民族事务为核心推进铸牢中华民族共同体意识的法治化⑤;其五,虎有泽、张博文、李辉认为,新时代铸牢中华民族共同体意识有政治性、统一性、稳定性、历史性、普遍性等五个理论特征,可以从组织路径、政治路径、思想路径、物质路径、社会路径、法治路径等六个方面实现铸牢中华民族共同体意识⑥;其六,董辉、孙少帅指出,中华民族共同体意识蕴涵着深厚的文化积淀,以马克思的共同体思想和马克思主义民族观为理论基础,以党百年来形成的民族理论和统一战线理论为思想动力,以中华民族 5000 多年文明孕育的共同体理念为文化基因⑦;其七,黄达远、宋其然通过对相关学术史的回顾发现,在河西走廊,中华民族共同性就是长城南北各民族时空交汇的特性,它通过社会、经济、生态和族群议题得以体现,佐证河西走廊作为"绿洲桥"和过渡地带的独特属性⑧。

三、民族学研究

2022 年,陕西学者产出与民族学研究相关的成果为 8 篇论文。包括:其一,通过对西藏山南市浪卡子县张达乡扎玉村望果节的田野调查,杨娅认为,藏族传统岁时节庆民俗作为一种文化传播手段,具有增强族群家园文化认同、弘扬传承民族优秀传统文化、促进

---

① 王欣、洪玺铭:《抗战时期中国共产党促进新疆各族民众中华民族认同的历史考察》,《西北民族研究》2022 年第 4 期。
② 阎树群、杏贝男:《"中华民族共同体"的观念建构与意识铸造》,《甘肃社会科学》2022 年第 4 期。
③ 张济琛、史兵、耿献伟:《体育援藏:新时代体育铸牢中华民族共同体意识在西藏的伟大实践》,《西藏民族大学学报》(哲学社会科学版)2022 年第 5 期。
④ 张金桥、李英杰:《文化润疆:新疆民族传统体育在铸牢中华民族共同体意识中的话语体系和实践路径》,《北京体育大学学报》2022 年第 9 期。
⑤ 虎有泽、程荣:《新时代铸牢中华民族共同体意识的法治建构》,《西南民族大学学报》(人文社会科学版)2022 年第 11 期。
⑥ 虎有泽、张博文、李辉:《铸牢中华民族共同体意识的时代意义与实践路径》,《民族学刊》2022 年第 12 期。
⑦ 董辉、孙少帅:《铸牢中华民族共同体意识的文化向度》,《贵州民族研究》2022 年第 5 期。
⑧ 黄达远、宋其然:《铸牢中华民族共同体意识研究的河西视角:以区域研究和知识范式的转变为中心(1980—2022)》,《新疆社会科学》2022 年第 4 期。

社会和谐与稳定及助推民族交往交流交融等方面的社会功能。其二,通过对2010年至2019年广西壮族自治区和全国教育扶贫相关数据分析评估,戴妍、王奕迪发现,民族地区教育扶贫各子系统及其均衡作用对教育扶贫绩效起到正向推动作用,民族地区教育扶贫投入和产出与成果系统均取得良好绩效。① 其三,以甘肃、青海、宁夏回族自治区、新疆维吾尔自治区和内蒙古自治区5个少数民族较为集中的区域为研究对象,以2010—2019年教育振兴与经济发展的真实数据为测算依据,戴妍、刘斯琪发现,各省(自治区)教育与经济发展的耦合度基本一致,均处于高水平耦合状态;各省(自治区)教育和经济综合发展指数的高低决定教育与经济发展耦合协调度的大小,各省(自治区)呈现出不同的耦合协调类型。② 其四,丁雨秀、王芝婕、杜康等选取2018—2020年陕西和宁夏地区15个县353所学校59 189名中小学生为对象,分析发现,不同民族地区中小学生视力不良率及矫正率均存在差异,少数民族地区中小学生视力不良率和近视矫正率均显著低于汉族地区中小学生。③ 其五,成正兴认为,西北民族地区乡土景观的"公共空间"不仅是乡土特色文化产品的生产和再生产,也是一个汇聚着文化遗存的时空压缩的概念,而且是一个包括各民族共享的把千家万户连接为一个整体的公共广场、公共道路、公共建筑等自然和人造空间的集合,表现乡土大众文化模式的丰富内涵。④ 其六,通过考察互联网环境中信息接触、在线交往和媒介偏好对西部民族地区农村居民国家认同感的影响,任天浩、朱晓曦发现,西部民族地区居民国家认同感高且态度稳定一致;互联网已经成为形塑国家认同感的主要舆论场域。⑤ 其七,通过对不同批次援疆的7名特殊教育教师的访谈,郭文斌、温德艳、林燕发现,援疆教师在柔性援疆期间收获积极的职业情感体验,并实现多元化的职业能力提升。同时,援疆教师在柔性援疆活动期间也存在自我中心、研究成果产出困难及角色冲突等问题。⑥ 其八,牛海洋认为,中国学者对海外藏学的研究形成以主题、人物或机构、国别或区域以及数据计量分析为导向的四种研究路径。⑦

---

① 戴妍、王奕迪:《民族地区教育扶贫绩效评估研究——以广西壮族自治区为例》,《民族高等教育研究》2022年第3期。

② 戴妍、刘斯琪:《民族地区教育振兴与经济发展的时空耦合协调研究——基于2010—2019年省级面板数据的实证分析》,《大理大学学报》2022年第9期。

③ 丁雨秀、王芝婕、杜康等:《不同民族地区中小学生视力健康差异分析》,《中国公共卫生》2022年第6期。

④ 成正兴:《西北民族地区乡村振兴中乡土景观的"公共空间"构建》,《广西民族研究》2022年第1期。

⑤ 任天浩、朱晓曦:《西部民族地区互联网使用对居民国家认同感的积极影响——基于宁夏三县(区)民族村的调查》,《民族学刊》2022年第9期。

⑥ 郭文斌、温德艳、林燕:《援疆者与学习者:双重角色下柔性援疆特教教师的专业成长》,《海南师范大学学报》(社会科学版)2022年第5期。

⑦ 牛海洋:《中国海外藏学研究的路径探析》,《四川民族学院学报》2022年第5期。

四、中国少数民族艺术研究

2022年，陕西学者与中国少数民族艺术相关的研究成果共有论文8篇。包括：其一，葛承雍认为，新疆库车苏巴什佛寺遗址出土的彩绘舍利盒图像不是主流观点所说的"苏莫遮"欢庆乐舞，而是7世纪龟兹地区萨满巫术舞蹈表演时真实的写照，也是佛教进入龟兹后融有萨满教因素的混杂表现。① 其二，葛承雍利用新出土墓葬壁画上的胡人图像，探讨中古时期下层胡人的生活状态，并借以了解胡汉融合后的生活空间。② 其三，杨瑾认为，慕容智墓披袍俑在唐代墓葬多见大翻领披袍俑像的背景下，所呈现的鲜卑特征反映吐谷浑民族在汉化过程中，与中原王朝、与所到地各民族、与西域诸族的交流互动，形成逐渐融合为一个吐谷浑民族的风俗习惯。③ 其四，李天、周晶以受到西藏建筑文化辐射的不丹为中心，研究楼阁式佛殿在喜马拉雅山周边地区的流布，分析楼阁式佛殿的原型、传播过程与特征，并探讨藏传佛教建筑艺术的对外输出与地域性发展。④ 其五，吴雪梅通过对俄藏X.2326唐卡的图像辨析和榜题释读，确定编号X.2326、X.2329、X.2587、X.2327、X.2328、X.2330六件唐卡为表现释迦牟尼一生事迹的八塔变题材。据X.2326唐卡的辨识结果，可对宁夏回族自治区贺兰县宏佛塔出土的绢质八相塔残图做出辨识和缀合。⑤ 其六，房子超、沙武田认为，敦煌莫高窟第465窟内描绘的黑行师图像与宁夏拜寺沟西夏方塔出土西夏文《广义文》最为接近，故判断其绘制时间应为西夏晚期12世纪末至13世纪初及之后。⑥ 其七，司晶晶、刘子明认为，瓜州榆林窟第27窟是西夏晚期新建的功德窟。以正壁的高僧像为主尊，同时东、西壁北侧的四臂观音和窟门上的六字真言在空间上共同构成流行于这一时期三尊一组的"六字观音"图像组合，且窟内高僧应为大乘玄密帝师。⑦ 其八，房子超认为，武威亥母寺出土的胜乐金刚双身唐卡，严格依据藏传佛教成就法设计并绘制，其绘制所依据的文本，即为鲁伊巴传承与无畏生护传承的内部胜乐金刚双身62尊曼荼罗成就法其中之一。⑧

（作者单位：陕西师范大学）

---

① 葛承雍：《欢庆乐舞还是萨满巫舞？——新疆库车彩绘舍利盒图像再解读》，《世界宗教研究》2022年第7期。
② 葛承雍：《新出中古墓葬壁画中的下层胡人艺术形象》，《故宫博物院院刊》2022年第8期。
③ 杨瑾：《甘肃武威慕容智墓披袍俑的多元文化渊源探析》，《中原文物》2022年第4期。
④ 李天、周晶：《藏传佛教楼阁式佛殿在喜马拉雅南麓的发展——以不丹建筑为中心》，《西藏研究》2022年第1期。
⑤ 吴雪梅：《俄藏X.2326唐卡及宁夏绢质八相塔残图缀合研究》，《青海民族研究》2022年第3期。
⑥ 房子超、沙武田：《敦煌莫高窟第465窟大成就者黑行师考——兼论藏传佛教艺术中的黑行师图像》，《敦煌研究》2022年第4期。
⑦ 司晶晶、刘子明：《禅密圆融思想下的西夏图像遗存——瓜州榆林窟第27窟初探》，见杜建录主编：《西夏学》（第25辑），甘肃文化出版社，2022年。
⑧ 房子超：《武威亥母寺胜乐金刚双身唐卡曼荼罗图像释读研究》，见杜建录主编：《西夏学》（第24辑），甘肃文化出版社，2022年。

社科项目

2022年,陕西社科界积极组织完成国家社科基金、教育部社科基金、陕西省社科基金等各类项目的申报工作。其中,国家社科基金项目中,重大项目12项,年度项目116项,青年项目31项,西部项目50项,后期资助项目43项,教育学项目15项,高校思政课研究专项5项,中华学术外译项目7项。教育部人文社会科学研究项目中,规划项目101项,西部和边疆地区项目52项,专项任务项目5项,后期资助5项,高校思想政治理论教师研究专项8项。此外,陕西省哲学社会科学规划办公室批准立项省社科基金项目486项,陕西省社科界重大理论与现实问题研究项目立项1712项,其中青年项目367项,合作项目1069项,委托项目35项,智库项目218项,出版资助项目23项。省教育厅项目66项。

陕西省获立2022年度国家社科基金项目

陕西省2022年国家社科基金重大项目立项名单(12项)

序号	项目批准号	项目名称	首席专家	工作单位
1	22&ZD069	新兴领域军民融合高质量发展的机制和路径研究	田庆锋	西北工业大学
2	22&ZD083	"双碳"目标下农业绿色发展体系创新与政策研究	赵敏娟	西北农林科技大学
3	22&ZD107	流域和海域环境协同治理的机制与路径研究	刘志仁	西安交通大学
4	22&ZD113	统筹推进县域城乡融合发展的理论框架与实践路径研究	朱玉春	西北农林科技大学
5	22&ZD132	新形势下全球供应链中断风险研判与应对策略研究	周晓阳	西安交通大学
6	22&ZD146	数字经济背景下我国企业战略管理新范式建构研究	舒成利	西安交通大学
7	22&ZD221	中国历法史	曲安京	西北大学
8	22&ZD227	丝绸之路中外工匠文化交流史料整理与研究	潘天波	陕西师范大学
9	22&ZD244	江村大墓与南陵考古资料整理与研究	马永赢	陕西省考古研究院
10	22&ZD264	《全汉赋》新辑、汇校、汇注、汇评	杨晓斌	陕西师范大学

续表

序号	项目批准号	项目名称	首席专家	工作单位
11	22&ZD275	百年中国儿童文学文献资料的整理研究与数据库建设	王泉根	陕西师范大学
12	22&ZD321	百年中国新闻传播史著作整理及书写创新研究	赵战花	西安外国语大学

陕西省2022年国家社科基金年度项目立项名单（116项）

序号	项目批准号	项目类别	学科	项目名称	负责人	工作单位
1	22ADJ011	重点项目	党史·党建	中国共产党党内法规制度文献集成、研究与数据库建设（1937—1949）	张炜达	西北大学
2	22AZX015	重点项目	哲学	马克思主义哲学视野中的维特根斯坦研究	张学广	西北大学
3	22ATJ009	重点项目	统计学	突发公共事件背景下中国社区应急治理能力测度与评价研究	姚波	咸阳师范学院
4	22ARK005	重点项目	人口学	农村女性初婚年龄模式的时空演进及农村婚姻市场生态研究	李艳	西安工程大学
5	22AGJ004	重点项目	国际问题研究	百年未有大变局下西方涉华舆论新态势及中国应对策略研究	王宏俐	西安交通大学
6	22AKG004	重点项目	考古学	战国秦汉时期东北族群的考古学研究	潘玲	西北大学
7	22AZW001	重点项目	中国文学	文学阐释学的"中国范式"研究（1942—2022）	谷鹏飞	西北大学
8	22AZW013	重点项目	中国文学	文学地理学视域下明清陕西诗文总集研究	刘军华	陕西师范大学
9	22ATQ002	重点项目	图书馆、情报与文献学	场景驱动的我国关键核心领域文献资源精细组织与精准服务模式研究	秦春秀	西安电子科技大学
10	22AGL001	重点项目	管理学	"数智时代"我国工业数据开放共享机制研究	肖忠东	西安交通大学

续表

序号	项目批准号	项目类别	学科	项目名称	负责人	工作单位
11	22AGL005	重点项目	管理学	新发展格局下"走出去"的国有企业被污名化的成因、后果及治理研究	常 玉	西北工业大学
12	22BDJ044	一般项目	党史·党建	陕甘宁边区军工史研究（1937—1945）	杨向卫	西安邮电大学
13	22BDJ045	一般项目	党史·党建	陕甘宁边区中医药防治疫病史料搜集、整理与研究（1937—1948）	方海兴	陕西师范大学
14	22BDJ107	一般项目	党史·党建	西部农村党建引领发展的嵌入机制研究	穆军全	西北农林科技大学
15	22BZX041	一般项目	哲学	基于区块链技术的哲学社会科学科研诚信建设机制研究	李叶宏	西安邮电大学
16	22BZX052	一般项目	哲学	《孟子》与宋代经学研究	周淑萍	陕西师范大学
17	22BZX053	一般项目	哲学	儒释道融合视域下晁迥哲学思想与文献整理研究	许 宁	陕西师范大学
18	22BZX069	一般项目	哲学	明代《春秋》诠释史研究	刘 俊	西安交通大学
19	22BZX087	一般项目	哲学	伦理学视野下中国特色社会主义空间正义理论谱系与实现路径研究	李武装	西安工程大学
20	22BZX106	一般项目	哲学	苏阿雷斯的形而上学及其现代效应研究	尹兆坤	陕西师范大学
21	22BZX116	一般项目	哲学	新康德主义认识论基本问题及其效应研究	石福祁	西安交通大学
22	22BJL044	一般项目	理论经济	"双碳"目标下数字技术驱动制造业绿色发展的机制与路径研究	李娟伟	陕西师范大学
23	22BJL108	一般项目	理论经济	基于价值序列融入的国有企业混合所有制改革评价研究	范玉仙	西安交通大学
24	22BJY014	一般项目	应用经济	跨境电商推进我国数字贸易强国建设机制与路径研究	张夏恒	西北政法大学

续表

序号	项目批准号	项目类别	学科	项目名称	负责人	工作单位
25	22BJY038	一般项目	应用经济	基于产业链信用共同体的农民合作社融资机制与路径研究	牛 荣	西北农林科技大学
26	22BJY039	一般项目	应用经济	数字技术驱动下产业链与创新链深度融合模式及治理机制研究	贾卫峰	西安邮电大学
27	22BJY113	一般项目	应用经济	金融科技驱动下的银行业结构调整与中国商业银行系统性风险有效监管研究	侯晓辉	西安交通大学
28	22BJY127	一般项目	应用经济	"双碳"目标倒逼机制对经济高质量发展的驱动效应、潜在冲击与协调路径研究	王 锋	西安交通大学
29	22BJY159	一般项目	应用经济	突发公共事件下我国区域应急物流快速反应能力评估、影响机制与提升政策研究	陈 恒	西安工程大学
30	22BJY162	一般项目	应用经济	中国建筑业数字化转型的动力机制与政策选择研究	韩言虎	长安大学
31	22BJY223	一般项目	应用经济	降本增效视角下国有收费公路运营企业X非效率测度、机理分析及治理路径研究	徐海成	长安大学
32	22BJY257	一般项目	应用经济	基于资本规范健康发展的技术赶超领域产能过剩防范化解机制研究	刘 航	西安交通大学
33	22BTJ017	一般项目	统计学	复杂数据的高维统计建模及其在医院感染数据中的应用研究	闫 莉	陕西师范大学
34	22BTJ050	一般项目	统计学	"双碳"目标下制造业数字服务化能力统计测度与提升路径研究	陈菊红	西安理工大学

续表

序号	项目批准号	项目类别	学科	项目名称	负责人	工作单位
35	22BZZ007	一般项目	政治学	中国五年规划制度研究	许晓龙	延安大学
36	22BZZ049	一般项目	政治学	乡村治理现代化进程中非正式制度效能提升研究	卞 辉	西北大学
37	22BZZ068	一般项目	政治学	乡村振兴背景下干部驻村制度优势转化为治理效能策略研究	钟 海	西安财经大学
38	22BZZ091	一般项目	政治学	突发公共卫生事件精准应急响应机制研究	李尧远	西北大学
39	22BFX012	一般项目	法学	常识常理常情融入司法裁判的法律方法论研究	王国龙	西北政法大学
40	22BFX049	一般项目	法学	自动驾驶事故风险的刑事治理研究	付玉明	西北政法大学
41	22BFX059	一般项目	法学	事实自证的犯罪构成要素证明机制研究	张 斌	西北政法大学
42	22BFX101	一般项目	法学	算法时代的作品创作与著作权保护问题研究	孙昊亮	西北政法大学
43	22BFX127	一般项目	法学	矿业废弃地环境风险法律规制研究	王 涛	西北工业大学
44	22BFX204	一般项目	法学	第三方环境服务的法律规制研究	王社坤	西北大学
45	22BFX205	一般项目	法学	生物安全信息共享法律制度构建研究	王 玥	西安交通大学
46	22BSH051	一般项目	社会学	"双减"政策的家庭反应与家庭教育促进研究	权小娟	西安交通大学
47	22BSH055	一般项目	社会学	"双减"背景下家庭教育的演变及对青少年发展影响的追踪研究	朱晓文	西安交通大学
48	22BSH069	一般项目	社会学	农业现代化进程中资本下乡用工机制的社会学研究	陈航英	陕西师范大学
49	22BSH089	一般项目	社会学	农村失能老人家庭照护的社会网络支持研究	聂建亮	西北大学

续表

序号	项目批准号	项目类别	学科	项目名称	负责人	工作单位
50	22BSH109	一般项目	社会学	突发公共卫生事件下老年人数字困境与数字包容性社会建设研究	蔡 萌	西安交通大学
51	22BSH122	一般项目	社会学	感知受限和负面情绪对老年人融入数字社会的影响机理及对策研究	薛艳敏	西安理工大学
52	22BSH151	一般项目	社会学	数字赋能对社区公共卫生"平战结合"治理效能的影响研究	吴玉锋	西北大学
53	22BSH166	一般项目	社会学	"三权分置"下农村离婚妇女宅基地权益保障问题研究	刘天利	西安建筑科技大学
54	22BRK007	一般项目	人口学	城市"老漂"群体社会参与对其健康的影响机理研究	程新峰	西安工业大学
55	22BRK024	一般项目	人口学	新时代在华国际移民的社会融入与治理研究	白 萌	西安交通大学
56	22BMZ031	一般项目	民族学	三江源农牧区藏族聚落乡村振兴的生态宜居模式研究	靳亦冰	西安建筑科技大学
57	22BMZ052	一般项目	民族学	抗战时期新疆文化教育事业与中华民族共同体意识构建研究（1931—1945）	成珊娜	陕西师范大学
58	22BMZ115	一般项目	民族学	元代西域内迁少数民族族谱中的多民族交往交流交融研究	杨绍固	延安大学
59	22BGJ021	一般项目	国际问题研究	全球发展治理体系变革的基本趋势与中国相关对策研究	丁韶彬	陕西师范大学
60	22BGJ033	一般项目	国际问题研究	数智化驱动下欧亚物流网络运作风险预警机制和防控措施研究	曲 晨	西安财经大学

续表

序号	项目批准号	项目类别	学科	项目名称	负责人	工作单位
61	22BGJ056	一般项目	国际问题研究	俄乌冲突背景下中东欧地缘政治新态势研究	姬文刚	西安外国语大学
62	22BZS014	一般项目	中国历史	秦汉封泥封检制度研究	徐卫民	西北大学
63	22BZS025	一般项目	中国历史	隋唐采木用材模式与林权争竞研究	贾志刚	西北大学
64	22BZS104	一般项目	中国历史	中国近代卫生展览会研究（1884—1937）	胡勇	西北大学
65	22BZS133	一般项目	中国历史	陕甘宁边区土改档案收集、整理与研究（1946—1949）	张雨新	西安医学院
66	22BZS137	一般项目	中国历史	新中国工业化启动中的"三农"再造研究（1949—1957）	房小捷	西北工业大学
67	22BSS011	一般项目	世界历史	近代英国涉藏探察活动资料的整理与研究	薛丹	延安大学
68	22BSS029	一般项目	世界历史	当代不丹国家治理与现代化道路研究	李铁	西北大学
69	22BSS037	一般项目	世界历史	粟特袄教神祇图像的源流与东传研究	孙武军	西安建筑科技大学
70	22BSS042	一般项目	世界历史	古代埃及社会医疗体系研究	刘金虎	西北大学
71	22BKG009	一般项目	考古学	新疆若羌黑山岭绿松石矿业遗址考古资料整理与研究	先怡衡	西北大学
72	22BKG013	一般项目	考古学	秦文化墓葬的多元文化因素与社会变迁研究	张寅	陕西师范大学
73	22BKG023	一般项目	考古学	西藏象泉河流域早期金属时代珠饰生产、流通与文化互动研究	温睿	西北大学
74	22BZJ017	一般项目	宗教学	陕西现藏佛教碑刻整理与研究	吴敏霞	陕西省社会科学院
75	22BZJ020	一般项目	宗教学	敦煌佛教藏经写本卷帙系统研究	翁彪	陕西师范大学

续表

序号	项目批准号	项目类别	学科	项目名称	负责人	工作单位
76	22BZJ026	一般项目	宗教学	佛教中国化视野下的汉传佛教尊祖传统建构研究	曹振明	西北大学
77	22BZJ027	一般项目	宗教学	汉唐佛教经典崇拜现象研究	李心苑	西北大学
78	22BZW017	一般项目	中国文学	西学东渐与中国文体批评的近代转型研究	赵 静	咸阳师范学院
79	22BZW066	一般项目	中国文学	盛唐诗歌的神话要素研究	邱 晓	西北大学
80	22BZW069	一般项目	中国文学	名物诗学建构视野下的唐宋诗名物研究	田 苗	西北大学
81	22BZW087	一般项目	中国文学	宋元禅宗灯录、赞颂和塔铭之人物书写研究	祁 伟	陕西师范大学
82	22BZW116	一般项目	中国文学	清代宫廷戏曲"导演"文献整理与研究	柯尊斌	西北大学
83	22BZW120	一般项目	中国文学	《尔雅》北宋前音注汇辑汇校汇考	瞿林江	陕西师范大学
84	22BZW141	一般项目	中国文学	陕甘宁边区儿童文艺研究(1934—1949)	王 欢	陕西师范大学
85	22BZW164	一般项目	中国文学	社会史视野下文学中的"农村新人"形象重释研究(1942—2021)	雷 鸣	西北大学
86	22BWW020	一般项目	外国文学	鲁迅文学对日本现代文学的影响研究	霍士富	西安交通大学
87	22BYY018	一般项目	语言学	莎剧汉译文献整理与研究(1903—1949)	王 瑞	西安外国语大学
88	22BYY038	一般项目	语言学	敦煌吐鲁番占籍中医药文献英译及研究	张 焱	西安理工大学
89	22BYY047	一般项目	语言学	基于历史层次分析的闽南方言虚词演变史研究	黄瑞玲	陕西师范大学
90	22BYY095	一般项目	语言学	中国基础教育英语教师测评行为标准构建及效度研究	吕生禄	西安外国语大学

续表

序号	项目批准号	项目类别	学科	项目名称	负责人	工作单位
91	22BYY122	一般项目	语言学	本草类中医古籍用字研究	马 乾	西北大学
92	22BYY160	一般项目	语言学	声调加工的神经机制及其在国际中文教育中的应用研究	程 冰	西安交通大学
93	22BYY184	一般项目	语言学	人机混合智能下的高质量英文期刊论文语言特征研究	杨瑞英	西安交通大学
94	22BYY202	一般项目	语言学	第二语言情感信息学习的认知神经机制及基于脑刺激技术的促进研究	郭晶晶	陕西师范大学
95	22BXW003	一般项目	新闻学与传播学	新时代中国特色新闻传播理论创新的符号学进路研究	李 玮	西北大学
96	22BXW017	一般项目	新闻学与传播学	新冠肺炎疫情中"信息疫情"的形成机理与治理模式创新研究	黄建友	西安外国语大学
97	22BXW039	一般项目	新闻学与传播学	智能媒体对涉华舆论传播秩序的影响研究	党明辉	西北大学
98	22BXW044	一般项目	新闻学与传播学	"数字弱势群体"社会融入的媒介支持研究	王敏芝	陕西师范大学
99	22BXW061	一般项目	新闻学与传播学	数字公共媒介促进村民治理参与的机制和效果研究	张 立	西安交通大学
100	22BTQ001	一般项目	图书馆、情报与文献学	唐宋时期中国传统史籍写刻演变研究	张宗品	陕西师范大学
101	22BTQ042	一般项目	图书馆、情报与文献学	学科变革语境下信息资源管理学科的新内涵与新发展研究	陶 俊	西北大学
102	22BTQ053	一般项目	图书馆、情报与文献学	疫情防控常态化背景下突发公共卫生事件信息组织方法与信息公开策略研究	马续补	西安电子科技大学

续表

序号	项目批准号	项目类别	学科	项目名称	负责人	工作单位
103	22BTY028	一般项目	体育学	数字经济驱动体育产业供需适配的内在机理与实现路径研究	柴王军	西安体育学院
104	22BTY029	一般项目	体育学	高质量发展视域下体育产业数字化战略转型与发展机理研究	王鹏	西安体育学院
105	22BTY051	一般项目	体育学	我国幼儿体育评价体系、共评机制的构建及实现路径研究	宁科	陕西师范大学
106	22BGL010	一般项目	管理学	数据赋能制造企业价值创造的机理与路径研究	李永红	西安邮电大学
107	22BGL011	一般项目	管理学	新型举国体制下关键核心技术突破的影响机理及实施路径研究	方炜	西北工业大学
108	22BGL025	一般项目	管理学	乡村生态振兴促进农民共同富裕的机理、效应与实现路径研究	贾亚娟	西安财经大学
109	22BGL042	一般项目	管理学	高水平开放背景下外资风险投资攫取中国企业创新资源的行为分析与防御策略研究	杨敏利	西安理工大学
110	22BGL090	一般项目	管理学	基层党建"红色引擎"赋能企业高质量发展的动力机制及优化路径研究	李彬	西安交通大学
111	22BGL118	一般项目	管理学	基于数字孪生技术的消费品制造企业敏捷营销模式构建研究	张涛	西北工业大学
112	22BGL195	一般项目	管理学	城乡融合视角下城乡间隙空间的生态环境治理现代化研究——以关中城市群为例	丁晓辉	陕西师范大学
113	22BGL212	一般项目	管理学	我国乡村困境儿童"预防–发现–救助–效果评估"全过程链研究	岳爱	陕西师范大学

续表

序号	项目批准号	项目类别	学科	项目名称	负责人	工作单位
114	22BGL253	一般项目	管理学	人口老龄化背景下智慧赋能的老年健康服务体系建设研究	蒋文慧	西安交通大学
115	22BGL284	一般项目	管理学	数字经济赋能我国军民深度融合发展效应测度与靶向路径研究	刘 敏	西北工业大学
116	22BGL317	一般项目	管理学	重大传染病疫情下集中救治的护理人力资源分层配置机制研究	杨惠云	西安交通大学

陕西省2022年国家社科基金青年项目立项名单(31项)

序号	项目批准号	项目类别	学科	项目名称	负责人	工作单位
1	22CZX020	青年项目	哲学	信息哲学视域下当代青年数字生存焦虑及应对机制研究	王 恩	西安石油大学
2	22CZX029	青年项目	哲学	战国时期黄老道家的两种倾向研究	裴健智	西北大学
3	22CJY006	青年项目	应用经济	供应链创新赋能"双碳"与经济稳定发展双目标实现机制研究	祝丹枫	陕西师范大学
4	22CJY035	青年项目	应用经济	农作物收入保险保障国家粮食安全的机制、效应及政策研究	徐婷婷	西安财经大学
5	22CJY040	青年项目	应用经济	涉农平台经济现代化治理体系构建研究	张 旺	西北大学
6	22CTJ002	青年项目	统计学	基于卫星数据的县域碳收支相对平衡度的测算与调控研究	陈 翔	西安财经大学
7	22CTJ013	青年项目	统计学	生态约束下黄河流域脱贫地区经济韧性的评估监测与提升对策研究	曹 珂	西安财经大学
8	22CSH028	青年项目	社会学	高质量发展背景下托育从业者职业发展与培养体系建设研究	陈玉佩	陕西师范大学

续表

序号	项目批准号	项目类别	学科	项目名称	负责人	工作单位
9	22CSH080	青年项目	社会学	新发展阶段乡村振兴重点帮扶县人才精准回引机制研究	李　博	西安建筑科技大学
10	22CRK009	青年项目	人口学	家庭变迁视域下农村低生育率形成机制及应对策略研究	王春凯	西北农林科技大学
11	22CRK014	青年项目	人口学	农村脱贫地区失能老人家庭"照护－福祉"的实证分析与政策研究	胡　晗	西安交通大学
12	22CMZ018	青年项目	民族学	中华民族共同体视域下西藏地方与中央政府互动中的贡赐物品研究	陈昱彤	陕西师范大学
13	22CMZ027	青年项目	民族学	古代回回史料文献中回汉相互交融与依存关系研究	张少丹	西安外国语大学
14	22CMZ029	青年项目	民族学	西夏文法律文献词汇所见多民族语言文化交融研究	孔祥辉	陕西师范大学
15	22CGJ020	青年项目	国际问题研究	伊朗应对美国制裁的反制战略研究	苏　欣	西安外国语大学
16	22CZS011	青年项目	中国历史	中古时期"丝绸之路"沿线所出粟特语世俗文献的整理与研究	李万春	西安交通大学
17	22CZS029	青年项目	中国历史	纸背户籍所见元代差民体制研究	郑旭东	西北大学
18	22CZS052	青年项目	中国历史	晚清西北民族走廊社会纠纷综合化解机制研究	张　蓉	长安大学
19	22CKG007	青年项目	考古学	柴达木盆地史前文化与聚落研究	向金辉	西北大学
20	22CKG026	青年项目	考古学	新疆早期铁器示踪与冶铁技术传播发展研究	张梦逸	西北大学
21	22CZJ006	青年项目	宗教学	中东剧变以来北非政治伊斯兰发展研究	黄　麟	西北大学

续表

序号	项目批准号	项目类别	学科	项目名称	负责人	工作单位
22	22CZJ011	青年项目	宗教学	中亚佛教与伊斯兰教交流史(7—18世纪)	谢志斌	西北大学
23	22CZJ018	青年项目	宗教学	中国内地伊斯兰教礼仪制度变迁研究	马 超	陕西师范大学
24	22CYY004	青年项目	语言学	基于语义网的唐诗意象英译研究	方 菁	西安交通大学
25	22CYY005	青年项目	语言学	计量语言学视域下多维源语特征对口译质量的影响和预测模型研究	蒋新蕾	西安交通大学
26	22CYY024	青年项目	语言学	基于依存树库和复杂网络的翻译语言计量研究	范 璐	西安交通大学
27	22CTQ020	青年项目	图书馆、情报与文献学	面向突发公共卫生事件的社交媒体用户情感分析与舆情预警研究	周 知	西北大学
28	22CTY008	青年项目	体育学	基于立德树人根本任务的校园足球育人体系构建路径研究	水祎舟	陕西师范大学
29	22CTY013	青年项目	体育学	基层体育组织参与社区公共体育服务精准化供给研究	胡婕婷	西安体育学院
30	22CGL054	青年项目	管理学	西部农村困境儿童家庭教育项目评估模型构建与应用研究	李 娜	西安交通大学
31	22CGL066	青年项目	管理学	数字化背景下部门协同对地方政府有效回应的影响研究	刘 遥	西安交通大学

陕西省2022年国家社科基金西部项目立项名单(50项)

序号	项目批准号	项目类别	学科	项目名称	负责人	工作单位
1	22XKS022	西部项目	马列·科社	以农村新型集体经济组织防范规模性返贫风险的内在机理与实现路径研究	王 媛	陕西师范大学

续表

序号	项目批准号	项目类别	学科	项目名称	负责人	工作单位
2	22XKS023	西部项目	马列·科社	新时代高校"精准思政"的理论构建与实践探索研究	周远	西安交通大学
3	22XKS024	西部项目	马列·科社	人类文明新形态对马克思主义文明观的原创性贡献研究	齐承水	西北工业大学
4	22XKS025	西部项目	马列·科社	马克思所有制理论本原范畴探析及体系化、中国化创新研究	曹钢	中共陕西省委党校（陕西行政学院）
5	22XKS026	西部项目	马列·科社	中国式现代化道路价值认同的生成逻辑研究	刘永青	中共陕西省委党校（陕西行政学院）
6	22XDJ016	西部项目	党史·党建	全面抗战时期陕甘宁边区的军事建设研究	王天丹	陕西省社会科学院
7	22XDJ017	西部项目	党史·党建	陕甘宁革命遗址整体保护及活化策略研究	来嘉隆	西安建筑科技大学
8	22XDJ018	西部项目	党史·党建	新时代红色精神激励党员领导干部担当作为的生成逻辑及现实进路研究	雷巧玲	西安交通大学
9	22XDJ019	西部项目	党史·党建	集体化时期农村集市贸易变迁研究	袁芳	延安大学
10	22XDJ020	西部项目	党史·党建	中国共产党在民族地区推进全过程人民民主的历程和经验研究	周玉琴	长安大学
11	22XZX009	西部项目	哲学	近代《韩非子》学术史研究	邱忠来	西安财经大学
12	22XZX010	西部项目	哲学	关中传统乡贤文化资料收集、整理与研究	王长坤	西安理工大学
13	22XJL008	西部项目	理论经济	中国绿色债券市场助推实现"双碳"目标效能的内在机理与提升路径研究	薛勇	西安财经大学

续表

序号	项目批准号	项目类别	学科	项目名称	负责人	工作单位
14	22XJY026	西部项目	应用经济	秦巴山区生态产品价值实现助推乡村产业振兴研究	何龙斌	陕西理工大学
15	22XJY027	西部项目	应用经济	基于新型农村集体经济发展的西部农地股份化动态调整机制研究	王志彬	西北农林科技大学
16	22XJY028	西部项目	应用经济	新形势下我国产业链供应链安全稳定战略研究	王 静	西北政法大学
17	22XJY029	西部项目	应用经济	黄河流域农村土地制度三项改革试点的政策成效评估与提升对策研究	冯 颖	西北政法大学
18	22XJY030	西部项目	应用经济	"双碳"目标下城市交通拥堵和减排协同治理研究	孙 健	长安大学
19	22XTJ004	西部项目	统计学	民生福祉视角下中国城市生态效率的测度、关联网络结构时空演化与协同提升路径	王美霞	西安理工大学
20	22XZZ010	西部项目	政治学	中国传统政治哲学的现代转换与创新发展研究	张师伟	西北政法大学
21	22XFX018	西部项目	法学	清代吐鲁番厅档案契约文书整理与研究	刘炳涛	西安石油大学
22	22XFX019	西部项目	法学	环境法典编纂和适用中基础概念的生成与展开	车东晟	西北政法大学
23	22XFX020	西部项目	法学	发达经济体贸易政策人权目标的法律因应研究	马海涛	西北政法大学
24	22XFX021	西部项目	法学	国家网络安全审查法律制度研究	马 宁	西北政法大学
25	22XMZ043	西部项目	民族学	祁连山两麓民族交往交流交融研究	王彦龙	西安财经大学
26	22XGJ011	西部项目	国际问题研究	中亚地区中国公民海外利益保护机制研究	王 烨	西北政法大学

续表

序号	项目批准号	项目类别	学科	项目名称	负责人	工作单位
27	22XGJ012	西部项目	国际问题研究	联盟的破裂：国际安全合作失败的制度主义解释	张 波	西北政法大学
28	22XZS015	西部项目	中国历史	周代贵族酒礼与国家柔性治理研究	景红艳	宝鸡文理学院
29	22XZS016	西部项目	中国历史	汉魏六朝政权与士人社会	权家玉	陕西师范大学
30	22XZS017	西部项目	中国历史	近代黄河流域水土流失的应对研究	李荣华	西北农林科技大学
31	22XKG003	西部项目	考古学	丝绸之路沿线所见金属下颌托组合覆面葬俗研究	马 伟	西北大学
32	22XZJ007	西部项目	宗教学	陕西道教史	刘康乐	长安大学
33	22XZW031	西部项目	中国文学	乡村文化建设语境中的新世纪文学"返乡"书写研究	张继红	宝鸡文理学院
34	22XZW032	西部项目	中国文学	《广弘明集》整理与研究	刘林魁	宝鸡文理学院
35	22XZW033	西部项目	中国文学	人民英雄形象的跨媒介书写研究（1937—1964）	李 静	陕西科技大学
36	22XZW034	西部项目	中国文学	文化地理视阈中的陕甘宁边区文艺研究	杜 睿	陕西省社会科学院
37	22XZW035	西部项目	中国文学	黑格尔美学的中国接受史研究	李 创	西安工业大学
38	22XZW036	西部项目	中国文学	"华语电影"研究的学术史构建	郭 越	西北大学
39	22XZW037	西部项目	中国文学	魏晋南北朝《诗经》学研究	陈海霞	西北农林科技大学
40	22XWW008	西部项目	外国文学	中西大航海文学地理批评研究	乔 溪	陕西师范大学
41	22XYY032	西部项目	语言学	"文学陕军"小说英译研究（1950—2020）	梁红涛	陕西科技大学
42	22XYY033	西部项目	语言学	清末民初报刊汉语方言语料挖掘、整理与研究	乔全生	陕西师范大学

续表

序号	项目批准号	项目类别	学科	项目名称	负责人	工作单位
43	22XYY034	西部项目	语言学	语言接触视域下近现代新词演变研究	刘 曼	西安外国语大学
44	22XYY035	西部项目	语言学	地理语言学视野下秦晋两省地名语言文化的深度调查研究	贺雪梅	西安外国语大学
45	22XYY036	西部项目	语言学	延安时期中国共产党领导的语文运动研究	孟万春	延安大学
46	22XYY037	西部项目	语言学	陕北出土墓志语言文字研究	姬 慧	榆林学院
47	22XTY018	西部项目	体育学	中国残疾人体育发展的统计测度与机制保障研究	周长青	西安工业大学
48	22XTY019	西部项目	体育学	中国红色体育百年话语变迁与创新研究	党 挺	西安体育学院
49	22XGL022	西部项目	管理学	新型农村集体经济促进共同富裕的机理、路径与政策研究	赵秋倩	西安电子科技大学
50	22XGL023	西部项目	管理学	环境目标考核下城市大气多污染物协同控制效应与优化路径研究	刘张立	西安建筑科技大学

陕西省2022年国家社科基金后期资助项目立项名单(43项)

序号	项目类别	学科	项目名称	负责人	工作单位
1	重点项目	马列·科社	新时代中国共产党治国理政的科学思维研究	张 琳	陕西师范大学
2	一般项目	马列·科社	马克思"解放道德"基础问题及当代价值研究	杨 荣	西北工业大学
3	一般项目	马列·科社	大数据时代大学生价值观教育模式研究	吴 欢	陕西师范大学
4	一般项目	马列·科社	智能社会的核心价值理念研究	赵宝军	陕西科技大学
5	一般项目	马列·科社	陕甘宁边区民族区域自治研究	刘艳萍	西北政法大学
6	一般项目	哲学	资本金融化的深层原理与表层现象	宁殿霞	西北工业大学

续表

序号	项目类别	学科	项目名称	负责人	工作单位
7	一般项目	哲学	以赛亚·伯林的多元主义思想史研究与理论探索	毕 晓	西安电子科技大学
8	一般项目	哲学	柏拉图《政治家》译注与研究	曹 聪	西安交通大学
9	一般项目	哲学	观念对象的现象学研究	王 珅	西北师范大学
10	一般项目	哲学	意图、约定与存在:关于空名同指示现象的研究	邵世恒	西北大学
11	一般项目	理论经济	经济高质量发展诉求下中国资源配置结构效率的协调演化与提升路径研究	杨万平	西安交通大学
12	一般项目	理论经济	数字经济发展与中国企业出口绩效问题研究	张营营	西安邮电大学
13	一般项目	应用经济	中国区域创新驱动发展机制研究:基于创新人才群体视角	赵 锴	西安交通大学
14	一般项目	应用经济	人工智能发展的生产率效应研究	陈绍俭	陕西师范大学
15	一般项目	应用经济	性别与生育:家庭内部协商视角	马 芥	西安交通大学
16	一般项目	应用经济	中国"碳"索:市场、金融与技术	易 兰	西安交通大学
17	一般项目	应用经济	中国金融发展质量研究	师荣蓉	西北大学
18	一般项目	应用经济	农村地区儿童青少年视力健康管理研究	关宏宇	陕西师范大学
19	一般项目	政治学	网络政治意识形态传播规律研究	张爱军	西北政法大学
20	一般项目	社会学	知识和情境中的新传统:关联视角下的社会学本土化知识生产	姜利标	西安交通大学
21	一般项目	社会学	教育情感治理研究:社会学的视角	罗 阳	陕西师范大学
22	一般项目	国际问题研究	俄罗斯的中亚政策(2012—2021)	王海滨	陕西师范大学
23	一般项目	中国历史	西周王畿地区的族姓交融研究	黄明磊	陕西师范大学
24	一般项目	中国历史	秦汉国家整合的文化路径初探	崔建华	陕西师范大学
25	一般项目	中国历史	明清贺兰山生态环境与区域变迁研究	徐 冉	西安建筑科技大学

续表

序号	项目类别	学科	项目名称	负责人	工作单位
26	一般项目	中国历史	全球史视野中的近代中国牛奶文化史	王书吟	西安交通大学
27	一般项目	世界历史	联合国与阿以冲突研究	孙二丽	西北大学
28	一般项目	世界历史	伊朗恺加王朝（1796—1926）现代化进程研究	冯广宜	西安交通大学
29	一般项目	考古学	中国长城墙体建造技术研究	薛程	西北大学
30	一般项目	考古学	西安出土两汉铁器材质与制作技术研究	赵凤燕	西安半坡博物馆
31	一般项目	中国文学	唐代制举策文研究	田子爽	西安财经大学
32	一般项目	中国文学	阿垅年谱长编及佚文辑录研究	朱文久	西安建筑科技大学
33	一般项目	中国文学	民族精神、民众想象与历史美学：郭沫若历史剧在重庆文化场（1941—1946）	唐文娟	西北大学
34	一般项目	中国文学	延安时期文学劳动叙事研究	宋颖慧	陕西师范大学
35	一般项目	中国文学	中国新时期以来长篇小说的现实主义新变研究	关峰	西北大学
36	一般项目	语言学	关中方言主要特点调查研究	孙立新	西安培华学院
37	一般项目	语言学	晚清民国汉字简化运动研究	孙建伟	陕西师范大学
38	一般项目	新闻学与传播学	延安时期中国共产党报刊发行事业史纲	吴锋	西安交通大学
39	一般项目	图书馆、情报与文献学	中国社区博物馆的西北探索：以陕西省社区博物馆为例	郭艳利	陕西师范大学
40	一般项目	管理学	能源系统低碳转型驱动机理研究：社会－技术转型多层级视角	李慧	西北工业大学
41	一般项目	管理学	跨国公司回任人员知识转移与创新研究	罗岭	西北政法大学
42	一般项目	管理学	碳中和背景下煤炭产业链供应链的风险防控与韧性治理	王新平	西安科技大学
43	一般项目	艺术学	汉画天象图研究	曹阳	西安工程大学

陕西省2022年国家教育科学规划立项名单(15项)

序号	项目批准号	项目类别	项目名称	负责人	工作单位
1	AJA220023	国家重点	国际比较视野下职业教育社会认同的提升策略研究	祁占勇	陕西师范大学
2	BKA220039	国家一般	事实无人抚养儿童家庭教育补偿制度设计及追踪研究	李少梅	陕西师范大学
3	BEA220046	国家一般	新时代中国德育价值观变革的走向	孙 峰	陕西师范大学
4	BIA220061	国家一般	生命历程视角下基础学科拔尖创新人才成长规律及政策介入研究	高 丽	陕西师范大学
5	BGA220153	国家一般	随班就读教育质量监测与高质量发展研究	石学云	陕西师范大学
6	BGA220157	国家一般	"两个大局"下提升中国参与全球教育治理的制度性话语权研究	袁利平	陕西师范大学
7	BAA220170	国家一般	中国教学论话语体系建设的百年历程与基本经验研究	杨 晓	陕西科技大学
8	BOA220189	国家一般	中国新民主主义教育事业发展史研究	栗洪武	陕西师范大学
9	BBA220205	国家一般	心智工具课程对幼儿执行功能和数感发展的促进及解释机制	张丽锦	陕西师范大学
10	BLA220237	国家一般	全生命周期视域下动作练习对0—3岁婴幼儿生长发育影响的研究	任文君	陕西师范大学
11	CGA220302	国家青年	高校人才"西进"计划的国家方略与实施机制研究	李 威	陕西师范大学
12	BFX220336	西部项目	义务教育财政投入促进西部农村青少年人力资本平等发展的作用机理及对策研究	杨克文	西北农林科技大学
13	DHA220396	教育部重点	中学生科学推理能力的评价研究	李高峰	陕西师范大学
14	DHA220410	教育部重点	"双减"背景下义务教育学校作业质量评价体系构建与测评研究	陶 琳	西安文理学院

续表

序号	项目批准号	项目类别	项目名称	负责人	工作单位
15	DLA220459	教育部重点	自闭症儿童重复视觉表达现象及临床干预研究	禄晓平	西安文理学院

陕西省2022年国家社科基金中华学术外译项目立项名单(7项)

序号	项目类别	项目名称	负责人	工作单位	外译文版	原著作者
1	一般项目	玄玉时代:五千年中国的新求证	李琴	西安外国语大学	英文	叶舒宪
2	一般项目	敦煌民族史	马俊杰	西安外国语大学	英文	杨富学等
3	一般项目	丝绸之路上的明代中国与世界	史凯	陕西师范大学	英文	万明
4	一般项目	中国农业科学技术史稿	杨晓峰	西北农林科技大学	英文	梁家勉
5	一般项目	中国移民史(第三卷隋唐五代时期)	吴耀武	西安外国语大学	英文	吴松弟
6	一般项目	汉字与中华文化十讲	李琼	陕西师范大学	英文	王宁
7	一般项目	吐蕃统治时期敦煌石窟研究	王艳滨	陕西师范大学	英文	沙武田

陕西省2022年国家社科基金高校思政课研究专项立项名单(5项)

序号	项目名称	负责人	工作单位
1	新时代学校思想政治理论课的本质研究	燕连福	西安交通大学
2	"两个结合"融入高校思政课教学的理论与实践研究	刘力波	陕西师范大学
3	党的教育方针融入高校思政课教学体系研究	马树锦	西安理工大学
4	思想政治工作防范化解意识形态风险功能及其实现路径研究	高飞	西安交通大学
5	数字时代红色文化对大学生思想政治教育的价值与实践路径研究	张近乐	西北工业大学

陕西省获立 2022 年度教育部社科基金项目

陕西省 2022 年教育部人文社科研究规划项目(101 项)

序号	项目批准号	项目类别	学科	项目名称	负责人	工作单位
1	22YJA710053	规划基金项目	马克思主义/思想政治教育	延安时期中国共产党初步探索现代化理论及其历史地位研究	张晓燕	陕西师范大学
2	22YJA710015	规划基金项目	马克思主义/思想政治教育	"一站式"学生社区综合治理模式建设理论逻辑与实践路径研究	李 芳	西北政法大学
3	22YJA720009	规划基金项目	哲学	霍布斯《论人》的翻译与研究	唐学亮	西安交通大学
4	22YJA752011	规划基金项目	外国文学	欧茨学院小说的伦理思想研究	李 伟	宝鸡文理学院
5	22YJA760045	规划基金项目	艺术学	中华之脊——秦岭文化遗存与环境美学研究	刘晨晨	西安美术学院
6	22YJA770004	规划基金项目	历史学	秦汉民生问题的认知及实践研究	崔建华	陕西师范大学
7	22YJA770012	规划基金项目	历史学	宋元时期关中地区民间信仰与社会变迁研究	刘 缙	西安电子科技大学
8	22YJA770006	规划基金项目	历史学	美国珍藏丁韪良英文第二次鸦片战争未刊著作手稿档案整理研究	傅德元	西安思源学院
9	22YJA790060	规划基金项目	经济学	新发展格局下新生代农民工市民化对提升居民消费需求的影响研究	王颂吉	西北大学
10	22YJA790046	规划基金项目	经济学	双循环新发展格局下我国本土产业核心技术内生与产业链关键环节自主可控研究	尚 涛	西北工业大学

续表

序号	项目批准号	项目类别	学科	项目名称	负责人	工作单位
11	22YJA790001	规划基金项目	经济学	农户保护性耕作技术采用行为对化肥利用效率的影响机制、效应及政策优化研究	白秀广	西北农林科技大学
12	22YJA630067	规划基金项目	管理学	基于企业技术创新异质性的政府补助政策效果评估与优化研究	任海云	陕西师范大学
13	22YJA630074	规划基金项目	管理学	基于区块链溯源技术的产品质量可视性提升路径研究	苏 秦	西安交通大学
14	22YJA630059	规划基金项目	管理学	基层慢性病"医防融合"共同体建设路径研究：基于信任管理的视角	陆 姣	西安交通大学
15	22YJA630100	规划基金项目	管理学	碳中和背景下黄河流域能源生产革命动力机制、路径和政策研究	许 建	西安科技大学
16	22YJA630066	规划基金项目	管理学	数字化环境下西部民间中医传承模式创新研究	权 琳	西安医学院
17	22YJA630027	规划基金项目	管理学	超网络视角下提升科创型企业创新韧性关键要素研究	侯光文	西安邮电大学
18	22YJA630072	规划基金项目	管理学	基于态势认知的"卡脖子"技术识别与预警机制研究	舒湘沅	西北工业大学
19	22YJA630044	规划基金项目	管理学	领军企业高管团队动态激励、研发资源配置对突破性技术创新的影响研究	李正锋	西北工业大学
20	22YJA630042	规划基金项目	管理学	中国保护性耕作净碳汇的时空格局、驱动力及提升策略研究	李 卫	西北农林科技大学
21	22YJA840009	规划基金项目	社会学	数字赋能养老服务高质量发展内在机理与实现路径研究	睢党臣	陕西师范大学

续表

序号	项目批准号	项目类别	学科	项目名称	负责人	工作单位
22	22YJC840023	规划基金项目	社会学	妇幼公共卫生服务提供对农村女性生育决策影响的实验研究	聂景春	陕西师范大学
23	22YJC840034	规划基金项目	社会学	脆弱性视角下农村家庭发展风险及其形成机制与政策研究	杨博	陕西师范大学
24	22YJA870001	规划基金项目	图书馆、情报与文献学	考虑信息交互的在线健康信息质量感知及提升策略研究	艾时钟	西安电子科技大学
25	22YJA880010	规划基金项目	教育学	新时代民族地区基础教育高质量发展的时空演化机制及推进策略研究	戴妍	陕西师范大学
26	22YJA190001	规划基金项目	心理学	基于深度态势感知理论的黑洞错觉机制研究：面向无人机操作员的选拔和训练	常明	陕西师范大学
27	22YJA890036	规划基金项目	体育科学	我国体育内容产业高质量发展研究	张金桥	陕西师范大学
28	22YJAGAT002	规划基金项目	港澳台问题研究	"一国两制"视域下香港特别行政区政治价值体系重构及实现路径研究	张喜燕	西京学院
29	22YJAZH020	规划基金项目	交叉学科/综合研究	时空数据动态因果图模型建模方法及其应用研究	高伟	西安财经大学
30	22YJAZH064	规划基金项目	交叉学科/综合研究	基于深度学习的服饰文物色彩复原与残缺智能修复研究	刘凯旋	西安工程大学
31	22YJAZH039	规划基金项目	交叉学科/综合研究	主述位结构改进神经机器翻译语篇连贯的适用性研究	蒋跃	西安交通大学
32	22YJAZH104	规划基金项目	交叉学科/综合研究	能源安全与"双碳"目标双约束下煤炭产业高质量发展的路径与政策研究	王新平	西安科技大学

续表

序号	项目批准号	项目类别	学科	项目名称	负责人	工作单位
33	22YJC710010	青年基金项目	马克思主义/思想政治教育	新时代中国共产党与世界政党交流合作机制创新研究	程晓辰	陕西师范大学
34	22YJC710023	青年基金项目	马克思主义/思想政治教育	延安整风运动中党自我革命的实践与基本经验研究	郝丹梅	西安理工大学
35	22YJC710070	青年基金项目	马克思主义/思想政治教育	红色诗词育人的逻辑理路与基本经验研究	王云鹏	西安理工大学
36	22YJC710008	青年基金项目	马克思主义/思想政治教育	中国特色共同富裕理论的马克思主义政治哲学阐释研究	陈亚丽	西北工业大学
37	22YJC720024	青年基金项目	哲学	黑格尔承认伦理规约研究	赵文丹	西安石油大学
38	22YJC720019	青年基金项目	哲学	哲学诠释学视野下的语言转向与有限性问题研究	王瑜	西安外国语大学
39	22YJC720026	青年基金项目	哲学	哲学诠释学视野下的《大学》汉唐注疏史研究	邹莹	西安外国语大学
40	22YJC720005	青年基金项目	哲学	雅可比的《休谟论信仰》及其对德国观念论的影响研究	姜勇君	西北政法大学
41	22YJC740065	青年基金项目	语言学	多民族交融视域下回族托茂人身份建构路径研究	史冬梅	陕西理工大学
42	22YJC740108	青年基金项目	语言学	金元中医古籍疑难字考释与研究	周艳红	陕西中医药大学
43	22YJC740071	青年基金项目	语言学	明清时期《葡汉词典》与《华语官话词典》中的汉语外来词研究	万云路	西安外国语大学
44	22YJC740027	青年基金项目	语言学	基于多模态语料库的中美环境海报生态话语建构对比研究	康佳萍	西安外国语大学

续表

序号	项目批准号	项目类别	学科	项目名称	负责人	工作单位
45	22YJC740064	青年基金项目	语言学	词汇分布语义视域下现代汉语复合词的能产度计量研究	申甜	西北大学
46	22YJC760134	青年基金项目	艺术学	西北回族城市社区空间基因图谱构建及柔性修补策略研究	赵卿	西北大学
47	22YJC770006	青年基金项目	历史学	文明交往视域下加萨尼王国基督教化研究	郭瑞	西安电子科技大学
48	22YJC770029	青年基金项目	历史学	日本江户时代地方政治体制演变研究	许文英	西安外国语大学
49	22YJC770005	青年基金项目	历史学	时间的全球变革与近代中国社会转型研究	封磊	延安大学
50	22YJC780001	青年基金项目	历史学	中古时期宫城制度的考古学研究	罗瑾歆	陕西师范大学
51	22YJC780002	青年基金项目	历史学	多民族融合视阈下十六国北朝戎装俑考古学研究	王晨仰	西安工程大学
52	22YJC790056	青年基金项目	经济学	数字经济驱动物流业碳减排的机理与对策研究	李娟	陕西师范大学
53	22YJC790124	青年基金项目	经济学	RCEP对中国和亚太区域长期经济影响的政策模拟：贸易效应、技术扩散和跨国企业行为研究	王珏	陕西师范大学
54	22YJC790033	青年基金项目	经济学	政府研发投入对基础研究和技术创新的激励差异及其传导效应研究	郭惠	西安财经大学
55	22YJC790046	青年基金项目	经济学	数智化缓解创新资源错配的机理与路径研究	黄秀路	西安建筑科技大学
56	22YJC790047	青年基金项目	经济学	碳中和框架下碳定价公平性研究——基于隐含碳排放和社会福利的视角	贾智杰	西安交通大学

续表

序号	项目批准号	项目类别	学科	项目名称	负责人	工作单位
57	22YJC790008	青年基金项目	经济学	"双碳"目标下中国制造业省际碳减排责任分摊研究	曾倩	西安外国语大学
58	22YJC790173	青年基金项目	经济学	数字经济发展影响中国企业出口国内附加值率的机制、效应与政策研究	张营营	西安邮电大学
59	22YJC790099	青年基金项目	经济学	核心企业主导下蔬菜全产业链延伸的动力机制与模式研究	邱璐	西北农林科技大学
60	22YJC630098	青年基金项目	管理学	"促进+规范"双重约束下政府与平台企业协同治理机制及实施路径研究	吕宏军	西安财经大学
61	22YJC630173	青年基金项目	管理学	基于消费者偏好及行为的电商平台自营与直销渠道保价策略研究	徐金鹏	西安电子科技大学
62	22YJC630116	青年基金项目	管理学	C2M模式下电商平台数据共享及其激励机制设计研究	石纯来	西安电子科技大学
63	22YJC630130	青年基金项目	管理学	如何从创新失败中学习:事件视角的研究	王海珍	西安外国语大学
64	22YJC630075	青年基金项目	管理学	基于价值共创共享的"互联网+"家庭医生签约服务质量提升研究	厉旦	西北大学
65	22YJC630179	青年基金项目	管理学	消费者低碳回收行为影响因素、偏差干预与对策研究	许燕	西北工业大学
66	22YJC630039	青年基金项目	管理学	城市异质性视角下我国"碳诅咒"效应的存在性、传导机制与破解路径研究	黄清子	西北工业大学

续表

序号	项目批准号	项目类别	学科	项目名称	负责人	工作单位
67	22YJC630049	青年基金项目	管理学	空间规划权视域的城镇开发边界划定体系与运作策略研究	靳亚亚	西北农林科技大学
68	22YJC630069	青年基金项目	管理学	地方政府决策竞争与区域碳排放研究:经验证据、机理分析与减排策略	李晓燕	西北农林科技大学
69	22YJC840030	青年基金项目	社会学	乡村产业振兴中"统分结合"的经营体制及其共富效应研究	魏 晨	西安电子科技大学
70	22YJC840010	青年基金项目	社会学	相对教育视角下过度教育决策对教育不平等的影响机制研究	侯利明	西安交通大学
71	22YJC840021	青年基金项目	社会学	政策网络视阈下地方政府政策制定中的社会论证机制研究	马子博	西北大学
72	22YJC840002	青年基金项目	社会学	社会组织参与乡村社会治理共同体的悬浮困境及对策研究	曾凡木	西北农林科技大学
73	22YJC850012	青年基金项目	民族学与文化学	环伶仃洋海域民间信仰空间的"跨体系共同体"构建研究	王 娜	陕西师范大学
74	22YJC860033	青年基金项目	新闻学与传播学	平台经济视域下粉丝劳动职业化的传播政治经济学批判与治理研究	杨 馨	陕西师范大学
75	22YJC860028	青年基金项目	新闻学与传播学	移动社交媒体使用对大学生社交焦虑的影响及引导对策研究	王亚宁	西北大学
76	22YJC870015	青年基金项目	图书馆、情报与文献学	语义功能感知的科学知识网络建模与多维分析研究	王佳敏	西安电子科技大学
77	22YJC880023	青年基金项目	教育学	英国应用型高校治理模式改革的制度逻辑与效能审视研究	惠转转	陕西科技大学

续表

序号	项目批准号	项目类别	学科	项目名称	负责人	工作单位
78	22YJC880037	青年基金项目	教育学	经典与传承：义务教育统编三科教材中经典名著的价值分析与教学测评研究	廖婧茜	陕西师范大学
79	22YJC880086	青年基金项目	教育学	社会转型与知识变迁：美国中等教育课程改革研究（1892—1954年）	吴婵	陕西师范大学
80	22YJC190030	青年基金项目	心理学	奖赏影响时间维度选择性注意的认知与神经机制研究	赵晶晶	陕西师范大学
81	22YJC190011	青年基金项目	心理学	谎言识别中的社会经济地位偏见及加工机制研究：基于印象形成的视角	李贺	西北大学
82	22YJCGJW006	青年基金项目	国际问题研究	"一带一路"视域下美国在中亚地区涉疆问题研究	龙国仁	陕西师范大学
83	22YJCGJW011	青年基金项目	国际问题研究	印度议会委员会涉藏报告研究（1951—2021年）	张帅	西安外国语大学
84	22YJCGJW005	青年基金项目	国际问题研究	欧洲战略自主视阈下欧盟绿色能源安全政策与中国对策研究	李倩瑗	西北工业大学
85	22YJCZH246	青年基金项目	交叉学科/综合研究	智慧医疗背景下居家监护服饰的设计与研究	张希莹	陕西科技大学
86	22YJCZH046	青年基金项目	交叉学科/综合研究	社交学习网络中基于学习效能和创造力最大化的虚拟团队推荐研究	郝飞	陕西师范大学
87	22YJCZH107	青年基金项目	交叉学科/综合研究	物理学视角下中国证券市场动力学机制研究	刘鹏	西安财经大学
88	22YJCZH157	青年基金项目	交叉学科/综合研究	地理空间视域下网络攻击的识别、评估、机理与规划策略研究	孙阳	西安建筑科技大学

续表

序号	项目批准号	项目类别	学科	项目名称	负责人	工作单位
89	22YJCZH110	青年基金项目	交叉学科/综合研究	衔接过渡期易地搬迁脱贫户生计适应力测度及提升策略研究	刘伟	西安建筑科技大学
90	22YJCZH028	青年基金项目	交叉学科/综合研究	基于多目标智能优化算法的有色金属价格组合区间预测研究	杜沛	西安交通大学
91	22YJCZH178	青年基金项目	交叉学科/综合研究	大众传媒在新冠肺炎康复者社会回归中的角色和功能研究	王威力	西安交通大学
92	22YJCZH171	青年基金项目	交叉学科/综合研究	全过程视角下社区应急管理能力成熟度评价及韧性治理研究	王凯	西安科技大学
93	22YJCZH173	青年基金项目	交叉学科/综合研究	日本西夏学史研究	王玫	西安外国语大学
94	22YJCZH225	青年基金项目	交叉学科/综合研究	促进西部地区农村妇女参与乡村振兴的激励机制研究	袁超	西安外国语大学
95	22YJCZH053	青年基金项目	交叉学科/综合研究	拉美文学汉译批评研究（1979—2022年）	侯健	西安外国语大学
96	22YJCZH274	青年基金项目	交叉学科/综合研究	涉疫医疗废弃物逆向物流网络可持续优化研究	珠兰	西安邮电大学
97	22YJCZH048	青年基金项目	交叉学科/综合研究	基于多模态信息融合的青少年抑郁症干预及预警研究	何浪	西安邮电大学
98	22YJCZH127	青年基金项目	交叉学科/综合研究	残留物分析视角下的中国最早陶器功能研究	马志坤	西北大学
99	22YJCZH187	青年基金项目	交叉学科/综合研究	年龄-时期-队列视角下生育和女性劳动参与研究：从就业数量到就业质量	翁宇雷	西北大学
100	22YJCZH158	青年基金项目	交叉学科/综合研究	历书与近代科学启蒙研究	谭红艳	西北大学

续表

序号	项目批准号	项目类别	学科	项目名称	负责人	工作单位
101	22YJCZH245	青年基金项目	交叉学科/综合研究	功能性音乐优化锻炼体验的路径分析及应用研究	张伟霞	西北工业大学

陕西省2022年教育部人文社会科学研究西部和边疆地区项目立项名单(52项)

序号	项目批准号	项目类别	学科	项目名称	负责人	工作单位
1	22XJA740002	规划基金项目	语言学	陕西红色旅游汉英多模态双语语料库建设及应用研究	马桂花	西安外事学院
2	22XJA751002	规划基金项目	中国文学	苏轼遗迹的时空分布与文学重构研究	郭茜	西北大学
3	22XJA752002	规划基金项目	外国文学	"9·11"后英美文学科技伦理叙事研究	张敏	西北大学
4	22XJA760002	规划基金项目	艺术学	红色主题绘画中的"政治符号"研究(1942—2022年)	唐萍	西北大学
5	22XJA770003	规划基金项目	历史学	苏州潘氏日记所见知识的代际传承与变迁研究	侯亚伟	陕西师范大学
6	22XJA780002	规划基金项目	考古学	以价值"延续性"为导向的大遗址展示理论方法研究	王璐	西安建筑科技大学
7	22XJA780001	规划基金项目	考古学	豫东南地区史前稻旱兼作农业的植物考古研究	程至杰	西北农林科技大学
8	22XJA790008	规划基金项目	经济学	多源社交网络数据融合的投资者情绪识别与股票高频因子关系研究	尹海员	陕西师范大学
9	22XJA790004	规划基金项目	经济学	草原生态补奖政策对牧户内部福利结构变化的影响机制研究——基于牧户生计脆弱性分化视角	李敏	西北农林科技大学
10	22XJA630007	规划基金项目	管理学	从赋能到回馈:风险投资网络对创新网络的作用研究	谢永平	西安电子科技大学

续表

序号	项目批准号	项目类别	学科	项目名称	负责人	工作单位
11	22XJA880009	规划基金项目	教育学	可视化对学生概念学习的影响机制及其教学应用研究	尚晓青	陕西师范大学
12	22XJC710004	青年基金项目	马克思主义/思想政治教育	新时代大学生网络话语风险的生成机理与防控对策研究	严 丹	西安外国语大学
13	22XJC710002	青年基金项目	马克思主义/思想政治教育	新时代党的治疆方略视域下新疆共同富裕研究	马 超	西北工业大学
14	22XJC71000	青年基金项目	马克思主义/思想政治教育	唯物史观总体性视域下的共同富裕研究	张起梁	西北工业大学
15	22XJC710001	青年基金项目	马克思主义/思想政治教育	新时代党建引领乡村振兴的嵌合性发展模式研究	豆书龙	西北农林科技大学
16	22XJC720001	青年基金项目	哲学	先秦两汉阴阳五行观念的三重转进及其历史效应研究	刘峰存	西安电子科技大学
17	22XJC720002	青年基金项目	哲学	认知哲学视域下的信念修正研究	孙丹阳	西安电子科技大学
18	22XJC720003	青年基金项目	哲学	马克思古希腊伦理思想立体化建构研究	杨 荣	西北工业大学
19	22XJC740009	青年基金项目	语言学	20世纪中英双语作家小说自译的叙事学研究	张 倩	西安外国语大学
20	22XJC751006	青年基金项目	中国文学	清末民初西方冒险小说中国化研究（1902—1915年）	石 燕	西安工业大学
21	22XJC751003	青年基金项目	中国文学	六朝正统重塑与文学话语体系的构建研究	李 凯	西安建筑科技大学
22	22XJC751001	青年基金项目	中国文学	普罗提诺《九章集》的思想体系研究	陈中雨	西北大学
23	22XJC752001	青年基金项目	外国文学	战后德语诗歌的创伤书写研究	任昱璞	西安外国语大学

续表

序号	项目批准号	项目类别	学科	项目名称	负责人	工作单位
24	22XJC760001	青年基金项目	艺术学	民族融合视域下裕固族服饰与汉族、蒙古族服饰的比较研究	刘 均	西安工程大学
25	22XJC770004	青年基金项目	历史学	明清贺兰山地区建筑史料的搜集、整理与研究	徐 冉	西安建筑科技大学
26	22XJC770002	青年基金项目	历史学	清末中央官员群体的结构性变迁与仕途流动研究	王 卫	西安理工大学
27	22XJC790009	青年基金项目	经济学	西北民族混居区农户节水灌溉技术采用研究：多元文化、社会互动与学习效应	王格玲	西安财经大学
28	22XJC790013	青年基金项目	经济学	事务所分所设立与企业跨地区发展研究：基本现象与经济后果	尹兴强	西安交通大学
29	22XJC790004	青年基金项目	经济学	基于环境素养和环境规制双重视角的农户亲环境行为作用路径及提升机制研究	郭清卉	西安外国语大学
30	22XJC790005	青年基金项目	经济学	我国城市扩散推动乡村振兴的作用机理及路径选择研究：基于空间的视角	霍露萍	西安外国语大学
31	22XJC710004	青年基金项目	马克思主义/思想政治教育	新时代大学生网络话语风险的生成机理与防控对策研究	严 丹	西安外国语大学
32	22XJC710002	青年基金项目	马克思主义/思想政治教育	新时代党的治疆方略视域下新疆共同富裕研究	马 超	西北工业大学
33	22XJC71000	青年基金项目	马克思主义/思想政治教育	唯物史观总体性视域下的共同富裕研究	张起梁	西北工业大学
34	22XJC630007	青年基金项目	管理学	农村老年人家庭养老脆弱性及其动态演进研究	徐 洁	西安财经大学

续表

序号	项目批准号	项目类别	学科	项目名称	负责人	工作单位
35	22XJC630006	青年基金项目	管理学	复杂网络视角下供应链金融风险传播规律与评估研究	文艳艳	西安邮电大学
36	22XJC630001	青年基金项目	管理学	基于NPT模型的县域医共体建设对医生转诊行为的影响机制研究	刘锦林	西北工业大学
37	22XJC820004	青年基金项目	法学	专门法院体系化建构及其发展趋势研究	彭何利	西安交通大学
38	22XJC820002	青年基金项目	法学	数字经济时代民营企业营商环境优化的税法保障研究	侯 欢	西北大学
39	22XJC860002	青年基金项目	新闻学与传播学	复杂网络视角下的中国对外传播路径优化研究	杨 帆	西安交通大学
40	22XJC880005	青年基金项目	教育学	发育阶段适配的强化学习方式及其对个体情绪认知的影响研究	孙宗鹏	陕西师范大学
41	22XJC880010	青年基金项目	教育学	虚拟仿真实验教学中动机对科学概念理解的影响机制及干预研究	徐晶晶	陕西师范大学
42	22XJC880001	青年基金项目	教育学	"双减"背景下小学教师对学困生的接纳态度和改进研究	陈 蓓	西安欧亚学院
43	22XJC880007	青年基金项目	教育学	高校教师循证教学能力模型构建及应用研究	王 鹏	西北工业大学
44	22XJC880013	青年基金项目	教育学	我国"双一流"高校教师评价改革研究：成效评估、问题剖析、路径优化	张京京	西北工业大学
45	22XJC190001	青年基金项目	心理学	创造力评价的领域一般性和领域特异性的认知神经机制研究	李亚丹	陕西师范大学
46	22XJC190002	青年基金项目	心理学	青少年单纯外化问题形成与发展的生物-认知-环境交互作用机制研究	彭 源	西安文理学院

续表

序号	项目批准号	项目类别	学科	项目名称	负责人	工作单位
47	22XJCZH003	青年基金项目	交叉学科/综合研究	数字赋能中医药文化跨界融合创新传播路径研究	李 蕊	陕西能源职业技术学院
48	22XJCZH005	青年基金项目	交叉学科/综合研究	唐宋僧尼碑志文与塔葬仪式的互动生成与演变研究	孙 雯	西安电子科技大学
49	22XJCZH006	青年基金项目	交叉学科/综合研究	城市绿色空间精准治理:供需测度、失配机制与优化方法研究	王丁冉	西安建筑科技大学
50	22XJCZH001	青年基金项目	交叉学科/综合研究	青少年社交媒体使用对其执行功能影响的追踪研究	赫中华	西安交通大学
51	22XJCZH004	青年基金项目	交叉学科/综合研究	基于深度强化学习算法的极端金融风险防控与在线投资组合策略研究	马 聪	西北大学
52	22XJCZH002	青年基金项目	交叉学科/综合研究	数字场景时代文化创意赋能城市更新的价值机理与实践路径研究	李 淼	咸阳师范学院

陕西省2022年教育部人文社会科学研究专项任务项目立项名单(5项)

序号	项目批准号	项目类别	项目名称	负责人	工作单位
1	22JD710010	中国特色社会主义理论体系研究	伟大建党精神的传承规律与弘扬机制研究	彭 蕾	西安理工大学
2	22JDSZ3072	高校辅导员研究	信息时代高校学生网络舆情的生成逻辑与防范化解研究	李 晔	陕西师范大学
3	22JDSZ3043	高校辅导员研究	大学生心理问题早期发现和科学干预机制研究	何泰伯	渭南师范学院
4	22JDSZ3068	高校辅导员研究	党史故事融入大学生日常思想政治教育研究	李生策	延安大学
5	22JDSZ3027	高校辅导员研究	"双一流"建设背景下高校实践育人共同体的情感资源开发及其建构策略研究	段少帅	长安大学

陕西省2022年教育部哲学社会科学研究后期资助项目立项名单(5项)

序号	项目类别	学科	项目名称	负责人	工作单位
1	重大项目	考古学	汉代服饰款式、结构图考及三维虚拟仿真研究	刘凯旋	西安工程大学
2	一般项目	经济学	碳达峰碳中和目标实现的路径与政策研究	史贝贝	西北大学
3	一般项目	民族学与文化学	项目治理中的乡村权力研究	袁宝明	西北农林科技大学
4	一般项目	国际问题研究	东亚海洋安全秩序演化与治理方略研究	金 新	西安交通大学
5	一般项目	交叉学科/综合研究	乡村综合体构建的理论与案例研究	冯永忠	西北农林科技大学

陕西省2022年教育部高校思想政治理论教师研究专项立项名单(8项)

序号	项目批准号	项目类别	项目名称	负责人	工作单位
1	22JDSZK095	教学研究项目	基于情境认知理论的思政课"五维一体"教学模式研究	李 芳	西安邮电大学
2	22JDSZK096	教学研究项目	习近平党史观立体化融入高校思政课研究	吴家虎	西安外国语大学
3	22JDSZK097	教学研究项目	新时代高校思政课教师政治能力建设研究	屈 桃	陕西师范大学
4	22JDSZK118	教学方法改革择优推广项目	"思想道德与法治"课"四位一体"教学模式改革研究	董 辉	陕西师范大学
5	22JDSZK119	教学方法改革择优推广项目	马克思主义实践观视域下高职院校思政课实践教学"学+做+创"全教学链研究	王金辉	陕西工业职业技术学院
6	22JDSZK156	优秀中青年思政课教师择优资助项目	伟大建党精神融入"毛泽东思想和中国特色社会主义理论体系概论"课教学设计研究	李后东	陕西师范大学
7	22JDSZK197	教学研究青年项目	中国共产党人精神谱系融入"中国近现代史纲要"课教学研究	赵星宇	西北农林科技大学
8	22JDSZK198	教学研究青年项目	高校思政课智慧课堂有效教学行为研究	包 莹	西安理工大学

2022年度陕西省社会科学基金项目

2022年陕西省社会科学基金年度项目立项名单(486项)

学科分类:马克思主义·科学社会主义			
序号	立项号	课题名称	课题负责人	所在单位
1	2022A001	马克思古希腊伦理思想经典文本及当代价值研究	杨 荣	西北工业大学
2	2022A002	网络圈层化背景下高校大学生的重大舆情事件参与研究	高 如	西安交通大学
3	2022A003	智能传播时代高校网络意识形态话语权及其提升策略研究	陈丽芬	西安文理学院
4	2022A004	习近平总书记关于意识形态工作重要论述的原创性贡献研究	周 坤	陕西师范大学
5	2022A005	习近平关于劳动观重要论述及其原创性贡献研究	王 青	西北大学
6	2022A006	马克思唯物史观总体性视野下的全面共同富裕推进研究	张起梁	西北工业大学
7	2022A007	中国共产党领导百年民生建设的基本进程与历史经验研究	范玉仙	西安交通大学
8	2022A008	新时代网络空间道德治理的提升路径研究	谷永鑫	西安交通大学
9	2022A009	黑格尔承认伦理规约研究	赵文丹	西安石油大学
10	2022A010	现代信息技术背景下高校思政课"融合式教学"创新研究	任艳妮	西安财经大学
11	2022A011	新时代陕西故事的国际传播研究	韩泊尧	陕西师范大学
12	2022A012	马克思世界历史理论视域下的全人类共同价值研究	聂 阳	西北工业大学
13	2022A013	习近平生态文明思想的哲学诠释与话语创新研究	张海涛	西安石油大学
14	2022A014	延安时期革命文化国际传播的经验与启示研究	杨 超	长安大学

序号	立项号	课题名称	课题负责人	所在单位
15	2022A015	中国共产党发展全过程人民民主的历史进程与逻辑经验研究	张艳娥	西安财经大学
16	2022A016	当代中国马克思主义政治经济学学术话语体系建设问题研究	杜永峰	西安石油大学
17	2022A017	习近平总书记论意识形态工作的辩证思维及理论贡献研究	夏玉汉	西安电子科技大学
18	2022A018	陕西省县域内家校社协同育人困境与路径研究	蒋 明	西安理工大学
19	2022A019	习近平总书记关于历史自信的重要论述研究	殷旭辉	西北农林科技大学
20	2022A020	新时代高校辅导员职业能力培养机制研究	张骞文	长安大学
21	2022A021	妇女组织参与全球气候治理及其中国方案研究	巩 辰	西安工程大学
22	2022A022	"双碳"目标下我国绿色生活方式转型的机制构建研究	黑晓卉	西安理工大学
23	2022A023	生态智慧视角下陕西乡村生态治理的内在逻辑与对策研究	何景毅	西北农林科技大学
24	2022A024	新时代高校思想政治教育空间优化策略研究	贺莉莉	渭南师范学院
25	2022A025	农村基层党组织推动乡村全过程人民民主实践策略研究	周 鹏	陕西科技大学
26	2022A026	数字社会意识形态话语权结构优化及风险防范研究	姚 崇	陕西师范大学
27	2022A027	人类文明新形态的生成逻辑与时代价值研究	齐承水	西北工业大学
28	2022A028	陕西先进典型进高校开展思想政治教育的机制构建与实践路径研究	刘 洋	西安邮电大学
29	2022A029	陕西市域智慧治理的路径研究	赵宝军	陕西科技大学
30	2022A030	近现代陕西少数民族报刊有关中华民族共同体意识史料整理研究	马 超	陕西师范大学
31	2022A031	唯物史观视域下中国式现代化道路的原创性贡献及其历史意义研究	高 帅	西安电子科技大学
32	2022A032	十八大以来中国共产党推进中华民族共同体建设的实践探索与理论创新研究	朱 尉	陕西师范大学

续表

序号	立项号	课题名称	课题负责人	所在单位
33	2022A033	习近平铸牢中华民族共同体意识重要论述的理论逻辑与实践进路	马宇飞	榆林学院
34	2022A034	新时代推动思政课程与课程思政协同育人的逻辑进路研究	温海霞	西北工业大学
35	2022A035	新时代中国共产党民生话语体系建构研究	徐瑞仙	陕西科技大学
36	2022A036	国家治理现代化视域下大学生道德自觉培养研究	余加宝	西安电子科技大学
37	2022A037	智媒时代高校意识形态风险防控机制研究	马树锦	西安理工大学
38	2022A038	新时代高校思政课教师政治能力建设研究	屈 桃	陕西师范大学
39	2022A039	抗战时期中国共产党领导铸牢中华民族共同体意识研究	肖 娴	陕西师范大学
40	2022A040	当代中国制度文明的演进轨迹及其规律探析	刘 瑜	西安市委党校
41	2022A041	全媒体时代高校思政课话语传播机制研究	范香立	陕西中医药大学
42	2022A042	"双碳"目标下陕西民众亲环境行为养成机制研究	刘 鹏	西北农林科技大学
43	2022A043	延安时期中共"两个确立"的形成机制及其经验启示研究	梁丹丹	西北政法大学
44	2022A044	陕西高校网络思想政治教育发展路径构建研究	姚书志	陕西科技大学
45	2022A045	新时代大学生爱国行为分析及教育引导策略研究	贺艳芬	西安建筑科技大学
46	2022A046	陕西深化拓展新时代文明实践中心建设研究	卢黎歌	西安交通大学
47	2022A047	中国共产党构建国际统一战线的历史进程与经验启示	和晓强	中共陕西省委党校（陕西行政学院）
48	2022A048	红色家风融入高校思想政治教育的路径研究	姚菊蕾	西安翻译学院
学科分类：党史·党建				
序号	立项号	课题名称	课题负责人	所在单位
1	2022B001	地方治理现代化视域下市县政协协商民主实践创新研究	陈晓莉	西安财经大学
2	2022B002	延安时期中国共产党施政纲领的内在属性及其实施机制研究	侯 斌	西北大学

续表

序号	立项号	课题名称	课题负责人	所在单位
3	2022B003	中国共产党探索跳出历史周期率的"两个答案"及其意义研究	马珂琦	西北大学
4	2022B004	中国共产党网络意识形态治理的基本经验与系统建构	王路坦	中共陕西省委党校（陕西行政学院）
5	2022B005	延安时期维护党中央权威的理论与实践研究	靳燕凌	延安大学
6	2022B006	延安时期中国共产党局部执政形象构建的历史实践与当代价值研究	赵伟力	西北大学
7	2022B007	数字赋能陕北革命文物的保护展示与传承利用研究	苏争艳	陕西师范大学
8	2022B008	延安时期女性群体的社会风尚引领研究	同雪莉	西北大学
9	2022B009	新时代高校"五位一体"党史学习教育常态化长效化机制研究	鱼晓辉	西安交通大学城市学院
10	2022B010	延安时期中国共产党以"历史决议"统一全党思想的历史经验研究	朱雪平	陕西师范大学
11	2022B011	新时代传承弘扬中国共产党历史主动精神研究	陈文林	西安理工大学
12	2022B012	抗战时期《群众》的青年宣传研究	吴蕊蕊	西安外国语大学
13	2022B013	新时代陕北革命遗址整体保护与传承策略研究	来嘉隆	西安建筑科技大学
14	2022B014	延安时期的医药卫生事业及其历史经验研究	刘昌	西安交通大学
15	2022B015	纪检监察大数据监督理论构建与实践路径研究	岳智慧	西北政法大学
16	2022B016	百年来中国共产党国际形象塑造的基本经验研究	刘玲	西安理工大学
17	2022B017	伟大建党精神的早期历史生成研究	崔梦	西北大学
18	2022B018	习仲勋与陕甘边根据地的土地改革	黄会奇	延安大学

学科分类：哲学·宗教学

序号	立项号	课题名称	课题负责人	所在单位
1	2022C001	马克思"解放的道德"思想及其当代价值研究	张全胜	西安财经大学
2	2022C002	新时代中国特色社会主义空间正义的理论与实践研究	李武装	西安工程大学

续表

序号	立项号	课题名称	课题负责人	所在单位
3	2022C003	马克思与维特根斯坦哲学比较研究	张学广	西北大学
4	2022C004	清代关中朱子学研究	李敬峰	陕西师范大学
5	2022C005	德性与技艺:古希腊德性伦理学及其当代论争研究	于江霞	陕西师范大学
6	2022C006	陕甘宁边区宗教治理的历史经验研究	张影舒	陕西省社会科学院
7	2022C007	美德伦理学视域下的"生命至上"精神诠释及抗疫伦理研究	刘佳宝	陕西师范大学
8	2022C008	基于区块链技术的科研诚信建设研究	李叶宏	西安邮电大学
9	2022C009	《易传》人性论思想研究	窦晨光	陕西师范大学
10	2022C010	现代性视域下的数字资本主义批判研究	邱根江	西安交通大学
11	2022C011	康寄遥与民国陕西佛教的现代化转型研究	李永斌	西北大学
12	2022C012	具身化理论视域下的柏拉图心灵哲学研究	姜维端	西安电子科技大学
13	2022C013	"华严疏主"澄观的儒佛道三教"会通"思想研究	曹振明	西北大学
14	2022C014	法兰克福学派的正义理论研究	寇 瑶	西安工业大学

学科分类:经济学

序号	立项号	课题名称	课题负责人	所在单位
1	2022D001	经济高质量发展诉求下陕西要素配置结构效率的提升路径研究	杨万平	西安交通大学
2	2022D002	陕西装备制造业智能化转型阻抑因素及其破解路径研究	杨 瑾	西北工业大学
3	2022D003	数字经济赋能陕西省装备制造业高质量发展的路径及政策支持研究	申雅琛	西安欧亚学院
4	2022D004	"双碳"背景下西部地区绿色物流网络优化与对策研究	王 超	长安大学
5	2022D005	依托秦创原平台支持科技型中小企业创新的金融生态体系优化研究	侯晓辉	西安交通大学
6	2022D006	"双碳"目标背景下陕西产业结构升级与碳排放研究	杨镒泽	西安财经大学
7	2022D007	工业元宇宙赋能陕西制造业实现追赶超越的理念与路径研究	李春磊	宝鸡文理学院
8	2022D008	空间关联视角下数字经济赋能陕西省高质量发展的效应测度与实现路径研究	徐 妍	长安大学

续表

序号	立项号	课题名称	课题负责人	所在单位
9	2022D009	环境约束下陕西省服务业主导产业选择与高质量发展路径研究	崔 敏	西安财经大学
10	2022D010	健康陕西战略背景下居民健康不平等测度及改善策略研究	杨克文	西北农林科技大学
11	2022D011	陕西省平台经济现代化治理体系构建研究	张 旺	西北大学
12	2022D012	陕西金融发展质量测度、演化特征与提升路径研究	师荣蓉	西北大学
13	2022D013	人工智能驱动陕西制造业转型升级的机制、效应与路径研究	刘 红	西安翻译学院
14	2022D014	绿色金融推动陕西经济绿色低碳转型的效应、机理及优化路径研究	吴建銮	西安外国语大学
15	2022D015	民生福祉视角下陕西城市生态效率时空演化与协同提升路径研究	王美霞	西安理工大学
16	2022D016	陕西脱贫攻坚与乡村振兴耦合协同关系及实现路径研究	唐娟莉	西安石油大学
17	2022D017	生活圈理念下陕西省全域公共服务设施精细化规划策略配置研究	赵 昕	宝鸡文理学院
18	2022D018	陕西省传统能源产业与新能源产业协调发展研究	张文彬	西安财经大学
19	2022D019	"双碳"战略驱动下陕西绿色创新的内生转化路径研究	李勃昕	西安财经大学
20	2022D020	智能革命促进陕西城乡居民增收与共同富裕的实现路径研究	谢 攀	陕西师范大学
21	2022D021	关中平原城市群文旅融合一体化发展研究	方永恒	西安建筑科技大学
22	2022D022	陕西省易地扶贫搬迁城镇化集中安置的政策效果研究:基于安置人口就业质量视角	徐家鹏	西北农林科技大学
23	2022D023	新发展格局下陕西承接电子信息产业链转移的跨区协同机制研究	王 闯	西安邮电大学
24	2022D024	陕西应急物流多方联动响应能力评估及服务保障体系研究	陈 恒	西安工程大学
25	2022D025	中国共产党探索实现共同富裕的百年经济思想及其经验启示研究	王颂吉	西北大学
26	2022D026	陕西装备制造企业数智化转型升级路径研究	任晓燕	西安理工大学

续表

序号	立项号	课题名称	课题负责人	所在单位
27	2022D027	数字技术赋能陕西传统制造业高质量发展机理与路径研究	苏锦旗	西安邮电大学
28	2022D028	"双碳"目标下激励陕西企业绿色低碳转型的路径与对策研究	黄 珍	西北工业大学
29	2022D029	陕西数字经济核心竞争力及其提升路径研究	王胜利	西北政法大学
30	2022D030	减税降费对陕西制造业高质量发展的影响效应与实现路径研究	周 宇	西安财经大学
31	2022D031	数字信息基础设施赋能陕西产业高质量发展的机制与路径研究	马 微	陕西师范大学
32	2022D032	陕南秦巴山区农村三产融合发展赋能农民增收路径研究	李隆玲	西北政法大学
33	2022D033	数字经济赋能陕西省城乡融合发展的内在机理和实现路径的政治经济学分析	周清香	西安建筑科技大学
34	2022D034	共同富裕视域下陕南秦巴山区农户相对贫困测度、形成机理及长效治理机制研究	罗文春	陕西科技大学
35	2022D035	数字生产力与生产关系视角下数字技术推动陕西农业高质量发展研究	王琴梅	陕西师范大学
36	2022D036	东西部协作促进陕西脱贫地区发展的效应评估与提升路径研究	王泽润	西北大学
37	2022D037	陕西农业保险保障重要农产品供给安全的路径及政策研究	徐婷婷	西安财经大学
38	2022D038	基于多源遥感观测数据的陕西省社会经济发展监测研究	袁笑甜	西北大学
39	2022D039	陕西实现巩固拓展脱贫攻坚成果同乡村振兴双向嵌入的逻辑及路径研究	郭俊华	西北大学
40	2022D040	省际贸易视角下陕西省碳排放转移及驱动机制研究	冀 昊	西北农林科技大学
41	2022D041	科技创新驱动陕西制造业绿色发展路径研究	邵景峰	西安工程大学
42	2022D042	数字化税收征管推动陕西省企业高质量发展研究	左 锐	西安财经大学
43	2022D043	渭河关中段生态基流保障补偿机制的优化研究	岳思羽	陕西理工大学

续表

序号	立项号	课题名称	课题负责人	所在单位
44	2022D044	陕西省数字经济发展中的税收流失问题及其治理研究	赵仁杰	西北大学
45	2022D045	"双碳"目标下陕西省碳排放峰值预测及绿色转型研究	宋 敏	西安财经大学
46	2022D046	陕西碳排放区域差异及碳补偿机制研究	孙赵勇	西安理工大学
47	2022D047	"双碳"目标下陕西能源安全转型及能源效率提升的机制与政策优化研究	宋文飞	陕西师范大学
48	2022D048	新发展格局下陕西打造内陆改革开放高地实践路径研究	张 杨	中共陕西省委党校（陕西行政学院）
49	2022D049	陕西省农业水价改革多维效应评估与政策优化研究	穆 兰	陕西师范大学
50	2022D050	黄土丘陵区草地生物多样性保护的生态补偿机制研究	吴爱姣	陕西省林业科学院
51	2022D051	财政政策支持陕西省绿色技术创新的机理与路径研究	鄢哲明	西安交通大学
52	2022D052	陕西特色农产品"农消对接"流通机制研究	胡一波	西安外事学院
53	2022D053	新时期陕北地区农地流转对农业高质量发展的影响研究	申红卫	延安大学
54	2022D054	高质量推进陕西新型智慧城市建设的政策支持体系研究	刘 航	西安交通大学
55	2022D055	陕西传统制造业数字化转型的协同机制及政策研究	吕 芬	陕西省社会科学院
56	2022D056	陕西省数字经济与制造业高质量融合发展研究	刘 辉	宝鸡文理学院
57	2022D057	提升陕西数字经济核心竞争力研究	刘 飞	西北大学
58	2022D058	"双碳"目标下陕西省碳排放驱动机理及绿色低碳转型研究	郭小叶	西安文理学院
59	2022D059	创新生态系统下陕西制造业数字创新能力提升路径与模式研究	孙 伟	长安大学
60	2022D060	陕西推动重点产业链与创新链深度融合发展研究	王 静	西北政法大学
61	2022D061	"双碳"目标下陕西"十四五"时期经济绿色低碳转型研究	张 馨	陕西省社会科学院

续表

序号	立项号	课题名称	课题负责人	所在单位
62	2022D062	数字经济驱动与陕西乡村电商耦合协调发展机理与实现路径研究	黄春丽	西安翻译学院
63	2022D063	"双碳"目标驱动下陕西煤炭产业绿色低碳发展动力机制研究	王喜莲	西安科技大学

学科分类:政治学·法学

序号	立项号	课题名称	课题负责人	所在单位
1	2022E001	复合性政党整合视阈下陕西农村基层党组织政治功能强化研究	张晋宏	长安大学
2	2022E002	陕西秦巴山区防返贫接续乡村振兴的韧性力建设研究	赵普兵	西安电子科技大学
3	2022E003	国家治理现代化视域下中央与地方关系法治化路径研究	张艾思	西安交通大学
4	2022E004	国际新形势下中国境外投资法律风险防控研究	杜娟	西安交通大学
5	2022E005	生物安全信息共享法律制度构建研究	王玥	西安交通大学
6	2022E006	"银发数字经济"平台合同信息失衡防控研究	齐鹏	西安交通大学
7	2022E007	习近平总书记关于国家安全重要论述研究	王林	西北政法大学
8	2022E008	陕西市域社会治理现代化制度规范体系研究	张守华	渭南师范学院
9	2022E009	治理现代化视角下陕西数字政府建设研究	杨云霞	西北工业大学
10	2022E010	公私合作(PPP)开展陕西省气候治理的法律保障研究	张紫薇	西安交通大学
11	2022E011	陕西省农村闲置宅基地优化利用法治保障研究	田静婷	西北政法大学
12	2022E012	秦岭国家公园创建的地方立法保障研究	王社坤	西北大学
13	2022E013	算法协同治理视野下的劳动者权益保障机制研究	张珍星	西安交通大学
14	2022E014	陕西农村宅基地退出中农民权益保障研究	王军	西安财经大学
15	2022E015	陕西驻村第一书记的行动逻辑及效能提升路径研究	刘娟	西安建筑科技大学
16	2022E016	《民法典》合同编通则新规则适用研究	聂卫锋	西安交通大学
17	2022E017	乡村产业发展用地法律治理研究	白呈明	西安财经大学

续表

序号	立项号	课题名称	课题负责人	所在单位
18	2022E018	陕西省应急管理体系的演进逻辑、现实困境与优化路径研究	唐荣呈	西北政法大学
19	2022E019	CPTPP规则转化为陕西自贸区开放政策与制度创新研究	曹晓路	西安交通大学
20	2022E020	延安时期中国共产党依规治党的制度经验研究	王斌通	西北政法大学
21	2022E021	西安都市圈培育与一体化治理研究	杨丽丽	西北政法大学
22	2022E022	人工智能背景下大数据侦查的法律规制研究	吴关龙	西安交通大学
23	2022E023	陕西农村环境污染及其治理问题研究	刘志仁	西安交通大学
24	2022E025	陕西省乡村治理中新乡贤参与的制度化问题研究	王 杰	西北农林科技大学
25	2022E026	"双碳"背景下陕西生态环境损害赔偿制度改革研究	闵晶晶	陕西省社会科学院

学科分类:社会学·人口学

序号	立项号	课题名称	课题负责人	所在单位
1	2022F001	以家庭经济功能与发展策略为重点的陕西巩固脱贫攻坚成果与乡村振兴有效衔接研究	车 蕾	西安建筑科技大学
2	2022F002	乡村振兴背景下西部地区返乡农民工社会适应性研究	蔡 萌	西安交通大学
3	2022F003	数字社会背景下陕西省乡村韧性治理的实践机制研究	胡卫卫	西北农林科技大学
4	2022F004	陕西省农户闲置宅基地盘活行为影响机理及对策研究	郭 斌	西安建筑科技大学
5	2022F005	陕西巩固拓展脱贫攻坚成果与农村低收入人口动态监测机制研究	邢成举	西北农林科技大学
6	2022F006	生育友好型的妇幼公共卫生服务政策设计研究	聂景春	陕西师范大学
7	2022F007	陕西省农村失能老人家庭照护的社会网络支持研究	聂建亮	西北大学
8	2022F008	乡村振兴视角下陕西农村脱贫家庭发展稳定性研究	杨 博	陕西师范大学

续表

序号	立项号	课题名称	课题负责人	所在单位
9	2022F009	婚姻生态视域下陕西省农村女性初婚年龄模式研究	李 艳	西安工程大学
10	2022F010	陕西建立和完善农村低收入人口常态化帮扶机制研究	李 卓	西北农林科技大学
11	2022F011	新冠疫情冲击下的常规医疗困境与社会医疗韧性提升路径研究	于 莲	西安交通大学
12	2022F012	生育政策调整背景下的家庭三角关系研究	高 洁	西安交通大学
13	2022F013	陕西脱贫攻坚与乡村振兴有效衔接的政策流动路径与影响机制研究	胡宪洋	陕西师范大学
14	2022F014	青年婚育模式变迁背景下习近平新时代家庭观的传承与弘扬	李 巾	陕西省社会科学院
15	2022F015	陕西省农村集体经济壮大对基层治理能力提升路径研究	陈 靖	西北农林科技大学
16	2022F016	后疫情时代弥合数字鸿沟的陕西老年友好型社区治理创新研究	闫 臻	西安交通大学
17	2022F017	陕西农村0—3岁儿童早期发展公共服务体系建设研究	田 婧	陕西学前师范学院
18	2022F018	就业市场变动背景下陕西省乡村振兴中人才回引的社会政策研究	李 博	西安建筑科技大学
19	2022F019	家庭变迁视域下陕西省低生育率形成机制与生育支持政策构建研究	王春凯	西北农林科技大学
20	2022F020	童年不良经历对青少年抑郁症状的影响及其干预研究	孔 风	陕西师范大学
21	2022F021	多源出行数据驱动的老年群体就医出行决策影响机理研究	肖 梅	长安大学
学科分类:历史·考古学					

序号	立项号	课题名称	课题负责人	所在单位
1	2022G001	陕西古代经幢文物文献整理研究	左金众	西安外国语大学
2	2022G002	中东国家对美国反制裁及其对中国启示研究	蒋 真	西北大学
3	2022G003	黄土高原史前窑洞建筑遗存综合研究	王天艺	西北大学
4	2022G004	西安丰镐遗址制陶作坊燃料利用策略研究	马志坤	西北大学
5	2022G005	伊朗应对美国制裁问题研究	苏 欣	西安外国语大学
6	2022G006	唐后期长安军事防御体系研究	张 明	陕西师范大学

续表

序号	立项号	课题名称	课题负责人	所在单位
7	2022G007	印度河流域新石器时代至青铜时代文明化进程研究	王 茜	西北大学
8	2022G008	西安碑林博物馆藏造像碑的整理、保护与研究	裴建平	西安碑林博物馆
9	2022G009	陕北高原东周秦汉铁器生产与流通研究	张梦逸	西北大学
10	2022G010	央地关系视野下唐代江南西道职官演变研究	谢宇荣	陕西省社会科学院
11	2022G011	西周至战国兵制新探暨相关问题研究	王 博	商洛学院
12	2022G012	西周关中地区的族姓交融与中华民族共同体的形成	黄明磊	陕西师范大学
13	2022G013	国家治理视角下近代西北铁路建设与问题研究	武端利	陕西科技大学
14	2022G014	陕西地区汉代复色釉陶综合研究	王文轩	西北大学
15	2022G015	陕西省抗战遗址遗迹保护利用研究	路中康	西北大学
16	2022G016	早期文明进程视野下的关中地区龙山时代考古研究	朱君孝	陕西师范大学

学科分类:文学

序号	立项号	课题名称	课题负责人	所在单位
1	2022H001	清末民初冒险小说叙事嬗变研究	石 燕	西安工业大学
2	2022H002	当代文学转折时期的青年主体及其文化政治研究(1977—1985)	安 斌	西北大学
3	2022H003	关中苏轼文化遗迹与文学重构研究	郭 茜	西北大学
4	2022H004	《西北文化日报》(1931—1937)文艺副刊研究	王玉珠	西安财经大学
5	2022H005	阿垅年谱长编及佚文辑录研究	朱文久	西安建筑科技大学
6	2022H006	德语儿童文学在中国的译介(1903—1949)	侯素琴	西安外国语大学
7	2022H007	1930—1940年代中外作家的中国西北书写研究	于 敏	陕西师范大学
8	2022H008	俞樾年谱	邵 华	陕西理工大学
9	2022H009	20世纪70年代末以来中国科幻小说嬗变研究	袁栋洋	陕西理工大学
10	2022H010	西北叙事与新时期文化政治	仲济强	西北大学
11	2022H011	马健翎的秦腔改革理论与实践研究	田 延	陕西师范大学
12	2022H012	清代王维资料续编整理研究	王作良	陕西师范大学

续表

序号	立项号	课题名称	课题负责人	所在单位
13	2022H013	巴赫金时空体理论视域下的"成长"问题研究	李雪	陕西师范大学
14	2022H014	明清小说的青年亚文化接受研究	王凌	西安工业大学
15	2022H015	空间修辞与秦地文化记忆视觉生成的互构研究	谢欣然	陕西师范大学
16	2022H016	陕西诗文总集叙录与研究	刘军华	陕西师范大学
17	2022H017	延安时期新秧歌运动中的"人民美学"研究	宋珊	延安大学
18	2022H018	明、清《史记》评点与中国传统文章学建构研究	刘宁	西安文理学院
19	2022H019	唐宋《史记》研究论稿	刘彦青	陕西师范大学
20	2022H020	俄罗斯白银时代文学中的巴洛克风格研究	张凌燕	西安外国语大学
21	2022H021	"长安—洛阳"唐诗之路研究	杨玉锋	西北农林科技大学
22	2022H022	晚明文言小说话题研究	苏羽	西安文理学院
23	2022H023	玛丽·雪莱的疾病书写与启蒙主体性反思	原玉薇	陕西师范大学
24	2022H024	陕西文学数字地图(中英文)建设研究	张媛	西安外国语大学
25	2022H025	唐代长安与西域之间丝绸之路上的文学活动研究	魏景波	陕西师范大学
26	2022H026	延河(1956—1989)与陕西当代文学批评	曹小娟	西安工业大学
27	2022H027	六朝隋唐时期陕西释氏碑志的整理与研究	孙雯	西安电子科技大学
28	2022H028	新时期陕西小说批评史料的整理与研究	曹刚	安康学院

学科分类:艺术学

序号	立项号	课题名称	课题负责人	所在单位
1	2022J001	考古学视域下的唐代戏剧服饰研究	张彬	西安工程大学
2	2022J002	陕西传统村落建设性遗存空间价值评估与活化研究	刘冬	西安科技大学
3	2022J003	黄河文明:陕西传统民居建筑文化挖掘与数字化整理研究	李琰君	陕西科技大学
4	2022J004	"声音景观"视域下陕西民歌的文化地理学研究	侯璐璐	宝鸡文理学院
5	2022J005	关中地区新型低能耗工业化院落式农房智能化布局设计研究	宋戈	西北工业大学
6	2022J006	讲好陕西故事,打造新时代"戏剧陕军"文化品牌策略研究	杜芳	西安外事学院

续表

序号	立项号	课题名称	课题负责人	所在单位
7	2022J007	西周金文书法文化研究	倪文东	西安外事学院
8	2022J008	陇海铁路陕西关中段历史文化遗产廊道构建	乔秀娟	西北农林科技大学
9	2022J009	"双碳"目标背景下关中地区传统民居绿色营建智慧传承与当代转译研究	邵 腾	西北工业大学
10	2022J010	西安"回坊"空间基因图谱建构及柔性修补策略研究	赵 卿	西北大学
11	2022J011	延安时期的抗战宣传画研究	王江鹏	西北大学
12	2022J012	黄河流域传统村落合院民居建筑的活态保护与文旅融合发展研究	慕云舒	榆林学院
13	2022J013	历史地理学视域下陕西石窟寺赋存环境与艺术研究	张 静	西安理工大学
14	2022J014	长安乐派的实践创作与谱系研究	赵光强	西安外事学院
15	2022J015	陕西近现代建筑的文化基因及谱系化传承研究	冯 琳	西安建筑科技大学
16	2022J016	秦岭珍稀野生动植物信息可视化系统设计研究	惠 洁	西安工业大学
17	2022J017	西安老旧社区公共空间常态化疫情防控适应性优化设计研究	于东飞	西安建筑科技大学
18	2022J018	和而不同：关中平原城市群陕西段城市品牌形象设计策略研究	陈 瑾	西北大学
19	2022J019	中国城市电影的空间叙事研究	王 坤	西安建筑科技大学
20	2022J020	唐代宴乐空间的当代创新应用研究	魏云洁	西安建筑科技大学
21	2022J021	产业活态下陕西非遗特色窑业村镇保护发展策略研究	刘羽佳	西安建筑科技大学
22	2022J022	陕西历代方志所载戏台建筑史料整理与研究	王 琳	西安建筑科技大学
23	2022J023	陕西唐代墓室壁画数字复原与交互展示研究	燕 耀	西安工程大学
24	2022J024	西北地区中古棺板画所见女性服饰数字复原研究	张继文	西安工程大学
25	2022J025	陕西新出土唐代署书人墓志书法研究	金 鑫	陕西师范大学

续表

序号	立项号	课题名称	课题负责人	所在单位
26	2022J026	陕西寺观壁画数字化修复与虚拟博物馆建设	雷 桐	西安工程大学
27	2022J027	西安周边旅游型乡村公共空间生产机制及优化路径研究	魏 萍	西安建筑科技大学
28	2022J028	"黄土画派"创作思想的人民性及其时代价值研究	王 峰	西安工程大学
29	2022J029	陕西湿陷性黄土区绿色雨水基础设施近自然植物景观设计研究	杨 阳	西安工程大学
30	2022J030	西北乡村振兴艺术设计战略的理论构建与实践途径	韩禹锋	西安建筑科技大学
31	2022J031	汉代长安文学中的乐舞书写整理与研究	祁小真	西安音乐学院
32	2022J032	基于交互体验的陕西典型非遗文化地标数字地图构建研究	白晓波	西安理工大学
33	2022J033	"双碳"目标下城市社区绿地提质增效与健康服务协同策略研究	王晶懋	西安建筑科技大学
34	2022J034	基于色度测量的陕西关中民间木版年画色彩数字信息库构建研究	杜 杰	西安理工大学
35	2022J035	陕西山地型道观园林空间营造生态智慧与保护传承研究	杨 雪	西北农林科技大学
36	2022J036	陕西黄河流域传统村落文化的美育价值挖掘与转化研究	刘 韬	西北工业大学
37	2022J037	"跨越时空的媒介重构"丝路文化基因传播研究	包文瑞	宝鸡文理学院
38	2022J038	中国共产党延安时期器乐创作研究	张智军	陕西师范大学
39	2022J039	数字文化产业助力陕西乡村振兴的机制与策略研究	李 淼	咸阳师范学院
40	2022J040	陕北黄土高原典型流域地貌景观分形美学特征研究	王 玪	西北农林科技大学
41	2022J041	人工智能赋能陕北红色文化传播研究	李朝艳	西北大学
42	2022J042	红色元素融入陕西舞剧的当代性表达和路径研究	杨冠楠	西安建筑科技大学
43	2022J043	关中蒙元遗存碑刻资料整理及"复古主义"视阈下蒙元碑刻书法美学研究	雷 雨	西安工业大学
44	2022J044	陕甘宁边区抗战戏剧研究(1937—1945)	许 端	陕西师范大学

续表

序号	立项号	课题名称	课题负责人	所在单位
45	2022J045	面向再生性设计的澄城刺绣文化基因解码研究	吴 通	西北工业大学
46	2022J046	陕西回族传统建筑风土因应及文化溯源	郭建伟	西安建筑科技大学
47	2022J047	秦岭深处古村落的水墨图式研究	冯 旭	西京学院
48	2022J048	传统造物视域下商周青铜器文化意象分析与设计传承研究	韩超艳	宝鸡文理学院
49	2022J049	陕西影视作品地域文化呈现经验及创新策略研究	毋 燕	陕西省社会科学院
50	2022J050	陕西唐陵服饰虚拟复原与数字化展示研究	刘 翔	咸阳师范学院
51	2022J051	陕西长城城堡建筑多元文化历史价值研究	谢 洋	西安建筑科技大学
52	2022J052	绿色低碳视角下陕西农村住宅生态优化设计研究	孙倩倩	西安科技大学
53	2022J053	传统年画的现代性与当代复兴的路径及机制研究	王胜选	安康学院
54	2022J054	金·篆文字的现代转化及应用研究	余秋子	西安建筑科技大学
55	2022J055	设计创新推动西部乡村振兴实践路径	张 犁	西安美术学院
56	2022J056	云环境中产品形态群智设计知识演化推理路径研究	陈 健	陕西科技大学
57	2022J057	西部电影的陕西民俗文化表达与传播研究	杭 洁	西安翻译学院
58	2022J058	技术伦理范式转换中的"电影技术悖论"从实然到适然的逻辑进路研究	肖春艳	咸阳师范学院
59	2022J059	数字乡村战略下陕西乡村图书馆数字化建设创新模式研究	刘 萍	西安工业大学
60	2022J060	陕北说书民族志	张 帆	西安石油大学
61	2022J061	唐代舶来品数字文创设计研究	姚文婷	西安工业大学
62	2022J062	陕北丘陵沟壑区乡村文明发展进程中景观营律机制与模式研究	韦 娜	西安建筑科技大学
学科分类：语言学				
序号	立项号	课题名称	课题负责人	所在单位
1	2022K001	《大唐众经音义》异文整理研究与数据库建设	孙建伟	陕西师范大学
2	2022K002	翻译地理学视域下陕籍翻译家研究	李 琴	西安外国语大学
3	2022K003	陕西出土的西周青铜器铭文英译研究	朱嘉春	西安交通大学
4	2022K004	清至民国秦腔写本文献文字研究	高 岩	西安外国语大学

续表

序号	立项号	课题名称	课题负责人	所在单位
5	2022K005	基于城乡英语教育均衡发展的乡镇中学诊断评估与干预研究	孟亚茹	西安交通大学
6	2022K006	认知社会语言学视域下明清季译介语汇在汉语中的嬗变及其动因研究	白鸽	西北大学
7	2022K007	语料库文体学视阈下贾平凹小说英译研究	冯丽君	商洛学院
8	2022K008	乡村振兴视角下陕西历史文化名镇名村语言景观研究	董洪杰	西安文理学院
9	2022K009	翻译语言折中特征的计量研究及机器学习分类	范璐	西安交通大学
10	2022K010	数字人文视域下陕西学生英语翻译的特征发展与预测模型研究	蒋新蕾	西安交通大学
11	2022K011	基于语料库的陕北民歌中的中国形象研究	刘彦晶	西安交通大学
12	2022K012	教育信息化背景下陕西省大学生在线英语学习焦虑的教学干预策略研究	唐麦玲	陕西师范大学
13	2022K013	汉语水平促进来陕留学生创造性思维的认知神经机制研究	杨毅隆	西安外国语大学
14	2022K014	基于语言文本和语音信息的老年群体话语情感分析研究	张丽敏	西安外国语大学
15	2022K015	词性信息表征的神经基础和整合的工作机制研究	张文嘉	西安外国语大学
16	2022K016	《共产党宣言》中日译本历时比较研究	魏海燕	西安翻译学院
17	2022K017	互动语言学视角下的汉语量级范畴研究	贾泽林	陕西师范大学
18	2022K018	基于语料库的明清时期治疫方剂翻译研究	史文君	陕西中医药大学
19	2022K019	乡村振兴战略背景下的陕西新农村语言景观研究	杨彩贤	西安航空职业技术学院
20	2022K020	人工智能时代MTI教育教学中的语言生态伦理教育研究	孙黎	陕西科技大学
21	2022K021	陕西老年人语言能力变化动态研究	鲁莉	西安建筑科技大学
22	2022K022	众包翻译模式下译者参与行为影响因素研究	张洁	西安理工大学
23	2022K023	基于多模态话语分析的陕西红色文化新媒体传播研究	李婷	西北农林科技大学
24	2022K024	译语话语体系构建下的中医术语英译问题研究	马伦	陕西中医药大学
25	2022K025	乡村振兴背景下陕西农村的语言能力建设	杜敏	陕西师范大学

续表

序号	立项号	课题名称	课题负责人	所在单位
26	2022K026	基于认知目标分类的大学英语深度学习评价体系研究	赵婉莉	咸阳师范学院
27	2022K027	习近平法治思想译介与传播研究	陈 河	西北政法大学
28	2022K028	秦岭终南山世界地质公园语言景观的多模态译写研究	莫丽娅	西安翻译学院
29	2022K029	关中方言特殊句式研究	袁 芳	西安交通大学
30	2022K030	多模态话语分析视域下陕西纪录片陕西形象建构研究	乃瑞华	西安翻译学院

学科分类:新闻学与传播学

序号	立项号	课题名称	课题负责人	所在单位
1	2022M001	传播学视野中驻村干部的动员式治理与嵌入式沟通研究	马 锋	西北大学
2	2022M002	大数据背景下陕西网络舆情态势研判与风险防控策略研究	李明德	西安交通大学
3	2022M003	元宇宙视听传播中的文化症候与陕西的政策应对研究	郭 栋	陕西师范大学
4	2022M004	社交媒体知识传播的"新可见性"控制与风险治理研究	张秀丽	西安外国语大学
5	2022M005	基于高阶社会网络的重大危机事件舆情传播及干预机制研究	张 岚	西安财经大学
6	2022M006	西北少数民族铸牢中华民族共同体意识的共情传播机制及路径研究	张铁云	西安交通大学
7	2022M007	基于元宇宙的陕西非遗虚拟价值放大与产业化传承模式研究	范丽亚	西安交通大学城市学院
8	2022M008	社交媒体平台中的涉陕舆论框架模式及应对策略	党明辉	西北大学
9	2022M009	智媒时代推进陕西公共文化机构数字服务研究	廖政贸	西安交通大学
10	2022M010	面向突发公共卫生事件的陕西媒体建设性新闻生成路径研究	方 亭	西安石油大学
11	2022M011	陕西乡村文化的县级融媒体话语平台构建研究	吴 胜	陕西师范大学
12	2022M012	民国报人新闻精神的建构与重塑研究	滕文莉	榆林学院
13	2022M013	陕西遗址博物馆"云展览"模式优化研究	王梦蝶	陕西学前师范学院

续表

序号	立项号	课题名称	课题负责人	所在单位
14	2022M014	游戏叙事中身份认同问题研究	唐树生	西北农林科技大学
15	2022M015	数字参与模式下陕西地区残障人士社会融入路径重构研究	常嘉玲	西安邮电大学
16	2022M016	美国媒体涉华报道的虚假性研究	苏 蕾	长安大学
17	2022M017	陕西对外形象国际传播效果研究	李 鹏	西安外国语大学
18	2022M018	智众时代陕西省县级融媒体服务升级路径研究	任红梅	西安财经大学
19	2022M019	数字技术条件下陕西对外形象的公众协作式建构研究	党 洁	西北大学现代学院
20	2022M020	大学生身份气泡卷入度对其心理健康作用机制研究	吴一波	陕西国际商贸学院
21	2022M021	基于凝视理论的陕西国际旅游形象传播策略研究	张 珍	西安航空学院
22	2022M022	新冠肺炎疫情常态化防控下陕西城市居民数字化生存能力研究	王宏昌	宝鸡文理学院
23	2022M023	媒介融合视域下陕西故事的数字叙事创新研究	胡 凯	西北政法大学

学科分类：图书馆·情报与文献学

序号	立项号	课题名称	课题负责人	所在单位
1	2022N001	数据要素市场化背景下科学数据细粒度组织与可视化方法研究	马续补	西安电子科技大学
2	2022N002	高质量发展背景下陕西搭建科研文献大数据体系研究	秦春秀	西安电子科技大学
3	2022N003	面向文化传播的非物质文化遗产传承人数字资源本体构建研究	崔 旭	西北大学
4	2022N004	"双一流"建设背景下陕西高校图书馆智慧化服务模式研究	白苏红	西北政法大学
5	2022N005	社交网络舆论中公众意识形态挖掘与其传播影响因素分析研究	王珊珊	延安大学

学科分类：教育学

序号	立项号	课题名称	课题负责人	所在单位
1	2022P001	家庭亲子对话干预对陕西流动幼儿读写能力的促进效果研究	梁 渊	西安外国语大学
2	2022P002	中国共产党百年教育政策的精神谱系研究	杨聚鹏	陕西师范大学

续表

序号	立项号	课题名称	课题负责人	所在单位
3	2022P003	体育锻炼预防青少年焦虑和抑郁的有效性及其机制研究	刘 阳	陕西师范大学
4	2022P004	乡村卓越教师成长机制研究	周兆海	陕西师范大学
5	2022P005	中国共产党延安时期高等教育红色基因的时代传承研究	刘瑞儒	延安大学
6	2022P006	新兴交叉学科的发展逻辑与培育机制研究	武建鑫	陕西科技大学
7	2022P007	后疫情时代陕西省青少年心理健康教育数字化服务体系建设与应用研究	李 玲	西安体育学院
8	2022P008	双减政策背景下陕西省中小学教师负担研究	吴婷婷	西安文理学院
9	2022P009	陕西高校人才引进的制度设计与实施路径研究	李 威	陕西师范大学
10	2022P010	推进陕西学前教育高质量发展的合理路径研究	何善平	陕西学前师范学院
11	2022P011	社会情感学习对陕西省农村学生发展的影响及机理研究	李莉莉	西北农林科技大学
12	2022P012	残疾人职业教育赋能共同富裕的作用机制与实践路径研究	皮悦明	陕西师范大学
13	2022P013	乡村振兴视域下农村青少年劳动力素养培育研究	张晓文	西安外国语大学
14	2022P014	新时代人才强国视域下交叉学科人才精细化评价体系构建研究	徐小莹	西北工业大学
15	2022P015	陕西省课后服务体系的城乡对比与政策提升研究	栾 曦	陕西师范大学
16	2022P016	延安时期红色教育遗址和文物考察与研究	沈萍霞	陕西师范大学
17	2022P017	"双减"下陕西省父母教育焦虑的"家校社"协同治理研究	罗 阳	陕西师范大学
18	2022P018	"家-园-社"协同育人的内在机制与实践模式研究	王 云	陕西学前师范学院
19	2022P019	"双减"政策下陕西省基础教育云教研共同体建设机制与路径研究	张维民	西安外国语大学
20	2022P020	延安时期学校劳动教育的"三结合"实践路径及其经验研究	卜学海	陕西师范大学

续表

序号	立项号	课题名称	课题负责人	所在单位
21	2022P021	"四新"视域下工科院校医学专业发展路径研究	闫 丽	西北工业大学
22	2022P022	父母教养行为与儿童环境敏感性交互影响儿童亲社会行为发展的机制	张润竹	陕西师范大学
23	2022P023	延安时期中国共产党创办新型高等教育的理论逻辑与实践探索	郝 瑜	陕西科技大学
24	2022P024	乡村振兴背景下陕西乡村教师阅读推进策略研究	牛文明	陕西学前师范学院
25	2022P025	"十四五"期间残疾人刻板印象改善及社会融入路径研究	王 丽	陕西师范大学
26	2022P026	以师幼互动为抓手提升幼儿园课程实施质量的行动研究	刘海丹	陕西师范大学
27	2022P027	陕西省托育行业婴幼儿照护服务从业人员专业标准构建研究	吴 琼	西安翻译学院
28	2022P028	累赘感和归属感受挫对青少年内隐自杀意念的影响机制及其缓解途径:目标调节理论的视角	张石磊	长安大学
29	2022P029	基于用户画像的陕西高校教师混合式教学能力发展模型及提升路径研究	刘 怡	西北工业大学
30	2022P030	陕西省义务教育质量监测体系构建研究	张 鹤	陕西省社会科学院
31	2022P031	陕西省研究生教育高质量发展水平提升路径研究	李 圣	西北工业大学
32	2022P032	"一带一路"背景下陕西高职教育"走出去"战略与路径研究	康 卉	西安航空职业技术学院
33	2022P033	陕西高校中外合作办学知识共享推进路径研究	陈慧荣	西北工业大学
34	2022P034	义务教育阶段教师对"双减"政策的感知及目标取向研究	王 珍	西安翻译学院
35	2022P035	教育促进共同富裕的体制机制与政策研究	袁利平	陕西师范大学
36	2022P036	多模态家庭读写环境对幼儿读写萌发影响的循证研究	白 洁	陕西师范大学
37	2022P037	关学精神浸润陕西新时代家庭教育价值观的作用与实现路径研究	向 华	西安文理学院

续表

序号	立项号	课题名称	课题负责人	所在单位
38	2022P038	数字陕西建设进程中大学生公民参与的空间转向与治理研究	刘晓琳	陕西师范大学
39	2022P039	中职教育对劳动收入的影响及其作用机制研究	刘红艳	西北政法大学
40	2022P040	后疫情时代陕西高等教育在地国际化发展模式研究	张笑予	宝鸡文理学院

学科分类:体育学

序号	立项号	课题名称	课题负责人	所在单位
1	2022Q001	基于立德树人根本任务的陕西省校园足球育人体系构建路径研究	水祎舟	陕西师范大学
2	2022Q002	第十四届全国运动会体育场馆赛后利用管理模式创新研究	柴王军	西安体育学院
3	2022Q003	陕西省体育产业高质量发展中人才支撑体系建设研究	雷蕾	西北农林科技大学
4	2022Q004	后全运时代体育场馆使用功能多元化的适宜性研究	张伟霞	西北工业大学
5	2022Q005	后全运时代陕西省体育文化治理价值审度与实践路径	苏睿	西安电子科技大学
6	2022Q006	"双减"政策下陕西省学校体育运动风险处置失范生成机制及治理研究	杨胜来	陕西师范大学
7	2022Q007	人力资本视角下陕西省运动员社会保障机制构建与实现路径研究	任行	西北大学
8	2022Q008	新时期背景下陕西省生态体育发展法治保障研究	曲强	西安交通大学
9	2022Q009	大学体育与新工科人才培养的衔接路径研究	贺智裕	西安交通大学
10	2022Q010	高质量发展背景下陕西体育消费试点城市建设成效及提升路径研究	谭启鸿	西安欧亚学院
11	2022Q011	体育强省建设视域下群众性体育赛事活动办赛标准化研究	吴林珍	西安邮电大学
12	2022Q012	陕西省全民健身与全民健康深度融合的机制与路径研究	王华	西安体育学院
13	2022Q013	新时代我国体育行业自治机制与路径选择研究	应晨林	西安交通大学城市学院

续表

序号	立项号	课题名称	课题负责人	所在单位
14	2022Q014	后全运时代陕西省冰雪运动资源优化配置与发展策略研究	张俊珍	西安体育学院
15	2022Q015	"双减"背景下陕西省高质量课后体育服务实现路径研究	景俊青	西安体育学院
16	2022Q016	陕西脱贫地区公共体育服务高质量供给研究	王云升	西安思源学院
17	2022Q017	高质量发展背景下陕西智慧化健身设施配置模式研究	杨华薇	西安建筑科技大学
18	2022Q018	陕西省重大疫情期间居家隔离群众体育锻炼及心理健康疏导应急机制研究	杨建全	西安医学院
19	2022Q019	陕西社区健身健康智慧化综合服务体系构建研究	王新建	西安体育学院
20	2022Q020	十四运场馆赛后运动环境分级管理与运营策略研究	肖勇强	西安建筑科技大学

学科分类：管理学

序号	立项号	课题名称	课题负责人	所在单位
1	2022R001	数字金融嵌入式推进陕西省国有企业关键核心技术突破研究	李林阳	西北大学
2	2022R002	陕西脱贫攻坚与乡村振兴有效衔接的县乡村三级物流体系建设研究	张晓楠	陕西科技大学
3	2022R003	"双碳"目标下加快陕西"十四五"时期绿色低碳转型的生态保护路径与政策体系研究	司林波	西北大学
4	2022R004	双积分政策下陕西省汽车制造业绿色技术创新效率评估及提升路径研究	何浩楠	长安大学
5	2022R005	混改背景下陕西国有企业员工持股方案制定与实施保障研究	付 强	西安外国语大学
6	2022R006	乡村生态振兴促进陕西农民共同富裕典型模式比较与路径优化研究	贾亚娟	西安财经大学
7	2022R007	陕西碳排放区域差异视角下碳减排协同治理研究	石纯来	西安电子科技大学
8	2022R008	陕西传统制造企业整合供应商实现绿色技术创新的动员机制及对策研究	李 勃	西安工程大学
9	2022R009	陕西碳排放区域差异及碳补偿机制研究	顾 丽	西北农林科技大学

续表

序号	立项号	课题名称	课题负责人	所在单位
10	2022R010	不同性质危机下地方政府政务舆情回应话语效果研究	杨 洁	西北政法大学
11	2022R011	重大公共卫生事件期间陕西城市交通管控体系与实施策略研究	孙 健	长安大学
12	2022R012	常态化疫情防控下陕西省城市社区韧性治理能力提升路径研究	张志霞	西安建筑科技大学
13	2022R013	数字创新生态系统中陕西"专精特新"中小企业新产品开发实现路径研究	王 婷	西安理工大学
14	2022R014	政企共演视角下数字农产品质量安全追溯的信用监管机制研究	葛 莉	渭南师范学院
15	2022R015	陕西省乡村振兴产业融合项目评价体系构建与应用	白思俊	西北工业大学
16	2022R016	陕西省产业深度融入RCEP竞争、风险与发展路径研究	赵龙峰	西北工业大学
17	2022R017	数字科技驱动下的陕西省企业融资模式创新及激励机制设计研究	王 凯	西安交通大学
18	2022R018	创新平台驱动陕西省"卡脖子"关键技术攻关的实现路径研究	李晓华	西北大学
19	2022R019	常态化疫情防控背景下西安都市圈社会脆弱性评估与分区管控	高岩辉	西安外国语大学
20	2022R020	农服平台下陕西省苹果植保无人机服务定价调度与提升策略研究	阮俊虎	西北农林科技大学
21	2022R021	数字经济视角下陕西省产学研技术链协同创新体系研究	石乘齐	陕西科技大学
22	2022R022	知识视角下陕西省重点产业"在位者-进入者"动态适配对产业重构的影响研究	刘 岩	西安工程大学
23	2022R023	粮价波动下陕西省农户粮食生产行为响应及保障机制研究	王 倩	西北农林科技大学
24	2022R024	"双碳"目标下陕西绿色产业资本配置优化与效率提升研究	陈 琳	西北工业大学
25	2022R025	陕西企业碳中和技术创新模式与实现路径研究	江 旭	西安交通大学
26	2022R026	混合所有制并购企业异质股权和谐共生推进高质量发展的机制与路径研究	张 洽	西安科技大学

续表

序号	立项号	课题名称	课题负责人	所在单位
27	2022R027	常态化疫情防控背景下陕西建设工程产业联动与协同发展策略研究	白礼彪	长安大学
28	2022R028	新冠疫情和大数据背景下陕西省应急医疗物资配送路径双层目标优化模型研究	曹宁博	长安大学
29	2022R029	党组织嵌入公司治理与陕西企业高质量发展	汪方军	西安交通大学
30	2022R030	供应链视角下陕西农产品直播带货多元协同治理机制研究	王文隆	西北农林科技大学
31	2022R031	"放管服"改革促进陕西中小企业持续创新研究	郑烨	西北工业大学
32	2022R032	"双碳"目标下陕西交通行业绿色低碳转型机制与路径研究	王树斌	西安邮电大学
33	2022R033	陕西省企业污染排放同群效应的形成机理、地区差异与对策研究	谢光华	西北工业大学
34	2022R034	提升中欧班列(西安)集结中心能级,加快陆海贸易大通道建设	朱佳雯	西安交通大学
35	2022R035	数字生态系统视角下陕西制造企业双重竞合战略的构建策略与作用机制研究	彭珍珍	西安建筑科技大学
36	2022R036	"双碳"视野下陕西省农业经济高质量发展潜力及实现路径研究	刘文新	西北农林科技大学
37	2022R037	"碳达峰"目标下西安市私家车低碳出行机制和政策研究	武小平	西安邮电大学
38	2022R038	陕西高端装备制造业供应链韧性的形成机理、测度及提升策略研究	陈胜利	西安财经大学
39	2022R039	陕西农村集体经济发展的金融支持及其模式研究	李韬	西北农林科技大学
40	2022R040	旅游发展促进陕西秦岭山区传统村落振兴:机制、模式与路径创新	李振亭	陕西师范大学
41	2022R041	党组织嵌入公司治理促进陕西省国有工业企业高质量发展的机制及路径研究	郭宏	西北大学
42	2022R042	智能数字化身对陕西老字号品牌的营销绩效影响研究	田敏	西安工业大学
43	2022R043	"双碳"经济下公路货运企业队列运营电气化能耗收益管理与政策研究	邬娜	长安大学

续表

序号	立项号	课题名称	课题负责人	所在单位
44	2022R044	数字化赋能陕西省制造业高质量发展的机制与路径研究	田庆锋	西北工业大学
45	2022R045	城乡融合视阈下乡村人才振兴的理论逻辑与实证研究	胡 晗	西安交通大学
46	2022R046	高密度人居环境下西安历史街区的消防应急对策研究	王亚超	西安建筑科技大学
47	2022R047	数字技术驱动陕西推动重点产业链与创新链深度融合发展研究	贾卫峰	西安邮电大学
48	2022R048	陕西省技术攻关类项目揭榜挂帅的运行机制与实现路径研究	方 炜	西北工业大学
49	2022R049	知识型信息促进城镇居民节能的"人－质－径"耦合作用机制研究	邢孟林	西安建筑科技大学
50	2022R050	数字乡村建设推进陕西县域经济高质量发展的效率评价及协同机制研究	张 静	陕西中医药大学
51	2022R051	陕西制造企业数字化转型准备度评估与提升策略研究	杜占河	西安理工大学
52	2022R052	极端天气诱发西安都市圈多灾种耦合动态情景推演及韧性防灾策略研究	张津嘉	西北大学
53	2022R053	城市交通出行文明困境治理策略研究	汪勇杰	长安大学
54	2022R054	数字化准备度对陕西制造业企业组织韧性的影响研究	谭 乐	西北大学
55	2022R055	数字治理背景下社区管理者应急胜任力影响因素与提升路径研究	张云翌	西安科技大学
56	2022R056	基于产学研合作的陕西秦创原创新绩效提升路径研究	张 璐	西安财经大学
57	2022R057	"链长制"推动陕西文化旅游深度融合研究	任志艳	西安文理学院
58	2022R058	陕西省应对突发事件应急管理水平提升研究	郑学召	西安科技大学
59	2022R059	地方政府专项债的审计治理研究	张荣刚	西北政法大学
60	2022R060	陕西省军工企业外溢性风险预警与管控机制研究	赵玉姝	西安工业大学
61	2022R061	陕西省地方政府债务风险评估与管控路径研究	李茹霞	西安财经大学

续表

序号	立项号	课题名称	课题负责人	所在单位
62	2022R062	乡村振兴中秦巴山区干部引领致富的资源困境及对策研究	李 莉	西北大学
63	2022R063	"双碳"视角下陕西装备制造企业绿色技术创新绩效评价及提升对策研究	王雅楠	西安翻译学院
64	2022R064	陕西重点帮扶地区村镇装配式建筑与乡村振兴的耦合机制及协同策略研究	王腊银	西安建筑科技大学
65	2022R065	耕地显性与隐性非粮化对关中地区粮食产量的影响及管制策略研究	周 建	陕西师范大学
66	2022R066	数字赋能陕西农村三产融合的运行机制构建及政策保障研究	任颖洁	陕西理工大学
古籍整理与研究类项目				
序号	立项号	课题名称	课题负责人	所在单位
1	2022GJ001	《冯少墟集》《续集》点校	周日蓉	西北大学
2	2022GJ002	陕西金代石刻文献整理与研究	李 娟	陕西省文物局
3	2022GJ003	碑林馆藏张澍《辽金元三史氏姓录》稿本的整理与研究	杨 洁	西安碑林博物馆
4	2022GJ004	《史记疏证》整理点校	王 璐	西安电子科技大学
5	2022GJ005	清马先登《勿待轩存稿》十八卷点校	卢晓瑞	榆林学院
6	2022GJ006	阎敬铭手札整理与研究	杨 斌	陕西理工大学
7	2022GJ007	榆林地区历代石窟碑题汇编	韩 康	榆林学院

2022年陕西省社科界重大理论与现实问题研究年度青年项目立项名单(367项)

序号	项目编号	项目名称	申请单位	负责人
1	2022ND0119	五育融合理念下中小学教师综合育人能力生成机理与发展机制研究	陕西学前师范学院	郭荔宁
2	2022ND0120	幼儿健康行为习惯养成的家庭教育策略研究	陕西学前师范学院	赵 玥
3	2022ND0121	陕西学前教育财政投入绩效评价研究	陕西学前师范学院	刘家瑛
4	2022ND0122	"双减"政策背景下陕西省儿童文化消费发展趋势与提升策略研究	陕西学前师范学院	赵铭玮
5	2022ND0123	体育强国背景下的陕西省大学生体育锻炼及心理健康教育融合路径研究	陕西学前师范学院	周 俊
6	2022ND0124	新时代陕西红色文化外宣翻译研究	陕西学前师范学院	岳 娜
7	2022ND0125	中国共产党党内法规建设历程及发展研究	陕西学前师范学院	姚颖君

续表

序号	项目编号	项目名称	申请单位	负责人
8	2022ND0126	优化西安市青年人才引进环境机制的研究	陕西学前师范学院	寇 鑫
9	2022ND0127	唐代宫廷《十部乐》舞伎服饰形象研究	西安工程大学	王 婷
10	2022ND0128	中国共产党百年伟大精神融入陕西高校思想政治教育的价值意蕴和实践路径研究	西安工程大学	杨 寒
11	2022ND0129	陕西关中地区寺观壁画数字化修复与传播	西安工程大学	雷 桐
12	2022ND0130	唐代墓室壁画传播困境与对策研究	西安工程大学	燕 耀
13	2022ND0131	西安市重大突发公共事件的舆情引导与治理研究	西安工程大学	叶林峰
14	2022ND0132	基于地域文化的榆林传统地毯图案的文化挖掘与创新研究	西安工程大学	徐训鑫
15	2022ND0133	后全运背景下体育文化产业赋能陕西省乡村振兴研究	西安工程大学	张小军
16	2022ND0134	陕西民俗文化创新应用设计助力榆林地区羊毛绒产业产品开发研究	西安工程大学	马 瑜
17	2022ND0135	乡村振兴战略背景下农村闲置土地综合利用和产业融合发展研究	西京学院	齐 达
18	2022ND0136	高质量发展下政府R&D补贴对陕西省数字经济产业创新产出的影响研究	西京学院	李 婧
19	2022ND0137	中国共产党精神谱系陕西元素的理论价值研究	西京学院	张 震
20	2022ND0138	基于PSR模型的突发公共卫生事件审计制度研究	西京学院	岑 磊
21	2022ND0139	陕西地域文化的数字化展示与传播路径研究	西京学院	赵力元
22	2022ND0140	乡村振兴战略下秦巴集中连片贫困区城乡融合水平时空演变与影响机制研究	安康学院	肖薇薇
23	2022ND0141	西部地区特色小城镇文化竞争力综合测评与提升路径研究	安康学院	李 莉
24	2022ND0142	生态产品三链融合赋能生态产业振兴机制研究	安康学院	袁合涛
25	2022ND0143	生活圈视角下陕西省全域公共服务设施布局评价与优化策略研究	宝鸡文理学院	赵 昕
26	2022ND0144	双碳目标下陕西省碳排放预测与能源结构调整路径研究	宝鸡文理学院	宗玛利

续表

序号	项目编号	项目名称	申请单位	负责人
27	2022ND0145	基于公共文化建设的关中农村人居环境视觉形象提升策略	宝鸡文理学院	祁晓松
28	2022ND0146	数字教育资源赋能陕西"双减"政策落地的创新发展研究	宝鸡文理学院	韩 怡
29	2022ND0147	传统周礼文化视域下关中西部旅游资源评价及开发对策研究	宝鸡文理学院	曹 培
30	2022ND0148	西安儿童友好型城市建设研究	宝鸡文理学院	王红梅
31	2022ND0149	习近平法治思想指导下陕西区域间生态环境协同执法制度研究	宝鸡文理学院	白 思
32	2022ND0150	陕西乡村旅游助推乡村振兴的实现机制与社会支持研究	陕西工业职业技术学院	石 斌
33	2022ND0151	基于文化感知的优秀农耕文化传承策略研究——以黄河流域(陕西段)为例	陕西理工大学	王 剑
34	2022ND0152	陕西茶业"三茶"融合发展战略与实现路径研究	陕西理工大学	李柳笛
35	2022ND0153	小川环树的中国古典文学阐释研究	陕西理工大学	梁 雨
36	2022ND0154	乡村振兴背景下陕南传统藤编技艺的保护与创新应用研究	陕西理工大学	李 果
37	2022ND0155	中国共产党创造人类文明新形态的历史经验研究	中国延安干部学院	陈金山
38	2022ND0156	中华优秀传统文化视阈下高职艺术设计类专业特色实践育人路径研究	陕西职业技术学院	张 勇
39	2022ND0157	乡村振兴战略下陕南地区供水安全保障能力现状评价研究	商洛学院	张家荣
40	2022ND0158	健康中国战略背景下商洛市康养旅游产业统计分析与评价	商洛学院	孔 亮
41	2022ND0159	高质量发展背景下科技创新与乡村产业振兴耦合协调研究	商洛学院	张 妍
42	2022ND0160	秦岭康养产业发展现状与驱动机制研究	商洛学院	张 燕
43	2022ND0161	中国共产党先进典型教育的百年历程与经验启示研究	西安邮电大学	刘 洋
44	2022ND0162	数字技术驱动陕西省产业融合发展的模式与治理机制研究	西安邮电大学	贾卫峰

续表

序号	项目编号	项目名称	申请单位	负责人
45	2022ND0163	数字经济赋能陕西乡村振兴的机制与路径研究	西安邮电大学	杨 扬
46	2022ND0164	创新链与产业链深度耦合背景下陕西装备制造业转型升级研究	西安邮电大学	侯光文
47	2022ND0165	促进陕西省交通运输业碳达峰的对策研究	西安邮电大学	朱长征
48	2022ND0166	整体性治理视角下高校创新创业教育体系构建研究	西安邮电大学	陈怡君
49	2022ND0167	后疫情时代下陕西省语言服务行业发展路径研究	西安邮电大学	吕焱莘
50	2022ND0168	传播学视阈下的终南文化术语英译研究	西安翻译学院	杨振刚
51	2022ND0169	数字经济下陕西省文旅融合发展模式与路径研究	西安翻译学院	董晓英
52	2022ND0170	双循环新格局下陕西装备制造业高质量转型升级路径研究	西安翻译学院	雷小青
53	2022ND0171	陕西省数字金融赋能产业结构转型升级的理论机理与推进路径研究	西安翻译学院	马 艳
54	2022ND0172	"一带一路"背景下陕西多语种应急语言服务体系构建研究	西安翻译学院	赵 康
55	2022ND0173	"一带一路"背景下陕西外语人才跨文化交际能力培养行动研究	西安翻译学院	徐爱芳
56	2022ND0174	个人信息保护视野下被遗忘权的法治化路径研究	西安翻译学院	李 卉
57	2022ND0175	精细化管理视角下城乡社区治理优化路径研究	陕西科技大学镐京学院	及 茹
58	2022ND0176	文化自信下陕西高校教育与秦文化协同创新路径研究	西安财经大学	汤雯雯
59	2022ND0177	双碳目标下制造企业产品绿色研发策略选择研究	西安财经大学	刘 通
60	2022ND0178	陕西绿色债券融资助推实现"双碳"目标的对策研究	西安财经大学	薛 勇
61	2022ND0179	"双循环"新发展格局下陕西省自贸区金融服务能力评价与提升路径研究	西安财经大学	张 轶
62	2022ND0180	数字经济下陕西先进制造业高质量发展的机理与路径研究	西安财经大学	谭秀阁

续表

序号	项目编号	项目名称	申请单位	负责人
63	2022ND0181	西安文物资源的数字化挖掘与利用研究	西安财经大学	王崇岩
64	2022ND0182	"一带一路"视域下"影视陕军"国际传播模式创新研究	西安财经大学	杨 铭
65	2022ND0183	创新创业生态系统视角下西安高新区竞争力研究	西安财经大学	王 晖
66	2022ND0184	大数据驱动产品设计助推陕西中小企业高质量发展机理研究	西安工业大学	王宇凡
67	2022ND0185	需求求不确定下西安市故障共享单车回收周期性车辆路径问题研究	西安工业大学	徐 阳
68	2022ND0186	共同富裕目标下陕西省扩大中等收入群体规模研究	西安工业大学	石春娜
69	2022ND0187	电子游戏对大学生身心发展影响机理研究	西安工业大学	赵 东
70	2022ND0188	秦岭水资源与水生态系统一体化管理的问题识别与机制创新研究	西安交通大学城市学院	白 丹
71	2022ND0189	突发公共卫生事件视域下社区韧性评价体系及优化策略	西安科技大学	王 凯
72	2022ND0190	青少年"邪教式"追星问题及其解决路径研究	西安科技大学	吴晓明
73	2022ND0191	智能煤矿人机交互作业中的人因失误关键影响因素识别及管控研究	西安科技大学	孙林辉
74	2022ND0192	突发重大疫情下陕西农产品物流中断风险应急对策与防控机制研究	西安科技大学	邸鸿喜
75	2022ND0193	基于思政视角的陕西革命诗歌整理研究（1921—1949）	西安科技大学	韩 帅
76	2022ND0194	乡村振兴背景下陕西沿黄区域农村人居环境提升研究	西安科技大学	崔 琰
77	2022ND0195	中国共产党百年来党性理论的文献整理与研究	西安科技大学	丁 健
78	2022ND0196	西安信息化视阈下应用型艺术人才培养模式研究	西安科技大学高新学院	王艳桃
79	2022ND0197	高校助力"秦创原"创新驱动平台建设路径研究	西安科技大学高新学院	肖 飞
80	2022ND0198	入华粟特人美术中的性别与族群研究	西安美术学院	单海兰
81	2022ND0199	民族认同视角下的芮国金器装饰图像研究	西安美术学院	侯懿航

续表

序号	项目编号	项目名称	申请单位	负责人
82	2022ND0200	秦岭山水意象图式的民族性研究	西安美术学院	张一帆
83	2022ND0201	当代陕西渭北地区民间剪纸研究	西安美术学院	程甘霖
84	2022ND0202	陕西高校与博物馆合作创新机制研究	西安美术学院	于跃波
85	2022ND0203	陕西省现代服务业高质量发展评价及对策研究	西安欧亚学院	谢颖妮
86	2022ND0204	习近平生态文明思想对马克思主义哲学的继承与创新	西安石油大学	张海涛
87	2022ND0205	政府环境责任审计促进陕西省雾霾治理的作用机制研究	西安石油大学	吴勋
88	2022ND0206	数字化背景下陕西红色文化再生产提升路径研究	西安石油大学	李乖宁
89	2022ND0207	陕西省农户高质量农产品生产行为影响因素及提升路径研究	西安石油大学	袁雪霈
90	2022ND0208	陕西省属理工类高等院校青年教师队伍高质量建设研究	西安石油大学	潘娜
91	2022ND0209	陕西工业遗产保护与文创产业共生研究	西安石油大学	曹盼宫
92	2022ND0210	陕西农民工进入中等收入群体的制约因素和培育路径研究	西安石油大学	王张明
93	2022ND0211	后疫情时期陕西省韧性社区测度及治理路径研究	西安石油大学	朱海娟
94	2022ND0212	中国共产党百年思想政治教育理论与高校党建实践发展研究	西安石油大学	高亮
95	2022ND0213	基于CIPP理论的新时代基层党组织育人工作评价指标体系的研究	西安石油大学	李建伟
96	2022ND0214	陕西隋唐历史文化遗址阐释系统建设——以都市区和重点板块为中心的研究	西安市社科联	雷蕾
97	2022ND0215	高校课程思政背景下红色音乐文化的育人模式研究	西安体育学院	张艳
98	2022ND0216	文化自信视域下陕西红色体育文化发展及传播研究	西安体育学院	马菊霞
99	2022ND0217	数字经济驱动陕西省体育产业供需适配的内在机理与实现路径	西安体育学院	柴王军
100	2022ND0218	双链视角下陕西省新兴体育项目产业化发展创新路径研究	西安体育学院	丁建岚

续表

序号	项目编号	项目名称	申请单位	负责人
101	2022ND0219	新时期西安市全国足球特色幼儿园建设路径及发展策略研究	西安体育学院	王莎莎
102	2022ND0220	乡村振兴战略背景下陕西农村民间体育治理途径研究	西安体育学院	李赟
103	2022ND0221	陕西省"双减"政策背景下青少年体育锻炼行为的研究——以西安市为例	西安体育学院	刘翠娟
104	2022ND0222	体卫融合促进居民健康的理论机制与实证研究	西安体育学院	翟俊娜
105	2022ND0223	"双碳"目标下陕西绿色金融发展水平测度与创新路径研究	西安外事学院	王赟杰
106	2022ND0224	新时代大学生党员党史学习教育实效性提升研究	西北工业大学	李鹏
107	2022ND0225	新时代高校加强国家安全教育的重大价值及实施路径研究	西北工业大学	刘远亮
108	2022ND0226	陕西高校视域下大学制度与文化冲突缓解与交互融合机制研究	西北工业大学	杨妮花
109	2022ND0227	高校大学生就业困境分析及对策研究	西北工业大学	袁源
110	2022ND0228	国际受限环境下基于核心技术能力的军工企业突破性创新提升策略研究	西北工业大学	李正锋
111	2022ND0229	"一带一路"倡议下陕西省对外投资效率及风险研究	西北工业大学	杜仙怡
112	2022ND0230	西安城墙景区旅游国际化发展与建设路径研究	西北工业大学	易春芳
113	2022ND0231	陕西高校中外合作培养模式研究	西北工业大学	王雅静
114	2022ND0232	基于查新视角的陕西省理工科高校人文社会科学与自然科学学科交叉路径研究	西北工业大学	孟芮
115	2022ND0233	高质量发展视域下陕西省科技人才精细化评价体系构建	西北工业大学	徐小莹
116	2022ND0234	陕西省碳密集型工业企业绿色低碳高质量发展路径研究	西北工业大学	杨斯悦
117	2022ND0235	关中古建筑文化遗产艺术元素的数字化展示研究	西安建筑科技大学	赵怀栋
118	2022ND0236	基于空间正义的城边村空间重构模式与路径研究	西安建筑科技大学	沈莹

续表

序号	项目编号	项目名称	申请单位	负责人
119	2022ND0237	产业结构转型、能源结构优化与陕西县域经济高质量发展研究	西安建筑科技大学	宋 喆
120	2022ND0238	陕西近现代建筑的文化基因及谱系构建研究	西安建筑科技大学	冯 琳
121	2022ND0239	陕西沿黄区域新型城镇化高质量发展策略研究	西安建筑科技大学	庞鹏飞
122	2022ND0240	新时代农村职业教育服务乡村振兴的内在逻辑与优化路径研究	西安建筑科技大学	蒋 正
123	2022ND0241	新时期老兵精神融入高校思想政治教育模式研究与实践	西安建筑科技大学	贺 伟
124	2022ND0242	基于"三农"情怀培育的陕西涉农高职思政课改革创新研究	杨凌职业技术学院	颜永杰
125	2022ND0243	城市社区闲话传播中的语境、关系与意义研究	空军军医大学	丛墨涵
126	2022ND0244	黄河国家公园陕西段展示效能评价体系研究	长安大学	贺宏洲
127	2022ND0245	后疫情时期基于"5D"理论视域下的人本尺度文化旅游景区空间活力营造机制研究	长安大学	马 轩
128	2022ND0246	系统观念下新时代中国国际传播话语体系建设研究	长安大学	杜轶群
129	2022ND0247	基于文旅融合的陕南秦岭山区乡村文化设施配置评估及规划调控研究	长安大学	余侃华
130	2022ND0248	疫情防控背景下社区治理负担过重及其优化路径研究	长安大学	包涵川
131	2022ND0249	西安都市圈综合交通体系建设及一体化管控策略研究	长安大学	孙 健
132	2022ND0250	基于供需协同的陕西省城乡融合物流网络体系研究	长安大学	孙荣庭
133	2022ND0251	生态宜居视角下陕西沿黄西岸传统建筑营造技艺传承与创新设计研究	长安大学	张 磊
134	2022ND0252	社会—空间视角下渭河流域乡村聚落适应机理与韧性管控	长安大学	周吉喆
135	2022ND0253	美国对华舆论战新形势研究	长安大学	苏 蕾

续表

序号	项目编号	项目名称	申请单位	负责人
136	2022ND0254	新时代中国共产党自我革命的理论探索与实践转化研究	长安大学	于 琳
137	2022ND0255	基于碳中和理念的关中平原城市群生态风险因子识别及空间碳汇绩效动态拟合路径研究	长安大学	杨俊涛
138	2022ND0256	以党支部标准化建设提升国有企业党的建设质量	中共陕西省委党校（陕西行政学院）	何 芸
139	2022ND0257	运用陕西红色资源推动构建干部党史学习教育长效机制研究	中共陕西省委党校（陕西行政学院）	李彩霞
140	2022ND0258	文化生态学视域下陕西乡村文化旅游可持续发展研究	中共陕西省委党校（陕西行政学院）	刘亚波
141	2022ND0259	政府数字化转型助力营商政务环境优化研究	中共陕西省委党校（陕西行政学院）	韦 茜
142	2022ND0260	以政务公开提升陕西政府治理效能的路径研究	中共陕西省委党校（陕西行政学院）	董 虹
143	2022ND0261	习近平改革"金句"研究	中共陕西省委党校（陕西行政学院）	朱 霞
144	2022ND0262	新时代全面加强党的领导的成就和经验研究	中共陕西省委党校（陕西行政学院）	陈正文
145	2022ND0263	伟大抗疫精神融入医学生职业精神教育路径研究	陕西中医药大学	陈珊珊
146	2022ND0264	疫情防控背景下提升高校思想政治工作实效的研究	陕西中医药大学	李佳俐
147	2022ND0265	"一带一路"背景下陕西中医文化对外传播研究	陕西中医药大学	张婷婷
148	2022ND0266	延安时期中国共产党弘扬培育劳动精神研究	陕西中医药大学	蔡 心
149	2022ND0267	乡村振兴视域下陕北方言图形化的创新设计的应用研究	榆林学院	李艳妮
150	2022ND0268	黄河流域传统村落合院民居建筑的活态保护与文旅融合发展研究	榆林学院	慕云舒
151	2022ND0269	陕西省中小学幼儿园名师工作室建设现状与路径优化研究	榆林学院	马利利

续表

序号	项目编号	项目名称	申请单位	负责人
152	2022ND0270	新时代大学生网络爱国主义教育的现实考量和创新路径研究	榆林学院	李　娜
153	2022ND0271	文旅融合背景下陕北非物质文化遗产传承模式研究	榆林学院	刘乐梅
154	2022ND0272	陕北沿黄明清宅院测绘调研及保护	榆林学院	裴晓阳
155	2022ND0273	乡村振兴战略背景下乡村治理法治化研究	榆林学院	俞彩东
156	2022ND0274	陕西省县域公共体育的协同治理及提升路径	榆林学院	张　洁
157	2022ND0275	"双高计划"背景下高职院校多元协同治理模式的探索与实践	西安航空职业技术学院	杨　帆
158	2022ND0276	"十四五"时期陕西防止返贫长效机制研究	西安航空职业技术学院	万　珊
159	2022ND0277	明清陕西回汉相互交融与依存关系史研究	西安外国语大学	张少丹
160	2022ND0278	新时代陕西媒介形象建构与多模态话语策略研究	西安外国语大学	刘军伟
161	2022ND0279	数字经济背景下陕西省创新资源配置能力测度与提升路径研究	西安外国语大学	焦贝贝
162	2022ND0280	资源环境约束视角下陕西省经济高质量发展优化路径研究	西安外国语大学	周博洋
163	2022ND0281	政府审计提升陕西省环境治理绩效的路径研究	西安外国语大学	许　瑜
164	2022ND0282	基于语料库的日本主流媒体延安形象研究（1972—2022）	西安外国语大学	陈　曦
165	2022ND0283	秦创原背景下陕西省现代产业学院布局与建设路径研究	西安外国语大学	梁　彤
166	2022ND0284	秦岭国家公园生态系统文化服务评价及其优化策略研究	西安外国语大学	马　琪
167	2022ND0285	中外合作办学视域下陕西高职院校网络育人工作路径探究	陕西铁路工程职业技术学院	李启康
168	2022ND0286	数字经济赋能陕西新型农业经营主体培育的价值考量与创新路径研究	陕西科技大学	阚立娜
169	2022ND0287	"双碳"目标下陕西煤炭产业与氢能产业协同发展路径研究	陕西科技大学	李　雷

续表

序号	项目编号	项目名称	申请单位	负责人
170	2022ND0288	基于大数据的主动科研管理模式与优化决策机制研究	陕西科技大学	王利红
171	2022ND0289	陕西省耀州窑非物质文化遗产生产性保护研究	陕西科技大学	辛 凤
172	2022ND0290	"一带一路"视域下中华传统文化对外传播模式研究	陕西科技大学	林 梅
173	2022ND0291	乡村振兴背景下陕西农村乡风文明建设研究	陕西科技大学	杨 建
174	2022ND0292	疫情防控常态化下高校网络心理疏导策略优化研究	陕西科技大学	张 易
175	2022ND0293	延安时期陕甘宁边区疫病防治研究	陕西科技大学	王 飞
176	2022ND0294	新时代高校强化党内法规制度落实机制研究	陕西科技大学	张 健
177	2022ND0295	以红色文化推动陕西农村基层党组织建设研究	陕西科技大学	李 静
178	2022ND0296	加快推进国家生态安全法治体系建设研究	陕西警官职业学院	齐晓亮
179	2022ND0297	重大疫情防控中行政强制隔离措施的法律规制研究	陕西警官职业学院	王小晶
180	2022ND0298	关中地区红色文化资源融入高校党建研究	西安理工大学	郭 军
181	2022ND0299	中国共产党领导陕甘宁边区基层社会治理及历史经验研究	西安理工大学	冯晓霞
182	2022ND0300	数字赋能陕西省制造业企业高质量发展与影响机理及提升路径研究	西安理工大学	吕 祥
183	2022ND0301	政治美学视角下陕西红色革命文化传承研究	西安理工大学	鲁 君
184	2022ND0302	突发公共卫生事件视域下大数据参与社会治理中的公民个人信息利用问题研究	西安理工大学	陈 敏
185	2022ND0303	文化旅游发展视阈下陕西人文景点"多模态"英文用户界面中的文化融入研究	西安理工大学	田晓蕾
186	2022ND0304	新时期陕西省国有经济布局优化和结构调整的对策研究	西安交通大学	李双燕
187	2022ND0305	基于"城市共生"视角下陕西省生活垃圾处理碳排放影响因素与减排潜力研究	西安交通大学	刘 哲

续表

序号	项目编号	项目名称	申请单位	负责人
188	2022ND0306	混合所有制改革背景下陕西省国有企业治理效能研究	西安交通大学	范玉仙
189	2022ND0307	跨越数字鸿沟背景下陕西老年友好型社区包容性治理研究	西安交通大学	闫 臻
190	2022ND0308	后疫情时代陕西应对系统性金融风险策略研究	西安交通大学	郭 品
191	2022ND0309	我国职业体育法治建设的理论基础与实现路径	西安交通大学	胡良楠
192	2022ND0310	未成年人罪错行为分级处遇体系研究	西安交通大学	唐学亮
193	2022ND0311	陕西省社区居家养老服务高质量发展困境与提升路径研究	西安交通大学	胡 晗
194	2022ND0312	碳中和框架下陕西省能源－环境－经济综合评估模型与碳定价政策评估	西安交通大学	贾智杰
195	2022ND0313	陕西省城市基层党建引领社区治理的典型经验与实践路径研究	西安交通大学	张 振
196	2022ND0314	新时代全过程人民民主的陕西基层实践经验、困境与对策研究	西安交通大学	王永香
197	2022ND0315	国际教育视域下讲好中国故事的策略研究	西安交通大学	张知倞
198	2022ND0316	陕西省县域发展内生动力提升研究	延安大学	范雅娜
199	2022ND0317	振兴西部高等教育的动力机制与突破路径研究	延安大学	封 杰
200	2022ND0318	陕西制造业中小企业数字化转型制约因素及突破路径研究	延安大学	梁永康
201	2022ND0319	延安时期美术创作红色基因传承研究	延安大学	朱建伟
202	2022ND0320	大型体育赛事对城市经济效益的影响研究——以十四届全运会为例	陕西国际商贸学院	李维强
203	2022ND0321	疫情常态化下陕西媒体社会责任实证研究	西安思源学院	阎文娟
204	2022ND0322	疫情背景下中国大学生家国情怀的养成研究	西安思源学院	闫子真
205	2022ND0323	新时代下西安市民音乐文化发展研究	西安思源学院	陶曙光
206	2022ND0324	数字经济驱动陕西经济高质量发展机制与路径研究	西北大学	刘 飞
207	2022ND0325	"双碳"目标约束下陕西能源产业结构优化研究	西北大学	史贝贝

续表

序号	项目编号	项目名称	申请单位	负责人
208	2022ND0326	碳达峰、碳中和对陕西经济社会发展影响及其应对研究	西北大学	石　阳
209	2022ND0327	秦岭自然保护区生态补偿机制研究	西北大学	朱艳丽
210	2022ND0328	人工智能赋能陕西红色文化走出去研究	西北大学	李朝艳
211	2022ND0329	"双碳"目标下西安市环境污染协同治理模式研究	西北大学	任　洋
212	2022ND0330	陕西革命旧址资源保护现状及利用策略研究	西北大学	赵景龙
213	2022ND0331	陕西沿黄区域文旅产业高质量发展水平测度与提升对策研究	咸阳师范学院	王　浪
214	2022ND0332	大西安都市圈生态环境质量水平、影响因素及提升对策研究	咸阳师范学院	李冠杰
215	2022ND0333	数字文化产业赋能陕西省乡村振兴的价值机理与实践路径研究	咸阳师范学院	李　淼
216	2022ND0334	关中家风文化印迹与传承研究	咸阳师范学院	李　娜
217	2022ND0335	乡村振兴战略背景下关中"非遗类"民间鼓舞艺术研究	咸阳师范学院	张　静
218	2022ND0336	"双碳"驱动战略下陕西省旅游业低碳发展路径分析及实施方案设计	西北农林科技大学	李晓燕
219	2022ND0337	习近平生态实践智慧下陕西乡村生态治理的对策研究	西北农林科技大学	何景毅
220	2022ND0338	陕西省农业绿色发展中多主体协同机制和实现路径研究	西北农林科技大学	渠　美
221	2022ND0339	"十四五"时期推进陕西省数字乡村治理共同体建设研究	西北农林科技大学	胡卫卫
222	2022ND0340	基于代际差异视角的居民体育消费提升机制研究	西北农林科技大学	雷　蕾
223	2022ND0341	文旅融合视角下秦巴山区传统聚落景观基因图谱研究	西北农林科技大学	刘　媛
224	2022ND0342	生态文明建设背景下陕西自然资本核算及优化利用研究	西北农林科技大学	靳亚亚
225	2022ND0343	南非文学中的中国形象研究	西北农林科技大学	凌淑珍
226	2022ND0344	陕西农村大龄男性婚恋困境对社会治理的影响及对策研究	西北农林科技大学	魏晓辉

续表

序号	项目编号	项目名称	申请单位	负责人
227	2022ND0345	马克思社会心理思想视域下的市域社会治理研究	陕西开放大学	于　翔
228	2022ND0346	乡村振兴视域下陕西省农村生态化发展法治保障机制研究	陕西开放大学	郭　磊
229	2022ND0347	中华优秀传统文化融入大学生思想政治教育路径研究	陕西开放大学	孙志远
230	2022ND0348	唐代西域乐器传入长安促进长安音乐发展流变研究	陕西开放大学	王文娜
231	2022ND0349	新时代大学生廉洁教育实践路径探析	陕西开放大学	刘旭颖
232	2022ND0350	新媒体视阈下陕西民俗文化传承与发展研究	陕西开放大学	李　帆
233	2022ND0351	陕西省突发公共安全事件应急管理体系建设研究	西北政法大学	姜昱同
234	2022ND0352	以人民调解为基础的诉源治理模式研究	西北政法大学	百晓锋
235	2022ND0353	近代陕西本土疫病防治研究	西北政法大学	吕　强
236	2022ND0354	基于马克思廉价政府理论的习近平以人民为中心思想研究	西北政法大学	鲁　洋
237	2022ND0355	乡村振兴背景下宅基地三权分置法治保障研究	西北政法大学	田静婷
238	2022ND0356	刑事电子数据网络远程勘验法律程序规范化研究——以陕西省为例	西北政法大学	谭秀云
239	2022ND0357	陕西省地方政府网络政治沟通效能研究	西北政法大学	宦　佳
240	2022ND0358	陕西城乡基本公共服务可及性研究	西北政法大学	王肖婧
241	2022ND0359	省属高校利用思政课教学推动党史教育工作的路径研究	陕西服装工程学院	侯　帆
242	2022ND0360	课程思政与思政课程的同向同行的"大思政"建设路径研究	西安航空学院	齐　铭
243	2022ND0361	陕西省交通运输市场非均衡性溢出效应研究	西安航空学院	周　博
244	2022ND0362	陌生化翻译视阈下当代陕西文学作品的英译策略及传播效果研究	西安航空学院	张铁虎
245	2022ND0363	协同治理视角下高校公共危机事件应对策略研究	西安航空学院	周兴志

续表

序号	项目编号	项目名称	申请单位	负责人
246	2022ND0364	陕西智慧养老服务供给侧改革研究	西安财经大学行知学院	张楠
247	2022ND0365	乡村振兴背景下秦巴山区脱贫县域特色产业高质量发展研究	西安财经大学行知学院	贾宁
248	2022ND0366	疫情防控背景下陕西城市社区韧性的协同构建机制研究	西安财经大学行知学院	张婷
249	2022ND0367	延安时期广播报刊科技传播研究	西安明德理工学院	姚璐
250	2022ND0368	陕西省乡镇公办幼儿园教师职业稳定性形成机制及提升路径研究	西安文理学院	张玉琴
251	2022ND0369	陕西欠发达地区幼儿职业期望的代际传递机制及政策建议	西安文理学院	常碧如
252	2022ND0370	新入职幼儿园教师情绪调节现状及对策研究	西安文理学院	张少华
253	2022ND0371	打造内陆开放新高地背景下的西安国际形象塑造与传播研究——以日本为例	西安文理学院	邹维
254	2022ND0372	"唐诗之城"背景下西安旅游景点语言景观多模态研究	西安文理学院	董洪杰
255	2022ND0373	"一带一路"背景下陕西地域文化对外传播话语策略研究	西安文理学院	倪博
256	2022ND0374	"创新驱动"背景下陕西经济高质量发展的动力机制和路径研究	西安文理学院	田娜
257	2022ND0375	浐灞河诗歌整理汇编与浐灞河绿道"诗迹"开发研究	陕西师范大学	蒋旅佳
258	2022ND0376	清代以来黄土高原耕地时空分布变化研究	陕西师范大学	李屹凯
259	2022ND0377	乡村振兴视域下陕西农村儿童人力资本多维评价和提升路径研究	陕西师范大学	唐彬
260	2022ND0378	乡村振兴视角下农村集体经济:困境、成因及发展路径研究	陕西师范大学	李鹏
261	2022ND0379	铸牢中华民族共同体意识的法律路径研究	陕西师范大学	金欣
262	2022ND0380	税制绿色化对陕西企业创新的促进机制与路径研究	陕西师范大学	芦笛
263	2022ND0381	关中平原耕地显性非粮化与隐性非粮化的时空变化及对粮食产量的影响研究	陕西师范大学	周建

续表

序号	项目编号	项目名称	申请单位	负责人
264	2022ND0382	后疫情时代陕西典型城市旅游品牌个性测度及效应提升研究	陕西师范大学	冯 庆
265	2022ND0383	"双减"后陕西省家长教育焦虑及其治理研究	陕西师范大学	罗 阳
266	2022ND0384	陕西省职业教育数字化升级路径的探索与研究	陕西财经职业技术学院会	常 茹
267	2022ND0385	后疫情时代陕西高校医学生社会责任生成机制及培育路径研究	西安医学院	闫英丽
268	2022ND0386	陕西省社区公共安全预警模式研究	西安医学院	马永红
269	2022ND0387	新时代陕西省慢性病健康干预研究	西安医学院	郑永才
270	2022ND0388	习近平生态文明思想对马克思主义自然观基本原理的继承与创新研究	西安电子科技大学	高 帅
271	2022ND0389	废弃厨卫电器用户处理行为影响机制研究——基于陕西视域	西安电子科技大学	王 方
272	2022ND0390	陕西省城市交通基础设施智能升级路径与柔性规划策略研究	西安电子科技大学	郭 宁
273	2022ND0391	大学生自杀意念到自杀尝试的心理机制及干预对策研究	西安电子科技大学	武成莉
274	2022ND0392	《防范化解高校重大风险中的思想政治工作实现机制研究》	西安电子科技大学	李 琰
275	2022ND0393	早期中国共产党人时代认知与伟大建党精神生成研究	西安电子科技大学	张国鹏
276	2022ND0394	"立德树人"对陕西教育高质量发展的重要性探究	西安音乐学院	刘春晓
277	2022ND0395	基于专业素养提升的艺术院校专业教师队伍建设研究	西安音乐学院	王文瑜
278	2022ND0396	陕西文学艺术(1936—2016)人事调查及研究	西安音乐学院	邢之美
279	2022ND0397	美声演唱艺术助力乡村振兴——乡村振兴新思路	西安音乐学院	鲜于越歌
280	2022ND0398	高质量共建"一带一路"背景下陕西文化软实力提升研究	西安音乐学院	王 霞
281	2022ND0399	艺术思政视域下陕北主题钢琴音乐教学运用研究	西安音乐学院	陈 青

续表

序号	项目编号	项目名称	申请单位	负责人
282	2022ND0400	新时代陕西地方红色革命精神融入地方高校思政教育研究	渭南师范学院	辛一凡
283	2022ND0401	文化自信视域下陕西凤翔木版年画传承与创新策略研究	渭南师范学院	刘伟
284	2022ND0402	新媒体视阈下关中方言文旅产品开发与传播策略研究	渭南师范学院	师帅
285	2022ND0403	陕西优秀传统文化与幼儿教育融合研究	渭南师范学院	蔡海怡
286	2022ND0404	陕西民间音乐元素在交响乐创作中的运用及传承	渭南师范学院	李逸轩
287	2022ND0405	华州皮影艺术新媒体传播路径研究	渭南师范学院	田苗
288	2022ND0406	中西部高等教育振兴背景下陕西地方高校高层次人才队伍建设研究	渭南师范学院	樊忠涛
289	2022ND0407	新时代背景下，黄河主题美术创作风格特点与文化意义研究	渭南师范学院	刘小琦
290	2022ND0408	陕北民歌钢琴改编曲的艺术特色研究	渭南师范学院	刘鹏
291	2022ND0409	乡村振兴战略下陕西农村幼儿教师运用非正式评价的现状与改进对策研究	西安交通工程学院	王盼
292	2022ND0410	陕西红色旅游文化语言形式表征与社会语用功能构建研究	西安交通工程学院	马艳荣
293	2022ND0411	20世纪以来中国本土女性主义思想演进路径研究	延安大学西安创新学院	周蕾
294	2022ND0412	基于创新扩散理论的陕西新媒体助农策略研究	西安培华学院	杜萍
295	2022ND0413	"城市即故事"：品牌叙事视角下西安城市品牌微影像构建与传播效果研究	西安培华学院	王晶
296	2022ND0414	《汉中日报》70年发展研究	中共汉中市委党校	许锋
297	2022ND0415	基于"双碳"目标下的草地生态安全评价研究	陕西省林业科学院	俞靓
298	2022ND0416	亩均效益导向促进陕西高质量发展研究	陕西省社会科学院	陈光
299	2022ND0417	建设国际消费中心城市的竞争力评价与提升路径	陕西省社会科学院	班斓
300	2022ND0418	秦岭和合文化研究	陕西省社会科学院	景天星
301	2022ND0419	西安能源化工企业碳中和发展路径研究	陕西交通职业技术学院	容毅

续表

序号	项目编号	项目名称	申请单位	负责人
302	2022ND0420	"四史"教育有效融合大中小学思政课一体化策略研究	陕西交通职业技术学院	贾 宇
303	2022ND0421	融媒体视域下陕西红色革命文化的创新推广策略研究	陕西省新闻摄影学会	张 琨
304	2022ND0422	陕西乡村经济高质量发展推进路径研究	陕西现代经济与管理研究院	高梅红
305	2022ND0423	延安时期党大兴调研之风的理论、实践与历史经验研究	陕西省创造学会	王小康
306	2022ND0424	国际中文教育"讲好长安故事"的内容和方法研究	陕西省汉语国际教育研究会	庞 欢
307	2022ND0425	陕西乡村旅游与数字文化产业交互融合促进乡村振兴发展研究	陕西省新闻摄影学会	王西娅
308	2022ND0426	陕西省孤独症早筛及生存现状与改善策略研究	陕西省老年学和老年医学学会	杨春荣
309	2022ND0427	当代陕西文艺评论视域中的"人民性"质素研究	陕西省中国现代文学学会	王俊虎
310	2022ND0428	陕西省"两链融合"推动经济韧性发展机制研究	陕西省发展经济学学会	庆东瑞
311	2022ND0429	三生空间协同视角下陕西省土地利用转型与生态环境效应研究	陕西三秦国土空间规划研究院	吴靖瑶
312	2022ND0430	农村生态资源价值化促进新型农村集体经济发展的问题研究	陕西省政治学会	张美珍
313	2022ND0431	文化强国背景下陕西茯茶文化创新性发展研究	陕西省经济发展战略研究会	郑冬芳
314	2022ND0432	数字化赋能的陕西博物馆旅游高质量发展路径研究	陕西省考古学会	李恩菊
315	2022ND0433	创新陕西物业企业参与社区协同治理机制研究	当代陕西研究会	乔 欣
316	2022ND0434	中国共产党精神谱系融入大学生理想信念教育的价值意蕴与实践路径研究	陕西省马克思主义研究会	张博玮
317	2022ND0435	"三茶统筹"背景下陕西茶文化资源挖掘及其产业应用研究	陕西省茶文化研究会	高岳芳
318	2022ND0436	生态资源价值实现视角下秦岭森林碳汇交易建设研究	陕西省秦岭发展研究会	董 朕

续表

序号	项目编号	项目名称	申请单位	负责人
319	2022ND0437	陕西地区优秀儒学文化资源现代传承与利用研究	陕西省轩辕黄帝研究会	兰梁斌
320	2022ND0438	积极应对人口老龄化背景下陕西农村多元化养老服务体系构建研究	陕西省家庭教育研究会	谢尊贤
321	2022ND0439	生态文明建设下的关中地区传统村落保护与更新研究	陕西三秦国土空间规划研究院	冯 郁
322	2022ND0440	新时代不断推进季羡林国学思想教育研究	季羡林国学院	颜毓洁
323	2022ND0441	高质量发展下基于审计视域的陕西农村土地资源优化利用研究	陕西省城市经济文化研究会	赵杭莉
324	2022ND0442	"双碳"目标下陕西传统产业"减污降碳"激励机制与政策研究	陕西省政治学会	王林雪
325	2022ND0443	新时代下推进社会科学普及教育基地现状分析与对策研究	陕西翰林教育研究院	解慧明
326	2022ND0444	陕西丝路文化品牌艺术化构建与传播策略研究	当代陕西研究会	杜 喆
327	2022ND0445	协同治理视域下陕西新的社会阶层人士统战工作创新路径研究	陕西省毛泽东思想研究会	左 玲
328	2022ND0446	省属普通高校党建和业务工作深度融合的实践探索研究	陕西省价值哲学学会	刘 岭
329	2022ND0447	"一带一路"视阈下陕西省高校跨文化特色人才培养模式研究	陕西省外国文学学会	姜辛卓
330	2022ND0448	基于陕西茶文化产业的茶具文创设计与应用研究	陕西省茶文化研究会	黄梦新
331	2022ND0449	新时代高校青年教师思想政治教育科学化发展研究	陕西省中共党史学会	马斌奇
332	2022ND0450	思想政治工作推进网络空间治理的作用机制研究	陕西省马克思主义研究会	鲁宽民
333	2022ND0451	新媒体时代陕西红色文化资源的当代价值及传承路径	陕西省道德文化研究会	李新萍
334	2022ND0452	北朝关中大姓研究	秦文化研究会	刘 蓉
335	2022ND0453	陕西省乡镇卫生院人力资源流动现状及流失影响因素研究	陕西省人口学会	渠盛辉

续表

序号	项目编号	项目名称	申请单位	负责人
336	2022ND0454	清华大学与吴宓新人文主义的文化教育实践研究	陕西省吴宓研究会	李勇
337	2022ND0455	陕西中小学生艺术素养提升模式研究	陕西现代经济与管理研究院	王洁芳
338	2022ND0456	新文科背景下高校创新创业教育与专业教育融合路径研究	陕西省经济发展战略研究会	高云
339	2022ND0457	新时代陕西高校大学生志愿服务精神培育实现路径研究	陕西省哲学学会	薛晓娟
340	2022ND0458	新时代陕西高校网络思想政治教育"内化"路径创新研究	陕西省南泥湾精神研究会	罗小娥
341	2022ND0459	"放管服"视阈下陕西省体育场馆开发与利用路径研究	陕西省房地产研究会	贾丽欣
342	2022ND0460	R.S.托马斯诗歌的民族性书写	陕西省外国文学学会	南健翀
343	2022ND0461	陕北方言俗语整理研究	陕西省语言学学会	王年年
344	2022ND0462	国际视阈下的汉英博物馆学语汇增容研究	陕西历史博物馆	梁敏
345	2022ND0463	乡村振兴战略背景下高校图书馆助推乡村文化振兴路径研究	陕西省社会科学信息学会	党小琴
346	2022ND0464	数字化时代初中英语混合式教学优化研究	陕西省创造学会	李小玺
347	2022ND0465	唐代海外染织精品整理与复原——日本正仓院	陕西省城市经济文化研究会	王欢
348	2022ND0466	"双减"政策下社会工作介入陕西农村留守儿童家庭教育路径研究	陕西省教育理论研究会	向华
349	2022ND0467	疫情常态化省际高校"线上+线下"心理咨询教育的融合研究	陕西省心理健康教育研究会	贾锐
350	2022ND0468	数字经济时代陕西跨境贸易数字语言服务创新模式研究	陕西颖创跨境贸易研究院	曾晓慧
351	2022ND0469	教育戏剧促进儿童心理健康发展的路径研究	陕西华夏教育科学研究院	齐永平
352	2022ND0470	陕西高校弘扬和践行伟大建党精神的长效机制研究	陕西省中共党史人物研究会	樊丁
353	2022ND0471	陕西省体育场馆环境优化对青少年运动成效提升策略研究	陕西省青少年素质教育研究会	肖勇强
354	2022ND0472	数字金融嵌入式推进陕西国有企业关键核心技术突破研究	陕西省证券研究会	李林阳

续表

序号	项目编号	项目名称	申请单位	负责人
355	2022ND0473	加快建设世界一流企业背景下应用型大学英语教师队伍建设研究	陕西省企业文化建设协会	卢亚凤
356	2022ND0474	数字乡村建设中陕西农村语言能力的现状与提升对策研究	陕西省语言学学会学	杜敏
357	2022ND0475	陕西关中县域文化扶贫与乡村振兴衔接机制研究	陕西省《资本论》研究会	刘立云
358	2022ND0476	中国当代喜剧美学史研究（1980—2020）	陕西省喜剧美学研究会	刘鑫
359	2022ND0477	陕西省共同富裕的评估体系、阶段目标及实现路径研究	陕西省杜斌丞教育思想研究会	陈红梅
360	2022ND0478	新时代西部大开发税收政策研究	陕西省纳税筹划研究会	王鸿貌
361	2022ND0479	英国小说讽刺手法的政治维度与寓意研究	陕西省外国文学学会	方亚利
362	2022ND0480	陕西保险消费者满意度调查（2022）	陕西省保险学会	马军炜
363	2022ND0481	基于多学科融合的国家级非物质文化遗产华阴老腔的译介及传播模式研究	三秦文化研究会	杨秋娟
364	2022ND0482	法治化营商环境下陕西民营企业破产重整的纾困对策研究	陕西人才战略发展研究中心	申文君
365	2022ND0483	基于矩阵式传播的融媒体建设模式创新研究	陕西省黄河文化经济发展研究会	赵文红
366	2022ND0484	金融支持新时代西部大开发形成新格局研究	陕西省金融学会	李学武
367	2022ND0485	金融支持陕西能源转型路径研究	陕西省金融学会	人民银行西安分行

2022陕西省哲学社会科学重大理论与现实问题研究合作项目名单（1069项）

序号	项目批准号	项目名称	负责人	合作单位
1	2022HZ0021	重大突发公共卫生事件应急处置案例教学研究	刘颖	中共陕西省委党校
2	2022HZ0022	党性教育培训机构规范化特色化内涵式发展研究	庄庆萍	延安干部培训学院
3	2022HZ0023	用好照金精神加强干部党性教育研究	李静	照金干部培训学院
4	2022HZ0024	干部培训机构办学机制创新研究	何颖	马栏干部培训基地
5	2022HZ0025	党性教育课程师资品牌化建设研究	马俊玲	渭华干部培训基地

续表

序号	项目批准号	项目名称	负责人	合作单位
6	2022HZ0026	校企地融合助推干部教育培训高质量发展研究	杨江华	西安交通大学
7	2022HZ0027	领导干部媒体应对互动式教学研究	赵作纽	西北大学
8	2022HZ0028	干部专业化能力培训课程师资体系建设研究	邱必震	西安建筑科技大学
9	2022HZ0029	干部专业化能力培训专题课程质量评价研究	汪世荣	西北政法大学
10	2022HZ0030	提高基层干部培训实效性研究	王安中	宝鸡市委组织部
11	2022HZ0031	干部教育培训现场教学点建设研究	谢 杉	榆林市委组织部
12	2022HZ0032	提高干部网络培训质量和效果研究	吴大鹏	安康市委组织部
13	2022HZ0033	乡村振兴政策跟踪审计重点及路径研究	井洁琳	陕西财经职业技术学院
14	2022HZ0034	高等学校支出绩效审计研究	张学平	陕西科技大学
15	2022HZ0035	基于监管与服务视角下的高校科研经费审计模型构建	刘 瑞	陕西科技大学
16	2022HZ0036	国家审计促进经济高质量发展的实证研究	蔡雪迎	陕西科技大学镐京学院
17	2022HZ0037	面向地质行业事业单位审计整改机制及成效研究	王哲欣	陕西省地质调查院
18	2022HZ0038	基于智能财务体系下高校审计新常态研究	赵利琴	陕西中医药大学
19	2022HZ0039	国家审计服务陕西经济高质量发展研究	刘 杉	西安财经大学
20	2022HZ0040	政府审计在防范和化解陕西金融风险中的机制与路径研究	尚 娟	西安电子科技大学
21	2022HZ0041	研究型审计在乡村振兴战略中的实践路径研究	党江艳	西安工业大学
22	2022HZ0042	作业成本法下陕西省高校教育经费绩效审计路径研究	张 蓉	西安培华学院
23	2022HZ0043	领导干部经济责任审计中研究型审计实施路径研究	李国柱	西安石油大学
24	2022HZ0044	审计整改标准及评价研究	乔引花	西安外国语大学
25	2022HZ0045	研究型审计助力现代大学治理能力提升的路径研究	魏 妮	西安外国语大学
26	2022HZ0046	内部审计质量下陕西制造企业产业链韧性提升路径的研究	张 杨	西安外国语大学
27	2022HZ0047	高校内部审计整改机制与成效研究	师 宏	西安邮电大学

续表

序号	项目批准号	项目名称	负责人	合作单位
28	2022HZ0048	国家审计在防范和化解重大风险方面的作用和途径研究	冯均科	西北大学
29	2022HZ0049	审计监督防范和化解重大金融风险研究	徐京平	西北政法大学
30	2022HZ0050	大数据背景下政府审计助推陕西经济社会高质量发展研究	张荣刚	西北政法大学
31	2022HZ0051	国家审计整改机制与成效	王 颖	西京学院
32	2022HZ0052	乡村振兴背景下陕西省县级支农资金绩效审计水平提升路径研究	邵 敏	延安大学西安创新学院
33	2022HZ0053	陕西省减税降费政策落实全流程审计研究	云 虹	长安大学
34	2022HZ0054	百年以来中国共产党维护党中央权威的进程与经验	靳燕凌	延安大学
35	2022HZ0055	党的三个历史决议对"两个确立"的历史贡献研究	王天丹	陕甘宁革命根据地史研究会
36	2022HZ0056	习仲勋对党的工作重心三次转移的重要贡献研究	袁武振	西安邮电大学
37	2022HZ0057	陕西践行习近平生态文明思想的经验总结与模式创新	唐萍萍	陕西理工大学
38	2022HZ0058	习近平总书记涉陕重要书信研究	王东红	陕西师范大学
39	2022HZ0059	照金精神与中国共产党精神谱系关系研究	袁文伟	西安邮电大学
40	2022HZ0060	新中国成立以来"西迁"群体的奋斗历程及对陕西的贡献研究	李耀平	西安电子科技大学
41	2022HZ0061	延安时期中共中央召开的重要会议历史影响及现实价值研究	孙 云	陕西师范大学
42	2022HZ0062	制度化视角下中国共产党人精神谱系中延安精神研究	崔珊珊	陕西师范大学
43	2022HZ0063	中国共产党百年历史视域下延安时期应对风险挑战问题研究	李 路	中共陕西省委党校
44	2022HZ0064	从党的百年奋斗史解读习近平法治思想	韩 伟	西北工业大学
45	2022HZ0065	延安时期党的群众话语体系建构研究	常改香	延安大学
46	2022HZ0066	百年党史视阈下陕西乡村振兴实践发展路径研究	梁惠珍	西安科技大学高新学院
47	2022HZ0067	魏野畴的思想、革命活动与陕西党史研究	魏策策	陕西省社会科学院
48	2022HZ0068	李子洲对中国共产党陕西组织创建的历史贡献研究	高振岗	西安科技大学

续表

序号	项目批准号	项目名称	负责人	合作单位
49	2022HZ0069	延安时期中国共产党社会调查与党应对风险能力研究	王 飞	陕西科技大学
50	2022HZ0070	刘志丹年谱	王奎群	渭南师范学院
51	2022HZ0071	中共中央西北局(1941—1954)统一战线理论与实践研究	杨 敏	渭南师范学院
52	2022HZ0072	延安时期中国共产党的政府理论创新及其时代价值研究	郑家昊	陕西师范大学
53	2022HZ0073	中国共产党伟大建党精神的核心要义和实践要求研究	马树锦	西安理工大学
54	2022HZ0074	渭华起义中国共产党员群体研究	李淑芳	渭南师范学院
55	2022HZ0075	中国共产党向国际社会讲好"延安故事"的实践及现实启示研究	范海龙	陕西师范大学
56	2022HZ0076	基于三个"历史决议"的中国共产党自我革命的实现路径与当代启示研究	蒲传新	西北工业大学
57	2022HZ0077	建党初期陕西党史人物群体研究	李建国	西安财经大学
58	2022HZ0078	新时代陕西党建引领城市社区治理研究	李志红	西安建筑科技大学
59	2022HZ0079	中国特色新型举国体制构建的陕西响应机制研究	梁 华	中共陕西省委党校
60	2022HZ0080	陕西党建引领城市社区治理创新:以社区传播为中心	滕 朋	陕西师范大学
61	2022HZ0081	第三个历史决议对马克思主义中国化的科学总结和方法论启示研究	薛 睿	长安大学
62	2022HZ0082	中国共产党坚持独立自主原则的百年重大成就与历史经验研究	刘 静	西安交通大学
63	2022HZ0083	中国共产党百年奋斗中的历史主动精神研究	李 薇	西北大学
64	2022HZ0084	"大西迁"来陕知识分子奋斗历程及对陕西贡献研究——以西迁知名教授群体为例	杨澜涛	西安交通大学
65	2022HZ0085	延安时期局部执政视域下中国共产党现代化建设的初步探索	孔晓菲	陕西师范大学
66	2022HZ0086	二十世纪五六十年代陕西对工业化的探索实践	陆淑敏	西安交通大学
67	2022HZ0087	陕甘宁边区基层党组织建设研究	冯 峰	长安大学

续表

序号	项目批准号	项目名称	负责人	合作单位
68	2022HZ0088	团结奋斗视域下延安精神新意涵与时代价值研究	张明霞	西安医学院
69	2022HZ0089	共同富裕视域下陕西铸牢中华民族共同体意识路径研究	庚 荣	西安财经大学
70	2022HZ0090	正确把握共同性和差异性关系的路径研究——以陕西省为例	王 晶	陕西师范大学
71	2022HZ0091	少数民族大学生中华民族共同体意识影响因素与培育路径研究	周 远	西安交通大学
72	2022HZ0092	铸牢中华民族共同体意识教育中内地高校少数民族学生群体心理健康教育路径研究	库来西·依布拉音	西安交通大学
73	2022HZ0093	铸牢中华民族共同体意识融入思政课教育研究	黄 蜆	长安大学
74	2022HZ0094	陕西民族事务治理体系和治理能力现代化研究	杜 熙	长安大学
75	2022HZ0095	高校铸牢中华民族共同体意识教育的路径研究	王永智	西北大学
76	2022HZ0096	历史地理学视域下陕北石窟地理变迁与文化交流研究	张 静	西安理工大学
77	2022HZ0097	陕西省城市民族工作的特色与经验研究	黄达远	西安外国语大学
78	2022HZ0098	陕西城市民族工作的特色和经验研究	才让卓玛	西北政法大学
79	2022HZ0099	以民族传统体育为载体促进各民族大学生交融发展模式研究	陈龙伟	西安交通大学
80	2022HZ0100	陕西高校践行铸牢中华民族共同体意识研究	王 伟	西安交通大学
81	2022HZ0101	延安时期党的民族工作经验发掘及资料整理研究	吴 锋	西安交通大学
82	2022HZ0102	高选择性媒介环境中高校各民族学生中华民族共同体意识培育研究	任天浩	陕西师范大学
83	2022HZ0103	高校各民族学生融合育人研究	侯 俊	长安大学
84	2022HZ0104	中国共产党民族团结教育百年历程及基本经验研究	宋鑫华	长安大学
85	2022HZ0105	高校铸牢中华民族共同体意识教育的路径研究	张芳宁	长安大学

续表

序号	项目批准号	项目名称	负责人	合作单位
86	2022HZ0106	陕西铸牢中华民族共同体意识与民族事务治理法治化互构研究	井凯笛	西北政法大学
87	2022HZ0107	正确把握共同性和差异性关系研究	金志远	西安外国语大学
88	2022HZ0108	陕西高校少数民族大学生文化适应压力影响及对策研究	陶兴旺	陕西科技大学
89	2022HZ0109	铸牢中华民族共同体意识融入思政课教学研究	解琳那	西安工程大学
90	2022HZ0110	基于OBE理念的体育院校民族预科教育自主培养模式研究	王丽芳	西安体育学院
91	2022HZ0111	高校心理健康教育课程中渗透中华民族共同体意识的路径研究	王翠萍	西安体育学院
92	2022HZ0112	在陕藏族女大学生心理适应影响因素及支持路径研究	代 娟	咸阳师范学院
93	2022HZ0113	高校铸牢中华民族共同体意识教育的黄河流域非遗文化路径研究	马 平	西安翻译学院
94	2022HZ0114	文化认同视阈下中国优秀民族文化融入大学英语教学策略研究	王 倩	西安航空学院
95	2022HZ0115	高校各民族学生融合育人研究	朱芳转	渭南师范学院
96	2022HZ0116	陕西高校铸牢中华民族共同体意识的美术教育路径研究	张巍译	渭南师范学院
97	2022HZ0117	新时代高校少数民族学生心理健康教育与思想政治教育关系探究	韩晓琴	榆林学院
98	2022HZ0118	铸牢中华民族共同体意识融入陕西地方高校思政教学研究	李 斌	商洛学院
99	2022HZ0486	新发展阶段统一战线助力共同富裕问题研究	张艳娥	西安财经大学
100	2022HZ0487	《中国共产党统一战线工作条例》贯彻落实中存在问题及对策研究	王宁宁	西安交通工程学院
101	2022HZ0488	习近平总书记统一战线"重要法宝"的论述对陕西统战工作的指导意义研究	李后东	陕西师范大学
102	2022HZ0489	重大突发舆情下民主党派积极防范作用的机制方法研究	申永康	西安工程大学
103	2022HZ0490	嵌入式社区各族群众铸牢中华民族共同体意识研究	刘力波	陕西师范大学

续表

序号	项目批准号	项目名称	负责人	合作单位
104	2022HZ0491	少数民族散杂居地区铸牢中华民族共同体意识的实践路径研究——以陕西为例	赵海霞	西北工业大学
105	2022HZ0492	当前形势下促进两岸青年融合发展路径研究	刘 源	陕西省社会科学院
106	2022HZ0493	新时期创新年轻一代企业家理想信念教育的逻辑与路径研究	高红波	西北工业大学
107	2022HZ0494	无党派代表人士综合评价指标体系构建研究	魏继宗	延安大学
108	2022HZ0495	陕西省网络人士参与公共舆情应对研究	杨 朔	西安建筑科技大学
109	2022HZ0496	多元主体协同治理网络舆情路径研究	朱 琳	西安航空学院
110	2022HZ0497	东干族华裔新生代中华文化认同与华文教育模式研究	刘 静	西安交通大学
111	2022HZ0498	"双控""双碳"背景下陕西绿色经济发展统计监测系统完善与构建实证研究	郭 萍	中共陕西省委党校（陕西行政学院）
112	2022HZ0499	"碳达峰、碳中和"背景下陕西新能源产业高质量发展研究	李明涛	西安交通大学
113	2022HZ0500	"双碳"背景下陕西省经济发展与生态环境耦合协同发展的测度评价研究	李 瑞	西安财经大学
114	2022HZ0501	"双碳"背景下陕西绿色经济发展统计监测系统完善与构建实证研究	吴 睿	西安欧亚学院
115	2022HZ0502	陕西省共同富裕统计监测指标体系研究	石春娜	西安工业大学
116	2022HZ0503	农业农村现代化评价指标体系构建及应用研究	杜 涛	延安大学
117	2022HZ0504	"秦创原"创新驱动平台建设路径研究	王军平	西安科技大学高新学院
118	2022HZ0505	电商环境下陕西省实体零售商空间选址及发展趋势研究	张金娟	渭南师范学院
119	2022HZ0506	陕西新能源产业发展探析	余露露	西安明德理工学院
120	2022HZ0507	基于复杂网络的陕西数字与绿色经济高质量融合发展研究	闫丽宏	咸阳师范学院
121	2022HZ0508	"双碳"背景下陕西省绿色经济发展统计监测系统构建实证研究	袁显朋	西京学院
122	2022HZ0509	乡村振兴现代化测度研究	高 立	西安财经大学
123	2022HZ0510	陕西旅游经济差异统计与新发展格局下的高质量发展研究	包富华	咸阳师范学院

续表

序号	项目批准号	项目名称	负责人	合作单位
124	2022HZ0511	共同富裕目标下陕西农业农村现代化评价研究	杨 朔	西安建筑科技大学
125	2022HZ0512	新发展格局下农业农村现代化评价指标体系研究	马金萍	西安财经大学
126	2022HZ0513	农业农村现代化评价指标体系研究	姚 波	咸阳师范学院
127	2022HZ0514	"双碳"背景下陕西绿色经济发展统计监测与综合评价指标体系构建研究	张晓宁	西北农林科技大学
128	2022HZ0515	陕西财政科技支出统计监测及应用研究	施 蕾	陕西省科技厅
129	2022HZ0516	数字经济赋能陕西乡村振兴建设路径研究	张慧芳	西安交通大学
130	2022HZ0517	陕西实体零售发展及趋势研究	马 靖	陕西省统计局
131	2022HZ0518	碳达峰碳中和目标下陕西省新能源产业发展的路径研究	张赵晋	渭南师范学院
132	2022HZ0519	基于多元线性回归模型的乡村振兴战略评价指标体系研究	张光南	宝鸡文理学院
133	2022HZ0520	消防法治基本理论研究	杨永康	西北政法大学
134	2022HZ0521	灭火及应急救援法治理论研究	姬亚平	西北政法大学
135	2022HZ0522	消防法律责任体系研究	杜国强	西北政法大学
136	2022HZ0523	消防法律责任体系研究	李金一	西北政法大学
137	2022HZ0524	火灾预防法治理论研究	樊 瑛	西北政法大学
138	2022HZ0525	消防法治基本理论研究	杨彬权	西北政法大学
139	2022HZ0526	火灾预防法治理论研究	齐晓亮	陕西警官职业学院
140	2022HZ0527	灭火及应急救援法治理论研究	梁 栋	西安建筑科技大学
141	2022HZ0543	课程思政背景下地方高校"多语种+"外语人才培养路径研究	王颖彦	宝鸡文理学院
142	2022HZ0544	乡村振兴视阈下陕西外贸跨境电商应用型人才培养策略研究	史云燕	宝鸡文理学院
143	2022HZ0545	课程思政理念下陕西红色文化资源融入大学英语课程的实践研究	崔 维	陕西警官职业学院
144	2022HZ0546	人工智能时代MTI教育教学中的语言生态伦理教育研究	孙 黎	陕西科技大学
145	2022HZ0547	文化自信视域下民办高校"课程思政"融入大学英语教学的路径研究	梁逸群	陕西科技大学镐京学院
146	2022HZ0548	裘帕·拉希莉短篇小说中的疾病叙事研究	范 莎	陕西师范大学

续表

序号	项目批准号	项目名称	负责人	合作单位
147	2022HZ0549	英语专业文化课程群协同思政建设路径研究	原玉薇	陕西师范大学
148	2022HZ0550	19世纪至20世纪入藏法国人的西藏形象书写研究	王 一	陕西师范大学
149	2022HZ0551	陕西省高等职业院校公共英语课程体系建设研究	刘渭锋	陕西铁路工程职业技术学院
150	2022HZ0552	新文科视域下大学英语课程思政建设的困境和实施路径研究	杨 玲	陕西学前师范学院
151	2022HZ0553	译语话语体系构建下的中医英译问题研究	马 伦	陕西中医药大学
152	2022HZ0554	基于汉英平行语料库的贾平凹作品英译本风格考察	王欣欣	商洛学院
153	2022HZ0555	副文本视阈下贾平凹《废都》的日译本研究	宫琳菁	商洛学院
154	2022HZ0556	基于语料库的俄语中表示季节的时间名词的美学功能研究（以20—21世纪俄罗斯诗歌为例）	王晓旭	渭南师范学院
155	2022HZ0557	后疫情时代下"陕西形象"对日传播策略研究	姜 丽	渭南师范学院
156	2022HZ0558	基于语料库的商务英语专业学生复合型知识习得的实证研究	张奕雯	西安财经大学
157	2022HZ0559	国际中文教育视野下的陕西文化对外传播策略研究	桂一星	西安电子科技大学
158	2022HZ0560	大学英语教学中的课程思政研究	雍 洪	西安电子科技大学
159	2022HZ0561	文化自觉视角下魔幻现实主义中国本土化进程研究	宰瑄楚	西安翻译学院
160	2022HZ0562	变译理论视角下陕西民俗旅游文化英译研究	郭小华	西安翻译学院
161	2022HZ0563	TikTok平台上陕西民俗文化对外传播研究	任蓓蓓	西安翻译学院
162	2022HZ0564	多模态视角下陕西文化对外传播中的隐喻应用研究	马娟娟	西安工程大学
163	2022HZ0565	英美20世纪海洋小说生态叙事研究	王海莺	西安工业大学
164	2022HZ0566	秦文化外译与传播：《诗经·秦风》译介及英译本比较研究	王永平	西安航空学院
165	2022HZ0567	接受美学视角下《高兴》的英译策略及跨文化传播效度研究	高 沛	西安航空学院

续表

序号	项目批准号	项目名称	负责人	合作单位
166	2022HZ0568	中华优秀传统文化融入大学英语课程思政的困境与破解路径研究	张 蕾	西安航空职业技术学院
167	2022HZ0569	"文化自信"背景下陕西非物质文化遗产国际传播能力提升研究	杜 颖	西安建筑科技大学
168	2022HZ0570	"一带一路"背景下陕西文化国际传播力提升研究	裴 昶	西安建筑科技大学
169	2022HZ0571	以评促学——基于过程的多元评价手段应用于英语混合式教学的实证研究	王 芳	西安交通大学
170	2022HZ0572	课程思政视域下的大学英语教材建设研究	卫朝霞	西安交通大学
171	2022HZ0573	以锻造学生国际传播能力为内驱的外语教学适配	徐素云	西安交通大学城市学院
172	2022HZ0574	语料库视角下的"一带一路"沿线国家媒体中的陕西新形象建构研究	廉张军	西安科技大学
173	2022HZ0575	理工科硕士研究生学术英语写作立场建构与写作能力培养研究	高宝萍	西安科技大学
174	2022HZ0576	基于语料库的主流英文媒体中西安形象构建研究	姚克勤	西安科技大学
175	2022HZ0577	陕西来华留学生民俗文化传播创新路径研究	梁 婧	西安科技大学
176	2022HZ0578	众包翻译中译者参与行为影响机制研究	张 洁	西安理工大学
177	2022HZ0579	社会翻译学视域下秦腔外译机制研究	管晓蕾	西安理工大学
178	2022HZ0580	能源话语语料库建设与国际传播能力提升路径研究	邓 林	西安石油大学
179	2022HZ0581	大学英语混合式一流课程实施路径与评价机制研究	陈 武	西安石油大学
180	2022HZ0582	高校俄语教学中的课程思政建设研究	罗蝴蝶	西安石油大学
181	2022HZ0583	"新文科"视域下地方应用型本科院校英语专业人才培养体系研究	吴 文	西安思源学院国际学院
182	2022HZ0584	立德树人视阈下大学英语课程思政的实现路径研究	严 婷	西安体育学院
183	2022HZ0585	延安文艺思想对日本民主主义文学的影响研究	孙伏辰	西安外国语大学
184	2022HZ0586	归国青年日语教师汉语学术写作发展路径研究	田佳月	西安外国语大学

续表

序号	项目批准号	项目名称	负责人	合作单位
185	2022HZ0587	"一带一路"背景下陕西中医药文化对外传播研究	赵桐羽	西安外国语大学
186	2022HZ0588	"一带一路"背景下陕西省中东欧非通用语人才培养现状与发展路径研究	顾虹飞	西安外国语大学
187	2022HZ0589	"一带一路"背景下陕西本地化翻译人才培养体系研究	王靖涵	西安外事学院
188	2022HZ0590	基于人工智能的英语专业生态教学模式研究	赵文娟	西安外事学院
189	2022HZ0591	"三全育人"格局下地方应用型高校英语师范生课程思政实践路径研究	高 珂	西安文理学院
190	2022HZ0592	医学院校大学英语教学中的课程思政路径研究	宋元源	西安医学院
191	2022HZ0593	陕西工科院校外语专业新文科建设路径研究	陆桥达	西安邮电大学
192	2022HZ0594	陕西"非遗"译介传播的文化语境构建研究	张 茜	西安邮电大学
193	2022HZ0595	基于语料库的《中国日报》奥运新闻报道的话语－历史分析	杨文健	西安邮电大学
194	2022HZ0596	大数据智慧外语教学深度学习模式创新研究	徐 琳	西北大学
195	2022HZ0597	当代美国华裔文学中的文化共同体思想研究	王晓丹	西北工业大学
196	2022HZ0598	涉农高校中华优秀传统文化软实力建设研究	侯雅丽	西北农林科技大学
197	2022HZ0599	"一带一路"背景下小语种公共课程教学体系创新研究	权春美	西北农林科技大学
198	2022HZ0600	自主发展视域下高校外语教师素质发展的理论与路径研究	窦 坤	西北政法大学
199	2022HZ0601	国际传播视阈下的应用型高校外语人才培养研究	张小花	西京学院
200	2022HZ0602	英语师范生信息化教学能力测评与培养的精准化路径与实现机制研究	鲁团花	咸阳师范学院
201	2022HZ0603	新媒体视域下的陕西文化外译与传播策略研究	王 玉	咸阳师范学院
202	2022HZ0604	延安精神对外传播翻译策略研究	吕千平	咸阳师范学院

续表

序号	项目批准号	项目名称	负责人	合作单位
203	2022HZ0605	延安时期的外宣翻译及其启示研究	李 艳	延安大学
204	2022HZ0606	多模态视域下西北地区本科翻译人才翻译技术能力构成及培养研究	王晓艺	榆林学院
205	2022HZ0607	优秀传统文化与大学英语课堂的有机融合研究	茹 英	长安大学
206	2022HZ0828	传承工合精神,讲好陕西和中国故事路径研究	李 伟	宝鸡文理学院
207	2022HZ0829	职业院校教育教学与信息技术深度融合的创新实践研究	寇 杰	陕西财经职业技术学院
208	2022HZ0830	关于培养高职学生用英语讲好中国故事能力的实践与研究	赵 雨	陕西工业职业技术学院
209	2022HZ0831	"互联网+"时代大学英语混合式教学探究	张爱文	陕西警官职业学院
210	2022HZ0832	从教学到教育:新时代外语人才国家意识培育研究	马 刚	西安电子科技大学
211	2022HZ0833	基于国际传播能力的大学英语多维培养模式构建研究	张 华	西安工业大学
212	2022HZ0834	"大思政"视域下新形态大学英语教材编写研究	陈向京	西安交通大学
213	2022HZ0835	西部高等外语教育协同发展路径研究	庞 闻	西安外国语大学
214	2022HZ0836	多层次一体化大学英语课程思政教学模式研究	曹若男	西北大学
215	2022HZ0837	"人类命运共同体"理念的国际传播及认同研究	杨云霞	西北工业大学
216	2022HZ0838	陕南地区红色文化对外传播研究	胡卫卫	安康学院
217	2022HZ0839	师道文化"五环递进、双线融入"高职师范生英语教学的体系构建与实践探索	吉少丽	宝鸡职业技术学院
218	2022HZ0840	应用型高校"三维立体式"大学英语课程思政教学模式探索与实践	王改莉	陕西服装工程学院
219	2022HZ0841	基于VETS实训平台探索1+X书证融通模式研究	杨文革	陕西国防工业职业技术学院
220	2022HZ0842	基于POA的大学英语自主学习体系构建	朱 静	陕西科技大学
221	2022HZ0843	中国文化"走出去"背景下本土译者翻译能力构成研究	梁红涛	陕西科技大学

续表

序号	项目批准号	项目名称	负责人	合作单位
222	2022HZ0844	OBE理念下的地方高校英语师范专业"U-G-S"协同育人模式研究	张明杰	陕西理工大学
223	2022HZ0845	学习分析视域下英语师范生在线自我调节学习诊断与干预研究	马 萍	陕西师范大学
224	2022HZ0846	"一带一路"视域下高职外语教师专业能力发展研究	韩茂源	陕西铁路工程职业技术学院
225	2022HZ0847	新媒体视阈下大学生"用英语讲好中国故事"的实践研究	秋 杰	陕西学前师范学院
226	2022HZ0848	跨文化视域下高校大学生中华文化英语传播能力提升路径研究	张莉娟	陕西学前师范学院
227	2022HZ0849	隐性课程视域下《大学英语》课程思政路径研究	王津津	陕西职业技术学院
228	2022HZ0850	课程思政下的师范英语专业人才培养研究	李海荣	渭南师范学院
229	2022HZ0851	中俄合作办学音乐专业教学模式研究	朱长莉	渭南师范学院
230	2022HZ0852	高校大学英语线上线下混合式金课建设路径研究	李军胜	渭南师范学院
231	2022HZ0853	大学英语"课程思政"建设途径方法与实效性研究	杨宪平	西安财经大学
232	2022HZ0854	新文科视域下商务英语专业实践教学体系构建	姚雪梅	西安财经大学
233	2022HZ0855	新文科视域下应用型民办高校英语省级一流专业"6+"人才培养体系创新研究	王奇民	西安财经大学行知学院
234	2022HZ0856	一带一路视域下西部传统文化对外话语传播体系创新研究	陈争峰	西安电子科技大学
235	2022HZ0857	日本文学中的中国形象研究与学生文化自信培养	魏海燕	西安翻译学院
236	2022HZ0858	多模态话语分析视域下纪录片陕西国际形象构建与传播研究	乃瑞华	西安翻译学院
237	2022HZ0859	外语课程新课标指导下高职英语学科核心素养培养模式研究	马 青	西安翻译学院
238	2022HZ0860	课程思政背景下"中国文化"英语课程教学实践研究	刘 莹	西安翻译学院
239	2022HZ0861	信息技术与教育教学深度融合创新实践研究	杨延龙	西安建筑科技大学

续表

序号	项目批准号	项目名称	负责人	合作单位
240	2022HZ0862	新时代背景下土建类国际化人才培养与评价研究	吴 宇	西安建筑科技大学
241	2022HZ0863	"一带一路"区域国别研究人才培养方案建设和实施路径	郭继荣	西安交通大学城市学院
242	2022HZ0864	大学英语课程思政教学能力构建研究	李 焱	西安科技大学
243	2022HZ0865	大学外语混合式教学有效性的评价研究与实践	张 玲	西安理工大学
244	2022HZ0866	"用外语讲好中国故事"能力培养与课程建设研究	刘 勇	西安明德理工学院
245	2022HZ0867	新文科背景下西安国际化人才培养与评价研究	李艺美	西安欧亚学院
246	2022HZ0868	构建地方应用型高校英语专业"跨文化交际"课程思政实施框架研究	梁 蕊	西安培华学院
247	2022HZ0869	工匠精神视角下职业本科院校"双师型"英语教师培养路径研究	邓丽蓉	西安汽车职业大学
248	2022HZ0870	《蒙古秘史》四英译本翻译准确度研究：基于平行语料库的范式	马金龙	西安石油大学
249	2022HZ0871	跨文化传播视域下陕西民俗外译话语体系构建研究	张秀丽	西安外国语大学
250	2022HZ0872	新时代背景下高校学生全球胜任力现状与培养模式研究	霍佳颖	西安外事学院
251	2022HZ0873	陕西民办高校翻译专业教育教学中的课程思政研究	赵 丽	西安外事学院
252	2022HZ0874	基础日语教学中课程思政融入研究	王 华	西安文理学院
253	2022HZ0875	"一带一路"视域下陕西国际传播能力建设研究	石 颖	西安文理学院
254	2022HZ0876	陕西省援非医疗队医学英语培训课程思政路径研究	钱 雯	西安医学院
255	2022HZ0877	医学院校一流英语专业"校本化建设"研究	周 密	西安医学院
256	2022HZ0878	延安时期翻译能力与对外话语体系建构研究	王李美慧	西安邮电大学
257	2022HZ0879	外语类研究生思政教育协同育人机制研究	田 瑾	西北大学
258	2022HZ0880	线上线下融合式外语评价体系建设的难点与突破路径研究	王 谡	西北工业大学

续表

序号	项目批准号	项目名称	负责人	合作单位
259	2022HZ0881	"外语+思政"双规驱动下的国别与区域课程设计与模式研究	李 茜	西北工业大学
260	2022HZ0882	农业科技翻译的国家意识话语体系建构	杨晓峰	西北农林科技大学
261	2022HZ0883	中华法治文化译介的协同传播机制构建	何静秋	西北政法大学
262	2022HZ0884	国际传播能力培养要求下西部高校研究生英语课程思政教材建设	夏百娜	西藏民族大学
263	2022HZ0885	"课程思政"视阈下大学英语课程跨文化交际能力培养研究	温巧枝	西京学院
264	2022HZ0886	基于U校园教学平台的大学英语混合式教学模式构建与实践探索	陈玉霞	西京学院
265	2022HZ0887	国际传播视域下的大学英语数字化教材建设与实践研究	黄永亮	咸阳师范学院
266	2022HZ0888	陕西省地方高校外语教师专业能力培训协同模式研究	吴卫东	延安大学
267	2022HZ0889	一流专业建设背景下地方高校外语人才培养体系构建研究	梁润生	延安大学
268	2022HZ0890	新时代陕西省高校外语教师专业发展现状及对策研究	白钰田	榆林学院
269	2022HZ0891	新时代背景下外语专业教师课程思政认知与能力现状及发展研究	李秀萍	榆林学院
270	2022HZ0892	高校外语教师课程思政教学能力发展与培训模式研究	马 瑛	长安大学
271	2022HZ0893	基于荣誉激励导向的退役军人思想政治工作研究	赵 雯	西安工程大学
272	2022HZ0894	促进军转干部由军事人力资源向地方经济社会发展人才转变研究	李尧远	西北大学
273	2022HZ0895	促进大学生退役士兵就业创业工作有效途径研究	李忠昌	西安财经大学
274	2022HZ0896	以优待证为载体的优待体系构建探索实践	王立剑	西安交通大学
275	2022HZ0897	整合社会力量加强烈属人文关怀和精神抚慰	侯学华	西北政法大学
276	2022HZ0898	围绕精神文明单位创建,如何打造和培育具有退役军人事务系统特色的机关党建品牌的思考	王 扬	西安交通大学

续表

序号	项目批准号	项目名称	负责人	合作单位
277	2022HZ0899	进一步激励系统干部担当作为研究	徐宇春	西安交通大学
278	2022HZ0900	退役军人服务站助力基层治理体系和治理能力现代化研究	孙新宇	陕西格星咨询有限公司
279	2022HZ0901	地方退役军人工作服务部队备战打仗问题研究	白宽犁	陕西省社会科学院
280	2022HZ0902	关于退役军人在"一带一路"建设中发挥作用研究	刘卫波	西北政法大学
281	2022HZ0905	残疾儿童康复救助制度改进研究	张 倩	咸阳师范学院
282	2022HZ0906	陕西省听障儿童康复项目实施成效分析研究	宋 蕾	陕西省听力语言康复中心
283	2022HZ0907	推动党政机关、事业单位、国有企业按比例安排残疾人就业政策措施研究	李 巾	陕西省社会科学院
284	2022HZ0908	辅助治疗犬对儿童自闭症的辅助治疗作用及方法研究	王庭照	陕西师范大学
285	2022HZ0909	陕西高校英语专业学生英语语音能力培养实证研究	牛 蕊	陕西学前师范学院
286	2022HZ0910	"互联网+"背景下陕西省高等职业院校创新创业教育课程体系优化研究	李 博	杨凌职业技术学院
287	2022HZ0911	跨文化思辨育人视域下大学英语混合式教学平台建设研究	张云霞	西京学院
288	2022HZ0912	大国形象构建视域下的传统文化译介研究	胡学坤	咸阳师范学院
289	2022HZ0913	契诃夫短篇小说中"小人物"形象分析研究	刘改琳	西安工业大学
290	2022HZ0914	大学英语教师课程思政意识与行为现状调查及提升研究	高吉利	榆林学院
291	2022HZ0915	项目驱动融合创新模式下陕西高校设计艺术人才培养机制探索	王 馨	西安美术学院
292	2022HZ0916	基于学科交叉的学术英语课程思政模块化设计与融合	李卿慧	长安大学
293	2022HZ0917	民办高校外语课程思政的国家意识培育路径研究	邹俊秀	西安翻译学院
294	2022HZ0918	课程思政视域下高校音乐鉴赏课程教学及教材探索	丁想想	西安体育学院
295	2022HZ0919	陕西应用型本科高校"双创"教育课程、教材建设问题及对策研究	江玉印	陕西学前师范学院

续表

序号	项目批准号	项目名称	负责人	合作单位
296	2022HZ0920	打通"最后一公里"——省属高校公共基础课课程思政实施体系研究	姬洪波	西安工业大学
297	2022HZ0921	马克思主义基本原理专题性"一流课程"教材体系、学术体系、话语体系构建的研究与实践	曹 瑜	西北工业大学
298	2022HZ0922	翻译传播学视域下中国优秀传统文化对外译介模式研究	潘丽鹏	咸阳师范学院
299	2022HZ0923	谚语文化翻译推动中华民谚文化国际传播研究	刘海奋	延安大学
300	2022HZ0924	基于OBE教学理念的大学英语演讲能力提升路径的实践探索	冯维维	西安文理学院
301	2022HZ0925	新时代陕西高校英语专业"课程思政"教学路径研究	雷 华	西安工业大学
302	2022HZ0926	"一带一路"背景下国际化外语人才培养研究	常 琅	延安大学
303	2022HZ0927	"三全育人"理念下高校"课程思政"教学模式研究	孙 倩	陕西学前师范学院
304	2022HZ0928	大学英语课程思政教学与教材建设实施路径研究	魏瑜芬	渭南师范学院
305	2022HZ0929	研究生导师履职评价监督路径研究	李 圣	西北工业大学
306	2022HZ0930	基于语料库的疫情对外话语对比分析与接受度研究	沈 敏	西安航空学院
307	2022HZ0931	明代家具艺术的创新发展与对外传播研究	刘 飞	陕西理工大学
308	2022HZ0932	"一带一路"沿线国家大学教学范式变革及发展策略研究	原 昉	西安外国语大学
309	2022HZ0933	陕西高校戏曲文化传承基地建设的美育路径研究	唐 瑛	西安石油大学
310	2022HZ0934	基于课程思政的大学英语课程模块构建研究	李 丹	西安科技大学高新学院
311	2022HZ0935	新文科视域下地方高校创新型人才培养路径研究	惠卫华	渭南师范学院
312	2022HZ0936	新文科背景下地方师范类高校大学英语教学转型新模式研究	李圣恩	渭南师范学院

续表

序号	项目批准号	项目名称	负责人	合作单位
313	2022HZ0937	秦腔文化走出去背景下"陈彦戏剧三部曲"英译研究	叶艳萍	西安财经大学
314	2022HZ0938	陕西省应用型本科高校师范类专业教师教育课程混合式教学平台建设与实践	陶琳	西安文理学院
315	2022HZ0939	混合式教学模式下大学英语课程思政体系构建	武绒	西安石油大学
316	2022HZ0940	民办本科院校大学英语课程思政教学与教材建设的设计与实践	郭圆达	陕西科技大学镐京学院
317	2022HZ0941	唐代长安对外文化交流历史溯源及现实关照	巫奕君	西安交通大学城市学院
318	2022HZ0942	跨文化视角下陕西红色文化对外传播策略研究	韩雅轩	陕西科技大学镐京学院
319	2022HZ0943	高等院校军事课教学与教材研究	周猛	西安建筑科技大学
320	2022HZ0944	文化自信视域下高校翻译专业课程思政探索与实践	刘学	榆林学院
321	2022HZ0945	基于"课程思政"的英语专业课程体系建设研究	高淑玲	西安外事学院
322	2022HZ0946	高等教育大学日语教学课程思政资源库建设与实效验证研究	王洪磊	西安外国语大学
323	2022HZ0947	高校创新创业教育接口产学研创融合模式理论与实践研究	杨在华	西安外事学院
324	2022HZ0948	中华优秀传统文化国际传播能力方法路径研究	王沛	西安音乐学院
325	2022HZ0949	新师范背景下化学教学论课程思政构建与实践	韩银凤	宝鸡文理学院
326	2022HZ0950	体医融合背景下中医传统保健体育与高校体育课程改革融合发展研究	杜国辉	陕西中医药大学
327	2022HZ0951	陕西省普通高校游泳课程教学与教材设计研究	王利娥	榆林学院
328	2022HZ0952	陕北民歌在高校教学中的实践与创新	吴婷	西安音乐学院
329	2022HZ0953	高等院校人防课程教学与教材创新建设研究	郑大远	西安邮电大学
330	2022HZ0954	"一带一路"背景下中国特色社会主义文化对外输出研究	王立洲	长安大学

续表

序号	项目批准号	项目名称	负责人	合作单位
331	2022HZ0955	"课程思政"与高校学生跨文化交际能力融合路径研究	王 倩	西安邮电大学
332	2022HZ0956	习近平新时代中国特色社会主义思想的翻译传播策略研究	翟 芳	西安工程大学
333	2022HZ0957	"互联网+"思维模式下高校英语混合式教学平台研究	田雯雯	西北工业大学
334	2022HZ0958	中国传统文化译介模式及对外传播策略研究	王 伟	陕西服装工程学院
335	2022HZ0959	中国优秀传统文化数字化与传播保障研究	韩泉叶	陕西开放大学
336	2022HZ0960	以影像艺术为媒介的中国传统文化输出路径研究	赵 莉	西安美术学院
337	2022HZ0961	高职院校对外文化传播路径研究	邹 燕	延安职业技术学院
338	2022HZ0962	文化输出视域下应用思政教学培养职业院校学生文化自信的实践研究	刘 丹	陕西职业技术学院
339	2022HZ0963	神经美学视域下伍尔夫的云自我和关系性存在叙事研究	姜 宁	西安电子科技大学
340	2022HZ0964	陕西高职院校学生创业能力评价及培养路径研究	阎 栋	陕西财经职业技术学院
341	2022HZ0965	立德树人下的大学英语教材建设混沌研究	邓 夏	西安财经大学
342	2022HZ0966	承载高等工程教育时代新使命的中国精神、力量及价值体系研究	李春磊	宝鸡文理学院
343	2022HZ0967	陕西省高校创新创业教育课程与教学改进研究	黄春梅	陕西师范大学
344	2022HZ0968	高等院校理科教育类课程思政教学及实效研究	赵院娥	延安大学
345	2022HZ0969	陕西省统战工作在铸牢中华民族共同体意识中的作用研究	陈昱彤	陕西师范大学
346	2022HZ0970	习近平总书记关于加强和改进人民政协工作的重要思想研究	黄晓翠	陕西社会主义学院
347	2022HZ0971	习近平总书记关于宗教工作的重要论述研究	彭瑞花	西北政法大学
348	2022HZ0972	少数民族散杂居高校学生族际交往铸牢中华民族共同体意识研究	巩雪松	西安工程大学

续表

序号	项目批准号	项目名称	负责人	合作单位
349	2022HZ0973	延安时期党的统一战线政策策略调整及经验启示研究	李瑞芳	中国延安干部学院
350	2022HZ0974	以陕西"精神基因"推动新时代海外统一战线工作研究	宋　威	渭南师范学院
351	2022HZ0975	陕西省新的社会阶层有效政治参与研究	路中康	西北大学
352	2022HZ0976	新时代中华优秀传统体育文化与体育教育融合发展的实现路径	景俊青	西安体育学院
353	2022HZ0977	铸牢中华民族共同体意识的认同机制研究	郭　淼	西北政法大学
354	2022HZ0978	中国传统文化中的礼仪教育及其当代价值	周　梦	西安思源学院
355	2022HZ0979	美国对华竞争背景下海外统战工作的新挑战及应对策略研究	金　新	西安交通大学
356	2022HZ0980	挖掘陕西历史文化遗存精神价值，铸牢中华民族共同体意识研究	赵　艳	西安培华学院
357	2022HZ0981	以陕甘宁红色音乐铸牢中华民族共同体意识的价值内涵与实践路径研究	岳晓融	西安音乐学院
358	2022HZ0982	新时代归国留学人员政治参与机制创新研究	殷红霞	西安财经大学
359	2022HZ0983	延安少数民族文学铸牢中华民族共同体的史料发掘与价值研究	申朝晖	延安大学
360	2022HZ0984	从百年党史中的统一战线看人民政协的红色赓续	朱　彦	西北政法大学
361	2022HZ0985	新的社会阶层人士网络参政及影响因素研究	姜　涛	宝鸡文理学院
362	2022HZ0986	多民族聚居区域铸牢中华民族共同体意识的路径研究	窦红莉	陕西中医药大学
363	2022HZ0987	全媒体时代铸牢中华民族共同体意识传播力的实现机制研究	李巨星	西安交通大学
364	2022HZ0988	新时代铸牢中民族共同体意识的社会效应与实证分析	张　玮	陕西社会主义学院
365	2022HZ0989	文化认同视角下大学生中华民族共同体意识的教育路径研究	张成凤	西北农林科技大学
366	2022HZ0990	中国共产党百年征程与统一战线研究	赵　鹏	西安工程大学
367	2022HZ0991	民政在基础性、普惠性、兜底性民生保障建设中的作用研究	王立剑	西安交通大学

续表

序号	项目批准号	项目名称	负责人	合作单位
368	2022HZ0992	社会组织参与乡村振兴战略研究	袁 震	西北政法大学
369	2022HZ0993	社区服务质量评价体系研究	王 萍	西安科技大学
370	2022HZ0994	积极应对人口老龄化国家战略、推动老龄事业高质量发展研究	封铁英	西安交通大学
371	2022HZ0995	社区志愿服务的规范化管理	汪世荣	西北政法大学
372	2022HZ0996	数字技术驱动背景下陕西"智慧民政"体系构建研究	王威力	西安交通大学
373	2022HZ0997	数字技术驱动背景下陕西"智慧民政"体系构建研究	白 莉	陕西辰悦信息技术有限公司
374	2022HZ1001	中国金融资产市场发展与监管研究	曹 栋	西安电子科技大学
375	2022HZ1002	信贷类不良资产收购处置与工具创新	韩锦绵	西北大学
376	2022HZ1003	资本市场风险化解与工具创新	马广奇	陕西科技大学
377	2022HZ1004	金融资产估值与定价研究	赖 辉	重庆工商大学
378	2022HZ1005	金融资产管理公司治理与竞争力评价	黄光灿	西安邮电大学
379	2022HZ1006	金融资产管理行业功能、创新与规范	王建玲	西安交通大学
380	2022HZ1007	综合性金融服务模式与构建	李善燊	西安石油大学
381	2022HZ1008	债券市场风险化解与工具创新	刘卫锋	西北政法大学
382	2022HZ1009	数字经济与信贷不良资产经营的深度融合研究	庞 明	西安石油大学
383	2022HZ1010	金融资产估值与定价研究	申尊焕	西安电子科技大学
384	2022HZ1011	高质量发展背景下陕西法治化营商环境建设研究	严 苗	陕西警官职业学院
385	2022HZ1012	协同治理视角下陕西地方非法集资追赃机制研究	赵长明	陕西警官职业学院
386	2022HZ1013	疫情常态防控下个人信息保护法律问题研究	吕江鸿	陕西警官职业学院
387	2022HZ1014	陕西省生态文明促进条例立法研究	于君刚	陕西理工大学
388	2022HZ1015	环境公益诉讼立案难及其破解	葛 迪	陕西省人民检察院
389	2022HZ1016	统筹发展和安全的农村宅基地"三权分置"法律问题研究	惠建利	陕西师范大学
390	2022HZ1017	三权分置视阈下农村闲置宅基地入股问题研究	闻丽英	西安财经大学
391	2022HZ1018	陕西生态文明促进立法研究	董群雁	西安建筑科技大学

续表

序号	项目批准号	项目名称	负责人	合作单位
392	2022HZ1019	国际商事法庭诉讼和仲裁、调解衔接机制的研究——以西安"一带一路"国际商事法律服务示范区建设为视角	赵旭东	西安培华学院
393	2022HZ1020	总体国家安全观视域下我国网络文化安全法治保障研究	李天英	西安体育学院
394	2022HZ1021	秦创原创新驱动平台金融创新与法治保障研究	刘建仓	西北大学
395	2022HZ1022	环境公益诉讼特别程序立法研究	徐春成	西北农林科技大学
396	2022HZ1023	总体国家安全观视域下的网络文化安全研究	孙 江	西北政法大学
397	2022HZ1024	秦创原创新驱动发展法治保障问题研究	孙昊亮	西北政法大学
398	2022HZ1025	市域社会治理中地方政府应急决策研究	蔡书芳	中共西安市委党校
399	2022HZ1026	陕西省妇女参与乡村振兴的路径及机制研究	惠建利	陕西师范大学
400	2022HZ1027	陕西省三孩生育支持配套政策研究	杨小军	西安交通大学
401	2022HZ1028	建构主义性别理论的本土化应用研究	孙晓冬	西安交通大学
402	2022HZ1029	预防和反对家庭暴力对策研究	董青梅	西北政法大学
403	2022HZ1030	红色家风提升大学生积极心理品质的路径研究	石 梅	延安大学
404	2022HZ1031	新时代家庭文明家风构建研究	李玉玲	陕西财经职业技术学院
405	2022HZ1032	以良好家风助推清朗社会风气的长效机制研究	张荣靖	陕西警官职业学院
406	2022HZ1033	马克思主义妇女理论融入大学生网络思想政治教育话语引导的策略研究	王雪婧	陕西科技大学
407	2022HZ1034	陕西省妇女参与乡村振兴的路径及对策研究	赖作莲	陕西省社会科学院
408	2022HZ1035	习近平新时代家庭观视域下当代青年婚育模式实态与变迁	李 巾	陕西省社会科学院
409	2022HZ1036	新时代陕西农村女性可持续旅游创业机制与路径研究	刘新颜	陕西师范大学
410	2022HZ1037	"双减"政策背景下家校社协同育人机制研究	刘微雨	陕西学前师范学院
411	2022HZ1038	"三孩"生育政策下职业女性的困境及对策研究	朱 红	陕西学前师范学院

续表

序号	项目批准号	项目名称	负责人	合作单位
412	2022HZ1039	好家风支撑良好社会风气长效机制研究	吴海潮	陕西学前师范学院
413	2022HZ1040	陕西乡村文化传承与资源开发中的女性担当策略研究	贾单妮	渭南师范学院
414	2022HZ1041	陕西省妇女参与乡村振兴的路径及机制研究	韩　锦	西安财经大学
415	2022HZ1042	"三孩"政策下育龄女性心理健康服务需求调查与体系构建研究	于腾腾	西安财经大学
416	2022HZ1043	"双减"政策背景下促进未成年人全面发展健康成长路径研究	马雪艳	西安财经大学
417	2022HZ1044	充分发挥妇女在领导干部家风建设中的独特作用研究	程燕子	西安电子科技大学
418	2022HZ1045	延安时期党领导妇女工作的历史经验及启示	马　楠	西安翻译学院
419	2022HZ1046	新时代陕西妇联组织参与基层社会治理研究	黄　云	西安工程大学
420	2022HZ1047	延安时期中国共产党领导妇女劳动解放的历史经验与现实启示研究	李仙娥	西安建筑科技大学
421	2022HZ1048	数字乡村建设背景下陕西省妇女参与乡村振兴的机制及路径研究	杨　琳	西安交通大学
422	2022HZ1049	"全面三孩"背景下陕西育龄妇女生育政策需求的群体性差异和生育配套措施精准供给研究	李　聪	西安交通大学
423	2022HZ1050	马克思主义妇女理论中国化研究	徐　婧	西安交通大学
424	2022HZ1051	"双减"政策后中小学生的心理健康变化与对策建议研究	李占星	西安交通大学
425	2022HZ1052	陕西省妇女参与乡村振兴的路径及机制研究——以汉阴县为例	李　蒙	西安培华学院
426	2022HZ1053	"三孩"生育政策下普惠性托育服务多维行动路径研究	裴　莹	西安思源学院
427	2022HZ1054	陕西省构建家庭参与基层社会治理新格局研究	刘海燕	西安思源学院
428	2022HZ1055	"双减"政策背景下家校社协同育人新模式促进未成年人健康成长研究	郭　伟	西安体育学院

续表

序号	项目批准号	项目名称	负责人	合作单位
429	2022HZ1056	高校女科技工作者心理健康干预研究——基于心理健康和噩梦困扰相关性分析	刘 佳	西安外国语大学
430	2022HZ1057	马克思主义妇女理论视域下的中国妇女教育发展与实践	刘一静	西安外国语大学
431	2022HZ1058	新中国成立以来陕西妇女运动和妇女发展史料整理与研究	李喜霞	西安文理学院
432	2022HZ1059	"双减"背景下以"成长"为导向的未成年人全面健康发展研究	王 静	西安文理学院
433	2022HZ1060	"双减"政策背景下乡村中小学健康教育现状及影响因素研究	李 妮	西安医学院
434	2022HZ1061	改革开放后陕西妇女医护教育的实践进路与启示研究	杨蕙宇	西安医学院
435	2022HZ1062	陕西省妇联组织参与基层社会治理的逻辑、问题与对策研究	杨 柯	西安邮电大学
436	2022HZ1063	陕西女性翻译家研究	闫 欣	西安邮电大学
437	2022HZ1064	高质量发展背景下陕西省三孩生育政策舆情研究	师 妍	西安邮电大学
438	2022HZ1065	疫情防控背景下城中村打工女性生存样态与社工干预研究	同雪莉	西北大学
439	2022HZ1066	新时代妇女干部培养选拔优化路径研究	朱 青	西北大学
440	2022HZ1067	从传统到现代:女性在家风建设中的机制研究	王 璐	西北农林科技大学
441	2022HZ1068	陕西省"三孩"生育政策配套措施研究	南建党	西北政法大学
442	2022HZ1069	数据观察与焦点问题视域下的陕西省人身安全保护令制度实证研究	张 妮	西北政法大学
443	2022HZ1070	马克思主义妇女观中国化的发展脉络与当代价值研究	宫敏燕	咸阳师范学院
444	2022HZ1071	妇联组织参与基层治理的社会化机制研究	张继军	延安大学
445	2022HZ1072	延安时期中国共产党领导下的促进男女平等的制度机制研究	孔 岩	延安大学
446	2022HZ1073	"双减"政策背景下阳光体育促进未成年人健康成长研究与探讨	宋 潇	榆林学院
447	2022HZ1074	新形势下党建工作与妇女工作深度融合研究	李小芹	长安大学

续表

序号	项目批准号	项目名称	负责人	合作单位
448	2022HZ1075	陕西省"全面三孩"生育支持政策体系及配套措施研究	尚子娟	长安大学
449	2022HZ1076	陕南传统聚落文化振兴与妇幼公共服务体系协同构建研究	许娟	长安大学
450	2022HZ1077	电商技术赋能陕西省农村女性增收的长效机制研究	蔡洁	长安大学
451	2022HZ1078	妇联组织参与市域社会治理研究	张欣	中共宝鸡市委党校
452	2022HZ1079	领导干部配偶在正风肃纪反腐中的角色及作用发挥研究	梁知博	中共陕西省委党校
453	2022HZ1080	"一带一路"倡议下的陕西妇女民间外交研究	和晓强	中共陕西省委党校
454	2022HZ1081	发挥妇女在培育良好家风中的作用机制研究	刘琼	中共陕西省委党校
455	2022HZ1082	妇联组织参与涉女性受害者案件引发舆情的应对处置工作研究	王晓楠	中共陕西省委党校
456	2022HZ1083	陕西省妇女参与乡村振兴的路径及机制研究——以渭南市为例	张亚娥	中共渭南市委党校
457	2022HZ1084	双减政策下未成年人心理健康发展中家庭教育的机遇与挑战	焦文燕	陕西省人民医院
458	2022HZ1317	高校毕业生就业对策研究	陈潇	西安翻译学院
459	2022HZ1318	高质量打造秦创原农业板块的思路研究	王博文	西北农林科技大学
460	2022HZ1319	沿黄流域民宿产业发展调研	杨欢	西北农林科技大学
461	2022HZ1320	坚持和发展新时代"枫桥经验",深入开展源头化解矛盾纠纷解决信访问题的经验做法	刘锋	中共铜川市委党校
462	2022HZ1321	基于绩效目标的科技成果转化"三项改革"管理体系研究	任君瑞	西北大学
463	2022HZ1322	推动融资平台整合升级有效路径研究	裴辉儒	陕西师范大学
464	2022HZ1323	陕西红色旅游品质提升研究	崔琰	西安科技大学
465	2022HZ1324	黄河流域腰鼓舞文化研究	张涛	宝鸡文理学院
466	2022HZ1325	科技创新赋能陕西文旅产业高质量发展研究	王子傲	陕西创智云谷企业发展管理有限公司
467	2022HZ1326	社会力量参与新型文化空间建设创新实践研究	闫小斌	陕西科技大学

续表

序号	项目批准号	项目名称	负责人	合作单位
468	2022HZ1327	陕西文化旅游巩固拓展脱贫攻坚成果与乡村振兴有效衔接路径研究	李文凤	陕西科技大学
469	2022HZ1328	新形势下美术馆功能定位与高质量发展研究	白林坡	陕西省美术博物馆
470	2022HZ1329	旅游强省建设关键指标研究	张 燕	陕西省社会科学院
471	2022HZ1330	陕西古代书院文化保护传承弘扬的路径研究	王长寿	陕西省社会科学院
472	2022HZ1331	陕西公共图书馆服务提质增效专项研究	陆 路	陕西省图书馆
473	2022HZ1332	西安鼓乐创新与发展研究	邓 萌	陕西省艺术研究院
474	2022HZ1333	陕西省文艺高层次人才培养引进研究	孙 婧	陕西省艺术研究院
475	2022HZ1334	加快长征国家文化公园陕西段建设研究	白 凯	陕西师范大学
476	2022HZ1335	艺术精品创作传播对陕西旅游形象塑造的影响	党 君	陕西师范大学
477	2022HZ1336	树立和突出各民族共享的中华文化符号和中华民族形象路径研究	邓淙文	陕西学前师范学院
478	2022HZ1337	文化和旅游领域国际传播能力建设研究	高 娟	陕西中医药大学
479	2022HZ1338	文化强省视阈下的陕西舞蹈创作高质量发展路径研究	高立雄	渭南师范学院
480	2022HZ1339	乡村振兴背景下陕西乡村旅游发展路径探究	黄东梅	渭南师范学院
481	2022HZ1340	"非遗+旅游"融合发展研究	王月海	渭南师范学院
482	2022HZ1341	旅游业促进地区经济发展评价研究	张武康	西安财经大学
483	2022HZ1342	文化和旅游领域国际传播能力建设研究	焦艳伟	西安翻译学院
484	2022HZ1343	疫情常态化背景下沿黄公路文化旅游高质量发展路径研究	张 阳	西安航空学院
485	2022HZ1344	文化和旅游领域国际传播能力建设研究	李 萌	西安航空学院
486	2022HZ1345	文旅融合视野下黄土文化中的宗祠文化研究	王葆华	西安建筑科技大学
487	2022HZ1346	长征国家文化公园陕西段红色雕塑设计策略研究	姜 涛	西安建筑科技大学
488	2022HZ1347	疫情常态化背景下传统旅游景区发展路径研究	王 伟	西安建筑科技大学
489	2022HZ1348	旅游产业高质量发展统计指标体系研究	刘 华	西安建筑科技大学
490	2022HZ1349	"非遗+旅游"融合发展研究	单 杰	西安建筑科技大学

续表

序号	项目批准号	项目名称	负责人	合作单位
491	2022HZ1350	文化和旅游领域国际传播能力建设研究	蔺宝钢	西安建筑科技大学
492	2022HZ1351	"非遗+旅游"融合发展研究	杨晓萍	西安交通大学
493	2022HZ1352	贯通陕南、关中、陕北的旅游专列可行性研究	高 莉	西安交通工程学院
494	2022HZ1353	文旅融合视野下黄土高原传统村落数字生态旅游策略研究	魏 琰	西安理工大学
495	2022HZ1354	"陕派话剧"品牌打造和实现路径研究	张兰芳	西安美术学院
496	2022HZ1355	艺术精品创作传播对陕西旅游形象塑造的影响	麻元彬	西安美术学院
497	2022HZ1356	艺术精品创作传播对陕西旅游形象塑造的影响	刘 虎	西安美术学院
498	2022HZ1357	保护与传承：陕西皮影戏的困境与发展路径研究	刘馨潞	西安美术学院
499	2022HZ1358	大众旅游时代旅行社发展研究	谭启鸿	西安欧亚学院
500	2022HZ1359	保护与传承：陕西皮影戏的困境与发展路径研究	唐穆君	西安市社会科学院
501	2022HZ1360	疫情常态化背景下传统旅游景区发展路径研究	梁 璐	西安外国语大学
502	2022HZ1361	陕西文化旅游巩固拓展脱贫攻坚成果与乡村振兴有效衔接路径研究	赵 静	西安外国语大学
503	2022HZ1362	科技创新赋能陕西文旅产业高质量发展研究	段兆雯	西安外国语大学
504	2022HZ1363	疫情常态化背景下传统旅游景区发展路径研究	宋银萍	西安外事学院
505	2022HZ1364	中华文明探源工程中的陕西要素体系与文旅发展路径研究	郭荣春	西安邮电大学
506	2022HZ1365	守正创新视域下黄河流域地方民歌的传承保护与创新性研究	姚晓婷	西安音乐学院
507	2022HZ1366	文化强省建设的内涵思路及关键指标体系研究	孙绍勇	西北工业大学
508	2022HZ1367	文化和旅游领域知识产权保护应用研究	孙昊亮	西北政法大学
509	2022HZ1368	疫情常态化背景下传统旅游景区发展路径研究	徐 萍	西京学院

续表

序号	项目批准号	项目名称	负责人	合作单位
510	2022HZ1369	黄河流域关中民间泥塑的文化记忆与传承研究	岳　瑾	咸阳师范学院
511	2022HZ1370	黄河文化保护传承视域下石峁文物图形符号因子提取与应用研究	白　云	榆林学院
512	2022HZ1371	黄河关中文化的内涵、价值与现代化转化研究	金栋昌	长安大学
513	2022HZ1372	沿黄公路旅游带文化旅游高质量发展对策及路径	丁　华	长安大学
514	2022HZ1373	陕西文化旅游巩固拓展脱贫攻坚成果与乡村振兴有效衔接路径研究	杨望暾	长安大学
515	2022HZ1374	陕西文化旅游巩固拓展脱贫攻坚成果与乡村振兴有效衔接路径研究	杜智民	长安大学
516	2022HZ1375	企业双重预防机制建设运行规范和监管方法研究	李　爽	中国矿业大学
517	2022HZ1376	企业双重预防机制建设运行规范和监管方法研究	张津嘉	西北大学
518	2022HZ1377	企业双重预防机制建设运行规范和监管方法研究	程方明	西安科技大学
519	2022HZ1378	应急救灾物资储备规模和配置标准的研究	伍佳妮	长安大学
520	2022HZ1379	应急救灾物资储备规模和配置标准的研究	王　渊	西安工程大学
521	2022HZ1380	应急救灾物资储备规模和配置标准的研究	李　磊	西安科技大学
522	2022HZ1381	加强应急值守体系建设提高突发事件处置能力研究	刘　娟	西安建筑科技大学
523	2022HZ1382	加强应急值守体系建设提高突发事件处置能力研究	孙晓华	西安工程大学
524	2022HZ1383	加强应急值守体系建设提高突发事件处置能力研究	郝保权	西北工业大学
525	2022HZ1384	区域应急救援能力评估指标体系研究	文　虎	西安科技大学
526	2022HZ1385	区域应急救援能力评估指标体系研究	周文光	西北大学
527	2022HZ1386	区域应急救援能力评估指标体系研究	王新平	西安科技大学
528	2022HZ1387	基于普查成果与自然灾害监测系统相结合,提升基层应急管理能力应用研究	屈立成	长安大学
529	2022HZ1388	基于普查成果与自然灾害监测系统相结合,提升基层应急管理能力应用研究	冯套柱	西安华中教育研究院有限公司

续表

序号	项目批准号	项目名称	负责人	合作单位
530	2022HZ1389	基于普查成果与自然灾害监测系统相结合,提升基层应急管理能力应用研究	房 超	西安交通大学
531	2022HZ1390	长航卫通无人机在秦岭林火防控中的可行性研究	万方义	西北工业大学
532	2022HZ1391	长航卫通无人机在秦岭林火防控中的可行性研究	刘贞报	西北工业大学
533	2022HZ1392	长航卫通无人机在秦岭林火防控中的可行性研究	欧阳的华	西安建筑科技大学
534	2022HZ1393	基于人工智能与灾情数据的地质灾害应急调查技术与救援协同策略研究	许 领	西安交通大学
535	2022HZ1394	基于人工智能与灾情数据的地质灾害应急调查技术与救援协同策略研究	李丽敏	西安工程大学
536	2022HZ1395	基于人工智能与灾情数据的地质灾害应急调查技术与救援协同策略研究	封 超	西北大学
537	2022HZ1396	职业院校乡村人才培训教材开发与建设对策研究	张永良	宝鸡职业技术学院
538	2022HZ1397	新时代高职院校大学生劳动教育课程高效教学实施研究	董永哲	宝鸡职业技术学院
539	2022HZ1398	省级"双高"背景下大数据通识课程新型活页式教材研究	王双明	陕西财经职业技术学院
540	2022HZ1399	基于职业能力培养的高职学前教育专业教材建设研究	付世秋	陕西财经职业技术学院
541	2022HZ1400	"传承与传播"双目标下陕西非遗文化活态传承路	马晶照	陕西财经职业技术学院
542	2022HZ1401	高等职业教育 1 + X 职业技能等级考试培训实施路径研究	刘永亮	陕西工业职业技术学院
543	2022HZ1402	"互联网 +"背景下高职美育课程改革创新的研究与实践	付胜利	陕西工业职业技术学院
544	2022HZ1403	高等职业教育体育"课程思政"教学与教材建设研究	王茂利	陕西国防工业职业技术学院
545	2022HZ1404	高职院校《大学生心理健康教育》课程思政与教材研究	王 玲	陕西国防工业职业技术学院
546	2022HZ1405	高等职业教育"课程思政"教学研究	杨季行	陕西国防工业职业技术学院

续表

序号	项目批准号	项目名称	负责人	合作单位
547	2022HZ1406	高等职业教育企业管理课程"课程思政"教学与教材建设研究	白琳	陕西国防工业职业技术学院
548	2022HZ1407	高职院校经济数学课程思政教学与教材建设研究	赵兹	陕西国防工业职业技术学院
549	2022HZ1408	高职英语课程线上线下混合式教学实践研究	杨眉	陕西交通职业技术学院
550	2022HZ1409	高职工科类专业"课程思政"教学与教材建设研究	蔺宏良	陕西交通职业技术学院
551	2022HZ1410	应用型本科高校工商管理类专业教学改革探索	上官鸣	陕西科技大学
552	2022HZ1411	基于OBE理念的高职学前教育专业活页式教材开发研究	朱凯利	陕西青年职业学院
553	2022HZ1412	聚焦"三教"改革的"双高"院校创新创业教育研究与实践	王津	陕西铁路工程职业技术学院
554	2022HZ1413	高等职业院校大学生心理健康教育课程教学与教材研究	赵智军	陕西铁路工程职业技术学院
555	2022HZ1414	陕西高职英语课程思政教学与教材建设研究	王薇	陕西铁路工程职业技术学院
556	2022HZ1415	"岗课赛证"融通的职业教育教材建设研究	王涛	陕西铁路工程职业技术学院
557	2022HZ1416	产教融合下应用型专业"学习进阶+知行合一"实践育人模式构建研究	苏琨	陕西学前师范学院
558	2022HZ1417	高职教育课程思政·新形态系列教材之《管理会计》活页式教材开发策略研究	杨敏茹	陕西职业技术学院
559	2022HZ1418	高等职业教育"创新创业课程"教学与教材建设研究	马晓荣	陕西职业技术学院
560	2022HZ1419	高等职业教育"课程思政"教学与教材建设研究	韩玉科	陕西职业技术学院
561	2022HZ1420	高等职业教育英语"课程思政"教学与教材建设研究	钱允凤	陕西职业技术学院
562	2022HZ1421	"课程思政"视域下高职院校学前教育专业《普通话与幼儿教师口语》课程改革与教材建设研究	李薇	陕西职业技术学院

续表

序号	项目批准号	项目名称	负责人	合作单位
563	2022HZ1422	产教融合背景下会计学国家一流专业创新人才培养体系构建与实践	陈淑芳	西安财经大学
564	2022HZ1423	短视频语境下陕西地域优秀传统文化普及、传承路径探索	韩卫娟	西安财经大学
565	2022HZ1424	新文科背景下应用型本科财会专业教育教材建设研究	赵栓文	西安财经大学行知学院
566	2022HZ1425	"新文科"背景下工商管理类本科专业财政与税收课程教材建设	李社宁	西安财经大学行知学院
567	2022HZ1426	产教融合背景下本科翻译专业校企协同育人路径探索	张 莹	西安翻译学院
568	2022HZ1427	"新文科"背景下应用型院校外语类教材建设的研究	秦晓梅	西安翻译学院
569	2022HZ1428	新文科背景下民办高校应用型本科教育教学改革理论与实践研究	高晶晶	西安翻译学院
570	2022HZ1429	"大数据管理与应用"专业教学培养体系优化与实践研究	李 艳	西安工程大学
571	2022HZ1430	新工科背景下应用型本科《高等数学》课程思政资源库建设	张惠玲	西安航空学院
572	2022HZ1431	基于"1+X"制度的"岗课赛证"综合育人路径探索与实践	龚小涛	西安航空职业技术学院
573	2022HZ1432	高职院校"岗课赛证"综合育人路径研究	王 凯	西安航空职业技术学院
574	2022HZ1433	"产教融合"背景下高水平专业群的组群逻辑及建设路径的研究	叶 婷	西安航空职业技术学院
575	2022HZ1434	"四新"背景下应用型本科财会专业教材建设研究	王海民	西安交通大学城市学院
576	2022HZ1435	产教融合背景下现代产业学院协同育人探索与实践	王 艳	西安欧亚学院
577	2022HZ1436	课程思政视域下金融文化融入培养科技金融人才助力秦创原发展的路径与模式研究	楚文静	西安培华学院
578	2022HZ1437	"岗课赛证"融通式教学模式下职业院校医学检验专业新形态教材建设实施途径	付 玲	西安市卫生学校
579	2022HZ1438	应用型本科心理健康教育教材建设研究	管忠民	西安思源学院
580	2022HZ1439	"四新"建设:应用型本科院校通识课程教学范式转型与实践	赵惠霞	西安思源学院

续表

序号	项目批准号	项目名称	负责人	合作单位
581	2022HZ1440	高等职业院校"线上线下"混合式教学模式研究与实践	滕 勇	西安铁路职业技术学院
582	2022HZ1441	新文科背景下应用型本科英语专业人才培养探索与实践	张 玮	西安外国语大学
583	2022HZ1442	新工科背景下应用型本科院校的学科竞赛实践教学研究	张 伟	西安文理学院
584	2022HZ1443	陕西地域优秀传统文化的普及与传承路径研究	宋媛媛	西安文理学院
585	2022HZ1444	高等职业教育"课程思政"教学与教材建设研究	刘澎涛	西安医学高等专科学校
586	2022HZ1445	新医科背景下国家一流专业社区护理实践教材建设的研究	宋 梅	西安医学院
587	2022HZ1446	新医科背景下思想政治教育与医学人文融合育人的实践路径研究	桑利娥	西安医学院
588	2022HZ1447	区块链背景下应用型审计人才培养模式的创新研究	令伟锋	西京学院
589	2022HZ1448	高职学前教育专业"岗课赛证融通"综合育人的理论与实践研究	任江维	咸阳职业技术学院
590	2022HZ1449	高职学前教育专业美术类课程教学改革与教材建设研究	邰康锋	咸阳职业技术学院
591	2022HZ1450	外语类专业毕业论文指导中的思政教育研究	郇 芳	延安大学
592	2022HZ1451	"双高计划"视阈下职业院校创新创业教育升级建设研究	郑 伟	杨凌职业技术学院
593	2022HZ1452	涉农高职院校劳动教育课程教学与教材研究	祝战斌	杨凌职业技术学院
594	2022HZ1453	"课程思政"融入高职英语教材建设实践研究	雷 静	杨凌职业技术学院
595	2022HZ1454	"双高计划"背景下高职院校《图像处理》课程新形态一体化教材的建设研究	李文娟	杨凌职业技术学院
596	2022HZ1455	基于教材建设基础上的高校英语课程思政元素探析与实践	杨雪霁	杨凌职业技术学院
597	2022HZ1456	高职院校"中文+职业教育"师资培养路径研究	杨 华	陕西财经职业技术学院

续表

序号	项目批准号	项目名称	负责人	合作单位
598	2022HZ1457	"中文+职业教育"背景下高职工科类教师专业发展研究	胥航军	陕西国防工业职业技术学院
599	2022HZ1458	国际中文教育微课建设及课程输出研究	张 红	陕西职业技术学院
600	2022HZ1459	基于数字叙事的国际中文教育线上语言文化项目研究	延 慧	渭南师范学院
601	2022HZ1460	"一带一路"背景下陕西地域文化对外传播路径研究	尹 琨	渭南师范学院
602	2022HZ1461	"新文科"背景下国际中文教师信息素养提升路径研究	高丽娟	西安翻译学院
603	2022HZ1462	中国文化在东南亚传播效果研究	白军芳	西安工业大学
604	2022HZ1463	基于OBE理念的国际汉语综合课在线课程建设	邹 虹	西安科技大学
605	2022HZ1464	后疫情时代网络中文课堂教学策略优化研究	陈 苗	西安科技大学高新学院
606	2022HZ1465	讲好中国故事背景下海外汉学家诗性美学思想研究	毋 杉	西安理工大学
607	2022HZ1466	市场化发展视角下国际中文教育供给侧改革研究	王敬艳	西安石油大学
608	2022HZ1467	海外本土幼儿中文教师"中文+职业技能"培养模式研究	段舟杨	西安文理学院
609	2022HZ1468	陕西文学域外传播研究	张 蕾	西安文理学院
610	2022HZ1469	新时代中国文化国际传播路径研究	韩 蕊	西安建筑科技大学
611	2022HZ1470	国际中文教育视野下汉语非主谓句研究	曹 勇	西安建筑科技大学
612	2022HZ1471	新文科背景下汉语国际教育专业本科人才培养路径研究	马海婷	咸阳师范学院
613	2022HZ1472	"一带一路"背景下印度洋地区"中文+职业教育"融合模式构建研究	冀 芳	长安大学
614	2022HZ1473	疫情背景下的国际中文教育教学改革研究	成党伟	安康学院
615	2022HZ1474	语素教学法在留学生词汇教学中的应用研究	董 佳	西安外国语大学
616	2022HZ1475	以教材编写为路径的陕西文化国际传播研究	张文倩	西安外国语大学
617	2022HZ1476	"一带一路"倡议下本土中文教师职业素养提升路径研究	赵婉彤	西安外国语大学

续表

序号	项目批准号	项目名称	负责人	合作单位
618	2022HZ1477	戏曲文物的数字化国际传播路径研究	鲁小艳	西安财经大学
619	2022HZ1478	中国传统文化在丝路文献中的处境化改写研究	苏蕊	西北大学
620	2022HZ1479	新文科背景下汉语国际教育《跨文化交际》教学改革与实践研究	白鸽	西北大学
621	2022HZ1480	陕西省汉语国际教育硕士毕业生就业状况调查研究	杨静	西安工业大学
622	2022HZ1481	陕西秦巴山区实施乡村振兴战略的有效路径研究	程书强	陕西财经职业技术学院
623	2022HZ1482	数字赋能陕西文旅产业高质量发展研究合作项目	秦开凤	陕西省社会科学院
624	2022HZ1483	陕西农业转移人口市民化高质量发展的现状分析、机制构建与对策建议	孔祥利	陕西师范大学
625	2022HZ1484	以绿色理念创新驱动陕南生态文明高质量发展	韩奋发	陕西学前师范学院
626	2022HZ1485	疫情防控下的城市社区多元主体协作治理研究	王峰	上海财经大学
627	2022HZ1486	全球价值嵌入对陕西省国际贸易碳减排影响研究	李博英	同济大学
628	2022HZ1487	知识产权保护推动陕西省制造业技术创新路径研究	卓宇	渭南师范学院
629	2022HZ1488	数字经济驱动的绿色金融治理创新研究	姚树俊	西安财经大学
630	2022HZ1489	乡村振兴背景下陕西县域农村养老服务高质量发展问题研究	任燕	西安财经大学
631	2022HZ1490	城市更新提升城市治理水平机制研究	薛岩龙	西安财经大学
632	2022HZ1491	陕西高校网络舆情演化特点与管理机制研究	袁权	西安电子科技大学
633	2022HZ1492	疫情常态化背景下乡村振兴实践困境及路径探索	王伟	西安建筑科技大学
634	2022HZ1493	黄河流域传统村落生态保护和高质量发展的协同机制研究	李仙娥	西安建筑科技大学
635	2022HZ1494	陕西省营商环境优化对高质量发展的影响研究	冯根福	西安交通大学

续表

序号	项目批准号	项目名称	负责人	合作单位
636	2022HZ1495	科技支撑陕西省"双碳"目标推动高质量发展路径和策略研究	郭菊娥	西安交通大学
637	2022HZ1496	高质量发展引领高校专业课教师课程思政的困境及解决策略研究	朱娟霞	西安医学院
638	2022HZ1497	高质量发展视野下高校教师教学质量评价体系研究	李新华	西安医学院
639	2022HZ1498	陕西大力培育数字经济研究	张 鸿	西安邮电大学
640	2022HZ1499	黄河流域新型城镇化高质量发展研究	杨佩卿	西安邮电大学
641	2022HZ1500	陕西省数字经济培育路径及对策研究	苏锦旗	西安邮电大学
642	2022HZ1501	低碳经济助力陕西乡村振兴研究	卫 玲	西北大学
643	2022HZ1502	陕西数字经济促进经济高质量发展及其耦合协调研究	张 龙	西北大学
644	2022HZ1503	县域视角下乡村振兴战略实施中的政府引领研究	王伟勤	西北政法大学
645	2022HZ1504	西安都市圈建设背景下西渭融合发展策略研究	刘光岭	西北政法大学
646	2022HZ1505	碳达峰、碳中和对陕西省经济社会发展的影响机制与路径研究	李海霞	西京学院
647	2022HZ1506	实施乡村振兴战略研究	操龙升	陕西财经职业技术学院
648	2022HZ1507	陕西汽车制造业数字化转型赋能企业绩效的机制与对策研究	汤 伟	陕西工商职业学院
649	2022HZ1508	"体育旅游+乡村振兴"有效衔接路径研究	林 森	陕西科技大学
650	2022HZ1509	陕西区域经济协调发展的障碍与对策	仲伟周	陕西社会主义学院
651	2022HZ1510	新乡贤赋能乡村振兴的作用及对策研究	罗小娥	陕西学前师范学院
652	2022HZ1511	高质量背景下陕西省发展水平测度研究	曹 明	陕西学前师范学院
653	2022HZ1512	陕西乡村振兴中创业创新的金融支持对策研究	魏 源	渭南师范学院
654	2022HZ1513	陕西省公共图书馆文旅融合推动文化产业高质量发展研究	许 湖	西安财经大学
655	2022HZ1514	黄河流域生态保护与高质量发展中自然资源资产审计研究	张丽达	西安财经大学
656	2022HZ1515	"双碳"战略下陕西高碳产业低碳转型问题研究	马红鸽	西安财经大学

续表

序号	项目批准号	项目名称	负责人	合作单位
657	2022HZ1516	基于高质量发展目标下陕西省企业ESG报告"漂绿"行为精准识别研究	徐 玮	西安财经大学
658	2022HZ1517	秦创原科技创新示范带促进陕西经济高质量发展路径与对策研究	刘俊霞	西安翻译学院
659	2022HZ1518	数字经济推动陕西区域协调发展路径研究	王铁山	西安工程大学
660	2022HZ1519	陕西省招商引资过程中政府职能优化研究	鲁艳玲	西安航空学院
661	2022HZ1520	西安周边迁村并点型乡村公共空间生产机制及优化策略研究	魏 萍	西安建筑科技大学
662	2022HZ1521	文化产业高质量发展视野下陕西红色文化的微传播研究	张钧挥	西安建筑科技大学
663	2022HZ1522	城镇化进程的陕西市域碳减排重点路径研究	张新生	西安建筑科技大学
664	2022HZ1523	陕西省县域经济高质量发展水平测度及空间格局研究	刘 源	西安交通大学
665	2022HZ1524	优化营商法治环境促进陕西经济高质量发展研究	安 婧	西安交通大学
666	2022HZ1525	基于"自然－经济－社会"系统的西安市生态安全与高质量发展研究	王 非	西安交通大学
667	2022HZ1526	数据资产管理与陕西企业高质量发展	汪方军	西安交通大学
668	2022HZ1527	实施"双碳"战略推动高质量发展的路径研究	田高良	西安交通大学
669	2022HZ1528	"双碳"目标下煤炭老矿区转型升级高质量发展研究	雷卫东	西安科技大学
670	2022HZ1529	乡村振兴视角下农村地区能源绿色低碳转型路径研究	王新平	西安科技大学
671	2022HZ1530	国际视角下陕西省经济绿色发展水平测度及优化路径研究	周博洋	西安外国语大学
672	2022HZ1531	农户参与电商对陕西农业高质量发展的影响	昝梦莹	西安邮电大学
673	2022HZ1532	数字技术驱动下陕西省审计高质量发展的传导机制与实现路径研究	李 瑞	西安邮电大学
674	2022HZ1533	陕西县域经济高质量发展推进路径研究	段禄峰	西安邮电大学
675	2022HZ1534	数字经济发展路径比较及陕西的选择	张忠德	西安邮电大学
676	2022HZ1535	陕西省实施乡村振兴战略路径研究	董 欣	西北大学

续表

序号	项目批准号	项目名称	负责人	合作单位
677	2022HZ1536	数字经济促进陕西文化产业高质量发展研究	惠宁	西北大学
678	2022HZ1537	基于战略导向和项目群视角的陕西省乡村振兴项目立项评价体系与应用研究	白思俊	西北工业大学
679	2022HZ1538	"双碳"背景下陕西省交通运输业高质量发展研究	车阿大	西北工业大学
680	2022HZ1539	国家审计推动陕西高质量发展的实践、效果与优化研究	刘维政	西北政法大学
681	2022HZ1540	陕西省乡村文化产业高质量发展研究	万生新	咸阳师范学院
682	2022HZ1541	"双碳"目标下陕西省煤炭产业高质量发展的动力机制、实现路径及政策体系研究	蔡林美	延安大学
683	2022HZ1542	秦创原驱动陕西高质量发展研究	李建军	延安大学
684	2022HZ1543	陕西省乡村振兴高质量发展效率测算与评价研究	杜涛	延安大学
685	2022HZ1544	晋陕蒙黄河流域生态保护和高质量发展研究	孙利鹏	榆林学院
686	2022HZ1545	"双碳"目标下陕西省制造业高质量发展绩效评估与实现路径研究	乔小乐	长安大学
687	2022HZ1546	基于绿色增长的关中平原城市群高质量发展的空间作用因素及优化策略研究	谢更放	长安大学
688	2022HZ1547	推动新型城镇化高质量发展研究	朱晓莹	长安大学
689	2022HZ1548	数字经济背景下新型城镇化高质量发展研究	王亲玲	中共陕西省委党校
690	2022HZ1549	乡村振兴战略背景下乡村文化建设的路径研究	刘亚波	中共陕西省委党校
691	2022HZ1550	优化利用发票测算GDP方法研究	张耀文	西安财经大学
692	2022HZ1551	新能源供给消纳体系建设问题研究	郑维博	西安交通大学
693	2022HZ1552	大力发展乡村特色经济、带农经济、集体经济,促进乡村振兴问题研究	郭俊华	西北大学
694	2022HZ1553	粮食种植提质增效问题研究	张蚌蚌	西北农林科技大学
695	2022HZ1554	西安都市圈建设带动关中科技赋能创新升级研究	李洁	西安交通大学
696	2022HZ1555	实现"双碳"目标转型成本及操作风险研究	陆秋琴	西安建筑科技大学
697	2022HZ1556	建立健全生态产品价值实现机制问题研究	龚直文	西北农林科技大学

续表

序号	项目批准号	项目名称	负责人	合作单位
698	2022HZ1557	依托比较优势加快培育人工智能产业研究	周勇	西安建筑科技大学
699	2022HZ1558	RCEP视角下陕西自贸试验区发展研究	李涛	西安财经大学
700	2022HZ1559	全面提升社区治理能力研究	梁云鹤	西安工业大学
701	2022HZ1560	上市企业加强金融风险防范推动高质量发展研究	陈云桥	延安大学
702	2022HZ1561	《张秉直集》整理点校	王志平	西安欧亚学院
703	2022HZ1562	《关西马氏理学文集》整理与研究	曹振明	西北大学
704	2022HZ1563	刘绍攽经学诠释著述整理与研究	冯阳	西安建筑科技大学
705	2022HZ1564	陇右关学文献点校	连振波	甘肃中医药大学
706	2022HZ1565	横渠道统关中文献合辑	魏冬	西北大学
707	2022HZ1566	《孙景烈集》点校整理	王海成	西北农林科技大学
708	2022HZ1567	王承裕集	李明	西北政法大学
709	2022HZ1568	杨树椿著作整理与思想研究	刘峰	西北大学
710	2022HZ1569	《段坚集》(附后学)点校整理	王美凤	西北大学
711	2022HZ1570	南轩《渭上稿》校注	李似珍	华东师范大学
712	2022HZ1571	《知本提纲》点校整理	刘宗镐	西北大学
713	2022HZ1572	郑士范著作点校整理	李均宏	长安大学
714	2022HZ1573	《四书札记》整理	李敬峰	陕西师范大学
715	2022HZ1574	雷于霖、刘鸣珂合集点校整理	张淑华	西北工业大学
716	2022HZ1575	《史复斋文集》点校整理	苏鹏	西安财经大学
717	2022HZ1576	关学学者与跨地域理学学者书信汇编	米文科	宝鸡文理学院
718	2022HZ1577	2021年陕西金融业发展总报告	尹海员	陕西师范大学
719	2022HZ1578	2021年陕西基金业发展报告	哈立新	陕西省证券投资基金业协会
720	2022HZ1579	2021年度陕西企业上市挂牌报告	谷孟宾	陕西省社会科学院
721	2022HZ1580	2021年陕西信托业发展报告	王硕	陕西省国际信托股份有限公司
722	2022HZ1581	2021年西安市/宝鸡市/咸阳市/渭南市/铜川市金融业发展报告	胡海青	西安理工大学
723	2022HZ1582	2021年金融助力秦创原创新驱动平台建设报告	卢道真	陕西省创业投资协会
724	2022HZ1583	2021年陕西省债券市场分析报告	崔坤	陕西信用增进有限责任公司

续表

序号	项目批准号	项目名称	负责人	合作单位
725	2022HZ1584	2021年榆林市/延安市/汉中市/安康市/商洛市金融业发展报告	柴 建	西安电子科技大学
726	2022HZ1585	2021年地方金融风险监测报告	任海燕	陕西金融资产管理股份有限公司
727	2022HZ1588	咸阳市科技创新生态体系构建研究	刘兰剑	长安大学
728	2022HZ1589	咸阳市科技创新生态体系构建研究	李明辉	陕西科技大学
729	2022HZ1590	咸阳中医农业发展模式路径与选择的研究	张 畅	咸阳师范学院
730	2022HZ1591	咸阳科技与金融深度融合机制研究	倪明明	陕西科技大学
731	2022HZ1592	咸阳科技与金融深度融合机制研究	杜逸冬	陕西财经职业技术学院
732	2022HZ1593	咸阳科技与金融深度融合机制研究	张 原	西京学院
733	2022HZ1594	咸阳市科技创新促进高质量发展监测及分析研究	侯 曼	陕西科技大学
734	2022HZ1595	咸阳市科技创新促进高质量发展监测及分析研究	张小筠	西安外国语大学
735	2022HZ1596	推进咸阳市高新区高质量发展的路径与策略研究	张 静	西安财经大学
736	2022HZ1597	推进咸阳市高新区高质量发展的路径与策略研究	朱文莉	陕西科技大学
737	2022HZ1598	加快咸阳市科技服务业发展的政策研究	王燕妮	西安电子科技大学
738	2022HZ1599	咸阳市科技服务业发展现状及创新型服务体系构建	上官鸣	陕西科技大学
739	2022HZ1600	加快咸阳市科技服务业发展的政策研究	高 屾	西安外国语大学
740	2022HZ1601	咸阳市技术合同及科技成果产出与转化趋势研究	王利晓	西安翻译学院
741	2022HZ1602	"西咸一体"高质量发展渭河遗产廊道体系构建策略下咸阳泾渭两河遗产廊道保护及利用机制研究	龙 婷	西安建筑科技大学
742	2022HZ1603	秦创原建设背景下咸阳科技创新与产业结构升级的关系研究	吴小勇	咸阳市食品药品检验检测中心
743	2022HZ1604	"双碳"目标下咸阳煤炭工业高质量发展研究	王新平	西安科技大学
744	2022HZ1605	"双碳"目标下咸阳煤炭工业高质量发展的哲学审思	常益敏	陕西省南泥湾精神研究会

续表

序号	项目批准号	项目名称	负责人	合作单位
745	2022HZ1606	"揭榜挂帅"机制对咸阳科技创新效能的影响机理研究	王晓芳	咸阳师范学院
746	2022HZ1607	咸阳市县两级科技服务能力提升研究	吴迪	西安理工大学
747	2022HZ1608	"一带一路"背景下西安国际形象的文旅演艺传播研究	米高峰	陕西科技大学
748	2022HZ1609	西安市国际足球城市形象塑造与策略分析	张静	陕西理工大学
749	2022HZ1610	以文物出国(境)展览提升西安国际影响力策略研究	吴海云	陕西历史博物馆
750	2022HZ1611	丝绸之路国际电影节对西安国际形象塑造与传播效果提升研究	张颖	西安财经大学
751	2022HZ1612	文化传播视域下西安国际形象塑造：价值与路径	张睿	西安翻译学院
752	2022HZ1613	"一带一路"背景下新媒体科技助力西安国际形象海外传播策略研究	赵益	西安工程大学
753	2022HZ1614	大型体育赛事对举办城市国际品牌形象的塑造及影响力研究——以西安城墙国际马拉松赛为例	钱晓艳	西安工程大学
754	2022HZ1615	"一带一路"背景下西安文化基因梳理及文化空间规划体系研究	李晶	西安工程大学
755	2022HZ1616	推动陕西文学海外传播、助力西安国际形象提升	王宏俐	西安交通大学
756	2022HZ1617	基于品牌叙事理论的西安文化旅游形象塑造与对外传播研究	蒙胜军	西安交通大学
757	2022HZ1618	语言数据视野下的西安美食文化国际形象塑造与提升	李颖玉	西安交通大学
758	2022HZ1619	国际城市形象塑造视阈下外宣短文本特征研究	刘慧	西安交通大学城市学院
759	2022HZ1620	西安国际形象塑造与传播视阈下西安易俗社秦腔经典本戏对外译介与传播研究	尹丕安	西安理工大学
760	2022HZ1621	唐代帝陵石像生艺术的文化传播研究	张辉	西安理工大学
761	2022HZ1622	西安国际形象塑造与传播视角下城市公共空间艺术设计策略研究	孙昕	西安理工大学
762	2022HZ1623	海外旅游博客中的西安旅游形象研究	王和私	西安理工大学

续表

序号	项目批准号	项目名称	负责人	合作单位
763	2022HZ1624	大数据背景下陕西特色民俗文化的国内外传播途径研究	白瑞芳	西安欧亚学院
764	2022HZ1625	后疫情时代西安高等教育在地国际化内涵的反思与实践探索	孙建荣	西安欧亚学院
765	2022HZ1626	西安"博物馆之城"建设过程中的国际形象塑造路径研究	邵振宇	西安市社会科学院
766	2022HZ1627	"一带一路"背景下西安打造赛事名城提升城市国际影响力的价值研究	于 善	西安体育学院
767	2022HZ1628	从"赋能"到"协作":西安地方品牌与城市文化的共生发展研究区	寇紫遐	西安外国语大学
768	2022HZ1629	地方对外话语体系构建与西安国际形象传播研究	王 汐	西安外国语大学
769	2022HZ1630	"一带一路"背景下西安公共空间语言景观国际化研究	王 辉	西安邮电大学
770	2022HZ1631	"一带一路"背景下陕西跨国企业对外传播西安城市形象的效应研究	张 欣	西北大学
771	2022HZ1632	国际友人著述中的陕西形象研究	苏 蕊	西北大学
772	2022HZ1633	社会化媒体时代西安传统文化品牌创新传播路径研究	景 琦	西北大学
773	2022HZ1634	西安历史文化名城的塑造与英译话语体系建构	杨 柳	西北大学
774	2022HZ1635	高等院校国际教育视角下的城市形象塑造与传播提升研究	侯 俊	西北工业大学
775	2022HZ1636	西安国家中心城市形象传播研究	陈 琦	西北政法大学
776	2022HZ1637	华侨与西安国际形象的塑造与传播	秦艳峰	延安大学
777	2022HZ1638	"评价等效"视域下西安旅游文化传播与城市国际形象建构研究	冯正斌	长安大学
778	2022HZ1639	"一带一路"背景下陕西城市外交能力问题研究	王丽君	中共陕西省委党校
779	2022HZ1640	文旅融合赋能陕西省乡村振兴途径研究	赵建昌	宝鸡文理学院
780	2022HZ1641	陕西传统文化元素在文创产品设计中的应用研究	白 瑜	陕西开放大学
781	2022HZ1642	陕西文化旅游服务质量评价指标体系研究	贺雪梅	陕西科技大学

续表

序号	项目批准号	项目名称	负责人	合作单位
782	2022HZ1643	基于Topsis模型的汉水流域传统村落文化基因活态传承研究	崔茹	陕西理工大学
783	2022HZ1644	三副对联说中国(陕西卷)	毋燕	陕西省社会科学院
784	2022HZ1645	新时期陕西话剧"主题创作"与"文学改编"现象研究	何桑	陕西省艺术研究院
785	2022HZ1646	唐代舞蹈图像资料整理与研究	刘姬娜	陕西师范大学
786	2022HZ1647	中华优秀传统音乐文化的传承与创新研究——基于二胡艺术传承与发展的视角	钟珊	陕西师范大学
787	2022HZ1648	戏曲振兴视阈下的陈彦剧作研究	熊英琴	商洛学院
788	2022HZ1649	程大兆民族管弦乐《秦腔》中的戏曲元素运用研究	杨煜瑶	渭南师范学院
789	2022HZ1650	陕西省文旅数字化的动力机制与推进对策研究	刘洋	西安财经大学
790	2022HZ1651	以音乐剧创作推进高校美育与思政教育融合的路径研究	杨晓燕	西安工程大学
791	2022HZ1652	商洛花鼓戏与华中地区花鼓戏艺术比较研究	卢俊丹	西安建筑科技大学
792	2022HZ1653	区域融合视角下大西安线性遗产空间结构分析及城市遗产廊道网络适宜性构建策略研究	龙婷	西安建筑科技大学
793	2022HZ1654	陕西省文化和旅游融合提升路径研究	帅满	西安交通大学
794	2022HZ1655	"资源枯竭型城市"文化和旅游产业发展研究	袁晓芳	西安科技大学
795	2022HZ1656	唐代造物设计思想与审美流变研究	冯青	西安科技大学
796	2022HZ1657	抗战时期漫画艺术研究(1937—1945)	许欲晓	西安美术学院
797	2022HZ1658	乡村振兴背景下耀州窑装饰艺术在文创设计中的应用研究	刘谦	西安美术学院
798	2022HZ1659	古诗词新派声乐作品创作与演唱	田立	西安石油大学
799	2022HZ1660	延安精神主题性美术创作研究	康战强	西安外事学院
800	2022HZ1661	以塑造公共文化艺术区为导向的陕西工业遗产建筑改造及再生设计研究	刘伟	长安大学
801	2022HZ1662	延安时期红色舞剧音乐实现策略及当代价值	王昕	陕西艺术职业学院

续表

序号	项目批准号	项目名称	负责人	合作单位
802	2022HZ1663	新时代陕西文艺评论"地方路径"的美学特质及现实意义研究	杨晨洁	西安财经大学
803	2022HZ1664	主流意识形态建设视域下文化类综艺节目的内容生产与融合传播研究	林禹杉	西安工程大学
804	2022HZ1665	陕西书法艺术传承与创新研究	李家胜	西安交通大学
805	2022HZ1666	钢琴作品的"中国精神"表达研究（1978—2017）	曹馨予	西安交通工程学院
806	2022HZ1667	绿色出行下轨道交通对旅游景点可达性研究	刘 娜	西安交通工程学院
807	2022HZ1668	陕西艺术高校影视创作人才培养现状及发展研究	刘 森	西安美术学院
808	2022HZ1669	伟大建党精神数字化展示设计研究	何奇颖	西安石油大学
809	2022HZ1670	新时代陕西影视讲好中国故事的传播策略研究	马 可	西安石油大学
810	2022HZ1671	用延安精神推动陕西地方民间舞蹈创新发展	李晓梅	西安体育学院
811	2022HZ1672	西安市景区文化与旅游产业融合效应评价及优化路径研究	马丽侠	西安体育学院
812	2022HZ1673	新时代背景下陕西省红色文化资源与体育旅游深度融合发展研究	于 善	西安体育学院
813	2022HZ1674	新文科视角下的音乐舞蹈新体系教学理论应用对策化研究	朱 莎	西安音乐学院
814	2022HZ1675	黄河文化在舞蹈创作中的当代转化研究	马 昱	西安音乐学院
815	2022HZ1676	新时代陕西音乐资源在文化建设中助推教育教学改革的探索	靳甜甜	西安音乐学院
816	2022HZ1677	基于考古的唐砖原构件制作工艺研究	陈 新	西北工业大学
817	2022HZ1678	设计推动陕西乡村振兴建设策略研究	臧卫军	西京学院
818	2022HZ1679	延安文艺的"图-文"跨媒介叙事研究	侯业智	延安大学
819	2022HZ1680	乡村振兴战略下陕西省沿黄村落文化和旅游发展研究	张 静	榆林学院
820	2022HZ1681	新时代背景下陕西电影的创新性发展研究	侯夏雯	长安大学
821	2022HZ1682	陕西红色文化资源融入干部教育培训策略研究	郭 萍	中共陕西省委党校（陕西行政学院）

续表

序号	项目批准号	项目名称	负责人	合作单位
822	2022HZ1683	陕西旅游产业零碳化发展统计指标体系构建	张 昊	中国建筑西北设计研究院有限公司
823	2022HZ1684	古诗词在幼儿园舞蹈教学活动中的应用与研究	宋燕宇	安康学院
824	2022HZ1685	长安画派山水画中的秦岭图式研究	冯军书	宝鸡文理学院社科联
825	2022HZ1686	陕西关中地区民间古建彩画调查与研究	李 强	宝鸡文理学院社科联
826	2022HZ1687	乡村振兴背景下陕西三农短视频传播生态与发展策略研究	王怡飞	陕西理工大学
827	2022HZ1688	延安文艺与当代中国电影的"人民性"价值重塑研究	穆 俊	陕西师范大学
828	2022HZ1689	黄河文化视域下的当代陕西民间舞蹈创作研究	高 雄	陕西师范大学
829	2022HZ1690	古丝绸之路音乐文化交流考略	田媚娜	陕西艺术职业学院
830	2022HZ1691	陕西艺术策展人才培养机制研究	赵 斌	陕西职业技术学院
831	2022HZ1692	西咸新区中医药健康旅游产业融合发展研究	井 晶	陕西中医药大学
832	2022HZ1693	乡村振兴视域下社会美育协同创新与实践模式研究	崔莹莹	渭南师范学院
833	2022HZ1694	元宇宙视角下陕西文旅产业技术溢出效应研究	郭 箭	西安财经大学
834	2022HZ1695	乡村振兴战略中的文化和旅游发展研究——以绥德县为例	许 妮	西安财经大学
835	2022HZ1696	"一带一路"背景下陕西与中亚国家旅游合作与开发	刘祥文	西安财经大学
836	2022HZ1697	延安时期陕甘宁边区民间文艺的自我重构及价值实现研究	屈 蓉	西安电子科技大学
837	2022HZ1698	基于地域文化视角下的西安地铁站域创意产品设计研究	张子儒	西安翻译学院
838	2022HZ1699	陕西古戏台题记调查与整理研究	马 瑞	西安工程大学
839	2022HZ1700	乡村振兴战略下陕西传统村落水环境营建智慧研究	李 轲	西安工程大学
840	2022HZ1701	陕西榆林老年人羊毛绒防寒裤设计研究	田宝华	西安工程大学
841	2022HZ1702	西安戏迷群体参与秦腔艺术实践的动机及影响因素研究	于 晗	西安工程大学

续表

序号	项目批准号	项目名称	负责人	合作单位
842	2022HZ1703	城市近郊乡村文化空间重构与乡村旅游融合发展研究	沈 莹	西安建筑科技大学
843	2022HZ1704	文旅融合视角下陕西省影视IP场景价值识别及提升策略研究	宋 琪	西安建筑科技大学
844	2022HZ1705	红色旅游助推陕西革命老区振兴的作用机理及实践路径	苏 卉	西安建筑科技大学
845	2022HZ1706	地域文化感知下陕西旅游型乡村公共艺术景观设计研究	卢 渊	西安建筑科技大学
846	2022HZ1707	数字公共媒介助力农村文化消费的机制与效果研究	张 立	西安交通大学
847	2022HZ1708	新时代陕西秦筝文化体系建构及精神涵育研究	胡 冰	西安理工大学
848	2022HZ1709	"文旅西行"背景下陕西工业遗基因谱系构建与模式研究	符 锦	西安理工大学
849	2022HZ1710	乡村振兴视域下的陕西民间传统工艺品牌"区域品牌伞"构建与设计研究	杜 杰	西安理工大学
850	2022HZ1711	文旅视域下服饰文化传播研究——以"西安新锐青年时装周"为例	王田薇	西安美术学院
851	2022HZ1712	激活"乡愁文化":陕西乡村振兴的路径研究	丁 丽	西安欧亚学院
852	2022HZ1713	新时代背景下秦腔文化创意产品设计研究	张予阳	西安培华学院
853	2022HZ1714	"文旅融合"视域下陕西"红色舞蹈"的价值研究	孙鹏飞	西安体育学院
854	2022HZ1715	"长安画派"保护传承弘扬黄河文化记忆研究	易洪艳	西安外国语大学
855	2022HZ1716	"一带一路"背景下中国风动画的跨文化传播研究	李金明	西安外国语大学
856	2022HZ1717	陕西高校戏剧表演艺术人才培养模式优化研究	陈 阳	西安外事学院
857	2022HZ1718	唐代长安百戏图像研究	卢 静	西安外事学院
858	2022HZ1719	唐代古琴演奏语境和对象的变化与其风格审美的关系研究	白 金	西安外事学院
859	2022HZ1720	数字经济赋能陕西文化和旅游融合发展研究	何 红	西安邮电大学

续表

序号	项目批准号	项目名称	负责人	合作单位
860	2022HZ1721	老龄化背景下城市公共空间景观包容性提升策略研究	王宇光	西安邮电大学
861	2022HZ1722	数字媒体语境下关中地区民间女红艺术创新模式研究	闫 谊	西安邮电大学
862	2022HZ1723	元宇宙背景下陕西红色文旅融合数字化路径研究	苏 静	西北大学现代学院
863	2022HZ1724	乡村振兴战略下陕西手工艺类非遗数字化传播创新研究	丁 卓	西北工业大学
864	2022HZ1725	美育视域下高校书法通识教育的路径研究	白 慧	西北工业大学
865	2022HZ1726	中国传统礼乐文化创造性转化与创新性发展研究	孙小迪	西北工业大学
866	2022HZ1727	乡村振兴战略背景下耕读文化建设与发展研究	李小兵	西北农林科技大学
867	2022HZ1728	陕西陇海铁路沿线工业遗产地建筑再设计研究	乔秀娟	西北农林科技大学
868	2022HZ1729	陕西沿黄区域乡村文化要素识别和旅游产品体系升级研究	张 刚	西北农林科技大学
869	2022HZ1730	基于群智创新的文创产品智慧化平台设计研究	王鹏文	西京学院
870	2022HZ1731	翻译劝服与翻译批评视角下陕北民歌译介与传播研究	梁剑波	西京学院
871	2022HZ1732	"延安精神"在重大历史题材美术创作中的价值研究	孙 陶	延安大学
872	2022HZ1733	陕北民间曲艺术数字化整合与旅游开发研究	周 勇	榆林学院
873	2022HZ1734	红色短视频赋能陕西文化软实力提升研究	杜 波	长安大学
874	2022HZ1743	榆林治沙精神形成及时代价值研究	石长春	陕西省林业科学院
875	2022HZ1744	新时代陕西林业生态卫士培训体系构建研究	王海燕	陕西省林业科学院
876	2022HZ1745	乡村振兴视域下陕西秦巴山片区社区林业发展机制研究	吴普侠	陕西省林业科学院
877	2022HZ1746	基于近自然理念的河流湿地生态修复策略研究	谢治国	陕西省林业科学院

续表

序号	项目批准号	项目名称	负责人	合作单位
878	2022HZ1747	生态保护背景下林草科普产业发展现状及建议	王宇超	陕西省西安植物园（陕西省植物研究所）
879	2022HZ1748	"双碳"目标下生态产品价值实现路径与对策研究	薛岩龙	西安财经大学
880	2022HZ1749	陕西省湿地景观格局变化对生态系统服务价值的影响	胡有宁	西安文理学院
881	2022HZ1750	持续巩固拓展脱贫攻坚成果推进乡村振兴研究	曹军会	西北农林科技大学
882	2022HZ1751	陕西省自然保护地体系和生态保护红线管控机制研究	段秋晓	西北农林科技大学
883	2022HZ1752	秦岭国家公园入口社区规划策略研究	贾丽丽	西北农林科技大学
884	2022HZ1753	林业金融支持制度供给与发展模式研究	孔荣	西北农林科技大学
885	2022HZ1754	基于共生理论的秦岭国家公园一体化协同管理机制研究	张晓妮	西北农林科技大学
886	2022HZ1755	秦岭国家公园信息化监测体系研究	王晓宇	秦岭大熊猫研究中心
887	2022HZ1756	"两山"理论的时代意义与实践路径	操龙升	陕西财经职业技术学院
888	2022HZ1757	白于山区生态修复现状评价及提升路径研究	高荣	陕西省林业科学院
889	2022HZ1758	陕西省松材线虫病防控策略研究与防效评价	梁超琼	陕西省林业科学院
890	2022HZ1759	基于多源遥感协同感知的乡村振兴与生态安全耦合协调关系研究	冯伟	西安电子科技大学
891	2022HZ1760	推进乡村生态振兴与农业绿色发展的路径研究	樊婷	西安外国语大学
892	2022HZ1761	基于生态系统服务的生态空间功能评价与布局优化	冯永忠	西北农林科技大学
893	2022HZ1762	秦岭北麓矿山困难立地植物生态修复模式研究	高天	西北农林科技大学
894	2022HZ1763	陕西退化林效益评价与退化机理研究	李卫忠	西北农林科技大学
895	2022HZ1764	生态服务价值与经济协调发展的时空演化研究	王征兵	西北农林科技大学
896	2022HZ1765	习近平生态安全观及陕西实践研究	赵延安	西北农林科技大学
897	2022HZ1766	构建与实践：秦岭生态文明教育与新时代	朱宏斌	西北农林科技大学
898	2022HZ1767	毛乌素沙地防沙治沙可持续经营模式	孙利鹏	榆林学院

续表

序号	项目批准号	项目名称	负责人	合作单位
899	2022HZ1768	黄河流域（陕西段）河流湿地修复现状及策略	王锦璇	长安大学
900	2022HZ1769	地方高校赋能脱贫攻坚与乡村振兴有效衔接研究	丁巨涛	安康学院
901	2022HZ1770	黄土高原生态保护与高质量发展时空耦合机制及其提升路径	耿雅妮	宝鸡文理学院
902	2022HZ1771	陕北草地退化因素分析及动态评价研	马 莉	宝鸡文理学院
903	2022HZ1772	陕西智慧林业模式构建与实现路径研究	闵志强	国家林业和草原局西北调查规划院
904	2022HZ1773	石川河流域土地整治区生态质量变化与人居环境提升策略研究	彭 飚	陕西地建土地工程技术研究院
905	2022HZ1774	碳中和背景下生态旅游业发展对策研究	苏金玲	陕西交通职业技术学院
906	2022HZ1775	碳中和背景下陕西省生态旅游高质量发展实现路径研究	李国志	陕西科技大学
907	2022HZ1776	"两山"理论的时代意义与实践路径	岳婷婷	陕西科技大学
908	2022HZ1777	陕西秦岭北麓生态修复适宜乡土树种草种筛选	王 锐	陕西省林学会
909	2022HZ1778	秦岭国家公园建设体制机制研究	葛安新	陕西省林业调查规划院
910	2022HZ1779	基于生态系统服务的陕西生态空间功能评价与布局优化	呼海涛	陕西省林业调查规划院
911	2022HZ1780	人类生命共同体理论的生态意蕴研究	强晓鸣	陕西省林业调查规划院
912	2022HZ1781	以国家公园为主体的自然保护地建设体系研究	张新兵	陕西省林业调查规划院
913	2022HZ1782	自然保护地与生态保护红线的发展关系研究	赵德怀	陕西省林业调查规划院
914	2022HZ1783	秦岭困难立地生态修复模式与路径研究	董 强	陕西省林业科学院
915	2022HZ1784	榆林沙区乡土树种 沙地柏保护及生态修复应用	郜 超	陕西省林业科学院
916	2022HZ1785	"双碳"目标下陕西林业碳汇产品价值实现路径研究	蒋晋豫	陕西省林业科学院
917	2022HZ1786	毛乌素沙地乡土树种草种的多元挖掘及生态修复应用	李 荣	陕西省林业科学院
918	2022HZ1787	陕北农牧交错带草地退化动态变化及其驱动力分析	李军保	陕西省林业科学院

续表

序号	项目批准号	项目名称	负责人	合作单位
919	2022HZ1788	秦岭湿地生态安全评价及保护对策研究	李联队	陕西省林业科学院
920	2022HZ1789	毛乌素沙地榆林沙区防沙治沙可持续经营模式研究	刘喜东	陕西省林业科学院
921	2022HZ1790	生态安全协同治理困境及路径选择	弥芸	陕西省林业科学院
922	2022HZ1791	陕西省绿水青山综合评价与可持续发展策略研究	赵国平	陕西省林业科学院
923	2022HZ1792	基于生态系统服务的文旅融合生态空间研究	陈丽	陕西省图书馆
924	2022HZ1793	基于耦合协调的生态服务价值与经济协调发展时空演化研究——以关中城市群为例	丁晓辉	陕西师范大学
925	2022HZ1794	基于水、沙关系的毛乌素沙地防沙治沙生态可持续发展研究	李小妹	陕西师范大学
926	2022HZ1795	陕西省外来物种入侵风险评估与防控策略研究	刘刚	陕西师范大学
927	2022HZ1796	秦岭国家公园生态系统服务功能分类及价值评估:纳入公众偏好异质性的成本效益分析	史恒通	陕西师范大学
928	2022HZ1797	制度创新视角下陕西生态空间治理效能提升研究	杨永浦	陕西师范大学
929	2022HZ1798	陕西省乡村振兴与生态安全高质量协调发展机制研究	陈秀端	陕西学前师范学院
930	2022HZ1799	陕西林业科技进步贡献率测算及其时空演化研究	张萌	陕西学前师范学院
931	2022HZ1800	"双碳"目标下商洛市生态产品价值实现路径与对策研究	韩波	商洛学院
932	2022HZ1801	秦巴山区与渭河流域生态保护和高质量发展耦合机制及优化策略研究	任维哲	西安财经大学
933	2022HZ1802	陕西持续巩固拓展脱贫攻坚成果推进乡村振兴研究	汪茜	西安财经大学
934	2022HZ1803	黄土高原生态保护和高质量发展耦合关系研究	王薇	西安财经大学
935	2022HZ1804	乡村全面振兴战略下陕西扶贫攻坚审计研究	徐维兰	西安财经大学

续表

序号	项目批准号	项目名称	负责人	合作单位
936	2022HZ1805	陕西省林业生态环境公益诉讼理论与实践研究	杨 军	西安财经大学
937	2022HZ1806	"双碳"目标下生态工业产品价值实现路径与对策研究	丁珮琪	西安电子科技大学
938	2022HZ1807	重建生态区多尺度调查数据融合下的大样地动态评估体系构建与应用	黄飞鹏	西安工程大学
939	2022HZ1808	陕西省湿地生态空间保护与修复策略研究	罗 萌	西安工程大学
940	2022HZ1809	松材线虫安全防控策略研究	冯孝周	西安工业大学
941	2022HZ1810	陕西省生态文明建设与新型城镇化耦合协调发展及动力因素研究	田 杰	西安工业大学
942	2022HZ1811	推进陕西林业产业高质量发展助力乡村振兴研究	张 鹏	西安航空学院
943	2022HZ1812	生态富民模式与优化研究	马 丽	西安建筑科技大学
944	2022HZ1813	陕西省森林生态服务价值时空演变及动态评估研究	王会霞	西安建筑科技大学
945	2022HZ1814	陕西巩固拓展脱贫攻坚成果推进乡村振兴的实践检视与政策优化研究	王文彬	西安建筑科技大学
946	2022HZ1815	国家公园体制建设中的事权划分研究：现状、问题与对策	杜鸣溪	西安交通大学
947	2022HZ1816	习近平总书记"两山"论陕西实践研究	苟学珍	西安交通大学
948	2022HZ1817	秦岭国家公园、大熊猫国家公园建设体制机制	刘志仁	西安交通大学
949	2022HZ1818	增权视角下陕西巩固拓展旅游脱贫攻坚成果与乡村振兴有效衔接的路径设计与政策支持研究	王会战	西安科技大学
950	2022HZ1819	多情景模式下陕西城市森林生态安全评价及格局优化研究	张新平	西安理工大学
951	2022HZ1820	基于生态系统服务的陕西省生态空间功能评价与布局优化	董鸣皋	西安石油大学
952	2022HZ1821	生态振兴助推陕西农民共同富裕的实现机制与路径研究	孙 萌	西安思源学院
953	2022HZ1822	陕西省生态系统价值与碳排放时空演变研究	崔 娜	西安外国语大学

续表

序号	项目批准号	项目名称	负责人	合作单位
954	2022HZ1823	陕西省生态系统服务价值与经济协调发展的时空演化研究	黄晨璐	西安外国语大学
955	2022HZ1824	陕西省生态环境、科技创新与经济发展系统的耦合发展问题及对策研究	黄仁全	西安外国语大学
956	2022HZ1825	"双碳"目标下生态产品价值实现路径与对策研究	王树斌	西安邮电大学
957	2022HZ1826	习近平生态安全观下陕西减污降碳实践道路研究	吴洋	西安邮电大学
958	2022HZ1827	"双碳"目标下陕西黄土高原生态保护和高质量发展耦合协同关系与政策路径研究	司林波	西北大学
959	2022HZ1828	碳中和背景下陕西省生态旅游业发展的路径与对策研究	王安静	西北大学
960	2022HZ1829	秦岭国家公园地方立法研究	王社坤	西北大学
961	2022HZ1830	人与自然生命共同体理论的生态意蕴研究	赵伟力	西北大学
962	2022HZ1831	生态空间治理的结构功能与价值目标研究	丁社教	西北工业大学
963	2022HZ1832	黄土高原农业生态科技的"公民科学"机制研究	崔彩贤	西北农林科技大学
964	2022HZ1833	生态服务价值与经济协调发展的时空演化研究	海江波	西北农林科技大学
965	2022HZ1834	秦岭大熊猫国家公园观音山分局森林环境质量评价研究	康博文	西北农林科技大学
966	2022HZ1835	基于空间网络模型的陕西省生态修复区划研究	刘金成	西北农林科技大学
967	2022HZ1836	陕北草地退化遥感监测及驱动机制评估	刘洋洋	西北农林科技大学
968	2022HZ1837	林长制改革实践与探索研究	骆耀峰	西北农林科技大学
969	2022HZ1838	基于生态足迹法的陕西省生态安全评价研究	邱玲	西北农林科技大学
970	2022HZ1839	自然保护地与生态保护红线的发展关系研究	冉珑	西北农林科技大学
971	2022HZ1840	陕西乡土树种牡丹资源挖掘及生态修复应用	孙道阳	西北农林科技大学
972	2022HZ1841	黄土高原生态保护和高质量发展耦合关系研究	汪红梅	西北农林科技大学

续表

序号	项目批准号	项目名称	负责人	合作单位
973	2022HZ1842	"双碳"目标下生态产品价值实现路径与对策研究	王永强	西北农林科技大学
974	2022HZ1843	生态意识、驱动及提升路径研究	薛彩霞	西北农林科技大学
975	2022HZ1844	碳中和背景下生态旅游业发展对策研究	闫小欢	西北农林科技大学
976	2022HZ1845	黄土高原生态保护和高质量发展耦合关系研究	张永旺	西北农林科技大学
977	2022HZ1846	外来物种入侵风险评估及管控机制研究	周建云	西北农林科技大学
978	2022HZ1847	生态服务价值与经济协调发展的时空演化研究	睢华蕾	西北政法大学
979	2022HZ1848	企业参与生态空间治理的技术供给与制度保障研究	刘文沛	西北政法大学
980	2022HZ1849	生态恢复背景下陕北黄土高原水碳平衡时空演变研究	白萌	咸阳师范学院
981	2022HZ1850	"两山"理论背景下陕南秦巴山区"三生空间"融合发展的动力机制及模式研究	刘宇峰	咸阳师范学院
982	2022HZ1851	森林生态系统服务价值时空演变研究——以陕西秦岭为例	马新萍	咸阳师范学院
983	2022HZ1852	长城沿线困难立地生态修复现状分析及对策	艾宁	延安大学
984	2022HZ1853	生命共同体的公共价值关怀:共同富裕的生态公共性逻辑研究	刘顿	延安大学
985	2022HZ1854	南泥湾湿地生态系统安全评价及保护模式研究	刘长海	延安大学
986	2022HZ1855	草地生态系统服务功能评价指标体系的构建	张帆	延安大学
987	2022HZ1856	陕北毛乌素沙地沙产业可持续发展经营模式研究——以定边县为例	董梅	杨凌职业技术学院
988	2022HZ1857	生态空间治理中的公民参与意愿与行为研究	李静	榆林学院
989	2022HZ1858	行政自制权逻辑下林业行政自由裁量权的综合控制研究	陈蓉	长安大学
990	2022HZ1859	毛乌素沙地防沙治沙可持续经营模式研究	贺屹	长安大学
991	2022HZ1860	黄土丘陵沟壑区生态空间韧性评估与布局优化	李维佳	长安大学

续表

序号	项目批准号	项目名称	负责人	合作单位
992	2022HZ1861	碳中和愿景下秦岭北麓乡村"生态＋"旅游发展研究	刘丽丽	长安大学
993	2022HZ1862	生态安全协同治理困境及路径选择	孙百亮	长安大学
994	2022HZ1863	县域产业发展对易地搬迁农户就近就业的影响机制研究——以陕西省乡村振兴重点帮扶县为例	许彩华	长安大学
995	2022HZ1864	生态系统价值与碳排放时空演变研究	赵永华	长安大学
996	2022HZ1866	培养管理人才，服务地方经济——陕西工商管理硕士学院服务地方导向的人才培养模式研究	杨希文	陕西工商管理硕士学院
997	2022HZ1867	"双一流"背景下陕西高等教育高质量发展研究	司晓宏	陕西省社会科学院
998	2022HZ1868	老年人慢性病自我管理及养生保健研究	米烈汉	陕西省老年学和老年医学学会
999	2022HZ1869	陕西文化产业如何走出困境	张社年	陕西省三秦文化研究会
1000	2022HZ1870	关中县城作为重要载体的城镇化实现路径研究	侯全华	长安大学
1001	2022HZ1871	秦岭山水乡村建设研究	王 怡	商洛学院
1002	2022HZ1872	以内在能力提升为核心健康社区养老体系建设	任延平	西安交通大学
1003	2022HZ1873	音乐美育助推"健康中国"建设，实现地方高质量发展研究	王 刚	西安音乐学院
1004	2022HZ1874	高质量发展背景下陕西省现代化产业体系评价及实现路径研究	张 丹	西安理工大学
1005	2022HZ1875	健康中国视域下陕西老年群体数字融入障碍与社会支持体系研究	赵 静	西安翻译学院
1006	2022HZ1876	数字经济赋能陕西省高质量发展研究	杨云霞	西北工业大学
1007	2022HZ1877	乡村振兴背景下数字经济赋能农业高质量发展	昝梦莹	西安邮电大学
1008	2022HZ1878	中国式现代化视域下黄河流域新型城镇化的内涵与路径研究	杨佩卿	西安邮电大学
1009	2022HZ1879	人工智能算法视域下高校网络思政教育与意识形态安全	刘天宇	长安大学

续表

序号	项目批准号	项目名称	负责人	合作单位
1010	2022HZ1880	乡村振兴背景下数字普惠金融促进陕西农民创业的机制研究	薛 晴	陕西师范大学
1011	2022HZ1881	陕西唐代建筑藻井文化文创产品高质量发展研究	杨佳晨	陕西国际商贸学院
1012	2022HZ1882	电子商务促进陕西省乡村振兴路径研究	李明敏	渭南师范学院
1013	2022HZ1883	陕西省碳减排责任分担研究	李博英	同济大学
1014	2022HZ1884	以数字政府建设引领驱动数字经济发展	王 峰	上海财经大学
1015	2022HZ1885	陕西新生代进城务工群体留城意愿与城市融入高质量发展问题研究	孔祥利	陕西师范大学
1016	2022HZ1886	陕西省数字文化消费的高质量发展研究	秦开凤	陕西省社会科学院
1017	2022HZ1887	黄河流域生态环境协同治理机制研究	仲伟周	陕西社会主义学院
1018	2022HZ1888	全球数字贸易格局演进、发展趋势及应对	刘 宇	上海第二工业大学
1019	2022HZ1889	加快实施创新驱动战略与推动陕西高质量发展研究	冯根福	西安交通大学
1020	2022HZ1890	数字经济赋能陕西省绿色经济高质量发展研究	张 丛	西安交通大学
1021	2022HZ1891	以绿色化、低碳化推动陕西省高质量发展对策研究	蒋万胜	陕西师范大学
1022	2022HZ1892	陕西做强县域经济实现高质量发展的战略举措研究	王亲玲	中共陕西省委党校
1023	2022HZ1893	商业银行金融科技对城市全要素生产率的影响研究	马芬芬	榆林学院
1024	2022HZ1894	中国叙事体系建设下的大学英语课程思政元素挖掘	梁亚敏	咸阳师范学院
1025	2022HZ1895	以中国式现代化全面推进陕西文化创意产业发展研究	李 莹	咸阳师范学院
1026	2022HZ1896	政府审计对国有企业创新的影响研究	靳 辉	西京学院
1027	2022HZ1897	促进关中平原城市群高质量协调发展研究	刘光岭	西北政法大学
1028	2022HZ1898	新丝绸之路节点城市人口吸引力提升研究	王 兵	西北农林科技大学
1029	2022HZ1899	乡村振兴背景下陕西省农地集约利用与生态环境保护协同治理研究	姚 岚	西北农林科技大学
1030	2022HZ1900	数字经济赋能陕西文化产业高质量发展的机制与路径研究	贺宝成	陕西科技大学

续表

序号	项目批准号	项目名称	负责人	合作单位
1031	2022HZ1901	大学生"德智体美劳"全面发展数字化评价体系构建研究	禹 亮	西北工业大学
1032	2022HZ1902	"双碳"背景下陕西省制造业绿色低碳高质量发展研究	冯建广	西北工业大学
1033	2022HZ1903	出行方式中介作用下街道建成环境对健康的影响研究——以西安市为例	朱 菁	西北大学
1034	2022HZ1904	陕西制造业高质量发展水平测度与提升路径研究	张成芬	西安邮电大学
1035	2022HZ1905	数字经济助推陕西高质量发展研究	张 鸿	西安邮电大学
1036	2022HZ1906	后疫情时代西安市近郊乡村交旅高质量融合路径研究	汪 丽	西安外国语大学
1037	2022HZ1907	陕西能源企业技术创新促进碳减排的作用机理与效果评价研究	王君萍	西安石油大学
1038	2022HZ1908	陕西碳排放效率提升赋能经济高质量发展的机制与对策研究	李春霄	西安石油大学
1039	2022HZ1909	新时代体育活动"政府购买服务"的风险甄别与防范研究	应晨林	西安交通大学城市学院
1040	2022HZ1910	智能制造推动陕西企业高质量发展研究	汪方军	西安交通大学
1041	2022HZ1911	中国式现代化背景下陕西"数智乡村"建设推动乡村振兴高质量发展研究	任 燕	西安财经大学
1042	2022HZ1912	陕西省轻工业高质量发展与乡村振兴耦合协调演化及障碍研究	石乘齐	陕西科技大学
1043	2022HZ1913	陕西促进区域发挥比较优势协调高质量发展研究	韩奋发	陕西学前师范学院
1044	2022HZ1914	陕西省中小城市生态安全格局治理研究	殷颖迪	西安欧亚学院
1045	2022HZ1915	能源安全视角下陕西煤炭产业链供应链韧性提升策略研究	吴安波	西安科技大学
1046	2022HZ1916	高等学校教学督导问题与对策研究	闫爱丽	西安医学院
1047	2022HZ1917	传承瓷文化促进耀州瓷产业振兴措施研究	朱建建	西安财经大学
1048	2022HZ1918	数字经济赋能陕西省制造业高质量发展研究	张陈一轩	陕西省社会科学院
1049	2022HZ1919	陕北发展智慧生态碳汇产业林研究	霍彦波	榆林学院
1050	2022HZ1920	建设高质量教育体系推进城乡融合发展研究	李娇平	陕西学前师范学院

续表

序号	项目批准号	项目名称	负责人	合作单位
1051	2022HZ1921	数字经济培育陕西经济高质量发展新优势的机制与路径	刘启雷	西安邮电大学
1052	2022HZ1922	黄河流域宜居宜业和美乡村建设的实现机制	曹兵妥	西安建筑科技大学
1053	2022HZ1923	黄河流域水文化遗产数字化文创与产业开发研究	冀梦恒	西安财经大学
1054	2022HZ1924	陕西省实体经济高质量发展测度与实施路径研究	张炳红	陕西财经职业技术学院
1055	2022HZ1925	高质量发展目标下基于PSR模型的突发公共卫生事件跟踪审计研究	杨灿	西京学院
1056	2022HZ1926	地方师范类高校数学专业高质量发展研究	王锦瑞	陕西学前师范学院
1057	2022HZ1927	国资投资平台"投行思维"招商助力创新驱动发展研究	张旭	西安交通大学
1058	2022HZ1928	加快构建新发展格局下推动陕西县域产业经济高质量发展研究	刘源	西安交通大学
1059	2022HZ1929	国资金融平台助力实体产业高质量发展的市场化方案研究	乔政	西安交通大学
1060	2022HZ1930	数字化转型背景下陕西营商环境优化提升研究	刘新梅	西安交通大学
1061	2022HZ1931	推进陕西高质量发展的营商环境优化研究	刘海斌	陕西交通职业技术学院
1062	2022HZ1932	陕西省高技术产业创新驱动高质量发展的问题和对策研究	李佳霖	西安交通大学
1063	2022HZ1933	乡村振兴背景下陕西农村高质量发展及其实现路径的调查研究	李娟娟	西安建筑科技大学
1064	2022HZ1934	基于TOPSIS的黄河流域高质量发展中自然资源资产审计评价研究	张丽达	西安财经大学
1065	2022HZ1935	现代化流通产业建设对陕西经济高质量发展影响研究	张武康	西安财经大学
1066	2022HZ1936	城乡融合促进乡村振兴对策研究	薛岩龙	西安财经大学
1067	2022HZ1937	中国式现代化视域下黄河流域"新四化"同步集成创新机制研究	庆东瑞	西安财经大学
1068	2022HZ1938	优化数字营商环境助力陕西高质量发展研究	舒伟	西安财经大学
1069	2022HZ1939	数字赋能的金融数据安全治理创新研究	姚树俊	西安财经大学

2022年陕西哲学社会科学重大理论与现实问题研究委托项目名单(35项)

序号	项目编号	项目名称	项目单位	负责人
1	2022HZ0001	陕西社会科学年鉴(2022)	陕西师范大学	李继凯
2	2022HZ0002	2021年陕西省丝绸之路研究报告	陕西师范大学	马瑞映
3	2022HZ0003	2021年陕西省关学研究报告	陕西师范大学	袁祖社
4	2022HZ0004	2021年陕西省延安精神研究报告	省委党校	刘 飞
5	2022HZ0005	2021年陕西省马克思主义学科发展报告	西安交通大学	陈建兵
6	2022HZ0006	2021年陕西省哲学学科发展报告	陕西省委党校	郭 泓
7	2022HZ0007	2021年陕西省文学学科发展报告	陕西师范大学	李继凯
8	2022HZ0008	2021年陕西省艺术学、体育学学科发展报告	陕西师范大学	万炳军
9	2022HZ0009	2021年陕西省语言学学科发展报告	陕西师范大学	邢向东
10	2022HZ0010	2021年陕西省历史学学科发展报告	陕西师范大学	何志龙
11	2022HZ0011	2021年陕西省考古学学科发展报告	西北大学	赵丛苍
12	2022HZ0012	2021年陕西省经济学学科发展报告	西安财经大学	任保平
13	2022HZ0013	2021年陕西省法学学科发展报告	西北政法大学	张荣刚
14	2022HZ0014	2021年陕西省政治学学科发展报告	长安大学	刘吉发
15	2022HZ0015	2021年陕西省社会学学科发展报告	延安大学	胡俊生
16	2022HZ0016	2021年陕西省教育学学科发展报告	陕西省社院	司晓宏
17	2022HZ0017	2021年陕西省心理学学科发展报告	陕西师范大学	游旭群
18	2022HZ0018	2021年陕西省管理学学科发展报告	西安交通大学	冯耕中
19	2022HZ0019	2021年陕西省新闻与传播学学科发展报告	陕西师范大学	许加彪
20	2022HZ0020	2021年陕西省民族学学科发展报告	陕西师范大学	尹波涛
21	2022HZ0903	陕西省哲学社会科学普及联席会议制度建设研究	西安建筑科技大学	杨 朔
22	2022HZ0904	新时代陕西省哲学社会科学普及机制创新研究	西安交通大学	陈 晨
23	2022HZ0998	陕西抗日战争志	西安邮电大学	袁伟文
24	2022HZ0999	陕西省全面小康志·大事记	陕西省地方志办公室	熊 晖
25	2022HZ1000	陕西书法志(民国卷)	西安交通大学城市学院	祁硕森
26	2022HZ1586	新时代提高机关作风建设效能研究	中共陕西省委党校	刘 飞
27	2022HZ1587	新时代提高机关党的建设质量研究	中共陕西省委党校	刘 飞
28	2022HZ1735	元宇宙视阈下数智技术赋能陕西高校党建实践路径研究	西安邮电大学	唐 黎
29	2022HZ1736	导学思政的内在机理与推进机制研究	西安邮电大学	巩 红

续表

序号	项目编号	项目名称	项目单位	负责人
30	2022HZ1737	基于短视频平台的陕西高校网络思政育人工作创新探究	西安邮电大学	杨俐
31	2022HZ1738	数字生态下陕西地区农民群体"知识参与"保障路径研究	西安邮电大学	常嘉玲
32	2022HZ1739	"书香西安"背景下的西安市实体书店业态创新研究	西安邮电大学	杨忠杨
33	2022HZ1740	数字化科普馆建设策略及科普模式研究	西安邮电大学	张尔慧
34	2022HZ1741	陕西省新型智库现状及发展对策研究	西北大学	卢山冰
35	2022HZ1742	陕西智库成果评价标准研究	西北大学	李玮

2022年陕西省"社科助力县域高质量发展"活动智库研究项目立项名单(218项)

序号	项目编号	项目名称	项目负责人
1	2022ZD0608	西北工业大学社科助力城固县高质量发展乡村振兴对策研究	陈建有
2	2022ZD0609	城固县域产业脱贫攻坚成果与乡村振兴战略的衔接模式研究	贾明
3	2022ZD0610	城固县域层面《全民科学素质行动规划纲要(2021—2035)》的实施成效与对策研究	原嫄
4	2022ZD0611	国际化视域下城固县挖掘地方文化内涵、打造地方文化特色研究	国懿
5	2022ZD0612	党建引领基层治理城固模式构建研究	李鹏
6	2022ZD0613	未来专业级民用无人机技术及其发展模式研究	张伟伟
7	2022ZD0614	设计赋能乡村振兴——助力城固县文化创意产业高质量发展	陈丽伶
8	2022ZD0615	黄河流域脱贫地区县域经济高质量发展路径研究	吕卫东
9	2022ZD0616	黄河流域社会治理样板县建设与易地扶贫搬迁后续扶持长效机制构建	何得桂
10	2022ZD0617	合阳县新农人电商创业与县域经济包容性增长研究	马红玉
11	2022ZD0618	基于文旅融合的合阳县典型村落景观风貌保护与规划研究	史承勇
12	2022ZD0619	合阳县巩固拓展脱贫攻坚成果与农村低收入人口动态监测机制研究	邢成举
13	2022ZD0620	合阳县农村基层党建引领农民组织化建设研究	张龙
14	2022ZD0621	岚皋县研学旅游产品开发研究	李君轶
15	2022ZD0622	城乡融合推动岚皋县域生态保护和高质量发展路径研究	王社教
16	2022ZD0623	县域巩固脱贫拓展攻坚成效后评估实证研究	雷宏振
17	2022ZD0624	以治理能力现代化促进岚皋县高质量发展研究	袁祖社
18	2022ZD0625	岚皋县传统手工艺工坊调查、完善与再建设研究	刘智英

续表

序号	项目编号	项目名称	项目负责人
19	2022ZD0626	关于安康岚皋县高质量发展中的文化建设对策研究	李西建
20	2022ZD0627	实践育人背景下传媒类大学生短视频创作推动县域高质量发展研究	郝鹏展
21	2022ZD0628	以生态产品价值实现机制助力岚皋高质量发展	方 兰
22	2022ZD0629	岚皋县中小学校长信息化领导力提升策略研究	李铁绳
23	2022ZD0630	岚皋县乐舞非遗文化研究与保护	黄 键
24	2022ZD0631	韩城市乡村振兴实现路径研究	吴振磊
25	2022ZD0632	韩城市产业提升与生态治理协同机制研究	高 煜
26	2022ZD0633	韩城市债务风险有效化解路径研究	李林阳
27	2022ZD0634	韩城市民营企业传承与治理机制优化研究	郭亚军
28	2022ZD0635	韩城市历代碑石资料整理与历史文化价值的挖掘	胡 坤
29	2022ZD0636	韩城市应急管理能力提升路径研究	雷晓康
30	2022ZD0637	商南县生态茶城品牌打造宣传研究	李 刚
31	2022ZD0638	商南县生态旅游名城建设研究	周燕来
32	2022ZD0639	商南县《全民科学素质行动规划纲要(2021—2035年)》实施研究	侯晓丽
33	2022ZD0640	商南县康养慢城建设的政策条件研究	赵常兴
34	2022ZD0641	商南县山水乡村建设的典型经验研究	夏玉汉
35	2022ZD0642	打造数字铜川宜君样板的模式研究	苏锦旗
36	2022ZD0643	宜君县电子商务发展对策研究	任少军
37	2022ZD0644	宜君县物流快递高质量发展研究	谢逢洁
38	2022ZD0645	宜君直播电商人才培养研究	赵 宁
39	2022ZD0646	陕西省宜君县农产品品牌建设研究	李天龙
40	2022ZD0647	构建"以现代工业为龙头,特色农业为抓手"的山阳县域经济发展模式研究(一)	高瑞龙
41	2022ZD0648	推动山阳县域社会治理模式创新研究(二)	周恩毅
42	2022ZD0649	推动县域文化和旅游融合发展研究(三)	胡金荣
43	2022ZD0650	推进山阳县域生态环境治理现代化研究(四)	李淑娟
44	2022ZD0651	推动山阳县域党建模式创新研究(五)	贺艳芬
45	2022ZD0652	周至县猕猴桃产业发展战略研究	苏 芳
46	2022ZD0653	周至县基层公共文化服务体系建设调查研究	詹秦川
47	2022ZD0654	周至县生态优势有效转化为经济优势的对策研究	吴明永
48	2022ZD0655	乡村振兴背景下周至县加强乡风文明建设的对策研究	徐瑞仙
49	2022ZD0656	周至县党建引领乡村治理促进乡村振兴的对策研究	白清平

续表

序号	项目编号	项目名称	项目负责人
50	2022ZD0657	国土空间规划背景下周至县县城建设的若干分析与思考	李琰君
51	2022ZD0658	子洲县产业格局构建及主导产业发展对策研究	刘俊霞
52	2022ZD0659	基于农文旅融合的子洲县特色镇建设路径研究	叶银宁
53	2022ZD0660	子洲县非物质文化遗产保护与传承策略研究	刘轩溢
54	2022ZD0661	子洲县党建促乡村治理水平提升的路径及对策研究	曾鹿平
55	2022ZD0662	子洲县乡村小学教师队伍建设现状和能力提升研究	窦 强
56	2022ZD0663	健康中国背景下子洲县医养融合智慧养老模式研究	储伶丽
57	2022ZD0664	子洲县国家地理标志产品推广及产业链提升路径研究	黄春丽
58	2022ZD0665	子洲县红色文化资源挖掘与推广策略研究	袁小陆
59	2022ZD0666	县域高质量发展的汉阴实践与探索	罗新远
60	2022ZD0667	乡村振兴战略下汉阴县发展壮大农村集体经济路径研究	吴春娜
61	2022ZD0668	乡村振兴评价指标体系构建及汉阴县实证研究	王 艳
62	2022ZD0669	汉阴县物流业发展现状及对策研究	丁 阳
63	2022ZD0670	汉阴县乡村振兴基层治理模式典型案例研究	杨永庚
64	2022ZD0671	乡村振兴视域下汉阴县农村人居环境治理路径研究	莫姣姣
65	2022ZD0672	校地合作乡村党建共同体建设研究	田 亮
66	2022ZD0673	文化提升工程与汉阴乡村持续发展研究	梁 蕊
67	2022ZD0674	县域高质量发展下的安康市汉滨区劳动力素质提升对策研究	杨立军
68	2022ZD0675	安康市汉滨区乡村振兴的实现机制、发展水平与路径选择研究	熊湘辉
69	2022ZD0676	乡村振兴战略背景下汉滨区康养旅游发展模式研究	袁 丽
70	2022ZD0677	乡村生态振兴驱动下安康市汉滨区小农户绿色经济转型研究	郭 磊
71	2022ZD0678	文化振兴视角下安康汉滨区非遗传承创新路径研究	孙志远
72	2022ZD0679	安康市汉滨区新型职业农民职业教育的制度保障问题研究	杨延冰
73	2022ZD0680	安塞区农业高质量发展理论机理与实践路径	王 进
74	2022ZD0681	安塞区基层社会治理高质量发展理论机理与实践路径	杨伟宏
75	2022ZD0682	安塞区农业绿色发展优化理论机理与实践路径	卢东宁
76	2022ZD0683	安塞区教育资源合理配置促高质量理论机理与实践路径	付 峰
77	2022ZD0684	安塞区农村科技高质量理论机理与实践路径	高子伟
78	2022ZD0685	丹凤县巩固拓展脱贫攻坚成果与乡村振兴有效衔接跟踪评估	张志昌
79	2022ZD0686	丹凤县三大主导产业提质增效策略研究	王新军
80	2022ZD0687	丹凤县小流域协同治理研究	王 怡
81	2022ZD0688	乡村振兴示范镇建设研究	郭 萌
82	2022ZD0689	红色美丽村庄建设研究	董 朕

续表

序号	项目编号	项目名称	项目负责人
83	2022ZD0690	南郑区现代产业体系发展思路与路径研究	李凤荣
84	2022ZD0691	产业数字化赋能南郑区高质量发展的路径研究	胡仪元
85	2022ZD0692	南郑区生态产品价值实现路径研究	唐萍萍
86	2022ZD0693	南郑区绿色发展的跟踪监测及其路径优化研究	田云章
87	2022ZD0694	南郑区旅游产业提升发展路径研究	付恒阳
88	2022ZD0695	"双减"背景下促进南郑基础教育高质量发展研究	袁书卷
89	2022ZD0696	清涧县特色产业助力乡村振兴路径研究	冯 起
90	2022ZD0697	乡村振兴背景下的农产品包装创意开发研究	杨雨佳
91	2022ZD0698	清涧县红色资源融入党员干部教育培训课程的创新实践研究	延江波
92	2022ZD0699	地方高校助力清涧县高质量发展研究	张 静
93	2022ZD0700	社会工作介入清涧县域农村养老问题研究	张渊雨
94	2022ZD0701	清涧县全域旅游高质量发展研究	张 辉
95	2022ZD0702	清涧县农村金融发展研究	刘泽惠
96	2022ZD0703	路遥文化名片助力乡村振兴规划研究	冯 涛
97	2022ZD0704	职业技术教育改革同乡村振兴融合发展研究	冯 莉
98	2022ZD0705	黄土高原县域乡村振兴与高质量发展研究——以米脂为例	刘彦随
99	2022ZD0706	数字电商助推米脂县域经济高质量发展对策研究	张 鸿
100	2022ZD0707	米脂直播电商人才领头雁培养	赵 宁
101	2022ZD0708	文化旅游驱动米脂县乡村振兴的路径研究	亢 雄
102	2022ZD0709	以高校为主体的农业技术推广示范体系的研究——以榆林学院服务米脂县为例	毕台飞
103	2022ZD0710	榆林学院与米脂县建设乡村教师发展共同体的实践与探索	王 玲
104	2022ZD0711	生态文明建设的米脂经验与新时代实践	李醉海
105	2022ZD0712	紫阳土陶文创产品的创新研发与应用研究	杨 志
106	2022ZD0713	紫阳农产品全产业链文化挖掘及农旅大IP融合的实践型研究	屈 伸
107	2022ZD0714	紫气东来阳和启蛰——新时代下紫阳地标性公共艺术研究	屈炳昊
108	2022ZD0715	紫阳县蒿坪镇改革村茶旅融合项目前期建筑设计研究	丁向磊
109	2022ZD0716	陕西紫阳茶文化创意产业推广创新设计研究	于跃波
110	2022ZD0717	眉县数字经济建设重点及对策	薛伟贤
111	2022ZD0718	新型城镇化背景下眉县"撤县设市"改革困境及发展对策	赵 璟
112	2022ZD0719	乡村振兴助力眉县经济高质量发展的路径研究	尹 洁
113	2022ZD0720	创新全域旅游业与眉县产业协同发展的对策研究	史耀波
114	2022ZD0721	金融助力眉县乡村振兴的路径及政策建议	王文莉

续表

序号	项目编号	项目名称	项目负责人
115	2022ZD0722	澄城县壶梯山红色文化旅游发展研究	徐军义
116	2022ZD0723	澄城县承接产业转移中存在的问题及对策研究	石党英
117	2022ZD0724	澄城县文创产品开发与研究——以尧头窑遗址及周边村落为例	殷晓克
118	2022ZD0725	澄城县大遗址文旅资源的数字化开发及应用研究——以尧头窑瓷器文化遗址为范例	牛小艾
119	2022ZD0726	澄城县农产品区域品牌建设与推广研究	肖 颖
120	2022ZD0727	澄城县乡村旅游发展路径探索	李富荣
121	2022ZD0728	泾阳县打造康养旅游目的地研究	万生更
122	2022ZD0729	泾阳县域支柱产业发展的现状、问题与政策需求研究	韩奋发
123	2022ZD0730	泾阳县城乡融合与乡村振兴路径研究	邢兰芹
124	2022ZD0731	陕西省泾阳县农村电子商务发展研究	崔 洁
125	2022ZD0732	泾阳县基础教育和托育服务对策研究	王 瑜
126	2022ZD0733	泾阳文化资源保护利用助力高质量发展研究	赵 燕
127	2022ZD0734	数字经济引领泾阳县域经济高质量发展研究	刘家瑛
128	2022ZD0735	数字经济助推麟游县产业转型升级高质量发展研究	刘 辉
129	2022ZD0736	乡村振兴战略下金融赋能麟游县乡村产业高质量发展研究	刘 芳
130	2022ZD0737	全域旅游视域下麟游县文旅融合新格局的塑造与构建	芦 蕊
131	2022ZD0738	"双碳"背景下麟游县煤炭产业链高质量发展研究	杨嘉歆
132	2022ZD0739	麟游县新型城镇化与乡村振兴耦合协调与协同推进研究	刘晓科
133	2022ZD0740	麟游县依托家庭农场实现低碳能源县域推进对策研究	何艳桃
134	2022ZD0741	乡村振兴背景下淳化县乡村文化传播的创新路径研究	高海建
135	2022ZD0742	乡村振兴背景下打造淳化绿色农产品基地策略研究	王 浪
136	2022ZD0743	新时代淳化县基层党建工作质量提升路径研究	曾永安
137	2022ZD0744	以培优农业康养和医药健康产业为重点的淳化县经济高质量发展战略研究	白凤娇
138	2022ZD0745	社科助力淳化新时代教育高质量发展策略研究	罗广军
139	2022ZD0746	淳化县生态旅游目的地建设及旅游景观规划研究	丁新辉
140	2022ZD0747	吴起县绿水青山就是金山银山转化示范县实现路径研究	毛永波
141	2022ZD0748	乡村振兴背景下吴起县农业特色产业高质量发展的路径与对策研究	苏永乐
142	2022ZD0749	乡村振兴视域下吴起县红色基因传承路径研究	李丹花
143	2022ZD0750	吴起县农村基层党建引领乡村振兴的路径与对策	李洁明
144	2022ZD0751	吴起县公共文化服务与财政保障建设研究	鱼亚洲

续表

序号	项目编号	项目名称	项目负责人
145	2022ZD0752	美丽乡村背景下吴起县景观空间设计研究	尹 妮
146	2022ZD0753	乡村振兴战略下大学生归返吴起创业激励体系研究	王偲如
147	2022ZD0754	礼泉县工业园区与首位产业协同驱动县域经济高质量发展研究	程书强
148	2022ZD0755	礼泉县文化旅游产业融合发展路径研究	钱海婷
149	2022ZD0756	新发展格局下礼泉县县域经济高质量发展评价及路径研究	董 媛
150	2022ZD0757	乡村综合治理视域下礼泉县村级财务规范化管理研究	李福顺
151	2022ZD0758	电子商务促进礼泉县乡村振兴作用机制及实施路径研究	张馨予
152	2022ZD0759	陇县农村社会发展与基层社会治理机制优化研究	田 晶
153	2022ZD0760	陇县经济转型升级研究	刘殿博
154	2022ZD0761	陇县农业产业链构建主要问题研究	徐驰文
155	2022ZD0762	全域旅游背景下陇县乡村旅游提升发展路径研究	张 莉
156	2022ZD0763	陇县村级集体经济发展存在问题、影响因素及对策研究	刘 炜
157	2022ZD0764	陇县文化资源助力县域经济高质量发展思路对策研究	王宏波
158	2022ZD0765	佳县县域经济高质量发展研究	黄 懿
159	2022ZD0766	佳县三产融合发展策略研究	冉淑青
160	2022ZD0767	佳县乡村振兴领域项目高质量管理研究	王建康
161	2022ZD0768	佳县乡村治理体系和治理能力提升研究	刘 捷
162	2022ZD0769	佳县红色文化传承发展研究	杜轶群
163	2022ZD0770	佳县人才队伍建设研究	蒋晓荣
164	2022ZD0771	留坝县县域旅游经济发展研究	高 峰
165	2022ZD0772	高质量发展背景下留坝县"两山"转化路径优化研究	庞 莉
166	2022ZD0773	留坝县乡村产业融合发展模式选择与实现路径	胡卫华
167	2022ZD0774	陕西省留坝县城乡融合发展调查研究	徐团团
168	2022ZD0775	高效基层治理助推乡村振兴的实践探索与治理能力现代化研究	刘 轶
169	2022ZD0776	数字经济助力石泉县高质量发展的模式创新研究	杨江华
170	2022ZD0777	县域教育脱贫推进石泉县乡村振兴高质量发展的机制与新路径研究	周 斌
171	2022ZD0778	基于"一带一路"高质量共建的石泉县域经济发展研究	于璐瑶
172	2022ZD0779	后疫情时期石泉县旅游高质量发展研究	徐 宁
173	2022ZD0780	石泉县域经济高质量发展与基层党组织建设融合路径的创新研究	田 文
174	2022ZD0781	乡村生态振兴促进石泉县农民共同富裕的实现路径研究	贾亚娟
175	2022ZD0782	数字电商赋能石泉县域经济高质量发展对策建议	张 媛
176	2022ZD0783	石泉县绿色农产品及农产品深加工产业发展问题研究	张 雯

续表

序号	项目编号	项目名称	项目负责人
177	2022ZD0784	双循环背景下石泉县夜间文化旅游消费集聚区建设与政策支持研究	徐 宁
178	2022ZD0785	石泉县鬼谷子文化创造性转化应用研究	鲁 芳
179	2022ZD0786	黄帝陵公祭历史和公祭体制改革研究报告	赵丛苍
180	2022ZD0787	黄陵县创建国家全域旅游示范区调研报告	张大钢
181	2022ZD0788	黄陵县店头镇统筹城乡发展示范镇经验总结报告	吕永康
182	2022ZD0789	黄陵县农业产业发展调研报告	史志诚
183	2022ZD0790	黄陵县农业农村现代化研究报告	雷璟思
184	2022ZD0791	渭北工业区改革创新赋能临潼高质量发展对策研究	姚 蕾
185	2022ZD0792	临潼社区党建引领作用研究	白 瑾
186	2022ZD0793	临潼韧性城市建设研究	张 勇
187	2022ZD0794	临潼区乡村旅游业和乡村振兴融合发展情况调研报告	周 荣
188	2022ZD0795	疫情防控背景下临潼舆论引导能力提升研究	张 楠
189	2022ZD0798	社科助力县域高质量发展——西北工业大学助力城固县高质量发展项目	陈建有
190	2022ZD0799	社科助力县域高质量发展——西北农林科技大学助力合阳县高质量发展项目	吕卫东
191	2022ZD0800	社科助力县域高质量发展——陕西师范大学助力岚皋县高质量发展项目	党怀兴
192	2022ZD0801	社科助力县域高质量发展——西北大学助力韩城市高质量发展项目	郭立宏
193	2022ZD0802	社科助力县域高质量发展——西安电子科技大学助力商南县高质量发展项目	张进成
194	2022ZD0803	社科助力县域高质量发展——西安邮电大学助力宜君县高质量发展项目	范九伦
195	2022ZD0804	社科助力县域高质量发展——西安建筑科技大学助力山阳县高质量发展项目	朱晓渭
196	2022ZD0805	社科助力县域高质量发展——陕西科技大学助力周至县高质量发展项目	郭 强
197	2022ZD0806	社科助力县域高质量发展——西安翻译学院助力子洲县高质量发展项目	崔智林
198	2022ZD0807	社科助力县域高质量发展——西安培华学院助力汉阴县高质量发展项目	罗新远

续表

序号	项目编号	项目名称	项目负责人
199	2022ZD0808	社科助力县域高质量发展——陕西开放大学助力汉滨区高质量发展项目	龙治刚
200	2022ZD0809	社科助力县域高质量发展——延安大学助力安塞区高质量发展项目	高子伟
201	2022ZD0810	社科助力县域高质量发展——商洛学院助力丹凤县高质量发展项目	张志昌
202	2022ZD0811	社科助力县域高质量发展——陕西理工大学助力南郑区高质量发展项目	赵晓林
203	2022ZD0812	社科助力县域高质量发展——榆林学院助力米脂县高质量发展项目	张新柱
204	2022ZD0813	社科助力县域高质量发展——榆林学院助力清涧县高质量发展项目	张 晓
205	2022ZD0814	社科助力县域高质量发展——西安美术学院助力紫阳县高质量发展项目	何 军
206	2022ZD0815	社科助力县域高质量发展——西安理工大学助力眉县高质量发展项目	申烨华
207	2022ZD0816	社科助力县域告知发展——渭南师范学院助力澄城县高质量发展项目	曹 强
208	2022ZD0817	社科助力县域高质量发展——陕西学前师范学院助力泾阳县高质量发展项目	文 明
209	2022ZD0818	社科助力县域高质量发展——宝鸡文理学院助力麟游县高质量发展项目	李静宜
210	2022ZD0819	社科助力县域高质量发展——咸阳师范学院助力淳化县高质量发展项目	张 弘
211	2022ZD0820	社科助力县域高质量发展——西安财经大学行知学院助力吴起县高质量发展项目	毛永波
212	2022ZD0821	社科助力县域高质量发展——陕西财经职业技术学院助力礼泉县高质量发展项目	程书强
213	2022ZD0822	社科助力县域高质量发展——宝鸡市社科联助力陇县高质量发展项目	田 晶
214	2022ZD0823	社科助力县域高质量发展——陕西省社会科学院助力佳县高质量发展项目	王建康
215	2022ZD0824	社科助力县域高质量发展——中共陕西省委党校(陕西行政学院)助力留坝县高质量发展项目	薛小毛

续表

序号	项目编号	项目名称	项目负责人
216	2022ZD0825	社科助力县域高质量发展——陕西省创造学会(西安财经大学)助力安康石泉县高质量发展项目	吴旺延
217	2022ZD0826	社科助力县域高质量发展——陕西省黄河文化经济发展研究会助力黄陵县高质量发展项目	田忠林
218	2022ZD0827	社科助力县域高质量发展——西安市社会科学界联合会(西安市社会科学院)助力临潼区高质量发展项目	高东新

2022年陕西省社科著作出版资助项目立项名单(23项)

序号	项目类别	项目名称	申报单位	申报人
1	社科丛书	碳达峰碳中和知识读本	西安邮电大学	朱长征
2	社科丛书	诗记《史记》	陕西省委编办	史丰有
3	社科丛书	芹献集	陕西汉唐文化创意研究院	葱岭
4	社科丛书	三秦传统文化读本	陕西铁路工程职业技术学院	李崇智
5	社科丛书	《秦岭密码》	陕西省秦岭发展研究会	马义芳
6	社科丛书	中华优秀法治文化十讲	西北工业大学	韩伟
7	社科丛书	陕西省传统工艺振兴发展报告	陕西财经职业技术学院	贺兴文
8	社科丛书	宝鸡申新纱厂抗战工业遗址《别有洞天》	宝鸡申新纱厂抗战工业遗址管委办	任高翔
9	社科丛书	陕西文化旅游100讲	西安外国语大学社科联	成英文
10	社科丛书	陕北古民居	榆林学院	裴晓阳
11	精品文库	叩问中国文化的出路——侯外庐与马克思主义中国化研究	西北大学	袁志伟
12	精品文库	清人毕沅与陕西古迹保护	长安大学	陈斯亮
13	精品文库	从张载到王夫之的"乾知"理论研究	西北大学	李腾飞
14	精品文库	炎黄学	宝鸡市社会科学院	霍彦儒
15	精品文库	中国中西部南北绿色经济带构建研究	安康学院	赵临龙
16	精品文库	中国西部新兴资源富集地区民间金融功能重构与经济发展方式转变研究	长安大学	薛晴
17	精品文库	中国环境治理研究报告2021	西安交通大学	袁晓玲
18	精品文库	中国实现农业现代化整体思路	陕西省改革发展研究会	张宝贵
19	精品文库	对外开放新格局下陕西经济高质量发展研究系列丛书(7部)	西安翻译学院	刘俊霞
20	精品文库	刘文西人物画艺术研究	西安美术学院	卢册

续表

序号	项目类别	项目名称	申报单位	申报人
21	精品文库	《史记》选本研究	渭南师范学院	凌朝栋
22	精品文库	陕西省建筑业节能减排及相关对策研究	西安建筑科技大学	张涑贤
23	精品文库	新时代环境治理体系研究	西北农林科技大学	刘 鹏

2022年陕西省教育厅重点科学研究计划——哲学社会科学重点研究基地项目立项名单(66项)

序号	项目编号	项目名称	依托重点基地及单位	负责人
1	22JZ001	乡村文化振兴背景下新媒体传播安康红色文化策略研究	陕南乡村振兴研究中心（安康学院）	郭晓蓓
2	22JZ002	陕南三线建设资源融入乡村振兴路径研究	陕南乡村振兴研究中心（安康学院）	谭义恒
3	22JZ003	陕南农村乡风文明建设中社会主义核心价值观教育途径研究	陕南乡村振兴研究中心（安康学院）	张 晔
4	22JZ004	陕南民间优秀家训的现代阐述研究	陕南民间文化研究中心（安康学院）	曹 刚
5	22JZ005	陕南当代小说的民俗文化书写研究	陕南民间文化研究中心（安康学院）	朱 云
6	22JZ006	乡村振兴背景下的陕南茶旅文化融合发展研究	陕南民间文化研究中心（安康学院）	韩文霞
7	22JZ007	陕南民歌在乡村振兴中的价值及发展路径研究	陕南民间文化研究中心（安康学院）	侯红艳
8	22JZ008	乡村振兴背景下秦巴山区新型村集体经济利益联结机制研究	陕南生态经济研究中心（安康学院）	冯炜娟
9	22JZ009	"双碳"目标下陕南农村居民低碳消费的影响因素及策略研究	陕南生态经济研究中心（安康学院）	王 奕
10	22JZ010	陕南康养产业发展的区域耦合机制研究	陕南生态经济研究中心（安康学院）	唐波岐
11	22JZ011	区域品牌助推陕南茶产业高质量发展机理与对策研究	陕南生态经济研究中心（安康学院）	郑明喆
12	22JZ012	西安民办高校女性教师健康素养现状调查及影响因素分析	健康文化研究中心（陕西国际商贸学院）	杨引弟
13	22JZ013	唐代陕西健康文化发展史研究	健康文化研究中心（陕西国际商贸学院）	张文华

续表

序号	项目编号	项目名称	依托重点基地及单位	负责人
14	22JZ014	葛洪《抱朴子内篇》中的健康文化思想研究	健康文化研究中心（陕西国际商贸学院）	马倩
15	22JZ015	《吕氏春秋》健康养生文化研究	健康文化研究中心（陕西国际商贸学院）	杨梦
16	22JZ016	信息技术背景下远程学习者特征模型研究	陕西省远程教育研究中心（陕西广播电视大学）	孙志远
17	22JZ017	疫情防控背景下陕西远程教育线上教学效果评价及提升策略研究	陕西省远程教育研究中心（陕西广播电视大学）	汤伟
18	22JZ018	创新精神引领下的远程开放大学精神文化研究	陕西省远程教育研究中心（陕西广播电视大学）	李楠
19	22JZ019	开放教育工科类实践教学的问题分析与对策研究	陕西省远程教育研究中心（陕西广播电视大学）	姜育生
20	22JZ020	科技创新助推陕西轻工产业高质量发展及转型升级路径研究	陕西轻工产业发展战略研究中心（陕西科技大学）	陶建宏
21	22JZ021	数字化情境下轻工企业人力资源管理的机遇、挑战和对策研究	陕西轻工产业发展战略研究中心（陕西科技大学）	陈晓暾
22	22JZ022	数字经济赋能陕西轻工业创新的机制与路径研究	陕西轻工产业发展战略研究中心（陕西科技大学）	贺宝成
23	22JZ023	公平视角下中国农产品省际贸易的碳水协同管理	陕西轻工产业发展战略研究中心（陕西科技大学）	毛舒欣
24	22JZ024	"一带一路"建设下陕西文物吉语符号创新设计研究	丝路文化传承与创新设计研究中心（陕西科技大学）	李晶
25	22JZ025	基于可供性理论的丝路文创产品情感化设计研究	丝路文化传承与创新设计研究中心（陕西科技大学）	江涛
26	22JZ026	基于SDM的丝路沿线高校校园文化创意设计应用研究	丝路文化传承与创新设计研究中心（陕西科技大学）	萧亚琴
27	22JZ027	重塑"一带一路"记忆——唐陵墓室壁画文化遗存的数字活化与传承创新研究	丝路文化传承与创新设计研究中心（陕西科技大学）	刘潇
28	22JZ028	绿色视角下陕南旅游产业与区域经济耦合发展机制研究	陕南绿色发展与生态补偿研究中心（陕西理工大学）	杨晓
29	22JZ029	数字农业农村建设背景下陕南特色农业供应链模式创新研究	陕南绿色发展与生态补偿研究中心（陕西理工大学）	王东生

续表

序号	项目编号	项目名称	依托重点基地及单位	负责人
30	22JZ030	"双碳"战略下陕南乡村振兴帮扶县农业高质量发展研究	陕南绿色发展与生态补偿研究中心(陕西理工大学)	宋晓玲
31	22JZ031	新时代陕南农村生态文明建设困境与对策研究	陕南绿色发展与生态补偿研究中心(陕西理工大学)	徐侠侠
32	22JZ032	乡村振兴背景下乡村小规模学校高质量发展研究	西北基础教育与教师教育研究中心(陕西师范大学)	赵丹
33	22JZ033	新冠疫情背景下中医药文化自信提升路径研究	中医药文化传承与发展研究中心(陕西中医药大学)	李曼
34	22JZ034	中医药传统文化传播者培养路径研究	中医药文化传承与发展研究中心(陕西中医药大学)	李吉
35	22JZ035	日本《外台秘要方》校注珍稀抄本七种整理与研究	中医药文化传承与发展研究中心(陕西中医药大学)	周艳红
36	22JZ036	民族融合视野下丝绸之路回鹘服饰与汉族服饰的比较研究	"一带一路"服饰文化研究中心(西安工程大学)	刘均
37	22JZ037	基于图像共融技术的唐代染缬艺术创新设计	"一带一路"服饰文化研究中心(西安工程大学)	郑佳
38	22JZ038	关中平原城市群空间形态对碳排放生态效率的影响机理研究	陕西省房地产业绿色发展与机制创新研究中心(西安建筑科技大学)	魏彦民
39	22JZ039	西北村镇卫生设施生态建设机理、测度与评价研究	陕西省房地产业绿色发展与机制创新研究中心(西安建筑科技大学)	吴思美
40	22JZ040	乡村振兴背景下陕西乡镇分布式能源绿色减贫运行机制研究	陕西省房地产业绿色发展与机制创新研究中心(西安建筑科技大学)	许黎
41	22JZ041	数字生态系统视角下房地产企业的竞合战略及其获益机制研究	陕西省房地产业绿色发展与机制创新研究中心(西安建筑科技大学)	彭珍珍
42	22JZ042	陕西省老龄产业高质量发展困境与提升路径研究	社会保障理论与政策研究中心(西安交通大学)	胡晗
43	22JZ043	"一老一小"家庭照料支持政策研究	社会保障理论与政策研究中心(西安交通大学)	万琳静

续表

序号	项目编号	项目名称	依托重点基地及单位	负责人
44	22JZ044	2021年陕西高校科技发展指数构建与分析	陕西高等教育评估研究中心（西安交通大学）	李珍艳
45	22JZ045	陕西未来产业创新研究院建设：国际经验借鉴与策略选择	陕西高等教育评估研究中心（西安交通大学）	李运福
46	22JZ046	陕西高校科技成果转化评价指标体系构建与应用	陕西高等教育评估研究中心（西安交通大学）	牛梦虎
47	22JZ047	陕西普通高校人文社科类科技工作现状及提升对策（2021年度）	陕西高等教育评估研究中心（西安交通大学）	贾小娟
48	22JZ048	数字经济驱动下的陕西省云制造生态系统构建及运行机制研究	城市经济与管理研究中心（西安理工大学）	薛宏全
49	22JZ049	城市大型基础设施建设项目费用偏差控制方法及信息系统设计	城市经济与管理研究中心（西安理工大学）	孙肖坤
50	22JZ050	产业协同集聚、绿色创新与区域经济增长的耦合协调机制研究	城市经济与管理研究中心（西安理工大学）	李 鹏
51	22JZ051	新时期陕西高等设计教育课程在地转型研究	中国传统美术与西部美术研究中心（西安美术学院）	李冠林
52	22JZ052	陕西红色图鉴的发掘与整理	中国传统美术与西部美术研究中心（西安美术学院）	董亚娟
53	22JZ053	冷战背景下的拉丁美洲"文学爆炸"研究	欧美文学研究中心（西安外国语大学）	侯 健
54	22JZ054	侦探小说的副文本研究——以阿加莎·克里斯蒂为例	欧美文学研究中心（西安外国语大学）	李 利
55	22JZ055	英格博格·巴赫曼诗歌的历史隐喻研究	欧美文学研究中心（西安外国语大学）	任昱璞
56	22JZ056	陕西民办高校学生媒介素养测评与提升策略研究	民办教育研究中心（西安外事学院）	李 坤
57	22JZ057	民办高校产学研合作教育项目化驱动机制研究	民办教育研究中心（西安外事学院）	洪 云
58	22JZ058	抗战时期王炳南与党的统战工作研究	陕西党史人物与红色文化研究中心（西安邮电大学）	杨宇勃
59	22JZ059	西安红色文化资源融入青少年思想政治教育路径研究	陕西党史人物与红色文化研究中心（西安邮电大学）	刘 洋

续表

序号	项目编号	项目名称	依托重点基地及单位	负责人
60	22JZ060	罗马波斯战争与古代晚期中东文明转型研究	中东研究所（西北大学）	龙　沛
61	22JZ061	古埃及中王国时期对外交往研究	中东研究所（西北大学）	刘金虎
62	22JZ062	省级纪检监察机关大数据监督理论构建及实践路径研究	地方政府法治建设研究中心（西北政法大学）	岳智慧
63	22JZ063	我国非物质文化遗产的战略管理研究——以陕北民间艺术为例	陕北生态文化研究中心（榆林学院）	高　菡
64	22JZ064	黄河流域陕北段民谣俗谚整理并语言文字研究	陕北生态文化研究中心（榆林学院）	姬　慧
65	22JZ065	文化创意产业视角下陕北民间艺术资源转化与开发研究	陕北生态文化研究中心（榆林学院）	梁　鑫
66	22JZ066	无定河流域民族文化遗产结构类型与价值应用研究	陕北生态文化研究中心（榆林学院）	张　静

学术交流活动

☞ **重要学术活动**

全国高校"中国马克思主义与当代"教学创新中心高端论坛

2022年3月27日,全国高校"中国马克思主义与当代"教学创新中心高端论坛在西安举办。论坛主题是深入推进十九届六中全会精神融入高校思政课。专家学者围绕十九届六中全会精神,就如何全面、系统、深度、有机融入全国高校思政课的教学方法、目标、实践展开深入交流。

第二届美丽乡村国际影像节高峰论坛

2022年4月18日,由陕西省新闻摄影学会、西安培华学院主办,西安培华学院传媒学院承办,陕西省社科界社会组织学术活动资助项目"第二届美丽乡村国际影像节高峰论坛"在西安培华学院举办。论坛主题为"数字文化与陕西美丽乡村交互融合促进乡村振兴发展"。本次高峰论坛是第二届美丽乡村国际影像节的重要议程之一,通过对数字影像传播的研讨为乡村高质量发展做好服务。

"科技·人文·社会"新时代重大问题跨学科合作与交融高端论坛

2022年5月17日,第五届"科技·人文·社会"新时代重大问题跨学科合作与交融高端论坛在西安交通大学举办,会议由西安交通大学社会科学处主办。本次会议围绕如何讲好中国在构建自主知识体系中的故事,研讨在跨学科研究、人才培养方面助力构建中国自主知识体系的具体措施等问题。

"深入学习贯彻党的十九届六中全会精神"专题研讨会

2022年6月14日,由中共陕西省委党校(陕西行政学院)与陕西省社科界联合会、陕西省委党史研究室联合举办的"深入学习贯彻党的十九届六中全会精神"专题研讨会,在中共陕西省委党校小寨校区召开。常务副校(院)长蔡钊利做主旨讲话,省社科联副主席高红霞、省委党史研究室副主任梁月兰出席并致辞。专家学者围绕"牢记中国共产党是什么、要干什么这个根本问题"为主题,进行广泛深入的研讨交流。

第三届传播学国际发表高端论坛

2022年6月25日,第三届传播学国际发表高端论坛成功举行。会议发布《中国传播学国际论文发表年度报告》与"第三届中国新闻传播学国际发表优秀论文奖"获奖名单。

海内外学者就中国新闻传播学理论成果"走出去"问题做精彩报告并展开深入研讨。

2022年生产与运营管理国际会议(POMS)

2022年6月24日至27日,2022年生产与运营管理国际会议(中国)(2022 POMS International Conference in China)以线上线下相结合的形式在西安曲江国际会议中心举行,会议由西安交通大学管理学院承办。本次会议主题聚焦"数字化时代的管理变革",以"智慧运营管理与商业模式创新"为主题,为学者提供分享知识和社交网络的平台。

科创西安·2022数字经济产教融合论坛

2022年6月28日,由陕西省工信厅、西安市委人才办、市委网信办、市科技局、市大数据局指导,西安国家民用航天产业基地管理委员会、西安邮电大学主办,西安数字经济产教融合联盟、西安市多元创新经济研究院、西安创业大学承办,科创西安·2022第三届数字经济产教融合论坛在西安航天国际会议中心举办。本次论坛发挥数字技术对经济发展的放大、叠加、倍增作用,助力陕西产业数字化、数字产业化、增进数字经济开放合作,为推动高质量发展贡献智慧和力量。

2022年企业社会责任国际学术研讨会

2022年6月29日至30日,2022年企业社会责任国际学术研讨会在线上召开。由西北工业大学新时代企业高质量发展研究中心(IHCD)、西北工业大学管理学院、西北工业大学学科建设办公室主办,中国管理研究国际学会(IACMR)、*Journal of Business Ethics*(JBE)期刊协办。来自新加坡管理大学、得克萨斯大学达拉斯分校、迈阿密大学、明尼苏达大学的专家学者出席会议并做主题报告,会议还组织5场平行论坛,来自新加坡、美国以及国内高校、院所的师生参加会议。

中国生态经济学学会2022年学术年会
暨"共同富裕与生态文明"研讨会

2022年7月8日,由中国生态经济学学会、中国社会科学院农村发展研究所主办,西北农林科技大学经济管理学院承办,中国生态经济学学会2022年学术年会暨"共同富裕与生态文明"研讨会在西北农林科技大学交流中心通过线上与线下相结合形式举办。本届年会以"共同富裕与生态文明"为主题,聚焦共同富裕的生态发展方向与路径、共同富裕的实现机制与转型模式、乡村振兴与生态文明、生态安全与可持续发展、"双碳"理论与实践等问题。

享·丝路 赢·未来

2022 年 7 月 9 日,2022 丝绸之路教育合作交流学术研讨会西安理工大学经济与管理学院分论坛会在线上举行,由陕西省教育厅主办。与会专家分别对中国金融压力指数的构建及应用、非结构化文本数据的处理及其在金融市场情绪分析中的应用、上下游企业在产品数量及价格上的竞争对消费者剩余和社会福利的影响、欧美供应链困难加剧,以及卡车司机严重短缺及其影响因素分析等问题展开分享和深入交流。

"南亚安全形势新变化与中国在南亚的利益"学术研讨会

2022 年 7 月 16 日,"南亚安全形势新变化与中国在南亚的利益"学术研讨会在线上举行,会议由陕西省社科界联合会及西安外国语大学主办。本次会议就欧亚大棋盘的剧变及应对、南亚地区形势变化及对策思考、中国在南亚的利益诉求及面临的挑战与应对、斯里兰卡债务危机对我南亚政策的影响、南亚安全形势新变化及其对中国的影响、印度外交安全类智库最新动态的议题展开讨论。

"中哈合作 30 年"国际学术研讨会

2022 年 7 月 23 日,"'中哈合作 30 年'国际学术研讨会——中哈永久全面战略伙伴关系的美好未来"在陕西师范大学雁塔校区举行。研讨会由陕西师范大学"一带一路"文化研究院和哈萨克斯坦教育科学部科学委员会哲学、政治学与宗教研究所联合举办,来自中哈两国 30 余位学者参加。此次研讨会采取线上线下相结合的方式进行。本次研讨会以中哈建交 30 年为背景,就"30 年来的中哈人文领域合作""中哈合作 30 年来的学术作用""30 年来的中哈经济领域合作""深化新时期中哈关系的前景展望"等问题展开广泛讨论。

纪念史念海先生诞辰 110 周年暨 2022 年中国历史地理学术研讨会

2022 年 7 月 29 日至 31 日,陕西师范大学与中国地理学会历史地理专业委员会共同主办"守正与创新——纪念史念海先生诞辰 110 周年暨 2022 年中国历史地理学术研讨会"在陕西师范大学召开。对历史地理学理论、历史政区地理、历史自然地理、历史军事地理、历史文化地理、历史经济地理、历史交通地理、历史城市地理、环境史、地理名物考证、民族与边疆历史地理、史念海先生与中国历史地理学专题报告、地图研究 13 个专题展开深入讨论。

西部高等教育振兴和高校治理创新论坛

2022年8月4日,作为中国高等教育博览会的主论坛之一,西北工业大学承办的西部高等教育振兴和高校治理创新论坛在西安国际会展中心举行。论坛聚焦西部高等教育的振兴与发展,从高等教育的治理转向、大学内部资源配置、西部高等教育毛入学率的走势分析多方面等问题展开研讨和交流。

第三届"一带一路"国家教育论坛

2022年8月5日,第三届"'一带一路'国家教育论坛"在西安国际会展中心举行。论坛由中国高等教育学会主办,陕西师范大学"一带一路"文化研究院与云南大学"一带一路"研究院联合承办。论坛以"'一带一路'高质量发展面临的机遇与挑战"为主题,围绕"一带一路"高等教育合作、"一带一路"经济高质量发展、"一带一路"面临的机遇挑战与发展路径等主题展开深入交流与分享。

外语学科前沿研究与人文新视野学术会议

2022年8月14日,由陕西省教育厅主办,西北工业大学外国语学院承办,2022丝绸之路教育合作交流会/第六届丝博会"外语学科前沿研究与人文新视野学术会议——传统与当下,比较与对话"在西安成功举办。本次会议邀请11位外语学科著名专家学者围绕"外语学科前沿研究""传统文化外译研究"等话题展开深入交流与探讨。

第三届中国(陕西)自由贸易试验区发展论坛

2022年8月15日,由陕西省商务厅主办,第三届中国(陕西)自由贸易试验区发展论坛在西安国际会展中心举行。陕西省商务厅副厅长、省自贸办副主任翟北秦,西安交通大学副校长、自贸院院长席光共同主持会议。论坛发布《中国(陕西)自由贸易试验区发展报告》(2017—2021),自贸院相关教授做主旨演讲。

2022年"一带一路"国家区域协调发展中的协同立法研究论坛

2022年8月16日,由陕西省教育厅、西安交通大学联合主办,西安交通大学立法与党内法规研究中心、丝绸之路大学联盟秘书处承办,"'一带一路'国家区域协调发展中的协同立法研究"论坛在中国西部科技创新港法学研究院成功举办。本次会议采取线上线下联动的方式进行。

第三届中国文化研究国际论坛

2022年8月25日,由中国社会科学院古代史研究所主办、西北大学历史学院承办的"第三届中国文化研究国际论坛"在西北大学召开。本届论坛的主题是"中国古代的制度与社会"。论坛采用线上、线下相结合的方式举行。

首届数智时代新商科产教融合国际论坛

2022年8月31日,首届数智时代新商科产教融合国际论坛在线上召开。本次论坛由西安交通大学管理学院、香港城市大学商学院、ACCA中国、教育部大数据管理课程虚拟教研室共同主办,教育部工商管理教学指导委员会、陕西省高校教学指导委员会工商管理类工作委员会指导,中国CFO发展中心、陕西会计学会、陕西注册会计师协会、陕西总会计师协会、陕西财务成本研究会协办。论坛以"产教融合,协同育人"为主题,邀请10多位嘉宾做主题报告,共同探讨数智时代新商科产教融合协同育人话题,为培养一流新商科人才出谋划策。

2022杨凌国际农业科技论坛"农业'双碳'与乡村发展"国际学术会议

2022年9月15日至17日,"农业'双碳'与农村发展"国际学术会议在西北农林科技大学经济管理学院举办。来自中国、美国、英国、爱尔兰、丹麦、荷兰、瑞典、挪威、加拿大、澳大利亚的33位专家学者,围绕农业"双碳"与农村环境发展以及如何促进农业农村绿色发展等进行深入交流和探讨。与会专家学者通过总结各国气候行动方法的经验教训和国家层面的农业减排目标等探讨,力求从林业经济、资源环境、气候金融、农业政策等方面探索建立健全绿色低碳循环发展的经济体系,为中国农业经济发展、乡村振兴和农村环境等贡献"西农"智慧。

2022中国电影美学年会

2022年9月17日,2022中国电影美学年会在线上举行,会议由中国电影艺术研究中心中国电影资料馆和陕西师范大学联合主办,中国电影艺术研究中心电影文化研究部与陕西师范大学文学院联合承办。与会嘉宾分别从"电影评价的美学立场""电影美学的影像表征与文字传达""媒体融合与电影审美新形态""电影创作维度的美学观察"等多个维度进行学术分享。

"长安与世界:历史记忆与文明进步"国际学术研讨会

2022年9月23日至25日,"长安与世界:历史记忆与文明进步"国际学术研讨会在陕西师范大学举行。会议由陕西师范大学、历史文化学院国际长安学研究院和陕西省历史学学会主办。萧正洪、李秉忠、刘庆柱、葛承雍、王子今和妹尾达彦等中外学者以线上、线下相结合的方式出席会议。与会学者就"长安历史记忆研究""唐前长安研究""隋唐长安研究""长安墓志研究"等议题开展专题研讨。

应用语言学与语言教育国际研讨会
暨中国区多语能力与多语教育研究会2022年年会

2022年9月24日至25日,应用语言学与语言教育国际研讨会暨中国区多语能力与多语教育研究会2022年年会在线上举行。由中国区多语能力与多语教育研究会主办,陕西师范大学外国语学院和陕西师范大学外语教育研究中心承办。来自国内外近30所院校及科研机构的70余名学者就多语现象和多语能力的培养问题展开讨论。

"学好用好《习近平谈治国理政》第四卷,加强习近平新时代
中国特色社会主义思想国际传播"学术研讨会

2022年10月9日,由西安外国语大学主办,长安大学马克思主义学院、学校党委宣传部、科研处等单位联合承办的"学好用好《习近平谈治国理政》第四卷,加强习近平新时代中国特色社会主义思想国际传播"学术研讨会在西安外国语大学长安校区举行。陕西省委宣传部理论处负责同志及长安大学领导出席会议。与会专家学者围绕人类文明新形态、中国理论国际传播、乡村振兴战略、构建人类命运共同体、中国式现代化道路、祖国完全统一、习近平生态文明思想、中华用典翻译策略等内容开展交流研讨。

首届强国时代党史党建学研究高端论坛
暨"党的二十大精神与党史党建学学科建设"研讨会

2022年10月29日,由陕西科技大学马克思主义学院、上海师范大学马克思主义学院共同主办,高校中国共产党伟大建党精神研究中心上海师范大学分中心、上海市习近平新时代中国特色社会主义思想研究中心上海师范大学基地、陕西农村基层党组织建设研究中心共同协办,"首届强国时代党史党建学研究高端论坛暨'党的二十大精神与党史党建学学科建设'研讨会"以腾讯会议方式举行。来自国内40余所高校的专家学者围绕党的二十大的新阐述、党的二十大报告与党史党建学学科建设的关系、新时代党史党建研究的重心以及党史党建学学科融合发展等主题进行系统而深入的研讨。

金融科技和气候变化对农业金融和投资影响国际会议

2022年10月29日至30日,由英国爱丁堡大学、伦敦大学学院、提赛德大学,澳大利亚皇家墨尔本理工大学和全欧/全英中国经济协会联合主办,西北农林科技大学经济管理学院承办,"金融科技和气候变化对农业投融资影响国际会议"在西北农林科技大学召开。本次会议围绕金融科技和气候变化对农业投融资影响这一议题,旨在将学者、行业专业人士和政策制定者聚在一起,搭建学术交流互动平台。

"乡村振兴与农业农村现代化"国际产学研用合作研讨会

2022年11月4日至5日,由教育部学校规划建设发展中心主办,西北农林科技大学经济管理学院承办,"乡村振兴与农业农村现代化"国际产学研用合作研讨会成功举办。来自中国、美国、俄罗斯、英国、德国、瑞典、哈萨克斯坦的30多位学者做学术报告。本次研讨会以上述组织国家农业合作与发展、乡村振兴与农业发展、农业农村现代化和绿色发展、现代农业四个主题展开,深入探讨农业发展过程中的有关问题。

"21世纪社会主义理论与实践"国际学术研讨会

2022年11月5日,"21世纪社会主义理论与实践"国际学术研讨会在陕西师范大学举行。陕西师范大学副校长党怀兴,越南社会科学翰林院哲学院院长、《哲学研究》杂志总编辑阮才东,为大会致辞。中国社会科学院原副院长李慎明为大会做主旨报告。会议聚焦21世纪社会主义理论与实践基本问题,交流分享21世纪社会主义理论最新研究成果和实践经验,展望21世纪世界社会主义发展未来。

陕西党史界学习贯彻党的二十大精神暨百年党史与党的建设理论研讨会

2022年11月11日,陕西党史界学习贯彻党的二十大精神暨百年党史与党的建设理论研讨会在西安邮电大学学术交流中心举行。研讨会由中共陕西省委党史研究室和陕西省中共党史学会联合主办,西安邮电大学马克思主义学院、西安邮电大学陕西党史与红色文化研究院承办。与会学者认为,党的二十大精神的学习宣传贯彻,应该体现到党史和文献工作的全过程,以推动新时代陕西党史和文献事业高质量发展。

中国欧洲学会中东欧研究分会2022年年会暨第二届中国与中东欧国家合作西部论坛

2022年11月11日,中国欧洲学会中东欧研究分会2022年年会暨第二届中国与中东欧国家合作西部论坛在西安外国语大学举行。来自中国社会科学院、中国现代国际关系研究院等单位的专家学者,以"中东欧地缘政治""中东欧国家经济""中东欧国家社会思潮""中国与中东欧国家关系"为题,探讨在世界之变、欧洲之变的背景下中东欧国家政治、经济和文化的新趋势以及中东欧国家与中国合作关系的发展。

2022(第18届)语言智能教学国际会议

2022年11月11日至13日,2022(第18届)语言智能教学国际会议在线上召开。此次会议由中国英汉语比较研究会语言智能教学专业委员会(China CALL)主办,西安电子科技大学外国语学院及外语教育数字化研究院、北京外国语大学网络教育学院及人工智能与语言重点实验室联合承办,《语言智能教学(英文)》国际期刊编辑部协办。来自美国斯坦福大学、英国开放大学、马来西亚精英大学、澳大利亚南昆士兰大学、香港大学、北京外国语大学、西安电子科技大学等海内外百余所高校的200余名学者参加会议。

传统艺术与当代社会——中日艺术家学术交流论坛

2022年11月26日,传统艺术与当代社会——中日艺术家学术交流论坛在延安大学举行。本次会议对传统艺术在当代社会中的应用、艺术院校教育教学的改革创新等主题,从不同角度进行讲授或艺术展示。

"新视野新征程·共命运共发展"——第二届中非学术翻译论坛

2022年11月26日,以"新视野新征程·共命运共发展"为主题,由中国非洲研究院、陕西省社科界联合会和西安外国语大学联合主办的第二届中非学术翻译论坛在"云端"举行。中国非洲研究院执行院长、中国社会科学院西亚非洲研究所所长李新烽,陕西省社科界联合会主席甘晖,西安外国语大学党委副书记、副校长王启龙,副校长党争胜出席会议。本次论坛设有"非洲学术经典译介研究高层论坛"和"非洲安全的新形势与新变化"两个分论坛,与会专家在分论坛上进行18场专题发言。

秦汉历史与考古的融合发展
暨纪念陈直先生诞辰120周年国际学术研讨会

2022年11月26日至27日,由中国秦汉史研究会、西北大学历史学院合办的"秦汉历史与考古的融合发展暨纪念陈直先生诞辰120周年国际学术研讨会"以线上线下相结合的方式在西北大学召开。来自中国社会科学院、中国人民大学、南京大学、南京师范大学、苏州大学、西北大学以及日本就实大学、香港科技大学等66家机构的120余位学者参加本次会议。

"深入学习贯彻党的二十大精神"理论研讨会

2022年11月29日,中共陕西省委党校(陕西行政学院)举办"深入学习贯彻党的二十大精神"理论研讨会。常务副校(院)长蔡钊利出席会议并讲话。会议认为,进一步学习研究阐释贯彻好党的二十大精神,要继续做好党的二十大精神的阐释解读,对报告中的新提法、新观点、新论断既要整体把握、全面系统,又要突出重点、抓住关键。要围绕党的二十大精神,开展重大理论和实践问题研究。

丝路·踔远——西安美院与澳门科技大学师生作品展

2022年12月1日,由西安美术学院与澳门科技大学共同主办,文化和旅游部2022年度内地与港澳文化和旅游交流重点项目"丝路·踔远——西安美术学院与澳门科技大学师生作品展"在澳门科技大学美术馆展出。本次展览共展出中国画、书法篆刻、油画、版画、漆画等近100幅作品。参展作品坚持"以人民为中心"的创作导向,旨在用多向度的观察视角和多样化的艺术语言,积极促进内地与澳门及粤港澳大湾区文化和旅游交流合作。

第十届华人公共管理学者研讨会

2022年12月2日至3日,第十届华人公共管理学者研讨会在西安交通大学举行。会议由西安交通大学公共政策与管理学院、中山大学中国公共管理研究中心、中山大学政治与公共事务管理学院以及中国留美公共管理学会联合主办,来自中国和美国公共管理领域的100多位专家学者出席会议。会议就后疫情时代背景下的政府治理问题展开讨论。本次会议紧密结合时代背景,立足中国国情,合理借鉴国外,探索新路径,创新方法,融合新理念。

第一届西部新商科实践教学创新与共享联盟会员大会

2022年12月4日,第一届西部新商科实践教学创新与共享联盟会员大会在西安交大学术交流中心召开。会议由教育部工商管理教指委、陕西高校工商管理教指委指导,西部新商科实践教学创新与共享联盟主办,西安交通大学管理学院、管理国家级实验教学示范中心(西安交通大学)、教育部大数据管理课程虚拟教研室承办,广州市福思特科技有限公司、中国CFO发展中心、会计学术联盟协办。

陕西省社科联高层论坛

"发挥智库作用 服务高质量发展"理论研讨会

2022年5月13日,由陕西省社科联联合省委政策研究室、陕西省委党校(陕西行政学院)、省教育厅、省政府研究室、省社会科学院共同举办的"发挥智库作用服务陕西高质量发展"理论研讨会在西安召开。陕西智库联盟成员单位的专家学者,深入学习习近平总书记在中国人民大学考察时的重要讲话,结合陕西智库的定位、智库发展的现状,就如何更好发挥智库作用,服务全省高质量发展进行研讨交流。陕西智库联盟成员单位代表、省级民办社科研究机构代表,以及省委人才办(省新型智库建设办公室)和省民政厅社会组织管理局等相关单位负责同志参加座谈。

"学习贯彻党的二十大精神,谱写陕西高质量发展新篇章"研讨会暨陕南发展论坛

2022年11月12日,由陕西省社科联、西安交通大学、陕西省委党校主办,陕西省经济学学会承办,陕西省社科界第十六届学术年会分场活动——"学习贯彻党的二十大精神,谱写陕西高质量发展新篇章"研讨会在西安召开。陕西省社科联党组书记、常务副主席郭建树,西安交通大学党委副书记孙早致辞,陕西省委党校校务委员张首魁做主旨报告。与会专家围绕"加快发展数字经济,助推数字陕西高质量发展""全面推进乡村振兴与县域城乡融合发展""共同富裕目标下陕西高质量发展政策创新研究"等问题交流发言。

2022年度陕西省社科界高层论坛暨第三届陕西口岸经济发展论坛

2022年12月23日,由陕西省社科联主办,中国口岸协会、陕西省人民政府口岸办公室支持,西安翻译学院社科联承办,陕西省口岸协会、陕西电子口岸公司协办,2022年度陕西省社科界高层论坛暨第三届陕西口岸经济发展论坛——"大变局下的口岸经济与高水平对外开放"在西安翻译学院召开。本次论坛旨在为深入贯彻党的二十大精神和习近平总书记关于"推进高水平对外开放"相关论述,充分发挥论坛平台智囊集聚地作用,继续凝聚口岸研究智慧,为陕西乃至全国口岸经济发展和高水平对外开放建言献策。论坛采用全网现场直播的形式,引起业界人士纷纷关注,万人在线观看。专家分享观点精彩纷呈,多家主流媒体全程报道。

陕西省社科界第十六届(2022)学术年会

"第二届公共文化服务高质量发展与交叉学科创新"论坛

2022年6月12日,陕西省社科界第十六届学术年会首场分场活动——"第二届公共文化服务高质量发展与交叉学科创新论坛"在西安召开。本次会议由陕西省社科联、长安大学社科联主办,长安大学MPA教育中心、马克思主义学院、陕西文化发展与融合创新智库、公共文化服务研究中心承办,陕西省图书馆协办。论坛由主旨发言和分论坛研讨、专家点评等环节组成。分论坛分为"公共文化服务供给创新与治理""公共文化空间与数字化发展""公共文化服务赋能乡村振兴"三个主题。来自全国30余所高校、研究机构和文化企事业单位的专家学者以线上线下相结合的方式参会研讨。

第四届兵工科技协同创新发展论坛

2022年6月25日,陕西省社科界第十六届(2022)学术年会分场活动——"第四届兵工科技协同创新发展论坛"在西安工业大学召开。此次论坛由陕西省社科联、陕西省教育厅联合主办,西安工业大学承办,西安工业大学经济管理学院、陕西省兵工科技创新发展软科学研究基地、陕西省兵器工业管理决策协同创新中心、陕西高校军民融合科技创新研究中心共同协办。专家学者围绕兵工科技协同创新机制构建、兵工科技创新驱动发展等议题充分交流,对推进弘扬兵工精神,助推创新发展方面起到重要作用。

"农业农村现代化与公共政策创新"学术研讨会

2022年6月25日,陕西省社科界第十六届(2022)学术年会分场活动——"农业农村现代化与公共政策创新"学术研讨会在杨凌示范区召开。此次论坛由陕西省社科联主办,西北农林科技大学承办。来自公共管理学、政治学等领域的8位专家做主旨报告。本次研讨会还以"乡村建设与乡村振兴""公共政策与治理创新""共同富裕与社会保障"为题设立3个平行论坛。研讨会采用线下与线上相结合、以线下为主的方式进行,全国各地近百名专家学者参加会议,分别围绕乡村建设与乡村振兴的理论和实践、逻辑转向、动力机制、模式选择等,公共政策与治理创新的问题困境、实践进路、制度逻辑、变通机制,共同富裕与社会保障的目标定位、案例比较、实现路径、经验诠释等问题进行深入交流。

"贯彻新发展理念,弘扬南泥湾精神,助推高质量发展"理论研讨会

2022年7月26日,陕西省社科界第十六届(2022)学术年会分场活动——"贯彻新发

展理念,弘扬南泥湾精神,助推高质量发展"理论研讨会召开。本次会议由陕西省社科联主办、陕西省南泥湾精神研究会承办。旨在进一步学习贯彻新发展理念,深入挖掘和研究南泥湾精神的丰富内涵、时代价值和实践要求,以南泥湾精神被列入中国共产党人精神谱系第一批伟大精神为新起点,不断推进红色文化研究和传承,让南泥湾精神焕发出新的时代光芒,为助推陕西高质量发展提供理论支持和强大精神动力。

"智链接 创未来——供应链高质量发展"论坛

2022年9月16日,第12届中国西部国际物流产业博览会系列活动之"智链接 创未来——供应链高质量发展"分论坛在西安召开。论坛由陕西省物流学会承办,采取线上线下相结合的方式召开。与会专家从打通供应链,用数智化技术促进产业发展,实现自主可控的稳健供应链生态体系方面提出建设性意见和建议。本次论坛是陕西省社科界第十六届学术年会的分场活动之一。相关行业专家及陕西省物流学会会员300余人参加会议。

"第二届全国数字艺术与媒介文化"学术论坛

2022年10月22日,陕西省社科界第十六届(2022)学术年会分场活动——"第二届全国数字艺术与媒介文化学术论坛"在西安邮电大学召开。此次论坛由陕西省社科联、西安邮电大学社科联共同主办,西安邮电大学数字艺术学院承办。本次论坛面向中国艺术与科学技术关系现状的前沿议题,以"数字、数智与数治"为主题,以"数字推进、数智赋能、数治提效"为内容,在"首届全国数字艺术与媒介文化学术论坛"的基础上,进一步探讨在当前数字化、数智化与数治化发展语境下,数字艺术与媒介文化所呈现出的新形态、新思维、新文化的理论建构及实践路径。来自各地高校和科研院所的专家学者共同探究智媒视域下的新媒介空间及新文化生态与秩序等问题。

"数智时代财务成本核算与管控高质量发展新思路及路径"学术研讨会

2022年10月28日,陕西省社科界第十六届(2022)学术年会分场活动——"数智时代财务成本核算与管控高质量发展新思路及路径"学术研讨会在西安举行。本次活动由陕西省社科联主办,陕西财务成本研究会、西安交通大学管理学院、中国CFO发展中心、教育部大数据管理课程虚拟教研室联合承办。与会专家就"数智时代民航机场高质量发展探讨""陕西重汽数智财务转型实践""数智时代企业成本管控实践""陕西投资集团有限公司财务一体化管控平台介绍"等问题做主题演讲。会议设圆桌论坛,围绕"数智时代企业一流财务管理创新"展开研讨。会议认为数智时代建设一流财务管理体系关键是培养创新型、复合型、应用型高素质的智能财会人才。

"黄河流域文旅融合高质量发展"学术研讨会

2022年10月29日,由陕西省社科联、渭南师范学院社科联共同主办,渭南师范学院科学研究处、经济与管理学院、渭南市文化和旅游局联合承办,陕西省社科届第十六届(2022)学术年会分场活动——"黄河流域文旅融合高质量发展"学术研讨会以云端论坛形式在渭南师范学院举行。与会专家就黄河流域生态产品价值实现机制与文旅融合创新发展、黄河流域城市经济发展与环境保护协调发展、渭南市文旅融合高质量发展、陕西省沿黄地区旅游生态化转型的多源流等专题做主题报告。会议围绕创新赋能文旅融合高质量发展、"新文旅"产业发展亟须破解的问题及对策、文旅商体"融"光焕发的实践与创新、"双碳"背景下黄河流域旅游产业低碳化发展、红色文化赋能乡村振兴的模式与路径、黄河文化主题公园构建等问题进行深入交流研讨。

"新发展阶段高质量推进乡村振兴"学术研讨会

2022年10月29日,由陕西省社科联、西安建筑科技大学社科联共同主办,西安建筑科技大学公共管理学院、西北乡村振兴研究中心联合承办,陕西省社科界第十六届(2022)学术年会分场——"新发展阶段高质量推进乡村振兴"学术研讨会以云端会议的方式召开。中国农业大学人文与发展学院教授左停、陕西省乡村振兴社会扶贫工作协调中心副主任罗斌,分别围绕《高质量推进乡村振兴五个方面的问题》《充分发挥驻村帮扶,助力乡村振兴提档加速》做主旨报告。在分论坛,来自中国农业大学、西北农林科技大学、南开大学、南京航空航天大学、宁夏大学、新疆农业科学院、杭州师范大学、浙江农林大学、农业农村部、陕西省乡村振兴局、宝鸡市凤翔区政府的专家学者参会并进行研讨交流。

"服务秦创原知识产权法治保障"论坛

2022年10月29日,由陕西省社科界联合会、陕西省法学会、西北政法大学主办,陕西省法学会知识产权法学研究会、西北政法大学经济法学院(知识产权学院)承办,陕西省公众科学素质与法治国家建设研究中心、西安市科技局秦创原知识产权法治保障智库、陕西省律师协会知识产权专业委员会、陕西法智律师事务所共同协办,陕西省社科界第十六届(2022)学术年会分场活动——"服务秦创原知识产权法治保障"论坛暨陕西省法学会知识产权法学研究会2022年年会在线上举行。与会专家分别围绕秦创原创新驱动平台建设中的知识产权问题、知识产权制度的完善等论坛主题进行研讨交流。

第十五届大关中发展论坛

2022年11月18日,陕西省社科界第十六届学术年会分场活动——第十五届大关中发展论坛在西安成功举办。本届论坛以"学习贯彻党的二十大精神,统筹实施国家重大战略,推动大关中协调发展"为主题,围绕"加快构建新发展格局,着力推动高质量发展;优化重大生产力布局,构建优势互补、高质量发展的区域经济布局和国土空间体系;推进高水平对外开放;加快新旧动能转换,推动制造业高质量发展和资源型产业转型;全面推动乡村振兴与共同富裕"等相关议题进行研讨。

"数字经济与陕西高质量发展研讨会"暨陕西省外国经济学说研究会学术年会

2022年11月12日,由陕西省社科联主办,陕西省外国经济学说研究会、宝鸡文理学院经济管理学院共同承办,陕西省社科界第十六届(2022)学术年会分场活动——"数字经济与陕西高质量发展研讨会"暨陕西外国经济学说研究会学术年会在宝鸡文理学院新校区采用线上线下相结合的方式召开。与会专家分别就发展数字经济驱动全国统一大市场建设、产业数字化赋能县域经济高质量发展的路径对策、数字经济中的冗余及过劳、高质量发展的价值追求、西安科技型企业培育的创新发展路径研究等问题做主旨发言。专题研讨阶段,来自西北大学、国防大学西安校区、陕西理工大学、渭南师范学院和宝鸡文理学院的学者分别发言,交流各自的学术研究成果。

"学习贯彻党的二十大精神加快发展方式绿色转型与县域高质量发展"高层论坛

2022年12月7日,由陕西省社科联、陕南发展研究院、商洛学院共同主办,商洛学院社科联、陕西高校新型智库——商洛发展研究院联合承办,"学习贯彻党的二十大精神,加快发展方式绿色转型与县域高质量发展"暨陕南发展论坛在商洛学院召开。商洛学院党委书记张志昌、陕西理工大学党委书记赵晓林、安康学院校长钟生海、陕西省社科联党组成员、秘书长苗锐军致辞。来自商洛学院、陕西理工大学、安康学院陕南三所高校的50余位专家学者,围绕生态文明建设、乡村振兴、区域文化与旅游、融合发展等方面进行交流研讨。

"凝聚共识共为 共话乡村振兴"——(首届)陕西省乡村振兴发展大会

2022年12月16日,由陕西省社科界联合会主办,陕西创新人才发展研究院、陕西省乡村振兴规划研究院承办,"凝聚共识共为 共话乡村振兴——(首届)陕西省乡村振兴发展大会"在西安隆重举行。大会围绕"脱贫攻坚与乡村振兴有效衔接、乡村人才振兴、乡村振兴与空间规划、数字乡村"展开讨论。在白水分会场,会议人员按照"产业兴旺、生态宜居、乡风文明、治理有效、生活富裕"的总体要求,从"国土空间开发、保护、利用和修复""统筹村庄生产、生活、生态"一体化空间布局等五方面进行交流。本次学术年会展现陕西创新人才发展研究院在乡村振兴发展,尤其在脱贫攻坚与乡村振兴、乡村振兴与空间规划等相关问题研究的新成果和新观点。

"金融支持科技创新"论坛

2022年12月22日,陕西省社科界第十六届(2021)学术年会分场活动以线上会议方式成功举办。本次活动由陕西省社科界联合会主办、陕西省金融学会承办,以"金融支持科技创新"为主题开展研讨。西安交通大学沈悦教授做专题报告。本次会议是学会贯彻落实国家创新驱动发展战略、推动陕西科创金融改革创新发展的重要举措,对动员各方力量加大对陕西科创产业的金融支持力度、服务陕西新时代追赶超越具有重要意义。

"中国式现代化与区域协调发展"论坛
暨陕西省社科界第十六届学术年会主场活动

2022年12月25日,"中国式现代化与区域协调发展"论坛暨陕西省社科界第十六届(2022)学术年会主场活动以线上的方式召开。本次活动由陕西省区域经济研究会、西北大学经济管理学院、西北大学乡村振兴战略研究中心承办。陕西省经济学学会、陕西省南泥湾精神研究会、西安邮电大学、西安工业大学和渭南师范学院代表分场活动承办单位,分别阐述各场次活动主要学术观点。陕西省社科联社会组织管理部部长张金高对本届学术年会进行总结。学术年会分场活动各承办单位代表,各社会组织负责人、党组织负责人,各市社科联、高校社科联(社科处)负责人,陕西省区域经济研究会会员线上参会。

☞ 学术资助活动

为深入学习习近平新时代中国特色社会主义思想,贯彻落实党的十九届历次全会精神和陕西省委决策部署,鼓励与支持社科类社会组织、社科普及基地开展学术活动和社科普及活动,不断提升服务社会的能力和水平,依据陕西省社科联《关于2022年度陕西省社科类社会组织学术活动资助项目申报的通知》,共有52场活动入选2022年度陕西省社科普及资助项目。

2022 年度陕西省社科界社会组织学术活动资助名单

序号	活动主办单位	学术活动名称
1	陕西省房地产研究会	欧亚论坛·第六届绿色建筑与城市可持续发展高峰论坛
2	陕西国际税收研究会	陕西省油气能源产业链发展状况分析研讨会
3	陕西省黄河文化经济发展研究会	第五次黄河文化暨"十次型"黄河文化旅游带研讨会
4	陕西省保险学会	三秦保险讲堂系列专题讲座
5	陕西省纳税筹划研究会	房地产开发全过程管理之利润设计与纳税筹划实操研讨会
6	陕西省生产力学会	绿色循环经济与环境保持理论研讨会
7	陕西三秦国土空间规划研究院	县级国土空间总体规划成果研讨会
8	陕西省证券研究会	陕西证券市场研讨会
9	陕西省廉政文化研究会	2022 年陕西省廉政文化研究会年会暨学习贯彻党的二十大精神研讨会
10	陕西翰林教育研究院	陕西"职业教育数字化建设"高质量发展大会
11	陕西省外国文学学会	陕西省外国文学学会年会暨第二十二届学术研讨会
12	陕西省新闻摄影学会	基于新媒体传播影响力的红色基因传承学术活动
13	陕西省喜剧美学研究会	喜剧美学的不惑之旅——第七届全国喜剧美学研讨会
14	陕西省改革发展研究会	疫情常态化下陕西促进消费论坛
15	陕西省管理科学研究会	第七届风险与危机管理学术研讨会
16	陕西省企业文化建设协会	中国企业文化建设(宝鸡)峰会
17	陕西省科学社会主义学会	"学习贯彻党的二十大精神"理论研讨会
18	陕西省马克思主义研究会	人类命运共同体构建与中国智慧学术研讨会
19	陕西省延安精神研究会	弘扬延安精神,喜迎党的二十大主题研讨会
20	陕西省哲学学会	陕西省哲学学会 2022 年学术年会暨学习党的二十大精神高层论坛
21	陕西省家庭教育研究会	陕西省家校社协同育人学术研讨会
22	陕西省教育理论研究会	教育研究.使命与途径——教育理论研究会主题学术论坛
23	陕西省心理健康教育研究会	青少年阳光心理教育经验研讨会
24	陕西省汉语国际教育研究会	中国语言文化国际传播的理论与实践国际学术研讨会
25	陕西省博物馆协会	陕西省博物馆高质量发展研讨会
26	陕西省中共党史学会	中国共产党百年历史与党的建设研究主题年会
27	陕西省考古学会	第三届陕西重要考古新发现汇报会
28	秦文化研究会	秦文化研究会学术年会

续表

序号	活动主办单位	学术活动名称
29	陕西省陕甘宁革命根据地史研究会	纪念陕甘宁边区精兵简政运动开展80周年学术研讨会
30	陕西省司马迁研究会	陕西省司马迁研究会2022年年会暨《史记》与汉文化专题研讨会
31	当代陕西研究会	习近平新时代中国特色社会主义思想在陕西的生动实践理论研讨会
32	陕西省老年学和老年医学学会	陕西省老年学和老年医学学会血管疾病诊疗新技术论坛暨周围血管委员会成立大会
33	陕西省人口学会	人口发展与人口健康——陕西省人口学会2022年年会
34	陕西省社会学会	质性社会学使命、理论与领域研究
35	陕西省社会科学信息学会	数智时代公共文化拟态传播服务学术研讨会
36	陕西省弘扬汉文化研究中心	民营博物馆论坛
37	陕西省《资本论》研究会	《资本论》与陕西经济高质量发展暨党的二十大精神学习研讨会
38	西安电子科技大学社科联与陕西省政治学会联合举办	"生态文明与绿色发展"高端论坛
39	陕西省秦俑学研究会与陕西省考古学会联合举办	秦俑学及秦代文明学术研讨会
40	宝鸡文理学院社科联	第二届横渠高层论坛
41	西北大学社科联	"西北联大"与中国现代文学学术研讨会
42	陕西科技大学社科联	"双碳"背景下西部地区经济管理政策研讨会
43	西北工业大学社科联	陕西红色工业文化研究研讨会
44	延安大学社科联	路遥与当代现实主义文学——纪念路遥逝世30周年学术研讨会
45	西安工程大学社科联	中国企业管理研究会年会——疫情下的企业管理理论与实践创新
46	西安外国语大学社科联	区域国别地理与地缘政治研究论坛
47	陕西师范大学社科联	中国语言学会第21届学术年会
48	西安体育学院社科联	第五届陕西省运动健康促进论坛
49	陕西省档案学会	档案修复保护青年论坛
50	陕西省税务学会	黄河流域生态保护和高质量发展财税政策研究研讨会
51	陕西省建筑劳动研究会	对新时代建筑产业工人队伍建设的研讨会
52	陕西省金融会计学会	陕西省金融会计学术论坛

☞ 其他活动

2022年,陕西省社科界以习近平新时代中国特色社会主义思想为指导,全面贯彻党的十九大和十九届历次全会精神,深入贯彻落实习近平总书记来陕视察重要讲话精神和省委有关部署要求,不断提升社科普及服务能力,满足人民群众对高质量社科文化知识的需求,有序开展内容丰富、形式多样的社会性、群众性、经常性社科普及活动,极大推动公众人文社会科学素养的提升。

序号	举办时间	地点	主题	主办单位
1	2022年2月23日	西安交通大学	西安交通大学管理学院智库与文科实验室高质量发展研讨会	西安交通大学管理学院
2	2022年3月5日	西安交通大学	首届中国新闻史知识数据库建设及可视化设计大赛	西安交通大学新闻与新媒体学院
3	2022年3月19日	线上	"长安中国中古史沙龙"第25期活动	陕西师范大学
4	2022年3月27日	西安交通大学	十九届六中全会精神融入高校思政课教学研讨暨教育部思政课平台建设推进会	教育部高校思想政治理论课教学指导委员会、西安交通大学
5	2022年4月23日	线上	"公共管理助推乡村振兴"学术研讨会	西北大学
6	2022年4月29日	西安交通大学	"第二届西安交通大学管理学院学科发展对话——新商科人才培养"主题论坛	天津大学、西安交通大学
7	2022年4月30日	陕西师范大学	第五届行为经济与管理国际论坛	陕西师范大学
8	2022年5月7日至8日	线上	第四届计算机科学与技术教育应用国际会议(CSTE 2022)	陕西师范大学
9	2022年5月8日	线上	第五届国际投资法青年学者论坛	西安交通大学
10	2022年5月10日	西安亮宝楼	国家艺术基金项目《秦绣艺术推广》学术研讨会	西安科技大学
11	2022年5月14日	陕西师范大学	纪念毛泽东《在延安文艺座谈会上的讲话》发表80周年座谈会	陕西省文艺评论家协会、陕西师范大学

续表

序号	举办时间	地点	主题	主办单位
12	2022年5月22日	西北大学	延安文化与文化自信——纪念毛泽东《在延安文艺座谈会上的讲话》发表八十周年	西北大学
13	2022年5月22日	线上	纪念《在延安文艺座谈会上的讲话》发表和《解放日报》改版80周年暨第三届马克思主义新闻观中国化学术年会	西北大学
14	2022年5月23日	长安大学	多维视角下的语言探秘及研究课题衍生	长安大学
15	2022年5月27日	长安唐村	传承红色基因 坚定理想信念——经济与金融学院青年学者沙龙走访陕西省乡村振兴示范基地长安唐村	西安交通大学经济与金融学院、西安乡村振兴研究院
16	2022年5月28日	陕西理工大学	数字经济高质量发展论坛	陕西理工大学、教育部人文社科重点研究基地——西北大学西部经济发展研究院、科学出版社和陕西省外国经济学说研究会
17	2022年5月30日	西安思源学院	全国首届应用型大学思政育人学术研讨会	西安思源学院
18	2022年5月31日	西北工业大学	第九届翱翔青年学者论坛	西北工业大学
19	2022年6月8日	西安外国语大学	"继承优良传统，赓续红色血脉，向世界讲好中国共产党的故事"——学习宣传贯彻习近平总书记在中国人民大学考察时重要讲话精神学术研讨会	西安外国语大学、塔里木大学、延安革命纪念馆、中共西北局纪念馆
20	2022年6月10日	平利县文化馆	平利弦子腔非遗保护研讨会	安康学院、平利县文化馆
21	2022年6月10日	西安财经大学	新文科指引下商务英语一流专业建设理念与路径院长论坛	西安财经大学
22	2022年6月10日至12日	西安财经大学	博弈论及其应用高端论坛	西安财经大学

续表

序号	举办时间	地点	主题	主办单位
23	2022年6月11日	西北工业大学	外语学科国别区域研究与智库建设论坛	西北工业大学
24	2022年6月11日	西安财经大学	第四届乡村振兴与农业农村法治论坛	西安财经大学、陕西省律师协会
25	2022年6月12日	西安财经大学	全国应用统计硕士文化旅游大数据方向人才培养论坛	西安财经大学
26	2022年6月14日至16日	线上	首届"外国语言文学三秦博士学术论坛"	陕西省学位与研究生教育学会外语教学工作委员会、陕西省外国文学学会、陕西省翻译协会
27	2022年6月18日	西北大学	第三届公共管理基础理论与"大问题"研讨会	西北大学
28	2022年6月19日	西安	中华原文化首届主题论坛	西安思源学院
29	2022年6月26日	陕西师范大学	匡燮散文创作研讨会	陕西师范大学文学院、陕西省文艺评论家协会、《美文》杂志社、西安市文艺评论家协会
30	2022年7月1日	西安美术学院	"艺术为人民"——刘文西艺术成就研究展暨学术研讨会	西安美术学院
31	2022年7月1日至3日	线上	第五届技术增强语言学习教学法与实践国际会议（PPTELL 2022）	陕西师范大学
32	2022年7月9日至10日	咸阳市	第三届国际电子商务创新研讨会（ICECI）和电子商务专业委员会年会	西安交通大学、中国信息经济学会电子商务专业委员会
33	2022年7月19日	西北农林科技大学	"习近平总书记关于'三农'工作的重要论述"高端论坛暨西北农林科技大学马克思主义"三农"理论研究中心揭牌仪式	西北农林科技大学
34	2022年7月20日	西北工业大学	2022年理工科高校美育工作研讨会	西北工业大学
35	2022年7月21日	西安理工大学	"加快实现高水平科技自立自强——陕西公民科学素质与科技创新研究"学术研讨会	西安理工大学

续表

序号	举办时间	地点	主题	主办单位
36	2022年7月30日至8月1日	西北工业大学	第二届运筹优化及人工智能研讨会	西北工业大学、东航技术应用研发中心有限公司、湖北省系统工程学会、陕西省管理科学研究会
37	2022年8月10日	宝鸡文理学院	"面向未来:情感教育与人的全面发展"学术研讨会	宝鸡文理学院教育学院、中国陶行知研究会苏霍姆林斯基研究专业委员会
38	2022年8月10日	西安交通大学	数智时代新商科一流专业建设论坛	陕西省高等学校教学指导委员会(专业共同体建设委员会)工商管理类工作委员
39	2022年8月10日	西北大学	中国唐史学会第十三届理事会第三次会议暨"出土文献与隋唐史研究的新视野"学术研讨会	中国唐史学会、西北大学
40	2022年8月14日	西安交通大学	2022年网络犯罪治理中的技术与法律研讨会	西安交通大学人工智能与信息安全法律研究中心
41	2022年8月15日	陕西师范大学	第二届传薪·新闻传播学学科建设论坛	陕西师范大学
42	2022年8月21日	延安大学	延安道路与当代中国暨东方反法西斯统一战线国际学术研讨会	延安大学
43	2022年8月26日	线上	2022中国企业责任与高质量发展论坛	南方周末、西北工业大学
44	2022年8月26日	延安大学	延安时期建党思想与马克思主义中国化学术研讨会	延安大学
45	2022年9月17日	陕西师范大学	首届西部师范大学教师教育创新与发展联盟马克思主义理论学科本硕博学术论坛	西部师范大学教师教育创新与发展联盟
46	2022年9月24日	西北大学	"马克思主义理论研究与党的建设实践"论坛暨第一届西北大学马克思主义学院校友论坛	西北大学

续表

序号	举办时间	地点	主题	主办单位
47	2022年9月25日	线上	后疫情时期旅游业高质量发展与旅游人才培养研讨会	西安外国语大学
48	2022年9月26日	西安思源学院	秦筝文化传承基地建设交流研讨会	西安思源学院
49	2022年9月26日	中国矿业大学	第十三届全国大学生"三创赛"启动仪式暨教育部电子商务专业虚拟教研室高级研讨会	全国电子商务产教融合创新联盟、西安交通大学
50	2022年10月15日	宝鸡文理学院	陕西省外国文学学会年会暨第二十二届学术研讨会	陕西省社科联
51	2022年10月26日	线上	课程思政·专业思政·学科思政——人才培养目标视域下的外语课程思政	长安大学
52	2022年10月29日	西北工业大学	《习近平经济思想学习纲要》的哲学解读暨第六届经济哲青年论坛和西北工业大学马克思主义学院第十届翱翔青年学者论坛	西北工业大学
53	2022年10月29日	西北工业大学	"红色工业文化研究"学术论坛	西北工业大学
54	2022年10月29日	线上	2022年度陕西教师教育发展论坛	陕西师范大学
55	2022年10月29日	陕西师范大学	第二届中国高校外语学科发展联盟师范类院校委员会研究生论坛暨师范专业认证背景下的外语教育高端论坛	中国高校外语学科发展联盟师范类院校委员会
56	2022年10月29日	线上	古文献学国际青年学者研讨会2022	陕西师范大学
57	2022年11月5日至6日	线上线下	第七届中国抗战大后方研究高端论坛	陕西师范大学历史文化学院、《抗日战争研究》编辑部、西南大学历史文化学院
58	2022年11月9日	延安市	学习贯彻党的二十大报告及习近平总书记来延考察重要讲话精神座谈会	延安市社科联

续表

序号	举办时间	地点	主题	主办单位
59	2022年11月12日	线上线下	第七届文化遗产交叉学科高端论坛	西北工业大学
60	2022年11月16日	延安大学	路遥逝世三十周年全国学术研讨会暨新华出版社《路遥画传》首发式	延安大学
61	2022年11月16日	线上线下	何炼成教授治学育人思想研讨会	西北大学
62	2022年11月17日	延安市社科联	学习贯彻党的二十大精神座谈暨社科专家宣讲动员会	延安市社科联
63	2022年11月19日	长安大学	深入学习贯彻党的二十大精神暨第五届"信息化时代马克思主义理论创新与传播"学术研讨会	长安大学、重庆邮电大学
64	2022年11月19日至20日	线上线下	党的二十大精神融入高校思政教育研讨会	西安交通大学
65	2022年11月22日	西安美术学院	正大书风与书法美育学术研讨会暨陕西古代书法碑刻名品特展	西安美术学院
66	2022年11月16日	西北工业大学	"一带一路"能源合作法律机制学术沙龙会议	西北工业大学
67	2022年11月20日	延安大学	当代中国喜剧美学的理论创新与艺术实践——第七届全国喜剧美学研讨会	陕西省喜剧美学研究会、延安大学文学院
68	2022年11月26日至27日	线上	学习贯彻党的二十大精神——中国式现代化与公平正义研讨会	中国辩证唯物主义研究会公平正义研究分会、陕西科技大学
69	2022年11月27日	西安电子科技大学	"马克思主义基本原理同中华优秀传统文化相结合"高端论坛	中国实学研究会、西安电子科技大学
70	2022年12月11日	宝鸡文理学院	"乡村教育振兴与乡村教育高质量发展"学术研讨会暨西部农村教育发展协同创新中心2022年学术年会	陕西(高校)哲学社会科学重点研究基地西部农村教育发展协同创新中心

续表

序号	举办时间	地点	主题	主办单位
71	2022年12月3日	线上	首届"智能化管理学术研讨会"	陕西省管理科学研究会、陕西省软科学研究会
72	2022年12月3日至4日	线上	第四届"翻译、修辞与对外话语传播"高峰论坛	中国英汉语比较研究会
73	2022年12月4日	线上	第二届全国创新马克思主义论坛	西北工业大学
74	2022年12月16日	线上	第十三届外语院校繁荣发展哲学社会科学高层论坛暨全国外语院校科研管理协作会年会	全国外语院校科研管理协作会

社 科 普 及

长安讲坛

"长安讲坛"是陕西省社科联主办的人文社科知识宣传教育普及的重要阵地。自2005年创办以来,累计举办讲坛近千场,受众超过20万人,是社会科学知识的科普基地、人文素养的涵养高地、传播社会主义核心价值观的思想阵地,曾被陕西省委、省政府列为年度工作要点。讲坛坚持以加强文化建设、提高人文素养为宗旨,以宣传普及、文化惠民为目标,以汇聚百科、兼容并蓄、雅俗共赏的风格,满足群众多层次多样化需求。2022年,为认真贯彻落实党的二十大、十九大、十九届六中全会精神和省社科联"社科助力县域高质量发展"项目关于科普专题讲座的总体部署,聚焦追赶超越定位和"五个扎实"要求,围绕"五新"战略任务,举办46场"长安讲坛"精品讲座。

2022年长安讲坛精品讲座一览表

2022年度"长安讲坛"现场讲座				
序号	主讲人	工作单位	讲题	时间地点
1	高红波	西北工业大学	革命根据地的纪律实践及其新时代启示	2022年6月30日,城固县
2	王 芳	西北工业大学	丝绸之路的开辟者——张骞	2022年6月29日,城固县
3	赵桐瑶	西北工业大学	古路坝灯火永相传	2022年6月30日,城固县
4	齐建平	宝鸡市心理学会	乡风文明和谐家庭成员关系及睦邻相处	2022年6月22日,宝鸡市
5	罗新远	西安培华学院	科学有效治理,助力乡村振兴	2022年8月5日,汉阴县
6	孙兆军	宝鸡市农业农村局	乡村振兴背景下如何发展壮大集体经济	2022年7月6日,宝鸡市陇县
7	郭浪浪	西北工业大学	讲好城固故事,传承红色基因	2022年7月29日,城固县
8	王海珺	西安翻译学院	子洲县非物质文化遗产的发展与突破	2022年7月25日,子洲县
9	张 军	西安翻译学院	生态环境保护与美丽乡村建设	2022年7月25日,子洲县
10	任 磊	中国科普研究所	提升公民科学素质,助力高质量发展	2022年8月12日,城固县
11	温小郑	西安邮电大学	高质量发展的价值追求	2022年11月12日,宝鸡文理学院
12	杨 佩	陕西学前师范学院	铸牢中华民族共同体意识	2022年12月8日,泾阳县

续表

序号	主讲人	工作单位	讲题	时间地点
13	韩新路	陕西学前师范学院	二十大报告的理论贡献	2022年11月30日,泾阳县
14	牛润霞	省委党校（陕西行政学院）	实现巩固拓展脱贫攻坚同乡村振兴有效衔接	2022年5月12日,留坝县
15	杨 洁	省委党校（陕西行政学院）	牢记嘱托 感恩奋进 解放思想 改革创新 再接再厉 谱写陕西高质量发展新篇章	2022年11月25日,留坝县
16	邓 谨	西北农林科技大学	解读2022年中央一号文件	2022年6月21日,合阳县
17	钟卫国	省委党校（陕西行政学院）	牢记使命的政治宣言 开创未来的行动指南	2022年7月18日,留坝县
18	邢成举	西北农林科技大学	深入学习2022年中央"一号文件"精神	2022年6月20日,合阳县
19	张 鸿	西安邮电大学	数字化助推石泉乡村振兴高质量发展	2022年10月15日,石泉县
20	江 华	西安交通大学	数字时代的县域经济社会高质量发展	2022年10月18日,石泉县

2021长安讲坛云讲座目录

序号	主讲人	工作单位	讲题
1	于赓哲	陕西师范大学	隋唐长安以及唐人的日常生活
2	王向辉	陕西师范大学	《诗经》与礼乐宗周时代
3	来向武	西北大学	人类命运共同体
4	王有红	西北大学	学习"七一"讲话,汲取信仰力量
5	王 强	西北大学	讲好英雄模范故事,弘扬伟大建党精神
6	袁晓玲	西安交通大学	抓好"秦创原"机会 推动陕西高质量发展
7	魏景波	陕西师范大学	唐代长安的社会空间与文学传播
8	李 浩	西北大学	唐诗中的黄河文化（上）
9	李 浩	西北大学	唐诗中的黄河文化（下）
10	田 刚	陕西师范大学	鲁迅与延安的文艺思潮
11	杨 琳	西安交通大学	黄河——中华民族精神的象征
12	赵 宁	西安邮电大学	短视频和直播助力乡村振兴
13	杨万平	西安交通大学	"双碳"目标的内容解析与达成路径
14	邵振宇	西安旅游设计研究院	丝绸之路"长安-天山"廊道——从长安出发的世界文化遗产
15	刘福龙	西安建筑科技大学	《讲长安故事 传丝路精神》——城市雕塑的当代文化使命
16	王 浩	西安财经大学	现代人心理健康的维护

续表

序号	主讲人	工作单位	讲题
17	王智杰	咸阳师范学院	中国书法鉴赏
18	陈超	西安石油大学	"艺术乡建－精准赋能"设计艺术助力乡村振兴
19	林梅	陕西科技大学	陕西影视用光影书写时代华章
20	郭秦川	陕西省统计局	产业兴旺是乡村振兴的首要任务
21	曹胜高	陕西师范大学	如何理解中华优秀传统文化
22	王即之	西北大学	国学经典与时代精神
23	王利晓	西安翻译学院	口岸历史演变与内陆口岸经济发展
24	李建勋	西安理工大学	"大智移云"助推乡村振兴
25	李冠林	西安美术学院	陕西非物质文化遗产图案的创新设计与应用
26	张辉	西安理工大学	唐帝陵石像文化遗产的数字化传播研究

陕西省社科联资助科普活动

2022年,陕西省社科普及工作以"弘扬伟大建党精神,助力陕西高质量发展"为主题,宣传党的创新理论,宣讲党的二十大精神,弘扬伟大建党精神,解读党的路线、方针、政策,培育社会主义核心价值观,传播中华民族优秀传统文化和陕西地方特色文化,普及哲学社会科学,为陕西高质量发展提供精神动力、营造舆论氛围。本次申报的社科普及资助活动,按《陕西省贯彻〈全民科学素质行动规划纲要(2021—2035年)〉实施方案》中确定的青少年、农民、产业工人、老年人、领导干部和公务员"五大重点人群",围绕不同主题有针对性地开展科普活动。在陕西省社科联的大力支持下,各单位充分结合决胜全面小康、加快富民强省新征程与地方经济社会文化发展实际,面向基层、面向大众,紧密联系群众、有效服务群众,积极开展城乡公众喜闻乐见的公益性社科普及活动60场,充分调动社会各界参与社会科学普及的积极性、创造性,推动社会科学普及社会化、大众化,为社会提供更多更好的社会科学普及优秀作品。

2022年度陕西省社科普及活动资助项目立项名单

序号	立项号	申报单位	项目名称	主持人
1	2022KP001	宝鸡青铜器博物院	青铜科技大讲堂	史琳
2	2022KP002	宝鸡市社科联宝鸡孔子研究会	科学教育进校园	陈宝霞
3	2022KP003	宝鸡市社科联宝鸡民俗博物馆	"开学第一课"展览进校园活动	张迎春
4	2022KP004	大明宫遗址博物馆	大明宫国家遗址公园社会教育体验类活动项目	李宾

续表

序号	立项号	申报单位	项目名称	主持人
5	2022KP005	空军军医大学第二附属医院	张华精神40年,不做躺平新一代	丛墨涵
6	2022KP006	秦岭国家植物园	秦岭国家植物园"国宝来啦!"科普进校园活动	任 欢
7	2022KP007	秦始皇帝陵博物院	"秦风行一家亲"系列走进活动	农 茜
8	2022KP008	陕西财经职业技术学院关中麦秆画非遗科普基地	匠心筑梦匠心强国——中国共产党人精神谱系进校园	丁 静
9	2022KP009	陕西华夏教育科学研究院	青少年劳动素养提升活动	齐永平
10	2022KP010	陕西科技大学中国轻工业博物馆	弘扬建党精神,赓续红色血脉——中国工业劳模精神、劳动精神与工匠精神宣传普及	薛力源
11	2022KP011	陕西理工大学陕南文化遗产全媒体传播科普基地	长安讲坛——"汉风古韵"文化大讲堂	李宜蓬
12	2022KP012	陕西省道德文化研究会	共同推动大中小学思政课一体化建设项目	岳 潇
13	2022KP013	陕西省发展经济学学会	"弘扬劳模工匠精神,提升产业工人科学素质"主题宣讲	李善燊
14	2022KP014	陕西省法学会	秦岭林区农民野生动物保护科普宣传行动	王 毅
15	2022KP015	陕西省妇女儿童活动中心	领导干部和公务员家风家教素质提升行动	贺广西
16	2022KP016	陕西省教育理论研究会	农村留守儿童家庭教育知识科普宣教项目	马多秀
17	2022KP017	陕西省马克思主义研究会	新时代国家文化安全知识进校园科普活动	李政敏
18	2022KP018	陕西省南泥湾精神研究会	"弘扬红色传统文化,推动公民人文社科素养提升"宣讲活动	白 鸥
19	2022KP019	陕西省青少年素质教育研究会	定格动画制作培养儿童创造力	万营娜
20	2022KP020	陕西省少儿儿童文化研究会	"国防教育进校园"系列公益科普活动	杨 轩
21	2022KP021	陕西省外国文学学会	多语种讲好陕西文学中的红色经典	刘一静

续表

序号	立项号	申报单位	项目名称	主持人
22	2022KP022	陕西省吴宓研究会	感受国学魅力,提升文化自信——"吴宓国学思想"进校园系列科普活动	于爱莲
23	2022KP023	陕西师范大学媒介素养科普基地	新农人电商直播与新媒体技能培训	张双燕
24	2022KP024	陕西师范大学心理学普及与教育科普基地	西安地铁客运职工心理健康科普项目	兰继军
25	2022KP025	陕西西影电影频道经营有限责任公司	西影党课-领导干部和公务员科学素质提升行动	龙 仪
26	2022KP026	陕西学前师范学院陕西省青少年红色基因传承教育基地	心理健康课堂走进陕南乡村留守儿童-青少年科学素养提升行动	李 菁
27	2022KP027	陕西学前师范学院陕西学前教育书画艺术展训基地	新时代青少年书法艺术精神气度培养——暨红色经典文人风骨书法艺术传承研究	金旭光
28	2022KP028	陕西中科大西科普文化发展有限公司	9号宇宙科学普及基地2022年陕西省社科普及科普进校园系列项目	蒋 焱
29	2022KP029	陕西中医药大学陕西省中医药科普基地	融媒体背景下中医药科普宣传进基层	李 隽
30	2022KP030	商洛学院陕西省社会化问题研究应用普及基地	"提升科学素质喜迎党的二十大"系列科普活动	刘 健
31	2022KP031	渭南师范学院秦东非物质文化科普基地	秦东非物质文化遗产科普基地"非遗"进校园科普展演	杨军燕
32	2022KP032	西安翻译学院陕西终南文化科普基地	整合四皓村历史文化,助推美丽乡村建设	史飞翔
33	2022KP033	西安翻译学院文化传承与翻译体验馆科普基地	"中华文化外译"之中华优秀文化传承与翻译科普活动:字幕翻译系列	张 瑜
34	2022KP034	西安工业大学中国传统书法普及教育基地	陕西省青少年书法艺术普及与传承活动	于唯德
35	2022KP035	西安建筑科技大学贾平凹文学艺术馆	以红色文创产品为载体的青少年红色文化传播科普展示	李 咛

续表

序号	立项号	申报单位	项目名称	主持人
36	2022KP036	西安建筑科技大学新时代乡村振兴战略研究科普基地	以创业宣讲助推农民创新创业素质提升	曹兵妥
37	2022KP037	西安交通大学实证社会科学研究所	"沉浸式观摩庭审零距离教育普法"系列宣讲	寿媛君
38	2022KP038	西安科技大学高新学院大数据科学普及基地	"大数据赋能学生科学价值观体系"系列活动	王军平
39	2022KP039	西安理工大学艺术与设计科普基地	地域建筑：形式美学与生活美学——关中地区乡村人居环境提升科普活动	王 慧
40	2022KP040	西安美术学院美术博物馆科普基地	光影陕西——基于陕西本土地域文化的影视创作科普与传播	孙 璇
41	2022KP041	西安培华学院妇女发展与性别平等科普基地	科普助力乡村振兴,志愿服务乡风文明	班 理
42	2022KP042	西安秦砖汉瓦博物馆	讲述文物故事,用文化浸润童心	张小萍
43	2022KP043	西安石油大学陕西民间艺术保护与文创设计科普基地	"艺术乡建、精准赋能"设计助力乡村振兴科普项目	陈 超
44	2022KP044	西安外国语大学中华文化国际交流推广科普基地	"非遗进校园文化传承"系列公益活动	崔金明
45	2022KP045	西安医学院弘德馆	走近无语良师感受生命至上——多维度立体化正确生命观系列科普活动	桑利娥
46	2022KP046	西安邮电大学陕西红色文化研究与新媒体传播科普基地	全民健身、志愿同行——社区居民科学素质提升行动	刘 洋
47	2022KP047	西安邮电大学陕西省信息产业科普中心	元宇宙认知与产业生态科普项目	张 禾
48	2022KP048	西北大学博物馆	从博物馆藏品阐释中华传统服饰文化系列课程	杨国栋
49	2022KP049	咸阳师范学院社会工作科普基地	"你好,青春期"青少年心理健康科普项目	王 薇
50	2022KP050	咸阳师范学院于右任书法学院	用"设计"点亮生活——陕西传统文化传承与创新作品展演活动	刘 翔
51	2022KP051	延安大学路遥文学馆	走进中小学路遥精神系列传播活动	梁向阳

续表

序号	立项号	申报单位	项目名称	主持人
52	2022KP052	延安市社科联延安干部培训学院	"党史宣讲进校园"	王亮
53	2022KP053	延安市社科联子长市新时代文明实践中心办公室	"瓦窑堡文明服务团"	吴瑞
54	2022KP054	延长油田七里村采油厂	延安精神红军小学学生"追寻石油印记、争做红色传人"教育活动	闫世昌
55	2022KP055	榆林市社科联	乡恩行动——乡村儿童与家长健康教育网络课堂	杨成林
56	2022KP056	长安大学交通强国科普教育基地	中小学生"一带一路"交通建设科普宣讲	陈丽蓉
57	2022KP057	西安建筑科技大学黄河流域戏曲非遗传承普及基地	传承非遗文化"点亮"乡村振兴——非遗文化跨媒介传播实战	杨延龙
58	2022KP058	西安建筑科技大学黄河流域戏曲非遗传承普及基地	"传承红色基因赓续红色血脉"——红色主体雕塑展览	姜涛
59	2022KP059	西安石油大学铁人王进喜纪念馆科普基地	感悟铁人魅力,解析精神密码	党绥梅
60	2022KP060	西安石油大学铁人王进喜纪念馆科普基地	追随铁人足迹聆听铁人声音——让铁人精神为学生成长成才助力赋能	张伟

研究成果

☞ 著作①·马克思主义理论研究

大学生社会主义核心价值观认同研究

安康学院　谢安国　中国社会科学出版社　2022 年 2 月

作者从价值认同视角探讨大学生价值观教育,内容涉及大学生社会主义核心价值观认同基本理论研究、大学生社会主义核心价值观认同状况调查、大学生社会主义核心价值观认同影响因素分析、国外价值观教育的经验研究、促进大学生社会主义核心价值观认同对策等六个方面,将思想政治教育从马克思主义学科领域拓展到"价值认同"的社会学领域,拓展丰富学科研究领域和研究内容。

陈唯实与中国马克思主义哲学大众化

西安石油大学　赵文丹　中国社会科学出版社　2022 年 3 月

作者以陈唯实马克思主义哲学大众化实践活动为线索,以遗留文本作为原始材料,进行深入解读与分析,力图全面阐述、公正评价陈唯实为马克思主义哲学大众化的重要贡献。

新时代中国特色社会主义生态文明思想研究

西安理工大学　黑晓卉　人民出版社　2022 年 4 月

作者从统筹推进"五位一体"总体布局出发,将生态文明建设融入经济、政治、社会、文化四大建设中,分别从转变经济发展方式、建立生态环境保护长效机制、树立正确的生态价值观念、养成绿色生活方式和消费方式等维度,形成"一融于四"的战略构架与实践操作策略,阐明"怎样建设生态文明"的实践战略体系。

马克思主义学术中国化研究:1919—1949

榆林学院　刘小红　中国社会科学出版社　2022 年 5 月

作者以新民主主义革命时期马克思主义学术中国化为研究对象,探究其源起、发展历程、基本经验和历史作用,从学术史角度深化马克思主义中国化研究,开拓马克思主义中国化研究的新思路。

---

① 收录2022年度在国内正规出版社出版的权威级学术专著(含学术译著、古籍整理)、编著、教材、译作、工具书、参考书、科普读物、正式出版资料等,并做内容简介;各单位提供的其他成果列表显示。

中国共产党百年对马克思主义的原创性贡献研究

陕西师范大学　任晓伟　陕西师范大学出版总社　2022年8月

  作者以中国共产党的理论创新和理论创造为研究对象,通过百年来党对马克思主义哲学、社会主义政治经济学、科学社会主义、马克思主义时代观、马克思主义党建学说等方面原创性贡献的研究,着眼当代中国马克思主义的理论视野,集中阐述习近平新时代中国特色社会主义思想以及习近平新时代中国特色社会主义思想在马克思主义理论史上的历史地位和时代方位。

新时代中国生态文明建设理论创新与实践探索

西安理工大学　彭　蕾　人民出版社　2022年10月

  作者以马克思主义生态思想为指导,聚焦新时代生态文明建设的理论创新与实践探索,按照历史发展脉络,探讨新时代生态文明思想的形成发展,研究新时代生态文明思想的科学内涵、理论体系和哲学蕴涵;着眼建设发展蓝图,探析生态文明建设融入经济、政治、文化和社会建设路径,研究新时代生态文明思想的实践伟力;聚焦理论创新,研究新时代生态文明思想的时代贡献。

延安时期党的理论工作者与马克思主义大众化

宝鸡文理学院　王红梅　人民出版社　2022年10月

  作者以延安时期党的理论工作者群体为研究对象,从哲学、政治学、经济学、社会学、历史学、心理学等多学科的视角入手,阐述延安时期党的理论工作者的内涵及概况,全面深入地总结延安时期的党的理论工作者的突出理论贡献及历史地位,并在此基础上概括提炼出延安时期党的理论工作者推进马克思主义大众化的基本原则、基本路径和基本经验,对新时代党的理论工作者推进马克思主义中国化时代化大众化具有重要的参考价值。

延安时期马克思主义哲学理论创新研究

宝鸡文理学院　王　真　人民出版社　2022年11月

  作者提出中国化马克思主义哲学的"延安形态"概念,对中国化马克思主义哲学的"延安形态"做特色研究,分析和说明其的基本理念、要素、特征,进一步从辩证唯物论、唯物辩证法、认识论、人生价值哲学、唯物史观、马克思主义军事哲学、政治哲学等领域和方面系统梳理延安时期马克思主义哲学理论创新的重要成果,归纳延安时期马克思主义哲学发展的基本特征、基本经验和当代启示,有助于丰富和完善当代马克思主义哲学理论创新的方法。

☞ 著作·哲学研究

理念、存在与辩证法——柏拉图《智者篇》研究

西安电子科技大学　姜维端　江苏人民出版社　2022年2月

本书采取文本分析的方式,通过发掘《智者篇》中潜藏的问题意识和论证逻辑,充分阐释柏拉图理念论的内涵,揭示柏拉图哲学思想内在的统一性。这对于克服既有研究中的范式和认知偏差,再现柏拉图哲学的长久活力,有着正本清源的价值和意义。

北宗神秀禅法思想研究

西北大学　白　冰　中国社会科学出版社　2022年5月

在禅宗史上,北宗神秀禅法常与南宗慧能并提,合称为"南顿北渐"。"北渐"指神秀的渐悟思想,神秀通过"渐悟修持"解决人性如何与佛性相合一的问题。从宗派融合角度来说,"渐悟修持"与净土的层级也有一一对应的关系,从不觉的杂秽土到究竟觉的纯净土,正是体现神秀的"渐修"理路。

赵馥洁文集(8卷)

西北政法大学　赵馥洁　中国社会科学出版社　2022年5月

各卷的内容分别为:第一卷《中国传统哲学价值论》;第二卷《价值的历程——中国传统价值观的历史演变》;第三卷《关学研究》;第四卷《中华智慧的价值意蕴》;第五卷《哲苑耘言》;第六卷《中华文化的价值观念》(全2册);第七卷《哲学讲义》;第八卷《静致斋哲话》《静致斋诗稿》。

维特根斯坦哲学解释简史

西北大学　张学广　商务印书馆　2022年6月

本书说明近百年维特根斯坦哲学解释的历史处境和研究状况,依据主题的实质差异、解释群体的变化、典型事件的产生、解释路径的变换、标志性成果的出现等标准,将百年维特根斯坦哲学解释划分为五个阶段。

审美共通感的公共哲学意义

陕西师范大学　李河成　中国社会科学出版社　2022 年 6 月

　　作者研究公域的形式化和私域的原子化弊端,论题立足"公共性"的阐释视角,聚焦社会治理的心性基础,通过"审美共通感"的观念史梳理,以史带论,提取"审美公共性"的自然结构、情感技艺及其生活秩序。

普遍性与特殊性:法、伦理及政治的哲学观察

西北大学　武建敏　人民出版社　2022 年 6 月

　　作者认为,在法律实践、伦理实践及政治实践过程中存在着具有贯通性的基本问题,这就是普遍性与特殊性的关系问题,它是人类实践必然要面临的关系场域,具有鲜明的存在论意蕴。人们生活在普遍性与特殊性的实践场域之中,其所蕴含的生存论维度意味着对人自身存在状态的关切和恰当生活的追求。

孔 孟 学 述

西北大学　张茂泽、郑　熊　人民出版社　2022 年 6 月

　　作者介绍孔、孟儒学的思想内容,进而总结提炼中国儒学思想史发展历程、思想内容及其基本精神。中国儒学思想史的发展体现出气—理—心的螺旋式历程,人性论上凸显出德性论与气性论的交叉、融合发展;孔、孟儒学的思想内容,则有历史性、一以贯之、理想主义特点,都属于天人合一、内外合一、体用合一、主客合一的中道思维。

西方市民社会精神的批判性研究

西安石油大学　王　磊　中国社会科学出版社　2022 年 7 月

　　作者分析市民社会在西方兴起的文化背景、精神因素,探求西方市民社会话语一以贯之的精神价值;采用儒家哲学视角对市民社会精神予以批判性反思。既是对市民社会理论研究的丰富、拓展,也是对国家与社会"良性互动关系"的重要理论探索。

环境正义研究

陕西师范大学　王云霞　中国社会科学出版社　2022 年 9 月

　　作者对环境正义之"正义"内涵的流变进行考察,尝试将环境正义的理论维度概括为分配、承认、参与和能力,并对四者关系进行建构。对环境正义问题进行观照、反思并提出解决思路,对全球环境正义问题也进行思考。

反思批判理论的规范内容：马克思、哈贝马斯与霍耐特

西北工业大学　曹　瑜　江苏人民出版社　2022 年 9 月

作者研究从德国古典哲学，经由马克思和卢卡奇，再到法兰克福学派批判理论传统，与反思现代性前提性基础的另一批判理论形式，二者分别基于"先验性"和"经验性"的立场而呈现互相割裂的状态。

《唯物主义和经验批判主义》精学导读

西安交通大学　王宏波　科学出版社　2022 年 10 月

作者紧扣列宁所阐发的基本哲学命题，解释列宁的哲学思想，阐述列宁所表述的哲学基本原理，把握列宁所批判对象的实质，体现列宁论述哲学命题的思想方法，展现列宁哲学思想的当代意义。

休谟政治哲学与苏格兰启蒙运动

长安大学　汶红涛　复旦大学出版社　2022 年 10 月

本书以苏格兰启蒙运动为背景，以"人性科学"为视角，从三个维度对休谟政治哲学做出全面深入的考察和分析，展现休谟政治哲学的独特性和完整性，揭示休谟对苏格兰启蒙运动的深刻影响，厘清休谟与古典自由主义的内在关联以及在西方政治哲学史上的地位与意义。

跨越时空的对话——马克思主义哲学视域下儒学若干重要问题研究

西北工业大学　李军时　中国社会科学出版社　2022 年 10 月

作者将儒学划分为天人之辨、知行之辨、仇和之辨、义利之辨和凡圣之辨五个重大问题，并对应于马克思主义哲学相关论域，为儒学与马克思主义哲学的沟通融合搭建一个具体的学理框架，对推动构建中国特色社会主义新文化、新哲学进行创新性的探索。

道家思想与日本近代知识人

西北政法大学　张　谷　上海三联书店　2022 年 10 月

本书以道家思想的特质和功能为问题意识，以日本近代思想文化史为主要视域，聚焦日本近代具有代表性的知识人与道家思想的关系，揭示道家思想在日本近代的承续、演变和跨文化作用，以及道家思想与知识人精神世界的关联方式。

理性、自然与伦理形而上学：黑格尔法哲学思想探源

西安电子科技大学　罗　久　商务印书馆　2022 年 11 月

　　本书将黑格尔置于德国观念论的思想脉络中，以黑格尔青年时代的思想发展（1788—1807 年）为主线，围绕着青年黑格尔对主观理性立法的批判和重建客观理性的努力，对黑格尔法哲学思想进行一个探源性的考察，发掘其总体问题意识的形成和展开过程，揭示作为一种思辨形而上学的黑格尔法哲学的重要意义。

马尔库塞社会批判思想研究

西安电子科技大学　侯晓丽　中国社会科学出版社　2022 年 12 月

　　本书阐述马尔库塞的社会批判思想捍卫和接续马克思对资本和现代形而上学共谋的历史唯物主义洞察，以清醒的理性自觉切中社会现实，追踪资本发展轨迹，直面现代文明在资本维度展开注定无法逃离的"悖论性贫困"之恶，完成哲学作为"批判的武器"和"武器的批判"的双重使命。

☞ **著作·文学研究**

20 世纪中国幻想小说史论

西北大学　冯　鸽　人民出版社　2022 年 3 月

　　本书梳理 20 世纪中国幻想类小说的发展轨迹，剖析从 20 世纪初的科学狂想、国家乌托邦幻想，到 20 世纪中期的怪诞国民性批判寓言书写、教化性童话书写及至 20 世纪末的魔幻叙事、武侠幻想叙事、科幻精英叙事等文学现象。从 20 世纪初和末两个幻想叙事的高潮及世纪中期的低潮中寻觅幻想小说发展的内、外在动因，对各个时期幻想类型小说的叙事特征、文化内涵等进行深入分析，以"想象力"的角度考察整个 20 世纪中国小说的发展。

元杂剧校勘研究

宝鸡文理学院　窦开虎　中国社会科学出版社　2022 年 5 月

　　本书对元明清及近现代元杂剧校勘历史进行系统梳理，以明、清、近现代校勘成果为研究个案，并对其中成果丰富者如《西厢记》《原勘杂剧三十种》及关汉卿杂剧进行比较研究。全书以历史发展为经，以元杂剧校勘成果为纬，全面展现元杂剧校勘的总体风貌。

延安文艺学术史研究（1978—2016）

陕西师范大学　吴国彬　陕西师范大学出版总社　2022 年 6 月

本书以再研究的视野和方法，系统梳理新时期以来各个阶段的延安文艺研究成果，动态考察其学术史进程，总结并提炼本时期研究成果，发掘其学术价值，探寻不同阶段研究的时代特征和理论方法运用的发展面貌，评估延安文艺研究在中国现当代学术发展史中的价值及意义，以期推进延安文艺研究乃至中国现当代文学研究的进一步发展。

中国西部电影论

西北大学　张阿利　生活·读书·新知三联书店　2022 年 6 月

本书是以中国西部电影为考察对象的专书。作者梳理自中国西部电影的概念诞生以来所引发的争论和理论研究的发展与完善过程，从中国西部电影的创作领域及产业方面初步梳理并分析这一电影流派区别于其他电影类型的独特气质。

隐形之手与文学脉象——新世纪长篇小说与文学市场互动关系研究

西北大学　雷　鸣　人民出版社　2022 年 7 月

本书以新世纪长篇小说与文学市场的互动关系为研究对象，以跨学科的视野，运用经济学、接受美学等多学科的理论，通过宏观瞻望与个案分析相结合的方法，深入探究新世纪以来长篇小说的生产、传播、消费接受等各个环节与文学市场之间的互动关系，学理性审视新世纪长篇小说的价值旨归、精神向度、叙述范式、题材选择、文体取向与文学市场的"唱和"，也对新世纪长篇小说的基本动向与发展趋势做出蠡测，并就新世纪长篇小说如何不做市场的奴隶，又受市场欢迎，提出可行性的路径。

西方牧歌发展的历史钩沉

长安大学　汪翠萍　中国社会科学出版社　2022 年 7 月

作者在综合概括牧歌概念的基础上，梳理中西文学批评视野中的牧歌研究，分析忒奥克里托斯《牧歌》的原创价值和维吉尔《牧歌》的经典意义，阐释西方牧歌自古希腊到现代社会的流变与发展、继承与创新，探究牧歌所具有的敬畏自然天道、依赖人情伦理、追求主静心性等方面的哲理内涵，以及诗性写意和世俗写实的双重性质，并阐发这一古老文学样式的现代价值。

李杜韩柳的文学世界

西北大学　李芳民　中华书局　2022 年 7 月

本书以唐代李白、杜甫、韩愈、柳宗元四位作家为讨论重点，围绕其人生遭际、政治理想、个性品格、家世家风、文学创作等几个方面展开论述，从多个角度做出新的挖掘，揭示其独特的个性品格与杰出的文学创作。

关学四书学研究

陕西师范大学　李敬峰　中国社会科学出版社　2022 年 11 月

本书研究关学四书学的研究成果。将关学四书学视为一个动态发展的整体，置于关学学术思想演进和中国四书学史流变的双重脉络之下，从文献学、经学史和思想史相结合的角度，对关学四书学进行较为全面系统的分析、提炼和总结，揭示出关学四书学的逻辑脉络、主导问题、话语系统和学术特质。

忠孝理念与因果故事：丝路河西宝卷研究

陕西师范大学　程国君　商务印书馆　2022 年 12 月

河西宝卷是流传于甘肃省河西地区的说唱文学，是中国宝卷的重要组成部分。明末清初直到 1960 年代中期通过口头念唱和文本传抄流传。其内容包括儒、释、道的三教合一及各种秘密宗教，并有大量非宗教的历史人物、民间神话、传说和戏曲故事；其结构散韵相间；其讲唱地点从庙会、娱乐场所，直至家庭院落。

☞ 著作·艺术学、体育学研究

观看的受众：视觉文本与接收研究

西安外国语大学　李　鹏　陕西师范大学出版总社　2022 年 1 月

视觉文化研究具有自身发展路径和演进逻辑，要考察观看与接受行为的理论脉络，就必须将受众观看与接受行为进行重构，主体对于视觉图像的分析、鉴赏和理解不再是一种纯粹生理维度的解析，而应当将其转化为一种主体的社会调适能力。观看与接受行为产生于具体的社会历史语境之中，受众所观察的对象成为一种意义话语有效解释，这就赋予视觉文化研究以更为广泛的社会文化意识形态、权力结构等属性，从而形成一个全新研究领域，本书是基于这种学术逻辑观念而分析的。

中国设计文明研究：先秦篇

西北大学　宗立成　科学出版社　2022年1月

本书从先秦时期的物质文化研究入手,对这一阶段的造物设计活动、器物形制与功用、社会意识形态、生活方式演变、造物设计思维、设计文化形态等内容进行研究。先秦时期的设计文化是中国设计文明的基础,本书通过对先秦时期设计基本形态、设计文化构成及发展状况进行研究,分析和构建中国设计文明先秦部分的基本框架。

半山马厂彩陶蛙人纹研究

西安美术学院　庄会秀　中国社会科学出版社　2022年2月

作者对半山马厂彩陶蛙人纹图像及研究成果进行梳理,重点研究其所体现的史前美术特征。本书分资料篇和研究篇两部分,资料篇对已出土半山马厂彩陶蛙人纹进行详细的资料整理,研究篇围绕所收集的资料分析半山马厂彩陶蛙人纹图像的构成方式、组合方式、文化内涵、艺术源流,并对其艺术风格的形成进行探究。

传统的再造——陕西关中西部民居创新设计研究

宝鸡文理学院　降波　中国社会科学出版社　2022年4月

本书对陕西关中西部地区传统民居的历史、成因、建筑形制、建筑装饰、衰退原因、再造策略等方面进行全面的分析与阐述,旨在使陕西关中西部地区传统民居中的瓦屋顶、老屋架、土坯墙这些时间与记忆的载体成为空间的主导,延续乡土美学,弘扬传统文化,传承建筑文脉。

商业海报设计

商洛学院　屈正庚　清华大学出版社　2022年9月

本书从商业海报设计的基础理论知识入手,循序渐进地为读者呈现一个个精彩实用的知识、技巧、色彩搭配方案、CMYK数值。全书共分为七章,内容分别为商业海报设计基础知识、认识色彩、商业海报设计基础色、商业海报设计构图、商业海报设计的类型、商业海报的创意方式、商业海报设计的经典技巧。

汉代墓室壁画色彩研究

陕西师范大学　龚晨　陕西师范大学出版总社　2022年10月

本书以汉代墓室壁画为观察中心,聚焦壁画色彩,对汉代色彩诸多问题进行较为系统的研究。通过汉代色彩观念形成及对壁画色彩的影响、色彩的类分及特点、颜料与技法分析、壁画的色彩组配四个部分,试图勾勒汉代色彩的常见问题,为断代色彩研究以及中国传统色彩学的研究进行一些补充。

☞ 著作·语言学研究

"花儿"语言文化研究

渭南师范学院　荆兵沙　中国社会科学出版社　2022年4月

本书梳理百年"花儿"学术研究史,分析"花儿"的词法、句法,探讨"花儿"的格律,归纳"花儿"的修辞及谋篇艺术,讨论"花儿"的英译问题及"花儿"的"走出去"策略,总结"花儿"传承人研究应注意的关键性问题,研究"花儿"蕴含的民俗文化等,对非物质文化遗产传承和保护及丝绸之路文化研究具有重要的价值和意义。

粤东闽语语音研究

西安外国语大学　徐馥琼　中国社会科学出版社　2022年4月

本书分上下篇。上篇基于田野调查所得的材料,借助传统的描写方法、音系学理论和比较研究的方法,描写粤东闽语的共时语音面貌,突出各片区差异和特点。下篇为专题研究,着眼于粤东闽语语音一些有研究价值而前人尚未论及的问题、前人已有论及而不够准确或深入的问题、粤东闽语的共时音变现象等,结合历史语言学、"扩散"理论、历史层次分析法、实验语音学等研究理论和研究方法加以分析,尽量多角度、深入地探讨粤东闽语的语音现象,并尝试理论探讨。

二十世纪敦煌汉文叙事文献的西方英译活动研究

西安交通大学　桑仲刚　中国社会科学出版社　2022年8月

本书基于活动理论框架,采用描写翻译研究方法,系统探究敦煌叙事文献英译活动的产品、过程与功能,重构制约该活动的翻译规范,提出叙事文献翻译活动的方法论理据。

牛蹄赣语古语词研究

安康学院　杨运庚　陕西师范大学出版总社　2022年8月

本书梳理牛蹄赣语的形成过程,探讨方言古语词的概念、判定标准、沿袭原因、研究范围等问题,提出古语词研究领域的疑难问题,将 358 个牛蹄赣语古语词分为名词、动词、形容词、数量词、代词、副词、介词等七类,采用传统训诂学词汇考释方法逐个训释,包括解释词义、以地道的牛蹄赣语语例说明被训释词在牛蹄的使用情况、引用古书例证证明在古代的存在及使用情况,以实例证明在当今其他方言中的承袭使用情况。

理解当代中国:高级汉德翻译教程

西安外国语大学　张世胜　外语教学与研究出版社　2022 年 9 月

本书从"核心概念"到"关键语句",再到"文本试译""译文评析",输入的环节循序渐进、环环相扣,引导学生关注中国时政文献的特点和基本翻译原则,了解翻译的重点和难点,学会比较和判断译文高下,同时应用于自己的翻译实践中。

理解当代中国:汉意翻译教程

西安外国语大学　杜　颖　外语教学与研究出版社　2022 年 9 月

本书聚焦中国时政文献的翻译策略与实践。书稿分为绪论和 10 个主题单元。绪论介绍中国时政文献的语言特征、中国时政文献的翻译原则和中国时政文献的翻译方法。第一至第十单元为主题单元,每个主题单元探讨习近平新时代中国特色社会主义思想的一个重要方面。

构式视角下的汉语动量组配认知研究

陕西师范大学　王艳滨　北京大学出版社　2022 年 12 月

本书重点研究汉语动量构式中动词和动量词的组配关系,在认知构式语法理论背景下,以语言事实为切入点,依据"自主－依存"关系理论、事件域认知模型、转喻及图式构式理论,构建 ECM 的"自主－依存"模型。通过定性定量分析的方法对自建的小型封闭语料中的现代汉语动量构式进行全景式分析,重点考察现代汉语动量构式中各构件的组构规律,探究动量构式中的动词和动量词的语义分布趋势,揭示两者组配机理及其认知动因与心智基础。

☞ 著作·历史学研究

古代地方条约辑存(15 册)

西北大学　杨一凡、李守良　社会科学文献出版社　2022 年 1 月

本书在检索 17000 余部法律古籍的基础上,从中辑佚,选编宋、元、明、清四朝地方条约 452 件,并按其内容分为 20 类编辑。其中,条款涉及面广的综合类条约 34 件,吏政类 33 件,田土类 8 件,钱粮类 12 件,仓储类 26 件,漕运类 11 件,盐政类 11 件,学政类 61 件,书院类 22 件,风俗类 11 件,军政类 28 件,保甲类 18 件,弭盗类 13 件,乡治类 3 件,乡约类 14 件,狱政类 10 件,营造类 3 件,河工类 32 件,蠲恤类 31 件,杂规类 44 件。这些条约大多因颇具代表性而保存、流传下来,内容涉及地方事务的各个方面,应当说在相当程度上反映古代地方条约的概貌。

中国历代大事年表

陕西师范大学　杜文玉　商务印书馆　2022 年 3 月

本书分为两部分:一部分为中国古代年表,从上古至 1911 年辛亥革命止;另一部分为历代大事,按年排列把中国古代数千年大事罗列无遗。此书入选 2022 年度"中国出版集团好书榜"人文社科类榜单。

中东史(修订本)

西北大学　彭树智、王铁铮　等　人民出版社　2022 年 4 月

本书以文明交往论为指导,系统阐释中东地区从文明诞生直至 2008 年左右的历史变迁,以及与域外文明的交往互动。《中东史》(修订本)新增加近年来中东地区的新变化及一些国内外中东研究的最新成果。

西周王室赏赐礼制研究

宝鸡文理学院　景红艳　中华书局　2022 年 4 月

本书以传世文献为主要依据,结合金文材料和考古成果,分别从封建赏赐、册命赏赐、祭祀赏赐、战争赏赐、朝聘赏赐五个方面入手,对各类赏赐礼的主要内容、主要特征以及在国家政治生活当中发挥的功能进行探究,不仅揭示西周王室赏赐礼制的主要内容和在国家政治生活中发挥的作用、各类赏赐礼制之间的政治关系和作用,而且还对西周王室赏赐礼制产生、发展、衰微的历史轨迹及内在原因进行探究。

将略兵机:中国古代名将评传

西北大学　白立超　中华书局　2022 年 7 月

本书以中国古代 30 位著名将领为研究对象,将 30 位将领分为 8 种类型,分别对他们的生平、军功、谋略、思想以及他们对中国古代历史进程的影响进行研究,并将这些名将放到特定的历史背景下和整个中国历史的坐标中准确评价。

波斯锦与锁子甲——中古中国与萨珊文明

陕西师范大学　韩　香　社会科学文献出版社　2022 年 8 月

本书重点研究中古时期丝绸之路东西两大文明策源地中国与萨珊波斯的文明交流。其中,中国向萨珊波斯输出,并以后者为媒介向欧洲输出丝绸、铁器、漆器、瓷器。以瓷器贸易为例,主要通过海上丝绸之路得以实现,波斯以及海上丝路沿线的印度、印尼等国近年来都发现唐代沉船及其搭载的中国南方出产的精美瓷器,从其货物质地和数量规模,可以印证当时两地贸易之盛。

抗战时期国民政府田赋征实制度研究

宝鸡文理学院　郝银侠　中华书局　2022 年 9 月

本书采用传统的制度史架构,通过对田赋征实制度出台背景与历程、实施过程、各项子制度、实施效果、作用、存在问题等的探讨,全面系统地展示抗战时期国民政府田赋征实的变迁过程、各个利益集团在其中的博弈,揭示田赋征实与抗战大局,国民党政权,社会各阶层之间的互动关系及相互影响。

清代以来黄河中游气候变化及其社会响应

西北大学　张　健　中华书局　2022 年 9 月

本书以清代档案、方志、文集中有关黄河中游地区气候和灾害的大量信息建立旱涝灾害数据库,对清代黄河中游地区旱涝等级、降雨量变化序列进行重建,并分析其变化特征、演化规律和时空分布特征。在此基础上,作者将之与太阳活动变化、树轮序列等进行对比分析,以判断引起清代黄河中游地区气候变化与波动的原因。

秦汉区域文化研究(增订本)

西北大学　王子今　人民出版社　2022 年 10 月

本书分为上、中、下三编,全面而深刻地论述秦汉时期各地区文化的异同。上编把秦汉文化区域划分为 15 个文化区,分别论述各文化区不同的人文社会风貌和民俗文化构成,比较全面分析当时最主要的颇具代表性的区域文化特征。中编论述秦汉文化共同体的形成及区域传统文化的成因。下编涉及秦汉王朝的区域文化政策,认为当时的区域文化政策有着区域差异,这与当时的政治活动如削藩、改制、文化政策等有重要关系,也与流民、救荒和交通策略等有关。

里甲制度考略

西北政法大学　李其瑞　商务印书馆　2022 年 10 月

本书研究中国古代财政运作体制和基层社会治理方式。作者系统梳理中国古代社会基层赋税役政的变迁历史,对不同历史时期里甲制度的优劣进行评价。在里甲制度的研究领域主要着眼于经济、税赋和役政方面的文献史料。

欧亚时空中的中国与世界

西安外国语大学　黄达远　社会科学文献出版社　2022 年 11 月

本书注重区域整体历史互动的描述与分析,超越中外"两点加一线(交通路线)"式的传统丝绸之路历史观,转而思考古代中国是如何通过整体区域网络扩展历史影响的。以农耕、绿洲、游牧、森林、雪域高原等多区域互动、共生的分析框架,摆脱以传统欧洲为中心的世界史叙述体系。

非洲阿拉伯国家通史(八卷)

西北大学　王铁铮　商务印书馆　2022 年 11 月

本书是中国学者撰写(国内十多名中青年学者参与)的第一部非洲阿拉伯国家通史。全书以埃及、利比亚、阿尔及利亚、突尼斯、摩洛哥、毛里塔尼亚、苏丹、索马里、吉布提、科摩罗历史流变作为研究对象,通过多视角和全方位的纵横比较研究,勾勒出非洲阿拉伯国家历史演进的脉络,并揭示其历史发展的基本规律和主要特点。

关中文化的历史嬗变

陕西师范大学　刘景纯　陕西师范大学出版总社　2022 年 12 月

作者认为,统一王朝时期,关中的文化创造和智慧,造就关中作为国家核心文化精神创始地位。中国传统文化的主体精神、国家治理和文化发展的重要理念,由此发源并次第嬗变。本书以文字统一,文学革命,唐诗繁盛和儒、释、道信仰的融合发展,凝结为普遍的社会心理和价值追求;文化风貌的胡汉异变,关学、全真道教的独树一派,秦腔的粗犷豪迈,周秦汉唐崇拜的阿Q心态,以及明清精神的沉重和商业精神凸显,诠释关中地方文化精神独特的一面。

辽宋金社会史论集

西北大学　王善军　人民出版社　2022年12月

本书涵盖辽宋夏金时期的民族认同、社会群体、社会组织与日常生活等多个方面,研究对象涉及若干重大学术问题或学术热点问题。在研究方法上突出马克思主义史学的特点,利用历史唯物主义和辩证法对历史现象进行深入考证和科学认识。

秦汉时期生态环境研究(增订本)

西北大学　王子今　社会科学文献出版社　2022年12月

此次增订、补充"河西汉简气候史料解读""秦汉关中水利经营模式在北河的复制""汉简所见河西地区的野生动物""公元前3世纪秦岭西段的林产资源与林业开发""秦汉陵墓'列数成林'礼俗""北边'群鹤'与泰畤'光景':汉武帝后元元年故事""草原生态与丝绸之路交通""《史记》记载的蝗灾"和"赵充国时代'河湟之间'的生态与交通"等篇章,都是近年来作者在相关领域的新探研。

☞ 著作·考古学研究

玦出周原:西周手工业生产形态管窥

陕西省考古学会　孙周勇　上海古籍出版社　2022年8月

本书从齐家制玦作坊出土的实物资料及相关生产遗迹出发,见微知著,探讨生产技术、产品标准化与专业化、评估生产组织与生产规模,追溯生产者、消费者的族属与身份而从客观描述转向归纳阐释,从感性认知转向理性认识,为揭示三代手工业生产系统、讨论聚讼不休的周原遗址性质以及中国早期城市政治性与经能等问题打开一扇新的窗口。

著作·经济学研究

中国西部能源产业升级研究

西安财经大学　胡　健　中国社会科学出版社　2022 年 1 月

本书研究创新驱动和环境约束视角下中国能源产业升级问题,研究主题包括资源环境因素内生化理论模型构建与分析、化石能源产业清洁化发展、可再生能源规模化发展、能源化工产业链延伸、能源–环境–创新系统耦合和协调发展、中国能源产业政策量化评价等内容。

区块链理论与实务

西安交通大学　田高良　高等教育出版社　2022 年 2 月

本书从技术推动社会进步的价值创造和服务实体经济发展的视角,综合论述区块链理论与实务的重点和热点问题。入选工业和信息化部"十四五"规划教材、新文科·智能会计课教融合精品教材,是高等教育出版社"互联网＋"应用创新型财会系列教材之一,

徘徊在经济与历史之间

西安交通大学　俞炜华　广西师范大学出版社　2022 年 3 月

本书应用通俗易懂的语言和简要的经济学分析工具,解释诸多历史和真实世界现象,如中国古代贸易之路被称为丝绸之路的原因、气候变迁与中国古代王朝兴衰、南方家族制度比较发达的原因等。

中国发展经济学通论

西北大学　任保平、师　博、钞小静　等　科学出版社　2022 年 3 月

本教材探讨中国经济发展的特殊规律。重点阐释中国发展经济学的特色,及中国经济发展的条件、道路、过程、模式、战略和前景。

法定与公平:税法基本原则的解构与建构

西北大学　王鸿貌　生活·读书·新知三联书店　2022 年 3 月

本书系统研究税法的基本原则,秉持现代法治主义的基本立场,对税法的基本原则进行理论解构,剖析其确立标准,探讨其规范内容,揭示其价值与功能,尝试为税法学的

理论建构提供一种规范的学术进路;在此基础上,依据各国宪法和法律的具体规定,通过对税收法定原则和税收公平原则进行深入具体的研究,试图为现代税法制度的重构与适用提供借鉴与指引。

区域经济学概论

西北大学　任保平、师　博、钞小静　等　科学出版社　2022年3月

本书讨论区位理论、区域分工理论、产业集群理论、区域开发理论、区域经济发展理论、区域产业结构的演进、区域经济一体化、区域经济发展中的工业化和城市化、区域可持续发展、区域经济发展中的宏观调控、区域经济发展战略、区域经济发展政策、区域经济与区域经济学发展的趋势等问题。

中国互联网企业社会责任营销履践与消费者感知
——基于BAT的实践

西安外国语大学　王佳炜　社会科学文献出版社　2022年5月

本书是一部以互联网企业社会责任营销传播为专题研究的学术著作,全面回顾中国互联网行业的CSR实践历程,系统剖析影响中国互联网企业CSR营销发展的内外部驱动力与发展制约因素,并调查发掘消费者对中国互联网企业的CSR营销活动的认知、态度和期待。

模块化创新推动中国制造业升级的机制与路径

西北大学　白　嘉　人民出版社　2022年5月

本书通过对模块化、模块化产业组织、技术创新、产业升级等相关文献的述评,分别考证模块化分工的技术溢出效应和效率提升效应,从而构建模块化创新推动中国制造业升级的分层机制,提出模块化创新推动中国制造业升级的五种并行路径。

数字经济学导论

西北大学　任保平、师　博、钞小静　等　科学出版社　2022年5月

本教材以马克思主义经济发展理论和中国特色社会主义政治经济学为理论指导,以数字经济发展的经验、事实和材料为基础,在近年研究新经济、数字经济、网络经济等新经济形态的基础上,探讨数字经济以及产业数字化、数字产业化的发展规律。

中俄农业发展研究

西北农林科技大学　朱玉春、刘天军、魏　凤　等
中国财政经济出版社　2022年7月

本书从总体评价、农业生产情况、农产品价格与市场等方面研究中俄农业发展状况；梳理中俄农产品贸易情况及贸易政策等相关内容；论述中俄农业政策、农村政策，并分析政策支持水平；剖析中俄农业对各自国民经济产值的贡献、农业与国民收入分配、工农业发展关系、城乡居民消费差异、区域经济发展差异等；对比分析中俄科技资源和条件、科技产出与成就、经济效益等差异与模式特征；从发展目标和任务、农业发展面临的挑战等，对中俄两国农业发展趋势做出评价和研判。

趋势结构断点经济时间序列协整理论与应用研究

西安交通大学　赵春艳　中国财政经济出版社　2022年7月

本书建立从单位根检验到协整检验的系统性的建模理论与方法，提出适合趋势结构断点序列的单位根检验、协整检验的模型及统计量，统计量的有限样本性质优良，并将研究成果应用于实际经济问题的分析中，得到有意义的结论。著作在完善趋势结构断点序列的建模理论的同时还拓展与充实基于线性模型的、经典的单位根及协整检验的理论与方法。

改革开放以来中国人口结构变动对经济转型的影响

西安财经大学　曹献雨　人民出版社　2022年7月

本书提出："人口结构变动对经济转型的历史影响是怎样的？""人口结构变动影响经济转型的机理是怎样的？""中国人口结构变动对经济转型的影响方向与影响程度到底如何"等问题，并沿着"提出问题—历史考察—机理研究—实证研究—制度改进"的思路对上述问题作出回答。

影子银行冲击货币政策传导的机制与效应研究

西安交通大学　高　蓓　中国社会科学出版社　2022年8月

本书构建影子银行冲击下的货币政策传导理论分析框架，研究影子银行冲击货币政策传导的微观机制和宏观效应，揭示新形势下货币政策的传导机理。研究发现，影子银行冲击货币政策传导的微观机制主要通过改变商业银行资产负债结构实现；影子银行冲击货币政策传导的宏观效应存在异质性；影子银行会增加货币供应量与经济发展的不稳定性。

数理经济学

西北大学　茹少峰、欧阳葵、李宗欣　科学出版社　2022 年 8 月

本书是数理经济学教科书,共 10 章,分别介绍:数理经济学概述;微积分中的函数、极限、导数概念及在经济问题分析中的应用;均衡分析中的基本方法－静态分析与比较静态分析,包括商品市场均衡,简单国民收入决定均衡,IS－LM 均衡;最优化模型及其在局部均衡分析中的应用,包括无约束最优化、等式约束最优化和不等式约束最优化及其应用;对偶理论在经济学中的应用;一般均衡分析及其数学模型;动态经济分析的数学方法和应用。

丝绸之路经济带研究

西北大学　白永秀、王颂吉　生活·读书·新知三联书店　2022 年 8 月

本书从国际经济合作视角对丝绸之路经济带开展研究,首先阐释丝绸之路经济带倡议的提出及总体设想,然后分别研究丝绸之路经济带的互联互通建设、贸易投资便利化、产业合作与升级、西部城镇化建设与升级、货币的区域化与国际化,最后分析丝绸之路经济带建设的保障机制。

数字视角:文化投融资及其治理

西北政法大学　张荣刚　社会科学文献出版社　2022 年 8 月

本书在数字经济视角下,通过剖析文化投融资和文化资源之间的契合性、贯通性及共同发展趋势,进行量化与质化结合的实地调查,实证评估中国文化投融资来源与文化资源发展的现状,渐进展开文化投融资的治理路径,针对性地提出文化投融资协同文化资源发展的机制,包括初始条件与动力来源、发展路径和对接模式,以及二者之间的转化、动员和牵引,并着重研究部分细分领域的具体策略及治理,为文化繁荣与资本增值探索协同发展之道。

管理会计(第 2 版)

西安交通大学　田高良、张　原　高等教育出版社　2022 年 9 月

本书是高等教育出版社"互联网＋"应用创新型财会系列教材之一,综合讨论管理会计的重点、难点和热点问题。在传统理论知识基础上增加互联网背景下新的内容,体现创新性;选取浪潮集团、元年公司、中兴通讯、美的集团、CIMA、IMA 等著名公司和机构提供的近百个鲜活案例,体现实践性;适应互联网时代的学习特点,采用二维码关联的形

式,体现其实时性。

税法理论与实践

西安邮电大学　张彦涛　陕西师范大学出版总社　2022年12月

本教材是高等院校财会类专业主干课程教材,全书分为15章,介绍中国18个税种的税制要素、应纳税额的计算缴纳以及电子报税流程操作。本书还配有案例习题及解析。具有针对性、实用性、操作性,以我国目前税收法律法规为依据,结合企业纳税申报的业务流程,提升读者纳税报税的实际操作能力。

数字经济赋能经济高质量发展

西北大学　茹少峰、张　青　人民出版社　2022年12月

本书在理论上对数字经济赋能经济高质量发展的逻辑、机制与路径进行剖析,揭示数字经济和经济高质量发展的关系问题,构建数字经济赋能经济高质量发展的理论分析框架,分别从宏观经济、城市、产业、企业等不同视角,探究数字经济推动经济高质量发展的机制与路径。

☞ **著作·法学研究**

当代中国社会主义法律信仰发展状况研究

西安理工大学　王文奎　人民出版社　2022年4月

本书通过梳理当代中国社会主义法律信仰的来龙去脉和进展、存在问题,用当代中国作为一个正在快速成长和日趋成熟的社会主义法治国家的事实增强人们的社会主义法治自信,强化人们的社会主义法治信念与情感,进一步夯实社会主义法治体系的思想构建和心理基础。

《商君书》译注

西安外国语大学　张亲霞　商务印书馆　2022年10月

本书集注解、原文翻译、内容评述为一体。注解与原文翻译,汲取中华书局出版的蒋礼鸿《商君书锥指》、石磊《商君书》译注等学术智慧。内容评述是本书推陈出新的部分,既关照先秦的时代语境,同时又结合现代话语,试图在古与今、传统与现代的结合中探讨商鞅政治法治思想的普遍性,求得对历史的理解,以史为镜鉴。

☞ 著作·政治学研究

新时代高校国家安全教育通论

陕西师范大学　马瑞映、杨　松、郭响宏　等　高等教育出版社　2022年1月

本书以总体国家安全观为指导,贯彻落实教育部《大中小学国家安全教育指导纲要》要求,对总体国家安全观的科学体系、中国特色国家安全道路、维护国家安全的制度体系和保障机制、政治安全、国土安全、军事安全、经济安全、文化安全、社会安全、科技安全、网络安全、生态安全、资源安全、核安全、海外利益安全、新型领域安全以及努力践行总体国家安全观等内容进行详细介绍。

电子商务平台的刑事责任研究

西安财经大学法学院　陈奕屹　中国社会科学出版社　2022年4月

本书以对电子商务平台的犯罪学分析为基础,参考、借鉴域外经验,分别从电子商务平台的社会地位与法律地位、作为行为的刑事责任认定路径、不作为行为的刑事责任认定路径以及帮助行为的刑事责任认定路径四方面入手,对电子商务平台参与的犯罪进行深入分析,结合其显著的特征,尝试疏通平台归罪路径中的阻滞。

思想政治工作促进网络舆论生态优化研究

西安理工大学　易　鹏　中国社会科学出版社　2022年9月

本书针对改革开放以来文化建设存在的网络舆论乱象丛生等问题,以建构良好网络舆论生态为方向指引,以推进新时代网络文明建设为目标旨归,提出要有效发挥思想政治工作的优势和功能,并对思想政治工作促进网络舆论生态优化的相关内涵、理论依据、价值意蕴、作用机理、作用实践、作用机制、方法创新等问题展开整体性探究。

☞ 著作·社会学研究

社会保障价值理念论

陕西科技大学　徐瑞仙　中国社会科学出版社　2022年2月

本书研究社保界存在重技术轻理念、重效率至上轻公平优先及重移植轻建构等研究倾向。"西方中心主义"过多注重在数百年西方资本主义文明中寻找现代社会的解困方

案而忽略数千年中华文明的厚度与长度,造成马克思主义意识形态视角的消解和对中国特色社会主义建设成就的漠视。坚持以人为本、坚持人民至上、坚持政府主导;在"资本至上"逻辑甚嚣尘上的"后改革开放时代",社会保障需要"驯服资本的逻辑为民生服务"。

公共政策协商沟通机制研究

西安交通大学　郭雪松、石　佳　科学出版社　2022年2月

本书结合社会主义协商民主发展的现实背景和完善公共政策协商沟通机制的客观需求,针对公共政策协商沟通机制设计、优化等问题展开分析,具体从利益主体信息搜索与感知差异形成机理研究(系统输入)、多元利益主体识别与参与意愿研究(信息处理)和政策共识达成机制研究(系统输出)三个方面探析公共政策协商沟通和参与的理论、方法。

中共思想理念在乡村的传播与实践:基于晋陕苏乡村民间文献的考察

西安外国语大学　吴家虎　社会科学文献出版社　2022年2月

本书以中共思想理念在乡村的传播与实践为主题,用社会观念史的视角和田野党史学的研究路径,发掘更能反映党的思想理念具体运作与实践样态的乡村档案、日记、学习笔记等民间文献,在"中共思想理念－历史主体－生活实践"互动的框架下,考察中国共产党的主义、思想、理论、信仰在乡村的学习、传播、塑造与实践这一重要历史现象,揭示其有效性、实践困境、运行机制和历史经验。

贫困村资金互助社运行绩效评价与政策优化研究

西安石油大学　张颖慧　人民出版社　2022年4月

本书在贫困村资金互助社绩效的评价中,对国内基于截面数据的静态评估进行补充,在贫困村互助资金动态效率、县级层面动态演化方面的研究,弥补国内外经验研究的空白;在对印度互助小组－银行联结、泰国村基金项目的归纳分析,弥补国内研究的不足;对贫困村资金互助社的理论分析,弥补关于村级互助资金以及社区管理型小额信贷分析的理论空白。

社会保险统一经办模式及实现路径研究

西北大学　周　明　中国社会科学出版社　2022年5月

本书从社会保险经办分立运行模式的异质性出发,建立社会保险各利益相关者合作

收益基础上的制度、组织、激励和能力分析框架,分析社会保险经办管理体制改革和各主体的利益均衡,构建激励相容的统一社会保险经办模式和实施机制。

人口死亡水平研究

西安交通大学　姜全保、梅　丽、王丽娜　等
社会科学文献出版社　2022年6月

本书研究中国人口死亡水平和死亡模式的变动问题。基于人口普查数据和抽样调查数据,综合运用数理人口学、统计学等学科研究方法,介绍中国人口死亡情况,研究中国人口死亡数据、死亡水平、死亡模式及变化趋势。

农村金融减贫效应、运作机理与路径选择研究

宝鸡文理学院　刘　芳　中国社会科学出版社　2022年7月

本书立足于脱贫攻坚期贫困地区农村经济与金融发展现实,从理论和实证两方面分析检验农村金融的减贫效应与作用机理,探讨金融扶贫方式在哪些条件或环境下能够更好地发挥作用;根据金融减贫的实践经验,深思并总结农村金融减贫的政策路径;提出通过政策措施引导农村金融市场健康快速发展,进一步巩固金融减贫成效,发挥金融减贫的持续动力。

中国中西部南北绿色经济带构建研究

安康学院　赵临龙　科学出版社　2022年7月

本书是基于新时代西部大开发新格局的中西部南北绿色经济带的构建研究。在"一带一路"战略引领下,以西部陆海新通道建设为契机,推动中西部南北绿色经济带构建,促使"国内国际双循环"的经济发展新格局形成;同时,将以"绿水青山就是金山银山"的理论,探讨中西部结合区域节点城市的旅游发展,从其绿色生态资源禀赋和丰富的人文旅游通道文化,以及交通格局和国家政策引领等方面,分析各地的旅游发展前景,并且为各地旅游发展提出战略性的建议。

近代以来中国城乡关系演进与新型城乡关系的形成研究

西北大学　吴丰华　人民出版社　2022年7月

本书聚焦"中国近代城乡关系演进"及正在推进构建的"新型城乡关系",通过分析人类社会城乡关系演变的一般规律和发展中国家城乡关系演变的特殊性,构建"生产力发展+发展战略+制度选择→城乡制度和政策安排→城乡居民行为和城乡关系"的城乡

关系演进分析框架,考察中国近代以来三大阶段城乡关系演变的过程、原因和特点。

乡村治理共同体建设研究

西安理工大学　张晓艳　人民出版社　2022 年 10 月

　　本书对构建农村基层党组织、乡镇政府、村委会、乡村社会组织和村民等多元主体共担治理责任、共享治理成果的乡村治理共同体进行探讨,指出应始终坚持以人民为中心的价值取向和治理立场,加强农村基层党组织对乡村治理共同体的核心领导作用,构筑乡村治理共同体共同价值支撑,完善乡村治理共同体运行保障机制,健全党委领导、政府负责、社会协同、公众参与、法治保障的乡村治理体制,促进乡村社会充满活力和谐有序。

精英结构与乡村统治形式嬗变——基于豫南楚铺村的调查

西安电子科技大学　魏　晨　中国社会科学出版社　2022 年 12 月

　　本书围绕豫南楚铺村 1920—1949 年的历史进行深度调查。通过展示乡村精英结构与乡村统治形式之间的关系,反映乡村精英结构对乡村统治形式的塑造逻辑,明确乡村统治形式的定义以及其与国家统治形式的不同;揭示乡村精英结构对乡村统治形式的塑造逻辑,推进精英结构与国家统治形式之间关系的研究;从国家权力下渗、乡村精英结构变迁、国家能力不足等维度阐释乡村精英结构对乡村统治形式的塑造逻辑。

☞ 著作·心理学研究

癌症患者自悯训练的理论与实践

陕西师范大学　朱　蕾　陕西师范大学出版总社　2022 年 8 月

　　本书重点介绍近年来新兴的对癌症患者的心理干预方法——自悯训练。第一章介绍癌症可能给患者带来的心理挑战及其引发的常见心身症状。第二章介绍自悯的概念及其相关理论,并对自悯领域的研究现状及未来研究方向进行探讨。第三章节选自悯临床与研究领域较为常见、也较易操作的训练模块,介绍以自悯提升为核心的个体心理训练方式。第四章将探讨如何通过团体治疗的方式对癌症患者进行自悯训练,以期通过提升患者的自悯水平进而改善其身心健康。

☞ 著作·教育学研究

创新与激励——公立高校科研奖励政策研究

宝鸡文理学院　杨忠泰、刘　辉　中国社会科学出版社　2022年2月

本书拓展和深化新时代高校科研评价、激励理论;创新性提出公立高校科研奖励政策中的重复奖概念,突破和丰富已有高校科研奖励政策的内容和理论研究。在"奖"与"不奖"之间找到平衡,重构不同类型公立高校科研奖励政策体系。

世界一流学科的成长之道

陕西科技大学　武建鑫　科学出版社　2022年5月

本书在明确世界一流学科的本质内涵、生长基质与评价方式的基础上,运用单案例的探索性研究和多案例的比较研究方法,分别从组织健康、卓越历程、生态系统三个视角探索各类大学世界一流学科的成长之道,并在规律层面提出新时代中国大学实现世界一流学科梦想所要遵循的基本规律,最后对全书内容进行总结。

中国过度教育的形成与效应

西北大学　张冰冰　中国社会科学出版社　2022年7月

本书围绕过度教育这一中国劳动力市场错配问题,测量并对比过度教育的中国与他国表现,基于对教育生产性、信号性与社会性三大经济功能供需均衡的分析,探讨中国过度教育形成及持续的内在机理,实证评估过度教育的生产效应、信号效应与社会效应,并提出"适度"过度教育的参考标准和实现举措。

中国教师教育综合化研究

陕西师范大学　龙宝新　中国社会科学出版社　2022年8月

本书系统深入剖析中国教师教育综合化进程中面临的现实问题、实践难题与改革困境。原创性地阐明"教师教育力"及其量化指数,并提出中国未来教师教育综合化进程中的方向性建议:国家实施教师教育特惠政策,加大省属师范大学扶持力度,以及提振综合大学举力、教师教育的热情等。

活动理论视角下的小学英语教师学习个案研究

西安外国语大学　陈文婷　外语教学与研究出版社　2022年9月

　　本研究以活动理论为研究视角和分析框架,采用历时质性个案研究方法,对三名小学英语教师在以课例研究为载体的院校协作学习共同体中的学习过程进行跟踪研究,特别关注在此过程中出现的多重矛盾以及小学英语教师应对和解决矛盾的过程,从而揭示小学英语教师在院校协作共同体情境下的学习路径。

☞ **著作·管理学研究**

清洁能源背景下的电力用户管理体系创新

西北工业大学管理学院、国网陕西省电力公司　王莉芳、曹　敏、彭　周　等
机械工业出版社　2022年1月

　　本书从清洁能源用户出发,通过用户调研分析,用户管理影响因素提取,清洁能源用户细分,用电趋势预测与配套措施五部分构成电力用户管理创新的研究内容。从电力用户管理现状出发,结合行业发展情况,对电力用户管理预期情况进行预测,为清洁能源背景下电力用户管理提供创新方案。

组织忘记对企业战略转型的影响研究

西北工业大学　张小娣　机械工业出版社　2022年1月

　　本书研究中国经济发展新常态背景下企业战略转型的内涵和测度、组织忘记的形成机理和关键影响因素,以及组织忘记与企业战略转型的内在关系和影响路径,在此基础上提出通过建立"忘记型组织"促进我国企业战略转型的策略,研究成果对我国企业的战略转型实践具有重要的现实指导意义。

中国式分权治理模式对产业政策实施效果的影响研究

西北工业大学　席建成　北京大学出版社　2022年1月

　　本书从发展中国家"实施产业政策具有现实合理性"的前提出发,研究制度对政策的影响效果,揭示新时期影响中国产业政策实施效果的深层次原因。研究发现:一是优化产业政策实施效果,促进经济在质的有效提升和量的合理增长之间的统筹,需要在经济分权的基础上,维护中央政府的权威。二是要重视不同类型经济政策之间的激励相容要求,以增强产业政策与其他政策的协调性。三是要坚持从地区发展差异的现实出发,推

行有所为有所不为的产业政策实施原则。

政府支持行为对中小企业创新绩效影响机制研究

西北工业大学　郑　烨　科学出版社　2022年2月

本书立足于政府支持中小企业创新的视角,围绕财税政策引导、创新环境营造两类不同的政府支持行为对中小企业创新绩效的影响进行深入探讨,对现的企业创新绩效研究,及政府支持企业创新的研究成果进行丰富和拓展,研究结论也初步揭示财税政策引导、创新环境营造、企业创新能力、企业创新动力对企业创新绩效的影响机理。

板块驱动型城市产业发展的耦合机理及政策调控研究:以大西安为例

西北工业大学　寇晓东　社会科学文献出版社　2022年3月

本书立足WSR方法论,以区域公共管理、区域经济学等理论为指导,聚焦板块驱动型城市(大西安)产业集聚与区域行政的交互关系,构建"产业空间耦合－产业资源耦合－区域产业融合"的主体研究逻辑,对大西安"5+1"城市经济功能区格局构建、基于城市经济功能区的产业项目布局管理、城市经济功能区的板块融合发展等问题进行系统研究,提供对应的解决方案和实例分析。

"一带一路"沿线中国企业海外社会责任

西北工业大学　贾　明　科学出版社　2022年3月

本书从"一带一路"沿线中国企业"走出去→走下去→走进去→走上去"这一海外可持续发展路径出发,瞄准各阶段关键点,针对性地构建企业海外社会责任决策机制,解决"是否做→如何做→怎么说→做得如何"等一系列核心问题。旨在为中国企业在"一带一路"沿线履行海外社会责任提供理论指导,从而助力中国企业实现海外可持续发展、提升靠前影响力,推进"一带一路"倡议。

基于Agent的多产品扩散仿真研究

西北工业大学管理学院　乔　健、夏婧雯、王　攀　电子工业出版社　2022年4月

本书采用效用理论、模糊集理论、网络科学和基于Agent的建模与仿真(Agent-Based Modeling and Simulation,ABMS)理论与技术,分别构建多代产品扩散模型、多品牌产品扩散模型和多品牌多代产品扩散模型,分别在Repast Simphony和Mesa仿真平台上用Java语言和Python语言编程实现这些模型的仿真程序,并用这些程序通过仿真实验研究社交网络及正面口碑和负面口碑影响下多代产品、多品牌产品和多品牌多代产品的扩

散规律。

家族企业定向增发中的市场反馈效应研究

西北工业大学　高伟伟　机械工业出版社　2022年5月

　　本书从委托代理理论、管家理论、资源基础理论和社会情感财富理论等相关理论的角度出发，对定向增发过程中的市场反馈效应以及公司治理结构和定向增发特征对市场反馈效应的影响进行研究，并且对市场反馈信息的有效性进行分析检验。该著作不仅对家族企业内部人在定向增发过程中的决策行为特征进行探索，而且丰富和拓展定向增发领域的相关研究。

农业转移人口市民化意愿及其影响因素分析——家庭生命周期视角

西安建筑科技大学　车　蕾、杜海峰　社会科学文献出版社　2022年6月

　　本书从中国社会情境与农业转移人口家庭特征出发，利用课题组收集的"全国百村外出务工人员调查"微观数据与197个地级市的城市统计数据，全面描述农业转移人口家庭生命周期与市民化意愿现状，并系统分析农业转移人口定居意愿类型与模式和城市落户意愿与时间期望的多维影响因素，最终提出从保障农业转移人口市民化权利完整性出发，以家庭为施策单位，关注市民化不同阶段中的异质性阻碍，从而系统推动"十四五"期间区域与城乡的高质量发展。

组织行为学

西北大学　惠　宁、谭　乐　科学出版社　2022年8月

　　本书从个体、群体与组织三个层面探讨人的行为，分别论述个体行为规律、个性差异及管理、心理过程及管理、组织承诺与个体行为、激励理论、冲突管理、组织文化等15个组织管理中"人"的行为问题，将组织行为学理论与经济发展实践相结合，注重中国特色，突出理论的严谨性、学术的规范性、实际的应用性。

物流与供应链管理

西安邮电大学　李永飞　清华大学出版社　2022年9月

　　本书共17章，涉及物流概述、运输管理、仓储和装卸搬运、包装和流通加工、物流信息技术、配送和物流客户服务、电子商务物流、供应链管理概述、供应链采购管理、供应链库存管理、供应链物流管理、供应链生产管理、供应链成本管理、供应链质量管理、供应链风险管理、供应链协调管理及供应链绩效管理等内容。

智慧医疗：医联体手术资源协同调度

西北工业大学管理学院　王　阳、尹代强、刘海潮　科学出版社　2022年9月

　　本书基于国家在医疗服务行业推行的政策措施，重点研究复杂约束下的多医院手术室协同调度问题的新模型和算法。在研究内容和研究方法上，主要从工业工程角度出发，研究包含手术分配和手术排序的运作层手术室调度问题，采用混合整数规划、随机规划、启发式优化、仿真优化等多种方法，实现手术室、主刀医生、病床等多种关键医疗资源的智能化调度。

创新型城市建设的理论与实证研究

西北工业大学　郑　烨　科学出版社　2022年11月

　　本书基于创新型城市建设的视角，重点从理论构建、案例分析和实证研究三个层面出发，全面系统地分析国内外创新型城市建设中的背景、现状、过程及效果，并在此基础上提出促进创新型城市建设发展的相关政策建议。

智慧港口仿真与优化

西北工业大学管理学院　周琛淏　机械工业出版社　2022年12月

　　本书从港口码头的视角，介绍运筹学领域中相对新颖的研究方向——仿真优化集成方法，并围绕国内外自动化码头在闸口智能化、堆场智能化、码头智能化三个方面，详细探讨如何将仿真与优化方法用于解决实际问题。

☞ **著作·新闻与传播学研究**

新闻评论与公共性理论建构研究

长安大学　苏　蕾　人民出版社　2022年5月

　　本书对新闻评论公共性的建构首先着眼于一种历史的建构，对文人论政、都市报评论、党报评论、网络评论的公共性进行解释和建构。其次，对新闻评论公共性内涵的静态本质构成因素——主体、客体、文本、文体、主体精神、客体内涵等又进行理论建构。

中国新媒体传播研究进路考察(1994—2019)
从现象描述到关系反思

西安外国语大学　张秀丽　人民出版社　2022年11月

本书以中国新媒体传播研究进路为核心议题,基于内部发展史和外部互动史两条主线,聚焦其阶段性议题的历时性演变、学术版图的共时性爬梳、研究进路的分类呈现及驱动力构成、可能进路探究等问题,厘清其学术演进规律和知识谱系,同时梳理大量第一手资料,实现对25年间研究脉络的系统化考察和学理化反思的突破,在其学术史上具有承上启下的节点意义。

☞ 著作·交叉学科研究

唐宋建筑的多元技术系谱考察——《营造法式》研习拾零

西安建筑科技大学　喻梦哲　中国建筑工业出版社　2022年2月

本书以图学的、数学的方法,对《营造法式》存在争议认知,或既有研究未曾关注的重要部分,展开系统的梳理和澄清,以此进一步丰富对于中国古代建筑技术史的研究成果,服务于对中世营造技术更为客观、全面认识的需要。揭示的若干规律性问题(昂的斜率控制方法),对于学界未来的研讨或有一定刺激促进之效,对于遗产保护实践及文化特质的展示与阐释工作,亦可提供一定的前期积累。

中国医学史

陕西中医药大学　张建伟　科学出版社　2022年5月

本书紧扣教学需要与时代脉搏,充分吸收改革开放以来最新研究成果,探索课程思政与中医药历史教学的有机融合。

融资结构、信息技术对企业创新的影响

西安石油大学　杨　帆　中国社会科学出版社　2022年8月

本书从微观视角构建融资结构、信息技术与企业创新关系的数理模型,并进一步展开相关机理分析、对中国信息技术以及企业的融资结构与创新进行特征分析。分别实证研究融资结构、信息技术对企业创新投入、创新产出和创新效率的直接与复合影响,考察所有制及产业技术的异质性影响,并对本文的主要结论提出关于金融供给侧结构性改革与"互联网＋"战略创新驱动发展的启示建议。

基于信息生态系统的制造业绩效评价与转型升级路径研究

西安邮电大学　魏　明　科学出版社　2022年8月

本书借鉴发达国家制造业发展态势，运用 Logistic 函数对制造业的发展现状及存在的问题进行分析；结合科学性、可测性等原则建立制造业绩效评价指标体系与信息生态系统评价指标体系；基于信息生态视域检验信息化建设对制造业转型升级的驱动作用，进而从国家层面、产业层面及制造企业层面提出制造业转型升级的路径。

学科体系中的数学文化

西北大学　陈克胜　科学出版社　2022年9月

本书对原有的《数学文化概论》进行适当的扩充，以各学科与数学之间的关系为主线，强调数学在学科体系中的基础地位，阐述数学在哲学、自然科学、文学、经济学、教育学、音乐、绘画、法律等学科中的应用、辩证关系和发展趋势，丰富数学文化学研究。

乡村振兴战略下农村科技创新体系构建

西安建筑科技大学　徐顽强、王文彬　科学出版社　2022年11月

本书以构建适应乡村振兴需求的科技创新体系为目标，在科学界定农村科技创新体系内涵和系统梳理新中国成立以来农村科技创新工作演变的基础上，精准审视当前农村科技创新工作所面临的多重困境及深层病因，并积极结合国内外科技创新工作的有益探索经验，试图提出构建农村科技创新体系的突破口、解决方案、构建原则和建设路径。

☞ 其他著作

序号	题目	作者	单位	出版社	时间
1	钢琴学习与儿童能力发展	王丽娟	宝鸡文理学院	线装书局	2022年1月
2	中医药编辑写作实用手册	李　立　董军杰　习　沙　曹志娟　邵易珊	陕西中医药大学	世界图书出版有限公司	2022年1月

续表

序号	题目	作者	单位	出版社	时间
3	社交媒体的舆论引导研究：理论分析、效果影响因素与实践模式（第二版）	蒙胜军	西安交通大学新闻与新媒体学院	西安交通大学出版社	2022年1月
4	中国西北地区濒危地方传统戏曲"走出去"译介模式研究	于强福	西安理工大学	中国书籍出版社	2022年1月
5	英语阅读与思辨·文学篇	郭淑青	西安外国语大学	西安交通大学出版社	2022年1月
6	A Corpus-based Contrastive Study of the Appraisal Systems in English and Chinese Scientific Research Articles（基于语料库的英汉科技论文评价系统对比研究）	徐玉臣	西安外国语大学	Routledge	2022年1月
7	网球运动教学与人才培养研究	雷鸣	西安外国语大学	吉林人民出版社	2022年1月
8	写作全指南——从读者到作家	吉文凯 瞿慧	西安外国语大学	四川人民出版社	2022年1月
9	欲望资本主义3——超越虚伪的个人主义（译著）	袁志海 张蠡	西安外国语大学	浙江人民出版社	2022年1月
10	小施特劳斯的蝙蝠、贝多芬的D小调第九交响曲、贝多芬的月光奏鸣曲、比才的卡门、奥尔夫的布兰诗歌(5册)（译著）	温馨	西安外国语大学	北京科学技术出版社	2022年1月
11	解释与建构——理论科学的方法论	司汉武	西北农林科技大学	光明日报出版社	2022年1月
12	中国古代妇女史	焦杰	陕西师范大学	陕西人民教育出版社	2022年1月
13	中国人均基本公共服务均等化水平的时空演化与机制提升研究	王静	西安财经大学	西安交通大学出版社	2022年1月
14	新时期高校思想政治教育理论与实践	刘爽	西安思源学院	延边大学出版社	2022年1月
15	遮蔽与再生	薛养贤	西安交通大学	西安交通大学出版社	2022年2月
16	中国民间美术的现代化传承发展	王媛	西安交通大学城市学院	吉林大学出版社	2022年2月

续表

序号	题目	作者	单位	出版社	时间
17	多维视角下的色彩设计研究	朱丹	西安交通大学城市学院	江苏凤凰美术出版社	2022年2月
18	高级英语课程教学模式研究	周茜	西安交通大学城市学院	哈尔滨工业大学出版社	2022年2月
19	现代城市园林风景设计研究	赵晶	西安交通大学城市学院	北京出版社	2022年2月
20	英语认知语言学与教学研究	胡婷	西安交通大学城市学院	吉林大学出版社	2022年2月
21	欲望资本主义——当规则将要改变时(译著)	袁志海 范婧	西安外国语大学	浙江人民出版社	2022年2月
22	欲望资本主义2——黑暗力量觉醒之时(译著)	袁志海 梁济邦	西安外国语大学	浙江人民出版社	2022年2月
23	风险认知、环境规制与养殖户病死猪无害化处理行为研究	司瑞石 陆迁	西北农林科技大学	中国农业出版社	2022年2月
24	行业特色高校大学英语拓展课程体系改革研究	刘宇	长安大学	吉林大学出版社	2022年2月
25	"一带一路"沿线省域新能源产业化与传统能源高级化协同发展研究	焦兵	西安财经大学	中国经济出版社	2022年2月
26	信息化教学在高校教育教学中的应用研究	苏亚红	西安思源学院	哈尔滨地图出版社	2022年2月
27	沟通与写作	赵惠霞	西安思源学院	西北大学出版社	2022年2月
28	项目采购与合同管理	何正文 王能民 徐沛雷	西安交通大学	西安交通大学出版社	2022年3月
29	东京漫步记(译著)	赵翻	西安理工大学	陕西人民出版社	2022年3月
30	基础英语写作(第3版)	黑玉琴	西安外国语大学	西安交通大学出版社	2022年3月
31	社会建构主义视域下中国文化网的跨文化传播研究	李颖	西安外国语大学	西安交通大学出版社	2022年3月
32	写作与生活(译著)	陈迪	西安外国语大学	人民文学出版社	2022年3月
33	洛洛学专注(译著)	温馨	西安外国语大学	北京科学技术出版社	2022年3月

续表

序号	题目	作者	单位	出版社	时间
34	农民身边事 法律小帮手	刘冬梅	西北农林科技大学	西北农林科技大学出版社	2022年3月
35	明代楚辞的传播与接受研究	韩敏	西北农林科技大学	西北农林科技大学出版社	2022年3月
36	新时代大学生思想政治教育实践论文集	丁永刚 徐静 王振宇	长安大学	陕西人民出版社	2022年3月
37	知史爱党 知史爱国:陕西师范大学思政课讲座	任晓伟 马晓云	陕西师范大学	学习出版社	2022年3月
38	龙文鞭影	孙建伟	陕西师范大学	辽宁少年儿童出版社	2022年3月
39	乡村振兴战略下乡村体育旅游高质量发展研究	刘阳	陕西师范大学	世界图书出版公司	2022年3月
40	中美研究型大学博士生教育质量保障体系的比较研究	陈玥	陕西师范大学	花木兰文化事业有限公司	2022年3月
41	"一带一路"背景下对外直接投资风险评估与预警机制研究	李冰洁	西安财经大学	经济科学出版社	2022年3月
42	我国货币错配的特征、效应与汇率政策选择研究	王凯	西安电子科技大学	陕西人民出版社	2022年3月
43	泰戈尔世界主义观念在英美的传播与影响	罗铮	西安电子科技大学	同济大学出版社	2022年3月
44	高校思想政治理论教学研究	孙雪勤	西安思源学院	线装书局	2022年3月
45	情感、重复、流放——伊迪丝·华顿后期小说中的超越思想研究	易春芳	西北工业大学	武汉大学出版社	2022年3月
46	中学生中医药文化知识导读	邢玉瑞主编;李莹波 杜凤娟参编	陕西中医药大学	陕西科学技术出版社有限责任公司	2022年4月
47	小学生中医药文化知识导读	邢玉瑞主编;李莹波参编	陕西中医药大学	陕西科学技术出版社有限责任公司	2022年4月

续表

序号	题目	作者	单位	出版社	时间
48	批判中的新构——《哲学的贫困》新读	燕连福	西安交通大学马克思主义学院	红旗出版社	2022年4月
49	项目双方现金流优化调度——从确定型到不确定型问题研究	郑维博	西安交通大学	西安交通大学出版社	2022年4月
50	大学体育与健康教程	贺智裕	西安交通大学体育中心	吉林科学技术出版社	2022年4月
51	中国书法艺术及其美学研究	高全欣	西安交通大学城市学院	北京工业大学出版社(社会科学版)	2022年4月
52	新媒体发展与新闻传播创新研究	韩 树	西安交通大学城市学院	吉林出版集团股份有限公司	2022年4月
53	城市群治污减霾防控联动机制研究——以关中为例	杨东民	西安理工大学	经济管理出版社	2022年4月
54	经济增长效应评估的理论及方法:以语言政策为例	刚翠翠	西安理工大学	经济管理出版社	2022年4月
55	古道西风——中国现当代丝绸之路文学研究	荀羽琨	西安外国语大学	陕西人民出版社	2022年4月
56	The Manchus and their Enterprise(满族人和他们的事业)	梁 永	西安外国语大学	Tübingen Library Publishing 图宾根图书馆出版社	2022年4月
57	The Wealth of a Rising Empire(帝国崛起的财富)	梁 永	西安外国语大学	Tübingen Library Publishing 图宾根图书馆出版社	2022年4月
58	山的故事:垃圾之城的爱与失	贾艳萍	长安大学	中国工人出版社	2022年4月
59	A View of the Art of Chinese Tang Poetry	郭英杰	陕西师范大学	London：New Classic Press	2022年4月
60	环境质量评价研究 2020	袁晓玲 杨万平 李朝鹏 等	西安交通大学	西安交通大学出版社	2022年5月
61	民间金融对我国金融体系稳定性的影响研究	宋 林	西安交通大学	西安交通大学出版社	2022年5月
62	认知语法视域下的汉语被动句研究	庞加光	西安交通大学外国语学院	西安交通大学出版社	2022年5月

续表

序号	题目	作者	单位	出版社	时间
63	公司财务	田高良 张 原 宋环环	西安交通大学	经济科学出版社	2022年5月
64	黑暗时代的设计	卢 川（译）	西安美术学院	江苏凤凰美术出版社	2022年5月
65	金融发展差异、国际货币非对称与经常账户失衡	周政宁	西安外国语大学	西安交通大学出版社	2022年5月
66	Xi Jinping´s Historical Outlook on Governance for a New Era（习近平新时代治国理政的历史观）（译著）	李朝渊 邢玉堂	西安外国语大学 中国外文局	加拿大 Royal Collins 出版社	2022年5月
67	关中水道记校释	李荣华	西北农林科技大学	西北农林科技大学出版社	2022年5月
68	草原生态补奖政策对农牧民生计影响研究：以北方农牧交错区为例	周升强 赵 凯	西北农林科技大学	中国农业出版社	2022年5月
69	西北地区城乡水贫困失衡性研究	刘文新	西北农林科技大学	中国农业出版社	2022年5月
70	中国革命文化基本问题研究	王立洲	长安大学	陕西人民出版社	2022年5月
71	多元文化视角下的大学英语教学研究	景 慧	长安大学	吉林人民出版社	2022年5月
72	宋元水利文献七种	张宗品	陕西师范大学	湖南科学技术出版社	2022年5月
73	异质性视角下农户参与流域生态治理行为研究	史恒通	陕西师范大学	中国财富出版社	2022年5月
74	生态补偿转移支付激励机制研究	张文彬	西安财经大学	经济管理出版社	2022年5月
75	能源革命背景下的中国能源产业高级化	胡 健	西安财经大学	中国经济出版社	2022年5月
76	成长之阶，成才之路——大学生生活艺术	刘义华	西安思源学院	上海交通大学出版社	2022年5月
77	马尔库塞社会批判理论研究	高海艳	西北政法大学	陕西人民出版社	2022年5月
78	电影符号学与电影美学问题	高 静	宝鸡文理学院	朗文出版社	2022年6月

续表

序号	题目	作者	单位	出版社	时间
79	生存与发展：西部地区传统产业生态化发展研究——以造纸产业为例	王海刚 杨玮	陕西科技大学	西北工业大学出版社	2022年6月
80	杨虎城幕府与幕僚	闫团结	西安财经大学	陕西新华出版集团 陕西人民出版社	2022年6月
81	高校思想政治教育理论基础与实务研究	张江婷	渭南师范学院	线装书局	2022年6月
82	村上春树文学中的审父叙事研究	沈丽芳	西安交通大学外国语学院	西安交通大学出版社	2022年6月
83	正当程序的法理：法律和社会科学多视角的分析	刘东亮	西安交通大学	法律出版社	2022年6月
84	财务会计与审计管理研究	王丹	西安交通大学城市学院	中华工商联合出版社	2022年6月
85	文化翻译与传播研究	陶媛媛	西安交通大学城市学院	吉林出版集团股份有限公司	2022年6月
86	中国优秀传统文化融入大学生思想政治教育研究	王佳 鲁宽民	西安理工大学	吉林大学出版社	2022年6月
87	英语文学概论（第2版）	王冬菊	西安外国语大学	西安交通大学出版社	2022年6月
88	Une vision poétique de Lautréamont. Lecture et Réception（洛特雷阿蒙的诗学视野——阅读与接受）	向征	西安外国语大学	欧洲大学出版社	2022年6月
89	隐形人（译著）	刘皓	西安外国语大学	中国友谊出版公司	2022年6月
90	榆林市国民体质监测及科学健身指导	张婧等	陕西师范大学	西安出版社	2022年6月
91	参与式发展与走向应用的体育人类学	赵国炳	陕西师范大学	世界图书出版西安有限公司	2022年6月
92	中华经典诗文名句的语用研究	李锦	陕西师范大学	陕西人民出版社	2022年6月
93	陕西传统村落地域文化研究	吴晶	陕西师范大学	Royal Collins Publishing Group Inc	2022年6月

续表

序号	题目	作者	单位	出版社	时间
94	海德格尔形式显示的实存哲学	马小虎	西安电子科技大学	陕西人民出版社	2022年6月
95	比较法视野下的公民参与审判类型化研究	陈建军	西北政法大学	法律出版社	2022年6月
96	中国传统文化元素与现代艺术设计融合性研究	高莹	西安工业大学	吉林人民出版社	2022年7月
97	韩鹏杰说:这才是江湖	韩鹏杰	西安交通大学	浙江人民出版社	2022年7月
98	儿童福利理论与实务	杨潇 等	西安交通大学	西安交通大学出版社	2022年7月
99	学校体育风险防控研究	闫振龙	西安交通大学体育中心	西安交通大学出版社	2022年7月
100	员工积极情绪、即兴行为与创新绩效研究:基于拓展-建构理论视角	门一	西安理工大学	经济管理出版社	2022年7月
101	民族传统体育发展与实践研究	杜宇峰	西安美术学院	中国书籍出版社	2022年7月
102	Multimodal Functional Stylistics: Theoretical Construction and Application(多模态功能文体学:理论建构及应用)	雷茜	西安外国语大学	西安交通大学出版社	2022年7月
103	资本论轻松读(译著)	王琰 张琰龙 江涛	西安外国语大学	浙江人民出版社	2022年7月
104	零基础打造家庭花园(译著)	段志灵	西安外国语大学	北京联合出版公司	2022年7月
105	可怜虫蚯蚓的生活——一部很有趣的蚯蚓简史(译著)	陈晶晶	西安外国语大学	中信出版社	2022年7月
106	面向"一带一路"互联互通的亚欧物流通道脆弱性及治理研究	王超	长安大学	经济科学出版社	2022年7月
107	新时代高校大学生服务型党组织建设研究	于琳	长安大学	陕西人民出版社	2022年7月
108	与时代并肩:英语教学信息化之路	李卿慧	长安大学	中国商务出版社	2022年7月
109	文化视阈下的北魏文学研究	柏俊才	陕西师范大学	陕西人民出版社	2022年7月

续表

序号	题目	作者	单位	出版社	时间
110	丝绸之路经济带"核心区"物流业效率及其影响因素研究	王琴梅	陕西师范大学	经济科学出版社	2022年7月
111	动态环境下服务创新对零售企业绩效影响的实证研究	张武康	西安财经大学	经济科学出版社	2022年7月
112	现代广告设计理念与实践研究	李俊玲	西安思源学院	重庆中电电子音像出版有限责任公司	2022年7月
113	陕西省非物质文化遗产汉英对照	田亚亚	商洛学院	西北工业大学出版社	2022年8月
114	现代声乐歌唱理论与教学实践研究	严洪萍	宝鸡文理学院	吉林人民出版社	2022年8月
115	琴韵新声——论钢琴演奏艺术	董纾含	渭南师范学院	辽宁大学出版社	2022年8月
116	新时期我国基础教育发展与课程改革方向研究	刘鑫	渭南师范学院	中国商务出版社	2022年8月
117	大学劳动教育	王贵荣 张巍	西安科技大学	上海交通大学出版社	2022年8月
118	外语教学与文化融合模式探索	游浩洋	西安交通大学城市学院	吉林出版集团股份有限公司	2022年8月
119	五重塔（译著）	唐楠	西安理工大学	陕西人民出版社	2022年8月
120	高校音乐教育创新的多维度研究	杨颖迪	西安美术学院	吉林教育出版社	2022年8月
121	翻译与多模态（译著）	王汐	西安外国语大学	陕西人民出版社	2022年8月
122	翻译与创造性（译著）	张倩	西安外国语大学	陕西人民出版社	2022年8月
123	中国营销传播企业的国际化——基于对"蓝色光标"的检视	寇紫遐	西安外国语大学	人民日报出版社	2022年8月
124	意义给赋视角下企业组织身份建构策略研究	耿紫珍团队	西安外国语大学等	西安交通大学出版社	2022年8月
125	差错管理视角下团队突破性创造力的形成机理研究	耿紫珍团队	西安外国语大学等	西安交通大学出版社	2022年8月
126	秦始皇和他的陵园（中英文科普读物）	韩东红［英］史奥娜·艾尔利著；赵震王伊琪绘	陕西省考古学会	西安地图出版社	2022年8月

续表

序号	题目	作者	单位	出版社	时间
127	法治思维生成机制研究	张阔海	西安电子科技大学	吉林大学出版社	2022年8月
128	谈判－如何在博弈中获得更多	陈蓉	西安邮电大学	中信出版集团	2022年8月
129	航空制造领域新兴技术演化的不确定性	薛建武	西北工业大学管理学院	航空工业出版社	2022年8月
130	中国刑事法庭话语权力抵制互动研究	何静秋	西北政法大学	法律出版社	2022年8月
131	大唐长安行	董海鹏 王志成	宝鸡文理学院	陕西人民出版社	2022年9月
132	陕西出土西周军事铭文整理与研究	李春艳	宝鸡文理学院	三秦出版社	2022年9月
133	利率市场化下的银行产权结构与资金配置效率研究	曹志鹏	陕西科技大学	西北工业大学出版社	2022年9月
134	医古文习题集."十四五"规划教材配套用书	王育林 崔为	陕西中医药大学	中国中医药出版社	2022年9月
135	建设数字中国	刘儒 拓巍峰	西安交通大学马克思主义学院	中国青年出版社	2022年9月
136	坚持在发展中保障和改善民生	刘儒 王海龙	西安交通大学马克思主义学院	中共中央党校出版社	2022年9月
137	建设人才强国	燕连福 李晓利	西安交通大学马克思主义学院	中国青年出版社	2022年9月
138	坚持党对一切工作的领导	燕连福 杨进福	西安交通大学马克思主义学院	中共中央党校出版社	2022年9月
139	马克思主义：卡尔·马克思关于文化和传播研究的十五个核心概念	周延云	西安交通大学马克思主义学院	西安交通大学出版社	2022年9月
140	绘画与设计的艺术研究	卢小飞	西安科技大学	吉林出版集团股份有限公司	2022年9月
141	新时代大学生思想政治教育创新探究	薛艺艺 张箐	西安交通大学城市学院	北京燕山出版社	2022年9月
142	中国社会保障概论	党兴华 吴艳霞 王文莉 等	西安理工大学	经济管理出版社	2022年9月
143	在线社区多账号现象研究	赵欣	西安理工大学	经济管理出版社	2022年9月

续表

序号	题目	作者	单位	出版社	时间
144	英语阅读与思辨·文化篇	左艳红	西安外国语大学	西安交通大学出版社	2022年9月
145	通识英语写作	黑玉琴	西安外国语大学	西安交通大学出版社	2022年9月
146	美国大学协会本科STEM教育系统变革研究	王嘉铭	西安外国语大学	西安交通大学出版社	2022年9月
147	日本教育调查报告（译著）	葛睿 曹珥红 等	西安外国语大学	陕西人民出版社	2022年9月
148	鹈野森町妖怪奇谭（译著）	吴少华	西安外国语大学	陕西人民出版社	2022年9月
149	A Study of Xi Jinping Thought on Diplomacy（习近平新时代中国特色社会主义外交思想研究）（译著）	王伟 许红梅	西安外国语大学	Royal Collins Publishing Group Inc.（加拿大皇家柯林斯出版集团公司）	2022年9月
150	北京古玩艺术品交易市场研究	张萍	榆林学院	中共中央党校出版社湖南大学出版社	2022年9月
151	高校教职工体力活动现状与体适能的实证研究——以陕西师范大学为例	郭飞	陕西师范大学	陕西旅游出版社	2022年9月
152	明清民国西安城墙维修保护史研究	史红帅	陕西师范大学	西安出版社	2022年9月
153	丝绸之路视域中的造型艺术	高明	陕西师范大学	西北大学出版社	2022年9月
154	新兴市场国家的资本流入逆转研究	杨逸	陕西师范大学	西北农林科技大学出版社	2022年9月
155	乡村振兴背景下农村公共产品供给对农民收入的空间溢出效应研究	张雪绸	西安财经大学	经济学科出版社	2022年9月
156	丝路沿线区域消费环境指数评价——以我国中西部主要城市为例	李佼瑞	中国（西安）丝绸之路研究院	中国经济出版社	2022年9月
157	都市舞台:演绎的情境	张慧安	西安邮电大学	陕西人民美术出版社	2022年9月
158	专注学习	仇晓春	西安邮电大学	浙江教育出版社	2022年9月

续表

序号	题目	作者	单位	出版社	时间
159	陆空联运合同国际私法问题研究	张丝路	西北政法大学	法律出版社	2022年9月
160	孟子德性伦理思想研究	文敏	陕西科技大学	云南大学出版社	2022年10月
161	商务英语谈判(第二版)	王淙 张国建	西安翻译学院	对外经济贸易大学出版社	2022年10月
162	汉语语言学视域与师范生语言培训	曾京玲	渭南师范学院	西北农林科技大学出版社	2022年10月
163	中国人均基本公共服务均等化水平的时空演化与机制提升	王俊霞 王静 李雨丹 等	西安交通大学	西安交通大学出版社	2022年10月
164	唐代长安与日本奈良文化交流研究	田荣昌	西安交通大学外国语学院	西安交通大学出版社	2022年10月
165	走进乡村振兴	杜晓燕 王刚	西安交通大学马克思主义学院	中国纺织出版社	2022年10月
166	全面推进乡村振兴十二讲	燕连福 等	西安交通大学马克思主义学院	中国文联出版社	2022年10月
167	Enterprises' Green Growth Model and Value Chain Reconstruction: Theory and Method（《探索企业绿色增长模式与价值链重构:理论与方法》）	王能民 蒋琦 蒋彬 等	西安交通大学	Springer	2022年10月
168	Constructing Political Economy with Chinese Characteristics［《构建新时代中国特色社会主义政治经济学》(译著)］	于国鹏 祖赟	西安外国语大学	Springer Nature	2022年10月
169	理念自觉与制序建构:中国英语高考新发展研究	吕生禄	西安外国语大学	南开大学出版社	2022年10月
170	两女王:伊丽莎白与玛丽（译著）	王满良	西安外国语大学	陕西人民出版社	2022年10月
171	京津冀城市群制造业时空格局演化与影响因素研究	窦睿音	西安外国语大学	东北大学出版社	2022年10月
172	德国登山协会攀岩全攻略（译著）	张世胜 等	西安外国语大学	北京体育大学出版社	2022年10月
173	先秦儒家伦理思想研究	王春梅	长安大学	陕西人民出版社	2022年10月
174	走向强汉——100件文物中的文景时代	白冬梅	陕西省考古学会	陕西人民美术出版社	2022年10月

续表

序号	题目	作者	单位	出版社	时间
175	周王畿——关中地区出土西周金文整理与研究	王晖	陕西师范大学	三秦出版社	2022年10月
176	宋代《春秋》学与史学关系研究	邓锐	陕西师范大学	陕西人民出版社	2022年10月
177	自然与美:现代性自然美学导论	杜学敏	陕西师范大学	上海交通大学出版社	2022年10月
178	班马异同评	王晓鹃	陕西师范大学	陕西人民出版社	2022年10月
179	订讹杂录校笺	孙建伟	陕西师范大学	齐鲁书社	2022年10月
180	中国教学思想史专题研究	李森	陕西师范大学	福建教育出版社	2022年10月
181	大学教育论要	龙宝新	陕西师范大学	江西教育出版社	2022年10月
182	全面乡村振兴视域下农村职业教育发展战略研究	祁占勇	陕西师范大学	光明日报出版社	2022年10月
183	我国国有企业功能定位与改革思路研究	陶惠敏	西北工业大学	企业管理出版社	2022年10月
184	污染物总量控制、非对称信息与排污权交易机制研究	李冬冬	西北工业大学公共政策与管理学院	经济科学出版社	2022年10月
185	文心见园:唐宋园林散文研究	李小奇	商洛学院	九州出版社	2022年11月
186	从"离农教育"到新型职业农民培育——新时代农村职业教育发展的理论与实践	张力跃	陕西科技大学	西安交通大学出版社	2022年11月
187	长三角区域高等教育一体化发展机制研究	袁晶	陕西科技大学	西安交通大学出版社	2022年11月
188	实用汉日英中医药词典	李永安	陕西中医药大学	人民卫生出版社	2022年11月
189	西部农村失独老人互助养老的模式研究	郭会宁	渭南师范学院	阳光出版社	2022年11月
190	中国苹果进口贸易研究	孙佳佳	西安工业大学	中国农业出版社	2022年11月
191	农村贫困人口可持续生计分析与脱贫后生计提升路径研究——基于陕西省的调查	胡晗	西安交通大学公共政策与管理学院	西安交通大学出版社	2022年11月
192	以用户为中心的智能制造模式研究	孙卫 李博英 刘永飞	西安交通大学	西安交通大学出版社	2022年11月
193	大学生课外体育竞赛失范行为的实证研究	张中江	西安交通大学体育中心	西安交通大学出版社	2022年11月

续表

序号	题目	作者	单位	出版社	时间
194	移植根本	郭继锋	西安美术学院	西安出版社	2022年11月
195	藤岛武二与中国近现代油画	陈磊 冯旭	西安美术学院 西京学院	陕西人民美术出版社	2022年11月
196	陕甘宁边区经济法制研究	张波	西安外国语大学	陕西人民出版社	2022年11月
197	现代俄语人称范畴的多维研究	刘珏	西安外国语大学	陕西人民出版社	2022年11月
198	房地产价格泡沫与泡沫经济的识别与预警	吴婷婷	西安外国语大学	西安交通大学出版社	2022年11月
199	终了之前:萨瓦托回忆录(译著)	侯健	西安外国语大学	四川文艺出版社	2022年11月
200	沙漠中的战斗:何塞·埃米利奥·帕切科短篇小说集(译著)	侯健	西安外国语大学	北京联合出版公司	2022年11月
201	《兴安府志》校注	周海霞	安康学院	三秦出版社	2022年11月
202	颜延之生平与著述考论	杨晓斌	陕西师范大学	人民文学出版社	2022年11月
203	汉魏六朝画论释证(上、下)	韦宾	陕西师范大学	四川人民出版社	2022年11月
204	教育与秩序:文化治理下的乡村学校建设	常亚慧	陕西师范大学	福建教育出版社	2022年11月
205	百部外国纪录片海报中的丝绸之路	韩薇	西安电子科技大学	Synergy Publishing Pte. Ltd.(新加坡协同出版社)	2022年11月
206	里仁教育性善集(第三辑)	曹印双	西安电子科技大学	金琅学术出版社	2022年11月
207	科研网络结构对学术产出的影响研究	潘文慧	西安邮电大学	科学技术文献出版社	2022年11月
208	电子商务供应链参与主体间利益协调机制研究	杜姗	西安邮电大学	科学技术文献出版社	2022年11月
209	我国一流大学二级学院学术委员会功能研究	田芬	西北工业大学	厦门大学出版社	2022年11月
210	全媒体时代著作权制度的应对与变革研究	孙昊亮	西北政法大学	法律出版社	2022年11月
211	刘鸣珂集	张波	宝鸡文理学院	万卷楼图书股份有限公司	2022年12月
212	耀州窑青瓷研究及文创设计	桑振 穆子童	陕西科技学大学	西安交通大学出版社	2022年12月

续表

序号	题目	作者	单位	出版社	时间
213	道德自觉研究	李亚莉	陕西科技大学	武汉大学出版社	2022年12月1日
214	具身认知视野下小学语文课堂教学的行动研究	杨晓	陕西科技大学	西安交通大学出版社	2022年12月
215	陕西人文旅游（英文版）	王淙 杨江霞	西安翻译学院	陕西人民出版社	2022年12月
216	北京智化寺藻井数字化复原	陈强	西安交通大学	西安交通大学出版社	2022年12月
217	垄断行业改革的博弈与激励性规制改革的路径研究	张帆	西安交通大学	西安交通大学出版社	2022年12月
218	工作记忆与二语阅读心理构建表征研究	杨蕾	西安交通大学外国语学院	西安交通大学出版社	2022年12月
219	现代企业财务管理理论研究	刘韬	西安交通大学城市学院	西北大学出版社	2022年12月
220	唐代首饰、金银器活化研究	段丙文	西安美术学院	中国纺织出版社	2022年12月
221	尘埃中的玉器	曾智泉	西安美术学院	陕西人民美术出版社	2022年12月
222	大学教学范式及其当代转换研究	原昉	西安外国语大学	西安交通大学出版社	2022年12月
223	公共财政视域下的区域高等教育发展研究	马鹏媛	西安外国语大学	西安交通大学出版社	2022年12月
224	教师数字素养的测评研究——模型构建与实证探析	邓飞	西安外国语大学	西安交通大学出版社	2022年12月
225	基于公司治理优化的公司外部审计和内部审计协同治理研究	贾茜	西安外国语大学	西安交通大学出版社	2022年12月
226	脆弱的国度：叙利亚500年（译著）	王静	西安外国语大学	浙江人民出版社	2022年12月
227	榆林市绿水青山转化为金山银山的模式、绩效、恢复路径和长效机制	淮建军	西北农林科技大学	西北农林科技大学出版社	2022年12月

续表

序号	题目	作者	单位	出版社	时间
228	跨文化交际与日语教学	韩春娟	长安大学	中央民族大学出版社（哲学社会科学版）	2022年12月
229	工笔花鸟画技法	赵英武	陕西师范大学	陕西人民美术出版社	2022年12月
230	民国时期省级教育行政研究	张　寅	陕西师范大学	浙江大学出版社	2022年12月
231	西藏高校思想政治工作的历史与经验研究（1951—2021）	王东红	陕西师范大学	西藏人民出版社	2022年12月
232	能源革命视角下的中国区域能源发展战略研究	胡　健	西安财经大学	中国经济出版社	2022年12月
233	"一带一路"国家经济社会发展评价报告（2020）	胡　健	中国（西安）丝绸之路研究院	中国经济出版社	2022年12月
234	"互联网+"背景下制造企业供给侧结构性改革路径研究	李　刚	西安邮电大学	科学技术文献出版社	2022年12月
235	饮食大脑：食物如何影响心理健康	陈　蓉	西安邮电大学	中信出版集团	2022年12月
236	当代国学之武学论略	文建生 苏　敏	西北工业大学体育部	西北工业大学出版社	2022年12月
237	信息系统应用（第2版）	薛建武	西北工业大学管理学院	航空工业出版社	2022年12月
238	法律统一适用与自由裁量规范问题研究	王国龙	西北政法大学	法律出版社	2022年12月
239	大学生心理教育的理论与发展模式研究	梁彦红	商洛学院	中国原子能出版社	2022年12月

☞ 论文①·马克思主义理论研究

"大思政课"视域下高校思政课实践育人模式的构建论析

西安建筑科技大学大学　李仙娥　思想理论教育导刊　2022年第1期

　　从价值塑造、文化融通、历史素养、时代担当、场所建构五个维度出发，研究善用大思政课与触动学生心灵有机结合的实践育人模式，形成面向价值塑造的青年榜样育人模式、面向文化融通的文化双创育人模式、面向历史叙事的四史育人模式等。

论马克思主义和中华优秀传统文化的契合性
——以五四时期先进知识分子接受马克思主义为例

西安交通大学　陆卫明、曹　芳　理论学刊　2022年第1期

　　五四时期的先进知识分子从中国古典哲学的历史观接受马克思主义的唯物史观，从中国传统革命思想接引阶级斗争学说，从儒家的大同理想通向科学社会主义，从中国文化传统的中庸之道和实用理性解读马克思主义的科学理性精神，使马克思主义与中华优秀传统文化在近代中国社会形成互动、融合、共进的双向逻辑关系。

社会可持续发展下性别失衡社会风险治理

西安交通大学　李树茁、王晓璇　中国特色社会主义研究　2022年第1期

　　随着人口结构显著变化，中国社会发展呈现复杂多样的特点，性别失衡后果和风险在不同人群中累积与扩散，需要进行针对性研究与治理。未来中国在全球性别失衡治理中需要坚持"本土化—国际化—全球化"相结合的路径，以"中国之治"推进全球性别平等事业发展。

人工智能时代价值和剩余价值源泉再认识

西安交通大学　刘　儒、李超阳　马克思主义理论学科研究　2022年第1期

　　人工智能时代，人工智能机器作为人类物化劳动嵌入其中的劳动资料，仅仅是价值创造的物质条件，自身无法也不可能创造价值。活劳动仍然是价值的唯一源泉，雇佣工人的剩余劳动也仍然是剩余价值的唯一源泉。而且，资本逻辑下的雇佣劳动剥削在人工

---

① 收录2022年度在CSSCI刊物上公开发表的权威级学术论文，或被《中国社会科学文摘》《新华文摘》《人大复印资料》转载的学术论文，做内容简介；各单位提供的其他成果列表显示。

智能机器加持下进一步强化。

延安时期毛泽东关于话语权和三种话语形式的论述探析

延安大学　常改香　思想理论教育导刊　2022 年第 1 期

新时代研究延安时期毛泽东对话语权的科学释义与智慧理解,既能帮助理解与把握好新时代中国共产党的话语实质、话语内容、话语形式等,又能提醒要高度重视话语的作用,努力讲好中国故事。

中国共产党自我革命的动力探析

西安交通大学　陈建兵、郭小铭　科学社会主义　2022 年第 2 期

中国共产党自我革命有其内在动力:先进性政党的属性特质是"内源力",使命型政党的信念追求是"牵引力",人民性政党的价值取向是"推动力",革命性政党的精神基因是"激发力",创新型政党的实践理性是"支撑力"。

百年来中国共产党对我国社会主要矛盾演进的科学判断及经验启示

西安交通大学　陈建兵、师帅朋　思想教育研究　2022 年第 2 期

中国共产党在新民主主义革命时期、社会主义革命和建设时期、改革开放和社会主义现代化建设新时期、中国特色社会主义新时代等不同历史阶段对社会主要矛盾的接续探索,背后呈现出直面社会发展基础命题、探索社会主义建设多维路径、厘清社会主义建设新方向、回应社会高质量发展诉求的演进逻辑。

马克思主义基本原理同中华优秀传统文化相结合的历程、经验和未来展望

西安交通大学马克思主义学院　燕连福、林中伟　教学与研究　2022 年第 2 期

百年来,中国共产党不断把马克思主义基本原理同中华优秀传统文化中的实事求是精神、独立自主精神、与时偕行精神、知行合一精神相结合,纠正教条主义、经验主义、唯书唯上、形式主义等错误,为中国共产党创造一个又一个伟大成就提供重要的支撑,积累宝贵经验。

习近平关于顶层设计重要论述在福建的孕育和实践

西北工业大学　宁殿霞　科学社会主义　2022年第2期

习近平为福建所作的一系列卓越的顶层设计饱含深刻哲理,闪烁着马克思主义的思想光辉,不仅指导福建改革开放和现代化建设,使福建人民过上美好生活,也为福建的可持续发展奠定坚实的基础,同时为习近平治国理政思想凝聚智慧,积累经验。

新时代提升延安精神传播效度的路径思考

陕西科技大学　加春阳、薛念文　人民论坛　2022年第3期

应结合新时代的特点,从经济基础、传播机制、媒体整合、技术融合、人才建设等路径,构筑"五位一体"的传播体系,综合提升延安精神的传播效度,使其能够更好地融入时代、融入生活,成为干事创业的精神动力。

新时代弘扬中华体育精神的三个向度

西安交通大学　燕连福、程　诚、何佳琪　思想教育研究　2022年第3期

新时代弘扬中华体育精神,首先要挖掘为国争光、无私奉献的爱国主义精神,遵纪守法、团结协作的集体主义精神和科学求实、顽强拼搏的实干奋斗精神。其次,要深入把握其在丰富中国精神、促进体育发展、推动民族复兴、凝聚国际共识等方面的时代价值。最后,要深入探索中华体育精神的弘扬路径,为强健国民精神体魄、实现中华民族伟大复兴、构筑人类命运共同体提供强大精神力量。

立足"四史"强化思政课教学的感性支撑力

西安交通大学　王　哲　思想理论教育导刊　2022年第3期

应确立"以史撑理"的基本教学思路,展现"四史"与"理论"之间的内在关系,以突出素材的"对应性"、叙事"在场感"、案例的"学理性"和内容的"感染力"为基本着力点,充分发挥"四史"对马克思主义理论的感性支撑力。

习近平党员干部修养观探察

西安交通大学　卢黎歌、胡春林　思想教育研究　2022年第3期

党员干部的思想素质和道德品质,既是党的建设题中应有之义,也是确保党同人民想在一起、干在一起的前提保障。党员干部要不断加强自我革命,注重对主观世界的持续改造,坚定政治方向,树立正确的权力观、政绩观、自我观、德法观、纪律观和家庭观,以

学为基本途径、慎为必备方法、行为检验标准,不断锤炼党性,提高知行合一能力,在实际工作中成长为德才兼备、有担当的好干部。

高校思想政治理论课以理服人面临的难题与提升路径

西安交通大学　苏玉波、张胜军　思想教育研究　2022年第3期

要增强高校思想政治理论课的思想性、理论性和亲和力、针对性,做到以理服人是关键。高校思想政治理论课以理服人的"理"包含政治之理、学术之理和事实之理三个层面。政治之理是治国理政之理,学术之理是客观规律之理,事实之理是实践之理。

论马克思主义基本原理同中华优秀传统文化的结合

西安交通大学　燕连福、林中伟　马克思主义理论学科研究　2022年第3期

在不同的历史时期,中国共产党带领中国人民将马克思主义基本原理同中华优秀传统文化中的"实事求是""独立自主""与时偕行""知行合一"的精神相结合,纠正教条主义、经验主义、唯书唯上、形式主义等错误理解马克思主义的做法,不仅推动中国特色社会主义现代化进程,而且实现马克思主义中国化的三次历史性飞跃。

毛泽东如何读马列主义经典著作

西安交通大学　陆卫明、任　欣　党的文献　2022年第4期

提高马克思主义理论素养,离不开对马列主义经典著作的深入阅读、学习和研究。毛泽东在领导中国共产党进行革命和建设的过程中,反复研读马列主义经典著作,形成许多比较有效的阅读方法。

马克思现实观完整规定性及其意义解析

陕西师范大学　肖士英　南开学报　2022年第4期

马克思现实观以历史递进性存续要求对历史样态强制规约为取向;把现实理解为满足历史递进性存续要求的历史样态;把现实的实现机理理解为客观强制与自觉强制的实践性统一;把历史是否满足历史递进性存续的要求,判定为区分正现实、负现实的尺度。现实观的意义是:优化实践观、彰显消解现代性困境的出路、孕育科学的社会危机理论等。

县域公共服务均等化推动乡村振兴的目标旨归、面临问题和实践路径

西安交通大学　燕连福、毛丽霞　兰州大学学报(社会科学版)　2022年第5期

就县域公共服务均等化推动乡村振兴的目标旨归而言,需要实现县域公共服务供需平衡,为乡村振兴奠好"基";推动县域公共服务一体化建设,为乡村振兴注好"力";优化县域公共服务监督考核机制,为乡村振兴统好"度";鼓励县域公共服务社会力量涌入,为乡村振兴加好"速"。

深化对推进新时代党的自我革命的认识

西安交通大学　王维国　红旗文稿　2022年第5期

党中央把全面从严治党纳入"四个全面"战略布局,以前所未有的勇气和定力推进党风廉政建设和反腐败斗争,刹住一些多年未刹住的歪风邪气,解决许多长期没有解决的顽瘴痼疾,清除党、国家、军队内部存在的严重隐患。

习近平关于精神生活共同富裕重要论述的生成逻辑、核心要义和实践路径

西安交通大学　燕连福　思想战线　2022年第5期

习近平总书记关于精神生活共同富裕的论述,是习近平新时代中国特色社会主义思想的重要组成部分。这一重要论述有着深厚的理论基石、历史依据、文化基因和现实基础,深刻阐明精神生活的共同富裕是全体人民的、全面的、共建共享共创的、渐进式的精神生活共同富裕。

全过程人民民主对西方民主的系统性超越

长安大学　陈怀平　马克思主义研究　2022年第5期

全过程人民民主在实践主体上坚持人民整体性、广泛性与现实性相统一,以真实的人民"在场"超越西方民主的人民"虚化";在制度程序上构建"三位一体"的民主治理体系和"根本制度-基本制度-重要制度"的民主制度体系;在民主效度上坚持党全面领导下的民主集中制,以"真实""管用""有序""高效"的实践效能超越西方民主的掣肘低效。

"自我革命"概念的理论生成及其在新时代党的建设布局中地位的演进

陕西师范大学　任晓伟、杨非非　思想理论教育导刊　2022年第5期

基于新时代党的建设总体布局,党建构新时代党的自我革命伟大实践的推进体系,确立自我革命在新时代党的建设布局中的核心地位,开辟以自我革命推动社会革命这一认识世界和改造世界相统一的理论创造新道路和人类文明创造新道路。

中国共产党党内学习制度建设的探索历程、演进特点及经验启示

陕西师范大学　朱雪平　人文杂志　2022年第5期

科学完善的党内学习制度是增强党的理论创新活力的内在要求,也是新时代推动全面从严治党向纵深发展的重要内容。中国共产党的党内学习制度建设经历从开创奠基、坚持调适、创新发展再到成熟完善的发展脉络。

试论意识形态话语权提升的四个着力点

西安交通大学　杜晓燕　人民论坛　2022年第6期

意识形态是政党的精神旗帜,意识形态话语权是其外在呈现形式,发挥着价值引领、政治保障、社会整合和形象塑造等重要作用。新形势下意识形态话语权建设要从话语领导权、话语主体队伍、话语内容体系和话语传播载体四个着力点来协同提升,惟此才能更好地为第二个百年征程提供不断奋进的精神动力。

论阿尔都塞对"葛兰西主义"和"欧洲共产主义"的批判

陕西师范大学　田延　马克思主义与现实　2022年第6期

1970年代,欧洲国家共产党借助葛兰西思想提出反对苏联模式的"欧洲共产主义"战略。阿尔都塞的批判恰恰是通过坚持阶级斗争的优先性维护马克思主义的真理性。要真正理解这场批判,必须把它放在具体语境中进行分析。

在乡村振兴中培育践行社会主义核心价值观

西安交通大学　李彬、张振　人民论坛　2022年第6期

推动社会主义核心价值观在广大农村地区落地生根,不仅对农民群体思想道德水平的提高和农村地区的和谐稳定具有重要意义,更事关乡村振兴战略全局。

论中华文化和中国精神的时代精华

陕西师范大学　任晓伟、王　娟　思想理论教育　2022 年第 6 期

　　从中华文化和中国精神的角度来界定习近平新时代中国特色社会主义思想，不仅是中国共产党百年历史逻辑运动的结果，更是新时代中国实践发展客观要求的结果。这一重大论断从党的指导思想的高度彰显中华文明和中华文化的处世之道、价值导向、精神气质、生存理念。

海外中国学对习近平外交思想的认知评析

西安交通大学　赵　斌、谢淑敏　教学与研究　2022 年第 7 期

　　党的十九大以来，以习近平同志为核心的党中央对中国外交理念和实践进行创新探索，形成习近平外交思想，引起海外中国学的广泛关注。从议题导向、价值诉求、基本内涵、逻辑机理等方面来看，海外中国学围绕新型国际关系、人类命运共同体和新型全球治理观这三个维度来展开讨论。

高校"一站式"学生社区的空间建构逻辑与路向

西安交通大学院　周　远、张　振　思想理论教育　2022 年第 7 期

　　高校"一站式"学生社区本质上是基于空间建构基础之上高校治理结构的重塑，通过队伍、资源、技术、制度的空间集聚，推动校院领导力量、管理力量、服务力量、思想政治教育力量有序下沉学生社区，打造集学生思想政治教育、师生交流、文化活动、生活服务于一体的育人场域。

人工智能时代思想政治教育话语权探析

西安交通大学　何志敏、刘　畅　思想教育研究　2022 年第 8 期

　　提升思想政治教育话语权要统筹兼顾、趋利避害，依托人工智能优化话语内容体系、创新话语表达方式、拓展话语传播平台、重塑话语外部环境，牢牢把握思想政治教育话语权，坚决捍卫马克思主义在意识形态领域的指导地位。

价值理性共识与公共性优存的新文明叙事
——人类命运共同体思想的原创性贡献及其世界性意义

陕西师范大学　袁祖社　学术研究　2022年第8期

人类命运共同体思想的提出,秉持"以文明看待生存""以文明看待共同体"之前瞻性理念,理智地对待和全面地反思启蒙现代性理论和实践对于共同体的价值理性根基背离的现实,提出"生存共依""实践协同""价值共契"以及"文明成果共享"的新的价值生存信念与规范,实现人类文明境界的实质性提升。

以高质量发展促进共同富裕的内在逻辑与现实路径

陕西师范大学　郭瑞萍　思想理论教育导刊　2022年第9期

以高质量发展促进共同富裕的思想是习近平经济思想的重要组成部分,明确新发展阶段的共同富裕是分阶段实现的全体人民的全面富裕;新发展阶段的发展是以全面建成现代化强国为发展目标,通过贯彻新发展理念、构建新发展格局而实现的高质量发展;高质量发展与共同富裕具有内在统一性,只有在社会主义市场经济的高质量循环中才能不断实现全体人民共同富裕。

历史虚无主义的碎片化症候批判

西安交通大学　李进荣　马克思主义研究　2022年第10期

历史虚无主义的碎片化症候是寄生在健康、正确历史观机体上的思想毒瘤,需要站在唯物史观的理论高度予以揭露和批驳。其碎片化症候在历史事实、历史规律、历史叙事和历史行动四个方面,曲解历史事实的确定性、消解历史规律的必然性、瓦解历史叙事的整体性和消解历史行动的自觉性,分别使人们产生认知困惑、信念动摇、言说轻薄、实践退缩。

习近平新时代中国特色社会主义思想融入"马克思主义基本原理"课的价值、要点与方法

西安交通大学　卢黎歌、胡春林　思想理论教育导刊　2022年第11期

将习近平新时代中国特色社会主义思想融入"马克思主义基本原理"课,具有重大理论价值和实践意义。在具体教学中,要坚持科学精准"动态融入"、全面协同"整体融入"和观照现实"释疑解惑",最终讲清楚新时代的重大理论与现实问题。

全球气候政治的现状与未来

西安交通大学　赵　斌　人民论坛　2022 年第 14 期

新时代中国气候外交,重在践行共商共建共享的全球治理观、构建人类命运共同体、统筹国内生态文明建设与国际气候合作,并与国际社会一道,为应对全球气候变化提供中国方案、贡献中国智慧。

☞ 论文·哲学研究

刘沅对朱子《大学章句》的辩驳及其思想史意义

陕西师范大学　李敬峰　四川大学学报(哲学社会科学版)　2022 年第 1 期

刘沅的辩驳显豁融通儒道、暗合阳明以及重视肉身的理论特质,一方面弱化朱子的权威,减杀朱子学在清代中晚期复振的力度;另一方面推动《大学》义理向通俗化、可接受性和可实践性的转化,透显出觉民行道的现实诉求。

从《黑格尔的经验概念》看海德格尔的黑格尔阐释

陕西师范大学　庄振华　哲学动态　2022 年第 1 期

对《精神现象学》文本的考释而言,这种阐释虽然比一般的学院研究更为深刻,但终究抹杀黑格尔精神学说打破理性陷入的分裂困境的原意,将一种过强的主体性含义强加给它。对形而上学史的梳理而言,这种阐释虽然有助于看到黑格尔"终结"形而上学的某个面向这一事实,却同时有反向投射、"以今度古"的危险。

交往理论开端上的"命运"冲突
——重审哈贝马斯早年对黑格尔耶拿精神哲学的解读

西北大学　王　珩　社会学评论　2022 年第 1 期

格尔这种独特的思想特别体现在他关于"命运"的学说当中。哈贝马斯重视其中关系主体的理论出发点,从中看到有别于以利益主体为原则的社会理论方案的全新可能性,这构成他交往行动学说的重要思想来源。

意外考试悖论的普莱尔刻画

西安交通大学　雒自新　世界哲学　2022 年第 2 期

20 世纪著名哲学家、逻辑学家 A. N. 普莱尔(A. N. Prior)在其遗作中对意外考试悖论给出一种新的形式刻画。这种刻画同卡普兰与蒙塔古的经典刻画之间的差异在于,后者依赖于一个复杂的自指句,而前者依赖于若干个非自指简单句的合取,并明显诉诸时间因素。

哈贝马斯合法之法理论的乌托邦属性

西安交通大学　邱　雨　世界哲学　2022 年第 3 期

哈贝马斯认为,在现代社会中,法律的合法性只能依靠公民"自决"的方式来获得,即通过公众在建制性公共领域和非建制性公共领域中的话语交往生产出法律的事实有效性和规范有效性,使得合法之法得以生成。

愤怒是一种不自制(Akrasia)现象吗？——重思塞涅卡的愤怒学说

陕西师范大学　于江霞　哲学研究　2022 年第 3 期

与正统斯多亚派的理智主义路线相一致的是,塞涅卡认为,在发怒过程中所感受到的撕裂、失控之感只是不同思想、信念或判断之间共时或历时的冲突,而非理性与激情之间的实质对立。这些内在冲突并不构成对心灵之统一性的威胁,但却同样表征心灵或理性的软弱,从而具有不自制的特点。

阿伦特的良心观——良心与自身关系

西北政法大学　刘剑涛　现代哲学　2022 年第 3 期

阿伦特以纳粹军官艾希曼为典型,分析极权主义体制中的良心危机及个体原因。在此基础上,她重新审视良心概念,认为在道德中思考比良心更为根本。

从《大学古本说》看李光地与朱子学的关系

陕西师范大学　李敬峰　现代哲学　2022 年第 3 期

李光地对朱子学的态度绝非已有的研究所表明的那样羽翼不二,更非是游移不定,而是秉持"发明道理,不为人也"的释经原则,对朱子学当批则批、当补则补,显豁出其尊朱而不述朱的学术态度。

羽翼与转化:朱子学在关中地区的接受和传播

陕西师范大学　李敬峰　社会科学战线　2022年第4期

关学与朱子学的交融与互动,一方面不断生成和更新着关学,推动关学的闽学化、全国化;另一方面亦促使朱子学实现自我的重构和完善,将朱子学在可能的衍化方向上显豁出来,拓展和深化朱子学的学术面向。

李二曲的《四书反身录》与明清之际阳明心学的自我更新和转向

陕西师范大学　李敬峰　哲学动态　2022年第5期

一方面,李二曲通过回向经典,求证于经书,推动阳明心学朝"经典主义"转进;另一方面,他借朱子学救济阳明心学,援引"主敬穷理",抉发"明体适用",促使阳明心学从偏于内在的心性体悟、专于个体的道德完善扭转到经世致用、切实敦行的方向上来,开辟出修正、更新阳明心学的新路径。

作为现代理念论的黑格尔概念逻辑

陕西师范大学　庄振华　南京大学学报(哲学·人文科学·社会科学)　2022年第5期

概念逻辑并非主观的高级思维方式或玄远的奥秘之境,而是在现实事物中克制人类理性并向更高秩序开放的一条可理解之路。但当前时代的焦点问题并不在于何种版本的肯定哲学是唯一正确的,而在于人类是否依从更高秩序教化与提升自身,在这方面概念逻辑尚有丰富的资源可供发掘。

王吉相《四书心解》的学术旨趣、诠释特质及其思想意义

陕西师范大学　李敬峰　中国哲学史　2022年第5期

论文重点研究王吉相的《四书心解》的创造性诠释,积极介入和回应清初的全国性学术乃至政治议题"朱、王之争",呈现出宗本阳明、驳斥程朱的学术取向,显豁出"重义理轻训诂""以四书证四书""推阐心解之法"和"排斥异端之学"的诠释特质。他的诠释在清初涵具典范而丰富的学术史意义。

道家自然主义的技术观

西安石油大学　孙旭鹏　自然辩证法研究　2022年第5期

道家自然主义包含物质与文化两个层面,其技术观也呈现出物质与文化两种特性。技术作为顺应自然的产物,又可能产生背离自然的文化风险。道家技术观揭示出文化与

技术之间的深层互动关系,有助于促进科技健康发展,推动社会进步。

"太虚无形"与"太虚即气"的语言分析

西北大学　路传颂　哲学研究　2022 年第 5 期

通过句法分析澄清"太虚无形"不是主谓结构,而是并列结构;"太虚"是没有形状之意;"本体"即"本来而恒常"之意。通过语境分析指出,"即"是"是"之义,"太虚"指的是空间、天;"太虚即气"字面含义似乎是要说明太虚与气的关系,但真实的哲学含义是太虚非无、世界为有。

海德格尔对康德自由与因果性奠基关系的颠倒及其意义

陕西师范大学　赵卫国　现代哲学　2022 年第 6 期

论文重点研究海德格尔揭示出康德将自由问题奠基于因果性问题上的传统及时代局限性。海德格尔认为,因果性作为现成存在者之存在规定,反而是要基于人的自由。这种颠倒将"人为自然立法"放在人的根本的时间性和有限性视野中考察,随着立法的客观性转变为历史性,事物的可能性因人的自由而得以被最大限度地彰显。

习近平新时代宗教治理的重大创新及实践路径

西北政法大学　彭瑞花　世界宗教研究　2022 年第 8 期

应认真贯彻习近平总书记关于宗教治理的重要论述,结合宗教工作实际需要,从提高政治站位、全面构建宗教治理"四重格局"、完善宗教治理法律体系、以基层宗教治理为切入点、充分运用大数据手段等方面予以完善,不断提高宗教治理水平和治理能力。

中西会通下晚明江南地区的技术科学与儒匠群体的科学精神

西安电子科技大学　吴　玢　自然辩证法研究　2022 年第 9 期

儒匠群体的出现,带动科学知识的广泛传播,表现出技术科学化的倾向,这些倾向主要体现在标准化和数理化两个方面,最终形成高效务实、兼容并包、开拓创新和崇尚卓越的科学精神。

论唯物史观对启蒙历史哲学的双重超越——以"绝对"与"相对"为坐标

西安交通大学　吴　鹏　北京社会科学　2022 年第 9 期

马克思恩格斯拒斥启蒙历史哲学对人的抽象理解,主张从现实的人及其实践活动出发来研究历史。对于历史而言,现实的人的实践活动具有绝对意义上的基础性地位,但这种基础性只能在具体的相对的历史进程中得以彰显。

人工智能体道德设计的美德伦理路径:基于道德强化学习

西安交通大学　王　亮　自然辩证法研究　2022 年第 10 期

美德伦理与强化学习具有理论相洽性,二者的结合使人工智能体道德强化学习成为可能,并且这也是立足于现实复杂道德情境之最佳的人工智能体道德设计方案。

全过程人民民主的生成逻辑、显著优势及创新意义

西北工业大学　刘远亮　科学社会主义　2022 年第 10 期

提出全过程人民民主理念,使民主建设从"人民民主"到"全过程人民民主"进一步深化,这是中国共产党领导社会主义民主政治建设自觉探索的经验总结,是将马克思主义民主理论与中国实践相结合的最新成果,也是回应社会主义现代化国家建设中日益增长的民主诉求的必然逻辑。

治理现代化视域下高校资助育人高质量发展路径探索

长安大学　张　永　思想理论教育导刊　2022 年第 11 期

在准确把握高校学生资助治理现代化科学内涵的基础上,明确协同化、精准化、人本化、制度化、效益化等治理特征,通过健全多元共治的学生资助治理体系,坚持以信息化赋能学生资助,优化高校学生资助制度设计,构建学生资助评估督导机制,促进高校资助育人高质量发展。

全人类共同价值的哲学基础

西安交通大学　李威威　哲学动态　2022 年第 12 期

全人类共同价值的哲学基础包括三个部分:第一,基于"现实人性"与"类存在"的价值主体论;第二,基于价值认识论和存在论辩证统一的价值本体论;第三,基于马克思主义交往实践观的价值生成论。这三个部分互相渗透、彼此贯通,构成全人类共同价值的哲学基石。

☞ 论文·文学研究

诗中有神：试论杜诗"大水"意象的神话色彩和原型意味

西北大学　邱　晓　人文杂志　2022 年第 1 期

杜甫诗中极富个性的"大水"意象是来自中国上古的神话意象，包含着丰富的文化含义和生命体验：一是诗人经历混乱和动荡的社会局势，二是诗人对疾病、衰老和死亡的个人化生命体验，三是洪水神话和黄泉大水隐喻的民族化的心灵结构。

杜甫晚年的家国情怀与诗歌艺术创新
——以寓居夔州之初的诗歌创作为中心

西北大学　李芳民　复旦学报（社会科学版）　2022 年第 2 期

自代宗大历元年（766）晚春至大历三年（768）正月寓居夔州的一年零九个多月，是杜甫晚年诗歌创作的一个高峰期。由于严重的消渴、肺病等疾病影响，杜甫此时的健康状况堪忧，致每有大命将至之虞，由此也使追忆往事与思念故国成为他初居夔州时诗歌创作的重要主题。

"道德视景"与"感时忧国"：夏志清《中国现代小说史》再审视

西安外国语大学　乔　琦、邓　艮　四川大学学报（哲学社会科学版）　2022 年第 2 期

从道德的形式到形式的道德，夏志清始终关注中国现代小说史对"道德视景"的呈现，认同、珍视中国现代小说"感时忧国"的大传统，以小说史的写作来完成对自身生命"不完整"的补偿。

"第三项"与"作者之死"的理论去向

西安交通大学　霍士富　江海学刊　2022 年第 2 期

罗兰·巴特提出的"作者之死"，宣告文学研究从此告别"作品论"的古典批评，进入"文本分析"的新时代。日本学者田中实的"第三项"论，在承接此理论的基础上，通过明确设定"文章的客体自体"即"第三项"，弥补"作者之死"的理论漏洞，建构多元世界并置的"后·后现代"理论，超越"后现代"视野下的文学批评范式。

《西游记》蓝诗玲英译本中译述策略的运用
——兼论译述对典籍外译的意义

西安交通大学　朱嘉春　外国语　2022 年第 3 期

  作为《西游记》节译本之代表,《猴王:西游记》(*Monkey King：Journey to the West*)用有限的篇幅,向读者讲述原作故事的精髓。通过文本的细读与分析发现,该译本的译者蓝诗玲(Julia Lovell)运用译述的翻译策略,通过融合韵文与散文、再造幽默元素、泛化东西方文化差异等途径,直接介入对原作的重构,其为产出面向英语世界读者且广受赞誉的译本。

中国新诗学观念的历史转型及其辩证关系
——郑振铎"血和泪"与"爱和美"的双重书写

陕西师范大学　郑元会、张　帆　陕西师范大学学报(哲学社会科学版)　2022 年第 3 期

  本文研究郑振铎译介泰戈尔诗歌在中国"五四"新诗学观念形成中的作用,论述郑振铎"血和泪"的文学主张与泰戈尔"爱和美"的诗歌主题在新文学形成过程中的发展性关联,并以此折射 20 世纪初"五四"新诗学观念中革命性与理想性、人民性和世界主义之间的辩证关系。

裴注八十卷集解本《史记》篇目考——基于古写本文献的研究

陕西师范大学　张宗品　文献　2022 年第 3 期

  本文依据日藏写本文献,首次复原六朝隋唐时期八十卷本《史记》的篇卷分合情况,并结相关文献论证其真实性,系统分析现存《史记》古写本存佚因由及纸简替兴和写刻演变之际,物质载体对文献面貌所产生的重要影响。

伯纳德·贾格尔建筑现象学语境中的家

西安建筑科技大学　程秋君、陆毅鸣　人文杂志　2022 年第 3 期

  贾格尔建筑现象学中的家,从家的根身性、中心性和内在与外在的辩证法等三个方面,继承并拓展现象学运动开辟的人通过思考如何在大地上建造人类之家来明察人之本性的理路。贾格尔关于家的思考,为现代人既要提升生活水平,又不能在现代科学技术的快速轨道上失却精神根基的诉求,提供一种可持续的和积极稳妥的方略。

"人民"与社会主义文艺阐释共同体的建构

西北大学　谷鹏飞　文学评论　2022年第3期

"人民"作为阐释共同体,既是社会主义文艺的意义创造者与守护者,也是社会主义民族国家的体认者与信守者。正是经由"人民"这一特殊"阐释共同体"的持续意义建构,社会主义文艺的意义才得以最终生成。社会主义文艺遵循"由谁创造,由谁阐释"的基本阐释学原理,决定"人民"的本体内涵因时而变的不同意义生产逻辑。

论抗战时期中国文学的"非虚构"书写

陕西师范大学　赵学勇、魏欣怡　厦门大学学报(哲学社会科学版)　2022年第3期

作为引领抗战时期文学潮流的"非虚构"书写,在展现中国革命与抗战思想文化的价值体系、精神指向及时代情绪诸方面均产生重要影响。从文学内部而言,战时"非虚构"书写以多样的文体类别、情感方式及表达技巧,拓宽文学真实反映社会生活和革命的表现领域,进一步发挥其国家/民族叙事的功能。

国家形象与市民文化的互渗融合——宋代元宵诗词的集体欢乐书写

西北大学　成明明　南京大学学报(哲学·人文科学·社会科学)　2022年第3期

在宋代元宵诗词中,以集体欢乐为主题的诗词占比较高,体现出国家形象、儒家理想与市民文化的鲜明因素及其协调融合。在关注国家、政府权力彰显时,审视百姓市民共享欢乐的真实践行;在聚焦百姓权益的实现中提升对国家、政府形象的社会认同;在表达自我愿念时,又不忘张扬国泰民安、人性人欲实现的同情心、同理心。

晚明诗学中的主体质素论述及其演生过程——从李贽的"二十分识"到公安派的尚趣重学

西北大学　杨遇青　四川大学学报(哲学社会科学版)　2022年第4期

李贽的"才胆识"三要素说重视写作主体的独立识见与批判能力,而袁中道以李贽三要素说为基础,把袁宏道万历二十五年(1597)的唯趣说和万历二十七年(1599)以后重学问的倾向加以整合,归纳出性灵主体的"识才学胆趣"五要素,形成以"尚趣"和"重学"为特色的新论述。

敦煌叙事文献《大目乾连冥间救母变文》英译的描写研究

西安交通大学　桑仲刚　湖南大学学报(社会科学版)　2022年第4期

《大目乾连冥间救母变文并图一卷并序》是敦煌出土的载述该故事的唐五代时期文献。其通过双语语料的描写与对比,收集可观察的文本数据,可探究汉学家英译重构敦煌"救母"叙事过程中的决策机制和特点,以便为多语文化语境中"中国故事"的翻译与传播提供理论参照。

湘西地方路径与历史之魅:土家族作家田瑛小说的一种读法

西安外国语大学　邓　艮　中国文学研究　2022年第4期

田瑛小说的意义在于以地方性反地方性,以地方色彩消解神秘性,从而获具一种"世界"文学的格局。男人的残缺不仅意味着对男性权力历史的改写,也隐喻对单一线性的历史完整性的质疑与瓦解,田瑛祛除历史之魅的方式之一便是语言的还原。

"新格义"阐释:西方文学语言学阐释的本土化问题

西北大学　谷鹏飞　社会科学战线　2022年第4期

作者提出以文学语言学阐释的原理形态为出发点,运用华裔学者傅伟勋提出的"创造的诠释学"与佛教中国化过程中形成的"格义"阐释法,通过对中西文学语言学阐释各自所包含的"实谓""意谓""蕴谓""当谓""必谓"五层次文本意涵进行"共现""分梳""比堪""融通"四步骤的"格义"阐释,由此形成一种"新格义"阐释法。

试论勒克莱齐奥的《物质的迷狂》和《非洲人》的生态意识

西北工业大学　史忠义　外国文学　2022年第5期

本文从若干维度,有时甚至从比较生态批评的维度,分析勒克莱齐奥早期的作品《物质的迷狂》和中年时期的作品《非洲人》,深化对勒克莱齐奥生态意识的理解。

自别于程朱:李塨对《大学》的诠释及其学术史意义

陕西师范大学　李敬峰　复旦学报(社会科学版)　2022年第5期

本文研究对处于清初经学复兴背景下的李塨,借助于对《大学》的新诠,旨在矫正从已发维度理解"意"所导致的任心而行的思想流弊,呈现出"汉宋兼采""自别于程朱""倡导实学"的学术特质,并涵具丰富的学术史意义:一是迎合和助推清初的"回归原典"的学术思潮;二是弥合乃师颜元《大学》诠释废弃训诂的不足;三是从实学的角度丰富和拓展

《大学》的诠释维度和意义世界。

消费主义的隐秘内核——论大众文化场域中的"中年"书写

西北大学　高　翔　文艺研究　2022年第6期

当代大众文化生成想象、书写"中年"的多种方式。一度风行的怀旧青春电影以一种时间回溯机制,建构中年男性的自我情感认同,彰显时间视野中青春的镜像功能。景观化的流行审美与文本表明,只有青春化的中年形象,才能在消费主义符号体系这一"大他者"视野中得到主体性呈现与表达。

论万玛才旦小说的世界观念和艺术特征

陕西师范大学　马佳娜　民族文学研究　2022年第6期

万玛才旦的小说世界虽不乏对藏族普通民众日常生活的艺术表现,但其间人物常在传统与现代、神圣与世俗、虚幻与真实的复杂交织中展开他们的生命故事。所谓的现代观念影响力虽无远弗届,但无法从根本上规训他们的精神及其所呈示之复杂景象。这些景象神秘莫测,却并不能被简单地解作"镜中的虚像",而是呈现出人物精神现象的丰富性和复杂性,及其之于普通人精神的巨大的影响力。

《李自成》内含的多重叙事话语

延安大学　惠雁冰　文学评论　2022年第6期

《李自成》内含多重叙事话语,具体体现在传统叙事话语的复现、红色文艺叙事话语的皴染,以及20世纪80年代以来人文叙事话语的渗入三个方面。三种叙事话语以鉴仿或因袭、移用或比附、接续或呼应的方式与小说建立互动关系。

通往史诗性创作的道路上——基于中国现代文学馆珍藏的路遥致秦兆阳两封书信的解读

延安大学　梁向阳　中国现代文学研究丛刊　2022年第7期

作家书信作为一种重要的可信史料,保存特定时期文学生成的生动侧面与鲜活记忆。中国现代文学馆珍藏的路遥1980年代初致《当代》主编秦兆阳的两封书信,未曾公开见诸任何报刊,应当视为路遥的佚信。本文由此为基点,深入探讨秦兆阳如何"手把手地教导和帮助"路遥"走入文学的队列"的来龙去脉。

汉赋经典化的史学路径——以长安方志用赋为中心

陕西省社会科学院　曹祎黎　文艺研究　2022年第10期

当代大众文化生成想象、书写"中年"的多种方式。一度风行的怀旧青春电影以一种时间回溯机制，建构中年男性的自我情感认同，彰显时间视野中青春的镜像功能。景观化的流行审美与文本表明，只有青春化的中年形象，才能在消费主义符号体系这一"大他者"视野中得到主体性呈现与表达。

"七月"与"九叶"在1981——以《白色花》《九叶集》出版为中心的考察

西北大学　周燕芬、赵艺阳　中国现代文学研究丛刊　2022年第12期

考察《白色花》与《九叶集》两部诗集的出版过程，因历史巨变前后出版人、编选者和诗人的心理状态复杂不一，两个流派对"自我"在过去、当下、未来三个向度的"位置"与"形象"的判定、规划不尽相同，呈现出"花"与"叶"的历史辩证关系。

柯仲平的1938——纪念大众诗人柯仲平诞辰120周年

陕西师范大学　李　震　中国现代文学研究丛刊　2022年第12期

柯仲平的文学实践在很大程度上开启中国文艺家自觉走向人民大众，自觉与民间艺术相融合的实践，并对延安文艺传统，特别是以《新民主主义论》和《在延安文艺座谈会上的讲话》为标志的毛泽东文艺思想的形成产生直接启示，从而在很大程度上扭转中国文艺的方向，决定当代文学发展的道路。

☞ 论文·艺术学、体育学研究

文化记忆视角下工业遗产价值重塑——以申新纱厂为例

西安理工大学　乔　治　装饰　2022年第4期

本案以国家工业遗产申新纱厂文化记忆空间改造设计为例，从记忆提取、记忆传承、记忆再塑视角探索主体遗产的工业精神、场所氛围、文化产业生产价值，以遗产地独有文化记忆价值引导参与者的精神共鸣及空间营造，指向工业文化遗产传承促认同、匹配国家正当性的目标。

唐帝陵雕塑文化遗产的数字化传播研究

西安理工大学　张　辉、张妤静　装饰　2022 年第 4 期

　　本文探索新媒体场域下唐陵雕塑存续的发展方向,并通过科学技术赋权下的数字化展示与传播平台建设,构建新媒介视域下唐陵雕塑文化传播的新范式,焕发中国传统文化艺术"新生命",为研究开发、永久保存和弘扬文化遗产找到一条优良的途径。

"鲁艺传统"与"华北路径":华北解放区美术教育的教创源流与并蓄延展(1945—1949)

西安美术学院　李惠子　美术　2022 年第 5 期

　　作者认为,从 1945 年至 1949 年由延安鲁艺迁离至华北解放区的一批文艺干部先后成为华北联合大学、北方大学及华北大学三部艺术学院的中坚力量。华北解放区美术教育也在"鲁艺传统"和"华北路径"这两条源流中并蓄延展,因地制宜地进一步围绕"创作实习"这一核心课程体系予以打造,做到学用结合,为现实需要发挥效用。

从"民间文艺"到"人民文艺"——武强新年画的形成及解析

西安美术学院　张西昌　美术　2022 年第 6 期

　　本文以河北武强年画为个案,重点研究其在抗日战争、解放战争及社会主义建设时期新创作生成、建构和传播等问题,借此探讨艺术变迁及文化功能与社会环境之间的紧密关系,进而从理论的角度揭示"移风易俗"对于革命文艺和社会主义文艺建设的重要价值和现实意义。

在当代性与学院油画之间

西安美术学院　杨　洋　美术　2022 年第 6 期

　　本文通过对自身四个创作阶段探索研究的简要总结,立足现实主义视角,以自身于学院风格油画语言的创作研究作为线索,梳理并呈现个人实践研究线性的发展与创作思路的迁移。

侦探小说的图像副文本研究——《无人生还》的封面视觉呈现

西安外国语大学　李　利、陈卫国　装饰　2022 年第 8 期

　　《无人生还》的封面副文本聚落在罪与罚的叙事母题、死亡的物象隐喻和童谣叙事线

索三点之上,与文本互义,同构侦探小说的叙事空间,阐释"善恶有报、天理昭昭"的法律和道德伦理,营造哥特式幽暗的死亡隐喻,展现东方式的心理恐怖美学,为文学边缘的侦探小说注入文学经典的思想价值。

新文科视域下的艺术学理论学科建设——以西安美术学院为例

西安美术学院　苟爱萍　美术　2022 年第 10 期

本文研究在新文科视域下,从美术院校艺术学理论学科发展问题出发,以西安美术学院学科建设为例,提出从理念、制度及教研三个层面建构符合自身发展规律、体现地缘特色的高等美术院校艺术学理论学科,在跨界、开放、融合中有序推进美术院校艺术学理论的学科建设,培养优秀文艺理论人才。

媒介与"出位之思"——里希特照片绘画解读

西安美术学院　董　钧　美术　2022 年第 10 期

本文研究格哈德·里希特的照片绘画,里希特的照片绘画是典型的"出位之思",是一种艺术媒介对另一种媒介的向往与模仿。里希特在 20 世纪 60 年代创作照片绘画,成功借用照相机的摄影性、机械特性和媒介特点是他艺术创造力的体现,同时也是对当时绘画本位思潮的反拨。

流动的迹象——我的石版画创作历程

西安美术学院　陶加祥　美术　2022 年第 10 期

本文研究石版画艺术语言的本质特征与创作观念之间不断推进和变化发展的逻辑关系。文章通过对多年创作实践的总结和梳理,从材料、语言、时代、现实和情感等诸多层面分析阐述个人创作风格的成因及特点,表达自身对当代石版画创作的态度和立场。

☞ 论文·语言学研究

从翻译叙事研究到自译叙事研究:借鉴与理据

西安外国语大学　张　倩　外语教学　2022 年第 1 期

本文在概述叙事学、回顾叙事学运用于翻译研究案例的基础之上,通过分析自译的独有特质,简要论述叙事学与自译研究相结合的理据,以期凸显叙事学对于自译研究的理论适用性及重要性。

国家安全视阈下语言问题新表征：语言恐怖主义的缘起、识别与应对

西安交通大学外国语学院　郭继荣　外语教学　2022 年第 1 期

　　本文首先追溯语言恐怖主义概念的提出与发展历程，发现语言恐怖主义概念从语言本体到语言使用、从国内社会到国际社会的聚焦转向；其次，在汇总语言恐怖主义具体实践方式的基础上谈及语言恐怖主义的识别与危害。本文认为，应对语言恐怖主义主要可以从如下三个方面着手：其一，着力提升和完善国家语言能力建设；其二，不断加强与改进国家国际传播能力建设；其三，积极培养和提升国民批评语言意识。

大数据时代背景下的语言智能与外语教育

西安外国语大学　黄立波　中国外语　2022 年第 1 期

　　本文以人机对话系统和机器翻译系统的设计与开发为切入点，厘清语言智能研究发展的不同时期，并指出语言智能研究给外语教育领域带来冲击与挑战。

中国专利翻译研究：回顾与展望

西安外国语大学　曹怀军　上海翻译　2022 年第 1 期

　　本文梳理 2018 年之前发表的专利翻译研究文献发现，研究对象局限于狭义的专利文献，研究内容停留在语言特征层面，研究视角多为产品导向型。呼吁应当加强职业译者、研究学者及专利代理人的合作。从研究对象、研究视角、研究深度、研究方法等层面提出新的研究思路。

转喻表征与识解的认知研究：框架参照点模型

西安电子科技大学　李书卿　外语教学　2022 年第 2 期

　　本研究针对转喻研究的"映射观""认知参照点观"及"突显观"存在的不足，基于"框架语义学"和"认知参照点理论"建构"框架参照点模型"，辅以激活、突显和图形－背景关系为具体的操作细则，对转喻认知机制做出系统合理的解释。

外语专业本科新生学术素养社会化民族志个案研究

西安外国语大学　苏　芳、杨鲁新　外语界　2022 年第 2 期

　　本文研究外语专业本科新生的学术素养社会化过程和影响因素，指出外语专业本科

新生的学术素养社会化具有阶段性特征,受宏观社会文化环境、中观学校与课堂环境、微观个体因素的共同影响,是一个复杂动态变化过程。

翻译过程研究中的眼动实验效度:问题与对策

西北工业大学　王均松、钱家骏、郭亚玲　外国语　2022年第2期

本文基于Cook&Campbell(1979)提出的实验效度分类框架,从内部效度、统计结论效度、外部效度、构念效度四个方面,探讨翻译过程研究中眼动实验效度的各种影响因素,并提出一系列应对措施与建议,以期规范翻译眼动实验设计,提高眼动实验质量,为后续研究提供借鉴与参考。

基线/阐释模型下的汉语离合词现象研究

西安交通大学　庞加光、张韧　外国语　2022年第2期

本文提出,离合词的离析使用是离析构式对作为基线的离合词进行阐释操作的结果。这种阐释操作实质是与离合词的构成语素建立起成分联接,从而导致两语素成分的突显度增加并造成其进一步离子化。非离合词的创新离析使用还涉及构成成分的转喻用法。

句法复杂度对中国大学生英语说明文写作质量的预测研究

西安交通大学　张晓鹏　现代外语　2022年第3期

本研究以中国大学生英语说明文为研究对象,比较宏观和微观句法复杂度指标对二语写作质量的预测效应。研究结果表明,与宏观句法复杂度指标相比,微观句法复杂度指标能更有效预测英语说明文的写作质量。

基于论证的语言测试评分量规效度验证模式:从理念到框架

西安外国语大学　吕生禄　外语教学　2022年第3期

本文基于Toulmin的实用推理模式和Bachman&Palmer的语言测试使用论证(AUA)框架,提出量规使用论证(RUA)的概念,尝试构建基于论证的语言测试评分量规设计和使用效度验证模式。

国外认知障碍老人自然对话研究：现状与前瞻（1991—2021）

西安外国语大学、北京外国语大学　宋　璐、姜占好、刘红艳　外语教学　2022 年第 3 期

　　本文基于 1991—2021 年间 Web of Science 核心合集数据库收录的国外认知障碍老人自然对话研究文献，借助 Rstudio 环境下的 Biblioshiny 在线文献计量软件，梳理和归纳国外认知障碍老年人群自然对话研究核心主题，重点阐述交际策略、语篇分析、叙事、会话分析、综合语用和护理等主题的相关研究。

关中方言的两种形容词名词化手段

陕西师范大学　邢向东　方言　2022 年第 3 期

　　关中方言中存在形容词名词化的现象。即形容词通过一定手段转化为名词，语义由描写义转为指称义，可以称为"状态名词"。具体分为两类：AA 子式、ABBm 式。两者殊途同归，共同组成关中方言状态名词的整体，体现重叠式名词在关中方言中强大的构词能力和扩展能力。

论汉语方言学在中国特色语言学学科体系、学术体系、话语体系建设中的价值

陕西师范大学　邢向东　中国语文　2022 年第 4 期

　　汉语方言学在建设中国特色语言学学科体系、学术体系、话语体系中具有极其重要的价值，主要体现在三个方面：一是继承传统、多学科交叉融合；二是在研究领域的拓展中创新学术体系和话语体系；三是方言学理论方法的探索对语言学体系建设的贡献。

深度挖掘教材思政元素，推进大学英语视听说育人实践
——以"TED 英语视听说"课程为例

西安交通大学　卫朝霞　中国外语　2022 年第 4 期

　　本文以"TED 英语视听说"课程为例，从育人目标、内容、方法和效果四个方面呈现在大学英语视听说教学中开展基于教材的课程思政实践，为外语视听说课程的育人建设提供启示和经验。

基于结构主题模型的"一带一路"倡议国际学术话语文本挖掘：主题、变迁与差异

西安外国语大学、西安邮电大学　汪顺玉、陈瑞哲　外语教学　2022 年第 4 期

本研究旨在探索 Web of Science 上英语学术论文摘要如何表征"一带一路"倡议的主题类型、如何呈现随时间变化的主题热点变迁以及不同区域（国家）学者的关注领域和程度的差异。从 Web of Science 核心合集数据库收集 2013—2021 年有关"一带一路"倡议的研究论文摘要 2401 篇，采用 R 的结构主题模型包（STM）进行文本挖掘。

选择与坚守——翻译家高立希的中国当代叙事文学德译之路

西安外国语大学　冯小冰　中国翻译　2022 年第 5 期

本文以高立希近 40 年的中国当代叙事文学德译历程为线索，围绕"译什么""如何译""怎么介"这三个中国文学外译的核心议题，探析高立希在翻译过程中的选择及其对中国文学德译产生的积极影响。

当代美国华裔文学南京大屠杀书写探源

西安外国语大学　张小玲　外语教学　2022 年第 5 期

本文研究 21 世纪初美国华裔文学对南京大屠杀的书写，主要包括《紫金山燃烧之时》《金陵十三钗》《南京安魂曲》和《南京大屠杀:诗歌》等四部作品。研究发现，这些作品的涌现都与华裔作家及历史学家张纯如密切相关。

英语情态歧义的消解机制

西安外国语大学　徐玉臣　外语教学与研究　2022 年第 5 期

本文在厘清英语情态语义范畴化体系及情态歧义产生的根源和理据的基础上，采用文献研究法和语料库辅助方法，从句子层面探讨英语情态歧义的消解机制。研究发现，典型句法特征、特定句法构式以及不同情态共现均对情态歧义有消解作用。

试论我国外语教育的中国特色

西安外国语大学　姜亚军　外语教学　2022 年第 5 期

本文从专业定位、培养目标、培养规格、教育资源建设四个方面对外语教育的中国特色进行梳理和总结，在此基础上对《国标》"培养规格"提出的相关要求做解读，对外语研

究界围绕外语专业的"定位"和"复合型"人才培养等问题展开的争论做分析。

同分异构理念下语言表达能力在线评分量规的设计思路

西安外国语大学　吕生禄　中古外语　2022 年第 5 期

本文基于语言测试中的同分异构理念,借鉴 Upshur&Turner(1995)提出的 EBB 二元决策评分模式,讨论语言表达能力在线评分量规的设计思路。同分异构理念下的评分量规不仅包括表现水平等级和评分描述语,还提供评分参照点和赋分路线图。

时间词"已经""曾经"的特殊句法属性
——兼与 already、ever 比较分析

陕西师范大学　周石平　外语教学　2022 年第 5 期

根据制图理论的思路,本文证明,汉语中至少有两个句法层次上的"态"(aspect),由"已经""曾经"代表的"事件态"(event aspect)和由"了""过"代表的"动作态"(action aspect)。"已经""曾经"已经语法化为事件态标记,跟英语副词 already 和 ever 有本质区别。"已经"和"曾经"之所以能成为态标记,跟汉语用"事件态"而不是用"时"(tense)来标记定式这一类型学特征是分不开的。

☞ 论文·历史学研究

史念海先生对中国历史地理学科建设的贡献

陕西师范大学　王社教　中国历史地理论丛　2022 年第 2 期

史念海先生中国历史地理学科建设的贡献主要表现在三个方面:一是在治学宗旨上强调历史地理学研究应有用于世,二是创建多个历史地理学科学术平台,三是开辟历史地理学新的研究领域,建构历史地理学的学科体系,总结形成历史地理学行之有效的研究方法。

穆罕默德查伊王朝时期阿富汗部落社会的结构及其内在逻辑

西北大学　闫　伟　世界历史　2022 年第 2 期

穆罕默德查伊王朝时期,部落是阿富汗重要的社会组织形态,其形式松散但具有独特的内在结构。部落社会形成体系化的血缘和谱系观念,由此塑造部落的社会关系,形成以谱系为界层层裂变,互不统属,相互平等的社会组织。部落集体所有以家庭占有为

主的小土地所有制成为部落社会的物质基础。

清华简《赤鹄之集汤之屋》所见古史传说

西北大学　阮明套　中国史研究　2022 年第 3 期

本文认为,清华简《赤鹄之集汤之屋》篇保存的古史传说主要有两方面内容:一是商汤用鹄鸟之羹祭祀上帝一事,这是商汤获得天命的象征,由此开始商人灭夏的进程;二是伊尹间夏一事。伊尹作为商族间谍,他通过为夏桀治病进而接近夏桀和妹喜,从此开始情报刺探工作。

秦至汉初县行政机构设置辨析

西北大学　单印飞　中国史研究　2022 年第 3 期

秦至汉初的县行政机构主要分为县廷内的曹和县廷外的官,现有材料显示,县廷内设有户曹、仓曹、司空曹、尉曹、金布、狱曹、吏曹、令曹、覆曹、旁曹、谳曹、左曹,可能还设有右曹、中曹、兵曹、厩曹等,有待验证;县廷外设有司空、仓、少内、畜官、厩、库、田、田官、尉、司马、乡、亭、传舍、厨、市等独立官署。

先秦时期的族武装考论

陕西师范大学　李忠林　陕西师范大学学报(哲学社会科学版)　2022 年第 4 期

本文研究先秦时期的族武装认为,部落时代的氏族武装是其前身,商代后期的卜辞中有关于贵族武装的记载。西周金文显示族武装的效忠对象是中央王朝中作为"公"的族长。春秋战国时期,族武装才逐渐式微。

近现代中文伊斯兰教著译统计与整理简述

陕西师范大学　马　超　世界宗教研究　2022 年第 4 期

中文伊斯兰教著译的主要特点是伊斯兰教内知识分子所著,主题以经堂典籍翻译和阐释伊斯兰教基本理念为主,可称之为中文伊斯兰教典籍,但并非现代学术视野下的伊斯兰教研究著作。从明清中文伊斯兰教典籍至近现代伊斯兰教研究著译的发展并非一蹴而就,相当一批著述呈现出二者兼备的特征。

日本江户时代后期大名权力演进及其影响——以德岛藩为中心的考察

西安外国语大学　许文英　世界历史　2022年第4期

本文以德岛藩第十一代藩主蜂须贺治昭为例,研究日本江户时代后期大名权力的特征及其对日本历史的影响。江户时代后期大名重掌实权的历史作用在于:一是刷新藩内权力结构,为实行藩政改革创造条件;二是为中下级武士打破身份制度限制进入政权中枢提供契机。

宋太祖时期以史经世的考察

西北大学　陈　峰　历史研究　2022年第4期

宋朝建立后,面对唐末以来统治秩序涣散瓦解、社会剧烈动荡的严峻形势,尤其是五代王朝无不短命的结局,宋太祖君臣不能不加以深刻反思,以免重蹈覆辙。赵匡胤在位期间,高度关注历史,坚持读史,并先后下令编修《周世宗实录》《唐会要》《五代会要》和《五代史》等史籍,意在从中解前代治乱兴衰之源,引以为戒。

晚清吐鲁番《葡萄沟水善后分水章程》与乡村水利秩序的变动

陕西师范大学　张　莉、薛子怡　中国历史地理论丛　2022年第4期

本文梳理和分析晚清吐鲁番厅衙门的水利诉讼档案,整理《葡萄沟水善后分水章程》的具体内容及"旧章"之名下章程实际内容的变化过程,展现出光绪初年吐鲁番乡村社会秩序的有序化和整合过程中国家力量的介入,以及地域社会村庄间力量的博弈与乡村社会水利秩序重构的过程与机制。

从部落社会演进看阿拉伯早期国家形成

西北大学　韩志斌　历史研究　2022年第5期

本文认为,东地中海商业发展和不断发生的外部战争,引发阿拉伯半岛商业中心北移和部落秩序重构。新兴工商阶级在阿拉伯半岛诸多城市崛起,该阶级通过吸收外部文明的有益元素,对半岛部落社会秩序进行反思,建立超越部落社会的伊斯兰秩序和新的信仰共同体,形成具有混合制特征的邦联实体。

西周春秋周王册命方国卿士之制初探

陕西师范大学　王　晖　陕西师范大学学报(哲学社会科学版)　2022年第5期

周王通过册命诸侯方国主要卿士来达到控制诸侯的目的。西周到春秋中期,诸侯大

国被周王册命且掌管军队的卿士应有二位,中小诸侯方国也有两位到一位卿士受周王册命。春秋晚期诸侯卿士都不再受周天子册命。

女真贵种与金代政治文明的演变

西北大学　王善军　中国社会科学　2022 年第 6 期

本文从女真贵种形成的背景、以宗室为核心的完颜贵种等级秩序、后族贵种与地缘政治集团之形成、金熙宗调整旧制与后族贵种等级秩序的确立、贵种家族的泛化与女真贵种等级的失序等几个方面展开论述,认为在人类进入文明社会的早期阶段,政治等级结构中明显表现出血缘群体现象。

近代美国捕鲸业

西北大学　张宏宇　世界历史　2022 年第 6 期

北美殖民地早期捕鲸业劳动力多为鲸鱼资源富集地农民,兼职合作捕鲸。早期捕鲸活动为他们带来大量财富,提升其社会地位。随着欧美市场旺盛,美国捕鲸业规模扩大,对劳动力的需求迅速提升。美国乡间白人青年、南方黑人和葡裔亚速尔人、佛得角人相继成为捕鲸业的主要劳动力。与此同时,捕鲸业劳动力日趋分化,形成捕鲸商人、捕鲸经营者和捕鲸手三个等级。

宋代的文官掌军制度及其效应

西北大学　陈　峰　中国社会科学　2022 年第 7 期

宋代首创的文官掌军制度,是在宋初汲取历史教训并强化管控将帅规则的基础上逐渐形成的,也是宋真宗朝以来士大夫主政的产物。宋代文官掌军制度的立意在于求稳,特点是以文驭武,宗旨则是防范军事将领危害国家乃至反噬政权。

延安时期马克思主义史家的辛亥革命史书写与近代史体系构建

西北大学　兰梁斌　史学月刊　2022 年第 7 期

延安时期,马克思主义史家范文澜、胡绳运用唯物史观、新民主主义等理论,实事求是地书写辛亥革命史,在半殖民地半封建社会性质和从旧民主主义革命向新民主主义革命的转变中评论辛亥革命的成败,初步构建马克思主义解释下的中国近代史体系对辛亥革命论述的基础。

西周春秋周王级庙制研究

陕西师范大学　王　晖　史学月刊　2022 年第 12 期

本文认为,西周春秋时天子诸侯代代更替的近亲三庙是父考、祖父、曾祖父庙。周天子实行七庙制,是在近亲三庙制之上加上周文武王"周庙"以及高祖上帝、后稷庙而制。西周春秋时期鲁国经周王朝特许,实行七庙制,是在近亲三庙制加上太庙周公、世祖伯禽以及郊祭上帝、后稷等四庙。

☞ 论文·考古学研究

新疆哈密七角井细石器遗址石制品研究

西北大学　朱之勇、王　赫、陈　鹏　等　西域研究　2022 年第 3 期

本文采用类型学、数量统计等方法对 2018 年于七角井遗址中拉网式调查所得石制品进行研究。研究表明,石制品中存在着锤击石片技术、石叶技术及细石叶技术等技术形态,类型包括船形、楔形细石核、细石叶、石叶、端刮器、石镞等,属典型细石器遗存内涵;结合类型学、古地理学研究成果推断,七角井遗址处于新疆细石器发展的早期阶段,时代相当于全新世早期。

西安米家崖遗址出土骨器的试验考古研究

陕西师范大学　朱君孝、冯维伟、张翔宇　等　考古与文物　2022 年第 5 期

模拟实验表明,西安米家崖遗址骨器制作流程可分为选择骨料、制备骨料、制作器坯及细加工等基本步骤,制作方法有切割、砸击、劈裂、刮削、钻孔及打磨等,其中大量器物只用一两个步骤即可制成。制作工序繁简不同的两种情形,反映出本遗址先民骨器制作以因材作器模式为主,以因器制料模式为辅。

呼伦贝尔鲜卑遗存中的西来文化因素
——兼谈两汉时期的"草原丝绸之路"

西北大学　潘　玲、谭文妤　考古　2022 年第 5 期

呼伦贝尔南部及毗邻地区鲜卑遗存中的夹金箔玻璃珠、腹部近倒三角形的高圈足铜鍑、鍑形陶罐、飞马纹和奔马纹牌饰以及回首鹿纹带饰等是来自南西伯利亚米努辛斯克盆地、图瓦等地的文化因素。南西伯利亚与呼伦贝尔及毗邻地区的文化交流传播路线,可视为两汉时期的"草原丝绸之路"。

李逢吉佚文《单于府开元寺故大德悉达多禅师碣铭》考释

陕西师范大学　聂顺新　社会科学战线　2022年第8期

清末出土于今内蒙古和林格尔县土城子的《单于府开元寺故大德悉达多禅师碣铭》是李逢吉早年的一篇佚文，应撰于其受范希朝之辟出任振武军摄节度掌书记但尚在守选期内的贞元十年至十三年(794—797)。

☞ 论文·经济学研究

邻里效应对牧户载畜率决策的影响——北方牧区的经验证据

西北农林科技大学　赵敏娟　中国人口·资源与环境　2022年第1期

本研究基于社会经济学视角，分析牧户载畜率决策邻里效应的存在性及其对牧户载畜率的影响效应、作用机制及异质性，并利用微观调查数据进行实证检验，建议政府在微观草畜平衡管理中，通过打造高效畜牧业样板、树立生态典型、强化舆论压力、改善生态监管和注重政策瞄准等方式，破解载畜率决策邻里效应的负面影响，降低牧户载畜率。

心理所有权对农户宅基地退出行为的影响研究
——基于相对剥夺感的中介效应和社会质量的调节效应分析

西北农林科技大学　夏显力　中国土地科学　2022年第1期

聚焦农户产权心理特征，分析心理所有权对农户宅基地退出行为的直接影响，以及相对剥夺感的中介作用和社会质量的调节作用，为理顺宅基地产权关系提供参考。重视并帮助农户理顺宅基地产权关系；多元路径分类推进，切实保障农民差异化的权益需求，弱化农户的相对剥夺感；围绕社会质量四维度，全面提升农户的社会融入能力。

中国"两大奇迹"形成逻辑的政治经济学阐释

西北大学　任保平　经济理论与经济管理　2022年第2期

在党的百年奋斗历程中，创造大规模、快速的经济增长，形成社会领域长期稳定发展的"两大奇迹"。"两大奇迹"的形成原因为：坚持党的领导是创造"两大奇迹"的政治保证；坚持科学理论指导是"两大奇迹"创造的思想保证；社会主义制度和国家治理体系是"两大奇迹"创造的制度保证；党领导下人民创造力的发挥是"两大奇迹"创造的动力保证。

母子公司距离对企业税收激进的影响——激励还是抑制？

西安交通大学、西京学院　李　彬、李海霞、梁艺蓝　经济管理　2022 年 2 第期

　　基于空间地理和制度环境双重距离维度，引入组织冗余为中介变量，发现母子公司距离能够抑制企业税收激进，这种效应在金融科技发展、媒体关注或政府补贴较高时更为强烈。本文为上市公司合理税收筹划、积极配合国家战略提供数据验证。

新发展阶段物联网赋能经

西北大学　任保平、苗新宇　经济与管理评论　2022 年第 3 期

　　作为数字经济和战略性新兴产业的重要组成部分，基于自身独特的价值创造功能，物联网对我国社会经济全局和长远发展具有强大的引领带动作用。通过在农业、工业、服务业、城市治理、生态环境保护等各类生产生活领域的广泛应用，物联网技术可以成为新阶段助力我国经济实现高质量发展的重要支撑。

非均衡数据下基于 BPNN-LDAMCE 的信用评级模型设计及应用

西北农林科技大学　石宝峰　数量经济技术经济研究　2022 年第 3 期

　　通过测算非违约、违约样本到分类面的最优分类间隔对交叉熵损失函数进行改进，构建基于"最优分类间隔"的 BPNN-LDAMCE 信用风险评价模型，既可提升 BPNN 信用评价模型对违约样本的预测性能，也可缓解直接加权的非均衡评级模型 BPNN-WCE 对非违约样本识别造成的不利影响。

人工智能会加剧性别工资差距吗？——基于我国工业部门的经验研究

西安交通大学　孙　早、韩　颖　统计研究　2022 年第 3 期

　　随着新一轮科技革命的快速推进，人工智能发展正在使得性别工资差距呈现新的特征。本文的研究结论表明，人工智能发展将提升低技术工业部门对女性劳动力需求，缓解该部门性别工资差距。同时，人工智能发展会增加高技术工业部门对男性劳动力的需求，加剧该部门性别工资差距。

劳动力成本上升对农户营林投入结构的影响
——基于林业社会化服务供给约束的视角

西北农林科技大学　张　寒　中国农村经济　2022年第4期

本文从林业社会化服务供给约束的视角出发，在理论层面探讨劳动力成本上升背景下农户营林投入结构调整趋缓的关键约束及作用机理。研究表明，多措并举加快林业社会化服务体系建设、深化集体林权制度改革是促进集体林区农户营林投入结构优化升级的可行路径。

人口老龄化、居民健康与收入不平等

西安交通大学　刘李华、孙　早　经济科学　2022年第5期

本文将人口老龄化、居民健康和收入不平等纳入一个统一的分析框架中并建立理论模型，进而利用中国综合社会调查（CGSS）数据，分别采用"消除不同年份的人口结构变化"和"消除不同年龄收入差距的影响"两种方法度量并分解收入不平等，检验老龄化和居民健康对收入不平等的影响。

课外读物对农村儿童人力资本的影响：一个随机干预实验研究

陕西师范大学、西安外国语大学　史耀疆、王　楠、常　芳　世界经济　2022年第5期

本文对江西省3个县79所学校6269名学生开展课外读物的随机干预实验。为利用教育扶贫提升农村儿童人力资本质量提供可落地的证据。

低碳转型冲击就业吗——来自低碳城市试点的经验证据

西安交通大学　王　锋、葛　星　中国工业经济　2022年第5期

本文以低碳城市试点政策的实施作为一项"准自然实验"，在探析该政策对就业影响机制的基础上，基于2007—2019年上市公司的微观数据，运用渐进双重差分模型评估该政策对就业的影响。本文为在低碳转型过程中稳定居民就业和促进高质量发展提供重要的政策启示。

河长制视域下技术嵌入对公众治水参与的影响
——基于5省份调查数据的实证分析

西北农林科技大学　朱玉春　中国人口·资源与环境　2022年第6期

  本文从嵌入性理论和公众参与理论出发,聚焦数字化与河长制背景下的公众治水参与,研究发现为理解和推动公众治水参与和智慧水利建设提供理论解释和经验证据,也为增强河长制治理效能提供政策启示。

数字资本驱动下新消费主义的政治经济学释析

西安交通大学　郑冬芳、秦　婷　思想教育研究　2022年第7期

  克服新消费主义危害要进一步完善社会主义市场经济体制,推动数字消费健康发展;加强消费者信息安全保护,建立消费者对数字技术的理性认知;警惕新消费主义意识形态陷阱,培育健康、理性的消费观。

税收分成与经济发展方式转变:机制分析和经验证据

西安交通大学　宋丽颖、张安钦、温　军　财政研究　2022年第7期

  本文从理论和经验层面考察税收分成对经济发展方式转变的影响效果与作用机制。研究发现,市县级政府税收分成比例的提高不仅有利于增进经济发展的集约型水平,而且这一影响具有明显的异质性特征。本文的研究结论为深化省以下财政体制改革提供有益的政策启示。

女性意识的早期崛起与长期收入表现

西安交通大学、浙江财经大学、中央财经大学　冯　晨、王　超、亢延锟　等　世界经济　2022年第8期

  本文利用清末民国时期中国女性进步期刊数据和2010年中国家庭跟踪调查数据(CFPS),探讨女性意识的早期崛起对当代女性收入的长期影响。研究发现,平权意识可打破传统性别观念,提高当代女性的收入水平。

税制结构竞争优势与全要素生产率:影响机制与比较分析

西安交通大学　李香菊、高锡鹏　经济学家　2022年第8期

  通过构建包含税收影响的区域竞争均衡资源配置模型,比较分析税收对全要素生产

率的影响效应和作用机制并发现,提升经济效率主要依赖税收政策的普惠性、针对性和精准性,而结构效应和竞争优势效应扮演重要的辅助调控角色。

中国经济国内国际双循环的测度及增长动力研究

西安外国语大学　黄仁全、李村璞　数量经济技术经济研究　2022年第8期

中国的增加值率效应为正,中间品消耗呈上升趋势;逆全球化思潮蔓延和贸易保护主义兴起,导致各国反馈效应为负。消费、投资和出口仍是拉动中国经济增长的"三驾马车",对投资的依赖相对较高,消费拉动作用有待提升。

中国城市数字经济与绿色技术创新耦合协调测度与评价

西安交通大学　赵卉心、孟煜杰　中国软科学　2022年第9期

本文选取中国271个地级及以上城市为样本,构建数字经济与绿色技术创新评价体系,基于耦合协调度模型测度数字经济与绿色技术创新的耦合协调度,分析其地区差异和空间效应。

村集体经济组织参与土地流转的交易费用降低机制研究
——以陕南4个烟区产业综合体为例

西北农林科技大学　王永强　中国土地科学　2022年第9期

从社会资本视角探讨村集体经济组织参与土地流转的交易费用降低机制,为实现低成本土地流转提供可资借鉴的经验参考。推广村集体经济组织参与土地流转的经验模式,可以降低新型农业经营主体如农业公司、农民合作社和家庭农场等的土地流转交易成本,加快乡村振兴和农业现代化进程。

无条件现金转移支付与家庭发展韧性
——来自中国低保政策的经验证据

西北农林科技大学　陆迁　中国农村经济　2022年第10期

本文以家庭发展韧性为切入点,构建理论模型讨论无条件现金转移支付对家庭福利的长期影响,并基于中国健康与养老追踪调查数据,将中国低保政策实施作为一项准自然实验,利用多期DID模型控制潜在的内生性问题,对上述理论问题进行实证分析与机理验证。

税负差异与地区生产率差距
——基于"地级市配对-同行业差分"方法的经验证据

西安交通大学　朱玉飞、马草原　财贸经济　2022年第10期

本文采用"地级市配对-同行业差分"的识别策略提高研究样本的可比性，更加精准地析出税收政策的生产率效应。研究发现，降低落后地区后发优势行业的税负水平有助于缩小地区生产率差距，为政府推进区域协调发展提供现实参考。

供应链创新驱动经济高质量发展的理论内涵与现实路径

陕西师范大学　祝丹枫、李宇坤、李摇琴　经济学家　2022年第10期

本文立足于新时代高质量发展理念，在对以智能化、网络化重塑为核心的供应链创新内涵界定及发展历程梳理基础上，从创新、协调、绿色、开放四个维度阐释供应链创新驱动经济高质量发展的理论内涵。

为城市发展定标："人民城市"理念下城市高质量发展的价值遵循、逻辑意蕴与实践取向

西安交通大学　袁晓玲、李思蕊、李朝鹏　当代经济研究　2022年第11期

中国式现代化道路是党和人民百年奋斗的重要成就，同时也是实现中华民族伟大复兴的康庄大道。城市作为经济发展引擎和人民生存发展的重要空间，探索出一条具有中国特色的城市高质量发展之路成为中国式现代化道路的重中之重，"人民城市"重要理念正是对中国特色城市高质量发展之路的完美诠释。

☞ **论文·法学研究**

论乡村振兴背景下农民户有所居的住房保障

西北政法大学　韩松　法律科学（西北政法大学学报）　2022年第1期

适应户有所居的住房保障改革，应当建立和完善村庄规划制度、农民住宅建设用地集体所有权制度、农民住宅集体建设用地使用权制度、农民户有所居购房资格权制度、农民户有所居房屋所有权制度等法律制度。

习近平法治思想中涉外法治话语生成与实践逻辑
——以"一带一路"倡议为视角

西北政法大学　吕　江　法学评论　2022 年第 1 期

在习近平法治思想中,坚持统筹推进国内法治与涉外法治已成为指导中国开展涉外法治工作的重要指针和发展方向。而"一带一路"建设正是这一话语生成的重要实践场所。从其发展演变来看,"一带一路"涉外法治实践,不仅体现习近平法治思想中的规则意识、安全意识以及公平公正意识,而且亦形成反制、竞争与合作的具体实践路径。

习近平法治思想与法治学体系

西北政法大学　杨宗科　法律科学(西北政法大学学报)　2022 年第 2 期

习近平法治思想蕴含法治的一般原理、中国特色社会主义法治的基本理论、全面依法治国的系统理论、法治体系建设的基本理论、部门法治的理论,形成科学的法治理论体系,开辟法治思想研究新领域,推动法治学学科体系的形成。

纪检监察机关大数据监督的规范化与制度构建

西北政法大学　杨建军　法学研究　2022 年第 3 期

完善大数据监督制度,既需要对纪检监察机关共享大数据予以制度赋权,也需要强化对纪检监察机关大数据监督的权力制约,化解数据处理规则与监督规则、数字逻辑与法律专业逻辑之间的冲突。

宋代众证定罪规则的历史考察与现代启示

西北政法大学　陈　玺　现代法学　2022 年第 3 期

三问程序的创制,是古代言词证据规则的重要创新,实质上是对特殊人群免于刑讯特权的间接否定,即实施三问以后,嫌犯不再享有豁免掠治之特别关照。在三问前置、刑讯为辅的规则之下,宋代众证定罪证据规则经体系重构而实现自洽,对于改变以口供为中心的司法传统,构建各种证据相互印证的机制发挥重要作用。

习近平法治思想中的传统法律文化观

西北政法大学　陈　玺　法律科学(西北政法大学学报)　2022 年第 5 期

习近平法治思想在形成过程之中,始终贯彻和运用辩证唯物主义和历史唯物主义。

传承中华优秀传统法律文化对于完善法律体系、建设法治政府、推进公正司法、引导全民守法等具有重要的当代价值。

机动车第三者责任保险能排除连带责任吗？

西北政法大学　马　宁　法律科学（西北政法大学学报）　2022 年第 5 期

机动车第三者责任商业保险（商业三责险）中比例赔付条款效力争议的实质是保险人能否借此排除被保险人的连带责任。机动车第三者责任强制保险（交强险）之中也存在相似问题。对此，应依据诉争保险类型的属性差异确定答案。

农民集体成员的集体资产股份权

西北政法大学　韩　松　法学研究　2022 年第 5 期

农民集体成员取得对集体经营性资产量化分配股份的权利依据是本集体成员集体所有权上的成员权，农民集体成员股份权的客体是集体经营性资产，是集体经济积累的集体公有制的资产，由此决定集体成员的集体资产股份权不是个人出资的私有资本股份权，而是集体成员享有的参与集体经营收益分配的股份权。

党内法规对责任制度的构造

西北政法大学　杨建军　法学　2022 年第 5 期

中国共产党党内法规设定的责任制度，是全球各主要政党中责任制度最为全面、最为严厉的制度，具有鲜明的中国特色和系统化、规范化、专业化特征，是一个由轻到重的梯级责任体系，且高度注重对违法违纪行为的预防，以及与法律责任的有机衔接。

正当防卫体系性地位的再思考

西北政法大学　王政勋　法律科学（西北政法大学学报）　2022 年第 9 期

四要件理论未能正确处理犯罪构成和正当防卫的关系。如果当下案件可能属于防卫行为，应当在进行构成要件该当性的事实判断、形式判断之后，根据违法阻却的法理进行价值判断、实质判断以决定其是否属于正当防卫。但正当防卫不仅仅属于违法阻却事由，它和责任也有关系，特定情况下防卫行为可能存在着责任阻却或者责任减轻的情形。

论"根据在案证据裁判规则"

西北政法大学　步洋洋　法商研究　2022 年第 7 期

作为 2021 年《最高人民法院关于适用〈中华人民共和国刑事诉讼法〉的解释》创设出的一条全新的裁判规则,"根据在案证据裁判规则",一方面承载着消解证据裁判原则过度客观化等功能,另一方面则承载着如何有效识别在案证据不足,如何理顺补充侦查、庭外调查核实、撤回公诉与疑罪从无等多重疑案处理方式之逻辑关系功能。

☞ 论文·政治学研究

法国智库涉华认知研究及启示——基于法国国际关系研究所的研究

西安交通大学　郭　琳　情报杂志　2022 年第 2 期

作者认为,中国的崛起为西方带来挑战,但也存在机遇;其在不同研究领域表现的对华态度也不同,总体上更加务实地关注与法国、欧洲利益关系密切的全球治理,多边国际体系、能源、应对气候变化等领域,并以强调双方合作为主。

巩固拓展脱贫攻坚成果同乡村振兴衔接的理论与实践逻辑

西北大学　白永秀、苏小庆、王颂吉　人文杂志　2022 年第 4 期

在理论逻辑上,巩固拓展脱贫攻坚成果同乡村振兴统一于实现共同富裕和社会主义现代化的目标,促进农民增收是两者衔接的基点。在实践逻辑上,巩固拓展脱贫攻坚成果可分成"巩固"和"拓展"两个阶段,应构建巩固拓展脱贫攻坚成果同乡村振兴衔接的"五位一体"机制。

☞ 论文·社会学研究

政策更迭与策略应对:基层政府"反复整改"的逻辑及其治理——以 A 镇精准扶贫政策执行为例

西北农林科技大学　李　卓　中国行政管理　2022 年第 3 期

上级政府政策更迭表现为政策内容的变更、政策执行尺度的变化和政策执行周期的调整,这些变化会导致政策连贯性变差,进而诱发基层执行者的策略应对行为;上级政府的政策更迭和基层执行者的策略应对直接导致基层政府陷入"反复整改"困境,而要超越

这一困境,就需要从理念更新、制度变革和技术创新三个方向上努力。

风险社会背景下性别失衡治理的公众参与——基于湖北省的调查

西安交通大学　李树茁、宋瑞霞　人口研究　2022年第4期

基于O-S-O-R模型,建构风险社会背景下性别失衡治理中公众参与的研究框架,采用结构方程模型,对2018年开展的"性别失衡的社会风险及治理"专项调查数据进行实证分析。研究发现,信息获取对公众参与具有显著正向影响,政府信任和风险感知在这一关系中均发挥部分中介作用。

从合约治理到行政统合——资本下乡过程中治理策略转换的案例研究

西北农林科技大学　赵晓峰　社会学评论　2022年第4期

资本试图以市场化的合约关系来整合社会关系,将社会力量吸纳进公司以构建内部层级治理结构的管理策略,从而应对来自乡村社会的多重抵抗。当"扎根乡土"失败后,下乡资本转而与地方政府加强合作,"借道"体制力量以行政化手段调用科层制向下延伸形成的组织体系,将乡村干部、种植能手和乡村公益性岗位聘用人员等利益主体整合进公司的管理体系,从而达到降低交易成本的目标。

后扶贫时代规模性返贫风险的诱致因素、生成机理与防范路径

陕西师范大学　王　媛　科学社会主义　2021年第5期

规模性返贫风险受诸多因素影响,要从健全防止返贫的监测和帮扶机制、巩固完善扶贫政策、发挥市场主体支撑作用以及构建返贫风险防控的智力体系等方面入手,积极探索防止规模性返贫的根本路径。

"幼有所育"政策背景下母亲的婴幼儿照顾偏好——基于优劣尺度法的实证分析

陕西师范大学　高琛卓、杨雪燕、李　华　人口研究　2022年第5期

本文基于从南京、武汉和西安收集的育龄母亲数据,利用优劣尺度法探究母亲的婴幼儿照顾偏好。结果表明,为实现"幼有所育"政策目标,既要促进婴幼儿照顾资源量的增长,更要加强对婴幼儿照顾资源质的保障。

☞ 论文·心理学研究

融于教学的游戏训练对农村大班幼儿执行功能的促进

陕西师范大学　宋思涵、刘　雯、姚妙荣　等　心理科学　2022 年第 3 期

训练后干预组幼儿在工作记忆和认知灵活性上的提升显著高于对照组,结果证实,短期游戏训练对幼儿执行功能的良好促进效果,低执行功能组的提升效果明显好于高执行功能组的结果揭示游戏训练对农村幼儿执行功能的补偿式发展模式。

时间结构和速度线索对碰撞时间估计的影响

陕西师范大学　秦奎元、李　瑛、陈文翔　等　心理科学　2022 年第 4 期

研究重点探究时间结构线索和速度信息对预测运动任务的影响。研究认为,当时间结构一致时,个体主要使用时间线索进行任务估计;时间结构不一致时,个体通过整合时间结构和视觉速度线索进行估计。

听觉警报失聪的认知因素

陕西师范大学　游旭群、朱荣娟　心理科学　2022 年第 5 期

本文从人因工效学和认知心理学角度,分别阐述自动化信任、警报属性特征、噪音环境、知觉负荷、认知负荷和工作记忆对听觉警报失聪的影响,厘清听觉警报失聪的理论基础和研究范式,并从认知神经科学角度揭示非预期警报刺激可以进入到晚期加工阶段。但其能否被感知,或取决于与工作记忆相关的额顶网络的抑制控制程度。

目光注视线索对客体注意的影响及作用机制

陕西师范大学　闫　驰、高云飞、胡赛赛　等　心理学报　2022 年第 7 期

本文采用双框线索范式,以具有两种注视方向(直视或回避)的面孔或实物作为客体,通过操纵 SOA 考察目光注视对客体注意的影响及作用机制。研究结果表明,目光注视能够与客体交互引导注意分配,直视更能捕获注意,但受 SOA 的影响,结果支持感觉增强理论。

消极刻板印象对老年人医疗决策的影响及归因偏差的作用

陕西师范大学　张宝山、金　豆、马梦佳　等　心理学报　2022年第8期

本文系统地探讨消极刻板印象对老年人医疗决策的效应及其机制。以158名老年人为被试,通过两个实验考察消极刻板印象、归因偏差和老年人医疗决策质量间的关系。结果发现,消极刻板印象负向影响老年人的医疗决策质量,同时,归因偏差在刻板印象对老年人医疗决策质量的效应中起到中介作用。

孤独症谱系障碍者的生物运动探测障碍：基于行为与神经的证据

陕西师范大学　荆　伟、胡海洋、田　琳　等　心理科学　2022年第11期

关于孤独症谱系障碍个体探测生物运动的能力是否受损,已有行为研究尚存分歧。领域特殊性观点认为,该障碍可能是基于后侧颞上沟功能异常的社会性功能障碍,也可能是基于镜像神经元功能异常的社会性功能障碍;而领域一般性观点认为,该障碍可能是基于背侧视觉流功能异常的视运动知觉障碍,也可能基于脑功能联结异常的弱中央统合障碍。

☞ 论文·教育学研究

现代中国教育本质观的合理性建构

陕西师范大学　郝文武　高等教育研究　2022年第1期

古代中国对什么是教育有许多感性和理性认识以及不同的语言表述和解释,"教育"和反映教育本质的"培养"词语、概念、话语是现代中国对古老中华文化的复兴和创新,是中国教育本质观的时代性变革。

职业教育学制度化的兴起与演进——以德国、美国和中国为例

陕西师范大学　马　君、王艺霏　高等教育研究　2022年第5期

推动职业教育学制度化进一步发展,既要倚重职业教育实践所提供的基础性动力,又要不断聚焦取得学科合法性这一终极目标,还要充分认识到各国发展路径的不同及学术概念不统一带来的困扰。

"互联网+"背景下国际中文教师线上教学能力的发展

西安思源学院　王　多　中国教育学刊　2022年第6期

"互联网+"的汉语学习方式已经成为一种比较时尚且实用的第二语言学习方式,其教学成本低,覆盖面广,对于国际汉语教育事业发展有促进作用。为达到更好的国际汉语在线教学效果,对中文教师的线上教学能力也提出更高的要求。

以数据为基础的高校决策支持模式

西安电子科技大学　李　瑾　高等教育研究　2022年第7期

构建以数据为基础的高校决策支持模式,是实现高校管理数字化转型、提升高校科学决策水平的重要途径。它包含决策问题、决策目标、决策备选方案、结果、数据、中介因素、影响因素七个要素,最终目标是为科学决策提供多种决策备选方案。在决策支持建模过程中,头脑风暴、数据分析和整合是需要关注的关键技术。

中小学图书馆在校园阅读活动体系中的主体作用及未来路向

西北大学　杨玉麟、王　铮　中国图书馆学报　2022年第8期

本文根据中小学图书馆所发挥的职业价值和基础教育价值,将中小学校园阅读活动的类型划分为以培养德智体美人才而开展的活动、以实现课程教学目标而开展的活动、以提升教师专业技能和学生综合素养为目标的活动、以帮助师生提升信息素养而开展的活动。

国家教育安全面临的问题及对策

陕西师范大学　陈　鹏、祁占勇、柯昌万　中国社会科学(内部文稿)　2022年第8期

教育安全是国家安全的重要基石。国家教育安全对于主权国家安全体系建设、培养可靠接班人与合格建设者以及牢牢掌握国家意识形态工作领导权等发挥着基础性作用。因此,要通过建构国家教育安全的新认知系统、固守国家教育安全战略地位、增强维护国家教育安全的认同教育以及建立国家教育安全预警机制,彰显国家教育安全的基础性地位。

中国当代通识教育的起源背景与现状问题
——兼论通识教育"评估－调整"机制的意义

陕西师范大学　尤西林　华东师范大学学报(教育科学版)　2022 年第 8 期

需要在与诸种相沿成习模式的区别中,明确通识教育特有的教育目标;需要收敛与恰当定位推崇性的经典阅读模式及其文化守成理念;需要区别学术教育与通识教育,以调整脱离本科课时条件与教学目标泛化的巨量学术型核心课程群。需要建设中国通识教育理论与实践互动的常态性"评估调整"机制。

增强教育内在价值是消减教育功利化的关键

陕西师范大学　郝文武　高等教育研究　2022 年第 8 期

以教育本质内在规定的全面价值是否被教育主体内心所追求为标准,教育价值分为合理建构的内在价值与外在价值。教育内在价值和外在价值与功利化非教育价值是对立关系。消除教育功利化,促进教育健康发展,要促进教育外在价值向内在价值转化,并使二者相互促进;改变片面教育价值,减小教育负价值,消除教育的非教育价值,关键是增强教育内在价值。

☞ **论文·管理学研究**

地方融资平台杠杆率可以影响城商行绩效吗?
——基于 SYS－GMM 和门槛模型的实证分析

西安理工大学　孔　薇、扈文秀、周　潮　运筹与管理　2022 年第 1 期

本文基于有限注意视角揭示投资者概念关注对股票收益的影响机制,使用百度搜索数据衡量投资者概念关证实地方融资平台杠杆率整体上增加城商行绩效,发现其地方融资平台杠杆率对城商行绩效存在显著的非线性"双重门槛"效应,不同地方融资平台杠杆率对城商行绩效影响呈现先增后降的趋势,表现为倒 U 形结构特征。

地方政府隐性债务转化率测算与债务风险识别

西安理工大学　苏振兴、扈文秀、章伟果　运筹与管理　2022 年第 2 期

本研究构建 KMV 模型、基于 ROA 的负担模型以及信用债的市场均衡模型,着重研究隐性债务中的两类主要债务,地方国有企业债务与融资平台债务转化为政府财政负担

的转化率,并测算地方政府债务风险。

高管家乡认同与过度投资:抑制还是助长

西北工业大学、浙江大学　黄　珍、卜国玲　管理科学　2022 年第 2 期

本文基于行为金融学和委托代理理论,探讨家乡认同高管在该心理矛盾下的投资决策,采用固定效应模型进行回归分析,运用双重差分法和工具变量法缓解潜在的内生性问题,实证分析高管家乡认同对公司过度投资的影响效果和影响机制,并探讨区域异质性对上述关系的调节作用。

机构投资者信息挖掘、羊群行为与股价崩盘风险

陕西师范大学　尹海员、朱　旭　管理科学学报　2022 年第 2 期

本文聚焦机构投资者决策行为背后的信息驱动因素,选取 2007 年至 2017 年沪深 A 股作为研究样本,构建机构投资者信息挖掘能力的度量指标,分析机构投资者信息挖掘能力的差异对股价崩盘风险的影响效应及其中介路径。

三元采购情境下供应商创新贡献诱发机理研究

西安理工大学　武梦超、李随成　南开管理评论　2022 年第 2 期

本文以刺激—有机体—反应(SOR)理论框架和自我决定理论为基础,探讨"三元采购策略实施—供应商感知—供应商创新贡献行为"的影响机理,并从供应商特质视角(供应商竞合能力)探讨三元采购策略影响供应商感知的边界条件。

风险投资网络社群结构、信息传播与认知临近性

西安理工大学　党兴华、裴筱捷、王　雷　科研管理　2022 年第 3 期

本文研究中国风险投资网络社群结构影响信息传播。遵循社群结构在认知临近性的影响下改变信息传播的逻辑思路,提出风险投资网络社群结构的三个维度和信息传播的两种类型,采用实证分析法分别检验。

实验室验证对技术转移影响研究:双元学习视角

西安理工大学　吴鹏飞、林　筠　科研管理　2022 年第 3 期

结合双元学习理论,基于对企业实验室和高校实验室调研获得的 248 份数据,采用多元回归方法探究实验室验证的研究(R)绩效与开发(D)绩效在双元学习的作用下对技

术转移的影响,并分析政府科技支持的调节效应。

债务治理、地方融资平台期限错配与企业绩效
——基于"43号文"的研究

西安理工大学　扈文秀、刘　欢、马晓强　等　运筹与管理　2022年第3期

本文利用中国2009~2018年2193家地方融资平台的面板数据,采用基准回归模型和中介效应模型,分析43号文件对地方融资平台期限错配的治理效应,并进一步分析债务治理是如何通过缓解地方融资平台期限错配最终改善企业绩效的。

科技成果转化过程中高校实验室验证有效性的前因探索

西安理工大学　林　筠、吴鹏飞、吴莹莹　等　管理评论　2022年第3期

本文通过对陕西高校科研实验室验证过程质性研究发现,技术选择能力、实验方案设计能力、实验室协调能力和实验室资源与实验室验证的有效性有重要关联。经过理论推演提出研究假设,设计调查量表在全国高校进行大样本调查。

企业如何走出"整合"还是"自治"的困境?

西安石油大学　裴旭东　科研管理　2022年第3期

本文以高科技企业为研究对象,构建收购前技术甄选、资源重叠以及收购后战略模式选择三者间的理论模型,运用多元线性回归分析对所提研究假设进行实证检验。研究结论从整体价值创造层面揭示技术收购后收购方企业如何进行战略模式选择的内在机制,为企业有效解决技术收购后"整合"还是"自治"战略这一现实问题提供理论依据。

我国制造业全球供应链重构和数字化转型的路径研究

西北政法大学　王　静　中国软科学　2022年第4期

我国制造业全球供应链重构和数字化转型的具体路径:基点是积极推动数字经济和实体经济融合发展,形成制造强国战略的中坚主力。要点是全力推动构筑国家竞争新优势,开拓科技创新的普惠力量。重点是全面完善产业链供应链治理体系及体制机制,承担畅通双循环的开放使命。焦点是加快建设现代化经济体系,担当数字化减排的先行先锋。

基于 STERGM 的风险投资网络演化动力研究

西安理工大学　党兴华、张　晨　科研管理　2022 年第 5 期

本研究利用 CVSource 数据库构建风险投资网络,从机构属性、二元关系、网络结构等多维度提出影响风险投资网络关系形成和网络关系解散的假设变量,采用分离时间指数随机图模型(STERGM),探索中国风险投资网络的演化动力。

技术创业型企业与创业平台资源共生演化机理

西安理工大学　惠　祥、李秉祥、李明敏　科研管理　2022 年第 5 期

创业平台和技术创业型企业共生关系的形成,对促进价值共创具有重要意义。现有研究聚焦于创业平台对技术创业型企业的单向资源供给,对资源共生提高孵化效率、实现价值共创的关键作用未做深入探讨。

投资者概念关注对股票收益的影响研究——基于百度搜索数据

西安理工大学　苏振兴、扈文秀、杨　栎　运筹与管理　2022 年第 5 期

中国股票市场存在明显的概念炒作现象,扭曲市场的良性定价机制。本文基于有限注意视角揭示投资者概念关注对股票收益的影响机制,使用百度搜索数据衡量投资者概念关注,以"一带一路""5G""PM2.5"概念板块的股票为研究样本进行实证研究。

数字化转型与企业创新效率——来自中国制造业上市公司的经验证据

西安理工大学　杨水利、陈　娜、李　雷　运筹与管理　2022 年第 5 期

虽数字化已成为企业创新驱动发展的重要引擎,但制造企业如何挖掘数据价值提升创新效率是学界和业界共同关注的热点问题。基于 2007—2019 年沪深 A 股制造业上市公司数据,探讨数字化转型对制造业企业创新效率的影响机理。

衣锦还乡促创新？——基于高管家乡认同的研究

西北工业大学　黄　珍、禹媛媛、贾　明　管理工程学报　2022 年第 5 期

本文基于 2007—2018 年沪深 A 股上市公司高管家乡及公司注册地数据,探究高管家乡认同对公司创新的影响及内在机制。在此基础上,从宗族文化和政治关联的视角探讨家乡认同与公司创新关系的调节效应。

认知－动机－关系理论视角下辱虐管理对员工留职的作用机制研究

西北大学　杨春江、陈亚硕　管理学报　2022 年第 5 期

　　本文基于认知－动机－关系理论，采用多时点的研究设计，以 309 名员工为对象，通过结构方程模型对所收集的数据进行分析，以探究领导的辱虐管理对员工继续留职工作的影响，以及其间的情绪反应、转变机制和权变因素。

性别差异对研发投资决策影响的实验研究

西安理工大学　吴祖光、万迪昉、王文虎　运筹与管理　2022 年第 6 期

　　本文在揭示性别因素影响研发投资机理基础上，为董事会性别多样性、分级董事会以及递延薪酬等治理机制发挥作用机理提供新解释。研究结论为企业职位的性别配置、分级董事会以及激励契约设计提供借鉴。

工作自主性对知识获取行为的影响机制
——基于复杂产品研发项目管理者的证据

西北工业大学　杜娟、杨乃定、王杜方玫　科学学研究　2022 年第 6 期

　　本文对 245 份问卷数据进行实证分析，探讨工作自主性对复杂产品研发项目管理者知识获取行为的影响机制，对优化研发项目管理，加快复杂产品系统产业技术创新具有一定的启示。

白衣骑士策略下敌意并购竞价与时机研究

西安理工大学　章伟果、扈文秀、杜金柱　中国管理科学　2022 年第 7 期

　　本文重点求解均衡状态下竞价阶段的最优竞价策略，序贯博弈阶段白衣骑士的最优进入决策、目标企业的最优终止费策略和敌意并购方的初始报价策略，以及时机选择阶段敌意并购方的最优敌意并购时机。

买方企业产品开发中供应商创新整合效能的提升机制研究

西安理工大学　崔贺珵、李随成、乔建麒　管理学报　2022 年第 7 期

　　本文以供应商创新贡献反映买方企业产品开发中供应商创新整合效能，探讨战略契合、优先客户地位、买方－供应商协同对供应商创新贡献的影响机理。利用结构方程模型对 317 份我国装备工业企业问卷数据进行统计分析。

社会监督与企业社保缴费：来自社会保险监督试点的证据

西北大学　赵仁杰　管理世界　2022 年第 7 期

　　本文依据全国税收调查数据和社会保险基金社会监督试点政策发现，社会监督能有效提升企业社保实际缴费率和参保率，且中央试点的政策效应要大于地方试点。异质性分析表明社会监督主要提高由税务部门征收及民营、小型微型企业的社保缴费合规性，对非民营企业和大中型企业的影响较小。

基于拍卖机制的资源转移时间型动态分布式多项目调度

西北工业大学　刘婉君、张静文、刘万琳　中国管理科学　2022 年第 8 期

　　本文在动态环境下对资源转移时间型分布式多项目调度问题进行建模和求解，基于多代理系统建立分布式多项目调度问题的动态模型，并将拍卖理论引入其中，设计一种基于时间窗拍卖机制的分布式多代理系统，在动态环境和资源转移时间约束下为多项目配置全局资源。

实际控制人的政治、经济激励对企业社会责任报告的影响

西北工业大学、西安交通大学　雷　雪、贾　明、张　喆　管理评论　2022 年第 8 期

　　本文结合合法性理论和代理成本理论，实证分析实际控制人所面临的政治激励、经济激励以及政治和经济的双重激励对企业社会责任报告的影响。

制造企业服务化程度、服务化模式和服务化收益研究

西安理工大学　王　昊、陈菊红、张雅琪　等　运筹与管理　2022 年第 9 期

　　本文研究不同需求侧特征下服务化程度、服务化模式对服务化收益的影响，并构建考虑需求侧特征的制造企业服务化程度决策模型；研究不同服务化模式下服务化程度与服务化收益之间的关系。

智联产品服务供应链研发运维多阶段联合优化与协调

西安理工大学　苏菊宁、杨泽君、王奕婷　等　中国管理科学　2022 年第 9 期

　　本文考虑"智能"和"互联"对产品、服务的需求和成本的影响，构建供应链两阶段动态博弈模型。刻画分散决策和集中决策下供应链的最优运作行为，基于产品收益和服务收益提出"双元收益共享"的供应链协调机制。

技术甄选行为对技术收购后价值创造的影响研究

西安石油大学　裴旭东　科研管理　2022 年第 9 期

本文构建技术甄选行为、技术知识利用方式、收购经验以及价值创造之间的理论模型,并以高科技企业为研究对象,利用 257 份有效问卷进行实证研究。研究结果丰富并扩展企业如何通过技术收购创造价值的相关理论,回答"成功的技术购买者如何做到物有所值"这一现实问题。

双会议服务器选址问题研究

西安理工大学　徐　弈、陈　莹　运筹与管理　2022 年第 9 期

本文认为,考虑平面点集选址问题中的双会议服务器选址问题,是 2 中位问题的衍生问题。令 P 为平面上包含 n 个点的点集,双会议服务器选址问题即为寻找由该点集构成的一棵二星树,使得这棵树上所有叶子之间的距离和最小。

不同差错氛围激发团队突破性创造力的机理研究:社会信息处理视角

西安外国语大学　耿紫珍　管理评论　2022 年第 9 期

本文研究差错管理氛围和差错反感氛围通过影响团队心理安全感、团队认知柔性和团队建设性辩论作用于团队突破性创造力的内在机理,构建不同差错氛围影响团队突破性创造力的"心理 – 认知 – 社会"机理模型。

非国有股东治理与企业资本运营效率——监管方式的调节作用

西安理工大学　杨水利、田　野　运筹与管理　2022 年第 10 期

本文认为,提升企业资本运营效率是国资国企改革的重要问题。以混合所有制改革和"管资本"为主的监督制度转型为背景,从股权治理和高管治理两个方面探讨非国有股东治理对企业资本运营效率的影响和监管方式的调节作用。

期望落差、惯例复制与迭代创新:组织即兴的调节作用

西安理工大学　魏　龙、党兴华　管理评论　2022 年第 10 期

为破解技术创新网络迭代创新的微观机理,本研究基于竞争期望理论视角,透析持续性和范围性期望落差对迭代创新的影响,探究惯例复制的中介作用以及组织即兴的调节作用,并结合中国企业创新实践数据进行实证检验。

惯例复制、资源拼凑与创新催化

西安理工大学　魏　龙、党兴华　科学学研究　2022 年第 10 期

为破解技术创新网络的创新催化机制,研究分析技术创新网络惯例复制对创新催化的影响,剖析资源拼凑的中介作用以及分裂断层的调节作用,结合我国企业的实践数据进行实证检验。

经营期望差距影响公司股价崩盘风险吗?

西北工业大学　苏　坤　管理评论　2022 年第 10 期

本文以中国沪、深上市公司为对象,研究经营期望差距如何影响股价崩盘风险及上述影响在不同情境下的差异。

渠道冲突与企业间协作:第三方介入的调节作用

西北工业大学、西安交通大学　卢亭宇、庄贵军　中国管理科学　2022 年第 10 期

本文以社会平衡理论和营销渠道组织间关系的相关研究为基础,探讨渠道冲突对企业间协作的影响,并检验第三方介入对冲突与企业间协作之间关系的调节作用。

☞ 论文·新闻与传播学研究

算法新闻的可版权性质疑及邻接权保护

西北大学　赵双阁、艾　岚　新闻与传播研究　2022 年第 3 期

本文认为,人工智能生成算法新闻,是自我推演逻辑规则下对挖掘的数据进行持续"榫接"和匹配最终产生的结果。这种新式的、无人参与的新闻生产方式对著作权法意义上的作品认定、权利保护模式、归属规则都带来挑战。

社会思潮网络传播中的非理性因素:形态、成因及引导

西安交通大学　黄方楠、李明德　人文杂志　2022 年第 2 期

本文认为,面对网络形态中非理性因素的增长和社会心理对非理性因素的促成,应当从网络新形式中的非理性识别、个人情感表达纠偏和群体心理疏导入手,提高新时代社会思潮的治理效率。

从数字教材出版到学习场景构建：面向智慧教育的教育出版企业知识服务

陕西师范大学　代　杨　出版科学　2022年第4期

　　从出版的知识服务属性出发，结合智慧教育特征和出版关键环节，从出版内容、出版渠道、出版技术三方面探索教育出版企业"转识为智"的知识服务策略，为出版企业数字化转型升级提供参考。

延安时期红色文化国际传播的历史经验及其当代启示

西安外国语大学　党争胜　上海交通大学学报　2022年第4期

　　文章对延安时期红色文化的国际传播进行系统的史料综述。通过对延安红色文化国际传播载体、主体和成效的梳理总结，提出新时代背景下讲好中国故事、增强中国国际传播效果的四点建议，即加强组织引领，以我为主；培育对中国友好媒体，借口发声；加强民间交往，双管齐下；做好分众表达，精准传播。

印刷文化与出版文化的历史价值暨当代意义

陕西师范大学　王勇安、张艺瑜　出版科学　2022年第5期

　　印刷文化是印刷复制技术与社会文化千年互动的结晶，是出版业诞生的思想基础；出版文化是人类知识生产及文化传承的基础和核心，引领出版嵌入知识生产，深刻影响人类知识活动。两种文化赋予出版系统存储、规范生产和稳定传播知识的天然禀赋，并将人工智能时代出版锚定于知识生产和知识服务领域。

智媒体时代网络内容生态治理——用户算法素养的视角

陕西师范大学　许加彪、付可欣　中国编辑　2022年第5期

　　网络内容生态治理是一个系统工程。用户算法素养的提高成为关键环节。应该遵循用户价值导向的实践性、多维性、崇高性、人文性等维度，大力提升用户在增强偏好标签的洞察力、增强信息环境的批判力、增强低俗信息的脱敏力、增强个人隐私的保护力等方面的算法素养，避免用户沦为技术的客体和附庸。

短视频平台内容审核编辑的现状、症候与未来

陕西师范大学　郭　栋　中国编辑　2022 年第 6 期

网络平台上的把关群体影响全媒体时代的内容安全,内容审核编辑是适应发展形势的新型内容把关人。网络内容一般需经过三道审核程序,多数平台对审核流程和标准规定详细。在短视频平台中作为"文化中间人"的内容审核编辑让位于算法"市场中间人"角色,出现职业隔离、角色距离和身心健康等问题。网络平台所采取的改进措施以及内容审核编辑的未来发展值得关注。

"旧相识"与"新相逢":出版研究的知识入射角意蕴

西安外国语大学、河北大学　张秀丽、李开渝　出版科学　2022 年第 6 期

本文以知识为入射角抽象出不同时期出版形态、业态的规律性,溯源出版研究与知识"旧相识"与"新相逢",提出知识赋能出版不仅能够打通出版研究的归一性,激活出版研究新活力,而且能够超越出版转型发展话语的桎梏,提升出版实践效能。

"马克思党报思想"中国化的肇启及传承
——延安整风运动中的《解放日报》改版

西北政法大学　孙　江　现代传播　2022 年第 6 期

马克思党报思想形成于《社会民主党人报》时期,逐渐形塑出具有党性、人民性、阶级性、斗争性等鲜明的特点和具体办报方针的思想。《解放日报》"全党办报,群众办报"的思想是对"马克思党报思想"的时代传承。

算法安全:伪舆论的隐性机制与风险治理

陕西师范大学　许加彪、王军峰　现代传播　2022 年第 8 期

网络平台通过可见性的控制和智能适配的技术逻辑影响舆论的自然生成,在特殊利益集团的操控下,算法以其隐蔽的技术手段将社会表达的"公意"舆论操纵为一种满足特定需求的"众意"的"伪舆论"。

另类传播和语言游戏:网络场域中的拼音缩写检视

陕西师范大学　郭　栋　现代传播　2022 年第 10 期

对拼音缩写的解读需要在不同的社会实在之间往返跳跃,摆脱生活世界的辖制并对

其产生犹疑。拼音缩写尽管能使人们的生活方式变得更加丰富,却使意义本身陷入稀缺状态。对于已经"出圈"的拼音缩写词,需要采取有机干预的方式引导。

狂欢、失控与规整:互动仪式视角下EDG夺冠后的极端Flag现象

西北政法大学　陈　琦、王立波　现代传播　2022年第11期

中国电竞战队EDG夺得2021年英雄联盟全球总决赛冠军引爆国内电竞群体,但赛后一些兑现极端flag的现象引发媒体和公众的批评。通过对微博上相关评论的抓取和分析,借助互动仪式理论去理解这一事件的发展历程和产生的原因,发现庞大的游戏群体、游戏传统、特殊的战队历程等因素共同推动粉丝们立下flag,而极端flag则是互动过程中的一种另类表达。

☞ 论文·民族学研究

论中国古代"大一统"内涵的发展演变

西北大学　陈　跃　中国边疆史地研究　2022年第1期

春秋战国时期,"大一统"思想孕育产生,其内涵是政治一统与"华夷有别"。自秦以后,疆域一统和"华夷分治"成为汉至明时期"大一统"思想的内涵。两晋南北朝时期,强调"入华"为"正统"。隋唐时期则偏重于"华夷一尊"。五代宋辽金元时期"大一统"的内涵强调"合九州居正统"。明朝更强调"华夷之辨"和"内外之别"。清朝突出华夷一体、中外一体和对中华文化的高度认同,从而实现"大一统"思想的重大突破。

全面的觉醒:抗战时期新疆各民族国家认同研究

西北工业大学　赵海霞　中国边疆史地研究　2022年第6期

本文认为,抗战时期新疆各民族国家认同进一步增强。日本的侵略及伴随而来的各种暴行不仅激发新疆各民族国家意识的成长,同时亦推动新疆各族普通民众的国家认同增强。影响新疆各民族国家认同的要素除外敌入侵,还有中国共产党的抗日宣传、地方政府的政策导向及新疆社会各界的动员。

☞ 其他论文

序号	题目	作者	单位	发表刊物	时间
1	《新闻联播》新媒体平台的传播特色与策略	郭霄鹏 赵云嘉	宝鸡文理学院	传媒	2022年第1期
2	国际性招贴设计展览与中国国家形象建构关系探析	李新昌	宝鸡文理学院	文艺争鸣	2022年第1期
3	空间呈现、主体构建与意境营造——新世纪以来丝路题材纪录片的奇观化叙事	吉平	陕西科技学大学	电视研究	2022年第1期
4	国家安全学下的国家安全法学专业课程体系研究	王林	西北政法大学	情报杂志	2022年第1期
5	文学外译构建海外"自我形象"的合理性与路径	罗铮	西安电子科技大学	外语学刊	2022第1期
6	智慧化教育导引下的教育扶贫创新及其实现	刘韬	西北工业大学	高等工程教育研究	2022年第1期
7	百年以来维护党中央权威及对新时代"治藏方略"的启示	靳燕凌	延安大学	西藏大学学报（社会科学版）	2022年第1期
8	《坠落的人》中"拼贴"的后现代叙事意义	黄铁蓉	西安外国语大学	英美文学研究论丛	2022年第1期
9	马克思"劳动成为生活的第一需要"论断的溯源与释义	寇东亮	陕西师范大学	伦理学研究	2022年第1期
10	开创西方三大历史时代的诸智慧形态	戴晖 敖安娜	陕西师范大学	马克思主义美学研究	2022年第1期
11	朝鲜时代汉语教科书中"否咧"的用法及其蒙古语来源	刘国伟	陕西师范大学	民族语文	2022年第1期
12	关中平原人为土形成的历史探析	杜娟	陕西师范大学	农学学报	2022年第1期
13	我国西部教育资源配置的空间分异及其优化路径——基于2010—2019年省级面板数据的分析	戴妍 王奕迪	陕西师范大学	青海师范大学学报（哲学社会科学版）	2022年第1期
14	中国区域数字产业发展的平衡性分析	李娟 刘爱峰	陕西师范大学	统计与信息论坛	2022年第1期

续表

序号	题目	作者	单位	发表刊物	时间
15	肥胖、疗疮与麻醉剂：胡景翼死因的医疗史考察	程 森	陕西师范大学	医疗社会史研究	2022年第1期
16	风险厌恶与农户气候适应性技术采用行为——基于新疆植棉农户的实证分析	毛 慧 付 咏 彭 澎 等	陕西师范大学	中国农学观察	2022年第1期
17	东亚的人与自然：探索环境史研究的新方向——第六届东亚环境史学大会综述	王理民 张 莉	陕西师范大学	历史地理研究	2022年第1期
18	西部农村学校同伴效应对青少年近视的影响	杜 康 黄珏瑢 关宏宇 等	陕西师范大学 中国农业大学	西北农林科技大学学报（社会科学版）	2022年第1期
19	大众文化与晚清《鲁滨孙漂流记》的中国化	石 燕	西安工业大学文学院	中国比较文学	2022年第1期
20	农村劳动力流动如何影响农户宅基地退出行为？	夏显力	西北农林科技大学	南京农业大学学报（社会科学版）	2022年第01期
21	设立村级河长提升农村水环境治理绩效了吗？——基于倾向得分匹配（PSM）的反事实估计	朱玉春	西北农林科技大学	南京农业大学学报（社会科学版）	2022年第01期
22	河南项城贾庄和后高老家遗址炭化植物遗存揭示的仰韶时期的原始农业	程至杰	西北农林科技大学	人类学学报	2022年第1期
23	二十世纪德国思想界的中国观	温 馨	西安外国语大学	深圳大学学报（人文社会科学版）	2022年第1期
24	记忆·英雄·身份认同：哈维尔·塞尔卡斯的西班牙内战系列小说研究	侯 健	西安外国语大学	外国文学动态研究	2022年第1期
25	基于低频分量EEMD-SVR预测建模的指数择时策略	高 妮 贺毅岳 马新成	西安外国语大学 西北大学	统计与决策	2022年第1期
26	《破邪论》编纂及唐五代版本考	刘林魁	宝鸡文理学院	古籍研究	2022年第2期

续表

序号	题目	作者	单位	发表刊物	时间
27	延安时期民族情况调查与党的民族政策制定——以陕甘宁边区为中心	王 飞	陕西科技大学	民族学论丛	2022年第1期
28	商业、正义与现代文明——论休谟商业观的现代性意义	汶红涛	长安大学	海南大学学报（人文社会科学版）	2022年第1期
29	新见明刊本《老子八十一化图说》考辨	刘康乐	长安大学	老子学刊	2022年第1期
30	一篇路遥研究的重要遗文	邰科祥	西安工业大学	南方文坛	2022年第1期
31	耦合性治理:高原藏区产业发展、易地扶贫搬迁与生态保护的共融——基于Z县脱贫攻坚经验的总结	李 博 左 停	西安建筑科技大学	云南社会科学	2022年第1期
32	中共中央西北局时期中国共产党人的革命精神:内涵、特质及作用	黄 蜆 薛 伟	长安大学	唐都学刊	2022年第1期
33	公共文化建设70年:从政策工具视角看我国省级公共文化发展	尚子娟 郑梧桐 任禹崑	长安大学	文化学刊	2022年第1期
34	乡村振兴战略中的"三治融合":何以可能？如何为之？——基于陕西省X市的考察	郭占锋	西北农林科技大学	中共福建省委党校（福建行政学院）学报	2022年第1期
35	贵州智慧社区矫正建设:成效、问题及完善路径	哈洪颖	西北农林科技大学	理论与当代	2022年第1期
36	后扶贫时代农村青年消费的新特点——以陕西关中城郊B村为例	邢成举	西北农林科技大学	人口与社会	2022年第1期
37	民法典对高校法治工作的新要求与改进路径	刘 鹏	西北农林科技大学	黑龙江高教	2022年第1期
38	从利益联结到社会整合:乡村建设的烟台经验及其在地化实践	马良灿	西北农林科技大学	中国农业大学学报（社会科学版）	2022年第1期
39	乡村社区营造何以成功？——来自关中袁家村的案例研究	张 红	西北农林科技大学	西北农林科技大学学报（社会科学版）	2022年第1期
40	重大突发事件中公众安全感的影响因素与对策——基于2020年西安市新冠肺炎疫情的实证分析	李 菲 王 露	长安大学	陕西理工大学学报（社会科学版）	2022年第1期

续表

序号	题目	作者	单位	发表刊物	时间
41	突发事件中场域组态异构、边度耦合与舆论圈层扩散的内生影响研究	阳长征	西安交通大学	情报杂志	2022年第1期
42	信息扩散、产业集聚与区域技术创新绩效——基于2005—2018年区域面板数据的动态分析	阳长征	西安交通大学	科技进步与对策	2022年第1期
43	重大突发公共卫生事件政府回应效果影响因素研究——基于2011—2020年我国36起重大突发公共卫生事件的实证分析	宋欢迎	西安交通大学	情报理论与实践	2022年第1期
44	"双循环"新发展格局背景下的中国能源革命理论基础与战略路径	胡 健	西安财经大学	西安财经大学学报	2022年第1期
45	公益、基本、均等和便利：公共文化服务绩效的环境影响因素研究	尚子娟 任禹崐	长安大学	图书馆理论与实践	2022年第1期
46	中国共产党推进西部民族地区民主政治建设的基本经验	周玉琴	长安大学	党建参阅	2022年第1期
47	生态扶贫与乡村生态振兴的内在逻辑与有机衔接	孙百亮 柴毅德	长安大学	宝鸡文理学院学报（社会科学版）	2022年第1期
48	20世纪20年代中国电影"女演员"群体探析	徐雅宁	西安外国语大学	当代电影	2022年第1期
49	农业产业组织能否影响农户安全生产行为——来自陕西省眉县500户猕猴桃种植户的证据	张蚌蚌	西北农林科技大学	农业技术经济	2022年第1期
50	评黄宽重《孙应时的学宦生涯》——兼谈孙应时改官的问题	胡 坤	西北大学	中国史研究	2022年第1期
51	毛泽东文本中的德波林双重肖像问题解读	王振民	西北大学	中共党史研究	2022年第1期
52	新时代如何更好坚持和发展中国特色社会主义——学习党的十九届六中全会精神的体会	白永秀 吴杨辰浩	西北大学	政治经济学评论	2022年第1期
53	美印智库中的"一带一路"形象研究	王宏俐	西安交通大学	外语电化教学	2022年第1期
54	我国中央银行流动性工具箱的创新、演进特点及法律问题研究	刘丹冰	西北大学	西北大学学报（哲学社会科学版）	2022年第1期

续表

序号	题目	作者	单位	发表刊物	时间
55	主流媒体引导下公共事件社会舆情泛化特征分析	张文杰	西安邮电大学	情报科学	2022年第1期
56	中国现代性文明新形态出场的历史逻辑与时代意义	陈建兵 郝一博	西安交通大学	青海社会科学	2022年第1期
57	从边缘到中心:南非气候政治发展析论	赵 斌	西安交通大学	西亚非洲	2022年第1期
58	以正确义利观引领"一带一路"民心相通效能提升路径	王维国 陈佳美思	西安交通大学	北京联合大学学报（人文社会科学版）	2022年第1期
59	涉农信息传播视角下农业科普期刊融媒体发展研究——陕西省8个重点农业生产县区的调研与分析	张 玥 李明德	西安交通大学	中国科技期刊研究	2022年第1期
60	金融发展的节能减排效应及机理分析——基于能源足迹视角的再检验	张文彬	西安财经大学	新疆大学学报（哲学·人文社会科学版）	2022年第1期
61	当代西方左翼的中产阶级研究:现状和问题	张 瑾	西安交通大学	国外理论动态	2022年第1期
62	全体人民共同富裕的核心内涵、基本遵循与发展路径	燕连福 王亚丽	西安交通大学	西安交通大学学报（社会科学版）	2022年第1期
63	生态约束下黄河流域高质量脱贫攻坚的长效机制研究	朱 楠 任保平	西北大学	山东社会科学	2022年第1期
64	歧视的法律判断标准	石 颖	中共陕西省委党校（陕西行政学院）	河南大学学报（社会科学版）	2022年第1期
65	我国公共托育服务中政府与市场的关系研究:合作与边界	尚子娟 张帆帆 石智雷	长安大学 中南财经政法大学	成都师范学院学报	2022年第1期
66	老庄平等观的内在逻辑及现代价值	刘芳芳	长安大学	中华文化与传播研究	2022年第1期
67	唐代长安玄都观考	刘康乐	长安大学	中国本土宗教研究	2022年第1期
68	高效能治理的理论内涵与政策议程	何得桂	西北农林科技大学	中共南昌市委党校学报	2022年第1期

续表

序号	题目	作者	单位	发表刊物	时间
69	社会公平视域下法国养老金制度改革及其启示	马红鸽 韩亭利	西安财经大学	社会保障研究	2022年1期
70	领导者内隐追随对工作投入的影响:一个中介和调节模型	陈晓暾	陕西科技大学	工程管理科技前沿	2022年第2期
71	罗蒂新实用主义中的无镜哲学	张 晶 叶珈妤	长安大学	佳木斯大学社会科学学报	2022年第2期
72	制造关联:精准扶贫实践中的利益联结与关系再构——从地方政府行为切入	邢成举	西北农林科技大学	南京农业大学学报（社会科学版）	2022年第2期
73	制度供给与集体行动:新乡贤参与社会治理共同体的路径分析	曾凡木	西北农林科技大学	求实	2022年第2期
74	习近平经济思想的理论基础与重大创新	吴明永 呼翠翠	陕西科技大学	青海社会科学	2022年第2期
75	"南方谈话"对于中国特色社会主义的当代价值	吴明永 王文龙	陕西科技大学	新疆财经大学学报	2022年第2期
76	论客家方言梗摄文读音及相关韵摄的演变	付新军 李 曼	陕西中医药大学	语言研究集刊	2022年第2辑
77	高校思政课效力提升路径研究	黄 蜺 常 喜	长安大学 陕西中医药大学	学校党建与思想教育	2022年第2期
78	青海明长城遗址赋存环境特征研究	杜昱民	西北工业大学	石窟与土遗址保护研究	2022年第2期
79	"整体"与"多维":贾平凹文学批评文本的再批评	李 瑞	西安交通大学	小说评论	2022年第2期
80	清代撒拉聚居区的社会治理	张 蓉	长安大学	民族学论丛	2022年第2期
81	医学考古学视野下的古代瘟疫遗存考察	赵丛苍 曾 丽 祈 翔	西北大学	中原文化研究	2022年第2期
82	论我国碳评价制度的构建	王社坤	西北大学	北方法学	2022年第2期
83	数据商品及其二因素、劳动二重性的政治经济学分析	白永秀 宋丽婷	西北大学	经济纵横	2022年第2期

续表

序号	题目	作者	单位	发表刊物	时间
84	比较地区主义:区域国别研究新思路——兼论中国学者的视角和贡献	王志	西安外国语大学	教学与研究	2022年第2期
85	连接与共情:中国故事对外传播的"他者"实践——一项基于在华留学生深度访谈的实证研究	高晓瑜 王亚蒙	西安外国语大学	新媒体与社会	2022年第2期
86	"新格义"阐释:西方文学心理学阐释的本土化问题	谷鹏飞	西北大学	西北大学学报（哲学社会科学版）	2022年第2期
87	阐释学"应用"的三种基本形态	陈皓钰	西北大学	西北大学学报（哲学社会科学版）	2022年第2期
88	数字经济下政治经济学理论创新研究	师博	西北大学	政治经济学评论	2022年第2期
89	甘肃南佐遗址发现仰韶大型环壕聚落	李小龙	西北工业大学	中国文物报	2022年2月11日
90	易地扶贫搬迁对农户收入的影响机理及效应——基于陕南3市8县1712个农户数据的实证分析	余劲	西北农林科技大学	经济地理	2022年第2期
91	基于GIS的关中地区仰韶至商周时期聚落时空分布及驱动力分析	周婷婷 崔建新	陕西师范大学	地球环境学报	2022年第2期
92	唐初三朝国史与实录纂修关系考	罗瑾歆	陕西师范大学	唐史论丛	2022年第2卷
93	尼采视角中海德格尔的在场形而上学	赵卫国	陕西师范大学	天津社会科学	2022年第2期
94	中国共产党引领"自然辩证法概论"课程发展历史研究——纪念高校硕士生思政课自然辩证法概论正式开设40周年	邵志毅 任晓伟	陕西师范大学	自然辩证法研究	2022年第2期
95	唐初三朝国史与实录纂修关系考	罗瑾歆	陕西师范大学	唐史论丛	2022年第2卷
96	尼采视角中海德格尔的在场形而上学	赵卫国	陕西师范大学	天津社会科学	2022年第2期
97	小城故事多:县域主体讲好中国故事的实践与启示	范晨虹 苑一帆	西安外国语大学 北京外国语大学	新媒体与社会	2022年第2期

续表

序号	题目	作者	单位	发表刊物	时间
98	厘清恩格斯对城乡关系问题的贡献——基于马克思恩格斯学术关系的视角	张志昌 王 秀	商洛学院	西藏民族大学学报（哲学社会科学版）	2022年第2期
99	现代化进程中高效能治理的实现路径和机制——以联系和服务群众的制度化探索为例	何得桂	西北农林科技大学	开发研究	2022年第2期
100	双重制度压力对企业社会责任报告披露的影响：迎合还是防御	赵小玥 贾 明 张 喆	西北工业大学 西安交通大学	当代财经	2022年第2期
101	相对贫困治理驱动共同富裕发展：重大挑战与政策演进	马孟庭	西安电子科技大学	新疆社会科学	2022年第2期
102	项目教学法在"社区管理"课程教学中的应用	王 华	西北农林科技大学	中国林业教育	2022年第2期
103	党建势能：基层党建引领乡村产业发展的实践机制	何得桂	西北农林科技大学	中共天津市委党校学报	2022年第2期
104	路遥文论的智慧及其作品常销的缘由	邰科祥	西安工业大学	当代作家评论	2022年第2期
105	高技术产业集聚、创新与制造业高水平"走出去"——基于出口技术复杂度提升视角	余 姗	西安财经大学	技术经济与管理研究	2022年第2期
106	习近平生态文明思想的核心观点及时代价值	孙百亮 柴毅德	长安大学	山西高等学校社会科学学报	2022年第2期
107	农民合作社发展与相对贫困治理协同推进机制研究	赵晓峰	西北农林科技大学	中共宁波市委党校学报	2022年第2期
108	工商企业土地托管的实践困境及其治理	豆书龙	西北农林科技大学	西北农林科技大学学报（社会科学版）	2022年第2期
109	我国耕地土壤污染防治立法探析	董 红	西北农林科技大学	西北农林科技大学学报（社会科学版）	2022年第2期
110	空间与认同：道路研究视域下的"新疆交通遗存"	孙海芳 刘学堂	西安外国语大学	中央民族大学学报（哲学社会科学版）	2022年第2期
111	企业内部审计对企业财务税收的价值研究	姚春芸	西安思源学院	审计文摘	2022年第2期
112	数字资本主义视域下的价值增殖研究	罗 铮	西安电子科技大学	政治经济学评论	2022年第2期

续表

序号	题目	作者	单位	发表刊物	时间
113	体育公共服务缓解相对贫困的时代价值、落实瓶颈与现代治理	肖坤鹏	西安交通大学	体育科学	2022年第2期
114	文化消费视角下中国实体书店地理空间分布特征与建议	廖政贸	西安交通大学	出版科学	2022年第2期
115	信息救济、情绪安抚与公众参与：社交媒体在非传统安全事件中的社会治理	陈积银	西安交通大学	全球传媒学刊	2022年第2期
116	人类世叙事理论	肖 旭	西安电子科技大学	长江学术	2022第2期
117	翻译规范的概念演化与研究走向	王军平	西安电子科技大学	上海翻译	2022年第2期
118	中国企业的碳中和战略：理论与实践	贾 明 杨 倩	西北工业大学	外国经济与管理	2022年第2期
119	中国式现代化新道路的五个特征	燕连福	西安交通大学	北京联合大学学报（人文社会科学版）	2022年第2期
120	西北地区农民进城买房行为的影响因素研究	胡卫卫	西北农林科技大学	广东农工商职业技术学院学报	2022年第2期
121	0—3岁托育需求影响因素研究：基于对市场与政府的期望	尚子娟 郑梧桐	长安大学	陕西学前师范学院学报	2022年第2期
122	交通现代化与人的行动自由之拓展——理解交通发展的另一种视角	孙百亮 宋 琳	长安大学	长安大学学报（社会科学版）	2022年第2期
123	被面与哈达：中华民族共同体意识的"帛礼"认同与民俗实践	孙海芳	西安外国语大学	云南民族大学学报（哲社版）	2022年第2期
124	档案治理体系下社交媒体文件归档研究	姜钦芳	中共陕西省委党校（陕西行政学院）	中国档案	2022年第2期
125	中国共产党百年来意识形态议题设置功能演进论析	高 飞 魏烈刚	西安交通大学	当代世界社会主义问题	2022年第2期
126	图里翻译规范视角下的《仙后》译本分析	马广勤	西安财经大学	文学教育	2022年第2期
127	超越康德——黑格尔、普勒斯纳、约纳斯和马图拉纳的生命自主性理论	王建辉	西安交通大学	科学技术哲学研究	2022年第2期

续表

序号	题目	作者	单位	发表刊物	时间
128	新中国成立前后中共在海外团结学人的尝试——以"留美科协"为中心的组织史考察	裴广强	西安交通大学	山东社会科学	2022年第2期
129	"向人民承诺"嵌入人大代表监督机制的理论构建——基于发展全过程人民民主的分析	王维国 陈雯雯	西安交通大学	北京行政学院学报	2022年第2期
130	黄河流域城乡融合协调发展：水平测度、制约因素及发展路径	张爱婷	西安财经大学	统计与信息论坛	2022年第3期
131	建立健全巩固拓展脱贫攻坚成果长效机制	张娟娟	中共陕西省委党校（陕西行政学院）	宏观经济管理	2022年第3期
132	工作嵌入对贫困地区普惠性民办园教师离职倾向的影响：一个条件过程模型	郑益乐	宝鸡文理学院	教师教育研究	2022年第3期
133	宅基地退出、要素配置与农户农业生产效率	赵 凯	西北农林科技大学	南京农业大学学报（社会科学版）	2022年第3期
134	"十四五"我国智慧养老发展态势分析与实现路径	吴 雪	西安电子科技大学	经济体制改革	2022年第3期
135	陕西省县域旅游景点空间分异与影响机制研究	倪敬峰 张 翀 赵 昕	宝鸡文理学院	干旱区资源与环境	2022年第3期
136	算法歧视的发生逻辑与法律规制	石 颖	中共陕西省委党校（陕西行政学院）	理论探索	2022年第3期
137	民族地区乡村治理自治、法治、德治融合机制研究	李 斌	西北农林科技大学	传承	2022年第3期
138	"一带一路"背景下中国南亚语种本科人才培养刍议——以乌尔都语为例	李宝龙	西安外国语大学	外语教育研究前沿	2022年第3期
139	地方高校新闻与传播专业硕士特色化实践教育体系建构研究——以西安外国语大学为例	范晨虹 汪顺玉 牛 瑾	西安外国语大学	中国新闻传播研究	2022年第3期
140	"暂坐"茶楼上的当代都市女性	闵秋洁	商洛学院	小说评论	2022年第3期

续表

序号	题目	作者	单位	发表刊物	时间
141	"一带一路"倡议下中国沿线省份OFDI的影响效果评估	薛俭	陕西科技大学	统计与信息论坛	2022年第3期
142	中世纪罗马教廷犹太人政策管窥——从基督教人文主义者与圣方济各会的论争谈起	李大伟	陕西师范大学	古代文明	2022年第3期
143	中国与"一带一路"区域的双向贸易成本——基于异质性企业模型的联立成本测算与贸易效应分解	王珏 冯宗宪	陕西师范大学	国际贸易问题	2022年第3期
144	金融科技、风险传染与银行业系统性风险	刘孟飞 罗小伟	陕西师范大学	经济社会体制比较	2022年第3期
145	民族地区教育扶贫绩效评估研究——以广西壮族自治区为例	戴妍 王奕迪	陕西师范大学	民族高等教育研究	2022年第3期
146	老龄化对技术创新的结构性影响——总效应、异质性与时间上的结构性特征	豆建春 王运昌	陕西师范大学	人口与经济	2022年第3期
147	中国乡村教育振兴的未来图景及其实现——基于百年乡村教育发展连续统的视角	戴妍 王奕迪	陕西师范大学	西南大学学报（社会科学版）	2022年第3期
148	数字经济驱动中国经济高质量发展的逻辑机理与实现路径	李娟 刘爱峰	陕西师范大学	新疆社会科学	2022年第3期
149	中古辽西所见胡汉互动与交融	冯立君	陕西师范大学	中央民族大学学报（哲学社会科学版）	2022年第3期
150	辽金元时期九十九泉与官山考论	石坚军	陕西师范大学	中国边疆史地研究	2022年第3期
151	我国教育现代化发展水平的区位分布及其空间集聚效应	戴妍 王奕迪	陕西师范大学	中国电化教育	2022年第3期
152	中国共产党思想建设的百年历程、基本经验与当代启示	白清平 高楠	陕西科技大学	长安大学学报（社会科学版）	2022年第3期
153	二语语音感知及与产出的相关性研究——来自日语促音习得的实验证据	任宏昊	西安交通大学	外语教学理论与实践	2022年第3期
154	智慧养老的时代困境及出路分析	张晶 蹇海娥	长安大学	经济研究导刊	2022年第3期

续表

序号	题目	作者	单位	发表刊物	时间
155	英国多科技术学院治理变迁：样态、动力与效能	惠转转 程铭	陕西科技大学	外国教育研究	2022年第3期
156	国家治理现代化视野下新时代中国对外话语体系建构	黄蜆 段若章	长安大学	山东干部函授大学学报（理论学习）	2022年第3期
157	共同富裕背景下我国公共文化服务供需问题优化研究	尚子娟 王唯华	长安大学	统计与管理	2022年第3期
158	社会建构主义理论视域下课程思政的教学逻辑与发展路径	王华	西北农林科技大学	中国林业教育	2022年第3期
159	货币错配、人民币汇率对我国经济增长非线性时变影响的实证检验	王凯	西安电子科技大学	统计与决策	2022年第3期
160	返贫诱因与阻返机制构建	王怡	商洛学院	燕山大学学报	2022年第3期
161	重大铁路项目社会稳定风险演化机理探析——基于社会燃烧理论	李菲 霍明珠	长安大学	重庆交通大学学报（社会科学版）	2022年第3期
162	依托高校农业技术推广体系加强林业硕士实践研究培养环节的探索——以西北农林科技大学为例	杨学军	西北农林科技大学	中国林业教育	2022年第3期
163	英国应用型高校治理模式变迁的制度逻辑	惠转转 程铭	陕西科技大学	高教探索	2022年第3期
164	智慧健康养老产业高质量发展的战略导向与实现路径	韦艳 王欣宇 徐赟	西安财经大学统计学院	西安财经大学学报	2022年第3期
165	思想政治理论课"课堂革命"若干问题探讨	叶肖 蒋正治	商洛学院	湖南广播电视大学学报	2022年第3期
166	从藏民族心理认同机制看铸牢中华民族共同体意识的路径	崔海亮	延安大学	西藏民族大学学报（哲学社会科学版）	2022年第3期
167	"第一站"：未来大学模式再探索	武建鑫 赵亚丽	陕西科技大学	江苏高教	2022年第3期
168	贾平凹小说中的民间审美书写	赵萍君	商洛学院	商洛学院学报	2022年第3期
169	山阳县中原官话关中片方言的两字组连读变调和轻声	胡春兰	商洛学院	商洛学院学报	2022年第3期

续表

序号	题目	作者	单位	发表刊物	时间
170	广义修辞学视角下的《红楼梦》回目英译	薛 雨	商洛学院	商洛学院学报	2022年第3期
171	基于多模态话语分析的《土门》英译本研究	赵萍君	商洛学院	商洛学院学报	2022年第3期
172	庞德《华夏集》中河流意象的空间构建	任桂婷	商洛学院	商洛学院学报	2022年第3期
173	新民主主义革命时期党的廉政文化建设	刘 健	商洛学院	商洛学院学报	2022年第3期
174	突发公共卫生事件中大学生对心理健康服务的认知与需求研究	邹媛园 方枝郁 姬 菁	商洛学院	商洛学院学报	2022年第3期
175	贾平凹文学创作与研究的整体观	马英群	商洛学院	小说评论	2022年第3期
176	媒介进化:从短视频向中视频	刘 磊	西安工业大学	当代传播	2022年第3期
177	数字化时代高校治理绩效审计面临的机遇与挑战	寇 瑶	西安工业大学	广东经济	2022年第3期
178	旅游地日常生活的康复性意义研究——以丽江古城为例	黄清燕 白 凯 杜 涛	西安外国语大学 陕西师范大学	旅游学刊	2022年第3期
179	英语课堂教学的模态调用研究——多模态教学文体学视角	雷 茜 张春蕾	西安外国语大学	外语与外语教学	2022年第3期
180	我国翻译专业课程思政建设的几点思考	吴耀武 王 莹	西安外国语大学	外语电化教学	2022年第3期
181	差错能催生团队突破性创造力吗?——基于跨层次交互模型的fsQCA分析	耿紫珍 王艳粉 肖蒙蒙	西安外国语大学	研究与发展管理	2022年第3期
182	河长制背景下村域河流治理的多中心格局何以形塑——基于汉江流域S村的案例考察	朱玉春	西北农林科技大学	农业经济问题	2022年第3期
183	美国文艺复兴时期的生态转向与中国视野	孙 霄	西安外国语大学	中国比较文学	2022年第3期
184	供销部门土地托管的复合型碎片化困境及治理	豆书龙	西北农林科技大学	南京农业大学学报（社会科学版）	2022年第3期

续表

序号	题目	作者	单位	发表刊物	时间
185	重拾破碎时代的生命记忆——弋舟小说的精神叙事	荀羽琨	西安外国语大学	当代文坛	2022年第3期
186	延安时期毛泽东的思想政治工作艺术	王东维	延安大学	毛泽东思想研究	2022年第3期
187	"三治融合"中乡村治理共同体生成机制研究——以陕西省留坝县为例	李玲玲	西北农林科技大学	西南大学学报（社会科学版）	2022年第3期
188	中国共产党新时代民生观叙事的方法特征与实践逻辑	刘儒 张艺伟	西安交通大学	云南民族大学学报（哲学社会科学版）	2022年第3期
189	乡村文化的优势内核、发展困境与振兴策略	杨华 范岳 杜天欣	西安交通大学	西北农林科技大学学报（社会科学版）	2022年第3期
190	中国式现代化的历史演进、内涵扩展和未来指向	燕连福	西安交通大学	西北师大学报（社会科学版）	2022年第3期
191	短视频舆情的非理性表达与互动分析	黄方楠 李明德	西安交通大学	情报杂志	2022年第3期
192	集体欢腾、绝地天通与礼物交换：莫斯与涂尔干宗教人类学思想的理论分歧及其化解	李元元	西北农林科技大学	民族学刊	2022年第3期
193	欧盟气候治理的"另一半"叙事：女性出场与议程设置	赵斌 唐佳	西安交通大学	德国研究	2022年第3期
194	新时代人民美好生活需要：基本蕴涵、主要表现与实现路径	刘儒 王江涛	西安交通大学	郑州大学学报（哲学社会科学版）	2022年第3期
195	融合热点事件主题演化的民族文化扩散研究	马晓悦	西安交通大学	图书情报工作	2022年第3期
196	数字时代主流媒体正面宣传的现实困境与优化路径	李明德	西安交通大学	西安交通大学学报（社会科学版）	2022年第3期
197	基于多圈层耦合的重大突发风险事件媒介化治理能力体系建构	吴锋	西安交通大学	探索	2022年第3期
198	从"孔颜乐处"看儒家解决圆善的独特思路及伦理性质	王春梅	长安大学	哈尔滨工业大学学报（社会科学版）	2022年第3期
199	关系化用工：农业规模经营的社会基础	孙新华	西北农林科技大学	西北农林科技大学学报（社会科学版）	2022年第3期

续表

序号	题目	作者	单位	发表刊物	时间
200	特色农业发展与农村老人抑郁：代际关系的渠道作用	刘利鸽	西北农林科技大学	西南民族大学学报（人文社会科学版）	2022年第3期
201	考古学与19世纪后期墨西哥的古史重建	卢玲玲	西北大学	首都师范大学学报（社会科学版）	2022年第3期
202	记忆重建：十七年时期的中国新闻史书写	赵战花 赵泽鹏	西安外国语大学	国际新闻界	2022年第3期
203	城乡融合发展中宅基地使用权流转的必要限制与合理扩张	李玲玲	西北农林科技大学	西北农林科技大学学报（社会科学版）	2022年第3期
204	"刑事诉讼法学"课程教学改革与实践探索——以西北农林科技大学为例	刘冬梅	西北农林科技大学	黑龙江教育（高教研究与评估）	2022年第3期
205	跳出历史周期率：中国共产党的现实考验、逻辑依据及破解路径	陆卫明 郭佳鑫	西安交通大学	北京联合大学学报（人文社会科学版）	2022年第3期
206	乡村柔性治理能力的情境透视、培育机制与建构路径研究	胡卫卫	西北农林科技大学	农林经济管理学报	2022年第3期
207	家族化管理、地区市场化程度与家族企业财务绩效	马嫣然 罗丽	西安外国语大学 西北工业大学	西南大学学报（社会科学版）	2022年第3期
208	基层党组织制度优势转化为治理效能的机制与路径——基于群众路线视角的探析	何得桂	西北农林科技大学	西北农林科技大学学报（社会科学版）	2022年第3期
209	新文科建设背景下社会学人才培养的"两经一专"模式研究	赵晓峰	西北农林科技大学	新文科教育研究	2022年第3期
210	从"关系情境主义"到马克思主义道德学说的"语境主义"——人工智能伦理范式基础的转换	王亮	西安交通大学	云南社会科学	2022年第3期
211	新民主主义革命时期中国共产党的民生建设及其基本经验	刘儒 王明森 马叶凡	西安交通大学	行政论坛	2022年第3期
212	志人志怪、文本杂糅以及文化地理学——贾平凹《秦岭记》的来龙去脉	胡少山	安康学院	当代文坛	2022年第3期
213	黄河流域城镇化与高质量发展的耦合研究	任保平 巩羽浩	西北大学	经济问题	2022年第3期

续表

序号	题目	作者	单位	发表刊物	时间
214	高质量教育体系建设视域下地方高校教育服务贡献能力提升路径思考	廖鑫	安康学院	安康学院学报	2022年第4期
215	乡村文化振兴的核心内涵、基本矛盾与破解之道	李重 林中伟	西安交通大学	北京工业大学学报（社会科学版）	2022年第4期
216	论中华民族伟大复兴进入不可逆转的历史进程	陈建兵 郭小铭	西安交通大学	北京工业大学学报（社会科学版）	2022年第4期
217	拜登政府对华海外基建竞争：策略、制约与前景	金新 罗艳	西安交通大学	亚太经济	2022年第4期
218	知道者悖论的新型解决方案探析	雒自新 贾文辉	西安交通大学	湖南科技大学学报（社会科学版）	2022年第4期
219	论《资本论》生态思想的逻辑结构	刘晓勇	宝鸡文理学院	理论探讨	2022年第4期
220	英国应用型高校外部治理模式变迁研究	惠转转 程铭 武建鑫	陕西科技大学	复旦教育论坛	2022年第4期
221	收费公路运营效率测度及时空分异研究	魏晓 徐海成	长安大学	长安大学学报（社会科学版）	2022年第4期
222	动员逻辑与科层逻辑的互构：干部驻村机制的变迁审思	穆军全	西北农林科技大学	宁夏社会科学	2022年第4期
223	基层技术治理的机制及其功能分析——以微信工作群为例	赵祥云	西北农林科技大学	贵州师范大学学报（社会科学版）	2022年第4期
224	新型城镇化建设中失地农民美好生活的影响因素	魏晓辉	西北农林科技大学	西北农林科技大学学报（社会科学版）	2022年第4期
225	新时代在华国际移民的融合、发展与治理	李树茁 薛琳 宋雨笑	西安交通大学	北京工业大学学报（社会科学版）	2022年第4期
226	人工智能对劳动力供给的影响问题研究——基于Cite Space科学知识图谱	马红鸽 莫正晖	西安财经大学	重庆理工大学学报（社会科学）	2022年第4期
227	《尉缭子》成书时代探赜	王博	商洛学院	古籍整理研究学刊	2022年第4期
228	贾平凹作品英译研究可视化分析（1999—2021）	冯丽君	商洛学院	西安外国语大学学报	2022年第4期

续表

序号	题目	作者	单位	发表刊物	时间
229	延安时期抗日军事政治大学育人实践的历史经验研究	胡雪艳 黄翌惠子	西北大学	西北大学学报（哲学社会科学版）	2022年第4期
230	图像叙述的权力机制与听觉性在场	廖宇婷	西北大学	海南大学学报（人文社会科学版）	2022年第4期
231	项目进村何以落地——一个西北山村公共用水工程合法性获得机制的社会学考察	李元元	西北农林科技大学	青海社会科学	2022年第4期
232	现场观看体育比赛对社会资本的影响及群体差异	权小娟 孙金	西安交通大学	上海体育学院学报	2022年第4期
233	论马克思主义民间文学观	张文诺	商洛学院	安康学院学报	2022年第4期
234	"人与城"的互融共生与"异象"叙事——论贾平凹的西安城市书写	王亚丽	西安工业大学	小说评论	2022年第4期
235	淮河上游南部地区仰韶时代中、晚期农业的植物考古学观察	程至杰	西北农林科技大学	华夏考古	2022年第4期
236	路网与疆域:从新疆历代古道路网变迁看中华民族共同体的形成发展	孙海芳 刘学堂	西安外国语大学 新疆大学	西南民族大学学报（人文社科版）	2022年第4期
237	"师生合作评价"对英语写作自我效能感的影响研究	林琳 杨玉鑫	西安外国语大学 浙江大学	外语教育研究前沿	2022年第4期
238	辱虐管理的成因	王海珍	西安外国语大学	心理科学进展	2022年第4期
239	文化语境下新时代马克思主义话语体系创新的三维价值	郝苏君 吴春梅	长安大学 华中农业大学	渭南师范学院学报	2022年第4期
240	农田水利高质量发展:关键问题与对策建议	王恒 王博	西安外国语大学 兰州大学	西北农林科技大学学报（社会科学版）	2022年第4期
241	马克思主义理论学科研究生实践教学模式构建探析	丁永刚	长安大学	新丝路	2022年第4期
242	论积极情绪在适应教育中的功能作用及其实现	李小芹	长安大学	商洛学院学报	2022年第3期
243	铸牢中华民族共同体意识的三重逻辑	宋鑫华 张萍	长安大学	中共成都市委党校学报	2022年第3期

续表

序号	题目	作者	单位	发表刊物	时间
244	基于"三个课堂"体系的大学生政治价值观培育	李小芹	长安大学	咸阳师范学院学报	2022年第4期
245	铸牢中华民族共同体意识研究的河西视角:以区域研究和知识范式的转变为中心(1980—2022年)	黄达远 宋其然	西安外国语大学	新疆社会科学	2022年第4期
246	中华原文化:一种新范式的文化学分析	刘吉发	长安大学	内蒙古社会科学	2022年第4期
247	金融联结信誉传递机制对农户信贷配给效应	孟 樱 王 静	西安外国语大学 西北农林科技大学	西北农林科技大学学报(社会科学版)	2022年第4期
248	延安时期维护党中央权威的实践探索	杨伟宏	延安大学	中共福建省委党校(福建行政学院)学报	2022年第4期
249	规制与自主:教师轮岗的学校运作逻辑	赵钱森 常亚慧	西安外国语大学 陕西师范大学	教育研究与实验	2022年第6期
250	《博物馆》中东方"他者"的"凝视"与"被凝视"	王 春	西安外国语大学	外国文学动态研究	2022年第4期
251	精准扶贫政策与劳动力市场的双重排斥对贫困地区乡村治理的影响研究——基于6个集中连片贫困地区1045户农户数据	余 劲	西北农林科技大学	农业技术经济	2022年第4期
252	引领型协同治理:脱贫地区新型农村集体经济发展的模式选择——基于石泉县"三抓三联三保障"实践的分析	何得桂	西北农林科技大学	天津行政学院学报	2022年第4期
253	秦岭生态空间治理:逻辑转换、症候检视与关键策略	崔彩贤	西北农林科技大学	西安建筑科技大学学报(社会科学版)	2022年第4期
254	工作家庭冲突与机构青年社会工作者离职意向——工作情感的调节效应和职业倦怠的中介作用	高海珍	西北农林科技大学	社会工作	2022年第4期
255	学校秩序认同下的教师角色困境与调试路径	赵钱森	西安外国语大学	现代基础教育研究	2022年第4期
256	安置方式、社交距离与社会融入——来自中国8省(区)16县易地扶贫搬迁户的证据	张 晨	西北农林科技大学	中国农村观察	2022年第4期

续表

序号	题目	作者	单位	发表刊物	时间
257	农村公共管理研究的社会学转向与反思——兼议公共管理学的社会学化	樊　凡	西北农林科技大学	农业经济问题	2022年第4期
258	同居不共财:农村嵌套型家庭结构研究——基于广东顺德A村调研	陈　辉	西北农林科技大学	求实	2022年第4期
259	自媒体时代用户使用社交媒体的倦怠行为特征——基于负面情绪的非线性模型分析	蔡建峰 任胜楠 高　蕾	西北工业大学	河南师范大学学报（哲学社会科学版）	2022年第4期
260	敦煌莫高窟第465窟大成就者黑行师考——兼论藏传佛教艺术中的黑行师图像	房子超 沙武田	陕西师范大学	敦煌研究	2022年第4期
261	"中华民族共同体"的观念建构与意识铸造	阎树群 杏贝男	陕西师范大学	甘肃社会科学	2022年第4期
262	论延安时期中国共产党新闻传播类图书出版体系及历史地位	吴　锋	西安交通大学	出版发行研究	2022年第4期
263	共识兼顾与集体取向:中国主流媒体建设性新闻实践——关于人民日报微博官方账号新冠肺炎疫情报道的分析	刘婵君 沈玥晨	西安交通大学	新闻与传播研究	2022年第4期
264	"跨大西洋气候行动":拜登执政以来美欧气候政治发展析论	赵　斌 谢淑敏	西安交通大学	福建师范大学学报（哲学社会科学版）	2022年第4期
265	自贸试验区建设对外商投资的溢出效应——基于合成控制法的陕西实证	王　缘 穆　兰	陕西师范大学	西部经济管理论坛	2022年第4期
266	中国居民代际收入流动性的水平、来源与潜力测算——来自CGSS和CHIP的经验证据	刘李华 孙　早	西安交通大学	南开经济研究	2022年4期
267	基于学习者视角的外语在线课程质量评价指标研究	张文丽	西安交通大学	外语与外语教学	2022年第4期
268	从外媒对中国扶贫的报道看中国故事的国际传播	郑冬芳 刘春霖	西安交通大学	西安交通大学学报（社会科学版）	2022年第4期

续表

序号	题目	作者	单位	发表刊物	时间
269	马克思主义政党中央权威论析——兼论新时代贯彻"两个确立"的实践要求	李 彬 陆卫明 翁诗雨	西安交通大学	西安交通大学学报（社会科学版）	2022年第4期
270	"气候新政2.0"：拜登执政以来中美气候政治竞合	赵 斌 谢淑敏	西安交通大学	西安交通大学学报（社会科学版）	2022年第4期
271	大江健三郎文学的时空美学——"场所"的相位与历史时间	霍士富	西安交通大学	西北大学学报（哲学社会科学版）	2022年第4期
272	数字出版视域下科普短视频的发展困境与因应策略研究	李巨星	西安交通大学	出版科学	2022年第4期
273	国际传播背景下文化帝国主义的叙事话语批判及中国应对	马 忠	西安交通大学	探索	2022年第4期
274	中国共产党报刊发行事业的百年历程、伟大成就与经验启示	吴 锋	西安交通大学	河南大学学报（社会科学版）	2022年第5期
275	中国国际传播：历史演变、现实背景与前沿问题	李明德	西安交通大学	西安交通大学学报（社会科学版）	2022年第5期
276	"天下"比邻：19世纪东西方文明碰撞下俄国的中国形象建构	刘 彦	西安交通大学	开放时代	2022年第5期
277	为了"文本"的深层批评——田中实"第三项"论	霍士富	西安交通大学	小说评论	2022年第5期
278	大江健三郎的"新形式"小说实践：《优美的安娜贝尔李》中的晚年样式	时渝轩	西安交通大学	东北大学学报	2022年第5期
279	意象与中国意象油画的文化意义	冯民生	陕西师范大学	民族艺术研究	2022年第5期
280	丝路传法旅行图——莫高窟第217、103窟尊胜经变序文画面解读	沙武田	陕西师范大学	敦煌研究	2022年第5期
281	风险与困境：青少年运动性脑震荡智能管理系统的创建路径及其功能诠释	郭 晨 史 岩 施仕伦 等	陕西师范大学	武汉体育学院学报	2022年第5期
282	智利学前教育课程体系的整体框架及其趋向	戴 妍 王奕迪	陕西师范大学	内蒙古师范大学学报（教育科学版）	2022年第5期

续表

序号	题目	作者	单位	发表刊物	时间
283	我国教育现代化空间网络结构及影响因素——基于31省（市、自治区）数据	戴妍 刘斯琪	陕西师范大学	宁波大学学报（教育科学版）	2022年第5期
284	土耳其与中亚国家的战略合作动向	程雅丽 李琪	陕西师范大学	现代国际关系	2022年第5期
285	半城半乡：西部农民新三代家庭的离散性与弹性——基于关中A县B村调研	陈辉	西北农林科技大学	社会科学辑刊	2022年第5期
286	"后精准扶贫"时代的贫困：性质、成因及其治理路径——基于基本公共服务的视角	李卓	西北农林科技大学	西南大学学报（社会科学版）	2022年第5期
287	宋元时期的"嗜蜜"风尚及其成因	朱宏斌	西北农林科技大学	中国农史	2022年第5期
288	社会资本与农户融资约束——基于农户分化和农地金融创新的异质性检验	胡振	西北农林科技大学	农业技术经济	2022年第05期
289	全民健身背景下陕南民俗体育的传承与发展	何佳佳 杨艳 王健	商洛学院	商洛学院学报	2022年第5期
290	生态文明背景下中国传统关学文化对外传播翻译策略研究	王淙	西安翻译学院	环境工程	2022年第5期
291	作为知识的出版：出版研究的知识进路考察	张秀丽 李开渝	西安外国语大学 河北大学	编辑之友	2022年第5期
292	大学生孤独感、人际关系困扰与手机成瘾的相关性研究	闵雪敏	商洛学院	商洛学院学报	2022年第5期
293	《小丑夏利玛》中的克什米尔书写与暴力反思	贾宏涛	西安外国语大学	外国文学动态研究	2022年第5期
294	基于"工具性+人文性"的大学日语课程思政建设路径探索	宫琳菁	商洛学院	商洛学院学报	2022年第5期
295	新时代"文明其精神，野蛮其体魄"的价值意蕴及其实现路径	雷鸣 刘少英 丁雨	西安外国语大学 海口经济学院 西北政法大学	体育学刊	2022年第5期
296	比较地区间主义：演化、路径与中国视角	王志 屈佳荣	西安外国语大学	东北亚论坛	2022年第5期

续表

序号	题目	作者	单位	发表刊物	时间
297	论明传奇曲式的创变	王丹丹	商洛学院	商洛学院学报	2022年第5期
298	也谈"商洛"名称之渊源	余 力 梁建喜	商洛学院	商洛学院学报	2022年第5期
299	西北联大学术期刊的创办与发展	王维雅	商洛学院	商洛学院学报	2022年第5期
300	《喜剧》的悲剧意蕴探析	蒋正治 刘阳朔	商洛学院	商洛学院学报	2022年第5期
301	地方高校毕业生就业质量影响因素研究	金 萌	商洛学院	商洛学院学报	2022年第5期
302	跨大西洋气候政治分歧：表征、动因与前景	赵 斌 谢淑敏	西安交通大学	中国地质大学学报（社会科学版）	2022年第5期
303	论何谓广义认知悖论	雒自新	西安交通大学	逻辑学研究	2022年第5期
304	社区服务利用与农村老年人互助养老意愿——广义生产性框架下的机制分析	王立剑 朱一鑫	西安交通大学	人口与经济	2022年第5期
305	大学生自恋人格和微信朋友圈中的自我呈现：外向性和感知积极反馈的链式中介效应	钱海姣	商洛学院	西南交通大学学报（社会科学版）	2022年第5期
306	中国式现代化：马克思主义现代化理论的新飞跃	刘 儒 陈舒霓	西安交通大学	西安交通大学学报（社会科学版）	2022年第5期
307	论全人类共同价值对"普世价值"的超越	李永胜 张玉容	西安交通大学	西安交通大学学报（社会科学版）	2022年第5期
308	体育精神在国家形象塑造与传播中的独特作用、现实困境与实施路径	张亮亮	西安交通大学	西安交通大学学报（社会科学版）	2022年第5期
309	铸牢边疆民族地区中华民族共同体意识的制度之维	杨云霞	西北工业大学	学术探索	2022年第5期
310	正题与反题的另类接续——《人生》与《平凡的世界》的同旨共构现	邰科祥	西安工业大学	当代文坛	2022年第5期
311	延安时期大生产运动题材美术创作的劳动叙事与意蕴表达	张向辉 刘建理	西安建筑科技大学	美术	2022年第5期

续表

序号	题目	作者	单位	发表刊物	时间
312	脱贫地区防贫监测和帮扶机制的实践探索与制度建构——基于两个县域的比较分析	李卓	西北农林科技大学	山西农业大学学报（社会科学版）	2022年第5期
313	数学方法能否证明法律问题	何柏生	西北政法大学	华东政法大学学报	2022年第5期
314	是"空心化"还是"空巢化"：当前中国村落社会存在形态及其演化过程辨识	马良灿	西北农林科技大学	中国农村观察	2022年第5期
315	中国保护性耕作净碳汇的时空格局	薛彩霞	西北农林科技大学	自然资源学报	2022年第5期
316	基于土地利用变化的陕西省植被碳汇提质增效优先区识别	龚直文	西北农林科技大学	自然资源学报	2022年第5期
317	先秦"不封不树"葬仪的考古学辨析	钱耀鹏 李娜	西北大学	西北大学学报（哲学社会科学版）	2022年第5期
318	农村社会治理共同体建设的社会基础及经验适用性研究	赵晓峰	西北农林科技大学	北京工业大学学报（社会科学版）	2022年第5期
319	中国共产党领导协商民主制度建设的政治条件和法治路径	张师伟	西北政法大学	学术界	2022年第5期
320	太极拳习练中"静"的身体哲学论绎	胡浩	西安交通大学	西安体育学院学报	2022年第5期
321	帮扶实践中驻村干部与农民的关系互动及其逻辑	郑永君	西北农林科技大学	华中农业大学学报（社会科学版）	2022年第5期
322	佛系与佛系化：基层年轻干部职业心态的初始定位和发展分化	陈辉	西北农林科技大学	湘潭论坛	2022年第5期
323	属性治理：基层党建引领乡村振兴的有效实现路径	何得桂	西北农林科技大学	农村经济	2022年第5期
324	留守童年的替代补偿与自我治愈：生命历程视角下的农村陪读妈妈研究	杨靖	长安大学	宁夏社会科学	2022年第5期
325	市场监管改革研究动态及展望	何得桂	西北农林科技大学	中国西部	2022年第5期
326	国内学界的乡村治理积分制研究：回顾、反思与展望	何得桂	西北农林科技大学	社会科学学论坛	2022年第5期

续表

序号	题目	作者	单位	发表刊物	时间
327	农业科技期刊编辑参与科研活动现状及思考	霍振响 屈李纯 马红春 等	西安交通大学	编辑学报	2022年第5期
328	实力变迁、道义坚守与大国责任的衡量——新时代中国国际责任的动态界定	金 新 韩豪杰	西安交通大学	世界经济与政治论坛	2022年第5期
329	新时代乡村振兴与共同富裕的内在逻辑	燕连福 郭世平 牛刚刚	西安交通大学	西北农林科技大学学报(社会科学版)	2022年第5期
330	习近平关于革命精神重要论述的主要构成、生成逻辑及实现路径	杨 超 赵诗雨	长安大学	决策与信息	2022年第5期
331	知·懂·信·研·行:高校新任思政课教师提升马克思主义理论素养的逻辑统一	陈怀平	长安大学	陕西教育(高教)	2022年第5期
332	完善新型举国体制的四点思路	梁 华	中共陕西省委党校(陕西行政学院)	理论探索	2022年第5期
333	凝固视野下的中国古代青铜器等壁厚现象观察与研究	杨 欢	西北工业大学	江汉考古	2022年第5期
334	互联网时代的传播治理:主动求变还是被动应对——学习列宁迎接与应对新媒介的困境之辩	叶 妮	西安交通大学	新闻界	2022年第5期
335	5G技术条件下主流媒体参与沉浸式新闻生产研究	李明德	西安交通大学	北京工业大学学报(社会科学版)	2022年第5期
336	算法推荐背景下用户媒介使用对"回音室"效应的影响研究——兼论媒介素养的调节作用	吴 锋	西安交通大学	西南民族大学学报(人文社会科学版)	2022年第5期
337	美国Twitter用户涉华态度及认知——基于政治光谱视角	杨 帆 牛耀红	西安交通大学	国际新闻界	2022年第6期
338	量化奖励还是创新激励——如何破解高校科研"奖"与"不奖"及"如何奖"的困境	杨忠泰	宝鸡文理学院	江苏高教	2022年第6期
339	智能传播时代新闻聚合平台的算法价值演进与建构	陈积银	西安交通大学	西安交通大学学报(社会科学版)	2022年第6期

续表

序号	题目	作者	单位	发表刊物	时间
340	新文科背景下西部地区出版专业的发展困境与实践转向	李明德	西安交通大学	出版科学	2022年第6期
341	西北民族地区县级融媒体的整合与共治——基于陕甘宁149县(区)融媒体中心的实证调查	张宏邦	西安交通大学	民族学刊	2022年第6期
342	"双减"背景下课后体育服务的现状、问题及优化研究	李艳茹 党许诺	陕西师范大学	成都体育学院学报	2022年第6期
343	热点回应与现实观照:新闻传播学专著出版特征、问题及趋势	吴 锋	西安交通大学	中国出版	2022年第6期
344	外媒涉华报道影响因素研究	郭继荣	西安交通大学	情报杂志	2022年第6期
345	乡村韧性治理共同体的建构逻辑与运行机制	胡卫卫	西北农林科技大学	西北农林科技大学学报(社会科学版)	2022年第6期
346	早期黄金技术与欧亚草原——内蒙古鄂尔多斯地区西沟畔二号墓出土金银器的综合研究	刘 艳	西北工业大学	丝绸之路考古	2022年第6卷
347	大学生返乡就业助力新农村建设研究	张伟明	西安思源学院	中国农业资源与区划	2022年第6期
348	脱贫攻坚与乡村振兴有效衔接:基于农民可行能力的分析	赵普兵	西安电子科技大学	理论探讨	2022年第6期
349	三孩政策背景下生育支持的多中心协同治理模式——基于生育配套政策试点项目的案例分析	尚子娟 郑梧桐 石智雷	长安大学 中南财经政法	长安大学学报(社会科学版)	2022年第6期
350	试论共产党及其领导的敌后战场是中国抗战的中流砥柱	姜建芳 刘耀仲	长安大学马	陇东学院学报	2022年第6期
351	贾平凹长篇小说英译的现状与变化(2011—2021)	乔 艳	长安大学	扬子江文学评论	2022年第6期
352	赋能型治理:基层社会治理共同体构建的有效实现方式——以陕西省石泉县社会治理创新实践为例	何得桂	西北农林科技大学	农业经济问题	2022年第6期
353	贵州智慧社区矫正建设:成效、问题及完善路径	哈洪颖	西北农林科技大学	理论与当代	2022年第6期

续表

序号	题目	作者	单位	发表刊物	时间
354	新时代微纪录片国际传播多维叙事路径探析——以CGTN《经典里的中国智慧——平"语"近人(国际版)》为例	彭白羽	西安外国语大学	电视研究	2022年第6期
355	市域社会治理质量的概念建构和多维认识	何得桂	西北农林科技大学	改革与战略	2022年第6期
356	计算思维教育公平何以可能？——《面向包容性世界的计算思维：教育工作者学习和行动的指南》的解读与启示	武建鑫 宋 雨	陕西科技大学	开放教育研究	2022年第6期
357	从和谐到美丽：中国式现代化目标的伦理进路	刘丽娜	商洛学院	西安财经大学学报	2022年第6期
358	农户亲环境行为心理驱动因素分析	郭清卉 李 昊 李世平	西安外国语大学 兰州大学 西北农林科技大学	干旱区资源与环境	2022年第6期
359	伊朗情报体系结构与困境分析	王国兵	西安外国语大学	情报杂志	2022年第6期
360	"우리[uri]""我里"渊源考	杨 茜 孙金秋	西安外国语大学	民族语文	2022年第6期
361	习近平人生价值论研究	刘敦俊 李世芬	商洛学院	商洛学院学报	2022年第6期
362	非对称相互依存下中东欧地缘政治与地缘经济关系的演绎分析	姬文刚	西安外国语大学	国外社会科学	2022年第6期
363	从宋代农村粮食贸易看官府与富民的多重博弈	余 猛	长安大学	农业考古	2022年第6期
364	贴地的沉稳与飞扬的诗性——论陈彦的小说创作	王丽丽	西安培华学院	南方文坛	2022年第6期
365	《论语·微子》"子路问津"章再释——兼论儒家的政治品格和进退之道	王海成	西北农林科技大学	孔子研究	2022年第6期
366	马克思精神生产理论视域下中国共产党人精神谱系的发展逻辑	梁 军 李文玲	西安交通大学	西安交通大学学报（社会科学版）	2022年第6期

续表

序号	题目	作者	单位	发表刊物	时间
367	课程评估如何推进教学改革？——基于昆士兰大学CTQRA项目实践的思考	李 辉	西北工业大学	高教探索	2022年第6期
368	中国当代文学在跨文化语境下的传播与接受	方 菁	西安交通大学	小说评论	2022年第6期
369	基于读者接受的中华文化典籍外译研究——以《孙子兵法》为例	王宏俐	西安交通大学	出版发行研究	2022年第6期
370	《女勇士》：文化冲突与碰撞后的良性互动与平衡	李蓓兰	西安交通大学	小说评论	2022年第6期
371	缺位与防范：任免机关、单位实施《政务处分法》问题研究	吴琼华	西安交通大学	中国行政管理	2022年第6期
372	中国古代青铜器凝固过程的数值模拟及其相关工艺问题研究	杨 欢	西北工业大学文化遗产研究院	文物保护与考古科学	2022年第6期
373	乡村振兴战略背景下的数字乡村建设	赵星宇	西北农林科技大学	西北农林科技大学学报（社会科学版）	2022年第6期
374	粮食安全：助推乡村振兴的"启航器"	关振国	西北农林科技大学	西北农林科技大学学报（社会科学版）	2022年第6期
375	打造内陆改革开放高地：现实逻辑、价值意蕴和实践路径	张 杨	中共陕西省委党校（陕西行政学院）	理论导刊	2022年第6期
376	中国式现代化的文化维度	陆卫明 邓皎昱	西安交通大学	北京工业大学学报（社会科学版）	2022年第6期
377	平台资本主义消费异化的政治经济学解析	郑冬芳 秦 婷	西安交通大学	北京行政学院学报	2022年第6期
378	化解邻避效应的中国经验：基于复合治理的田野考察与理论建构	王 琼 吴 佳	西安交通大学	学海	2022年第6期
379	"动态国家综合要素竞争优势理论"与中国长期经济增长	冯根福 王珏帅 郑明波	西安交通大学 长安大学	当代经济科学	2022年第6期
380	基于优化XGBoost的运动效果量化评估与分析研究	张 晟	西安交通大学	成都体育学院学报	2022年第6期

续表

序号	题目	作者	单位	发表刊物	时间
381	如何做好易地扶贫搬迁后续就业帮扶？——基于我国秦巴山区4县1区3015个易地扶贫搬迁户的实证分析	王宗强 韩 锐 尹 洁 等	西安交通大学	科学决策	2022年第6期
382	"领导力-意愿"模式视角下全球经贸治理的美欧经验比较	赵 斌	西安交通大学	学术界	2022年第6期
383	习近平新时代中国特色社会主义思想融入高校体育课程思政建设研究	张亮亮 陆卫明 郭维刚	西安交通大学	西安体育学院学报	2022年第6期
384	由"此"及"彼"：科技期刊编辑职业素质管窥	霍振响 范 军 屈李纯 等	西安交通大学	编辑学报	2022年第6期
385	黄河流域经济发展与生态环境耦合协调的时空格局研究	薛明月	中共陕西省委党校（陕西行政学院）	世界地理研究	2022年第6期
386	党委整合条块：县域统合治理的权力过程与运行机制——以T县"美丽乡村建设领导小组"为例	吴春来	西北农林科技大学	党政研究	2022年第6期
387	语言文化多样性与技术创新：两阶段价值链视角	刚翠翠 胡海青 李娟伟	西安理工大学	科学学研究	2022年第7期
388	中国式现代化进程中的共同富裕：实践历程与路径选择	郭 晗 任保平	西北大学	改革	2022年第7期
389	旅游安全的法律秩序建设	王莉霞 王建龙	西安外国语大学 陕西警官职业学院	旅游学刊	2022年第7期
390	秦与商鞅——成就商鞅变法之双重视角研究	王 博	商洛学院	学术探索	2022年第7期
391	审计文化的精神诉求及文学表达路径	胡 妮	西安财经大学	审计文摘	2022年第7期
392	双循环格局下"引进来"如何促进制造业高质量"走出去"——基于制度环境的门槛效应分析	余 姗	西安财经大学	云南财经大学学报	2022年第7期

续表

序号	题目	作者	单位	发表刊物	时间
393	我国预算绩效评价结果应用状况分析——基于政策文本的分析	郭　江	西安财经大学	财政科学	2022年第7期
394	权力监督制约的第三种模式	杨建军	西北政法大学	法学论坛	2022年第7期
395	数字乡村治理：理论溯源、发展机遇及其意外后果	赵晓峰	西北农林科技大学	学术界	2022年第7期
396	减税对企业技术创新的影响研究——基于价值链的中国工业企业的非线性分析	周　宇	西安财经大学	宏观经济研究	2022年第7期
397	经典、学术与大众：当代中国书法期刊编辑理念与实践研究	殷晓克	渭南师范学院	中国编辑	2022年第7期
398	集聚经济影响城市经济增长的理论基础与实证研究：文献述评与展望	陈　乐	西安外国语大学	地理科学进展	2022年第7期
399	契约农业能否促进养殖户绿色生产转型	陆　迁	西北农林科技大学	农业技术经济	2022年第7期
400	我国主题书店的经营特色与启示——基于66家年度主题书店的样本分析	张　窈	西安交通大学	科技与出版	2022年第7期
401	草场细碎化如何影响牧户实现草畜平衡——以内蒙古与青海典型牧区为例	姜志德	西北农林科技大学	农业技术经济	2022年第8期
402	大数据在高校教育管理中的应用及其影响——评《基于大数据的高校教育管理研究》	刘金清	西北农林科技大学	中国教育学刊	2022年第8期
403	乡村短视频的发展生态、现实困境与因应策略研究	李明德	西安交通大学	电视研究	2022年第8期
404	作为非理性的偏见何以可能——理性主义的偏好及其对西方跨文化传播的影响	张铁云	西安交通大学	中州学刊	2022年第8期
405	高品质视域下学术期刊发展的问题透视及提升策略——以人文社科学术期刊为例	李明德	西安交通大学	科技与出版	2022年第8期

续表

序号	题目	作者	单位	发表刊物	时间
406	政府数据开放的理论逻辑和实践机制	张 立	西安交通大学	数字图书馆论坛	2022年第8期
407	基于耦合模型的区域创新政策绩效评价研究	刘兰剑	长安大学	中国科技论坛	2022年第8期
408	疫情防控中的隐私困境及对策思考	吴玉洁	西安思源学院	中国医学伦理学	2022年第8期
409	基于政策工具视角的公共文化服务社会化研究	范丽莉	长安大学	图书馆	2022年第8期
410	西北地区水资源生态环境系统服务功能量与价值量评估	张笑琰 穆 兰	陕西师范大学	农业与技术	2022年第8期
411	基于耦合模型的区域创新政策绩效评价研究	刘兰剑	长安大学	中国科技论坛	2022年第8期
412	双师同堂在法律硕士课程教学中的应用	刘 鹏	西北农林科技大学	高教论坛	2022年第8期
413	习近平思想政治教育重要论述研究述评	阮云志	陕西科技大学	山西高等学校社会科学学报	2022年第8期
414	"去小学化"背景下幼儿教师教学的现实困境与支持路径	赫 艳	商洛学院	当代教研论丛	2022年第8期
415	上行下效:悖论领导行为对下属创造力的涓滴机理研究	耿紫珍 王艳粉 唐慧利 等	西安外国语大学	软科学	2022年第8期
416	村党支部领办型合作社治村逻辑与现实检验——以陕西省留坝县扶贫互助合作社为例	余 劲	西北农林科技大学	农业经济问题	2022年第8期
417	数字经济发展对碳生产率提升的影响研究	余 姗	西安财经大学	统计与信息论坛	2022年第8期
418	中国环境治理水平的空间溢出效应研究	铁 卫	西安财经大学	统计与信息论坛	2022年第8期
419	公共行政的时代之问与知识生产——纪念《把行政学研究提上日程是时候了》发表40周年	朱正威 吴 佳	西安交通大学	中国行政管理	2022年第8期
420	利益博弈视角下的"科创中国"政策执行:制约因素与推进策略	袁 梦 孟凡蓉	西安交通大学	中国科技论坛	2022年第8期

续表

序号	题目	作者	单位	发表刊物	时间
421	黄河流域碳排放效率的区域差异、收敛性及影响因素	宋敏	西安财经大学	人民黄河	2022年第8期
422	中国拐卖人口重罪案件多维特征与形成机制	徐嘉辉 李钢 洪丹丹 等	西北大学	地理研究	2022年第8期
423	认罪案件庭审证据调查方式的特殊性论理	步洋洋	西北政法大学	东方法学	2022年第8期
424	基于整体性视角的毛泽东自由观及其价值探赜	桑业明 何鑫	长安大学	齐齐哈尔大学学报（哲学社会科学版）	2022年第8期
425	论习近平推进马克思主义中国化的语言艺术	刘颖慧	中共陕西省委党校（陕西行政学院）	理论导刊	2022年第8期
426	中国农业碳中和目标分析与实现路径	赵敏娟	西北农林科技大学	农业经济问题	2022年第9期
427	地方政府高层次人才政策实施效果研究	董新宇 鞠逸飞 段雨欣	西安交通大学	中国科技论坛	2022年第9期
428	国家教师荣誉的价值意蕴与政策供给	张笑予 祁占勇	宝鸡文理学院	国家教育行政学院学报	2022年第9期
429	共同富裕背景下慈善受助者捐赠行为研究	马红鸽 贺晓迎 杨舒然	西安财经大学	统计与信息论坛	2022年第9期
430	关系嵌入、知识获取与BOP市场导向的产品创新：内外部不确定性的调节作用	赵武	西安电子科技大学	科技进步与对策	2022年第9期
431	数字金融的绿色创新影响效应	顾江寒 柴华奇	西北工业大学	软科学	2022年第9期
432	浅谈历史纪录片中的人文情怀——以央视《国家记忆》为例	李红坦	陕西科技学大学	传媒	2022年第9期
433	跨境电子商务企业大数据审计风险与规避策略	韩延庆 屈雯 袁雪	西安交通大学城市学院	审计文摘	2022年第3期

续表

序号	题目	作者	单位	发表刊物	时间
434	经济可持续发展视角下政策导向型乡村产业振兴模式与保障体系研究	朱煜明 刘才宏 穆炳旭	西北工业大学	农村经济	2022年第9期
435	审美观偏差与质变的社会根源——兼论社会主义与资本主义审美观的本质区别	姜 军	西安理工大学	毛泽东邓小平理论研究	2022年第9期
436	论执行权向执行员的"回归"	百晓锋	西北政法大学	华东政法大学学报	2022年第9期
437	国家建设、社会主义与历史视野——理解现行宪法文本的三重视角	常 安	西北政法大学	社会科学	2022年第9期
438	城市社区智慧治理共同体的建构逻辑及运行机制研究	胡卫卫	西北农林科技大学	电子政务	2022年第9期
439	脱贫农户收入不平等研究——基于陕西省周至县的数据	王征兵	西北农林科技大学	农业技术经济	2022年第9期
440	上游资源型垄断与下游创新——来自中国制造业企业的经验证据	温 军 梁旭晖 冯根福 等	西安交通大学	南开经济研究	2022年第9期
441	教育支出减缓贫困的传导机制与门槛效应	苟灵生 刘 儒	西安交通大学	统计与决策	2022年第10期
442	城市居民感知的公共空间正义测度与优化	刘 儒 陈舒霄 王 迪	西安交通大学	统计与信息论坛	2022年第10期
443	论马克思"真正的共同体"的生成理路及其当代价值	韩 静	宝鸡文理学院	学术探索	2022年第10期
444	中国区域物流效率测度及其时空特征分析	龚瑞风 薛 俭	陕西科技大学	统计与决策	2022年第10期
445	政治自信视域下优化党内政治生态的理论逻辑、现实价值及实践进路	肖 红	中共陕西省委党校(陕西行政学院)	领导科学	2022年第10期
446	健康冲击、社会资本与农村家庭贫困脆弱性	韦 艳 汤宝民	西安财经大学	统计与信息论坛	2022年第10期
447	大数据时代高校英语数字化教学资源管理平台建设	汤 玲 张小号	西安外国语大学	情报科学	2022年第10期

续表

序号	题目	作者	单位	发表刊物	时间
448	"三孩"政策背景下公共图书馆托育模式研究：基于"图书馆—社区—企业"的三轮驱动	尚子娟 张帆帆	长安大学	图书馆	2022年第10期
449	家在旅途：家庭旅游对城市居民生活质量感知的影响研究	汪 丽 刘 阳 刘慕华	西安外国语大学	旅游学刊	2022年第10期
450	中央部门预算执行审计发展演变、违规特征与整改	吴 勋	西安石油大学	财会月刊	2022年第10期
451	巩固拓展脱贫攻坚成果同乡村振兴有效衔接的政策文本分析——基于政策工具视角的Nvivo分析	高海珍	西北农林科技大学	贵州社会科学	2022年第10期
452	我国师德研究范式的类型、局限及转向	田 芬	西北工业大学	上海教育科研	2022年第10期
453	"一带一路"倡议下高校创新创业课程建设的逻辑遵循、实践困境与行动路向	李 辉	西北工业大学	现代教育管理	2022年第10期
454	乡村振兴视域下乡村文化建设面临的挑战与对策	赵晓妮 李彤彤 刘 婷	长安大学	环渤海经济瞭望	2022年第10期
455	自贸区营商环境测度及其对跨境贸易的溢出效应——基于我国自贸区省域数据的经验分析	俞 潇	西安财经大学	商业经济研究	2022年第10期
456	生育政策调整对我国家庭发展能力的影响——来自CFPS数据的实证分析	尚子娟 冯艾米	长安大学	陕西学前师范学院学报	2022年第10期
457	复杂产品研发网络逆向国际化能否激发企业创新行为	王 郁 杨乃定 王 琰 等	西北工业大学	科技进步与对策	2022年第10期
458	突发公共卫生事件中官方信源、信息交互与网络舆论压力的内生影响效应研究	刘 焕	西安交通大学	情报杂志	2022年第10期
459	新时代党的廉政建设的经验、规律及启示	李永胜 罗 蓓	西安交通大学	中州学刊	2022年第10期

续表

序号	题目	作者	单位	发表刊物	时间
460	动态宏观经济视角下的环境规制政策研究	贾楠亭	西安交通大学	技术经济	2022年第10期
461	基于评估假设和特别事项说明的资产评估报告质量提升研究	解亚琦 徐海成	长安大学	中国资产评估	2022年第10期
462	观念与历史语境：中国遗址美术研究体系构建	高 明 孙 斐	陕西师范大学	中国社会科学院大学学报	2022年第10期
463	农业保险、信贷与农户绿色农业技术采用行为——基于植棉农户的实证分析	毛 慧 胡 蓉 周 力 等	陕西师范大学	农业技术经济	2022年第11期
464	社会资本、非农收入与农户林地管护意愿	史恒通 荣 瑶 毛 慧	陕西师范大学	农业技术经济	2022年第11期
465	以学科交叉融合促进公共文化服务高质量发展——第二届"公共文化服务高质量发展与交叉学科创新论坛"综述	金栋昌 韦东增 徐梦真	长安大学	图书馆论坛	2022年第11期
466	农村公共文化服务与乡村振兴双向赋能的价值逻辑与推进路径	尚子娟 陈怀平	长安大学	中州学刊	2022年第11期
467	收费公路特许经营提高了运营效率吗？——基于双轨制运营模式的准自然实验	魏 晓 徐海成	长安大学	经济问题	2022年第11期
468	新时代高校马克思主义学院学生工作路径探索——以长安大学马克思主义学院"六堂思政课"成长引领工程为例	郭云珠	长安大学	新西部	2022年第11期
469	驯服"赛博格"：美形技术凝视下的女性身体及其性别秩序	徐 婧	西安交通大学	新闻与写作	2022年第11期
470	政治传播视域下党的二十大新闻发布实践范式、核心议题与制度创新	吴 锋	西安交通大学	现代传播（中国传媒大学学报）	2022年第11期
471	"两创"思想下陕南端公戏的传承与发展研究	侯红艳	安康学院	四川戏剧	2022年第11期

续表

序号	题目	作者	单位	发表刊物	时间
472	后疫情时代数字贸易发展新趋势、困境及中国对策	李扬子 杨秀云 高栓平	西安交通大学 厦门工学院	国际贸易	2022年第11期
473	当前我国民办托育机构面临的困境及其应对策略	王潆慧 柳江华	西安交通大学	学前教育研究	2022年第11期
474	复杂舆论场景中信息内容风险研究	李明德	西安交通大学	情报杂志	2022年第11期
475	全民健身信息服务平台标准化建设：理论逻辑、地方实践和实施保障	孙蔚	西安交通大学	西安体育学院学报	2022年第11期
476	"互联网+"背景下护理学教学创新研究	岳芙蓉	西安思源学院	黑龙江科学	2022年第11期
477	基于PSR模型的太原市土地生态安全评价及障碍因子分析	李菲 李媛	长安大学	国土与自然资源研究	2022年第12期
478	融媒时代电影文化影响青年意识形态的表征、成因与引导策略	黄珞 吕雯菁	长安大学	新闻知识	2022年第12期
479	体育强国建设的新历史方位、现代化内涵及其历史动力	曲洪刚 万炳军	陕西师范大学	北京体育大学学报	2022年第12期
480	突破"卡脖子"技术的思维模式——基于TRIZ的设计	张治河 高中一 檀润华 等	陕西师范大学	科研管理	2022年第12期
481	构建与优化：伟大建党精神教育行动者网络及其启示	林泓宇	长安大学	科教文汇	2022年第12期
482	不断回答"四个之问"：推进理论创新的必然要求	曹爱琴	长安大学	理论视野	2022年第12期
483	媒介化时空：县级融媒重构乡村共同体研究	高晓瑜 李开渝	西安外国语大学 河北大学	编辑之友	2022年第12期
484	新文科背景下民办高校商务英语一流专业建设：内涵与路径	王淙	西安翻译学院	大众文摘	2022年第12期
485	爱思唯尔出版集团品牌影响力提升策略与经验启示	刘婵君	西安交通大学	出版发行研究	2022年第12期
486	数字牧领与饭圈"治理术"：平台视角下饭圈组织内部的权力生产	徐婧	西安交通大学	新闻记者	2022年第12期

续表

序号	题目	作者	单位	发表刊物	时间
487	构建更高水平全民健身公共服务体系：内涵、基础与路径	肖坤鹏	西安交通大学	体育文化导刊	2022年第12期
488	全面依法治国与中国式现代化的内在机理	梁 军	西安交通大学	理论视野	2022年第12期
489	社交媒体中新冠疫情科学信息传播效果与危机应对策略选择影响因素研究——基于科学家群体相关热门微博文本的实证分析	蒙胜军	西安交通大学	图书情报工作	2022年第13期
490	国际储备货币需求与经常账户失衡	周政宁	西安外国语大学	统计与决策	2022年第13期
491	流金的"延安岁月"：延安电影团的摄影作品及其影像意蕴	张 聪	西安外国语大学	媒介批评	2022年第13辑
492	科技金融政策如何促进城市绿色创新发展——来自"科技和金融结合试点政策"的证据	顾江寒 柴华奇	西北工业大学	科技进步与对策	2022年第15期
493	东正教神学中的位格本体论——论兹兹奥拉斯对卡帕多西亚教父的解读	陈 倩 张少博	西安外国语大学 西北大学	宗教研究	2022年总第15期
494	红色精神谱系的历史记忆重塑与当代诠释	杜 波	长安大学	传媒	2022年第16期
495	中国经济政策不确定性时变效应的实证检验	张伟亮 宋丽颖	西安外国语大学 西安交通大学	统计与决策	2022年第17期
496	村上春树作品中复杂文化心理初探——以《弃猫，提起父亲时我要讲述的往事》为例	杜丽娜	西安财经大学	大众文艺	2022年第18期
497	先秦易学的"中""正"观念及其美学意蕴	樊高峰 谢金良	西安外国语大学 复旦大学	中国美学研究	2022年第19辑
498	中华优秀传统文化融入高校思政教育刍议	王 华	西北农林科技大学	学校党建与思想教育	2023年第19期
499	基于应急任务驱动的灾害应对组织网络适应性机制——以河南郑州"7.20"特大暴雨应对为例	黄纪心 郭雪松	西安交通大学	公共管理学报	2022年第19期

续表

序号	题目	作者	单位	发表刊物	时间
500	延安整风党内集中教育的实践及其启示	李彩霞	中共陕西省委党校(陕西行政学院)	学校党建与思想教育	2022年第20期
501	高职护士对老年照护职业认同现状及影响分析	杨小艳	西安思源学院	黑龙江科学	2022年第20期
502	书店宣传标语的共识动员:话语策略、氛围营造与仪式建构	田烨	西安交通大学	中国出版	2022年第21期
503	高校药学专业大学生的就业需求调查及动机研究	冯洋洋	西安思源学院	黑龙江科学	2022年第22期
504	代际视角下农民工社会融合现状及影响因素研究	杜海峰 王薇然 李石花	西安交通大学	北京工业大学学报(社会科学版)	2022年第22期
505	中国老龄人口医疗保障体系发展:从治病为中心到健康为中心	张思锋 滕晶	西安交通大学	北京工业大学学报(社会科学版)	2022年第22期
506	农村老年人养老风险感知现状与影响因素——基于安徽农村老年人福利状况的调查分析	李树茁 张丹	西安交通大学	北京工业大学学报(社会科学版)	2022年第22期
507	放开三胎政策对当下社会经济的影响	张晶 龚彦铭 陈慧	长安大学	经济研究导刊	2022年第28期
508	城市青少年家庭的父母教育卷入及其性别差异——重大公共卫生事件的影响与启示	靳小怡 段朱清	西安交通大学	人口与发展	2022年第28期
509	信息技术与高校思政课教学的深度融合研究	李娜娜 刘勇 王晓霞	商洛学院	高教学刊	2022年第29期
510	基于人的全面发展视野下乡村振兴战略	张晶 王一桐	长安大学	经济研究导刊	2022年第30期
511	语言学与舞蹈学的交叉研究对舞蹈理论创新的贡献——兼评《舞蹈生态学》	张文倩 赵学清	西安外国语大学	中国语言文学研究	2022年总第30卷
512	中国(陕西)自由贸易试验区区内企业语言服务调查研究	赵红霞	西安财经大学	文化创新比较研究	2022年第30期

续表

序号	题目	作者	单位	发表刊物	时间
513	马克思主义生态观视野下绿色低碳经济发展路径	张 晶 栾雨凡	长安大学	经济研究导刊	2022年第36期
514	父母严苛型教养方式与青少年自杀倾向:一个有调节的中介模型	吕书鹏 王 莹 王昕红 等	西安交通大学	心理发展与教育	2022年第38期
515	山嘴沟西夏石窟白衣尊像考——兼谈文殊老人图像在宋辽金夏时期的新形态	石建刚	西北工业大学	中国美术研究	2022年第41期
516	学术创业成长进化的知识积累机制——基于比较纵向案例的发现	陈芹芹 张 胜	西安交通大学	科学学与科学技术管理	2022年第43期
517	大思政观下高校思政课实效性提升的道与术	李 婷 赖雄麟	长安大学 西安科技大学	中学政治教学参考	2022年第44期
518	家庭人口禀赋对城乡夫妻抚幼投入与分工的影响——基于西部县域调查数据的分析	段朱清 靳小怡 杜 巍	西安交通大学	人口学刊	2022年第44期
519	三孩政策下低龄孙子女数量对祖父母心理福利的影响——家庭资源代际分配的作用	刘慧君 王 惠	西安交通大学	人口学刊	2022年第44期
520	思政元素在高校"测量与地图学"课程的导入研究	秦 进 杨小锋 张孝存 等	商洛学院	教育教学论坛	2022年第44期
521	"幼有所育"政策背景下母亲的婴幼儿照顾偏好——基于优劣尺度法的实证分析	高琛卓 杨雪燕 李 华	西安交通大学	人口研究	2022年第46期

智 库 报 告

☞ **智库报告**①

陕西省干部培训有效性研究

宝鸡市委组织部　王安中　宝鸡文理学院　刘晓勇

通过调研发现,近年来,全省干部教育工作存在培训缺乏统筹规划、培训时段过于集中、"以训代会"、干部参训"旱涝不均"、培训学时普遍不达标等问题。同一主题的培训在不同时期要求领导干部多次参训,造成培训资源的浪费,还有部分部门无序办班、随意调训干部,干部参加培训学习的积极性和热情也随之降低。

获奖情况:获陕西省委组织部优秀调研成果一等奖。

陕西省科技工委系统科研院所科技人才工作现状调研

陕西创新人才发展研究院　穆群英、刘　毅

通过对省委科技工委科研院所人才工作情况进行调研,梳理科技人才队伍建设现状,总结各院所在科技人才的"引、育、用、留"等方面形成的好做法、好经验,同时分析在人才工作中面临的主要问题,并给出针对性的对策和建议。

凤翔柳林镇"百县千乡万村乡村振兴示范镇创建方案"

陕西创新人才发展研究院　刘黎明

报告分析柳林镇创建乡村振兴示范镇的有利条件,提出柳林镇创建乡村振兴示范镇的创建思路、实施路径与创建目标,以及具体的创建任务和重点项目,相应的支持政策和保障措施。

打造内陆改革开放人才高地

陕西创新人才发展研究院　杨睿娟

打造西安市内陆改革开放人才高地,是实现高质量可持续发展的迫切需要。本研究分析西安具备的人才优势及人才方面的不足,提出西安打造内陆人才高地的对策建议,从基础培养、磁场效应、以人为本等几个方面,围绕构建"6+5+6+1"现代产业体系,培

---

① 收录2022年度《陕西智库论坛》发表的、有省级领导批示的成果,或获得陕西省哲学社会科学优秀成果奖的智库成果,并做内容简介。

养创新型、技能型、应用型人才,培育"西安工匠"。

完善科技人才流动机制,引领陕西创新发展

陕西创新人才发展研究院　　杨睿娟

科技创新是经济发展的引擎,人才是科技创新的核心,科技人才是科技进步和经济社会发展的关键因素,良好有序的人才流动是推动创新发展的原动力。虽然陕西人才储备和自然资源较为丰富,但是仍存在区域经济发展不平衡、人才资源未有效盘活等问题。合理有序的人才流动,对于科技人才资源与物质资源优化配置、推动生产力的发展至关重要。完善科技人才流动机制,对于促进陕西创新发展有着重要的现实意义。

坚持"四个结合":周至以高质量党建引领乡村振兴的
特色做法与有益探索

陕西科技大学　　郭　强、白清平

本报告研究全面建设社会主义现代化国家是新发展阶段中国共产党的中心任务。全面建设社会主义现代化国家,最艰巨最繁重的任务在农村。党的二十大报告明确指出要全面推进乡村振兴,坚持农业农村优先发展,扎实推动乡村产业、人才、文化、生态组织振兴,并提出抓党建促乡村振兴、推进以党建引领基层治理等路径来解决"三农"问题。

基层稽查局数据共享共治存在的问题和建议

陕西理工大学　　卢　阳

本报告依据基层稽查局数据共享共治的现状,剖析其中存在的问题,为建设智慧税务稽查提出建议。

中国可再生能源产业路在何方

陕西理工大学　　卢　阳

本报告论述在"双碳"目标下,我国可再生能源产业发展面临的机遇和存在的困难,并提出促进我国可再生能源产业健康发展的财税政策。

可再生能源产业发展面临的机遇、存在的困难及期盼建议

陕西理工大学　卢　阳

本报告论述在"双碳"目标下，黑龙江省可再生能源产业发展面临的机遇和存在的困难，并提出促进我国可再生能源产业健康发展的财税政策。

南亚传统医药发展报告

陕西中医药大学　郭　昆

本报告从南亚传统医药学概况、发展现状、存在的问题、对我国中医药等传统医药学发展的启示这四个方面入手，研究南亚各国应用传统医药学存在的优点与缺点，启示中国传统医药的发展策略。

陕西省森林康养基地评价调查报告

陕西中医药大学　欧阳静、白思敏、冯居君

本报告通过问卷分析的方法，对陕西省内的森林康养基地进行调查。结果显示，陕西省森林康养基地存在基础设施建设相对落后、服务品质较差、品牌知名度不足等问题。建议挖掘特色森林产品，持续做好"森林+"文章、完善基础设施配套建设、合理规划森林康养产品、推动森林康养高质量发展以促进陕西省森林康养基地的发展。

非洲传统医药发展报告

陕西中医药大学　冯居君

非洲传统医药拥有悠久的历史，是非洲文化宝库的重要组成部分。本报告通过文献解析，阐述非洲传统医药的理论和临床实践，梳理非洲传统医药发展历程，并从教育培训、医药政策、学术活动、法律法规等角度分析非洲传统医药的发展现状，及其自身存在的优势及问题，提出通过完善传承区域发展工作、壮大人才队伍、加强质量标准制定、提高社会认知度等措施来促进非洲传统医药的发展。

匈牙利中医药发展报告

陕西中医药大学　冯居君、欧阳静

匈牙利和中国具有很深的历史渊源，中医药在匈牙利有坚实的民众基础。匈牙利政府的立法与政策支持，鼓励民间团体和学术协会之间的合作与交流，促进中医药在匈牙利的传播和发展。本报告对匈牙利中医药发展现状进行文献调查研究，建议推动中医药

标准化进程、加强两国在中医药方面的交流合作、促进中医药在匈牙利的普及教育和传播,从而推动中医药在匈牙利的发展。

基于传统医德和叙事医学的人文元素对医患关系与临床治疗的积极作用研究

陕西中医药大学　郑　琛

近年,国内关于叙事医学的主流和热点,集中于理论梳理和初步实践,对于叙事医学有助于提高医务人员的共情水平进而弥补医患关系的路径仍在探索阶段。同时,借鉴其应用理论在其他领域的实践方面,譬如与中医文化融合后以"细读"的方式对有关材料展开分析,以便于更好地思考其中的叙事特征,寻找现实中合理可行的解决路径,此方面的应用和推广后的实证研究较少并缺乏影响力。

依托特色产业优势发展绿色生态经济　促进精准脱贫与乡村振兴有效衔接的建议

商洛学院　王　怡

本报告就生态保护与产业发展协调、生态保护推进与生态修复同行、生态专业合作社创建、生态保护资金投入与生态补偿机制优化、适农产业结构调整提出合理化建议。

关于商州区贫困人口防返贫动态监测及预警处置的调研报告

商洛学院　张志昌、任桂婷、高扩昌

本报告以开展"根植地方行动计划"为抓手,深度融入区域经济社会文化建设实践,对商洛市商州区18个镇(办)83个行政村的2644名中心户长、26725户农户开展商州区贫困人口返贫风险调查。围绕"两不愁三保障"及"安全饮水"全面排查新增返贫致贫风险点,提出商州区贫困人口防返贫预警机制建议。

获奖情况:获陕西省"三农"工作调研成果三等奖。

以科技创新助推商洛市农业高质量发展的建议

商洛学院　王新军、张双奇

本报告针对商洛农业产业链偏短、农业产业技术链不强、农业产业附加值不高、农业产业服务链不全、农业产业流通链不畅等问题,提出以科技创新为支撑,以产业链创新链融合发展为核心加强校企合作、打造品牌产品、推进绿色农牧、加大科技投入、提高农产品生产效率和产业链协调度等加快农业高质量发展的具体建议。

获奖情况:获商洛市"三农"工作调研成果一等奖。

商洛山区沟壑村集体经济的发展现状、问题及推进思路

商洛学院　郭磊磊、苏　祯

本成果调研团队对商洛山区沟壑村集体经济发展面临的融资困难、发展壮大面临土地资源不足"瓶颈"等情况进行调研,提出"双链融合"创新产业发展,利用土地资源结合、拓宽集体经济筹融资渠道,创新金融扶持模式等推进思路,助力商洛山区实现乡村振兴、共同富裕。

获奖情况:获商洛市"三农"工作调研成果二等奖。

陕南秦巴山区精准脱贫成效评估及"阻返"长效机制研究

商洛学院　郭　萌、王　怡

研究重点关注陕南三市深度贫困县的脱贫现状及满意度、主导产业发展及减贫效应、财政资金扶贫和农村集体经济发展状况。基于统计年鉴和调研数据,运用田野调查法、回归分析法等科学方法,构建陕南秦巴山区精准脱贫成效评价指标体系,多维度评价陕南秦巴山区精准脱贫成效。构建陕南秦巴山区精准脱贫"阻返"长效机制,对陕南秦巴山区新时期巩固脱贫成果,推动脱贫攻坚与乡村振兴有效衔接,提出发展策略和政策建议。

获奖情况:获陕西高等学校科学技术研究优秀成果二等奖。

关于商洛市大旅游产业发展的调研报告

商洛学院　王　怡、郭　萌、董　朕

研究围绕商洛市一都四区建设,就商洛旅游大产业建设中旅游吸引物不足、旅游季节性明显、业态单一、设施配套不完善、综合效益较低、产业竞争力不强、智慧文旅生态体系建设有待完善、校企交流与合作不足等突出问题进行专题研究。提出进一步推动校企合作、走产学研一体化道路、提升旅游人才培养效果、促进旅游创新成果形式、加强旅游实际成果的转化、深度挖掘旅游价值核心方面的建议。

获奖情况:获商洛市政协优秀调研协商成果三等奖。

陕西沿黄区域城乡建设与历史文化保护传承研究

陕西省新型城镇化和人居研究院　王树声、范晓鹏、王庆军　等

研究报告深入分析现阶段陕西沿黄区域城乡建设与文化保护传承面临的主要困境，从沿黄区域格局、历史城市、镇村三个层面分别提出陕西沿黄区域做好历史文化保护传承的政策建议。

泾河新城社区工厂发展模式设计——理论、借鉴与前景

西安交通大学　李　聪、李佩霖、王　岚　等

本报告研究社区工厂扶贫模式蕴含的理论基础，全面总结泾河新城社区工厂的扶贫模式，提出泾河新城社区工厂在脱贫攻坚和乡村振兴衔接中发挥作用的政策建议，为助力乡村振兴战略目标实现提供理论和实践依据。

获奖情况：获2022年度西安市哲学社会科学研究成果三等奖。

政府投资项目评估方法与模型

西安交通大学　王俊霞

本报告研究西安市政府投资项目的现状和存在的问题，并研究和借鉴国内外政府投资评估中采用的多种方法，提出解决问题的相关对策建议，为西安市政府进行科学投资提供一套值得借鉴的投资评估方法和模型，为提高西安市政府投资决策的有效性和科学性发挥积极的作用，成为西安市相关部门制定政策的参考依据。

获奖情况：获2022年度西安市哲学社会科学研究成果三等奖。

网络封建迷信活动的表现、危害、成因及相关建议

西安交通大学　郭小弦

随着互联网技术的发展，人民群众知识结构和认知水平的逐步提升，虽然传统封建迷信的活动空间日渐萎缩，但是互联网也催生诸如"网络算命""网络求神""在线转发迷信符号"等网络迷信活动，它们已经严重污染社会风气，影响社会精神文明的健康发展。有必要从遏制网络封建迷信传播、增强网络迷信防范意识和关注人民群众心理健康三个方面进行有针对性的整治，打造风清气正的社会文化生态和思想意识形态。

族际交往中的"石榴籽效应"

西安交通大学　郭小弦

铸牢中华民族共同体意识是民族政策的主线,促进各民族交往交流交融是民族工作的重要内容。该研究成果对西部12个省、市、自治区的城乡居民,特别是少数民族人口展开代表性样本的数据分析,并从族际交往的决定因素、行为结果、社会效应三个方面进行梳理,最后根据数据分析的结果提出相关的政策建议。

西部脱贫地区乡村全面振兴面临的三大困难及对策建议

西安交通大学　杨江华

巩固脱贫攻坚成果,全面推进乡村振兴,既是新时期党中央重大战略,也是西部脱贫地区农村居民美好生活的奋斗目标。课题组基于陕西省宜君县与清涧县、甘肃省礼县与渭源县、青海省平安区的定期跟踪调研,对当前西部脱贫地区乡村振兴面临的三大共性难题进行研究总结,并尝试提出五个方面的应对政策建议。

边疆书院铸牢中华民族共同体理念的理论基础和实践路径研究报告

西安交通大学　刘彦彦

边疆书院是中国古代经略边疆的文教政策载体,是儒家"大一统"思想与"天下"秩序的智慧结晶。在新时代,发挥边疆书院在民族工作中的历史文化先天优势,以铸牢中华民族共同体意识为主线,为中华优秀传统文化促进各民族交流交往交融层面提供历史借鉴与现实启迪,探究文化自信自强背景下复兴边疆书院的可行路径。

应及时纠正我国北方部分城市绿化存在的重景观轻生态趋势

西安交通大学　蒋维乐

近年来,虽然各级政府越来越重视绿化工作,但是从实际情况来看,一些北方城市绿化存在重景观轻生态的趋势。一方面片面强调景观,大量铺设草坪;另一方面树种单一,本地树种少,且高大乔木严重不足,遮阴效果差,加剧城市热岛效应。针对问题,建议如下:一是及时纠正城市绿化中的急功近利的倾向和重景观轻生态功能的趋势;二是在城市绿化乔木树种选择上,避免单一树种化,减少无法形成遮阴效果的低矮树种和纯景观树种。

陕南开展生态产品价值实现机制试点工作是大势所需

西安交通大学　蔡　萌

研究提出建立各级政府工作试点机构,以县域乡村产业振兴部署试点工作,构建县域生态系统价值核算体系,创新生态产品市场化经营开发机制,夯实生态产品价值实现智力支撑等建议,加深对生态产品价值转化为经济价值的理解,为后续在全省建立健全生态产品价值实现机制提供坚实的认知基础。

陕西山区易地搬迁中退耕农民就业保障对策与建议

西安交通大学　黎　洁、任林静、郭　华　等

在陕西关中、陕南、陕北等地的易地扶贫搬迁安置社区进行调查,收集大量一手调研数据,研究陕西山区易地搬迁退耕户收入与就业现状、退耕农民就业保障存在的关键问题,提出加强陕西山区易地搬迁退耕农民就业保障的若干对策建议。

西部地区扶贫资产管理实践与启示:基于陕西省宝鸡市的探索

西安交通大学　黎　洁、王维博、容莉莉

以陕西宝鸡市扶风县等地的农村扶贫资产管理经验为基础,成果重点研究陕西宝鸡市加强顶层设计、建立扶贫资产管理制度框架体系、实施分类管理的经验,如明确界定扶贫资产范畴、摸清资产底数、科学划归资产权属、建立资产管理台账、理顺经营性资产运营机制、初步建立起农村扶贫资产长效管理机制的突出实践经验。

陕西省易地扶贫搬迁集中安置妇女发展状况调研报告

陕西省妇女联合会　崔志伟、尹燕德　西安交通大学　王昕红

对渭南、安康、榆林8个区县搬迁集中安置点、社区工厂及托幼机构、搬迁妇女家庭和妇女之家进行调研,研究妇女经济参与、教育培训、社会融入、生活保障及关爱等情况,提出抓紧完善社区建设、多途径提升妇女文明素质、提高就业培训水平、推广使用典型模式、加大关爱机制建设、完善困难妇女帮扶救助等对策建议。

对接重大突发公共卫生事件,强化家庭医生签约服务功能相关期盼及建议

西安交通大学 刘慧君 等

探讨在处置重大突发公共卫生事件时,贯彻以人为本的理念,对接家庭医生签约服务机制,开展基层应急医疗服务。建议利用重点人群和普通家庭签约建档信息,发挥家庭医生的知识教育、健康指导和服务网络功能,通过家庭医生的首诊、分诊和转诊服务,减少医疗资源挤兑和盲目求医问药,避免基层卫生服务网络中断,化解应急医疗管理造成的医患矛盾。

陕西发展老龄大健康数字产业的几点思考

西安交通大学 刘慧君

重点研究为贯彻2022年中共中央和国务院"加快建设全国统一大市场的意见",陕西省如何立足中国社会将进入中度老龄化的实际,面向健康中国2030、积极应对人口老龄化和发展数字经济三大国家战略的交汇点,积极推进陕西老龄大健康数字产业集群、建设老龄大健康统一市场。

基于大数据的陕西省新就业形态从业人员社会保障提升路径研究

西安交通大学 温海红、衡白琦、赵佳璇

该成果基于平台经济从业人员的调查数据,针对社会保障缺失的问题,提出建立健全多层次、可衔接的社会保障体系,应结合新就业形态从业人员的特点,探索建立"社会保险+商业保险+社会救助"直通车的社会保障模式,社会救助充分发挥兜底保障作用,对从业人员在重大疾病、工伤事故、生活困难时给予帮助,确保其基本生活。

校企共生融合发展创新港建设方案

改革试点探索与评估协同创新中心 徐立国

按照"企业主体、人才主力、市场主导、政府主推"原则,支持省内企业、高等院校、科研院所扎根陇原大地做西部文章,以人才建设和机制创新为突破口,以兰州高新技术产业开发区为窗口,提出建设创新港四大功能平台,实施产业链现代化三大重点工程,开展创新人才"西进"行动、陇原人才培养行动、"三支队伍"引领行动,打造地方协同创新高地、省际协同创新高地和"丝绸之路"协同创新高地。

大力推动信用信息共享建设信用数字经济

改革试点探索与评估协同创新中心　孙新宇、刘　涛、张宏云

近年来,虽大力推进社会信用体系建设取得明显成效,但信用信息共享水平仍难以满足市场主体的融资需要。作者从优化完善信用信息共享管理机制、加快打造一体化信用信息平台、强化信用信息共享整合、深化信用信息开发利用等五个方面提出对策建议。

"一带一路"西兰国家区域科技创新中心建设方案

改革试点探索与评估协同创新中心　徐立国、李　洁

以培育国家战略科技力量和实现高水平科技自立自强为导向,以西安、兰白两个国家自主创新示范区、西安国家硬科技创新示范区、杨凌农业高新技术产业示范区为主阵地,协同咸阳、宝鸡、渭南等城市,建设西兰科技创新大走廊,构建陕甘科技协同创新共同体,打造国家"卡脖子"技术攻坚、高端人才聚集、"一带一路"国际科技交流合作"三大高地",突出高效旱地农业、能源化工转型、黄河流域生态保护、全面创新改革试验"四大示范"。

深化国企混改的实施路径与模式方法研究

改革试点探索与评估协同创新中心　冯耕中、刘　祺

本课题立足新时代国有企业深化混合所有制改革的迫切需求,基于百家已经完成混改的优秀案例观察与跟踪,探究并总结深化国有企业混改的实施路径,分类探讨适宜的操作模式与方法,力求为国企更好开展混合所有制改革提供理论方法和经验借鉴,推动形成一批具有国际竞争力的世界一流企业,为我国构建"双循环"新格局夯实强有力的市场主体基础,更好应对国内外环境经济发展的不确定性和我国经济由高速增长向高质量增长的运行压力。

当前我国城市基层应急治理存在的突出问题及对策建议

改革试点探索与评估协同创新中心　郑维博、朱佳雯、房　超　等

"新冠"疫情暴发以来,城市应急管理面临一系列新的挑战。社区街道等基层组织既是城市发展的"毛细血管",也是公共应急的"最前线",发挥着决定性的作用。因为应急组织力量薄弱、应对手段单一、管理制度不全等问题也反映出城市基层应急治理存在的不足;所以,提高城市基层突发公共应急能力,健全风险防范体制机制,是完善现代化城市治理体系和提升治理能力的重要环节。

关于提升经济韧性的有关建议

改革试点探索与评估协同创新中心　冯耕中、朱佳雯、周晓阳

2022 年以来,经济下行压力持续加大,经济环境更加复杂多变。"抗压前行"是今后一段时期的常态,亟须锻造好经济韧性,培育自身经济抗压与快速恢复能力,保障经济行稳致远。对此,依据国内外学者对经济韧性的测度方法,对及全国其他 30 个省份的经济韧性进行评价分析。

系统推进 5G 数字技术低碳发展

改革试点探索与评估协同创新中心　管晓宏、房　超、刘　烃　等

数字经济的蓬勃发展推动中国 5G 等数字技术与实体经济的深度融合。与此同时,数字业务产生的巨大能耗也使得 5G 等技术面临着低碳转型的迫切要求,而中国工业信息化基础设施建设不全、行业应用标准缺乏造成 5G 技术的产业应用意愿较低,数字设施能耗偏高增加 5G 技术应用成本,且国际舆论对中国碳排放关注度升高也给 5G 技术推广带来不利影响。

"双碳"目标下加速推进大宗物资公路运输模式创新的对策建议

改革试点探索与评估协同创新中心　冯耕中、朱佳雯、张益铭　等

碳达峰、碳中和是国家为应对温室效应做出的重大战略部署。中国《2030 年前碳达峰行动方案》明确提出,"要加快形成绿色低碳运输方式,确保交通运输领域碳排放增长保持在合理区间"。作者围绕推进大宗物资公路运输模式创新提出对策建议。

优化提升我国新能源跨区消纳能力加快推进新能源供给消化体系建设

改革试点探索与评估协同创新中心　汪应洛、钟　晟、郑维博　等

中共中央政治局会议指出,加大力度规划建设新能源供给消化体系。当前,我国主要以消纳责任权重方式指导各省区执行新能源消纳任务,但由于新能源供给快速增长、源网荷发展不均衡、供需存在时空错配等影响,新能源跨省区输送与交易面临巨大挑战,亟需优化提升新能源跨区消纳能力,加强全国能源资源配置与优化协同,为建立新型电力系统与实现新能源高质量发展提供有力支持。

西安都市圈产业布局与高质量发展研究

改革试点探索与评估协同创新中心　刘　祺、李　毅

为进一步优化西安都市圈产业布局,推动域内产业协同发展,提升重点产业链支撑力和整体竞争力,更好地发挥西安国家中心城市的辐射带动作用。陕西省决咨委成立课题组,围绕都市圈产业布局、高质量发展及区域协调等问题进行深入调查研究。

关于陕西省支持建设世界一流企业的工作举措的建议

改革试点探索与评估协同创新中心　徐立国、李　洁

本报告从全面提升自主创新能力、建立专利导航决策机制、加大基础研究力度、培育科技领军人才队伍、打造品质卓越的产品服务、加快培育国际知名品牌、增强资源配置和整合能力、提升企业治理水平等方面,提出工作措施建议。

咸阳市国家产教融合试点城市建设评估报告

改革试点探索与评估协同创新中心　徐立国、李　洁、吕绚丽　等

国家产教融合试点城市建设遵循国家目标、地方主责、城市载体的建设规律,立足城市,协同地方,视域全国,实现产教全国范围的协同融合,地方区域的匹配融合,城市范畴的特色融合。2021年7月,咸阳市入选国家首批认定的21个国家产教融合试点城市。基于对相关理论、政策、国内外先进经验的分析,确定评估标准,对高校及企业进行调研,挖掘存在的问题并分析原因,为提升咸阳产教融合建设工作成效提出对策建议。

陕西黄河文化资源保护与高质量发展的路径与对策

西安交通大学　吴　锋

基于陕西省社会科学基金、陕西省重大现实问题专项研究项目《陕西黄河文化资源利用及产业发展研究》,分析陕西黄河文化资源保护利用及产业发展现状和问题,提出陕西黄河文化资源保护利用及高质量发展的路径和政策建议。

做实做强乡村振兴"十百千"工程

陕西省社会科学院　王建康　西安科技大学　王会战

本报告研究加快推进陕西省"十百千"工程面临的问题和制约因素,提出建设富民兴农的产业振兴示范样板,建设富集流动的人才振兴示范样板,建设兴盛繁荣的文化振兴样板,建设绿色美丽的生态振兴样板,建设三治融合的组织振兴样板。提出建立与加快

推进"十百千"工程要求相适应的政策保障体系和工作推进机制。

获奖情况:获2022年度陕西省"三农"工作优秀调研成果一等奖。

乡村振兴背景下陕北特色农业建设研究

西安理工大学　尹　洁、洪　涛、王敏静　等

课题组走访2市6县(区)24个村镇1000余户农户,考察40余家农业龙头企业及生产合作社,对陕北特色农业发展的基本情况、发展成效、现实制约等展开全面调查,围绕"两区三带"特色农业建设、强化人才技术支持、挖掘黄土红色文化、促进三产融合提出高质量发展建议。本报告和相关提案先后被各级政府部门采纳和应用,形成良好社会反响。

获奖情况:获陕西省第十五次哲学社会科学优秀成果奖二等奖。

关于加强粮食安全保障体系建设的建议

西安理工大学　尹　洁、黑晓卉、汤毅武　等

提案以陕西省区域粮食安全为研究对象,以促进高质量发展为研究内容,立足于粮食生产、销售、流通及储备的现状,从粮食播种面积、粮食生产技术、各区域协调发展以及提高种粮效益等多方面提出对策建议,这对于保障陕西省以及整个西部地区的粮食安全都有重要现实意义。

陕西省"十四五"时期弥补金融发展短板、助推高质量发展举措研究

西安理工大学　胡海青、张　琅、杨　潭　等

通过剖析陕西省"十三五"以来金融业发展的现状,着眼于补齐金融发展短板的需求,对金融发展与经济高质量发展的关系进行动态实证研究,探讨金融助推陕西经济高质量发展的具体路径和举措。本研究对陕西省"十四五"时期金融业补短板、谋发展具有建设性意义,为拓展经济高质量发展路径和政策制定提供新的思路和重要支撑。

获奖情况:获陕西省第十五次哲学社会科学优秀成果奖一等奖。

品牌引领下的陕西乡村振兴战略研究

西安理工大学　王保利

以乡村振兴战略为背景,把陕西省乡村地区作为研究对象,结合乡村振兴、区域品牌等理论基础进行实地调研,分析乡村振兴战略背景下实施品牌建设的可行性和必要性,介绍国内外乡村振兴战略、品牌战略的理论与实践研究,总结品牌引领下的陕西乡村振

兴战略的现状及所存在的问题。最后，以问题为导向制定品牌引领下的陕西乡村振兴战略实施方案。

获奖情况：获陕西省第十五次哲学社会科学优秀成果奖三等奖。

传统制造业企业转型升级的战略定位、路径及支撑体系研究

西安理工大学　杨水利

从创新能力、质量效益、结构优化和持续发展方面分析实态及关键共性问题；从传统制造业在全球产业链中的价值链定位、国际国内竞争中的市场定位、产业定位等方面论证转型升级的战略定位；从价值链升级、产品升级、智能化升级和绿色化升级四方面设计转型升级路径；从驱动机制、平台建设和产业政策措施等方面构建支撑体系；为政府制定相关产业政策提供理论支持。

获奖情况：获陕西省第十五次哲学社会科学优秀成果奖三等奖。

当前我国推进乡村治理工作面临的主要问题及对策建议

西北农林科技大学　何得桂

乡村治理是国家治理的基础，是乡村振兴的重要内容，不仅关系到农村改革发展，更关乎党的执政基础和社会大局稳定。当前，面临村庄人口流失、工作负担重、集体经济等主要问题。文章针对以上几大突出问题提出有效措施和建议。

关于持续深化陕西省乡村治理体系试点建设的对策建议

西北农林科技大学　胡卫卫

陕西省乡村治理体系试点建设存在着农村基层党组织发挥"领头雁"功能不够、村民参与内生动力不足、党政干部法治素养较低、数字治理进程滞后和村集体经济薄弱等问题。应从提升政治站位、强化主体自觉、重视规则创新、突出数字赋能、深化产权改革等方面，提出进一步深化陕西乡村治理体系试点建设的对策建议。

加快构建现代乡村治理体系策略研究

西北农林科技大学　赵晓峰

构建现代乡村治理体系是全面推进乡村振兴战略的重要举措。从自治、法治和德治视角深入分析现阶段乡村治理体系建设存在的问题，主要表现在自治内生性弱化、法治进程缓慢和德治效果不佳等方面，从创新党建引领社会治理、健全三治融合实践以及完善技术支撑等层面，分别提出加快构建现代乡村治理体系、提升乡村治理能力的政策

建议。

多重冲击下脱贫人口持续增收的困境及化解策略

西北农林科技大学　张　寒、赵敏娟、夏显力　等

脱贫攻坚战的全面胜利,虽然标志着我国区域性整体贫困得到解决,完成消除绝对贫困的艰巨任务。但规模性返贫的风险依然存在,偶发因素导致返贫致贫现象时有发生。防范化解脱贫人口返贫风险、健全脱贫人口持续增收机制,成为当前面临的迫切任务和重点工作。本报告提出保障脱贫人口持续增收的政策建议。

系统性应对农业灾害不确定性保障粮食供给安全

西北农林科技大学　赵敏娟、靳亚亚、张晓宁　等

针对陕西粮食生产面临问题,提出如下政策建议:切实保护耕地资源,夯实"藏粮于地"根基;优化粮食种植结构,践行大农业大食物安全观;建立健全粮食收购保险、补贴制度;强化产销对接,推动粮食企业"引进来"与"走出去"相结合;完善粮食应急保障体系,稳定市场预期。

陕西粮食储备安全的风险与治理

西北农林科技大学　夏显力、刘金典、靳亚亚　等

陕西省粮食安全面临供需缺口增大、市场不确定性加大等现实问题,存在延缓政府收储补仓进度、扰乱粮食流通市场秩序等潜在风险。本报告提出构筑粮食大数据监测预警平台、健全粮食风险基金管理制度、构建分工明确与多主体联动的粮食收储体系等政策建议。

关于发挥政策性农业担保平台功能助力陕西乡村振兴的建议

西北农林科技大学　石宝峰、赵敏娟　山东财经大学　冯　林
山东财经大学　刘　磊　湖南大学　王修华

针对陕西政策性农业担保服务体系存在下沉基层不扎实,对银行体系过度依赖,自主获客、风险识别和管控能力偏弱等问题,从支持完善政策性农业担保体系建设,将服务网络真正扎根农村基层;建立新型农业经营主体信用信息数据库,利用大数据工具和金融科技手段对提高自主获客能力等方面提出对策建议。

新型农业经营主体融资存难题 亟需创新政企银合作机制

西北农林科技大学 石宝峰、赵敏娟 农业部农村经济研究中心
吴 比、张照新 上海财经大学 盖庆恩

针对新型农业经营主体信用数据存储分散,格式不统一等问题,从打通数据"孤岛"、统一信用数据标准、搭建新型农业经营主体信用信息共享平台等方面提出对策建议。

关于加强新区回迁安置社区物业管理的调研与思考

榆林学院 屈 凯

目前,回迁安置社区数量占西咸新区社区总量近70%,做好回迁安置社区的各项工作,物业管理是重点,关系到回迁安置村民生活质量提高和新区城市品质价值兑现。回迁安置社区物业管理模式包括:新城集团管理模式、社区自主治理模式、公司商业管理模式。当前存在的问题:街办、社区、业务部门监管不到位;物业公司人员水平不高、管理制度、整体服务不到位;村民拒绝不配合物业管理等问题突出。本报告针对问题提出相应建议。

交通运输新型智库联盟,促进互联网道路货运规范健康发展的建议

长安大学 刘德智、孙启鹏、马 飞 等

本报告重点研究在道路货运领域平台经济蓬勃发展,对促进物流降本增效、推进道路货运行业转型升级发挥积极作用的同时所面临的法规制度不健全、企业经营不规范、损害货车司机合法权益、网络安全风险等问题。建议着力完善法律法规、强化联合监管、健全信用评价体系、完善运营服务相关标准规范,加快促进互联网道路货运平台规范健康发展。

陕西省黄河文化保护传承弘扬规划

长安大学 文化产业研究中心研究团队

黄河文化是中华民族的根和魂,保护传承弘扬黄河文化是培根铸魂的内在要求。陕西位于黄河流域的中心地带,是中华民族和中华文明重要发祥地之一,保护、传承、弘扬陕西省黄河文化,既是黄河生态保护和高质量发展的客观要求,又是促进黄河事业和谐健康发展的必然趋势,也是陕西省实现由文化大省向文化强省跨越的战略任务。

获奖情况:获陕西省第十五次哲学社会科学优秀成果奖三等奖。

关于将"榆林治沙精神"纳入党的精神谱系的建议

中共陕西省委党校(陕西行政学院)　魏文章、刘立荣、马　瑞

本文研究,提出"榆林治沙精神"的缘由、"榆林治沙精神"的内涵以及将"榆林治沙精神"纳入党的精神谱系的时代价值。将"榆林治沙精神"纳入党的精神谱系:一是有利于持续推进榆林荒漠化治理,强化生态绿色榆林建设;二是有利于磨砺青年一代战天斗地的坚强意志,不断增强敢于斗争善于斗争的本领;三是有利于补缺充实党的精神谱系,强化对榆林乃至陕西的宣传。

关于制订《长征"陕西段"红色文化资源保护与利用管理条例》的建议

中共陕西省委党校(陕西行政学院)　朱　霞、杨宁江

近年来,推进长征国家文化公园建设立法工作已有基础。长征国家文化公园建设作为铸造中华民族集体认同的有效载体,结合陕西实际,除在地方文物保护法规中充实相关内容、完善技术标准规范外,建议探索制定《长征"陕西段"红色文化资源保护与利用管理条例》,为陕西红色文化资源保护与利用提供有力法制保障,从制度安排上解决保护、建设、管理和利用过程中所面临的具体问题。

新发展阶段陕西坚持实施创新驱动发展战略研究

中共陕西省委党校(陕西行政学院)　苏振锋、张　璐、翟淑君

本文研究新发展阶段坚持实施创新驱动发展战略。分析实施创新驱动发展战略中存在的突出问题,提出新发展阶段深入实施创新驱动发展战略的对策建议。

积极应对人口老龄化　推动陕西养老产业高质量大发展

中共陕西省委党校(陕西行政学院)　肖志强

本文研究积极应对人口老龄化、推动陕西养老产业发展的路径。当前,老龄化需求加速递增、市场化开发基础较好、产业化发展前景广阔,但依然存在养老政策支持不够、养老产业发展不快、养老资金投入不多、养老服务水平不高等问题。因此,通过强化政策支持、强化产业支持、强化资金支持等助推养老产业发展迈上新台阶。本文提出积极应对人口老龄化、推动养老产业高质量大发展的对策建议。

关于加强党的集中统一领导法治保障的建议

中共陕西省委党校(陕西行政学院) 梁知博

本文研究以法治加强党的集中统一领导的内在逻辑与必要性,通过法治加强党的集中统一领导的实现方式,建议在《中华人民共和国宪法》中增加"加强党的集中统一领导"的内容,在《政务处分法》中明确破坏党的集中统一领导的法律责任,在《刑法》中增设"破坏党的集中统一领导罪"。对研究如何进一步强化党的集中统一领导有启发借鉴作用。

陕西关于加快建设全国统一大市场的对策建议

中共陕西省委党校(陕西行政学院) 张晓旭

本文分析陕西建设全国统一大市场的思路,根据陕西实际提出6个对策建议:一是清理不符合要求的地方性市场准入,二是建立省级统一的公共资源交易平台,三是加快能源市场基础设施建设,四是推进市场主体及时对接质量标准,五是探索跨行政区域的市场监管执法和监管能力,六是有序破除地方保护。

西安城市更新中文化遗产保护与城市能力提升的探索

中共陕西省委党校(陕西行政学院) 刘颖慧、赵少杰、刘 娜

近年来,西安市在推进城市持续有机更新中,打造一批功能提升、增强城市活力和延续历史文化传承的社区、街道,促进高质量发展、高品质生活和高效能治理。而在老旧小区改造过程中存在市井文化未得到充分保护、部分文化遗产开发过度以及古老街区文化气息淡化等问题。本文分析西安老旧小区改造中文化遗产保护存在的问题,进一步探索在城市更新中保护和发展文化遗产的新路径。

提高政府投资项目工作质量的思考

中共陕西省委党校(陕西行政学院) 黄海楠

《政府投资条例》出台后,从中央到地方对政府投资管理提出新要求。调研发现政府投资项目存在谋划不准不优、立项不科学等共性问题。按照完整准确全面贯彻新发展理念要求,本研究提出科学决策建立政府投资负面清单制度、进一步完善设计变更和评审政策标准、设立省级重大项目前期工作专项经费、下沉服务指导基层用好用足中省投资政策等六个方面措施建议,以统筹优化全省政府投资项目全过程管理。

促进乡村振兴的若干建议

中共陕西省委党校（陕西行政学院） 蔡钊利、何永荣、王彩梅 等

近三年来，先后出台一系列降本减负政策，取得明显成效。未来推动民营企业降本减负政策落实，关键要综合制约民企发展难题、陕西特色产业优势等因素，在政策"普惠性"的基础上突出"功能性"，在政策落实的"直通企业"和"评估反馈"上下功夫，真正让民营企业"轻装上阵"，聚力高质量发展。本文通过分析民营企业降本减负政策落实中显现的突出问题，提出推动民营企业降本减负政策落实的对策建议。

关于加快推进康养旅游产业发展的几点建议

中共陕西省委党校（陕西行政学院） 蔺怀周

本文重点围绕发展康养旅游的新导向，立足生态环境独特、旅游资源富集、康养条件良好的康养旅游产业发展天然基础，从康养旅游产业发展前景与发展现状、面临的困难与问题入手，提出做准政策支撑、做好区域协同、做强体系链条、做优科技赋能、做实人才支撑等有针对性、可操作性的建议。得到省政府领导批示，省级相关业务部门对接应用，成果上报省政府。

推进黄河流域陕西段生态治理的建议

中共陕西省委党校（陕西行政学院） 刘亚波

本文研究黄河流域陕西段生态保护治理存在的问题并提出对策建议。近年来，虽然在坚持山水林田湖草沙综合治理、系统治理、源头治理等方面取得明显成效，但黄河流域陕西段生态环境脆弱，水资源短缺问题依然突出。为此，要把保护黄河流域生态环境问题摆在压倒性位置，坚持退耕还林，科学推进水土流失治理；实施区域治水方略，推进水资源节约集约利用；全力推进污染治理，全面提高资源高效集约利用。

推进秦巴山区乡村产业振兴的实践探索
——基于留坝县发展"四养一林"特色农业的调研报告

中共陕西省委党校（陕西行政学院） 薛小毛、胡卫华、杨 洁 等

本文研究如何推进秦岭山区乡村特色农业发展。发展特色农业是推进秦岭山区乡村振兴的一个重要产业基础。尽管秦岭山区特色农业发展取得一定成效，但仍然面临产业规模小、市场竞争力不高、现代化程度有待提高等问题。课题组选择地处秦岭南麓腹地的留坝县进行调研，总结留坝县立足资源禀赋和生态环境要求，发展"四养一林"特色

有机农业的实践及经验启示,为秦岭山区其他的县(区)发展乡村特色产业提供参考借鉴。

新发展格局下加快轨道交通建设的思考

中共陕西省委党校(陕西行政学院)　薛志远

本文研究陕西轨道交通的发展现状、面临问题,提出实现高质量发展的对策建议。近年来,虽抢抓机遇,多措并举,强力推进铁路建设发展,但与新形势、新要求相比,仍存在高铁轨道交通企业自身生存发展和轨道交通事业可持续发展支撑不足等问题。未来加快轨道交通高质量发展,从宏观层面考虑,关键要科学编制轨道交通路网规划,出台加快轨道交通发展支持政策,优化完善轨道交通资金筹措机制,积极构建轨道交通发展产业体系。

"红苹果"如何成为富民"大产业"
——延安市安塞区发展山地苹果特优产业调研报告

中共陕西省委党校(陕西行政学院)　王　进

本文研究延安市安塞区特优产业——山地苹果产业发展的做法及取得的成效,并进一步凝练经验、助力特优产业发展。近年来,安塞区山地苹果产业发展以强化党建示范引领为前提、持续推进农村三产融合为路径、立足县域产业发展实际为抓手、深化校地企协同合作为支撑、打造特优产业品牌为关键,实现集体经济的发展壮大和农民的增收致富,为立足地方特色资源、做大做强乡村特色优势产业、推进乡村振兴提供典型的经验借鉴。

关于通过养老补贴向需方转变推动西安养老事业高质量发展的建议

陕西国际商贸学院　韦林珍

本课题对西安市人口老龄化现状、养老服务体系现状和存在的问题进行深入分析,建议实施中不搞"一刀切",根据养老服务发展情况因地制宜;"补需求"的方式要对样,要根据老龄群体需求,突出重点;"补需求"的配套机制要完善,要建好评估机制做好分级等相应的对策和建议。

关于防止毛乌素沙地"二次沙化"的建议

陕西师范大学　方　兰

毛乌素沙漠是中国四大沙地之一,位于黄河中游"几"字弯、陕西榆林市和内蒙古鄂尔多斯市之间,面积4.22万平方公里,其中约一半面积在榆林境内。历史上,榆林森林密布、水草丰茂,后植被遭到严重破坏,生态环境日趋恶化。新中国成立70多年来,持之以恒"北治沙南治土",实现从"沙进人退"到"绿进沙退"的历史性转变,使陕西成为中国第一个完全"拴牢"流沙的省份,为改善北方地区环境质量、保护黄河流域生态作出巨大贡献。

调研发现中西部小规模学校教师队伍现状堪忧需引起重视

陕西师范大学　赵　丹、杨国光、范先佐

陕西师范大学农村教育课题组在陕西、宁夏、甘肃、四川和河南5省11个市县调研发现,乡村小规模学校(指不足100人的村小学和教学点)师资配置面临困境,主要包括:一是吸引优秀教师难;二是编制限制和调配机制导致新教师进不来、年轻骨干教师留不住;三是教师激励政策不力;四是教师培训质量低。本研究对此提出建议。

推进我国普职教育协调发展的有效策略

陕西师范大学　祁占勇、陈　鹏

普职协调发展需要大力推进职业教育高质量发展,真正实现普通教育与职业教育在基建设备、招生规模、教学质量、师资力量、升学通道和未来发展等方面等值,突出职业教育在人才培养模式、专业建设和实训基地等方面的特色,让职业教育具备与普通教育同等重要的实力,普职协调发展才能得以有效落实。

当前制约我国城乡基层治理效能提升的主要因素及对策

陕西师范大学　张建雷

本文研究制约我国城乡基层治理效能提升的主要因素及对策。在上海、浙江、四川、陕西等地的调查发现,大规模人口流动导致基层治理抓手缺失,基层干部的过度行政化导致基层组织的行政成本提高、群众工作能力降低,基层治理的过度规范化导致基层自主性弱化,东中西部经济社会发展水平差异导致基层治理区域不平衡,等等。应围绕制约城乡基层治理效能提升的上述主要问题和基本原因,不断完善城乡基层治理的体制机制。

关于进一步从法治层面完善河长制的建议

陕西师范大学　方　兰

将河长制纳入《环境保护法》《水法》。细化《水污染防治法》和流域法规中有关河长制的规定：一是在法律中明确规定监督河长履行职责,提供长效机制的保障；二是健全考核机制,拓宽河长制考核主体的范围；三是制定科学的考核标准；四是建立有效的社会监督机制；五是完善河长制资金保障机制。

唯有以心育人,方能立德树人——我国教师职业心理健康研究报告

陕西师范大学　游旭群、李　瑛、姬　鸣 等

本文着眼于培养中国特色社会主义合格建设者和可靠接班人,落实立德树人根本任务,在对教师工作特性及其职业心理特征系统分析的基础上,建构教师职业心理健康的概念与理论体系,创新教师职业行为效能的评价方式,揭示教师职业心理健康与思想政治工作、与教师教书育人效能及与学生学习和心理健康之间的关系。

推进乡村体育健身,全面促进乡村振兴

陕西师范大学　方　兰

全面推进乡村振兴是一项复杂的系统工程,不仅关系到产业的提升、收入的增加,而且农村居民的身体健康更是其中不可忽视的重要环节。推进乡村的体育健身活动,在乡村振兴中发挥积极而重要的作用。基于此,课题组对农村一线情况进行调查。本次调研区包括东、中、西部的浙江省、河南省、山西省、陕西省、甘肃省及重庆市,涵盖经济发达地区和欠发达地区,共对 13 个村庄进行访问及深度调研。

以"大思政课"为抓手统筹推进大中小学思政课一体化建设

陕西师范大学　刘力波、张子鉴

树立"大思政课"的先进教育理念,以此为抓手,全面统筹,协调推进大中小学思想政治课一体化建设,在教学内容、教学方法等多方面进行有益探索。

新时代马克思主义中国化新飞跃的学理阐释

陕西师范大学　阎树群

新时代马克思主义中国化在许多方面实现新飞跃,加强其学理阐释具有重要的理论意义和实践价值。

大中小学思想政治理论课一体化建设的现状、问题和对策
——以陕西省为例

陕西师范大学　刘力波、张子崟、赵　潜

对陕西省大中小学思想政治理论课一体化建设的现状进行调研,分析其现状,对于存在的问题以及其深层次原因进行深入剖析,提出具有针对性和操作性的对策建议。

基于市场导向的教育创新战略与路径

陕西师范大学　张治河

针对国家和区域发展的重大需求及相应的现实问题,就我国"卡脖子"技术的突破路径问题,科技资源匮乏地区的创新驱动发展问题,实施创新驱动与高质量发展的战略措施问题以及黄河流域的生态保护与发展问题,进行较为深入的调查分析。在此基础上,本文就实施创新驱动高质量发展过程中的教育、科技、文化、产业有效协同机制及高效的国家创新体系与高质量教育体系之间的内在联系问题,进行深入的分析和思考,提出一系列建设性建议。

关于进一步加强边境地区基础教育质量提升的对策与建议

陕西师范大学　李忠军、马瑞映

从边境地区基础教育的现状和存在的问题入手,对于如何进一步提升教育质量进行深入探索,提出具有重要价值的对策与建议。

优先发展农村学前教育　助力乡村振兴

陕西师范大学　程秀兰、白　洁、张　慧

优先发展农村学前教育是乡村振兴的必然要求。本报告依托国家"十三五"教育规划课题,用具体详实的数据分析我国西部农村学前教育发展的现状与问题,本文提出持续加大对西部农村学前教育的经济投入、不断强化农村幼儿教师队伍建设、推行直属和省属高校定点帮扶农村幼儿园制度、引导家长主动参与教育并合理进行经济投入、营造良好园所学习环境促进幼儿全面发展等具体建议。

人类文明新形态对中外人文交流具有指导作用

陕西师范大学　孙　云

从人类文明新形态的内涵入手,报告首先探索论述人类文明新形态与推动中外交流二者之间的互动关系,最后提炼概括出人类文明新形态对中外人文交流具有的重要指导作用。

"青少年体育"单独成章立法的建议

陕西师范大学　万炳军

本报告从党和国家高度重视和发展青少年体育的新时代使命等八个方面,辨析青少年体育与学校体育的关系,为"青少年体育"单独成章立法提供强有力的支撑。同时,明确青少年体育在《体育法》第二章至第十章中独立成"章"涉及的主要内容进行详细的说明。

加强生态保护修护　持续提升秦岭北坡防护屏障作用

陕西师范大学　杜　娟

秦岭北坡是黄土高原水土环境保护与治理的重点地区之一。充分利用森林资源富足、水资源丰富、气候温热等优势条件,发挥集生态－经济－文化功能为一体的南部屏障作用,是陕西生态环境与经济社会协同发展的重要途径。几十年来,虽然秦岭北坡生态环境建设已取得诸多成就,但在发展路径中仍有提升的空间。

关于建设"长城国家文化公园(山西段)历史地理信息系统共享平台"的建议

陕西师范大学　肖爱玲

"长城国家文化公园(山西段)历史地理信息系统共享平台",是以山西境内的长城文化遗存为基础的历史地理信息数据库,是国家文化大数据体系建设的重要内容。平台建设旨在应用GIS信息技术,存储长城空间要素海量信息,建设一套历史时期长城空间演化过程的基础地理信息库,使之成为存储、保护和展示长城文化遗存的重要载体,将长城历史地理资料信息化(数字化)、精准化、标准化。

关于对"陕西方言语音建档"成果中"地方口传文化"推广和应用的建议

陕西师范大学　曾小梦

陕西方言语音建档工作后期成果《陕西方言集成》丛书中有大量关于地方口传文化的文字和音频。通过挖掘其中的文化要素，为语言扶贫开辟新的途径，为开发文化旅游提供新的资源，为编写方言文化教材提供新的素材，为丰富汉语课堂教学提供新的载体。

陕西省市场监督管理局关于促进陕西省"十四五"广告产业发展的指导意见解读

陕西师范大学　屈雅利

成果全面分析解读《陕西省市场监督管理局关于促进陕西省"十四五"广告产业发展的指导意见》的出台背景、总体思路、主要框架、发展目标、基本原则、发展路径和主要特征等，对于指导学习和贯彻执行《陕西省市场监督管理局关于促进陕西省"十四五"广告产业发展的指导意见》具有重要的应用价值，有力支持陕西省广告产业发展相关工作的开展实施。

秦岭区域民宿经济与高质量发展

陕西师范大学　方　兰

在国家实施乡村振兴战略的大背景下，秦岭民宿经济迎来崭新的发展环境。然而，乡村民宿经济开发、宣传和运营能力与海外发达国家和地区仍存在着不小的差距。本研究在系统总结民宿经济相关理论知识的基础上，系统分析现阶段民宿经济发展的机遇和挑战以及开发模式的选择，并通过多角度下对秦岭民宿经济发展的效益衡量，总结出具有针对性的发展策略和意见。

数字时代陕西境内汉字文明资源的研究与推广

陕西师范大学　张　喆

报告梳理陕西境内汉字文明资源的构成，总结数字时代下陕西在汉字文明整理研究及推广方面的不足，建议应建立系统性汉字文明资源数据库，为学术研究奠定基础；增加立体化阅读物，提高民众阅读兴趣；加快推进汉字文化博物馆建设；从吸引进来，到主动走出去；多渠道多媒体促使汉字资源活起来。

"一带一路"倡议中的青年责任

陕西师范大学　王　珏、霍源源

"一带一路"倡议提出以来,中国与沿线各国不断深化合作。基于经贸合作和基础设施建设合作等具体抓手,"一带一路"倡议的最终落脚点在于民心相通,而青年正是民心相通的重要纽带和主要桥梁。为使得沟通合作的"朋友圈"越来越大,中国青年和"一带一路"区域各国青年负有特殊的历史使命,鼓励沿线国家青年积极投身"一带一路"倡议,延续亚欧大陆辉煌的文明交融史。

延伸人社校园触角　对高校毕业生感受温暖关怀

陕西师范大学　张　琳、高奇发

对人力资源和社会保障部门如何进入高校开展工作,加强对高校毕业生的人文关怀以及相关问题进行比较全面的探索和梳理。

关于弘扬关中文化,讲好中国故事的建议
——以丝绸之路世界文化遗产之关中"两宫四寺"为窗口

陕西师范大学　任竞泽

本研究结合共建"一带一路"倡议,以丝绸之路世界文化遗产陕西段七个遗址点中的关中文化遗迹为窗口,从文献整理、学术研究、文学创作、旅游推广等方面提出建议。

关于充分发挥高校在乡村文化振兴中重要作用的建议

陕西师范大学　任竞泽

高校是进行乡村文化振兴理论研究的主要学术阵地。充分发挥高校"思想库""信息库"和"人才库"作用,创建集科学研究、决策咨询、学术交流、人才培训、成果运用于一体的全国高校乡村文化振兴科研机构,应该成为全面实施乡村振兴战略的有效举措。建议建立高校乡村文化振兴科研机构的五级梯队,分设七大区高校乡村文化振兴协同中心,在各省市自治区联合成立省级乡村文化振兴研究院。

柔性税收征管对秦创原平台企业活力的影响机制与作用路径研究

陕西师范大学　芦　笛

为贯彻习近平来陕考察重要讲话精神,落实中共中央办公厅、国务院办公厅《关于进

一步深化税收征管体制改革意见》的通知。陕西省委、省政府决定在规划以西咸科技创新港为基础，建设政府和高校、院所、企业、金融等机构共同参与、市场化运作的开放共享创新平台，统筹线上与线下、虚拟和现实、现在和未来、国内外，在西咸建设"秦创原"总平台、带动西安、咸阳等区域打造科技发展的新引擎。

新发展理念下的陕西秦岭地区高质量发展评价研究

西安财经大学　任　燕、张武康、马红鸽　等

基于改革创新、协调、共享、绿色发展、开放包容、系统管理和生态至上原则，构建陕西秦岭地区高质量发展评价体系。首先，从创新、协调、绿色、开放、共享发展5个维度出发，分别设置人力资本、科技成果、创新能力、区域协调、城乡协调、产业协调、供需协调、资源消耗、产业转型、环境治理、绿色社会、开放水平、开放效果、脱贫巩固等16个分项指数，进而细化为48个具体指标。最后，提出实现陕西秦岭地区高质量发展的具体路径。

碳达峰、碳中和实现路径研究

西安培华学院　孙文琳

本文以陕西省碳达峰、碳中和研究的重点区域、存在问题和实现途径为考察对象，对研究成果进行分析总结，旨在展示碳达峰、碳中和研究的最新进展，结合翔实的数据支撑，采用领先的模型算法，依托数据、挖掘、定义、分析、展望陕西"双碳"产业的路径。本报告分为陕西发展现状、发展图谱、细分领域、各地区发展和路径探索五大部分。

农民愿意怎样养老——基于对5413个农户的调查

西北大学　吴玉锋、聂建亮、虎经博

调查发现，四成以上农民担心养老；八成以上农民选择在农村家里养老；有地种有房住是农民最需要的条件；养老金待遇低、看病难、看病贵是三大养老问题。各级政府应坚持自我保障、家庭保障、互助保障和社会保障相结合，走出一条适合中国农村特色的养老道路。

关于加快建设西部人才高地的建议

西北大学　李　莉

课题组通过与广东、江苏等发达地区人才工作的比对研究发现，陕西人才工作在资源整合、体制机制改革创新、项目精准扶持、创业平台搭建、发展环境营造等方面还需改

进。建议积极学习先进经验,从做好政策、做活机制、做强载体、做实保障等方面夯实创新发展人才基础,加快建立人才资源竞争优势,实现人才工作高质量发展。

推进陕西省黄河流域高质量发展的几点建议

西北大学　师　博、马晓强

为上下贯通、辐射带动黄河流域整体高质量发展,以助推城市高质量发展,需要着重关注以下方面:一是完善流域治理模式,着力强化城市新型基础设施建设。二是推动黄河流域城市高质量发展应根据所处流域特征因地制宜发展。三是加强科技协作与城市间的互动合作,推动黄河流域城市高质量发展。

关于加快汉长安城国家大遗址保护特区管理体制提档升级的建议

西北大学　徐卫民

根据汉长安城的保护利用现状,本课题组认为,应该提级管理,将特区管委会设为市政府直管独立单位,调整完善特区建设领导小组。建立多部门组成的市级特区建设领导小组,增强协作机制,研究解决大遗址发展的重大问题,充分授权;支持特区管委会完善机构,充分授权,全面激发大遗址保护利用团队的积极性和创造性。

陕西省动漫产业产学研深度融合模式与实现路径研究报告

西北大学　周　焱

本报告基于非合作博弈、合作博弈、协调博弈等经典博弈理论方法,对于陕西动漫产学研合作产业化的发展现状进行评价。本报告分析动漫产学研合作产业化过程中在理论、方法及结论有一定特色和新意,对于动漫产学研合作产业化发展模式及优化有一定的实际意义与价值。

乡村振兴的城固探索

西北工业大学　陈建有、刘　慧、贾　明

本报告主要凝炼城固县的乡村产业振兴模式,并形成建言启示:城固县协同"政企"力量精准匹配多层次资源,充分挖掘产业特色优势;辐射拓展"农业+"产业链牵引城乡融合,提升产品附加值;优化治理结构、推行集中决策和共享收益,全面激发农民参与的内生动力探索,形成"政府-产业-治理"三维发力的产业振兴"城固模式"。

杜绝秦创原项目落地过程中的弄虚作假现象

西北工业大学　张　涛

本调研发现,在秦创原建设过程中出现一些企业为享受优惠政策而弄虚作假的苗头。主要体现在:对项目虚假包装,借用高校和科研院所名义落地虚假项目,人为增加科技元素冒充科技企业享受优惠政策,一些秦创原工作人员对项目鉴别不准。建议:一是实行秦创原项目后评估追溯机制;二是完善秦创原相关制度;三是成立专家评审小组;四是加强秦创原工作人员专业培训。

加快制造业绿色转型　助力实现"双碳"目标

西北工业大学　车阿大、秦湘渝、王能民　等

本报告提出,立足省情,坚持创新驱动,强化示范引领,推进能源和产业结构优化,从优化产业布局、打造示范项目、推广节能技术、创新绿色金融产品及完善环境信用评价五个方面加快陕西省制造业绿色转型。

依托秦创原创新驱动平台,推动陕西省文物保护装备产业园的建议

西北工业大学　赵　荣、董文强、邓　宏　等

按照"考古发掘是基础,科学保护是核心,陈列展示是手段,服务社会是目的"的要求,重点开展三方面工作:一是依托秦创原建设西安文化遗产保护装备;二是创新科技园重点发展四种文物保护相关产品和技术:文物探测保护装备、文物保护修复技术、文物预防性保护装备、环境监测系统和设备;三是给予进驻园区企业相关政策和税收优惠,财政支持,税收优惠,金融支持,规划、土地等方面给予优先支持。

新形势下青年思想状况变化的探索、思考及对策

西北工业大学　贺　苗、谢梦雅、刘　霞

面临百年未有之大变局,客观准确地认识和把握新形势下青年群体的思想状况、主要诉求及所关注的问题,加以进行有效干预来促进青年心理观念的及时改变和进步,成为当前国家治理和社会治理的重要内容。

社交媒体时代短视频平台对网络舆情的影响及引导策略

西北工业大学　贺　苗、谢梦雅

新形势下认识短视频平台在舆论场中的地位及作用,把握短视频平台的舆情演化规

律,充分发挥其正向的舆论引导作用,是网络舆情引导工作面临的现实问题,更是做好舆情引导工作的不可或缺的重要步骤。

全员精准多元帮扶,聚力增效促进毕业生高质量就业

西北工业大学　黄　越

西北工业大学深入学习贯彻习近平总书记关于高校毕业生就业工作的重要指示批示精神,坚持"全校抓、全年抓、全力抓"的工作理念,将体系建设与思想教育相结合,实现全员帮扶;将分类指导与拓展岗位相结合,实现精准帮扶;将拓展资源与实践育人相结合,实现多元帮扶,构建校企(地)就业共同体,努力实现更高质量、更高满意度就业,续写在关键领域"愿意去、留得住、干得好"的西工大现象。

持续深化陕西高等教育领域"放管服"改革对策建议

西北工业大学　陆　风

高校治理体系和治理能力现代化是新时代中国大学推进内涵式发展、提升综合竞争力的内在需求。高等教育领域实施"放管服"改革,是推进高等学校实现治理体系和治理能力现代化的突破口和必然途径。当前,陕西正处在由高等教育大省向高等教育强省转变的关键阶段,通过深化简政放权,创新管理方式,优化教育服务,进一步激发办学活力,助力陕西高等教育高质量发展。

陕西省科技型企业"卡脖子"问题调研报告

西北工业大学　张　婷

本报告从企业的所有权特性、行业规模、行业类别等视角,对陕西省科技型企业"卡脖子"问题进行深入分析,对影响企业科技创新、双链融合、成果转化的各方面因素进行研究,提出加强科技型企业创新发展的政策建议。调研成果为研究制定科技创新政策、开展科技安全风险防控等工作提供智力支撑。

年度获奖成果

国家哲学社会科学基金结项优秀成果

2022年,全国哲学社会科学工作办公室先后公布12批国家社科基金项目结项名单。陕西省有6项成果顺利通过国内同行专家鉴定,经全国哲学社会科学工作办公室审批,获"优秀"等级。

2022年陕西省国家社科基金年底项目、青年项目和西部项目结项优秀名单(6项)

序号	项目批准号	项目名称	成果名称	负责人	工作单位
1	16CZW020	《全唐文纪事》校证与研究	《全唐文纪事》整理与研究	赵阳阳	西北大学
2	16ASS004	美国制裁伊朗问题研究	美国制裁伊朗问题研究	蒋 真	西北大学
3	16BZJ040	清王朝道教事务管理研究	清王朝道教事务管理研究	刘康乐	长安大学
4	17AZS001	《建炎以来系年要录》编纂与版本研究	《建炎以来系年要录》校证本、《建炎以来系年要录》版本与编纂研究	胡 坤	西北大学
5	17BYY019	宋元以来民间手书文献俗字典编著及研究	宋元以来契约文书俗字典、宋元以来契约文书语言文字研究	黑维强	陕西师范大学
6	17BZS019	西北联合大学史研究	西北联合大学史研究	梁严冰	西安理工大学

机 构

截至2022年底,陕西省共成立省市社科联5家,高校社科联53家,陕西省社科联所属社会组织105家,陕西省社科联所属科普基地100家,各高校、科研机构成立的哲学社会科学研究基地(中心)229家,其中,2022年成立哲学社会科学研究基地20家。各省市社科联、高校社科联,各类学会、协会、研究会、科普基地等学术社团、科研机构积极探索激励社科学术社团发挥作用的新途径,围绕重大方针政策按计划开展形式多样的学术活动,不仅体现出浓郁的学术氛围,扩大学术机构的学术影响力,也在社科普及、课题申报、智库建设等方面作出贡献。

☞ 2022年新增研究基地(中心)

陕西创新人才发展研究院培训中心

研究院培训中心于2022年3月1日成立,主要承接各类人才工作培训和专业技术人员继续教育培训。现有专兼职人员36人,其中管理人员3人,教师33人。2022年举办超200人次的应急管理培训1次,继续教育培训8600多人次。

单位负责人:蔡泉安

单位地址:西安市雁塔区唐延路35号旺座现代城

陕西科技大学"耀州窑陶瓷文化与技艺"
陕西省普通高校中华优秀传统文化传承基地

"耀州窑陶瓷文化与技艺"陕西省普通高校中华优秀传统文化传承基地,由陕西省教育厅于2022年3月批准建立。现有专职人员6名,辅助研究人员8名,外聘兼职研究人员5名。2022年,基地在研课题8项,省部级以上课题3项。其中,"千年耀瓷,熠熠生辉——陕西耀州窑陶瓷优秀作品推广交流展览"项目影响力显著。基地公开发表研究论文8篇,获设计大赛12项。

单位负责人:詹秦川

单位地址:西安市未央大学园区陕西科技大学

商洛学院"商洛花鼓"中华优秀传统文化传承基地

商洛花鼓中华优秀传统文化传承基地依托商洛学院艺术学院创建,2022年3月经陕西省教育厅认定,旨在弘扬花鼓魅力,实现综合育人功能的省级平台。基地成立以来,以传承和研究商洛花鼓为着力点,制定实施方案、开设《商洛花鼓鉴赏》课、进行前期宣传、策划高雅艺术进校园活动、启动商洛花鼓研究课题遴选、走访戏剧团体和老艺人,初步完成商洛花鼓"协同育人"网络的构建。

单位负责人：李世鹏

单位地址：陕西省商洛市商州区北新街10号

西安交通大学"一带一路"与国际法治研究院

西安交通大学"一带一路"与国际法治研究院，是中央依法治国办、中央宣传部、外交部、教育部、司法部、商务部等六部委于2022年3月批准建立的"国家级涉外法治研究培育基地"。现有专职研究人员26名，行政人员2名，外聘兼职研究人员11名。

2022年，研究院在研课题56项，其中21项为国家级与省部级项目，28项为横向委托项目，7项为校级培育项目。研究院公开发表论文19篇（其中SSCI论文7篇），被采纳智库决策建言6篇，《能源宪章条约与中国法律的兼容性分析报告》获钱端升法学研究成果奖（部级奖），组织"国际法律事务大讲堂""国际投资法青年学者论坛"等系列活动。

单位负责人：单文华

单位地址：陕西省西安市碑林区咸宁西路28号

西北工业大学太极导引健康科学研究中心

西北工业大学太极导引健康科学研究中心，由西北工业大学于2022年4月25日批准建立。现有专职研究人员8名，辅助研究人员2名，外聘兼职研究人员6名。2022年，中心在研课题9项，其中3项为国家级课题，3项为省部级课题，3项为校级课题。中心公开出版专著1部，公开发表论文10篇，文建生获青年工作委员会优秀干部奖，组织网络专家论证会1次，西北工业大学太极导引健康科学的实验测试3次，为期3个月的大学及周边太极导引组方疗法的慢性病健康干预。

单位负责人：周巍

单位地址：西北工业大学友谊校区翱翔体育馆

中共中央党史和文献研究院马克思主义理论与当代实践研究基地

中共中央党史和文献研究院马克思主义理论与当代实践研究基地，由中共中央党史和文献研究院2022年6月批准建立。现有专职研究人员18名，辅助研究人员11名，外聘兼职研究人员2名。2022年，中心获批国家社科基金重点项目2项、面上项目2项、教育部及各部委级项目3项、其他项目30余项。共发表学术论文70余篇，其中在CSSCI、北大核心等权威期刊杂志上发表论文50余篇，出版著作7部，在《光明日报》《人民日报》《陕西日报》等各类媒体上发表理论宣传文章20余篇。

单位负责人：燕连福

单位地址：陕西省西安市碑林区咸宁西路28号

西安欧亚学院文化与品牌发展研究院

文化与品牌发展研究院于2022年7月成立,是一所聚焦于文化与品牌发展领域,从事和开展应用型科研服务、社会服务的综合性研究机构。在西安欧亚学院"应用型"办学定位的指导下,致力于研究实际情景、解决实际问题,面向品牌和文化领域的行业、企业、地区提供专业化服务。2022年为西安华诚企业管理有限公司"文化礼品"店空间设计与产品开发首届城市更新系列活动策划方案。

单位负责人:张媛媛

单位地址:陕西省西安市雁塔区东仪路8号

西安交通大学资源与环境治理研究中心

西安交通大学资源与环境治理研究中心,由西安交通大学于2022年7月批准建立。现有专职研究人员17名,辅助研究人员3名。2022年,在研课题31项,其中5项为校级课题,13项为省部级课题,11项为国家级课题。公开出版专著1部,公开发表论文31篇,胡芳肖获得2022民政政策理论研究获奖论文二等奖、陕西省第十五次哲学社会科学优秀成果二等奖;王洋获陕西省第十五次哲学社会科学优秀成果奖一等奖;王湿尘获得陕西省第十五次哲学社会科学优秀成果奖三等奖;Khalid Ahmed 获得 Listed in Stanford University's top 2% highly cited researchers。组织年度"资源环境治理与政策创新"丝路论坛和定期"资源与环境治理"系列讲座等活动。

单位负责人:李树茁

单位地址:陕西省西安市中国西部科技创新港

西安外国语大学当代国外马克思主义研究中心

当代国外马克思主义研究中心,由西安外国语大学于2022年8月批准建立。现有专职研究人员3名,辅助研究人员4名,外聘兼职研究人员1名。2022年,在研课题2项,其中1项为教育部思政研究专项课题。公开出版专著1部,公开发表论文2篇。

单位负责人:李永虎

单位地址:西安外国语大学长安校区

西安外国语大学教师教育U-G-S协同创新研究中心

教师教育U-G-S协同创新研究中心,由西安外国语大学于2022年8月批准建立。现有专职研究人员9名,辅助研究人员8名,外聘兼职研究人员10名。2022年,在研课题4项,其中2项为陕西省社科基金项目,2项为陕西省社科联专项项目。中心负责人张维民博士被深圳市教育科学研究院、深圳市教师发展中心、深圳市基础教育质量监测中心聘为首批入库专家;被陕西师范大学聘为国培项目培训专家;被西安市教育学会学校文化建设研究专业委员会聘为学会顾问。中心核心成员王红艳教授被陕西省教育厅聘为陕西省基础教育督导专家。

单位负责人:张维民

单位地址:西安外国语大学长安校区

西安外国语大学欧洲文学与文化翻译研究中心

欧洲文学与文化翻译研究中心,由西安外国语大学于2022年8月批准建立。现有专职研究人员27名。2022年,中心公开出版专(译)著12部,获批陕西省社会科学基金项目1项,陕西省社会科学外语专项结项1项,政府类咨询报告(地厅级)2篇。

单位负责人:张世胜

单位地址:西安外国语大学长安校区

西安外国语大学中国少数民族文学译介研究中心

中国少数民族文学译介研究中心,由西安外国语大学于2022年8月批准建立。现有专职研究人员5名,辅助研究人员7名,外聘兼职研究人员3名。2022年,在研课题4项,其中1项为国家社科基金项目,1项为教育部人文社科项目,1项为陕西省教育厅重点研究项目。公开发表论文17篇,组织"中国少数民族文学翻译系列讲座"活动2场,2人获西安市《中共中央关于党的百年奋斗重大成就和历史经验的决议》研究成果征集三等奖。

单位负责人:梁真惠

单位地址:西安外国语大学长安校区

西安外国语大学翻译专业教育创新发展研究中心

翻译专业教育创新发展研究中心,由2022年西安外国语大学翻译与跨文化研究院批准建立。主要由高级翻译学院教师构成,现有兼职研究人员10名。2022年,在研课题36项,12项为纵向项目,24项为横向项目。其中国家级项目2项,省部级项目6项。公开出版译著10部,公开发表论文29篇,获陕西省哲学社会科学二等奖,组织专业讲座

3次。

单位负责人：赵毅慧

单位地址：西安外国语大学长安校区

西安外国语大学金融科技创新研究中心

金融科技创新研究中心，由西安外国语大学于2022年8月批准建立。现有专职研究人员8名，辅助研究人员3名。2022年，在研课题4项，其中1项为教育部人文社科项目，1项为陕西省社科界联合会项目，2项为西安市软科学项目。

单位负责人：田径

单位地址：西安外国语大学长安校区

西安外国语大学上合组织国家旅游合作与人文交流研究中心

上合组织国家旅游合作与人文交流研究中心，由西安外国语大学于2022年8月批准建立。现有专职研究人员11名。2022年，在研课题3项，其中2项为省级，1项为厅级；公开发表学术论文1篇。

单位负责人：李东

单位地址：西安外国语大学长安校区

商洛学院商洛发展研究创新团队

商洛发展研究创新团队是以商洛学院管理学师资力量创建、2022年9月经陕西省教育厅批准的陕西高校青年创新团队。团队以秦巴山区经济社会发展中，巩固拓展脱贫攻坚成果同乡村振兴有效衔接，以及"双碳"目标背景下生态文明示范区建设为主要研究对象，围绕秦岭生态保护、生态旅游、康养产业等核心领域开展科学研究。获批省部级以上项目20余项，编制事业发展规划20余项，提交决策咨询建议60余篇，多项研究成果被《光明日报》等主流媒体转载报道，为区域经济社会发展，以及商洛"一都四区"战略决策提供有力的智力支撑。

单位负责人：王怡

单位地址：陕西省商洛市商州区北新街10号

西安思源学院民办高等教育研究所

民办高等教育研究所（Institute of Private Higher Education of Xi'an Siyuan University），由西安思源学院于2022年9月28日批准建立。现有兼职研究人员9名。其主要职能：一是从事民办高等教育理论、政策法规、实证及教育文献计量等研究；二是开展民办高校教育教学、人才培养、师资建设、办学特色及学校治理等研究,为学校高质量教育体系建设提供智力支撑;三是开展各级各类民办高等教育课题申报及研究工作,形成领域内代表性研究成果。

单位负责人:徐文

单位地址:西安市东郊水安路28号

陕西省人民政协理论与实践研究基地(长安大学)

陕西省人民政协理论与实践研究基地,由政协陕西省委员会于2022年10月批准建立。现有专职研究人员19人,其中教授5人,副教授9人。2022年,获批各类课题21项,其中国家社科基金1项,教育部高校思想政治理论课教师研究专项1项,省级项目11项,厅局级项目4项;出版专著1部,公开发表论文21篇,其中1篇被《新华文摘》2022年第8期全文转载,在《中国社会科学报》《陕西日报》等媒体刊发理论文章13篇。获西安市哲学社会科学研究成果等级评定三等奖1项,1项成果被陕西省委书记赵一德同志批示。

单位负责人:陈怀平

单位地址:陕西省西安市南二环中段长安大学校本部北院

安康市政治协商理论研究基地(安康学院)

安康市政治协商理论研究基地,由中国人民政治协商会议陕西省委员会于2022年11月28日批准建立。现有专职研究人员24名,辅助研究人员2名,外聘兼职研究人员4名。2022年,在研课题8项,其中1项为国家级项目,2项为省部级项目,2项为市厅级项目,3项为校级项目,5项为横向项目。公开出版专著1部,公开发表论文5篇,政府采纳研究报告1份,组织学术会议活动3次。

单位负责人:何家理

单位地址:陕西省安康市汉滨区安康大道中段安康学院江北逸夫楼8楼

陕西省人民政协理论与实践研究基地(陕西师范大学)

2022年11月28日,中国人民政治协商会议陕西省委员会《关于设立陕西省人民政协理论与实践研究基地的通知》公布陕西省人民政协理论与实践研究基地名单,陕西师范大学国家安全学院(政法与公共管理学院)张亚泽教授作为首席专家申报的"新时代人民政协理论与实践研究基地"成功入选。基地围绕学习贯彻中共二十大精神,践行习近平总书记关于加强和改进人民政协工作的重要思想,开展人民政协理论与实践研究工作,努力为有效发挥人民政协专门协商机构作用提供智力支撑。

单位负责人:张亚泽

单位地址:陕西省西安市长安区西长安街620号

陕西省人民政协理论与实践研究基地(西安财经大学)

陕西省人民政协理论与实践研究基地成立于2022年11月,在政协陕西省委员会领导下,从事中国共产党领导的多党合作和政治协商制度、人民政协理论研究和宣传的学术团体。研究会的宗旨:以马列主义、毛泽东思想、邓小平理论、"三个代表"重要思想和科学发展观为指导,以习近平新时代中国特色社会主义思想为统领,坚持党的基本理论、基本路线、基本纲领、基本经验,遵守国家宪法、法律法规和有关政策,贯彻理论联系实际的原则和"百花齐放、百家争鸣"的方针,努力探讨人民政协理论在陕西省实践中的新课题,积极开展中国共产党领导的多党合作和政治协商制度、人民政协理论与实践的研究,为推进陕西省政协工作的创新与发展,促进社会主义经济、政治、文化、社会建设全面持续发展服务。

单位负责人:陈晓莉

单位地址:西安市长安区常宁大街360号

☞ 陕西省民办社科研究机构

西安朝华管理科学研究院

2022年,在省社科联的正确领导和大力支持下,依据中共二十大精神,围绕党中央和国家新形势下的重大战略部署,西安朝华管理科学研究院努力在学术研究、科普活动、咨询服务等方面重点做了如下工作:针对国家的新的战略部署,特别是"重组供销合作社"的安排,结合研究院的工作实际,发表《重建供销合作社是战略之举》专题文章。研究院先后应陕西省委组织部主持的全省物流处级以上干部现代物流与区域经济专题报告会,以及新疆物流协会,青海省商务厅组织的专题报告会邀请,拟分别针对三地区现代化建设与现代物流战略发展进行调研并做专题报告。

陕西创新人才发展研究院

2022年,研究院在民政厅、省社科联的正确领导和支持下,认真完成上级领导交办的各项工作任务,为建立民办社会智库,更好服务陕西社会经济发展不断努力。在加强党的引领作用上,研究院支部组织全体工作人员学习宣传贯彻党的二十大精神,参加社科联"开展学习宣传贯彻党的二十大精神理论征文"活动。在服务人才新探索上,研究院和陕西师范大学"一带一路"文化研究院共同组建成立"一带一路"青年联盟。在服务乡村振兴上,研究院积极响应国家加快推进村庄规划工作充分发挥研究院智库平台的积极作用。在人才研究上,为科技厅报送软科学决策咨询报告:《打造内陆改革开放人才高地》,为发挥科技创新资源和产业基础的优势,打造内陆改革开放人才高地建言献策。

陕西省弘扬汉文化研究中心

2022年,陕西省弘扬汉文化研究中心,按照省社科联工作部署,于2022年3—5月完成2021年度年检工作。组织完成陕西省社科界学术资助项目:举办陕西民营博物馆论坛,得到省社科联、未央区文联等相关领导单位的大力支持,论坛被西安发布、西安新闻网等多家权威媒体报道、转载,取得良好的社会效应。加强对外交流,积极探索社会组织发展的新思想、新方法。

陕西翰林教育研究院

2022年,陕西翰林教育研究院坚持把基础教育研究和推进"双减"工作落实作为工作重点,认真扎实做好各项工作,取得优异的工作业绩。被省社科联评定为省级社会组织优秀单位。工作业绩和亮点为:积极争取省社科研究课题,深入做好调查研究工作;成功举办省社科联第十六届(2022)学术年会分场活动暨陕西基础教育创新发展论坛和职业教育数字化建设高质量发展大会;精心策划,高质量完成省教育厅项目《陕西基础教育专题片》;不断提升打造陕西广播电视台《教育正能量》精品栏目;持续打造陕西教育智库,不断扩大我院在业界影响力;坚持开门办院方针,优化创新合作平台,服务陕西文化建设;积极引进和培养人才,强化精细管理,确保提质增效;不断加强党的建设、推动各项事业顺利发展。

陕西季羡林国学院

2022年,陕西季羡林国学院认真学习贯彻落实党的二十大及十九届六中全会精神,深入学习领会习近平总书记三次来陕考察重要讲话精神,推动党史学习教育走深走实,全年度紧紧围绕陕西季羡林国学院重点工作,弘扬优秀国学文化;以季羡林国学院为平台,组建科研创新团队;继续进行《季羡林国学思想教育与研究》刊物出版工作。特色两点在于以服装展演为抓手推进中华优秀传统文化传承发展。学校高度重视服装专业群发展,紧跟时代潮流和发展趋势,将中国古代传统服饰文化融入教育教学,产出一大批成果,树立广大学生文化自信。

陕西人才战略发展研究中心

2022年,陕西才战略发展研究中心致力于人才库建设,已形成结构全面、多元化的人才库建设,分别为科技人才智库、金融服务智库、外事商事智库、文化名流智库。"'双减'

课堂革命提质增效项目",加快推进区域内围绕"三个课堂"和"五育并举"的核心理念,构建"安全校园"教育教学改革创新建设与推广。编辑出版系列内部刊物,对经济和社会各项事业发展进行正面宣传,认真学习和借鉴优秀刊物的办刊经验与有益做法,不断完善刊物内涵和深度。

陕西现代经济与管理研究院

2022年度,研究院立足本业、狠抓科研、主动服务、加快发展。着力谋划长远发展,并通过创新驱动,在社科研究、社会服务上扎实开展工作,圆满完成本年度的目标与任务。研究院党支部深刻领会习近平新时代中国特色社会主义思想"三进",突出党性锻炼,突出思想交流。扎实聚焦数字经济研究,成功召开两次院长办公会暨常务理事会,积极组织科研活动,完成省人大财经委数字经济发展研究课题研究,完成西安高新区发展改革和商务局的数字经济核心产业测评研究工作。积极参加省社科联组织的各项培训、交流活动。

陕西颖创跨境贸易研究院

2022年,是陕西颖创跨境贸易研究院在整改基础上加强制度落实之年。这一年,研究院聚焦社科研究主业,以饱满的热情认真自我审视,将各项规章制度落实到位。在党建工作方面,加强党组织建设工作,以党建促进研究院各项工作开展。在学术活动上,研究院在业务方面重点围绕服务陕西自贸试验区建设和发展、服务陕西跨境贸易生态建设大目标,开展科研项目和学术活动申报与实施等工作。同时,加强与其他研究机构合作,搭实学术交流平台,吸引省内外研究机构和高校专家和研究生参加,为繁荣陕西省社科研究作出贡献。一年来,研究院主动作为,向民间智库方向发展,产学研融合平台建设日臻成熟,越来越多高校和企业主动靠近研究院,把研究院视作智力支持和排忧解难的可靠第三方平台。

陕西三秦国土空间规划研究院

2022年,陕西三秦国土空间规划研究院在社科联的坚强领导下,加强人才培养和团队建设,加大科技创新与科普宣传工作,开展国内学术研讨以及有效发挥专家学者智库作用等,各项工作成效显著。在学术交流上,依托资源优势,充分发挥专家智库作用,积极开展学术交流。2022年开展技术指导、成果交流、成果研讨等技术交流会3次,开展专题培训2次。在科技创新工作上,申请"2022年度陕西省哲学社会科学重大理论与现实问题研究项目"2项。在科普宣传工作上,组织参加2022年陕西省自然资源系统科普演讲比赛、2022年陕西省科普演讲大赛;开展国土空间规划政策解读。

陕西永秀智库经济管理研究院

2022年,研究院秉承"超越认真,挑战极限"发展理念,在理论研究、决策咨询、区域规划等方面扎实开展工作。在党建工作上,围绕"党建引领文化、文化提升管理、管理促进发展、发展惠及四方"党建思路,不断强化党组织建设与发展。在业务发展上,秉承"奉献理论智慧,提供决策支持"使命,完成63项课题研究、产业规划、项目策划等,涉及乡村振兴、新型城镇化、双碳战略等重点领域,服务对象覆盖陕西全域,为政府和园区提供了原创性、高质量咨询服务。在决策服务上,实地调研省内外多地产业发展、乡村振兴、园区建设情况,撰写了3篇具有前瞻性的决策咨询建议,为政府决策奉献理论智慧、提供智力支持。在论坛沙龙上,依托智库专家资源优势,举办了6场经济社会热点专题论坛和沙龙,累计参会人数上万余人,智库品牌影响力持续扩大。

学 术 期 刊

截至2022年底,陕西共有党校哲学社会科学期刊4家,高校哲学社会科学期刊75家,哲学社会科学综合类刊物12家。其中,2022年创办高校哲学社会科学期刊1家。作为学术传播和交流的重要平台,陕西各级各类哲学社会科学学术期刊成为巩固马克思主义在意识形态领域指导地位的重要阵地,也是哲学社会科学工作者"把论文写在祖国大地上"的重要载体,在繁荣学术研究、引领学术潮流、培育人才队伍、促进学风建设等方面发挥重要作用。

☞ 2022年新增高校哲学社会科学期刊

白鹿塬论丛

《白鹿塬论丛》由陕西(高校)哲学社会科学重点研究基地——西安思源学院留学生与中国现代化研究中心主办。《白鹿塬论丛》辑刊虽为综合性的哲学社会科学类学术刊物,但又不同于一般的综合类文科学术刊物,具有浓郁的留学生研究特色。现任主编周棉。主要栏目为留学生与中国社会发展研究、教育修身研究、文艺学美学研究、文化历史研究、医学人文公共卫生等,由中国社会科学出版社出版发行。2022年年度总文献量19篇。

大事记

一 月

24日,"第二届陕西省重要考古新发现(2021年陕西六大考古新发现)"新闻发布会在陕西省文物局举行。

二 月

12日,《光明日报》第11版光明讲坛栏目全文刊登长安讲坛第39期《唐代长安的社会空间与文学传播》。

三 月

15日,陕西省非物质文化遗产研究基地在榆林学院挂牌成立。

27日,"十九届六中全会精神融入高校思政课教学研讨暨思政课平台建设推进会"开幕。

四 月

18日,陕西省社科界社会组织学术活动资助项目"第二届美丽乡村国际影像节高峰论坛"在西安培华学院举办。

24日,中国雕塑艺术研究所举办第三十届"科技之春"活动——"鼻部形态与雕塑审美"线上科普活动。

五 月

10日,陕南文化遗产全媒体传播科普基地、汉水文化研究中心的科普活动在汉中市汉台区举行。

13日,陕西省社科联联合省委政策研究室、陕西省委党校(陕西行政学院)、陕西省教育厅、陕西省政府研究室、陕西省社会科学院,以"发挥智库作用服务陕西高质量发展"为主题,共同召开理论研讨会。陕西省社科联主席、陕西智库联盟共同理事长甘晖主持会议。

31日,陕南文化遗产全媒体传播科普基地、汉水文化研究中心的科普活动在汉中市举行。

六 月

10日,陕西财经职业技术学院关中麦秆画非遗科普基地"匠心筑梦 匠心强国——中国共产党人精神谱系进校园"项目组以"弘扬伟大建党精神,助力陕西高质量发展"为主题,开展了第一次主题活动。

11日,由陕西省社科联、陕西省文物局指导,秦始皇帝陵博物院、陕西省考古研究院、临潼区人民政府承办,陕西省秦俑学研究会、陕西省考古学会协办的"秦俑学及秦代文明学术研讨会"在秦始皇帝陵博物院召开。

9日,2022年度陕西省社科普及资助项目"新农人电商直播与新媒体技能培训"项目组开展"电商直播与新媒体技能培训"活动。

10日,建于秦商文化科普基地的秦商历史文化馆开馆。

11日,由陕西省社科联、陕西省文物局指导,秦始皇帝陵博物院、陕西省考古研究院、临潼区人民政府承办,陕西省秦俑学研究会、陕西省考古学会协办的"秦俑学及秦代文明学术研讨会"在秦始皇帝陵博物院召开。

12日,陕西省社科界第十六场(2022)学术年会分场"第二届公共文化服务高质量发展与交叉学科创新论坛"在长安大学举行。

14日,由中共陕西省委党校(陕西行政学院)与陕西省社科界联合会、陕西省委党史研究室联合举办"深入学习贯彻党的十九届六中全会精神"专题研讨会举办。

20日,"中国共产党人精神谱系陕西元素"理论研讨会在西安邮电大学召开。本次研讨会由陕西省社科联、陕西省委党史研究室、陕西省中共党史学会等单位联合主办,西安邮电大学马克思主义学院、陕西党史与红色文化研究中心承办。

21日,陕西省社科联(陕西智库联盟办公室)以"准确把握需求发挥智库作用"为主题,在西北农林科技大学举办了第二届三秦智库论坛。

23日,中共陕西省委办公厅印发《陕西省社会科学界联合会机关职能配置、内设机构和人员编制规定》的通知,陕西省社科联机关获批成立新的内设机构信息部,明确信息部的基本职责。

23日,陕西省中华传统文化普及基地与陕西三原于右任纪念馆签约共建的中华传统文化教学研究基地在于右任纪念馆挂牌成立。

七 月

16日,由陕西省社科界联合会及西安外国语大学主办,西安外国语大学区域与国别研究院南亚研究中心及西安外国语大学国际关系学院承办,西安外国语大学科研处·科研机构管理中心协办的"南亚安全形势新变化与中国在南亚的利益"学术研讨会在线上举行。

26日,陕西省社科界第十六届(2022)学术年会分场活动——"贯彻新发展理念,弘扬南泥湾精神,助推高质量发展"学术研讨会召开。

八 月

5日,由陕西省社科联主办、西安培华学院承办的长安讲坛精品讲座在汉阴县双河口镇举行。西安培华学院党委书记、陕西省乡村振兴专业研究会会长罗新远教授做了题为

"科学有效治理 助力乡村振兴"的专题讲座。

12日,由陕西省社科联主办、西北工业大学承办的长安讲坛精品讲座在城固县举行。中国科普研究所科学素质研究室副研究员任磊做了题为"提升公民科学素质,助力高质量发展"的专题讲座。

15日,陕西省社科院与西安市雁塔区人民政府签署战略合作框架协议,着力把科研成果转化为推动高质量发展的现实动力。

26日,延安时期建党思想与马克思主义中国化学术研讨会在延安大学举行。

31日,首届数智时代新商科产教融合国际论坛在线上召开。

九月

2日,"中国共产党百年奋斗与中华民族伟大复兴"——全省党校(行政学院)系统第36次理论研讨会在西安召开。

14日,由陕西省科协、陕西省发改委、陕西省社科联及青海、四川、甘肃、宁夏、内蒙古、山西、河南、山东8个沿黄省区市科协共同主办的2022年度黄河流域生态保护和高质量发展学术论坛在西安召开。

16日,第12届中国西部国际物流产业博览会系列活动之"智链接 创未来——供应链高质量发展"分论坛在西安召开。

17日,习近平新时代中国特色社会主义思想的陕西实践理论研讨会暨当代陕西研究会第六届会员代表大会在西安召开。

27日,"社科助力县域高质量发展"关中中片区高层论坛在西安召开。本次论坛由陕西省社科联主办,主要目的是围绕"县域高质量发展"主题,依托项目推动应用对策研究,助推社科成果转化应用,助力我省县域高质量发展。

28日,由陕西省委宣传部、陕西省委文明办主办的学习宣传《习近平关于社会主义精神文明建设论述摘编》读书分享座谈会在西安市幸福林带新时代文明实践基地举行。

十月

14日,2022年度陕西省社科界学术活动资助项目——2022年数智时代公共文化拟态传播服务学术研讨会暨2022年陕西省图书情报档案学术年会在线上举办。

15日,第二届全国数字艺术与媒介文化学术论坛暨陕西省社科界第十六届(2022)学术年会分场举行。

15日,陕西省外国文学学会年会暨第二十二届学术研讨会在宝鸡文理学院以线上腾讯会议形式举办。

22日,陕西省社科界第十六届(2022)学术年会分场活动——"第二届全国数字艺术与媒介文化学术论坛"在西安邮电大学召开。

28日,陕西省社科界第十六届(2022)学术年会分场活动——"数智时代财务成本核算与管控高质量发展新思路及路径"学术研讨会在西安举行。

29日,陕西省社科届第十六届(2022)学术年会分场活动——"黄河流域文旅融合高质量发展学术研讨会"在渭南师范学院举行。

十 一 月

5—6日,第15届中国政治经济学年会在西北大学举行。本次年会共进行2场主旨报告、14场主题报告、7个分论坛、60余篇论文交流。

6日,"区域国别地理与地缘政治研究"论坛在西安召开。此次论坛由陕西省社科联和西安外国语大学主办,西安外国语大学旅游学院(人文地理研究所)、《人文地理》编辑部、西安外国语大学科研处(科研机构管理中心)承办。

11日,第二届横渠论坛由陕西省社科联、周秦伦理文化与现代道德价值研究中心、陕西关学与传统文化社科普及地联合举办。

11日,由陕西省社科联(陕西智库联盟办公室)主办,陕西师范大学承办的第二届三秦智库论坛平行论坛在西安顺利召开。会议以"准确把握需求发挥智库作用"为主题,以线上线下相结合的方式举行。

12日,2022年陕西省社科界学术年会分场活动——"数字经济与陕西高质量发展研讨会暨陕西外国经济学说研究会学术年会"在宝鸡文理学院举办。

15日,"开辟马克思主义中国化时代化新境界"——学习贯彻党的二十大精神理论研讨会暨陕西省科社学会2022年学术年会在省委党校(陕西行政学院)召开。

16日,"贯彻二十大精神,增强消费对陕西经济发展的基础性作用"研讨会暨省改革发展研究会2022年学术年会在西安石油大学召开。

18日,陕西省社科界第十六届学术年会分场活动——第十五届大关中发展论坛在西安成功举办。陕西省决策咨询委员会副主任、陕西省政协原副主席李进权出席论坛并代表论坛组委会致辞。陕西省政协原副主席、陕西省城市经济文化研究会荣誉会长田源出席论坛。

19日,"中国语言文化国际传播理论和实践"国际学术研讨会在西安翻译学院召开。会议由世界汉语教学学会、陕西省社科界联合会指导,陕西省汉语国际教育研究会主办,西安翻译学院承办。陕西省社科联主席甘晖出席会议开幕式并致辞。

24日,陕西省委常委、宣传部部长蒿慧杰深入省社科联走访调研,详细了解社会组织管理部、科研科普部、信息部等相关情况,看望慰问机关干部职工。

24日,陕西省深入学习贯彻党的二十大精神理论研讨会召开。本次会议由陕西省委宣传部、陕西省委党校(陕西行政学院)、陕西省社科院、陕西省社科联联合举办。陕西省委常委、宣传部部长蒿慧杰出席会议并讲话。

26日,由陕西省社科联、西北政法大学、中国社会科学出版社、陕西省哲学学会联合主办,西北政法大学哲学与社会发展学院、西北政法大学文化与价值哲学研究院承办的《赵馥洁文集》出版座谈会在西北政法大学召开。

26日,由中国非洲研究院、陕西省社科联和西安外国语大学联合主办的第二届中非学术翻译论坛在西安召开。会议以"新视野新征程·共命运共发展"为主题,中国非洲研究院执行院长、陕西省社科联主席甘晖、西安外国语大学副校长(主持行政工作)王启龙参加会议开幕式并致辞。

26日,由西安外国语大学主办,美国纽约市立大学布鲁克林学院协办的"对话与融通:比较文学研究新趋势"学术会议线上召开。

26日至27日,由中国秦汉史研究会、西北大学历史学院共同主办的"秦汉历史与考古的融合发展"暨纪念陈直先生诞辰120周年国际学术研讨会在陕西西安召开。

27日,由《探索与争鸣》编辑部主办,陕西师范大学外国语学院承办的"文明互鉴:翻译与现代中国——全国优秀青年学人年度论坛之十三"分论坛线上召开。

十 二 月

3日,陕西省社科界2022年度学术活动资助项目——"中国式现代化与哲学创新"高层论坛暨陕西省哲学学会2022年年会召开。

4日,由陕西师范大学国家安全学院(政法与公共管理学院)主办的"学习贯彻党的二十大精神 推进国家安全体系和能力现代化"青年学者论坛以线上线下相结合的方式举行。

7日,由陕西省社科联、陕南发展研究院、商洛学院共同主办,商洛学院社科联、陕西高校新型智库——商洛发展研究院联合承办的"学习贯彻党的二十大精神,加快发展方式绿色转型与县域高质量发展"暨陕南发展论坛在商洛学院召开。

8日,由陕西省司马迁研究会、陕西理工大学主办,陕西理工大学人文学院、汉中汉文化研究院承办的陕西省司马迁研究会成立三十周年庆祝大会暨《史记》与汉中历史文化学术研讨会以线上线下结合的方式在陕西理工大学召开。陕西省社科联主席甘晖线上出席开幕式并致辞。

10日,中国唐代文学学会第二十一届年会暨唐代文学国际学术研讨会在陕西师范大学通过线上形式举行。来自不同国家和地区的唐代文学研究专家200余人聚焦唐代文学之文人、文本、文献和文体等问题,进行深入的学术交流与探讨。

11日,由陕西省社科联和西安外国语大学联合主办的"第二届中国历史文化译介与国际传播高层论坛"在西安召开。中国外文局副局长、全国翻译专业学位研究生教育指导委员会主任委员于涛,陕西省社科联主席甘晖,西安外国语大学党委书记白黎参加会议并致辞。

16日,由陕西省社科联、甘肃省社科联主办,宝鸡市社科联、陇南市社科联、天水市社科联承办,秦文化研究会协办的第二届秦文化论坛在宝鸡市召开。

23日,陕西省社科界第十六届(2022)学术年会分场活动——榆林学院纪念李子洲诞辰130周年举办。

后　　记

　　《陕西社会科学年鉴·2023》收录的资料,来自党政机关,社会科学教学、研究和科研管理单位,学术团体机构。采用的稿件均由在陕高等院校、科研院所、党政干校、有关部门和学术团体提供。《陕西社会科学年鉴·2023》在资料收集、编纂过程中,得到了相关部门的领导和专家学者的大力支持和帮助,在此表示衷心感谢!

　　学科综述性文章均为陕西省社科联立项的项目结项成果,相关主持人和执笔人付出了艰辛的劳动,在此表示衷心感谢!

　　在此也对出版社编辑人员的辛勤付出,表示衷心的感谢!

　　由于时间和篇幅所限,存在不足之处,敬请批评指正。

《陕西社会科学年鉴》编辑部

2023 年 12 月